ENCICLOPÉDIA
# Mulheres na Filosofia

**Dados Internacionais de Catalogação na Publicação (CIP)**
**(Câmara Brasileira do Livro, SP, Brasil)**

Enciclopédia mulheres na filosofia / Carolina Araújo, Halina Leal, Yara Frateschi (orgs.). – Petrópolis, RJ : Vozes, 2024.

Vários autores
ISBN 978-85-326-6999-5

1. Filósofas – História  2. Filosofia  3. Mulheres (Filosofia)  I. Araújo, Carolina. II. Leal, Halina.  III. Frateschi, Yara.

24-213686                                                                 CDD-100

Índices para catálogo sistemático:
1. Filosofia   100

Eliane de Freitas Leite – Bibliotecária – CRB 8/8415

ENCICLOPÉDIA

# Mulheres na Filosofia

**Carolina Araújo**
**Halina Leal**
**Yara Frateschi**

(orgs.)

EDITORA
VOZES

Petrópolis

© 2024, Editora Vozes Ltda.
Rua Frei Luís, 100
25689-900  Petrópolis, RJ
www.vozes.com.br
Brasil

Todos os direitos reservados. Nenhuma parte desta obra poderá ser reproduzida ou transmitida por qualquer forma e/ou quaisquer meios (eletrônico ou mecânico, incluindo fotocópia e gravação) ou arquivada em qualquer sistema ou banco de dados sem permissão escrita da editora.

**CONSELHO EDITORIAL**

**Diretor**
Volney J. Berkenbrock

**Editores**
Aline dos Santos Carneiro
Edrian Josué Pasini
Marilac Loraine Oleniki
Welder Lancieri Marchini

**Conselheiros**
Elói Dionísio Piva
Francisco Morás
Gilberto Gonçalves Garcia
Ludovico Garmus
Teobaldo Heidemann

**Secretário executivo**
Leonardo A.R.T. dos Santos

**PRODUÇÃO EDITORIAL**

Aline L.R. de Barros
Jailson Scota
Marcelo Telles
Mirela de Oliveira
Natália França
Otaviano M. Cunha
Priscilla A.F. Alves
Rafael de Oliveira
Samuel Rezende
Vanessa Luz
Verônica M. Guedes

*Editoração*: Mariana Perlati
*Diagramação*: Editora Vozes
*Revisão gráfica*: Jhary Artiolli
*Capa*: Nathália Figueiredo

ISBN 978-85-326-6999-5

A pesquisa para edição deste livro recebeu fundos da Fundação Carlos Chagas Filho de Amparo à Pesquisa do Estado do Rio de Janeiro (FAPERJ), processo SEI 260003/013629/2024.

Este livro foi composto e impresso pela Editora Vozes Ltda.

# SUMÁRIO

*Por uma versão mais rigorosa e plural da história da filosofia* . . . . . . . . . . . . .7

**PARTE I – ANTIGUIDADE** . . . . . . . . . . . . . . . . . . . . . . . . . . . . . . . .23

    1 – Cleobulina de Lindos . . . . . . . . . . . . . . . . . . . . . . . . . . . . .25

    2 – Aspásia de Mileto . . . . . . . . . . . . . . . . . . . . . . . . . . . . . . .41

    3 – Hipárquia de Maroneia . . . . . . . . . . . . . . . . . . . . . . . . . . .55

    4 – Ban Zhao . . . . . . . . . . . . . . . . . . . . . . . . . . . . . . . . . . . . . .69

    5 – Macrina, a quarta capadócia . . . . . . . . . . . . . . . . . . . . . . .87

    6 – Hipácia de Alexandria . . . . . . . . . . . . . . . . . . . . . . . . . . 103

**PARTE II – MEDIEVO** . . . . . . . . . . . . . . . . . . . . . . . . . . . . . . . . .119

    7 – Dhuoda . . . . . . . . . . . . . . . . . . . . . . . . . . . . . . . . . . . . . 121

    8 – Murasaki Shikibu . . . . . . . . . . . . . . . . . . . . . . . . . . . . . 135

    9 – Heloísa de Argenteuil . . . . . . . . . . . . . . . . . . . . . . . . . . 151

    10 – Hildegarda de Bingen . . . . . . . . . . . . . . . . . . . . . . . . . 169

    11 – Marguerite Porete . . . . . . . . . . . . . . . . . . . . . . . . . . . . 187

    12 – Christine de Pizan . . . . . . . . . . . . . . . . . . . . . . . . . . . . 203

## Parte III – Modernidade .......................... 219

13 – Elisabeth da Boêmia .................................. 221

14 – Margaret Cavendish .................................. 239

15 – Sor Juana Inés de la Cruz ............................ 259

16 – Émilie du Châtelet. .................................. 277

17 – Mary Wollstonecraft. ................................ 291

18 – Karoline von Günderrode ........................... 309

## Parte IV – Contemporaneidade ....................... 325

19 – Rosa Luxemburgo ................................... 327

20 – Hannah Arendt ...................................... 341

21 – Simone de Beauvoir ................................. 359

22 – Simone Weil. ........................................ 375

23 – Gertrude Elizabeth Margaret Anscombe. .............. 395

24 – Sophie Bọ́sẹ̀dé Olúwọlé .............................. 413

25 – Gloria Anzaldúa ..................................... 433

26 – Angela Davis ........................................ 449

27 – Sueli Carneiro ....................................... 465

28 – Judith Butler. ........................................ 483

29 – Oyèrónkẹ́ Oyěwùmí .................................. 499

30 – Nancy Fraser ........................................ 517

*Autoras e autores*. ........................................ 537

# POR UMA VERSÃO MAIS RIGOROSA E PLURAL DA HISTÓRIA DA FILOSOFIA

*Carolina Araújo, Halina Leal e Yara Frateschi*

Filósofas são uma marcante minoria no passado e no presente da filosofia, mas jamais foram ausentes da história, a despeito do que nos fazem pensar os manuais e livros de história da filosofia de maior difusão. É para contribuir com uma versão mais rigorosa, plural e inclusiva da história da filosofia que editamos este primeiro volume impresso da *Enciclopédia Mulheres na Filosofia*, nascida como um projeto que articula ensino, pesquisa e extensão, com o propósito de produzir e distribuir informação de qualidade sobre a prática filosófica de mulheres da Antiguidade aos nossos dias.

Da Antiguidade grega, costumamos lembrar, com justiça, dos nomes de Sócrates, Platão e Aristóteles, sem dúvida filósofos incontornáveis na história da filosofia ocidental. Contudo mal ouvimos falar de Cleobulina de Lindos, Aspásia de Mileto, Hipárquia de Maroneia, Macrina ou Hipácia de Alexandria, assim como pouco sabemos sobre a filósofa chinesa Ban Zhao. Na Idade Média, as grandes mentes são as de Santo Agostinho, Tomás de Aquino e Guilherme de Ockham, enquanto permanecem desconhecidas as obras de Dhuoda, Murasaki Shikibu, Heloísa de Argenteuil, Hildegarda de Bingen, Marguerite Porete e Christine de Pizan. É inconteste que a modernidade produziu Descartes, Hobbes, Locke, Rousseau, Leibniz, Hume e Kant, mas o que sabemos sobre Elizabeth da Boêmia, Margareth Cavendish, Juana Inés de la Cruz, Émilie du Châtelet, Mary Wollstonecraft e Karoline von Günderrode? Não duvidamos da importância de Marx, Heidegger, Nietzsche, Sartre, Foucault ou Habermas, mas ainda titubeamos em reconhecer a densidade filosófica e o impacto na contemporaneidade das obras de Rosa Luxemburgo, Hannah Arendt, Simone de Beauvoir, Simone Weil, Elizabeth Anscombe,

Sophie Bọ́sẹ̀dé Olúwọlé, Gloria Anzaldúa, Angela Davis, Nancy Fraser, Sueli Carneiro, Judith Butler e Oyèrónkẹ́ Oyěwùmí.

O nosso propósito é trazer essas filósofas das margens para o centro e fomentar uma crítica feminista da historiografia e do cânone filosófico (Shapiro; Witt, 2021; Pugliesi, 2021). Trata-se de uma crítica *feminista* na medida em que olha para uma parte excluída da história perguntando-se pelas causas materiais e simbólicas, de natureza sexista, que levaram ao apagamento das mulheres e à consagração quase exclusiva de filósofos homens. Contudo, trata-se de uma crítica amplamente feminista, pois não se contenta em resgatar dos escombros da história as filósofas brancas e europeias, mas se interessa genuinamente pelas autoras negras, do sul global, africanas, asiáticas, enfim, aquelas que, com suas filosofias, nos fazem questionar não apenas o sexismo, mas também o racismo e o eurocentrismo da narrativa hegemônica que nos formou.

A *Enciclopédia Mulheres na Filosofia* difunde conhecimento sobre filósofas produzido no e a partir do Brasil, engendrado majoritariamente por mulheres brasileiras, sendo duas autoras argentinas e oito autores brasileiros. Bastou-nos começar o projeto de elaboração da *Enciclopédia* para descobrir que há um número significativo de pesquisadoras e pesquisadores brasileiros decididos a tirar do esquecimento as filósofas de todas as épocas e lugares dedicando-se a pesquisá-las, aceitando o desafio de apresentá-las ao público no formato de verbetes e enfrentando todas as dificuldades envolvidas nesse processo. As dificuldades são diversas. No caso específico das filósofas da Antiguidade, o que nos chegou sobre a maior parte delas foi transmitido pela pena de autores homens ou são textos cuja autoria é contestada pelos especialistas. O fato de suas obras, que sabemos que existiram, não terem chegado até nós torna o nosso conhecimento da sua contribuição muitas vezes especulativo, embora não menos do que o que ocorre com a contraparte masculina. Nesse cenário, a grande exceção é Ban Zhao, cuja obra celebrada pela cultura chinesa transpôs a barreira de milênios. De acordo com Mitieli Seixas da Silva, autora do verbete sobre Émilie du Châtelet, "[a] tentativa de reconstruir o cânone da história da filosofia a partir da contribuição das filósofas esbarra em inúmeras dificuldades. Dentre elas, contamos dificuldades em localizar os textos, atribuir-lhes autoria e legitimar formas narrativas não convencionais" (cf. p. 280). Veremos, ao longo deste volume, que as mulheres escreveram em formatos diversos: Christine de Pizan e Margareth Cavendish, por exemplo, escreveram, além de tratados, obras ficcionais; Juana Inés de la Cruz escreveu poemas filosóficos, ao passo que a contribuição de Mary Wollstonecraft se encontra também em panfletos, manuais de conduta e romances, assim como a de Karoline von Günderrode, que, além de romances, escreveu fragmentos e peças teatrais, tal como Simone de Beauvoir, com seus diários, peças e romances.

No verbete sobre Elizabeth da Boêmia, Katarina Peixoto observa que o diálogo epistolar da filósofa com Descartes foi mutilado: as cartas dele foram publicadas após a sua morte, as dela só foram descobertas em 1876 e o seu legado foi "apagado pela historiografia filosófica do fim do século XIX e de quase todo o século XX" (cf. p. 223). Fabiano Lemos, por sua vez, observa, no verbete sobre Karoline von Günderrode, que a misoginia da historiografia que constitui o cânone e a "imagem típica da deficiência da escrita feminina" prejudicaram a recepção da obra de Günderrode e a sua articulação com o debate filosófico moderno. Apenas muito recentemente, esses óbices têm sido enfrentados, o trabalho nos arquivos se intensifica, os comentários se adensam e os preconceitos começam a ceder e dar lugar a pesquisas aprofundadas. No entanto, ainda há muito a ser feito e um mundo se abre diante de nós.

Outra dificuldade importante é que dispomos de pouquíssimas traduções para o português das obras escritas por filósofas mulheres. Daquelas que compõem este volume, poucas tiveram algum dos seus escritos traduzidos e a maioria das traduções é recente – em alguns casos, resultados de pesquisas de pós-graduação. A ausência de tradução alimenta um círculo vicioso na medida em que dificulta a adoção dessas obras em cursos de graduação, o que, por sua vez, obsta o desenvolvimento da pesquisa em nível de pós-graduação, o que, por sua vez, atrasa a tradução especializada. Enquanto as mulheres filósofas estiverem ausentes das bibliografias dos cursos de graduação e da pesquisa, não levaremos a bom termo o projeto de trazê-las das margens para o centro da história da filosofia.

Assim, este livro quer questionar a história da filosofia tal como ela tem sido contada e colocar em discussão o cânone que ela ajudou a consagrar. O cânone, como lembra Lisa Shapiro, guarda um sentido sagrado original, ou seja, nos leva a santificar um conjunto de autores que passam a ser portadores de uma autoridade incontestável (cf. Rée, 2002; Shapiro, 2024). Não pretendemos negar a importância dos filósofos que fazem parte do cânone e figuram nos livros de história da filosofia ocidental. Outrossim, pretendemos mostrar que o grupo de filósofos consagrados é excessivamente reduzido, hegemonicamente masculino, europeu e branco. A dessacralização do gênio e o questionamento da conservação da autoridade filosófica em mãos masculinas e europeias são passos necessários para uma revisão da nossa história.

De acordo com certas abordagens bastante influentes no Brasil, a filosofia é a construção de um sistema argumentativo dotado de coerência interna, e filósofos são aqueles que construíram uma obra que, transmitida de geração em geração, permite o estudo de seus conceitos e suas conexões (cf. Guerroult, 1970/2015; Lovejoy, 1971). Esses que estudam tais obras são historiadores da filosofia cujo método é esclarecer a contribuição daqueles que foram capazes de romper com os limites impostos ao pensamento que os precedeu, inaugurando um novo sistema que abre as portas para o futuro a partir de uma teoria extratemporal. Esses poucos são denominados os gênios, cujo rol constitui aquilo que se torna o cânone da história da filosofia. O cânone distingue claramente o filósofo genial daquele que estuda a filosofia, seu historiador ou o exegeta, que, portanto, não pode ser considerado filósofo, mesmo que toda a sua formação profissional o tenha supostamente qualificado para essa prática. Associada ao gênio, a filosofia aparece como uma atividade inspirada, iluminada, em contato direto com estruturas eternas (Babiuki, 2022).

Esse é o equívoco. Não há gênios assim e nem os maiores filósofos da história construíram seus argumentos por iluminação. Todos os filósofos aprenderam a prática filosófica a partir do exercício argumentativo que lhes permitiu se engajar em um grupo intelectual. Esse é um grupo especializado, restrito, que se reconhece como pares dedicados a uma prática comum e que são capazes de identificar o mérito uns dos outros exatamente por compartilharem linguagem, interesses e desafios. O trabalho dos supostos gênios não é fruto de solilóquios, mas resultado de seu engajamento com seu próprio tempo e sua prática filosófica. Filósofos não são ilhas de sabedoria, mas proponentes de posições criativas sobre a controvérsia de sua própria época.

Por isso, quando a história da filosofia se apresenta como dissecar as razões intrínsecas a uma obra, ela se descola da atividade propriamente filosófica, aquela em que os filósofos se formam e que eles praticam. Essa atividade tem duas características essenciais: ser histórica e ser dialógica. A filosofia é histórica não por ser uma disciplina da história, mas por acontecer em circunstâncias temporais, geográficas e culturais. A filosofia é dialógica porque é realizada por meio de um compromisso sincero de entender a visão de outra pessoa engajada em oferecer razões, um compromisso que inclui práticas de dar contraexemplos, questionar, objetar, contra-argumentar e refutar. A obra filosófica é um produto cultural que apresenta resultados dessas práticas da perspectiva de seu autor ou autora; ela, portanto, não é fruto de iluminação, mas da própria prática filosófica. Isso quer dizer que os argumentos que sustentam a sua estrutura são respostas a outros, seus antecessores, aprendidos pelo autor ao longo do processo educacional, quer isso esteja evidente ou não na letra do texto, ou ainda, quer o autor expresse sua ciência de que este é o caso, quer não. O texto filosófico é o objeto da história da filosofia exatamente por mostrar uma prática filosófica dialógica e histórica que vai ser aprendida, criticada ou continuada pelos leitores. É quando esse diálogo é analisado e levado adiante que a história da filosofia se constitui, não como uma profissão diferente da do filósofo-gênio, mas como exatamente a mesma prática filosófica. A história da filosofia não é simplesmente a enumeração da série sucessiva de doutrinas do passado longínquo ao nosso presente; ela é a reconstrução do diálogo entre várias pessoas ocupadas em entender os fenômenos do mundo (Skinner, 1969; Hutton, 2014; O'Neill, 2019).

Se esse argumento é cogente, algumas consequências recaem sobre a filosofia e sua história. A primeira é de que a história da filosofia não é canônica; ela não é uma série de momentos descontínuos no tempo – cada um ocupado pela introdução de uma nova doutrina pela publicação de um clássico da filosofia. As obras devem ser entendidas como uma posição criativa em um contexto. A segunda é de que a prática filosófica feita por um grupo de pares impõe certos requisitos: tempo para dedicar-se a ela e uma educação que se faz por prática da argumentação com esses pares, mas também por acesso às obras que retratam essas práticas. É evidente que a seleção dos membros desse grupo pode ser feita simplesmente com base no interesse das pessoas em dedicar-se a tal prática, mas supor que essa é a regra mais do que a exceção é desconsiderar toda uma base concreta – social, política, econômica e cultural – que permite tal acesso. Assim, a ausência de acesso à educação formal, por mestres, colegas e livros, bem como a premência do trabalho – inclusive o doméstico – que interfere no tempo do estudo, constituem-se o grau zero do processo de silenciamento que historicamente assombra a prática da filosofia.

Por silenciamento entendemos a privação do acesso ao diálogo filosófico a pessoas ocupadas em entender os fenômenos. O silenciamento ocorre devido a regras sociais extrínsecas à prática filosófica que determinam quem são os agentes que podem a ela se dedicar. Gostaríamos de defender que ele ocorre em diferentes graus e que, em sua versão extrema, recebe o nome mais técnico de apagamento. Historicamente as mulheres são vítimas do silenciamento e do apagamento filosófico, e ao lado delas estão, em geral, os pobres, os escravizados, os negros... O grau zero do silenciamento, como dissemos, é a privação do acesso à educação e ao tempo para a tarefa do pensamento. A exclusão histórica das mulheres da educação intelectual – pelo simples fato de serem mulheres – ergue uma muralha entre elas e a prática da filosofia. Não é casual, portanto, que a prática filosófica das mulheres esteja marcada, como veremos, pela reivindicação pela igualdade de educação. Tal reivindicação é um estágio metodológico que estabelece a própria condição delas de participação na atividade filosófica.

Um segundo grau de silenciamento é aquele que ocorre quando essas pessoas, obtendo educação que lhes permite ler, escrever e argumentar, ainda assim têm o acesso negado aos grupos que praticam a filosofia. Mesmo quando se educam e escrevem, os meios de transmissão ainda não estão disponíveis às mulheres. Isso ocorre em dois sentidos: é vedado a elas o acesso às bibliotecas ou aos grupos eruditos e é vedado a elas a circulação de suas ideias, de maneira escrita ou oral, em contextos filosóficos (Berges, 2015). É comum que a escrita filosófica de mulheres seja de ordem privada: diários, cartas, memórias, meditações. Restritos a esse meio, os seus argumentos não se inserem no contexto dialógico de seus pares, que continuam a responder-se entre si, alheios ao que elas teriam a dizer.

Um terceiro grau de silenciamento ocorre quando algumas mulheres conseguem finalmente publicar livros filosóficos e inserir-se em contextos dessa prática, porém, sem obter que seus pares considerem suas ideias como relevantes. Esse silenciamento ocorre, portanto, como um viés que desqualifica o argumento devido ao tipo de pessoa que o enuncia, no caso, uma mulher. Mesmo mulheres eruditas são barradas como mestras em instituições de ensino. Filósofas raramente têm discípulos, mesmo quando outros constatam a relevância em suas ideias. Esses que constatam tal relevância e a obliteram são filósofos que se desviam de sua melhor prática. Se os dois primeiros graus de silenciamento poderiam ser atribuídos a fatores sociopolíticos, esse terceiro é um erro filosófico. Enfim, não é apenas por razões filosóficas que se constitui um cânone (Witt, 2004).

O silenciamento transforma-se em apagamento quando essas obras, silenciadas ou não em seu tempo, são privadas de um legado histórico, o que leva a um grau máximo o desinteresse filosófico motivado por fatores culturais e políticos. Pesa sobre certos textos a falta de demanda da parte dos leitores, o que faz com que eles não sejam recopiados, reeditados e redistribuídos. Suas ideias, então, perdem-se com a degradação material do suporte que as distribui. Essas obras não se constituem no patrimônio que forma gerações sucessivas de leitores filosóficos. Elas não se constituem como objeto da história da filosofia. Filósofas são alvos históricos de apagamento. Elas raramente deixam um legado para outras gerações.

A expressão técnica cunhada para tipificar casos de silenciamento e apagamento é "injustiça epistêmica" (Fricker, 2007). Há dois fatores nessa expressão. Por um lado, ela consiste em supor que, ao configurar uma injustiça, o problema desse tipo de erro é moral. A injustiça epistêmica ocorre quando direitos básicos, como o da educação e o da expressão de suas ideias, são negados às pessoas. Por outro lado, como vimos, tal prática constitui uma falta grave do próprio procedimento metodológico da filosofia. Silenciamento e apagamento distorcem essa atividade, transmitindo um falso retrato do diálogo estabelecido sobre uma questão filosófica e consequentemente atrapalhando a sua devida continuidade pelos leitores.

As filósofas que compõem este volume dificilmente se adequariam à figura fabricada do gênio, aquele que teria contato direto com as estruturas eternas e captaria as verdadeiras questões atemporais. Ao contrário, suas obras – escritas em cartas, tratados, manuais de educação, romances, peças teatrais, poemas e panfletos – nascem em contextos altamente desfavoráveis pela interposição de barreiras concretas e simbólicas à atividade intelectual das mulheres. A falta de acesso a uma educação capaz de promover o desenvolvimento amplo do intelecto, a divisão sexual do trabalho doméstico – que permanece até hoje generificado e ao encargo das mulheres –, o casamento – que confina as mulheres à vida privada –, a visão amplamente difundida, inclusive pelos filósofos, de que a razão feminina é inadequada para as questões abstratas ou que a virtude das mulheres diz respeito sobretudo às tarefas do cuidado são alguns dos diversos obstáculos enfrentados pelas filósofas da Antiguidade à Contemporaneidade. Veremos que tais temas são frequentes nos escritos das mulheres e que suas obras, muitas vezes, estão implicadas em refletir a respeito das condições de possibilidade do fazer filosófico, a elas inacessíveis. Portanto, a devida compreensão dessas obras requer uma abordagem metodológica que não separa artificialmente a estrutura do argumento da sua gênese concreta e que não sustenta a ficção segundo a qual as experiências dos filósofos são secundárias ou irrelevantes para a filosofia que propõem.

Nestas páginas, encontraremos filósofas de diversas épocas e lugares refletindo sobre as estruturas terrenas da sua exclusão, para as quais a filosofia é, talvez antes de tudo, um caminho para a transformação dos indivíduos e da sociedade. Preocupadas não apenas com questões abstratas ou com a justificação filosófica das normas éticas e políticas, muitas dessas pensadoras perguntavam-se – e ainda se perguntam – sobre a realização efetiva da razão e dos ideais (cf. Frateschi, 2022). Nesse sentido, ecoa a exigência de Angela Davis, para quem a filosofia deve buscar de algum modo erradicar as misérias deste mundo.

Já no século IV AEC, a grega Hipárquia precisou se rebelar contra os papéis de gênero que tiravam das mulheres, naquele contexto, o direito pleno ao exercício da filosofia. Repreendida por Teodoro, o ateu, por ter abandonado as tarefas especificamente femininas, ela se vê obrigada a reafirmar publicamente a decisão de dedicar à sua educação o tempo que, pelas normas sexistas, deveria ter dedicado ao tear, coisa que homem algum teria precisado fazer. "Acreditas", pergunta Hipárquia, "que tomei uma decisão errada se dediquei à minha educação o tempo que teria dedicado ao tear?" (cf. p. 65). Veremos que, para as mulheres, desde então, o próprio ato de pensar e manifestar publicamente o pensamento guarda algo de subversivo.

A rebelião da grega Hipárquia contra os estereótipos de gênero repete-se inúmeras vezes ao longo da história, muito antes da formulação teórica da categoria "gênero". Tendo tido a rara oportunidade de aprender a ler, escrever e estudar os tratados clássicos, a chinesa Ban Zhao perguntou "apenas ensinar os homens e não ensinar as mulheres – isso não é ignorar a relação essencial entre eles?" (cf. p. 76). Macrina, por sua vez, nascida por volta de 327, na Capadócia, engajou-se em defender que a alma é a mesma nos homens e nas mulheres, que ambos são iguais enquanto mentes corporificadas e como seres capazes de conferir significado às suas vidas.

Como sinal contundente da recalcitrância das barreiras sexistas, reivindicação análoga reaparece, no século XV, quando Christine de Pizan afirma que, se fosse costume educar as meninas como se educam os meninos, elas aprenderiam as questões envolvidas nas artes e ciências tanto quanto eles. Ou seja, se as mulheres não desenvolvem a razão e as virtudes, isso não se deve à imperfeição da sua natureza, mas ao fato circunstancial de não terem, desde criança, as mesmas oportunidades que os homens. A prova incontestável de que as mulheres podem se desenvolver intelectual e moralmente, e até mesmo desempenhar papéis sociais tradicionalmente conferidos aos homens, é oferecida por Pizan, em *A cidade das damas*, na forma de extenso catálogo de cerca de 150 mulheres ilustres de todos os tempos e lugares. Se tantas mulheres puderam tornar-se cientistas, artistas, governantes, estrategistas militares, escritoras e filósofas é porque o impedimento não reside na sua natureza, mas justamente na obstrução externa à sua realização. Não é à toa que Pizan é celebrada como expoente do protofeminismo do século XV. Por sua vez, a mexicana Juana Inés de la Cruz, nascida provavelmente em 1648, foi contundente ao argumentar que não cabe apenas aos homens, mas também às mulheres, os estudos, sejam os sagrados, sejam os profanos. Como Pizan, ela também apresenta exemplos de mulheres doutas e conclui que elas, tal como os homens, têm o dever de estudar, ensinar e interpretar a Bíblia.

Contra os mesmos costumes, que minavam as condições para o desenvolvimento intelectual das mulheres, erguem-se também, no século XVIII, a francesa Émilie du Châtelet e a inglesa Mary Wollstonecraft. Du Châtelet insiste que enquanto não for provado que o intelecto das mulheres é naturalmente inferior ao dos homens, elas "terão direito de protestar contra a educação que recebem", e arremata, com ares subversivos: "confesso que, se fosse rei, permitiria que as mulheres compartilhassem todos os direitos da humanidade, sobretudo os da mente" (Du Châtelet, 2009, p. 48). Essa também é a posição insurgente de Mary Wollstonecraft em *Reinvindicação dos direitos da mulher* (1792), para quem as mulheres deveriam "adquirir virtudes humanas (ou perfeições) mediante os *mesmos* meios que os homens em vez de serem educadas como uma espécie de criatura imaginária *pela metade* – uma das extravagantes quimeras de Rousseau" (Wollstonecraft, 2016, p. 62). Uma história da filosofia que não apague as mulheres nos permite ver que, em uníssono, argumenta-se há tantos séculos que a desigualdade intelectual entre homens e mulheres não se deve à imperfectibilidade da razão feminina, mas às circunstâncias, ao contexto, à cultura e à situação. Diversas filósofas anteciparam Simone de Beauvoir e sua crítica de que as mulheres são retratadas pela cultura dominante – inclusive por filósofos e outros homens doutos – como seres essencialmente biológicos e submetidos às leis da natureza, em contraposição aos homens retratados como seres de razão.

O tema da educação reaparece, no século XX, nas obras da filósofa brasileira Sueli Carneiro e da nigeriana Oyèrónkẹ́ Oyěwùmí, em ambos os casos com ênfase na maneira pela qual o sistema colonial e eurocêntrico de educação incide injustamente sobre as pessoas negras, meninas e meninos, mulheres e homens, promovendo "epistemícido", nas palavras de Carneiro, e estratificação da sociedade, de acordo com o diagnóstico de Oyěwùmí. A também nigeriana Sophie Bọ́ṣẹ̀dé Olúwọlé, assim como Carneiro e Oyěwùmí, ressalta o obstáculo que o eurocentrismo impõe às filosofias africanas e a sua consequente desvalorização. Para elas, não basta uma reforma do sistema de educação orientada para resolver a desigualdade de gênero, uma vez que o mesmo sistema interdita as pessoas negras e os saberes não legitimados pelas brancas e pelo modelo centrado no Ocidente. Portanto, é necessário incluir as questões raciais.

A contribuição das filósofas feministas negras que compõem este volume – especialmente Angela Davis e Sueli Carneiro – à demanda antiga e permanente das mulheres pelo acesso à educação se faz pela articulação entre os marcadores sociais gênero e raça, mostrando como o racismo, articulado com o sexismo, incide de maneira extremamente violenta sobre as mulheres negras buscando desautorizá-las como sujeitos do conhecimento (cf. Leal, 2021).

Um tema recorrente nos verbetes que se seguem é a crítica das instituições e práticas que alienam as mulheres do exercício da razão, a começar pela educação das meninas, voltada para as tarefas do lar, passando pelo casamento (algumas vezes identificado como responsável pela *escravidão* das mulheres), a igreja, as universidades, a política etc. Mas não apenas. Diversas filósofas se viram também obrigadas a disputar, explícita ou implicitamente, com o sexismo de filósofos canonizados, os quais, desde pelo menos Aristóteles, militam filosoficamente contra a capacidade racional, moral e política das mulheres. Assim, o próprio Aristóteles – que mobilizou em sua obra argumentos de natureza metafísica, física ou biológica para justificar a incapacidade das mulheres para o exercício de certas atividades – é confrontado por Pizan. A posição de São Paulo é um empecilho para de la Cruz, enquanto os argumentos de Rousseau em defesa da diferença natural entre homens e mulheres são contestados filosoficamente por Wollstonecraft. Embora haja outros exemplos, esses são suficientes para mostrar que o que hoje chamamos "questão de gênero" está em disputa no campo da filosofia há muito mais tempo do que somos levados a crer se nos basearmos na narrativa hegemônica promovida por uma historiografia que baniu as mulheres filósofas e silenciou suas vozes contestatórias. Uma vez recontada a história, agora com a presença dessas vozes, cai por terra o argumento amplamente difundido entre especialistas e intérpretes, ainda nos dias de hoje, de que é anacrônica a crítica feminista dos clássicos da filosofia ocidental, tais como Aristóteles, Rousseau, Kant, Hegel, Nietzsche, entre outros. Seria anacrônica se a crítica fosse mera projeção de pretensões contemporâneas a outras épocas, se estivesse em desalinho com os movimentos contestatórios do passado. Contudo, quando passamos a investigar as obras das filósofas da Antiguidade, da Idade Média, da Modernidade e da Contemporaneidade, descobrimos não ser esse o caso.

Isso não significa, de modo algum, que as filósofas tenham se restringido a refletir sobre as suas próprias experiências como mulheres e tampouco a disputar com os filósofos homens apenas como porta-vozes dos preconceitos sexistas de suas épocas. Encontraremos, de outro modo, mulheres tratando de temas diversos dentro do amplo escopo da filosofia, atuando em discussões teológicas, epistemológicas, lógicas, metafísicas, éticas, de filosofias natural ou política. E ainda que muitas tenham enfrentado a misoginia dos filósofos, com eles também travaram diálogos filosóficos frutíferos: Heloísa de Argenteuil com Aberlado, Pizan com Aristóteles, Elisabeth da Boêmia com Descartes, Émilie du Châtelet com Leibniz, dentre outros. O problema é que, via de regra, os filósofos homens não falam com as filósofas mulheres ou, se falam, mantêm a conversa privada no mais das vezes, o que retardou muito o conhecimento das contribuições filosóficas femininas, sobretudo a partir do século XIX quando os historiadores sumiram de vez com elas (cf. O'Neill, 1997, 2005; Ebbersmeyer, 2019).

O desequilíbrio de gênero na filosofia não é coisa do passado. De acordo com dados de 2018, as mulheres são apenas 21,27% dos docentes permanentes em programas de pós-graduação em filosofia, 29,79% dos discentes de mestrado e 27,53% dos discentes de doutorado no Brasil (Araújo, 2016). Sabemos que, em geral – o que não tira a importância significativa das poucas exceções –, são as mulheres, em todas as áreas do conhecimento, que tomam a dianteira e se engajam no projeto de resgatar a contribuição das mulheres artistas, sociólogas, economistas, escritoras: também tem sido assim com as filósofas, no Brasil e no mundo. Assim sendo, a significativa desigualdade de gênero na área de filosofia aparece como mais um fator do círculo vicioso, a ser levado em conta quando nos questionamos a respeito das razões que levaram à construção e permanência de um cânone filosófico hegemonicamente masculino.

Contudo, mesmo com todas essas adversidades, testemunhamos, no Brasil e em diversos países, um movimento acadêmico minoritário, porém sólido, no sentido da investigação aprofundada das filosofias de autoria feminina de acordo com os melhores padrões de pesquisa, argumentos refinados e rigor com as fontes. Nos últimos anos, no Brasil, eventos acadêmicos voltados para a discussão dessas filosofias, projetos de extensão e divulgação científica, a criação dos Grupos de Trabalho da Anpof, Filosofia e Gênero e Mulheres na História da Filosofia e a publicação de coletâneas têm contribuído para romper o círculo vicioso e torná-lo, finalmente, virtuoso. Fora do Brasil, testemunhamos um movimento no mesmo sentido. Esta *Enciclopédia* está inserida nesse contexto e pretende refletir justamente esse avanço. Com 30 verbetes sobre filósofas de quatro períodos históricos, procuramos contribuir para a divulgação do pensamento filosófico das mulheres ao longo da história, com a esperança de que causem mais e mais interesse e espanto, furem a bolha das bibliografias hegemonicamente masculinas e invadam as salas de aula do ensino médio e superior.

Sendo a história da filosofia não a simples enumeração de doutrinas, mas a reconstrução do diálogo entre filósofos, pretendemos sugerir, com este volume, que quando a historiografia apaga as mulheres, uma versão empobrecida e mutilada dessa história é produzida. Perdemos todos. Uma vez que o silenciamento transforma-se em apagamento quando as obras são privadas de legado, esperamos que a *Enciclopédia Mulheres na Filosofia* contribua para a correção dessa incontestável injustiça epistêmica e para uma versão mais rigorosa e plural da história da filosofia. Ganharemos todos. Todos os que se interessam genuinamente pela filosofia.

# REFERÊNCIAS

ARAUJO, C. M. B. A primavera de 2016. *Ideação*, v. 42, p. 126-140, 2020.

BABIUKI, K. *O gênio no Iluminismo francês: o caso Diderot*. Curitiba: Kotter, 2022.

BERGES, S. On the outskirts of the canon: the myth of the lone female philosopher, and what to do about it. *Metaphilosophy*. v. 46, n. 3, p. 380-397, 2015.

DU CHÂTELETt, E. *Selected philosophical and scientific writings*. Ed. de Judith P. Zinsser. Trad. De Isabelle Bour; Judith P. Zinsser. Chicago: University of Chicago Press, 2009.

EBBERSMEYER, S."From a 'memorable place' to 'drops in the ocean': on the marginalization of women philosophers in German historiography of philoso-phy". *British Journal for the History of Philosophy*, v. 28, n. 3, p. 442-462, 2019.

FRATESCHI, Y. *Filosofia e humanidades, as blindagens de uma historiografia sexista*. Revista Discurso, v. 52, n. 1, p. 28-44, 2022.

FRICKER, M. *Epistemic injustice*: power and the ethics of knowing. Oxford: Oxford University Press, 2007.

GUERROULT, M. O método em história da filosofia. Trad. de Nicole Alvarenga Marcello. *Skepsis*, v. 8. n. 12, p. 160-170, 2015.

HUTTON, S. *Intellectual History and the History of Philosophy*. History of European Ideas, v. 40, n. 7, p. 925–937, 2014.

HUTTON, S. Women, Philosophy and the History of Philosophy. *British Journal for the History of Philosophy*. v. 27, n. 4, p. 684-701, 2019.

LEAL, H. Feminismo negro. *Blogs de Ciência da Universidade Estadual de Campinas*: Mulheres na filosofia, v. 6, n. 3, p. 16-23, 2020. Disponível em: https://www.blogs.unicamp.br/mulheresnafilosofia/feminismo-negro-2/. Acesso em 1 de jul. 2024.

LOVEJOY, A. O. *The great chain of being*: a study of the History of an idea. Harvard: Harvard University Press, 1971.

O'NEILL, E. Disappearing ink: Early Modern women philosophers and their fate in History. *In*: KOURNAY, J. (org.) *Philosophy in a feminist voice: critiques and reconstructions*. Princeton: Princeton University Press, 1997, p. 17-62.

O'NEILL, E. Early Modern women philosophers and the History of Philosophy. *Hypatia*, v. 20, n. 3, p. 185-197, 2005.

O'NEILL, E. Introduction In: O'NEILL, E., LASCANO, M. P. (orgs.). *Feminist History of Philosophy*: the recovery and evaluation of women's philosophical thought. Cham: Springer, 2019. p. 1-20.

PUGLIESI, N. O que é a história feminista da filosofia. *Coluna Anpof*, 07 mar. 2021.

RÉE, J. Women philosophers and the canon. *British Journal for the History of Philosophy*, v. 10, n. 4, p. 641-652, 2002.

SHAPIRO, L. Cânone, gênero e historiografia. *In*: PUGLIESE, N., SECCO, G. E OLIVEIRA, B. (orgs). *Vozes*: mulheres na história da filosofia. Rio de Janeiro: Editora da UFRJ, 2024. p. 28-50.

SKINNER, Q. Meaning and Understanding in the History of Ideas. *History and Theory*, v. 8, n. 1, p. 3-53, 1969.

WITT, C. Feminist History of Philosophy. In: ALANEN, L.; WITT, C. (orgs.) *Feminist reflection on the History of Philosophy.* Dordrecht: Kluwer Academic Publishers, 2004, p. 1-16.

WITT, C.; SHAPIRO, L. *The Stanford Encyclopedia of Philosophy*: verbete "Feminist History of Philosophy". Disponível em: https://plato.stanford.edu/entries/feminism-femhist/ Acesso em 03. jul. 2024.

# Parte I
## Antiguidade

# 1
# CLEOBULINA DE LINDOS*

(Séc. IV AEC)

*Mariana Gardella*\*\*

## 1 – VIDA: QUEM FOI CLEOBULINA?

Cleobulina (Κλεοβουλίνη) nasceu na cidade de Lindos, na Ilha de Rodes. Acredita-se que ela viveu no século VI AEC, embora as datas exatas de seu nascimento e morte sejam desconhecidas. Diz-se que ela se tornou famosa na 82ª Olimpíada (452-449 AEC), com outros poetas e poetisas, como Crates, Telesila, Baquílides e Praxila (Jerônimo, *Chronicon*, 112; George Syncellus, *Ecloga chronographica*, 470). Essa data não corresponderia a nenhum evento na vida de Cleobulina, mas à época em que seus enigmas se tornaram conhecidos em Atenas graças à apresentação da comédia de Cratino intitulada *Cleobulinas*. Isso levou alguns estudiosos a acreditarem que Cleobulina não era uma mulher real, mas um personagem fictício inventado por Cratino e posteriormente usado por Plutarco (Crusius, 1896; Wilamowitz, 1899; Bowie, 2006). Entretanto, não há razão para duvidar da historicidade de Cleobulina, uma vez

---

\* Tradução de Carolina Araújo.
\*\* Professora do Departamento de Filosofia da Universidade de Buenos Aires e pesquisadora assistente do Conselho Nacional de Investigações Científicas e Técnicas.

que seu nome é mencionado em várias fontes doxográficas, com nomes de outros sábios e poetas cuja existência não é duvidosa.

Cleobulina era filha de Cleóbulo, um dos Sete Sábios da Grécia e soberano de Lindos. Para Cleóbulo, tanto os homens quanto as mulheres deveriam receber educação (Diógenes Laercio, *Vidas e doutrinas de filósofos ilustres*, 1. 91). Por isso, Cleobulina foi educada e chegou a ser considerada uma das mulheres de maior destaque em seu tempo. Clemente de Alexandria a menciona em seu catálogo de mulheres notáveis (Clemente, *Stromata*, 4. 19. 120-123) e Plutarco a apresenta como um modelo de conduta feminina (Plutarco, *Preceitos conjugais*, 145e).

Cleobulina dedicou-se à composição de enigmas. Eles têm sido relevantes para os estudos sobre as características e funções dos enigmas e adivinhações na cultura grega antiga (Pucci, 1996; Berra, 2008; Beta, 2016). Por compor suas adivinhas em verso, Cleobulina tem sido tradicionalmente considerada uma poetisa. Porém, devido ao valor filosófico de suas composições, ela também poderia ser vista como uma das primeiras mulheres filósofas (Waithe, 1987; Pietra, 1997; Cursaru, 2013; Gardella, 2021).

É difícil saber quem foi Cleobulina, pois existem poucos testemunhos sobre sua vida. O mais importante é o *Banquete dos sete sábios*, de Plutarco, em que se reconhece Cleobulina por sua habilidade de compor enigmas. Embora se trate de um escrito de ficção, apresenta uma bela e complexa descrição de Cleobulina que nos permite saber indiretamente, a partir de como ela era vista, quem ela foi (Gardella; Juliá, 2018, p. 35-39).

No *Banquete dos sete sábios*, Cleobulina aparece como uma das convidadas do simpósio celebrado por Periandro. Ao longo da obra, Cleobulina não fala, mas falam dela outros personagens que, como Tales e Esopo, admiram quem ela é e do que é capaz. Tales afirma que Cleobulina se destaca por sua sabedoria, sensatez, pensamento político e filantropia (Plutarco, *Banquete dos sete sábios*, 148d). Por seu caráter, ela teria tido uma participação política ativa, incomum para as mulheres de seu tempo, e teria ajudado seu pai nas tarefas de governo, fazendo dele um governante mais popular entre os cidadãos (Plutarco, *Banquete dos sete sábios*, 148e).

Ao longo do *Banquete* de Plutarco, Cleobulina se expressa por meio de gestos sutis que realçam a aura de mistério que envolve sua figura. Ela brinca, tece, cora quando falam com ela e corre ao encontro de Tales para beijá-lo. Ela também trança cuidadosamente o cabelo de Anacarsis, um sábio de origem cita, para embelezar sua rude aparência. Em outra fonte conta-se que Cleobulina lavava os pés dos estrangeiros que visitavam seu pai (Clemente, *Stromata*, 4. 19. 122-123). Esses testemunhos mostram Cleobulina cuidando de estrangeiros, o que poderia ser visto como um sinal de filantropia e hospitalidade.

O testemunho de Plutarco contrasta com as referências a Cleobulina encontradas na comédia, em que, de modo geral, as mulheres eram retratadas negativamente. Por seu notável trabalho intelectual e posição social de destaque, Cleobulina foi alvo de críticas de comediógrafos. Sobre ela foram escritas duas comédias, das quais conservamos poucos fragmentos. Temos, por um lado, *Cleobulinas*, de Cratino, uma obra em que o coro seria formado por mulheres que pronunciavam charadas de conteúdo provavelmente erótico (*PCG* IV 92-101); por outro, temos *Cleobulina*, de Alexis, uma comédia em que se mencionava Sinope, uma prostituta (*PCG* II 109). A partir dessas referências, podemos supor que os dramaturgos menosprezavam o trabalho intelectual de Cleobulina e zombavam de suas charadas, transformando-as em piadas de conteúdo provavelmente sexual.

Cleobulina era chamada assim por ser filha de Cleóbulo. No entanto Plutarco diz que seu nome verdadeiro era Eumetis (Plutarco, *Banquete dos sete sábios*, 150b; *Sobre os oráculos da Pítia*, 401a-b). Eumetis (literalmente "inteligência nobre") é um nome falante que descreve a capacidade de Cleobulina de compor charadas (Plutarco, *Banquete dos sete sábios*, 148d). Esse nome está relacionado à personagem mítica de Métis, a primeira esposa de Zeus, considerada "a mais sábia entre os deuses e os homens" (Hesíodo, *Teogonia*, 887). Métis dá a Zeus a droga que seu pai Cronos deve ingerir para vomitar as crianças que engoliu e, com a ajuda delas, derrubar os Titãs e estabelecer uma nova ordem (Apolodoro, *Biblioteca*, 1. 2. 1). Assim, o substantivo grego *mêtis* refere-se a uma forma de inteligência caracterizada como "astúcia", que combina várias operações mentais e discursivas, como a intuição, a previsão, o engano e o senso de oportunidade, utilizadas para atingir com sucesso algum objetivo no âmbito prático. Detienne e Vernant acreditam que o nome Eumetis expressa o tipo de conhecimento que Cleobulina tem. É um conhecimento das ambiguidades e equivocidades da linguagem que lhe permite não só compor enigmas, mas também poder resolvê-los:

> O saber de Eumetis é duplo: ela sabe trançar as palavras ambíguas, reunir os contrários e entrelaçar dois sentidos, mas reciprocamente sua mêtis lhe permite encontrar a palavra ou a resposta que proporciona uma voz única ao discurso polimorfo e que, como se fosse uma ligadura mágica, impõe-se aos aspectos mais confusos de uma palavra que escapa à univocidade (Detienne; Vernant, 1974, p. 290).

## 2 – O QUE É UM ENIGMA?

Na opinião de Colli (2005, p. 48), o enigma é um fenômeno arquetípico da sabedoria grega que não representa um modelo de conhecimento claro e distinto; ao contrário, é o resultado de uma trama obscura de palavras cuja resolução pode custar vidas, como se vê, por exemplo, no enigma da própria morte que Hércules não conseguiu resolver: "Pois há muito tempo tenho uma profecia do meu pai: não morrer nas mãos de nenhum dos que respiram, mas sim de quem, já falecido, era habitante do Hades" (Sófocles, *Traquínias*, 1159-1161). Também, há o caso de Homero, de que se diz que morreu por não conseguir resolver o enigma que lhe propuseram algumas crianças que matavam piolhos: "quantos nós vimos e pegamos, nós os deixamos; quantos não vimos nem pegamos, estes mesmos carregamos" (DK 22 B 56 = Hipólito, *Refutação de todas as heresias*, 9. 5).

Em grego, há dois termos para enigma: *aínigma* (enigma) e *grîphos* (adivinha). Embora em algumas fontes eles sejam usados de maneira intercambiável, como se fossem sinônimos, há uma diferença entre eles. *Aínigma* nomeia o enigma no sentido estrito, isto é, consiste em uma afirmação que se refere a um objeto, pessoa ou fenômeno por meio de uma descrição ambígua que não parece corresponder a ele ou contradizer a experiência que temos dele. *Grîphos*, por outro lado, é um conceito mais amplo que inclui enigmas no sentido estrito e outros jogos de sagacidade, como charadas, lipogramas e jogos de memória (Konstantakos, 2004, p. 120; Luz, 2010, p. 144). *Grîphos* também era o nome dado à cesta de junco usada pelos pescadores para pescar. Isso levou a pensar que os enigmas eram assim chamados porque eram vistos como dispositivos que tinham a função de prender aqueles que não conseguiam resolvê-los.

A diferença entre *aínigma* e *grîphos* é estabelecida em um escólio ao *Leilão de vidas*, de Luciano de Samósata, no qual se afirma que "o enigma e a adivinha diferem, porque, em relação ao enigma, qualquer um reconhece que é ignorante, mas em relação à adivinha ele é ignorante, apesar do fato de achar que sabe" (Escólio a Luciano, *Leilão de vidas*, 14). Como exemplo de enigma ele cita aquele que a Esfinge jogou para Édipo: "O que tem dois pés, três pés e quatro pés?". Um exemplo de adivinha é: "Heitor, filho de Príamo, foi morto pelo varão Diomedes". Embora a afirmação pareça clara, a expressão grega *Diomédes anér* apresenta uma ambiguidade, pois o termo *Diomédes* pode ser tanto a forma nominativa do nome masculino Diomedes quanto o genitivo do nome feminino *Diomeda*. Assim, a expressão *Diomédes anér* pode se referir a Diomedes, um guerreiro aqueu que não matou Heitor, ou ao "varão de Diomeda", ou seja, Aquiles, o assassino do filho de Príamo, que tomou Diomeda depois de Briseis. De acordo com esses exemplos, o enigma é um jogo de palavras que tem sua base em uma ambiguidade linguística, e a adivinha é uma pergunta complexa cuja resposta é desconhecida e deve ser investigada.

Os enigmas eram apresentados em vários contextos e com diferentes propósitos. Em primeiro lugar, era comum que as competições de enigmas fossem realizadas nos simpósios como parte dos entretenimentos que aconteciam após o jantar. Aqueles que resolviam as charadas recebiam coroas, beijos e elogios; aqueles que não conseguiam fazê-lo tinham que pagar uma prenda, como beber vinho sem respirar ou misturado com salmoura. Isso pode ser visto no *Banquete dos sábios* de Ateneu e no *Banquete dos sete sábios* de Plutarco. Na última obra, os sábios que participam do banquete de Periandro tentam resolver os enigmas de Cleobulina, que são considerados um passatempo e comparados aos astrágalos usados para jogar cartas (Plutarco, *Banquete dos sete sábios*, 148d). Em segundo lugar, muitas das mensagens transmitidas pelos oráculos tinham um caráter enigmático e eram compostas por recursos utilizados para a criação de enigmas, tais como a metáfora, a contradição e os termos polissêmicos. Como exemplo, podemos citar a resposta enigmática do oráculo de Delfos sobre Sócrates: que não há ninguém mais sábio (Platão, *Apologia de Sócrates*, 21a-c). Paradoxalmente, Sócrates é o mais sábio, porque não sabe e reconhece não saber, ao contrário da maioria das pessoas que, apesar de ignorante, acredita que sabe. Em terceiro lugar, os enigmas também eram usados com fins pedagógicos para transmitir conhecimentos sobre ciência natural, como se pode ver no enigma do dia e da noite: "À minha mãe eu dou à luz e eu sou dado à luz por ela; algumas vezes sou maior do que ela; outras, menor" (*Antologia grega*, 14. 41). Também conhecimentos sobre os mitos que faziam parte da educação tradicional grega, como se vê, por exemplo, no enigma sobre os irmãos Etéocles e Polinices, os filhos de Édipo que foram amaldiçoados pelo pai e se mataram lutando pelo trono de Tebas: "Eu matei meu irmão, meu irmão me matou e nós fomos mortos por nosso pai. Uma vez mortos, nós dois matamos nossa mãe" (*Antologia grega*, 14. 38). Em quarto lugar, os enigmas eram usados para fins filosóficos. O exemplo mais claro é o de Heráclito de Éfeso. Ele foi considerado um "criador de enigmas" (*ainiktés*), porque seus aforismos são como charadas cuja solução é difícil de encontrar (DK 22 A 1 = Diógenes Laércio, *Vidas e doutrinas de filósofos ilustres*, 9. 6). Ao expressar suas opiniões de forma enigmática, Heráclito emula o modo como Apolo se expressa: "o senhor, cujo oráculo é o de Delfos, não diz nem esconde, mas dá sinais" (DK 22 B 93 = Plutarco, *Sobre os oráculos da Pítia*, 404d).

A primeira definição de "enigma" encontra-se na *Poética*. Ali, Aristóteles afirma que o objetivo dos enigmas é "fazer combinações impossíveis para dizer coisas que são" (Aristóteles, *Poética*, 1458a26-27). Os enigmas referem-se a objetos, personagens ou experiências que formam parte da vida cotidiana por meio de estranhas descrições que aparentemente apontam para algo inexistente ou impossível. As descrições enigmáticas são o resultado de um uso excessivo de metáforas (Aristóteles, *Poética*, 1458a23-26; *Retórica*, 1405b1-5). A metáfora é definida como "o deslocamento para uma coisa do nome correspondente a outra, seja de gênero para espécie, de espécie para gênero, de uma espécie para outra espécie, ou por analogia" (Aristóteles, *Poética*, 1457b6-9). Enigmas bem formulados são compostos de metáforas apropriadas, que são aquelas que têm sua base em uma analogia entre itens pertencentes a espécies semelhantes ou a espécies do mesmo gênero (Aristóteles, *Retórica*, 1405b2-4, 1412a24-26). Da mesma forma, muitos deles têm a aparência de contradições, o que faz com que os enigmas se assemelhem a paradoxos, como se vê no enigma do eunuco e do morcego: "Um varão não varão, que vê e não vê um pássaro não um pássaro, que pousava e não pousava em um tronco não tronco, atira nele e não atira uma pedra não pedra" (Escólio em Platão, *República*, 479c).

Mais tarde, Clearco de Solos, um discípulo de Aristóteles, escreveu uma obra intitulada *Sobre as adivinhas* (*Perì gríphon*), que sobreviveu em um estado fragmentário. Esse foi o primeiro tratado da Antiguidade, e talvez o único, dedicado inteiramente ao estudo de enigmas. Nele, a adivinha é definida como "um problema divertido que exige que se encontre uma solução por meio de uma investigação realizada por meio da inteligência e que foi proposto com a intenção de atribuir um prêmio ou um castigo" (Clearco, fragmento 86 Wehrli = Ateneu, *Banquete dos sábios*, 10. 448c). Por meio dessa definição, Clearco apresenta a adivinha como um tipo especial de problema: um problema divertido. Assim, ele enfatiza não apenas seu aspecto humorístico, mas também sua capacidade de desafiar o pensamento. Por esse motivo, ele argumenta que "a investigação de adivinhas não é estranha à filosofia e, por meio deles, os antigos demonstravam sua educação" (Clearco, fragmento 84 Wehrli = Ateneu, *Banquete dos sábios*, 10. 457c-458a).

Clearco apresenta as adivinhas como exercícios mentais que servem para treinar o pensamento na busca do conhecimento. No entanto, deve-se levar em conta que as adivinhas e os enigmas não constituem apenas desafios epistemológicos, mas também têm impacto existencial, uma vez que sua resposta pode modificar o destino de quem tenta resolvê-las. Por exemplo, Édipo é o único que consegue encontrar a resposta ao enigma da monstruosa Esfinge. Todavia, no decorrer da tragédia de Sófocles, ele não consegue encontrar a resposta para um enigma mais fundamental: o de sua própria identidade. Com efeito, ele próprio é uma charada cuja solução reside na descoberta da sua verdadeira origem, à qual chega, por meio da *anagnórisis* trágica, quando se reconhece como o oposto do que parecia ser. Da mesma forma, a aparente contradição entre o ser uno e o ser múltiplo estabelecida pelo enigma da Esfinge reflete a verdadeira condição de Édipo, que descobre ser estrangeiro e nativo de Tebas, rei da cidade e fora da lei, filho e marido de Jocasta, pai e irmão de seus próprios filhos (Rokem, 1996, p. 261-268).

## 3 – OS ENIGMAS DE CLEOBULINA

Na Grécia Antiga, o discurso das mulheres era associado à ambiguidade, ao engano e ao enigma (Martin, 2001, p. 73). Figuras femininas perigosas e poderosas proferiam enigmas, como a Esfinge ou a Pítia de Delfos. Na comédia, era comum representar mulheres proferindo enigmas, como se vê em fragmentos de algumas peças de Alexis (fragmento 242. 6 KA = Ateneu, *Banquete dos sábios*, 10. 449d-e), Antífanes (fragmento 194 KA = Ateneu, *Banquete dos sábios*, 10. 450e-451b) e Dífilo (fragmento 49 KA = Ateneu, *Banquete dos sábios*, 10. 454a). Isso levou à sugestão de que as adivinhas serviam às mulheres como um meio de se expressarem e de compreenderem diferentes aspectos do mundo ao seu redor (Potamiti, 2021, p. 55-56).

Infelizmente, só conservamos quatro enigmas de Cleobulina: o da ventosa, o dos artistas, o da flauta e o do ano. É impossível saber se Cleobulina compunha seus enigmas de modo oral ou por escrito. Ateneu afirma que "em seus enigmas" (*en toîs ainígmasin*) ela propôs uma definição de "enigma" que foi discutida extensivamente por Diotimo de Olimpene (Ateneu, *Banquete dos sábios*, 10. 448b). Embora não saibamos qual foi essa definição, esse comentário nos permite pensar ou que Cleobulina escreveu um livro de enigmas, ou que alguém publicou uma compilação deles (Kwapisz, 2013, p. 151-152). Além disso, Plutarco lhe atribui a autoria de uma fábula, a do vestido da lua (Plutarco, *Banquete dos sete sábios*, 157a-b).

O enigma mais famoso de Cleobulina é aquele que se refere à aplicação medicinal de ventosas. Aristóteles o cita duas vezes, na *Poética* e na *Retórica*, em que ele também indica que era um enigma muito popular (Aristóteles, *Retórica*, 1405a37). Entretanto, ele nunca deixa claro que sua autora é Cleobulina:

> Eu vi um homem soldar com fogo bronze a um homem. (Cleobulina, fragmento 1 West = Aristóteles, *Poética*, 1458a29; *Retórica*, 1405b1).

A aplicação das ventosas era um tratamento médico usado para restaurar o equilíbrio dos humores (Hipócrates, *Sobre a medicina antiga*, 22). A ventosa era aquecida e fixada no corpo para aliviar a tensão muscular. Em alguns casos, eram feitas pequenas incisões na pele, causando um leve sangramento. Isso é mencionado na versão do enigma de Cleobulina transmitida por Clearco:

> Eu vi um homem soldar com fogo bronze a um homem, ficaram-se tão intimamente soldados que se tornaram consanguíneos. (Cleobulina, fragmento 1 West = Clearco, fragmento 94 Wehrli = Ateneu, *Banquete dos sábios*, 10. 452b).

O enigma de Cleobulina se encaixa na definição aristotélica de *aínigma*, pois faz alusão a uma prática bem conhecida ao descrever uma situação aparentemente impossível. Ele faz uma analogia entre o trabalho de um soldador que solda bronze por meio do fogo e o de um médico que aplica ventosas quentes do mesmo material no corpo de seus pacientes. No enigma de Cleobulina há duas metáforas. Em primeiro lugar, as ventosas são chamadas de "bronze", porque esse é o material de que são feitas (metáfora que aplica o nome do gênero a uma das espécies). Em segundo lugar, diz-se que o médico "solda", porque, como Aristóteles reconhece na *Retórica*, não há um nome específico para a técnica das ventosas. Dado que o trabalho do ferreiro que solda bronze e o do médico que aplica ventosas pertencem ao mesmo gênero, porque ambos são um tipo de "aplicação" (*prósthesis*), pode-se aplicar metaforicamente o nome de "soldagem" (*kóllesis*) à técnica médica de aplicação de ventosas (metáfora que aplica o nome de uma espécie a outra que pertence ao mesmo gênero).

O tratado anônimo conhecido como *Discursos duplos* (*Dissoì lógoi*) transmite outro enigma de Cleobulina:

> Eu vi um homem roubar e enganar violentamente
> e fazer isso com violência era o mais justo (Cleobulina, fragmento 2 West = Anônimo, *Discursos duplos*, 3. 11).

No tratado, o enigma é citado para sustentar a tese segundo a qual justiça e injustiça não podem ser definidas objetivamente, ao contrário, são determinadas em relação à situação concreta em que se deve agir (*kairós*). Assim, embora seja considerado injusto mentir e roubar, há ocasiões em que isso é moralmente aceitável. Por exemplo, é correto mentir para os pais quando é necessário que eles tomem um remédio e a única maneira de conseguir isso é escondê-lo na comida (Anônimo, *Discursos duplos*, 3. 1). Também é correto roubar cordas e espadas de amigos se eles pretendem se ferir com elas (Anônimo, *Discursos duplos*, 3. 2), ou saquear templos se eles contêm os bens que possibilitarão a batalha contra aqueles que tentam invadir a cidade (Anônimo, *Discursos duplos*, 3. 8). Por meio da análise desses casos, demonstra-se que a definição abstrata de regras éticas universais não tem sentido, uma vez que situações particulares exigem que seja estipulado para cada caso específico como se deve agir e quais ações serão justas ou o contrário.

Em apoio a essa ideia, o autor do tratado cita os versos de Cleobulina que descrevem um homem que, para atingir um objetivo justo, deve cometer ações que normalmente são consideradas injustas. Embora se diga que esses versos são um "testemunho dos poemas mais antigos" (*poiemáton palaiotéron martýrion*) (Anônimo, *Discursos duplos*, 3. 11), por causa de sua forma e conteúdo, eles podem ser considerados um enigma. Como o enigma da ventosa, ele começa com a expressão "Eu vi um homem" (*ándr' eîdon*), que pode ser uma marca característica do estilo de Cleobulina. Entretanto, diferentemente do enigma da ventosa, ele não apresenta um acúmulo excessivo de metáforas, mas uma associação paradoxal entre noções opostas: violência e justiça.

Nenhuma fonte transmite a solução para esse enigma. Por esse motivo, várias respostas possíveis foram sugeridas. Por um lado, o enigma foi relacionado a um escólio da *Ética a Nicômaco*, no qual se diz que aquele que rouba a espada de um louco não é um ladrão, mas um salvador (Escólio a Aristóteles, *Ética a Nicômaco*, 1134a = fragmento 128a Rose) (Bergk, 1866, p. 62). Assim, a resposta ao enigma seria um homem que rouba a arma de uma pessoa que pretende feri-lo com ela, um caso mencionado nos *Discursos duplos* (3. 4). Por outro lado, foi sugerido que o enigma expressa a mentalidade guerreira da era arcaica à qual Cleobulina pertencia (Matelli, 1997, p. 19-21). A resposta seria, então, um soldado que, como mostrado nos *Discursos duplos* (3. 5-8), em tempos de guerra pode cometer ações injustas por uma causa justa, como defender a si mesmo ou sua cidade. No entanto, deve-se observar que o enigma é citado após uma referência à tragédia e à pintura: "na composição de tragédias e na pintura, aquele que mais engana, fazendo coisas semelhantes às verdadeiras, é o melhor" (Anônimo, *Discursos duplos*, 3. 10). Isso levou a pensar que a resposta poderia ser os artistas, como pintores e dramaturgos, que enganam quando compõem, com várias imitações (*miméseis*), cenas verossímeis que podem ser confundidas com a realidade, por exemplo, a de um ladrão que age com violência (Untersteiner, 1954, p. 167-168). O advérbio *biaíos* e o substantivo *bía* evocam não apenas a violência, mas também a involuntariedade da ação e, portanto, chamam a atenção para o engano não intencional que os artistas cometem por meio de suas obras (Potamiti, 2021, p. 50-51).

O terceiro enigma de Cleobulina é o da flauta frígia:

> Com sua pata cornuda, um burro morto bateu em minha orelha.
> (Cleobulina, fragmento 3 West = Plutarco, *Banquete dos sete sábios*, 150f).

Esse enigma é proferido por Esopo no *Banquete dos sete sábios*, de Plutarco, quando Anacarsis zomba da crença grega de que os deuses ouvem com mais prazer o som das flautas do que o som da voz humana. Esopo confirma essa visão e usa o enigma de Cleobulina para deixar claro que, naquela época, para a fabricação de flautas, os ossos de veado haviam sido substituídos por ossos de burro, porque estes soavam melhor. Esse enigma faz parte de um grupo distinto de enigmas sobre os elementos e as práticas do simpósio, entre os quais está o enigma de Simônides sobre o uso da neve para resfriar o vinho (Ateneu, *Banquete dos sábios*, 3. 125c). Assim como o enigma da ventosa, o enigma da flauta se refere a um objeto familiar e bem conhecido ao descrever uma criatura monstruosa que não existe: um burro morto com chifres nas pernas. Há duas metáforas no enigma. Em primeiro lugar, a perna do burro se refere à flauta que foi feita com os ossos desse animal (metáfora que aplica o nome do gênero a uma das espécies). Diz-se que a pata do burro tem chifres, porque o bocal da flauta foi feito com os chifres retirados de animais mortos. Em segundo lugar, a ação de ouvir é chamada de "chutar", porque ambas envolvem um golpe (metáfora que aplica o nome de uma espécie a outra que pertence ao mesmo gênero).

O último enigma atribuído a Cleobulina é o do ano:

> Um o pai, doze os filhos e cada um deles, trinta filhos (Suda, *s.v.* Cleobulina).

O enigma baseia-se em uma analogia entre as gerações de uma família e as unidades pelas quais o tempo é medido: ano, os meses e os dias, e um pai, seus filhos e seus netos: o pai representa o ano; seus filhos, os doze meses; e seus netos, os trinta dias de cada mês. Em seus *Comentários históricos*, a historiadora Panfila de Epidauro atribui a Cleóbulo uma versão semelhante desse enigma, que inclui uma referência a dias e noites:

> Um o pai, doze os filhos. Cada um deles
> tem duas vezes trinta filhos de aparência dupla:
> alguns parecem claros, outros escuros,
> e, embora imortais, todos eles perecem (Panfila, *Comentários históricos*, FHG III 521 = Diógenes Laercio, *Vidas e doutrinas de filósofos ilustres*, 1. 91).

Além dos quatro enigmas mencionados acima, temos uma pequena fábula (*lógos*) de Cleobulina:

> – Para os homens sábios – disse Cleóbulo –, a lei concedeu uma medida, mas para os homens comuns contarei a história de minha filha, que ela contou ao irmão. Ela disse que a lua pediu à sua mãe que lhe fizesse um vestidinho que lhe servisse. Mas a mãe respondeu: "Como posso tecê-lo sob medida? Pois agora eu a vejo cheia, depois minguante, depois crescente" (Plutarco, *Banquete dos Sete Sábios*, 157a-b).

No *Banquete*, essa fábula é citada por Cleóbulo no contexto da discussão sobre a possibilidade de encontrar um critério para estabelecer o tipo e a quantidade de bens que devem ser adquiridos para satisfazer desejos e necessidades. A fábula serve para argumentar que as pessoas comuns não sabem quais necessidades satisfazer, porque seus desejos são mutáveis, ao contrário dos sábios, que conhecem a medida ou o critério para decidir quais desejos satisfazer e quais não satisfazer.

Os enigmas de Cleobulina são relevantes para a história da filosofia por várias razões. Em primeiro lugar, ajudam-nos a compreender as primeiras reflexões filosóficas sobre os enigmas e as adivinhas desenvolvidos por Aristóteles e Clearco. Em segundo lugar, embora os enigmas de Cleobulina fossem considerados divertidos jogos mentais, eles também foram usados como veículo para a reflexão filosófica, como se vê no enigma citado nos *Discursos duplos* e na fábula do vestido da lua. Em terceiro lugar, os enigmas de Cleobulina transmitem uma visão original do conhecimento. Por essa razão, eles são relevantes nas discussões de problemas epistemológicos antigos. A prática de compor e resolver adivinhas baseia-se em uma perspectiva epistêmica segundo a qual o conhecimento não surge de novas descobertas, mas de novas conexões entre coisas já conhecidas. Os enigmas se referem a coisas, personagens ou experiências que fazem parte da experiência ordinária, por exemplo, as ventosas, uma flauta, os artistas, e o ano com seus meses e dias. Pois bem, a banalidade da resposta contrasta com a obscuridade dos enunciados enigmáticos e com o esforço que implica resolvê-los. Por essa razão, o enigma pode ser compreendido como uma forma de acesso àquilo que, embora apareça à vista, oculta-se sob a forma de enunciados que exploram o caráter ambíguo e polissêmico da linguagem. A experiência de resolução de charadas fomenta a admiração que surge ao olhar com novos olhos para o que já se conhece e mostra que o evidente pode tornar-se incomum, magnífico.

# BIBLIOGRAFIA

## Fontes

ADLER, A. (org.). *Suidae lexicon*. Munique, Leipzig: KG Saur, 2001.

APOLODORO. *Biblioteca*. Trad. de Margarita Rodríguez de Sepúlveda. Madri: Gredos, 1985.

ARISTÓTELES. *La poétique*. Trad. de Roselyne Dupont-Roc e Jean Lallot. Paris: Seuil, 1980.

ARISTÓTELES. *Rhetoric*: a commentary by William M. A. Grimaldi. Nova York: Fordham University Press, 1988. v. 2.

ATENEU. *The learned banqueters*. Trad. de S. Douglas Olson. Cambridge: Harvard University Press, 2009. v. 5.

BUFFIERE, F. (Ed. e trad.). *Anthologie grecque*. Paris: Les Belles Lettres, 1970. v. 12.

CLEMENTE DE ALEXANDRIA. *Stromata*. Ed. de Otto Stählin e Ludwig Früchtel. Berlim: De Gruyter, 1985. v. 2.

DIÓGENES LAÉRCIO. *Lives of eminent philosophers*. Ed. de Tiziano Dorandi. Cambridge: Cambridge University Press, 2013.

EUSÉBIO. *Werke*. Ed. de Rudolf Herausgegeben von Helm. Berlim: Akademie-Verlag, 1956. v. 7.

JORGE SINCELO. *Ecloga chronographica*. Ed. de Alden A. Mosshammer. Leipzig: Teubner, 1984.

HESIOD. *Theogony, Work and Days* & T*estimonia*. Trad. e ed. de Glenn W. Most. Cambridge; Londres: Harvard University Press, 2018.

HIPÓCRATES. *Tratados hipocráticos*. Trad. de Maria Dolores Lara Nava. Madri: Gredos, 2016. v. 1.

PLATÃO. *Apología de Sócrates* & *Critón*. Trad. de Esteban Bieda. Buenos Aires: Winograd, 2014.

PLUTARCO. *Obras morales y de costumbres*. Trad. de Concepción Morales Otal e José García Lopez. Madri: Gredos, 1986. v. 2.

PLUTARCO. *Obras morales y de costumbres*. Trad. de Francisca Pordomingo Pardo e José Antonio Fernández Delgado. Madri: Gredos, 1995. v. 6.

ROBINSON, T. M. (ed. e trad.). *Contrasting arguments*. Nova York: Arno Press, 1979.

SOPHOCLE. *Les Trachiniennes & Antigone*. Ed. de Alphonse Dain. Trad. de Paul Mazon. Paris: Les Belles Lettres, 1967. v. 1.

## Outras edições

BERGK, T. *Poetae lyrici graeci*. Leipzig: Teubner, 1866. v. 2.

DIELS, H.; KRANZ, W. *Die Fragmente der Vorsokratiker*. Berlim: Weidmann, 1954.

KASSEL, R.; AUSTIN, C. *Poetae comici graeci*. Berlim: De Gruyter, 1983-2001.

MÜLLER, C. *Fragmenta historicorum graecorum*. Paris: Didot, 1883. v. 3.

ROSE, V. *Aristotelis qui ferebantur librorum fragmenta*. Leipzig: Teubner, 1967.

UNTERSTEINER, M. *Sofisti*: testimonianze e frammenti. Florença: La nuova Italia, 1954. v. 3.

WEHRLI, F. *Die Schule des Aristoteles*. Basel: Verlag, 1948. v. 3.

WEST, M. *Iambi et elegi graeci ante Alexandrum cantata*. Nova York: Oxford Clarendon Press, 1972. v. 2.

## Literatura secundária

BERRA, A. *Théorie et pratique de l'énigme en Grèce ancienne*. 2008. Tese (Doutorado em Ciências Sociais) – École des Hautes Études em Sciences Sociales, Paris, 2008. Disponível em: https://tel.archives-ouvertes.fr/tel-00674183/document. Acesso em: 1 jul. 2024.

BETA, S. *Il labirinto della parola*: enigmi, oracoli e sogni nella cultura antica. Turim: Einaudi, 2016.

BOWIE, E. Cleobuline. *In*: CANCIK, H. *et al.* (orgs.). *Brill's new Pauly*. Leiden: Brill, 2006. Disponível em: http://dx.doi.org/10.1163/1574-9347_bnp_e616050. Acesso em: 1 jul. 2024.

COLLI, G. *La sapienza greca*: Dioniso, Apollo, Eleusi, Orfeo, Museo, Iperborei, Enigma. Milão: Adelphi, 2005. v. 1.

CRUSIUS, O. Litterargeschichtliche Parerga: Kleobuline, Kleobulos und Aisopos. *Philologus*, v. 9, p. 1-5, 1896.

CURSARU, G. Cléobuline de Rhodes. *In*: DIDIER, B.; FOUQUE, A.; CALLE--GRUBER, M. (orgs.). *Le dictionnaire universel des créatrices*. Paris: Des Femmes, 2013. v. 1, p. 987-988.

DETIENNE, M.; VERNANT, J. P. *Les ruses de l'intelligence*. La mètis des Grecs. Paris: Flammarion, 1974.

GARDELLA, M. Cleobulina of Rhodes and the Power of Riddles. *In*: CHOUINARD, I. *et al.* (orgs.). *Women's perspectives on Ancient and Medieval Philosophy*. Nova York: Springer, 2021. p. 31-45.

GARDELLA, M.; JULIÁ, V. *El enigma de Cleobulina*. Buenos Aires: Teseo, 2018.

KONSTANTAKOS, I. M. Trial by riddle: the testing of the counsellor and the contest of kings in the legend of Amasis and Bias. *Classica et Mediaevalia*, v. 55, p. 85-138, 2004.

KWAPISZ, J. Were there Hellenistic riddle books? *In*: KWAPISZ, J.; PETRAIN, D.; SZYMAŃSKI, M. (orgs.). *The muse at play*: riddles and wordplay in Greek and Latin poetry. Berlim: De Gruyter, 2013. p. 148-167.

LUZ, C. *Technopaignia*: Formspiele in der griechischen Dichtung. Leiden; Boston: Brill, 2010.

MATELLI, E. Sulle tracce di Cleobulina. *Aevum*, v. 71, p. 11-61, 1997.

MARTIN, R. P. Just like a woman: enigmas of the lyric voice. *In*: LARDINOIS, A.; MCCLURE, L. (orgs.). *Making silence speak*: women's voices in Greek literature and society. Princeton: Princeton University Press, 2001. p. 55-74.

PIETRA, R. *Les femmes philosophes de l'Antiquité gréco-romaine*. Montreal: L'Harmattan, 1997.

POTAMITI, A. The riddles of Cleobulina: a response to Mariana Gardella Hueso's "Cleobulina of Rhodes and the philosophical power of riddles". *In*: CHOUINARD, I. et al. (orgs.). *Women's perspectives on Ancient and Medieval Philosophy*. Nova York: Springer, 2021. p. 47-57.

PUCCI, P. *Enigma, segreto, oracolo*. Pisa; Roma: Istituti Editoriali e Poligrafici Internazionali, 1996.

ROKEM, F. One voice and many legs: Oedipus and the riddle of the sphinx. *In*: HASAN-ROKEM, G.; SHULMAN, D. (orgs.). *Untying the knot*: on riddles and other enigmatic modes. Nova York: Oxford University Press, 1996. p. 255-270.

WAITHE, M. *A History of women philosophers*: ancient women philosophers 600 B.C.-500 A.D. Dordrecht: Kluwer Academic Publishers, 1987. v. 1.

WILAMOWITZ, U. Lesefrüchte. *Hermes*, v. 34, p. 219-222, 1899.

# 2
# ASPÁSIA DE MILETO

(470?-400? AEC)

*Marta Mega de Andrade**

Acompanhar os pensamentos e os atos de uma mulher grega antiga é uma tarefa árdua. Como Aspásia, ela precisaria ser a esposa ou concubina forte e influente de um chefe, ou ela mesma uma rainha ou chefe de estado para, assim, ter deixado impressões fortes na memória dos homens contemporâneos seus e na posteridade. A voz de Aspásia foi relatada por terceiros, a quem ela impressionou de tal forma que sua memória veio à tona, aqui e ali, ao longo de séculos. Em parte, sua realidade não é questionada quando se trata de falar da companheira de Péricles. No entanto, quando o que está em foco é a memória de uma Aspásia professora de retórica, circulando pelas rodas filosóficas e a quem algumas fontes conferem o "título" de sofista, aceita-se com a mesma condescendência que os antigos, nas sombras de algumas dúvidas entre sua sabedoria e seu papel como mulher. Pensando bem, contudo, quais são as evidências indubitáveis da vida e obra dos autores antigos para além de um certificado simbólico de autoria advindo da *tradição*? Portanto, nossa tarefa é árdua, mas é possível. A partir de tudo o que foi escrito, lembrado, estudado e almejado, entre os antigos e os modernos, emerge uma figura feminina a retratar: filósofa, esposa, cortesã.

---

* Professora titular do Instituto de História da Universidade Federal do Rio de Janeiro (UFRJ).

## 1 – VIDA

Aspásia, *de Mileto*. Assim era chamada nas citações de seu nome. Seu nascimento e sua morte não são mencionados pelos antigos, e, para isso, teremos que seguir as indicações de Peter Bicknell (1982). Segundo esse autor, Aspásia não deve ter nascido antes de 470 AEC (lembrando que todas as datas a partir de agora correspondem a antes da era comum). Uniu-se a Péricles por volta de 445, com quem teve um filho (o jovem Péricles), em torno de 440. Após a morte de Péricles, casou-se com o ateniense Lísicles, com quem também teve um filho, em torno de 428. Aparentemente, ainda estava viva em 411-10. Assim, considerando o maior período possível, situamos a vida de Aspásia entre 470-400.

Tudo que cerca essa personagem é, ao mesmo tempo, nebuloso e muito claro. Nebuloso como no caso de outras mulheres nomeadas e anônimas de cuja memória a posteridade raramente se ocupou ou simplesmente esqueceu. Claro, porque Aspásia também tem uma *persona* constituída no que chamamos "Tradição Clássica", a suprir o imaginário ocidental entre os séculos XVIII e XXI. Assim é que Aspásia conduz dos gregos antigos até nós, como um claro e caro exemplo de protagonismo feminino, mas numa clareza que se transforma em névoa à medida que nos aproximamos da "fonte".

Ao acompanhar estudos recentes sobre sua biografia (Bicknell, 1982, p. 240-250; Whaite, 1987, p. 75-82; Henry, 1995; Glenn, 1997; Gale, 2000, p. 361-386; Whiteley, 2000; Loraux, 2001), somos conduzidos por uma intrincada história de relações familiares e políticas entre a casa de Alcibíades, o velho, a casa de Péricles e a casa de Axíoco de Mileto. O avô do famoso Alcibíades teria estabelecido laços com a casa (aristocrática) de Axíoco por ocasião de seu ostracismo em Mileto (460-50), desposando uma das filhas do anfitrião – embora esse casamento e a existência dessa filha não sejam mencionados por nenhuma fonte literária ou epigráfica. Sustenta essa hipótese a possibilidade de que Alcibíades avô tenha tido comprovadamente dois filhos, Clínias (pai de Alcibíades) e Axíoco que, muito mais novo que seu irmão, seria fruto do segundo casamento de Alcibíades, o velho, justamente com uma das filhas de Axíoco de Mileto. O avô de Alcibíades teria, então, dois filhos com a nova esposa, Axíoco e Aspásio, nomes atestados por monumento funerário familiar no qual são mencionados ainda dois Ésquines, uma Sostraté e uma Aspásia, de Escambonides. Alcibíades teria retornado a Atenas por volta de 450, trazendo consigo não apenas sua esposa e filhos, mas ainda uma de suas cunhadas, Aspásia: eis a hipótese. Ao escolher esse caminho, estamos optando pela tradição aristocrática, contra uma outra narrativa que pressupõe a origem de Aspásia em Atenas como escrava refém de guerra. A família aristocrática de Aspásia parece fazer mais sentido quando se tem em conta que o filho dela com Péricles foi considerado um cidadão a despeito da lei promulgada em 451, que restringia a cidadania a filhos de pai e mãe atenienses.

Nessa versão da biografia de Aspásia sustentada por Bicknell e adotada ainda por Madeleine Henry, Xin Liu Gale, Nicole Loraux e outros, Aspásia viria, portanto, de uma importante família de Mileto e teria estado sob os auspícios de uma das mais influentes casas aristocráticas atenienses. Seja lá qual tenha sido o *status* dessa relação entre Aspásia e Péricles, Plutarco nos diz que o general ateniense se divorciou consensualmente da esposa que havia lhe dado dois filhos e uniu-se a Aspásia (*Vida de Péricles*, 24.5). Se para nós é difícil imaginar esse casamento como legítimo do ponto de vista legal – pelo que conhecemos das leis atenienses –, é fato que uma aliança com aristocratas de Mileto não deve ter estado fora do pensamento político de Péricles (e de Axíoco), sem prejuízo da história de um amor que teria "virado a cabeça" do general ateniense, conforme nos conta Plutarco (*Vida de Péricles*, 25.1).

É notável saber que de Aspásia se fala mal na comédia e que Plutarco aceita essa tradição dos comediógrafos para analisar algumas das ações políticas de Péricles. Também é interessante, por exemplo, descobrir em *Acarnenses* (ano de 425 aproximadamente), de Aristófanes, que o "caso Mégara", segundo o comediógrafo, tido como estopim das guerras do Peloponeso, foi culpa de Aspásia por conta do estupro de duas de suas prostitutas. É na tradição das comédias, seguida por Plutarco, que se estabelece ainda essa identidade de Aspásia como "*hetaira*", no sentido de prostituta de luxo ou cafetã. Segundo Plutarco, Aspásia dirigia um bordel para poucos e para raros, o que provavelmente era uma verdade na medida em que, sem "casa paterna", radicada em Atenas, uma forma viável de estabelecer-se com uma certa independência financeira para uma mulher rica seria manter um "salão", digamos. Podemos aceitar aqui uma explicação simples: mulheres levadas a atuar independentemente na esfera das públicas transações masculinas em Atenas eram mal-vistas e, dependendo de sua importância, alvo da censura (*momos*) cômica na boa tradição da poesia.

Em suma, Aspásia, cuja vida se confunde com a era que chamamos clássica ateniense, vinha, então e muito provavelmente, de uma estirpe aristocrática de Mileto. Cedo, não muito além dos 15 a 20 anos, juntou-se a Péricles, com quem teve um filho cidadão. Suas relações familiares e privadas conectam-na às facções oligárquicas. Seus acusadores afirmam que Aspásia dirigia um prostíbulo, o que não a impediu de casar-se legitimamente com um general ateniense (de origem não aristocrática, mas político influente segundo alguns) após a morte de Péricles, a quem os adversários reprovam por ter permitido que sua relação amorosa com Aspásia a tornasse influente nas decisões políticas.

Conhecida como *hetaira* e professora de retórica, sofreu um processo por impiedade que teve como acusador o poeta cômico Hermipo (Plutarco, *Vida de Péricles*, 32.1). O comediógrafo também levantou contra ela a acusação de corromper mulheres livres atenienses para o prazer de Péricles. Escavando mais um pouco os tópicos dessas acusações, percebemos que, na mente dos cômicos, Aspásia e Sócrates caminhavam juntos, o que é confirmado pela atenção e pela imagem mais ambígua e pendendo para o positivo que os discípulos de Sócrates deixaram de Aspásia, a professora admirada, para a posteridade. Antístenes e Ésquines escreveram diálogos com seu nome, hoje perdidos; Xenofonte e Platão referem-se a ela como educadora.

Aspásia, mulher estrangeira, "*hetaira*", cafetã que pagava suas taxas à cidade, professora, educadora, companheira de Péricles, esposa de Lísicles, mãe de um (ou dois) cidadãos atenienses de pleno direito, que viveu e morreu em Atenas entre 470-400.

## 2 – OBRA

No *Menexeno*, Platão sugere que o discurso fúnebre pronunciado por Péricles, em 431, e reportado na íntegra por Tucídides, foi composto por Aspásia (236b). Exagero? É o que pensamos tradicionalmente; o discurso continua a ser atribuído somente a Péricles, já que Tucídides não menciona Aspásia. Todavia, Aspásia pode bem ter escrito essa oração fúnebre além de muitos outros textos dos quais nada sabemos. Seu papel, como professora, era ensinar a falar para convencer, falar politicamente, e isso significa frequentemente utilizar-se da palavra como instrumento de ação sobre outrem. Sob esse ponto de vista, nada do que se diz sobre ela entre os discípulos deve ser usado contra ou a favor de uma imagem muito nossa, contemporânea, da Aspásia feminista revolucionária. Quaisquer que fossem suas atividades entre a retórica e a cortesania, os ensinamentos que algumas de nossas fontes reportam a ela são lições da arte da palavra e dos atos e, assim, ela pode caminhar entre os homens como objeto de desejo e sujeito de discurso. Sim, Aspásia pode bem ter escrito a oração de Péricles, assim como a oração fúnebre que Sócrates diz ter ouvido dela no *Menexeno*. Nessas palavras, tópicos da autoctonia ateniense, como bem demonstra Nicole Loraux em *Les enfants d'Athéna* [Os filhos de Atena, 1981a], investem na maternidade da terra expropriando "a ateniense" de seu nome. Na oração de Aspásia, os atenienses são nascidos da terra, são gloriosos guerreiros originários e primordiais. Detêm a verdade do território, da luta, dos deuses. Verdade?

O discurso de Sócrates no *Menexeno* é irônico. De fato, o primeiro sinal da ironia encontramos no modo como ele apresenta sua narrativa de memória de um discurso fúnebre pronunciado por Aspásia no dia anterior. Ele receia torná-lo público sem o conhecimento da professora, mas o faz diante do amor que sente por Menexeno. O que vem a seguir não é propriamente o texto de uma oração fúnebre, mas justamente a narração das lembranças de Sócrates sobre os ensinamentos de Aspásia. E seus ensinamentos versam sobre como *deve* ser formulada uma oração fúnebre. Daí a segunda ironia: fica claro para o leitor que o elogio aos mortos em guerra é uma peça fabricada, sofística, que, segundo Aspásia, deve conter os seguintes elementos, em ordem: a) enaltecer a nobre estirpe dos homens; b) sua criação e educação e c) demonstrar quão belo e digno foi o resultado de seus feitos. Partindo desses três elementos, a Aspásia das lembranças de Sócrates vai elaborando a oração. Não esqueçamos a terceira ironia: esse elogio tão engenhosamente fabricado é produto da palavra de uma mulher, citada de cor por Sócrates, num diálogo platônico.

E o que visa esse diálogo? Denunciar a "falcatrua" de um elogio que levava às lágrimas e conferia popularidade ímpar ao orador? Provavelmente, mas tal denúncia jamais teria ultrapassado as bordas da escola socrática, então mais adequado seria pensar em uma crítica interna. O papel de Aspásia nessa crítica não deve ser assumido, contudo, mecanicamente. Trata-se de uma figura ambígua mesmo no seio da crítica, pois, apesar de ser apresentada como sofista a fabricar um discurso, ela também surge no mesmo diálogo como professora e sábia, e o fato de ensinar a convencer pela palavra não contradiz sua presença como professora de Sócrates nesse diálogo.

Quem já leu algumas das orações fúnebres atenienses agrupadas no *corpus* do gênero literário por Nicole Loraux em *L'invention D'Athènes* [A invenção de Atenas, 1981b], percebe a verossimilhança: os tópicos citados pela Aspásia do *Menexeno* perfazem, de fato, o esqueleto das orações fúnebres que chegaram até nós. Com uma certa exceção da oração de Péricles que, talvez por razões contextuais, tenha preferido mais o contraste entre atenienses e espartanos do que os tópicos da autoctonia, exaltando os atenienses como os nascidos da terra. Diz Áspasia:

> Pois bem, nossa terra, que é também nossa mãe, nos apresenta uma prova suficiente de que de fato concebeu homens: ela foi a única e a primeira, naquele tempo, a oferecer como sustento para o homem o fruto do trigo e da cevada, com o qual a raça humana se nutre da melhor e mais bela maneira, uma vez que, em verdade, ela mesma concebeu este animal. E provas tais como esta convém admitir mais para a terra que para a mulher; pois a terra não imita a mulher na concepção e gestação, mas sim a mulher imita a terra; e não se negou a conceder este fruto, mas o distribuiu também aos outros. Depois disso, fez surgir o azeite, auxílio contra as fadigas para seus descendentes. Após tê-los nutrido e feito crescer até a juventude, introduziu os deuses como governantes e tutores, cujos nomes, na presente circunstância, convém omitir – pois os sabemos; e eles então ordenaram a nossa vida

*no que se refere à existência cotidiana, tendo-nos instruído primeiramente nas artes e nos ensinado a aquisição e o manejo das armas para a defesa da cidade [...]. Nós e os nossos compatriotas, ao contrário, por termos nascidos todos irmãos de uma só mãe, não consideramos digno sermos servos nem senhores uns dos outros; mas nossa igualdade de nascimento por natureza nos impele a buscar também a igualdade pela lei, e a não nos submetermos uns aos outros por nenhuma razão, a não ser pela reputação de virtude e prudência. [...]* (Platão, *Menexeno*, 237a-239a; tradução de Bruna Câmara).

Aspásia faz da excelência dos homens e da qualidade do regime político ateniense fruto da mesma mãe terra, geradora e nutriz. Não são muitas as mães, apenas uma, que é a razão de ser das mulheres e não o contrário. Mais adiante, o discurso se volta para o exemplo de virtude e prudência dos pais, mas estes estão já no tempo, na história daqueles nascidos primeiramente da terra. A causa primeira, o elemento atemporal, é a mãe, é a terra. É verdade que, para Nicole Loraux (1981b), a maternidade da terra começa por expropriar as verdadeiras mães, as mulheres que, nas casas, deram à luz seus filhos atenienses. Mas também é verdade que, para Nicole Loraux, esse elemento do discurso de autoctonia conforma uma ambiguidade: expropriadas, as mães, verdadeiras mães que nutrem e amam seus filhos, *imitam* a terra. No fim das contas, os atenienses são excelentes por causa da mãe. E a mulher que não recebe o nome de Atenas é, contudo, imagem da própria autoctonia.

Tomemos a Aspásia citada no *Econômico*, de Xenofonte. Ela é retratada como professora, cuja sabedoria é admirada por Sócrates, que diz a Critóbulo: "*eu te apresentarei Aspásia, que, com maior competência que eu, tudo isso te explicará...*" (III, 14-15). Sócrates se referia aqui à formação da boa esposa e ao papel complementar do homem e da mulher na prosperidade da casa. Aspásia teria maior competência que ele nessa matéria da economia, quer dizer, na parte do tratado que versa sobre o casamento e a relação marido/esposa. Fazia Critóbulo admitir que, apesar de colocar nas mãos de sua jovem esposa a administração dos bens da casa, trocava com ela raras palavras. Segundo os ensinamentos de Aspásia, contudo, essa não seria a melhor atitude, sendo, nesse caso, Critóbulo o responsável pelos erros da esposa na administração da casa, já que, antes de chegar a sua casa, a mulher teria visto e ouvido muito pouco. Termina esse argumento dizendo a Critóbulo que Aspásia explicará a ele.

Mas, na continuidade do diálogo, Aspásia é substituída por Iscômaco. Ora, quem é Iscômaco? Nos capítulos VII a X do *Econômico*, Sócrates cita, mais uma vez de cor, as palavras ditas por Iscômaco, seu exemplo de cidadão ateniense, homem belo e bom (*aner kalos kagathos*), sobre como ele teria ensinado sua esposa a ser uma boa esposa desde o momento em que ela entrou em sua casa. Por que Iscômaco e não mais Aspásia? A citação das palavras de Iscômaco substituindo as lições de Aspásia evoca, curiosamente, lições de Aspásia sobre a matéria do casamento e relações marido/esposa, mencionadas por Sócrates no início do diálogo. A educação da esposa de Iscômaco, no *Econômico*, é pedaço de um texto especular edificante. Transmite um modelo e reitera esse modelo de "casal" patrimonialista pela divisão dos papéis feminino e masculino, pela sanção da lei, dos deuses e por natureza. Na mesma passagem, faz constar de um tratado de gestão da casa um modelo de casamento que prevê a igualdade e a complementaridade dos papéis. São palavras de Iscômaco, de Xenofonte, de Sócrates, de alunos que as aprenderam com Aspásia, da própria Aspásia, cuja voz é substituída por um sujeito exemplar – Iscômaco – do ponto de vista do modelo do cidadão no âmbito da escola socrática? Tudo isso ao mesmo tempo?

Com efeito, não precisamos de muito esforço para compreender que se a doutrina socrática da economia se ajusta ao modelo da complementaridade marido/esposa, ela vai de encontro a uma ordem jurídica e social que não faz jus a essa complementaridade. Estamos diante de uma sociedade patriarcal em que, por lei, as mulheres são submetidas a um senhor (pai, tio, irmão, marido etc.) que, em tese (dependendo da maior ou menor força e *status* da parentela dessas mulheres), podia dispor como bem entendesse de sua esposa e filhos. Precisamos contextualizar o *Econômico* como um tratado sobre o que deveria ser, em comparação com o que é; sendo assim, o tema do casamento passa a ter a conotação edificante, moral, pedagógica. Nesse contexto, de onde vem a ideia da igualdade e da complementaridade competitiva com que Iscômaco descreve o papel natural, legal e divino da relação entre os sexos no âmbito específico do casamento, para a prosperidade da casa, ou seja, para o bem/utilidade?

Xenofonte cita Aspásia como professora também em *Memorabilia* (2.6.36; do ano 371 aproximadamente), curiosamente num diálogo com o mesmo discípulo, Critóbulo, em que Sócrates formula questões sobre virtude e amizade. O tema, descobrimos, é a utilidade do "casamenteiro", aquele que, ao apresentar duas partes que ainda não se conhecem, o noivo e a noiva, deve, segundo Aspásia, formular uma imagem verdadeira de ambos, caso contrário a amizade será ódio e o casamento nocivo. Uma menção mínima, algumas linhas, considerada, contudo, necessária pelo autor do diálogo e formulada por Sócrates. Ela nos sugere, por exemplo, que dentre as artes cortesãs de Aspásia, poderia ser elencada a do aconselhamento e do bom casamento. O que explicaria sua menção por Sócrates no *Econômico*.

Devemos considerar que o texto do Econômico fala sobre como as coisas deveriam ser e não de como elas são? Certamente. No entanto, uma coisa são os aconselhamentos, o que é dito como modelo, proposto como ideal. Outra são os autores, aqueles que falam e a quem se imputa a fala, e, por fim, aquilo que a prática discursiva subentende. As lições do *Econômico* teriam que se dirigir às mulheres, não apenas aos discípulos viris de Sócrates, pois a harmonia na complementaridade se alcança com a educação de ambos. Portanto, podemos conjecturar que a defesa da complementaridade e igualdade dos sexos que fundamenta os capítulos VII a X do *Econômico* visa à formação das mulheres tanto quanto à dos homens gestores da casa. Quando Xenofonte relembra a Critóbulo os ensinamentos sobre os papéis de marido e esposa no casamento, sugere-se que a professora, Aspásia, teria um público feminino para tais lições (Xenofonte, *Econômico*, 3.14), o que é confirmado pela citação do diálogo de Ésquines, hoje perdido, por Cícero (*De inventione*, 31.51):

> Em Ésquines, o socrático, Sócrates mostra que Aspásia fala com a esposa de Xenofonte e com Xenofonte mesmo.
> – Diga-me, por favor, esposa de Xenofonte, se a sua vizinha tem ouro melhor do que você, você prefere o dela ou o seu?
> – O alheio, respondeu.
> – Se ela tem vestidos e outros adornos femininos de mais valor do que os que você tem, você prefere os seus ou os dela?
> – Certamente os dela.
> – Vamos então – disse –, se ela tem um marido melhor do que o que você tem, você prefere os seu ou o dela?

> Então a mulher ficou vermelha e Aspásia passou a conversar com o próprio Xenofonte.
> – Pergunto a você, Xenofonte: se um vizinho tem um cavalo melhor do que o seu, você prefere o seu cavalo ou o dele?
> – O dele, respondeu.
> – E se tem um campo melhor do que o seu, qual campo você prefere ter?
> – O que é melhor.
> – E se tem uma mulher melhor que a que você tem, você preferiria a sua?
> Então Xenofonte ficou calado e Aspásia disse:
> – Dado que ambos evitam dar a única resposta que eu gostaria de escutar, vou dizer o que cada um pensa. Você, mulher, quer ter o melhor marido, e você, Xenofonte, quer ter a mulher mais admirável. Por isso, a não ser que consiga que não haja sobre a face da terra um homem melhor, nem uma mulher mais admirável, sempre vão querer, a respeito de todas as coisas, o que pensam ser melhor, ou seja, ser o marido da melhor mulher e estar casada com o marido mais excelente (Cícero, *De inventione*, I, 51-52).

O quanto Xenofonte retirou de fato das lições de Aspásia sobre o papel da esposa na casa, sua complementaridade e igualdade? Provavelmente jamais saberemos. Mas recuperar a palavra de Aspásia, a meu ver, é uma tarefa que deve começar por uma investigação das palavras socráticas sobre política, amizade e casamento, em que a relação marido/esposa é tratada como uma relação entre seres proporcionalmente iguais, no sentido de que um seria melhor (teria mais excelência) naquilo em que o outro seria pior. Então, se as palavras de Aspásia não alteram nossas expectativas sobre aquilo que se espera de homens e mulheres nas relações que os unem como par, elas são estranhamente um sinal de que havia participação feminina na elaboração do pensamento político, com um espaço reservado às mulheres (sobre isso, cf. Saxonhouse, 1995). Homens e mulheres estabelecem uma relação idêntica com a excelência.

Enfim, essa possível vida de Aspásia tem nos fascinado há milênios, como prova a sobrevivência de sua memória. Vimos como autores do período romano – Cícero, Plutarco, dentre outros – contam sua estória, quer conectada à de Péricles, quer relacionada aos ensinamentos de retórica. Nos tempos modernos, entre os séculos XIX e XX, ao menos dois romances sobre ela e

Péricles tiveram grande sucesso editorial nos EUA e na Inglaterra (Landor, 1836; Hamerling, 1876; Atherton, 1927). Atualmente, a referência a Aspásia se vincula aos feminismos, emprestando seu nome a publicações e coletivos. Não obstante, há algo de viril nessa heroína da causa. Sua independência econômica, seu poder pessoal (beleza e sexo) e suas palavras de sabedoria são atributos que ressoam nos espaços em que a história dos grandes nomes e grandes feitos é masculina. Grandes mulheres por trás de grandes homens, eis um modelo por demais conhecido.

Algo me diz que a virilidade de Aspásia era um ardil muito bem tecido por uma mulher realmente sábia; e que por trás das palavras aceitas como lições de retórica dessa mulher viril, muitas e pequenas coisas foram ditas pela reivindicação não tanto de igualdade política, mas de primariedade na ação. Termino essa biografia convidando a ler os textos que circunscrevem a existência de Aspásia, aqueles oriundos do que denominei "meio intelectual" ateniense, com particular atenção para a escola socrática e suas ressonâncias no teatro para fazer emergir esse palimpsesto. As fontes antigas sobre a vida de Aspásia são esparsas. Seus contemporâneos escreveram sobre ela, e deles nos restam completos os textos da comédia *Acarnenses*, Aristófanes (v. 496 e seq.); do tratado *Econômico* (II, 12-16); e da biografia de Sócrates, *Memorabilia* (2.6.36), de Xenofonte; além do diálogo *Menexeno* (235e, 236b-c, 237a-c, 249d), de Platão. Os diálogos socráticos escritos por Ésquines e Antístenes intitulados *Aspásia*, por seu turno, apesar de perdidos para nós, constituíram parte das fontes utilizadas pelas gerações posteriores, de Plutarco (*Vida de Péricles*, 24, 1-32, 2; *De Herodoti malignitate*, 6; *Artaxerxes*, 26.3-6); Diógenes Laércio (*Vida dos filósofos*, 2.7.60); Cícero (*De inventione*, I.31.51-3). Mais além desse período, teremos uma pequena referência em Quintiliano (*Institutio oratoria*, V.11. 27-29); Luciano (*Imagines*, XVII); todos autores do período romano, escrevendo entre os séculos I e II de nossa era. Há ainda as referências em Ateneu, *Banquete dos filósofos* (5.398-400; 12.45; 13.27, 37, 56 e 71), no século III de nossa era. No século IV EC, o filósofo Libânio se refere a ela e ao julgamento por impiedade (*Carta* 696, *Declamação* 12 e 25). Por fim, Aspásia é mencionada pela *Suda*, enciclopédia bizantina do século X de nossa era (V.220).

# BIBLIOGRAFIA

## Fontes

ARISTÓFANES. Acharnians. *In:* ANÔNIMO. *The Eleven Comedies.* Nova York: Liveright, s/d. Disponível em:_http://www.perseus.tufts.edu/hopper/text?doc=Perseus:text:1999.01.0240. Acesso em: 2 jul. 2024.

ATENEU. *The deipnosophists:* or banquet of the learned of Athenaeus. Ed. de C. D. Yonge. Londres: Henry G. Bohn, 1854. Disponível em: http://www.perseus.tufts.edu/hopper/text?doc=Perseus%3atext%3a2013.01.0003. Acesso em: 2 jul. 2024.

CICERO. *On Invention.* Trad. de H. M. Hubell. Cambridge: Harvard University Press, 1949.

DIÓGENES LAERCIO. *Lives of eminent philosophers.* Ed. e trad. de R. D. Hicks. Cambridge: Harvard University Press, 1925. Disponível em: http://www.perseus.tufts.edu/hopper/text?doc=Perseus:text:1999.01.0258. Acesso em: 2 jul. 2024.

LIBÂNIO. *Libanii opera.* Orationes XII-XV. Ed. de Richard Foester. Leipzig: Teubner, 1963. v. 2.

LIBÂNIO. *Libanii opera.* Epistulae. Ed. de Richard Foester. Leipzig: Teubner, 1963. v. 10

LUCIANO. Imagines/Essays on Portraiture (XVII). *In:* LUCIANO. *Lucian IV.* Trad. de Austin Morris Harmon. Cambridge: Harvard University Press, 1961. Disponível em: http://lucianofsamosata.info/downloads/loeb_lucian_vol4.pdf. Acesso em: 2 jul. 2024.

PLATÃO. Menêxeno. *In:* CÂMARA, B. *Menêxeno de Platão*: tradução, notas e estudo introdutório. 2014. Dissertação (Mestrado em Letras Clássicas) – Universidade de São Paulo, São Paulo, 2014. Disponível em: https://www.teses.usp.br/teses/disponiveis/8/8143/tde-17102014-182852/pt-br.php. Acesso em: 2 jul. 2024.

PLUTARCO. *Artaxerxes.* Ed. de Bernadotte Perrin. Cambridge: Harvard University Press, 1926. Disponível em: http://www.perseus.tufts.edu/hopper/text?doc=Perseus%3atext%3a2008.01.0084. Acesso em: 2 jul. 2024.

PLUTARCO. *De Herodoti malignitate.* Ed. de Gregorius N. Bernardakis. Leipzig: Teubner. 1893, Disponível em: http://www.perseus.tufts.edu/hopper/text?doc=Perseus:text:2008.01.0351. Acesso em: 2 jul. 2024.

PLUTARCO. *Vidas paralelas*: Péricles e Fábio Máximo. Trad. de Ana Maria Guedes Ferreira e Alia Rosa Conceição Rodrigues. São Paulo: Anablume, 2012.

QUINTILIANO. *Institutio oratoria.* Ed. de Harold Butler. Cambridge: Harvard University Press, 1921. Disponível em: http://www.perseus.tufts.edu/hopper/text?doc=Perseus:text:2007.01.0063. Acesso em: 2 jul. 2024.

SUDA *on-line. The Stoa Consortium,* 2002. Disponível em: https://www.cs.uky.edu/~raphael/sol/sol-html/. Acesso em: 2 jul. 2024.

XENOFONTE. *Econômico.* Trad. de Anna Lia de Almeida Prado. São Paulo: Martins Fontes, 1999.

XENOFONTE. *Memoráveis.* Trad. de Ana Elias Pinheiro. São Paulo: Anablume, 2012.

## Romances citados

ATHERTON, G. *The Immortal Marriage*. Nova York: Boni and Liveright, 1927.

LANDOR, W. S. *Pericles and Aspasia*. Londres: J. M. Dent & Co, 1836.

HAMERLING, R. *Aspasia*. Amsterdã: Cohen, 1876.

## Literatura secundária

ANDRADE, M. M. Aspásia: o amor e a palavra. *In*: REDE, M. (org.). *Vidas antigas*: ensaios biográficos da Antiguidade. São Paulo: Intermeios, 2019. p. 35-50.

BICKNELL, P. J. Axiochos, Alkibiadou, Aspasia and Aspasios. *L'Antiquité classique*, v. 51, p. 240-250, 1982. Disponível em: https://www.persee.fr/doc/antiq_0770-2817_1982_num_51_1_2070. Acesso em: 2 jul. 2024.

GALE, X. L. Historical studies and postmodernism: rereading Aspasia of Miletus. *College English*, v. 62, n. 3, p. 361-386, 2000.

GLENN, C. *Locating Aspasia on the rhetorical map*. Listening to their voices. Carolina do Sul: University of South Carolina Press, 1997.

HENRY, M. M. *Prisoner of History*: Aspasia of Miletus and her biographical tradition. Oxford: Oxford University Press, 1995.

LORAUX, N. Aspasie, l'étrangère, l'intellectuelle. *Clio histoire, femmes et sociétés*, v. 13, 2001.

LORAUX, N. *Les enfants d'Athèna*: idées athéniennes sur la citoyenetté et la division des sexes. Paris: Flammarion, 1981a.

LORAUX, N. *L'invention d'Athènes*: histoire de l'oraison funèbre dans la "cité classique". Paris: Mouton, 1981b.

ROBITZSCH, J. M. On Aspasia in Plato's Menexenus. *Phoenix*, v. 71, n. 3/4, p. 288-300, 2017.

SAXONHOUSE, A. Autochtony and unity in the Menexenus and Statesman. *In*: SAXONHOUSE, A. *Fear of diversity*: the birth of political science in ancient Greek thought. Chicago: UP, 1995. p. 111-131.

WAITHE, M. E. Aspasia of Miletus. *In*: WHAITE, M. E. (org.). *A History of women philosophers*: ancient women philosophers, 600 B.C.-500 A.D. Dordrecht: Kluwer, 1987. v. 1, p. 75-82.

WHITELEY, R. *Courtesans and kings*: ancient Greek perspectives on the *hetairai*. 2000. Dissertação (Mestrado) – University of Calgary, Calgary, 2000.

## Link

KOWALSKY, S. *Aspasia*: the international yearbook of Central, Eastern, and Southeastern European women's and gender History. Nova York; Oxford: Berghahn Books. Disponível em: https://www.berghahnjournals.com/view/journals/aspasia/aspasia-overview.xml.

# 3
# HIPÁRQUIA DE MARONEIA

(330 AEC-?)

*Juliana Aggio**

## 1 – VIDA

Nascida em 330 AEC, em Maroneia, na Trácia, como toda mulher, Hipárquia fora excluída do direito à voz e à cidadania em uma *polis* grega, mas soube fazer uso da *parresia* – coragem de falar o que se pensa em público – como uma arma filosófica e política. Seu nome, dizem alguns, por exemplo, Irène Pereira (2015, p. 12), significa "aquela que comanda [*archô*] o cavalo [*hippos*]", o que nos remeteria, pela tradição grega, às Amazonas, mulheres guerreiras que andavam a cavalo e não temiam desafiar, em combate, os homens. O animal que lhe caberia, no entanto, não é a égua, mas sim a cadela, donde vem o termo *kyôn/kynos* que dá origem à terminologia filosófica *cinismo* (*kynismos*), e isso por conta não de sua atitude guerreira, mas por sua atitude filosófica canina ou cínica, que não deixa de ser também uma atitude guerreira, visto que ela foi uma mulher que ousou filosofar.

Hipárquia soube viver um modo de vida cínico, seguindo com austeridade os princípios de liberdade, desapego,

---

* Professora associada do Departamento de Filosofia da Universidade Federal da Bahia (UFBA/CNPq).

autossuficiência (*autarkeia*) e contestação das normas e costumes, expondo seu próprio corpo sem pudor. Soube viver como uma cínica, isto é, uma cadela (*kyôn/kynos*), ressignificando um termo que é pejorativo quando atribuído a uma mulher. Foi uma cadela entre cachorros, mas entre caninos não há hierarquia social nem inferiorização da fêmea. Talvez, por isso, tenha ousado viver como uma filósofa e, por ter contestado as convenções de gênero, pode ter sido a primeira filósofa com atitudes feministas de que se tem conhecimento no ocidente.

Hipárquia foi irmã de Metrocles, que foi aluno de Teofrasto, o peripatético. Envergonhado por um episódio de flatulência durante as aulas com o peripatético, Metrocles decide por se deixar morrer de fome até que recebe uma visita de Crates, discípulo de Diógenes, o filósofo cínico. Crates come propositadamente um prato de tremoço antes da visita. Não lhe sendo possível convencer com as palavras de que é natural soltar e não reter os gases no ventre, Crates elimina os gases e, assim, cometendo a mesma "falta" que Metrocles, acaba por consolá-lo e convencê-lo com seu exemplo. A partir desse acontecimento, Metrocles adere à escola cínica e se torna um filósofo (Diógenes Laércio, VI, 94). Será, então, por meio de seu irmão que Hipárquia conhece Crates, se apaixona e resolve deixar a vida aristocrática e todos os seus pretendentes para viver com ele uma vida cínica. Tiveram, possivelmente, dois filhos: uma filha que não sabemos o nome e um filho de nome Pasicles.

## 2 – OBRA

São escassas as fontes sobre sua filosofia, raros testemunhos e quase nenhum comentário do pouco que se sabe de sua vida e dos seus pensamentos. Talvez não fosse assim se se tratasse de um homem filósofo, afinal, são inúmeros os testemunhos sobre pensadores que escreveram e mesmo sobre os que nada escreveram, como Sócrates, ou da própria filosofia cínica, como Diógenes de Sinope.

A parca doxografia é a seguinte: Diógenes Laercio (VI, 80, 88-89 e 96-98), *Suda*, Iota, 517: verbete Hipparchia e kappa, 2341: verbete *Crates*; Clemente, *Stromata*, IV, 19, 122; Musônio Rufo, 16, p. 70, 11-17 H (= Estobeu, iv, 22,

20); Epicteto, *Diatribes*, 3.22.76; Sexto Empírico, *Esboços pirrônicos*, 1.14.153 e 3.24.200; Simplicio, *Comentário ao manual de Epicteto*, 32; Teodoreto, *Cura das enfermidades gregas*, XII, 49, 8-13; Clemente de Alexandria, *Stromata*, IV, XIX, 121, 6; Santo Agostinho, *Réplica a Juliano*, IV, 43, e *Cidade de Deus*, XIV, 20; Antípatro de Sidon, *Antologia palatina*, VII, 413; Apuleio, *Floridas*, 14; e Plutarco, *Obras morais*, Sobre a impossibilidade de viver aprazivelmente segundo Epicuro: 2, 1086f.

Das fontes, utilizarei sobretudo a mais confiável: *Vida e doutrina dos filósofos ilustres*, de Diógenes Laércio (DL), que diz que Hipárquia teria escrito alguns ensaios e tratados filosóficos, tais quais: *Hipóteses filosóficas* (*Philosophon hypotheseis*), *Epiqueremas* (*Epicheiremata*, i.e., silogismos construídos a partir de definições explícitas): *Silogismos incompletos ou de probabilidades*, e *Questões* (*Protaseis*) para Teodoro de Cirene, o Ateu (DL, IV, 52; VI, 97), embora nenhum tenha sido preservado. Como disse Blondeau (2015, p. 76), "essas obras, infelizmente perdidas, possuem títulos clássicos que poderiam figurar no repertório de um lógico como Teofrasto ou o próprio Aristóteles". É preciso, todavia, assinalar que as fontes são poucas também pelo fato de os cínicos, em geral, não terem cultivado a arte de escrever suas doutrinas, pois concebiam a filosofia como um modo de vida cuja transmissão se fazia antes pela ação e pelo exemplo em agir filosoficamente do que pela escrita, leitura e memorização de preceitos.

## 3 – A FILOSOFIA CANINA

A filosofia cínica poderia ser denominada canina por aqueles que a seguem ousarem, como cães altivos e mordazes que não devem nada a ninguém, subverter a ordem social estabelecida como natural e desafiar toda norma e moralidade. Os cínicos cultivavam a coragem como uma de suas principais virtudes por meio de uma disciplina (*askêsis*) austera que livrava a mente da servidão do dogmatismo, de perturbações morais e até mesmo de confusões filosóficas, bem como fortalecia o corpo para enfrentar as dores e adversidades da vida. Ao contrário de uma sociedade como a nossa, que aposta no adormecimento da dor e no hedonismo excessivo, os cínicos preconizavam nem evitar, nem aplacar as dores com medicamentos, mas enfrentá-las corajosamente, pois acreditavam que o enfrentamento da dor os fortalecia. Trata-se de uma filosofia própria de quem vive como um animal, mais propriamente um cão, em matilha ou solitário, com o mínimo para sobreviver e, assim, exercendo a maior liberdade possível e sendo autossuficiente, sem estar submetido a padrões de comportamento restritivos ou repressivos, além de cultivar a coragem de falar em público, a parresia.

Mesmo diante da autoridade de Alexandre, o Grande, Diógenes, o cão, lhe disse: "*És poderoso demais para precisares de mim, e eu autossuficiente demais para precisar de ti*". Quando Alexandre se aproximou e lhe indagou o que, porventura, precisaria dele, Diógenes lhe respondeu com a franqueza mordaz que lhe convém: "*saia da frente do sol*" (DL, 6.38). Diógenes fala como um cão que morde, e a parresia é antes a palavra que morde do que a palavra que seduz e que se esforça para persuadir. O mote não é convencer, mas provocar, chocar, sacolejar, deslocar, deixar o outro não num lugar confortável da crença, mas no desconforto do desamparo. Não se trata de uma busca pela verdade que, depois de ser alcançada, deve ser demonstrada ou adornada com belas palavras para seduzir e convencer o discípulo, mas da desconstrução no corpo das verdades assumidas e naturalizadas, das convenções banalizadas, da tentativa de seguir uma moral que não faz sentido ou que antes é hipócrita e nos adoece.

Diante da brevidade da vida, é preciso se livrar do apego ao passado e ao futuro, vivendo cada momento presente como se fosse único e cada dia como se fosse o último. Diógenes era chamado de efêmero (*ephêmerios*) por sua capacidade de viver apenas o aqui agora. A felicidade (*eudaimonia*), objetivo da filosofia canina, está na liberdade de depender minimamente de bens e de outrem: quanto menos eu tenho e quanto mais desapegado eu sou, mais tempo terei para me dedicar a mim mesmo e menos sofrerei se tiver menos a perder. Como disse Sêneca: "*É preciso considerar* [segundo Diógenes] *quão menos doloroso é não ter nada a perder e é preciso compreender que o pobre terá menos a sofrer se tiver menos a perder*" (*Da tranquilidade da alma*, VII, 2). Esse mundo, dizia Diógenes, é como um mercado em que o viajante sensato só compra o pouco que irá lhe suster em sua jornada. O verdadeiro poder está em ser autossuficiente e livre, e não em colecionar títulos, honrarias e bens. É simples ser feliz. É na simplicidade que está a felicidade. Mas para ser feliz é preciso remar contra a correnteza, distanciando-se da trajetória da maioria das pessoas. Esse despojamento como cerne da vida canina significava não ser escravo de seus desejos e prazeres; enfrentar com austeridade e determinação as dores físicas e psíquicas; não se submeter ao poder para cumprir demandas; não se inibir diante de poderosos; colocar a própria vida em risco para exprimir o que pensa, enfim, preceitos que norteiam o modo de vida filosófico de quem é capaz de viver como um cão.

Viver de tal modo significava viver livre das imposições normativas e moralizantes demasiadamente humanas. Viver como um cão é viver em conformidade com a natureza, o que não significa viver uma vida bestial ou animal – no sentido pejorativo comumente atribuído a esses termos –, mas viver como um animal e como um ser que possui razão, sem dissociar a animalidade da racionalidade e colocar, como fez praticamente toda a tradição filosófica, a razão acima do que é dito animal: o corpo e suas necessidades elementares. Viver como um cão é viver de maneira indistinta animalidade e racionalidade. Como diz Navia (2009, p. 167):

> Os cães, ao menos os selvagens e os de rua, vivem em completo acordo com a natureza. Para eles, nem convenções, nem normas complicadas, nem etiquetas, nem costumes, nem o jeito mais decoroso de fazer as coisas, nem a distinção entre o certo e o errado têm significado algum. Pertencem a país nenhum, nunca selaram aliança a nenhuma bandeira, nem estão sujeitos a título ou propriedade alguma.

Diógenes dizia que aprendeu a viver bem observando um camundongo e, deveras, vivia como um cão (definição que ele mesmo se atribuía): satisfazia suas necessidades em público, comia carne crua, desafiava qualquer autoridade e mordia com a palavra. Sem casa (*aoikos*) e sem cidade (*apolis*), dizia ser um "cidadão do mundo" (DL, 6.66), um cosmopolita (*kosmopolitês*) – termo possivelmente cunhado por Diógenes segundo Navia (2009, p. 179) –, que habitava as ruas ou, feito um caracol, carregava sua casa, isto é, seu tonel.

O resultado dessa prática filosófica canina é poder viver uma vida simples, despojada de bens, autossuficiente e, portanto, livre. Filosofar como um cão ou fazer uma filosofia canina significava retirar a filosofia do Olimpo e vivê-la como ações que falam por si e não como discursos que se pretendem verdadeiros e capazes de conduzir ações. O *logos* não é o protagonista que conduz a práxis e instaura um modo de ser (*ethos*), mas um auxiliar ou coadjuvante da práxis que, por sua vez, instaura um modo de ser filosófico. Dissociado de uma ação ou incoerente com um modo de conduta, o *logos* era desprezado como erudição vazia. Assim, a filosofia cínica não encontrava assento na produção de discursos, mas se fazia vívida e presente no modo de agir e viver. Diógenes, como observa Luis Navia (2009, p. 159), "relutava em usar a linguagem discursiva para dar expressão a seu pensamento. Preferia mostrá-lo e exemplificá-lo por meio da ação e de gestos a dar um apanhado linguístico dele".

## 4 – UM CASAL CANINO: HIPÁRQUIA E CRATES

A ousadia de abandonar uma família rica para viver com Crates, homem desprovido de dotes, rendeu a Hipárquia, por um lado, o exílio de uma vida sem posses, dotes, poder, mas, por outro, a libertou do que lhe fora destinado: cuidar da casa, dos filhos e do marido. Crates tenta dissuadir Hipárquia, que, contrariando sua família, resolve partir e viver como uma cadela ao lado de seu companheiro cão. Um casal que rompe uma tradição de classe quando uma aristocrata resolve se casar com um homem desprovido de bens e que subverte os costumes ao praticarem sexo em praça pública, segundo testemunhos do Apuleio e escritos do Cristianismo tardio (para tanto, indico o texto de Goulet-Cazé, 2005: *Le cynisme ancien et la sexualité*), tal qual os cães o fazem, seguindo os passos do mestre Diógenes, que se masturbava em plena praça do mercado e dizia: "*seria bom se, esfregando também o estômago, a fome passasse!*" (DL, 6.2.46). Ora, se podemos comer em público, por que não poderíamos nos masturbar em público? Afinal, a distinção público-privado serviria para quê? Por detrás desse questionamento nada trivial encontra-se o seguinte raciocínio: o privado não deveria existir, pois aquilo de que não há o que se envergonhar poderia ser feito, espontânea e naturalmente, em público. O ser humano deveria se comportar como é de sua natureza: um animal não domesticado, mas livre como os cães que habitam o mundo e fazem tudo às claras. Trata-se de uma filosofia que coloca em prática o preceito de Diógenes segundo o qual "tudo se deve fazer em público" (DL, 6.2.69), ou seja, tudo deveria ser público, nada privado. Não há do que se envergonhar, esconder, dissimular. As quatro paredes servem para proteger e manter uma moral hipócrita. Como pontuado por Blondeau (2015, p. 82): "o pudor não faz parte da moral cínica, ele é uma emanação da hipocrisia social, que não resiste ao raciocínio de Diógenes como este aqui: aquilo que não é vergonhoso no privado não muda de natureza quando se torna público".

Ora, as convenções não servem senão para enfraquecer o espírito e distorcer o comportamento, pois docilizam, domesticam e alimentam temores próprios aos pudores. A falta de pudor e a brutalidade do falar franco dos cínicos são mais libertadores do que o poder insidioso das convenções e das ideologias dominantes que se renova com a covardia. Franqueza e transparência são atitudes corajosas coerentes com uma vida em que não há nada a se temer e a se esconder. Tudo pode ser falado. Tudo pode ser mostrado. Tudo pode ser visto. O vergonhoso encoberta a fraqueza, a covardia, a debilidade, a vilania, o erro, o abominável. Ao contrário, a vida canina é uma vida crua e nua, vivida às claras e reluzente como a luz do dia. Ademais, a separação público-privado se funda na diferenciação normativa e hierarquizada entre os sexos que ela contribuiu para manter, reproduzir e institucionalizar. Assim, a feminilidade se faz como antinomia ao espaço público destinado, por sua vez, à definição da cidadania e da masculinidade a ela atrelada (ver Eleni Varikas, 2006). Como diz Roland Pfefferkorn (2015, p. 22-23): "os papéis sociais de mãe e de esposa se justapõem a fim de legitimar o não acesso das mulheres ao espaço público que se torna, ao mesmo tempo, o espaço da cidadania e o espaço masculino por excelência [...]. A transgressão de Hipárquia é radical". Ora, Hipárquia desafia as normas vigentes com a exposição de sua sexualidade e sua coragem de tomar a palavra e argumentar em público. Ela escandaliza duplamente por ser uma mulher que não se submete ao desejo e a decisões dos homens e por exercer a parresia cínica. Somente uma mulher filósofa, na Grécia Antiga, poderia borrar radicalmente as fronteiras entre o privado, enquanto lugar destinado à mulher, e o público, enquanto lugar endereçado ao exercício masculino do poder de falar, pensar e comandar.

A despeito de sua capacidade de ousar, escandalizar e provocar fissuras na malha normativa, é impressionante a facilidade e a frequência com que atribuem sua existência filosófica à sua paixão por Crates. Infelizmente, ainda hoje a mulher continua sendo reconhecida sobretudo como mãe, irmã ou esposa de um homem. Com Hipárquia não foi diferente. Alguns dizem que sua nova existência filosófica foi determinada a partir da relação amorosa com Crates, outros, que ela abandonou a riqueza e optou pela liberdade que apenas Crates poderia lhe oferecer (Lethierry, 2015).

Casaram-se, é verdade, mas viveram uma vida distante dos padrões normativos que regiam o matrimônio grego. Eram, como denominou Crates, um casal canino (*kynogamia*) (*Suda*, Kappa, 2341). Trata-se de um casamento que rompe duas tradições: (i) o ato sexual é feito em público, desfazendo a distinção público-privado; e (ii) a mulher não cumpre sua função de esposa-mãe-governante da casa. Hipárquia definitivamente não cumpriu o lugar esperado de mulher recatada e do lar.

Ademais, é de se presumir que o casamento não poderia ser sacramentado pelos cínicos, que desprezavam as regras morais tradicionais e prezavam a autossuficiência acima de tudo. Estimar a humanidade na perpetuação da espécie é tão pífio que mereceria uma gargalhada cínica. Como diz Diógenes na carta 47:

> Quem confiar em nós [os cínicos] permanecerá solteiro; aqueles que não confiarem em nós criarão filhos. E se a espécie humana um dia deixar de existir, deve haver tantos motivos de arrependimento quanto poderia haver se moscas e vespas acabassem.

Como nos lembra Epicteto (*Diatribes* 3.22.67-76), uma vida casada pode nos desviar da vida filosófica, tornando-nos apegados a quem se ama e sem domínio de si, de seus prazeres e desejos, sobretudo com a chegada de filhos. Seguindo essa concepção, Crates, numa última tentativa de dissuadi-la a ser sua companheira, se posta diante de Hipárquia desprovido de posses e desnudo e diz: "Este é o noivo, aqui estão seus pertences; faça sua escolha conforme me vê; pois você não será minha ajudante, a menos que você compartilhe de minhas buscas" (DL, 6.96). Também teria dito, segundo outro testemunho: "Ali está todo o meu material! E seus olhos podem julgar a minha beleza. Tome um bom conselho, para que mais tarde eu não a encontre reclamando de seu lote" (*Apuleio, Florida*, 14). A determinação de Hipárquia, por sua vez, de deixar o conforto da vida aristocrática para viver uma vida de austeridade canina, bem como usar roupas masculinas ou as mesmas que as dos filósofos cínicos (descalça, com um manto e um cajado), também é testemunhada por Antípatro, segundo o qual ela teria dito:

> Eu, Hipárquia, não seguirei os hábitos de seu sexo, mas com coragem viril, os de cães fortes. Não me agradam a jóia sobre o manto nem as amarras para os meus pés, nem lenços de cabeça perfumados; antes com um cajado, descalça e quaisquer coberturas sobre meus membros, e solo duro em vez de uma cama, o meu nome será maior do que Atalanta: pois a sabedoria é melhor do que a corrida de montanha (Antípatro de Sídon, *Antologia Palatina*, 7, 413).

## 5 – A ESCOLHA DE HIPÁRQUIA

De acordo com Diógenes Laércio, num banquete de Lisímaco, com atitude filosófica e feminista, Hipárquia refuta o ateísta Teodoro com as seguintes palavras:

> Qualquer ação que não seja considerada errada se feita por Teodoro, tampouco seria considerada errada se feita por Hipárquia. Teodoro não faz nada de errado quando se ataca; logo, Hipárquia não faz nada de errado quando ataca Teodoro. Este não teve reposta para argumentar, mas procurou tirar-lhe a roupa; Hipárquia não demonstrou o menor espanto ou perturbação, como haveria feito outra mulher. E quando Teodoro lhe disse: "É esta quem abandonou a lançadeira junto ao tear?" Hipárquia respondeu: "Fui eu, Teodoro, mas acreditas que tomei uma decisão errada se dediquei à minha educação o tempo que teria dedicado ao tear?" (DL, 6.7.97-98).

O que vemos acima é a afirmação de uma mulher como filósofa diante de um homem que não consegue contra-argumentar, mas que preferiu tentar humilhá-la ao procurar lhe despir em público. Embora seja moralmente humilhante ser despida em público, para quem pratica a falta de vergonha (*anaideia*) e faz sexo em praça pública, ser despida ou se despir em público não seria exatamente uma humilhação: eis a liberdade diante da prisão dos costumes e da moral. O ato agressivo não teve o efeito que Teodoro desejava e a reação de Hipárquia foi seu exemplo: um gesto corporal de permanecer intacta e sóbria diante da provocação. A filosofia canina fala, sobretudo, pelos exemplos e ações corporais. Em seguida, outra estratégia opressiva é utilizada pelo homem ferido: ele lança uma pergunta indireta, para que todos do banquete ouçam, também procurando humilhar Hipárquia, porque esta não teria, como mulher, cumprido a sua função social de se dedicar ao tear. "Esta aqui", diz Teodoro em alto e bom som apontando a Hipárquia, "é quem abandonou o tear, portanto, uma mulher desgarrada, depravada, rebelde e que deveria, pelos bons costumes, ser punida, e não estar aqui num banquete de homens atacando um conviva respeitado como eu". Nesse momento em que Teodoro insiste em retirar o direito à palavra e à argumentação de Hipárquia, está operando, como bem observou Blondeau (2015, p. 77), o que Bárbara Cassin chamou de "exclusão transcendental", ou seja, a acusação de *non-sense* que desqualifica o outro que difere da lógica clássica e, portanto, do masculino operante.

A resposta de Hipárquia foi exemplar: ao invés de responder procurando se defender, ela, primeiramente, contra-argumentou na forma silogística, em seguida, fez uso do exemplo corporal de não reação à provocação como contra-argumento para, enfim, na forma de uma pergunta, afirmar sua liberdade de escolha em dedicar seu tempo à filosofia apesar das interdições sexistas de sua época. Foram três as maneiras de argumentar utilizadas pela filósofa: a forma do silogismo, a forma do exemplo físico e a forma do questionamento. Apesar de sofrer as opressões sexistas de sua época por ser mulher, ela soube reivindicar seu lugar de filósofa formulando um exemplo clássico da retórica cínica: um silogismo deliberadamente cômico que trata de um assunto sério (*spoudogeloion*). A primeira premissa do silogismo é "Nenhuma ação seria considerada errada se feita por Teodoro ou por Hipárquia"; a segunda premissa é "Teodoro não faz nada de errado quando se ataca"; conclusão: "logo, Hipárquia não faz nada de errado quando ataca Teodoro". Silogisticamente, ela prepara o terreno para mais um ataque filosófico.

Em seguida, Hipárquia lança o seu xeque-mate com sua resposta-pergunta a Teodoro: "acreditas que tomei uma decisão errada se dediquei à minha educação o tempo que teria dedicado ao tear?" Em outras palavras, ela se afirmou como filósofa ao dizer: eu dediquei ao estudo todo o tempo que, por conta de meu sexo, eu deveria ter dedicado ao tear. Todavia, o cinismo se caracteriza por uma filosofia que valoriza a potência de agir em oposição às normas e aos deveres. No lugar do "você pode fazer o que deve fazer", trata-se de dizer: "você pode mais do que não te permitem fazer". No caso das mulheres, caberia bem dizer como que palavras emitidas por Hipárquia: eu posso me autorizar a estudar e desafiar intelectualmente os homens.

Como interpretou Michèle Le Dœuff (2008), a metodologia argumentativa de Hipárquia foi genial, porque, ao invés de procurar mostrar que a mulher é oprimida e que deveria ter a liberdade de cumprir outra função do que a que lhe fora socialmente designada, ela coloca uma questão filosófica: a escolha sobre o uso do tempo de vida. A pergunta não é se ela poderia ou não ter escolhido se dedicar ao estudo, mas se foi uma escolha acertada ou não ter se dedicado ao estudo, e, no frigir dos ovos, se ela não seria livre para escolher como usar seu tempo de vida, a despeito das determinações sexistas. Aliás, o belo título da obra de Le Dœuff, *L'étude et le rouet. Des femmes, de la philosophie, etc* [O estudo e o tear. As mulheres, a filosofia etc.] (2008), faz referência a esse episódio. Considerando desde a disputa de Atena e Aracne – uma jovem lídia com habilidade extraordinária na arte de tecer a quem a deusa, invejosa de sua fama e vendo que perderia a competição, transforma em aranha, donde se deriva o termo aracnídeo –, até a conhecida espera de Penélope pelo regresso de seu amado Odisseu – que tecia e desfazia seu tecido durante a noite para despistar os pretendentes que aguardavam a sua decisão a ser tomada ao fim do bordado pela escolha de um novo marido –, o tear era uma arte ao encargo das mulheres na Grécia Antiga. Hipárquia, costureira de ideias e palavras, soube fazer do tear o seu estudo, da lançadeira os seus pensamentos filosóficos e, assim, teceu sua filosofia, a despeito de toda opressão sexista de seu tempo e não obstante o apagamento sofrido por conta de uma história que não soube lhe narrar.

## BIBLIOGRAFIA

ANTÍPATRO DE SIDON. Antologia, III, 12, 52. *In*: REDMOND, F. (org. e trad.). *Crates and Hipparchia*: cynic handbook of source material for Crates and Hipparchia. Mênin Web and Print Publishing, 2016. *E-book* (Kindle).

APULEIO. The Apologia and Florida of Apuleius of Madaura. Trad. de Harold Edgeworth Butler. *In*: REDMOND, F. (org. e trad.). *Crates and Hipparchia*: cynic handbook of source material for Crates and Hipparchia. Mênin Web and Print Publishing, 2016. *E-book* (Kindle).

BLONDEAU, F. Dialecticienne, héroïne tragi-comique. *In*: LETHIERRY, H. (org.). *Hipparchia, mon amour!* Saint-Jean des Mauvrets: Éditions du Petit Pavé, 2015. p. 75-88.

CALVO, J. M. Viviendo en co-herencia com la filosofía cínica: Hiparquia de Maroneia. *Revista Co-herencia*, v. 15, n. 28, p. 111-131, 2018.

CHEVARIN-MAIGNAL, N. Hipparchia: le *CV*. *In*: LETHIERRY, H. (org.). *Hipparchia, mon amour!* Saint-Jean des Mauvrets: Éditions du Petit Pavé, 2015. p. 49-54.

CLEMENTE DE ALEXANDRIA. Stromates, IV.19. *In*: REDMOND, F. (org. e trad.). *Crates and Hipparchia*: cynic handbook of source material for Crates and Hipparchia. Mênin Web and Print Publishing, 2016. *E-book* (Kindle).

DIÓGENES LAÉRCIO. *Vida e doutrina dos filósofos ilustres*. Brasília: Ed. UnB, 1987.

EPICTETO. *Disertaciones por Arriano*. Trad. de Paloma García. Madri: Ed. Gredos, 1993.

GOULET-CAZÉ, M. O. Le cynisme ancien et la sexualité. *Clio, Femmes, Genre, Histoire*, v. 22, 2005.

GOULET-CAZÉ, M. O. *L'ascèse cynique*. Paris: Vrin, 1986.

KENNEDY, K. Hipparchia the cynic: feminist rhetoric and the ethics of embodiment. *Hypatia*, v. 14, n. 2, p. 48-71, 1999.

KERSEY, E. M. Hipparchia the cynic. *In*: KERSEY, E. M.; SCHRAG, C. O. *Women philosophers*: a biocritical sourcebook. Nova York: Greenwood Press, 1989.

LE DŒUFF, M. *L'étude et le rouet*: des femmes, de la philosophie, etc. Paris: Editions du Seuil, 2008. *E-book* (Kindle).

LETHIERRY, H. (org.) *Hipparchia, mon amour!* Saint-Jean des Mauvrets: Éditions du Petit Pavé, 2015.

WAITHE, M. (org.). *A History of women philosophers*: ancient women philosophers, 600 B.C.-500 A.D. Nova York: Kluwer Academic Publishers, 1992. v. 1.

NAVIA, L. E. *Diógenes, o cínico*. Trad. de João Miguel Moreira Auto. São Paulo: Odysseus, 2009.

MALHERBE, A. J. (org.). *The cynic epistles: a study edition*. Trad. de Benjamin Fiore et al. 3. ed. Atlanta: Society of Biblical Litarature, 2006.

PEREIRA, I. Avant-propos: un devenir Hipparchia. *In*: LETHIERRY, H. (org.). *Hipparchia, mon amour!* Saint-Jean des Mauvrets: Éditions du Petit Pavé, 2015. p. 7-15.

PFEFFERKORN, R. La Transgression radicale d'Hipparchia. *In*: LETHIERRY, H. (org.). *Hipparchia, mon amour!* Saint-Jean des Mauvrets: Éditions du Petit Pavé, 2015. p. 15-24.

REDMOND, F. *Crates and Hipparchia*: cynic handbook of source material for Crates and Hipparchia. [s. l.]: Mênin Web and Print Publishing, 2016. *E-book* (Kindle).

SÊNECA. *Da tranquilidade da alma*. Trad. de Lúcia Rebello e Ellen Vranas. Porto Alegre: L&PM, 2009.

SUDA. Lexicon, s.v. "Hipparchia". *In*: REDMOND, F. (org. e trad.). *Crates and Hipparchia*: cynic handbook of source material for Crates and Hipparchia. [s. l.]: Mênin Web and Print Publishing, 2016. *E-book* (Kindle).

SUDA *on-line*. Trad. de Ross Scaife. *The Stoa Consortium*, 2002. Disponível em: www.stoa.org/solentries/iota/517. Acesso em: 13 jan. 2021.

VARIKAS, E. *Penser le sex et le genre*. Paris: PUF, 2006.

# 4
# BAN ZHAO

(49-120 EC)

*André Bueno**

## 1 – VIDA

Ban Zhao 班昭, também conhecida pelo nome de cortesia Huiban 惠班 ou pelo nome matrimonial Cao Dagu 曹大家 (曹大姑), foi uma escritora, historiadora e poetisa que destacou-se como importante pensadora da dinastia Han 漢 (203 AEC-221 EC). As informações biográficas que dispomos sobre essa autora são sucintas e basicamente estão presentes no Capítulo 82 列女傳 (*Lienu Zhuan*) do Hou Hanshu 後漢書 de Fan Ye 范曄 (século V EC). Ela nasceu em uma família de intelectuais: era sobrinha-neta de Ban Jieyu 班婕妤 (48-2 AEC), conselheira imperial, reputada como grande erudita e poeta; seu pai, Ban Biao 班彪 (3-54 EC), foi um importante funcionário da corte e letrado respeitado; o irmão mais velho, Ban Gu 班固 (32-92 EC), era historiador da corte e organizador da *História de Han* (*Qian Hanshu* 前漢書), ao passo que o outro irmão, Ban Chao 班超 (32-102 EC), serviu como destacado general, que liderou a reconquista das regiões ocidentais do Império e assegurou a soberania chinesa sobre a Rota da Seda até a Ásia central.

---

* Professor adjunto de História Oriental na Universidade do Estado do Rio de Janeiro (UERJ).

De acordo com seus dados biográficos, ela teve uma educação completa dentro do cânone literário confucionista. Aprendeu a ler, a escrever e estudou os tratados clássicos chineses, base da formação do funcionalismo público e da erudição letrada da corte: o *Yijing* 易經, ou *Tratado das mutações*, obra que organizava as principais teorias cosmológicas chinesas; o *Shujing* 書經, ou *Tratado dos livros*, obra que continha as narrativas históricas das primeiras dinastias; o *Shijing* 詩經, ou *Tratado das poesias*, composto por uma coleção de poemas e músicas que traziam imagens da sociedade, dos costumes e do pensamento chinês; o *Liji* 禮記, ou *Recordações rituais*, enciclopédia sociológica da cultura chinesa; e o *Chunqiu* 春秋, ou *Primaveras e outonos*, crônica histórica escrita por Confúcio, que trazia uma gramática de conceitos e ideias históricas. Ban Zhao ainda teria estudado o *Lunyu* 論語 (*Analectos*) de Confúcio 孔夫子 (551-479 AEC) e as novas histórias (Shi 史), como o *Shiji* 史記 de Sima Qian 司馬遷 (145-86 AEC).

Inicialmente, Ban Zhao atendeu às imposições familiares e casou-se, aos 14 anos, com Cao Shisu 曹世叔, recebendo o nome familiar de Cao Dagu 曹大家 (também grafado como 曹大姑). Poucos anos depois do casamento, seu marido faleceu (em data desconhecida), e Ban Zhao retomou o nome de solteira e de escritora. Dispunha de grande fama na corte imperial como intelectual e conhecedora dos livros clássicos confucionistas. Quando seu irmão Ban Gu morreu, deixando incompleta a redação da *História de Han*, Ban Zhao foi pessoalmente convocada para terminar o livro e tornou-se a bibliotecária imperial, um dos mais importantes cargos da burocracia imperial (*Hou Hanshu*, 82, p. 8). Depois, foi chamada pela imperatriz Hexi 和熹皇后 (nome pessoal: Deng Sui 鄧綏, 81-121 EC) para tornar-se professora da corte, sendo responsável pela educação das mulheres e jovens. Um dos pensadores mais famosos da dinastia Han, Ma Rong 馬融 (79-166 EC), era um de seus discípulos diretos e fez questão de frisar em suas obras de comentários aos clássicos antigos a herança intelectual devida à sua mestra.

Ban Zhao manteria uma relação estreita de amizade e admiração mútua com a soberana Hexi ao longo de sua regência, entre 106 e 121 EC. Serviu na função de mestra imperial continuamente e, ao falecer de causas naturais em 120 EC, foi enterrada com honras imperiais, sendo uma figura extremamente respeitada por seus conhecimentos e por ter sido a mentora de toda uma geração de personagens (mulheres e homens) cultas e atuantes na corte.

## 2 – OBRA

Até onde sabemos, Ban Zhao redigiu uma profícua obra, mas como ocorreu a muitas autoras e autores da Antiguidade chinesa, a maior parte de sua obra foi perdida em uma das muitas destruições de bibliotecas e arquivos que envolviam as transições dinásticas. Temos uma lista de seus escritos no capítulo 35 da *Relação dos livros e tratados da dinastia Sui* (*Sui Shujing Jizhi* 隋書經籍志) do *Livro de Sui* (*Suishu* 隋書, século VII EC), que demonstra uma produção relevante. Durante a dinastia Qing 清 (1644-1912), o intelectual Yan Kejun 嚴可均 (1762-1843) editou o livro *As três dinastias antigas completas, Qin, Han, três reinos e seis dinastias* (*Quan shanggu sandai Qin Han Sanguo Liuchao wen* 全上古三代秦漢三國六朝文), recolhendo no capítulo 96 os textos sobreviventes de Ban Zhao. É atribuída ainda a Ban Zhao a inserção de novos capítulos no livro *Biografias de mulheres notáveis* (*Lienu zhuan* 列女傳) de Liu Xiang 劉向 (77-6 AEC), que apresentava modelos de comportamento feminino – notáveis ou reprováveis.

Nesse sentido, a obra principal e mais destacada de Ban Zhao é o livro *Lições para mulheres* (*Nujie* 女誡), cuja versão de que dispomos atualmente integra o já citado cap. 82, p. 10-18 do *Hou Hanshu*. Escrito quando a autora tinha em torno de cinquenta anos, o livro congregava uma série de experiências e vivências na corte com teorias das doutrinas confucionistas e observações pessoais da autora. O texto trazia uma série de reflexões e orientações sobre a conduta feminina, colocando-se como o primeiro trabalho específico sobre o tema na China Antiga. A estrutura da obra contava com uma breve introdução e sete capítulos que tratavam de diferentes aspectos do comportamento feminino com relação à vida matrimonial e à sociedade.

No primeiro capítulo, "Humildade" (*Beiruo* 卑弱), Ban Zhao analisa o que seria um comportamento idealmente adequado com relação às atitudes para com o marido e outras pessoas; já no segundo, o tema é "Marido e Esposa" (*Fufu* 夫婦), abordando especificamente os problemas internos da relação do casal; no terceiro, "Respeito e Atenção" (*Jingshen* 敬慎), o livro traz uma breve análise da relação entre homens e mulheres a partir das concepções cosmológicas vigentes na dinastia Han, inspiradas no *Yijing*, que associavam as expressões do feminino e do masculino às concepções *yin* e *yang*; na sequência, em "Qualificações femininas" (*Fuxing* 婦行), Ban Zhao propõe uma série de "Quatro qualidades fundamentais" (*Side* 四德) [*virtude pessoal* (*De* 德), *falar apropriadamente* (*Yan* 言), *postura pessoal* (*Rong* 容) e *disposição física* (*Gong* 功)] para a construção de uma personalidade feminina ideal; o quinto capítulo, "Coração devotado" (*Zhuanxin* 專心), defende que a mulher deve evitar novos casamentos e permanecer em sua condição social definida; no sexto, "Obediência interna" (*Qucong* 曲從), trata das relações de obediência para com os sogros; por fim, no sétimo capítulo, "Cunhadagem" (*Shumei* 叔妹), trata dos cuidados nas relações intrafamiliares.

Uma radiografia superficial da obra permitiria classificá-la como um manual de boas maneiras para mulheres, inaugurando uma produção literária específica nesse sentido. A doutrina confucionista enfatizava o comportamento ético e moral em sociedade, priorizando atitudes de devoção, respeito e obediência, mas, também, de consciência crítica, solidariedade e equidade. O texto de Ban Zhao poderia ser compreendido, portanto, como um conjunto de orientações específicas para as mulheres, com relação às leis e aos costumes vigentes, reforçando uma posição de inferioridade feminina dentro da sociedade chinesa.

As *Lições para mulheres* foi também o ponto de partida para a construção de quatro livros chamados *Nu Sishu* 女四書 (*Os quatro livros femininos*), composto pelo próprio *Nujie* 女誡, pelos *Analectos femininos* (*Nu Lunyu* 女論語), *Lições Domésticas* (*Neixie* 內训) e *Esboço de um modelo para mulheres* (*Nufan Jielu* 女范捷录), todos escritos por intelectuais mulheres. Essa coleção, construída ao longo de mais de um milênio (só atingindo sua forma final em 1624) se inspirara na formulação do cânone confucionista dos *Quatro livros* (*Sishu* 四書) feita por Zhuxi 朱熹 (1130-1200 EC), mas não chegou a alcançar o mesmo status de leitura obrigatória. Contudo, a recepção do *Lições para mulheres* e sua importância histórica e cultural precisa ser analisada mais profundamente.

## 3 – AS DIMENSÕES DO *NUJIE* NA CULTURA CHINESA

Para compreender as visões que envolvem a recepção da obra de Ban Zhao na China Antiga, é preciso escapar de versões simplistas sobre a trajetória histórica dessa civilização. A concepção de uma cultura formalmente patriarcal e misógina é relativamente recente dentro da continuidade temporal da China e representa o resultado não concluído de um longo embate entre diversos estratos da sociedade, bem como de visões conflitantes sobre o papel do feminino (Bueno, 2013).

No período da dinastia Han, as ideias confucionistas foram adotadas como doutrina política oficial de governo (Cheng, 1985). Surgiu um ambiente de amplos debates sobre temas políticos e culturais que tiveram profundo impacto na sociedade chinesa – e, nesse sentido, os estudos sobre as mulheres obtiveram destaque nos meios intelectuais, encontrando visões bastante divergentes.

Livros surgidos nesse período, como o *Lienu Zhuan* de Liu Xiang, pretendiam orientar sobre o que deveria ser uma "mulher ideal", dentro de preceitos confucionistas já bastante transformados, numa sociedade que estava longe de atender a essas idealizações. Essa impressão foi confirmada pelas pesquisas de Yan Aimin 阎爱民 (2005), para quem o período Han marcou a fase de consolidação das teorias e iniciativas de instituição patriarcal. Conforme um dos paradigmas clássicos da historiografia chinesa, quanto mais prolífico é um discurso, maior a probabilidade de ele se tratar de um projeto de imposição de ideias (Bueno, 2021, p. 9). Ou seja: os muitos textos que defendem uma determinada opinião não retratariam uma realidade mais abrangente, mas a percepção/intenção de um grupo em afirmar e disseminar a mesma dentro da sociedade e da cultura.

Um exemplo importante foi provido pelo próprio irmão de Ban Zhao, o historiador Ban Gu, que escreveu uma coletânea de textos rituais chamada *Pavilhão do tigre branco* (*Baihutong* 白虎通). Em um desses ensaios, ele lançou uma ideia que se tornaria sinônimo da submissão feminina, as chamadas "Três obediências" (*Sancong* 三從): "uma mulher solteira deve ser submissa ao pai; casada, deve ser submissa ao marido; viúva, deve ser submissa ao filho homem"

(1,1, p. 8). A frase, tradicionalmente atribuída a Zixia 子夏 (507-400 AEC), um dos discípulos de Confúcio, ganhou popularidade nos escritos da família Ban e se tornaria em um dos conceitos fundamentais da sociedade chinesa.

O mesmo pode ser dito da aplicação da teoria cosmológica *yin-yang*, presente no *Tratado das mutações* (*Yijing*), ao plano dos relacionamentos humanos. Embora fosse uma tendência comum aos intelectuais do período Han (McLeod, 2022), ela poderia render resultados substancialmente diferentes. Alguns confucionistas, como Dong Zhongshu 董仲舒 (179-104 AEC) – um dos mais influentes pensadores do século II AEC –, afirmavam que o homem, sendo *yang* (rígido, forte, positivo e impositivo), deveria dominar a "mulher *yin*" (flexível, suave, negativa e receptiva) (*Chunqiu Fanlu* 春秋繁露, cap. 53); por outro lado, os textos daoístas sobre alquimia sexual descobertos em Mawangdui 馬王堆 (Ling; MacMahon, 1992; Cleary, 1999) defendiam que a harmonia equitativa entre ambos seria, justamente, a chave para o sucesso em um relacionamento, promovendo sabedoria, saúde e felicidade. Na interpretação cosmológica desses textos, a terra, em seu aspecto gerador, seria feminina; por conseguinte, a mulher, assim como a terra, deveria ser cultuada e cultivada. Isso significa que, nesse mesmo contexto, visões amplamente divergentes confrontavam-se nos âmbitos literários e institucionais em busca de uma redefinição dos espaços de poder e da consecução de agendas culturais.

Ban Zhao estava bem próxima ao epicentro desses conflitos, a corte imperial – local onde as políticas públicas eram planejadas e a produção dos saberes era supervisionada. Seu período de atuação foi concomitante (embora não necessariamente dependente) ao governo da imperatriz Hexi, o que colocava em questão as aptidões femininas para administrar funções públicas. Hexi conseguira conduzir os negócios do Império admiravelmente bem (*Hou Hanshu*, cap. 11 [皇后紀上]), revelando que mulheres bem-preparadas poderiam ser capazes de desempenhar funções majoritariamente atribuídas aos homens.

Por essa razão, a introdução do *Nujie* apresenta uma justificativa vaga, que consiste em afirmar que o objetivo do livro é reforçar o papel de educar as filhas para prepará-las para a vida em sociedade. É preciso cuidar, logo no início, com as expressões usadas pela autora:

> Sou uma escritora indigna e pouco sofisticada, ignorante e por natureza pouco inteligente, mas sou afortunada por ter sido favorecida por ter um pai erudito, uma mãe culta e professoras que me proporcionaram uma educação literata e o treino adequado nas regras de cortesia (*Nujie*, introdução).

Embora possa parecer a abertura de texto feita por uma pessoa totalmente submissa, ela reproduz uma fórmula tradicional de expressar-se, em conformidade com as regras de etiqueta da época. Confúcio e seus discípulos se comunicavam de modo similar, afirmando ou escrevendo coisas do tipo "sou pouco inteligente, mas tentarei seguir seus conselhos" ou "sou uma figura humilde, mas buscarei seguir seu conselho" etc. Exaltar mestres (como a mãe e o pai) cumpria também o item de respeito às gerações anteriores e à figura educadora, o que afastava o risco do texto se propor pretensioso ou "ousado" em demasia.

Algumas passagens do livro reforçam uma visão tradicionalista de que ele serviria aos propósitos da agenda misógina da elite chinesa:

> [...] a mulher deve sujeitar-se à humilhação [...] (Nj1); [...] Se uma esposa não serve ao marido, então o relacionamento adequado entre homens e mulheres e a ordem natural das coisas são negligenciados e destruídos [...] (Nj2); [...] assim como *yang* e *yin*, o homem é honrado por sua força, a mulher pela sua suavidade [...] (Nj3); [...] a virtude feminina não precisa ser de uma habilidade brilhante, nem muito diferente de outras; as palavras femininas não precisam ser inteligentes, não devem ser discordantes nem ríspidas; a aparência feminina não precisa ser bonita nem de rosto e nem de corpo; o esforço feminino não precisa ser feito com mais habilidade do que outros [...] (Nj4); [...] nos Ritos está escrito que um marido pode se casar novamente, mas não há nenhum texto que autorize uma mulher a se casar uma segunda vez [...] (Nj5); [...] (quanto ao sogro e a sogra) Nada é melhor do que a obediência que sacrifica a opinião pessoal [...] (Nj6); [...] Para conquistar para si o amor de seus sogros, ela deve garantir para si a boa vontade de cunhados e cunhadas mais jovens [...] (Nj7).

Esses fragmentos, extraídos do livro, constroem uma imagem asfixiante para a vida das mulheres. Visto por esse lado, Ban Zhao estaria simplesmente servindo ao projeto estatal de criar um guia de comportamento em conformidade com as orientações masculinas.

No entanto, na sequência do texto, há fragmentos que apresentam considerações antitéticas a essas mesmas afirmações:

> A mulher, sendo correta nos modos, firme no caráter e servindo ao marido; sendo casta, tranquila e discreta; que não se perca em maledicência ou deboche; que zele pela purificação das oferendas de vinho e alimento aos antepassados; quando uma mulher observa esses princípios, podemos afirmar que ela continua o culto ancestral (Nj1).

Essas virtudes eram esperadas não apenas das mulheres, mas de homens também, e realizar a oferenda ancestral era um dos pilares da estrutura familiar, assim como uma honraria. Outro trecho – "Se um marido é indigno, ele não tem o direito de exigir nada de sua esposa" (Nj2) – revela certo grau de equidade no desenvolvimento da relação; na sequência, ela afirma que "apenas ensinar os homens e não ensinar as mulheres – isso não é ignorar a relação essencial entre eles?" (Nj2), fazendo uma clara defesa de que as mulheres, seja no desempenho de qual função for, precisam de acesso à educação de maneira plena, tal como os homens podiam receber. E continua: "um homem pode nascer como um lobo, mas teme-se que vire uma criatura débil; uma mulher pode nascer como um ratinho, mas teme-se que ela se transforme numa tigresa" (Nj3), informando-nos do fato de que as mulheres repreendem seus maridos, admoestam os mesmos e debatem os assuntos íntimos de modo firme, ainda que dentro de limites, concluindo: "Se o amor e o respeito mútuo forem desfeitos, marido e mulher ficarão divididos" (Nj3), revelando claramente que as tensões familiares existiam e que a simples submissão feminina não era uma realidade determinante. Ademais, cumpre lembrar que a China Antiga tinha leis de divórcio, que garantiam às mulheres direitos sobre seus bens e dote matrimonial. As propostas "qualificações femininas" (Nj4) também são similares às virtudes confucionistas masculinas (com exceção de temas específicos, como virilidade, destemor ou força guerreira) e seu objetivo prático é garantir a harmonia familiar e doméstica, pois "há momentos em que o amor pode levar a diferenças de opinião entre as pessoas; e por consequência, a desentendimentos mais sérios" (Nj5); por fim, uma mulher pode ser sábia, digna e perspicaz, capaz assim de atingir a perfeição (Nj7).

Essas passagens foram pinçadas do texto para mostrar um pouco da argumentação complexa que o compõe, permitindo retratos diferenciados para quem busca interpretá-las (Bueno, 2022a, p. 13-39). É possível que Ban Zhao estivesse, conforme os debates próprios da época, analisando e empregando a teoria *yin* e *yang* dentro do texto de maneira a determinar espaços de restrição e abertura para o feminino. De acordo com o *Hou Hanshu*, já na época do lançamento do livro, Ma Rong 馬融 (o destacado discípulo de Ban Zhao) elogiou amplamente o trabalho, fazendo com que sua esposa e filha aprendessem o *Nujie* (*Hou Hanshu*, 82, p. 19); já a cunhada de Ban Zhao, Cao Fengsheng 曹豐生, teceu duras críticas ao livro em uma carta aberta à corte (*Hou Hanshu*, 82, p. 20), documento este que se perdeu, o que nos impossibilita saber de seu conteúdo. Essa discussão nos indica uma tensão clara sobre a recepção da obra nos meios eruditos.

Ao longo dos séculos o texto do *Nujie* foi adulterado e possivelmente sofreu acréscimos. Como pudemos observar, a versão de que dispomos foi preservada em um livro do século V EC, e não era nem um pouco incomum que intérpretes posteriores fizessem modificações que julgassem necessárias para adequar o texto a uma certa linha de discurso. Na prática, isso significa que partes do livro, principalmente no que tange aos seus conceitos ou orientações fundamentais, podem ter sido manipuladas. O texto do *Nujie* recolhido por Yan Kejun no período Qing é basicamente o mesmo do *Hou Hanshu*, mas tem algumas alterações: e não há uma explicação razoável dos motivos pelos quais Fan Ye, o autor do mesmo *Hou Hanshu*, não tenha incluído os outros escritos de Ban Zhao, como Yan fez. Esses outros sucintos fragmentos mostram uma mulher ativa, que se dirigia à corte respeitosamente, mas igualmente determinada, que fazia reflexões de viagem e poesias sensíveis, o que torna sua personagem uma figura de difícil reconstrução. Cai Hefang 蔡荷芳 (2009) demonstrou como *Nujie* passou por sucessivas edições e revisões, e que a prática literária de interpolar comentários entre as passagens do texto, comum na China tradicional, contribuiu para disseminar várias gralhas ao longo do texto. Wang Danni 王丹妮 e Li Zhisheng 李志生 (2020) confirmaram essa avaliação, notando ainda que o momento de maior divulgação do livro ocorreu nos períodos Ming 明 (1368-1644) e Qing 清 (1644-1912), quando houve o recrudescimento das pressões sociais, culturais e políticas sobre as mulheres, além de um aviltamento generalizado de seus direitos. Não por acaso, esse foi o período em que mais se produziram edições comentadas da obra, em sua maioria de autores homens e enfatizando os aspectos de submissão do feminino das *Lições para mulheres*.

## 4 – ESTUDOS RECENTES

Os estudos chineses sobre as *Lições para mulheres* tendem a concordar no seguinte aspecto: o livro estruturou-se, em conformidade com seus capítulos, em sete conceitos-chave que seriam a preponderância do masculino do ponto de vista cosmológico, a ética da virtude, a hierarquização das relações, as práticas de etiqueta, o controle do sexo (castidade e pudor), as relações domésticas e a educação feminina. Esses conceitos estão disseminados pelos capítulos e é possível que o arranjo dos materiais tivesse funções pedagógicas, coincidindo com os sete itens do programa "Três obediências, quatro virtudes" (*Sancong Side*); contudo, não há correspondência anatômica direta entre o conteúdo dos capítulos, as ideias centrais e esses sete ditames. De fato, os fragmentos textuais revestem esses núcleos essenciais em cada uma das partes, mas podem apresentar – e de fato, apresentam – contradições ou ressignificações possíveis de acordo com o pressuposto teórico e o sistema de leitura empregado.

Um dos estudos mais recentes que impulsionaram a revisão ética e histórica do trabalho de Ban Zhao foi o artigo de Su Ping 苏萍, *Análise das concepções educacionais nas "Lições para mulheres" de Ban Zhao* (班昭"女诫"的教育思想探析) de 2005. Nele, a autora propõe que em um contexto de crescente opressão contra as mulheres, derivada das tensões étnicas, culturais e sociais que a dinastia Han enfrentava, Ban Zhao percebeu que era necessário preparar as mulheres intelectualmente para assegurar suas posições dentro da sociedade. Em sua visão, Ban Zhao defendia que a ideia de educação da mulher era uma forma de resistir à opressão, de sobreviver e de paulatinamente reverter conceitos tradicionais de inferioridade e submissão em direção a uma verdadeira igualdade de gênero. O *Nujie* faria também uma importante contribuição ao processo de conscientização feminina, ensejando o reconhecimento da autonomia, da individualidade e da sororidade. Nesse sentido, as passagens textuais que reforçam a ideia de submissão poderiam ser ruídos na transmissão, ou deveriam ser lidas em contexto, não podendo ser consideradas de maneira absoluta e entendidas literalmente. O artigo de Su Ping tornou-se uma referência no novo debate que se formou em torno da obra de Ban Zhao. No ano seguinte, Zhong Cuihong 钟翠红 (2006) seguiu a mesma linha de raciocínio, propondo que Ban Zhao estava buscando oferecer estratégias de resistência ao movimento de transformação das relações sociais que o período Han passava. Nesse sentido, as mulheres buscariam na educação meios de propiciar participação e mobilidade social; quanto ao sistema de submissão, Ban Zhao delinearia mecanismos de sobrevivência externos e superficiais, a serem desempenhados nas relações cotidianas e intrafamiliares, mas não correspondendo necessariamente à consciência e aos sentimentos individuais. Na sequência, Jin Wen 晋文 e Zhao Huiying 赵会英 (2007) apontaram o *Nujie* como uma das primeiras oportunidades de reavaliação ética e moral do papel feminino na sociedade, produzido por uma autora mulher, indicando uma nova visão de mundo e cultura, que clamava por uma maior participação no cenário político e cultural; e Gu Lihua 顾丽华 (2012) escreveu um extenso trabalho intitulado *A vida das mulheres na Dinastia Han* (汉代妇女生活情态), no qual propunha que o trabalho de Ban Zhao pretendia a reconstrução de um espaço feminino dentro da sociedade, buscando criar alternativas para evitar o aprofundamento das práticas e ideias misóginas. As lutas intersticiais das famílias que compunham a corte criavam tensões que se manifestavam em problemas sucessórios e no controle dos corpos e das descendências. Nesse cenário, a submissão feminina significaria igualmente o controle dos meios de reprodução do poder, expressos pelos matrimônios arranjados e pela supervisão (moral) de familiares atuantes em funções públicas.

Em sentido diverso desse, An Chunhuan 安春焕 e Wen Hangliang 温航亮 (2011) consideraram que o *Nujie* serviu para fundar uma visão estruturada do papel feminino na sociedade chinesa Han e pós-Han, acoplada ao projeto confucionista de submissão do feminino. A partir do estudo da aplicação das "Três obediências e Quatro Virtudes" (*Sancong Side* 三從四德) nas

*Lições para mulheres*, An Chunhuan e Wen Hangliang defendem que o livro serviu para consolidar esse binômino como o sentido principal da condição feminina na sociedade imperial chinesa, estabelecendo uma concepção de "comportamento e personalidade ideal". Wen Hangliang 温航亮 retomaria o tema em 2016, defendendo que a proposta do *Nujie* era de compromisso com o patriarcado que se estabelecia, pretendendo negociar a posição das mulheres frente à nova sociedade por meio de suas qualificações educacionais e uma participação relativa e limitada nas transações do poder político. Em 2013, Wu Congxiang 吴从祥 retomou a ideia de que o livro de Ban Zhao se tratava, de fato, de um manual de etiqueta e boas maneiras, em conformidade com vários outros materiais do mesmo gênero produzidos pela escola confucionista. A novidade, nesse sentido, seria a de uma autora feminina incorporar essas orientações e produzir um escrito que defendia a própria submissão do gênero; e que a educação proposta por ela deveria ser extensiva, mas limitada em conteúdo – algo próximo à ideia das "escolas de boas maneiras para mulheres", oferecendo conhecimentos limitados e técnicas voltadas aos problemas domésticos. Chen Taolan 陈桃兰 e Xia Xueyuan 夏雪源 (2015) deram continuidade a essa linha, considerando a proposta de educação feminina um precedente histórico na China Antiga e que o principal objetivo das *Lições para mulheres* era exortá-las a cultivar a moralidade, a castidade e prepará-las para a administração dos problemas familiares, ficando circunscrita a essa dimensão do existir. Nesse ponto de vista, o trabalho de Ban Zhao seria uma contribuição decisiva na reafirmação do masculino como centro do poder, esclarecendo sua função dominadora sobre as mulheres e a família.

Mais duas considerações precisam ser feitas sobre as visões chinesas. A primeira é a de Feng Xiaotong 冯小桐, que em 2019 lançou um importante artigo intitulado "Uma revisão da literatura de educação moral das mulheres chinesas antigas" (中国古代女德教育文献综述). Sua proposta consiste em afirmar que a história das mulheres na China requisita uma necessária revisão conceitual e documental, tendo em vista o diálogo problemático entre as teorias tradicionais chinesas e a aplicação das teorias ocidentais no âmbito acadêmico e intelectual. Além de ampliar o levantamento das fontes disponíveis, de maneira a criar uma base de dados efetivamente funcional, que supere o colecionismo erudito (como o de Yan Kejun, por exemplo), a simples absorção de sistemas vindos do Ocidente não daria conta de compreender as especificidades da cultura chinesa. As teorias feministas europeias e americanas evidentemente são capazes de proporcionar novas formas de leitura sobre as tradições chinesas e seus documentos, como é o caso do *Nujie*; por outro lado, elas desconhecem os conceitos, expressões e fórmulas, tanto literárias como filosóficas e históricas, que compõem as narrativas chinesas, criando o problema muito conhecido de impor uma perspectiva teórica sobre outra realidade cultura, suscitando interpretações artificiais/superficiais.

O alerta de Feng Xiaotong sobre o uso e as apropriações dessas teorias fica claro quando analisamos a segunda consideração que queremos apresentar, o trabalho de Sun Zhe 孙哲 e Liu Lifu 刘立夫, intitulado "A conexão entre os direitos das mulheres e a moralidade das mulheres – Interpretação moderna do significado da educação familiar em 'Lições para Mulheres'" (女权与女德的会通 – 《女诫》家教意义的现代诠释, 2015). Os autores (homens) defendem que o movimento feminista "ocidental-chinês" da década de 1980-1990 trouxe novos recursos ideológicos e morais que, congregados às teorias das virtudes tradicionais femininas chinesas, podem proporcionar uma nova e legítima educação moral (e de submissão) para as mulheres chinesas, construindo uma nova cultura feminina na China contemporânea, na qual Ban Zhao e o *Nujie* cumpririam um papel fundador, sendo um texto obrigatório e indispensável. O entendimento sobre a obra pauta-se, enfim, em uma das muitas releituras neoconservadoras novo-confucionistas, que pretendem resgatar um papel histórico privilegiado para o masculino. Como bem observou Cui Liping 崔丽萍 (2020), o emaranhamento na mentalidade chinesa entre feminismo, direitos das mulheres e moralidade feminina revela grandes dificuldades e limitações na apreensão e no diálogo entre conceitos chineses e ocidentais, proporcionando interpretações plurais que facilmente deslizam para inovações exógenas ou invocações revitalizadas do passado (um texto bastante interessante sobre as relações entre confucionismo e feminismo na China contemporânea pode ser visto em Lisa Rosenlee, 2021).

No que diz respeito à construção histórica da figura de Ban Zhao na Academia ocidental, ela encontrou destaque a partir do trabalho de Nancy Lee Swann, *Pan Chao: foremost woman scholar of China* (*Pan Chao: a erudita mais famosa da China*), publicado originalmente em 1932. Swann apresentava uma pesquisa séria e abrangente sobre Ban Zhao, trazendo dados biográficos, análises históricas e a tradução de textos chineses, incluindo aí uma versão completa das *Lições para mulheres*. Somente em 2003, Robin Wang fez uma coletânea de fragmentos textuais sobre o feminino na China tradicional (no caso de Ban Zhao, ela usou o texto de Swann), proporcionando um panorama mais amplo sobre a questão. O livro de Swann seria a base para todas as discussões sobre Ban Zhao até uma tradução mais recente, feita por Ann Pang-White em 2018 – esta uma versão *completa* dos "Quatro livros femininos" (*Nu Sishu*) e um detalhado estudo comparativo. Mais recentemente, especialistas em sinologia têm buscado debater o papel de Ban Zhao a partir de grades teóricas importadas dos debates feministas, conscientes dos problemas de adaptação conceitual à cultura tradicional chinesa. Jana Rosker (2020) fez uma análise pontual dos caracteres filosóficos da obra de Ban Zhao, buscando ressignificar as ideias dessa autora à luz das próprias tradições chinesas; e uma apresentação mais ampla e atualizada desse debate sobre Ban Zhao e o *Nujie* nas pesquisas ocidentais pode ser visto no texto de Janyne Sattler (2021), que traz uma discussão enriquecedora das leituras e problemas teóricos que envolvem a recepção dessa importante personagem histórica e sua obra. Recentemente, tanto o texto do *Nujie* (Bueno, 2022a) quanto o *Nu Sishu* (Bueno, 2022b) receberam traduções completas em português, ampliando o acesso a essas fontes fundamentais.

# BIBLIOGRAFIA

## Obras

PANG-WHITE, A. A. *The Confucian four books for women*: a new translation of the Nü Sishu and the commentary of Wang Xiang. Oxford: Ofxord University Press, 2018.

SWANN, N. L. *Pan Chao*: foremost woman scholar of China. Michigan: Center for Chinese Studies, 2001.

WANG, R. *Images of women in Chinese thought and culture*: writings from the pre-Qin period through the Song Dynasty. Londres: Hackett, 2003.

## Documentos clássicos (repositório https://ctext.org/)

BAN GU 班固, *Baihutong* 白虎通.

DONG ZHONGSHU 董仲舒, *Chunqiu Fanlu* 春秋繁露.

FAN YE 范曄, *Hou Hanshu* 後漢書 (no qual se inclui a primeira versão do *Nujie* 女誡, de Ban Zhao 班昭).

LIU XIANG 劉向, *Lienu zhuan* 列女傳.

YAN KEJUN 嚴可均, *Quan shanggu sandai Qin Han Sanguo Liuchao wen* 全上古三代秦漢三國六朝文.

## Literatura secundária

AN CHUNHUAN 安春焕; WEN HANGLIANG 温航亮. 三从四德"与封建女性行为规范的形成 [Três obediências e quatro virtudes e a formação de normas comportamentais femininas feudais]. 铜陵学院学报 [Jornal da Universidade de Tongling], n. 6, p. 78-80, 2011.

BUENO, A. *Ban Zhao e a ética feminina na China Antiga*. Rio de Janeiro: Projeto Orientalismo; Uerj, 2022a.

BUENO, A. Erótica sínica. *Mais que Amélias*, n. 1, v. 1, p. 1-12, 2014.

BUENO, A. Inventar a história: ideias da historiografia tradicional chinesa para ler e ensinar o passado. Projeto Orientalismo: *SinoTextos*, p. 5-15, 2021.

BUENO, A. *Mulheres na China imperial*. Rio de Janeiro: Projeto Orientalismo; Uerj, 2022b.

BUENO, A. Para uma história da mulher na China Tradicional. *In*: POZZER, K. (org.). *Um outro mundo antigo*. 1 ed., v. 1. São Paulo: Annablume, 2013. p. 301-333.

CAI HEFANG 蔡荷芳. 论班昭《女诫》的创作背景 [Sobre os bastidores da criação das *Lições para mulheres* de Ban Zhao]. 淮北煤炭师范学院学报:

哲学社会科学版 [*Revista da Universidade Normal de Huaibei*: Edição de Filosofia e Ciências Sociais], n. 4, p. 73-80, 2009.

CAI HUA. *Une société sans père ni mari*: Les Na de Chine. Paris: Presses Universitaires de France, 1997.

CHEN TAOLAN 陈桃兰; XIA XUEYUAN 夏雪源. 班昭《女诫》中的女性教育智慧 [A sabedoria da educação feminina no *Lições para mulheres* de Ban Zhao]. 兰台世界 [*Mundo Lantai*], n. 24, p. 72-74, 2015.

CHENG, A. *Étude sur le confucianisme Han*. L'élaboration d'une tradition exégétique sur les classiques. v. 26. Mémoires de l'Institut des Hautes Études Chinoise. Paris: Collège de France, 1985.

CLEARY, T. *Sex, health, and long life*: manuals of Taoist practice. Londres: Shambhala, 1999.

CUI LIPING 崔丽萍. 世纪中西方女权与女德的发展历程及其关系探讨. [O processo de desenvolvimento e a relação dos direitos das mulheres e a moralidade das mulheres na China e no Ocidente no século XX]. 宝鸡文理学院学报：社会科学版 [*Revista da Universidade de Artes e Ciências de Baoji*: Edição de Ciências Sociais], n. 5, p. 101-107, 2020.

FENG XIAOTONG 冯小桐. 中国古代女德教育文献综述 [Uma revisão da literatura de educação moral das mulheres chinesas antigas]. 社会科学动态 [*Tendências das Ciências Sociais*], n. 4, p. 110-119, 2019.

GU LIHUA 顾丽华. 汉代妇女生活情态 [*A vida das mulheres na Dinastia Han*]. 北京 [Pequim]: 社会科学文献出版社 [Imprensa de Literatura de Ciências Sociais], 2012.

JIN WEN 晋文; ZHAO HUIYING 赵会英. 重评班昭《女诫》的女性伦理观 [Reavaliação da Ética Feminina de Ban Zhao em *Lições para mulheres*]. 南都学坛：南阳师范学院人文社会科学学报 [*Academia da Capital do Sul*: Jornal de Humanidades e Ciências Sociais da Universidade Normal de Nanyang], n. 6, p. 1-5, 2007.

LING, L.; MCMAHON, K. The contents and terminology of the Mawangdui texts on the arts of the bedchamber. *Early China*, v. 17, p. 145-185, 1992.

MCLEOD, A. Philosophy in Han dynasty China. *Stanford Encyclopedia of Philosophy*. Ed. Edward Zalta. 2022. Disponível em: https://plato.stanford.edu/archives/spr2022/entries/han-dynasty/. Acesso em: 3 jul. 2024.

ROSENLEE, L. Confucianism re-imagined: a feminist project. *In*: SULLIVAN, I. M. et al. (eds.). *One corner of the square*: essays on the Philosophy of Roger T. Ames. Honolulu: University of Hawai Press, 2021. p. 309-322.

ROSKER, J. Ban Zhao and the question of female philosophy in China. *Asian and African Studies*, v. 29, n. 2, p. 239-260, 2020.

SATTLER, J. Ban Zhao e suas *Lições para mulheres*. *Germina*, 2021. Disponível em: https://germinablog.wordpress.com/2021/03/24/licoes-mulheres-filosofa-chinesa-ban-zhao/. Acesso em: 3 jul. 2024.

SU PING 苏萍. 班昭《女诫》的教育思想探析 [Análise das concepções educacionais nas *Lições para mulheres* de Ban Zhao]. 妇女研究论丛 [*Jornal de estudos sobre mulheres chinesas*], v. 1, p. 42-46, 2005.

SUN ZHE 孙哲; LIU LIFU 刘立夫. 女权与女德的会通 – 《女诫》家教意义的现代诠释 [A conexão entre os direitos das mulheres e a moralidade das mulheres – Interpretação moderna do significado da educação familiar em *Lições para mulheres*]. 湖南大学学报：社会科学版 [*Revista da Universidade Hunan*: Edição de Ciências Sociais], n. 5, p. 144-148, 2015.

WANG DANNI 王丹妮; LI ZHISHENG 李志生. 女诫》的刊刻、注释与流传 [A publicação, anotação e divulgação das *Lições para mulheres*]. 山东女子学院学报 [*Jornal da Universidade das Mulheres de Shandong*], n. 1, p. 76-85, 2020.

WEN HANGLIANG 温航亮，女性在封建文化中的出场及《女诫》的价值重估 [O aparecimento da mulher na cultura feudal e a revalorização das *Lições para mulheres*] 西部学刊 [*Revista do Oeste*], n. 9, p. 28-31, 2016.

WU CONGXIAN 吴从祥. 汉代女性礼教研究 [*Pesquisa sobre a ética das mulheres na dinastia Han*] 山东 Shandong: 齐鲁书社 Qilu, 2013.

YAN AIMIN 阎爱民. 汉晋家族研究 [*Pesquisa sobre as famílias em Han e Jin*]. 上海 [Shanghai]：上海人民出版社 Shanghai People's Publishing House, 2005.

ZHONG CUIHONG 钟翠红. 女诫》之女性观透视及其历史意义 [A perspectiva da visão feminina e seu significado histórico em *Lições para mulheres*]. 中华女子学院学报 [*Jornal da Universidade das Mulheres da China*], n. 5, p. 73-77, 2006.

**Links**

*Ban Zhao e as mulheres*. Com Janyne Sattler, Julia Souza e Kelly Ferreira. [S. l.: s. n.], 2021. 1 vídeo (1 h 19 min 40 s). Publicado pelo canal Uma filósofa por mês. Disponível em: https://www.youtube.com/watch?v=bw-Jbq8Etpg. Acesso em: 3 jul. 2024.

# 5
# MACRINA, A QUARTA CAPADÓCIA*

(ca. 327-379 EC)

*Laura Carolina Durán*\*\*

## 1 – VIDA

O Léxico dos Nomes dos Santos (*Lexikon der Namen und Heiligen*) diz sobre Macrina, a jovem:

> Ela nasceu por volta de 327 em Cesareia, na Capadócia (leste da Ásia Menor). Ela era a irmã mais velha de Basílio de Cesárea e de Gregório de Nisa. Após a morte de seu noivo, ela se retirou com sua mãe Emélia e alguns ex-criados para uma fazenda da família no rio Íris perto de Anesi, onde viveu uma vida de contemplação, oração e penitência. Gregório de Nisa elogia-a como uma mulher com formação teológica. Ela morreu em cerca de 379-380. Comemoração: 19 de julho (Wimmer; Melzer; Gelmi, 2002).

Essa breve informação destaca aspectos centrais da vida de Macrina, de quem não temos seus próprios escritos, mas cujo modo de vida e pensamento conhecemos. As principais fontes de informação são a *Vida de Macrina* (doravante *VM*),

---

\* Tradução de Carolina Araújo.
\*\* Professora na Universidade de Buenos Aires.

escrita por Gregório de Nisa em 381-382, a *Carta 19* e o diálogo *Sobre a alma e a ressurreição*, de Gregório, com os depoimentos de Basílio e um epigrama de Gregório Nanzianzo (Silvas, 2008, p. 10). Em geral, Macrina é conhecida como irmã de Basílio e Gregório, que, com Gregório Nacianceno, são conhecidos como os três padres capadócios. No entanto, ela não foi suficientemente considerada por seu próprio perfil intelectual e espiritual e pelo legado que deixou para a posteridade cristã.

A *Vida de Macrina* foi caracterizada como uma "biografia filosófica" (Maraval, 1971, p. 21-23), sobre a qual Gregório afirmou que se tratava de uma carta prolongada, dirigida a alguém que permanece anônimo, a um companheiro de longas reflexões, sendo várias delas centradas na irmã. Ele escreveu essa obra com a esperança de que "uma vida dessa natureza não seja esquecida com o passar do tempo" (*VM* 1.3). Gregório entendeu a vida da irmã como um modelo a seguir, pois ela "ascendeu à mais alta virtude humana por meio da filosofia" (*VM* 1.3). Virtude e filosofia tinham uma relação especial para os cristãos do século IV, uma vez que, na Antiguidade tardia, entendia-se que os filósofos defendiam suas ideias com a sua forma de levar a vida. O prólogo levanta a questão central de como uma mulher pode levar uma vida tão próxima a Deus: "uma mulher era o tema de nosso relato, se é que ela pode ser chamada de mulher, porque não sei se convém designar com uma qualidade pertencente à natureza alguém que veio a estar acima da própria natureza" (*VM* prol.). Esse lema de Gregório está muito próximo da fórmula de Gálatas 3,28 "não há mais homem nem mulher", ideia que representa a antítese escatológica de Gênesis 1,27 (e criou Deus os seres humanos à sua imagem, à imagem de Deus o criou, macho e fêmea os criou).

Na seção de dados biográficos, Gregório destaca o sonho da mãe pouco antes do nascimento de Macrina, sua educação, seu noivado, a decisão de continuar uma vida ascética, a transformação de seu estilo de vida, a influência sobre seus irmãos Basílio e Pedro e a força em face da adversidade. Gregório vê o estilo de vida de Macrina como um progresso constante em direção a uma santidade cada vez maior, na qual as crises e golpes do destino representaram oportunidades para que ela se provasse e seguisse por esse caminho. Ele enumera três figuras femininas que vão moldar essa vida: Macrina, a anciã (avó paterna), Emélia (mãe) e Tecla (discípula de Paulo). A anciã Macrina sofreu a última perseguição aos cristãos no início do século IV (*VM* 2.1) e teve seus bens confiscados (*VM* 20.2), tendo fugido da perseguição com sua família para as florestas montanhosas de Ponto e passado sete anos ali. Duas gerações depois, seus netos escolheram um estilo de vida muito semelhante, mas voluntariamente. Além disso, Macrina, a anciã, era muito admirada em sua família por ter recebido formação de Gregório Taumaturgo, por sua vez, instruído por Orígenes. A importância dos ensinamentos de Gregório Taumaturgo é ilustrada na obra que Niceno lhe dedicou (*Vida de Gregório Taumaturgo*). Macrina leva o nome da avó e o da discípula de Paulo, seus nomes públicos e secretos, respectivamente. O nome secreto é revelado a Emélia em uma visão, em que alguém de porte mais majestoso do que um homem lhe diz para assim chamar sua filha (*VM* 2.3). Como em todas as religiões, sonhos e visões desempenham um papel importante no cristianismo como meio de transmissão da vontade divina. Tecla foi a discípula de Paulo e teve sua história registrada nos Atos de Paulo e Tecla, apócrifos do século II, e no *Simpósio* ou *Sobre a virgindade*, de Metódio de Olímpia, o texto que provavelmente mais influenciou Gregório (Wilson-Kastner, 1979, p. 110). Tecla pregou o Evangelho como apóstola e se tornou modelo para todas as mulheres ascetas (Davies, 2001). Gregório, Basílio e Gregório de Nazianzo referem-se em várias ocasiões a Tecla e suas virtudes. Segundo Gregório, esse nome secreto tem a ver com o modo de vida que sua irmã escolheu, já que os nomes são entendidos como portadores de símbolos e significados.

Quanto à educação de Macrina, embora não se afirme que tenha aprendido a ler e a escrever, é muito provável que o tenha feito. Na *Vida* descreve-se o cotidiano monástico: todas as atividades da Macrina, desde levantar-se até deitar, eram acompanhadas pelo canto de salmos (*VM* 11.2). Depois de escolher uma vida ascética, Macrina costumava fazer pão para a mãe com as próprias mãos (*VM* 5.3), aceitando assim um trabalho realizado por escravas. Na comunidade feminina fundada por Macrina, atribuía-se grande importância ao fato de não haver mais diferença de hierarquia, pois a mesa, a cama e todos os aspectos do cotidiano eram compartilhados (*VM* 11.1).

No final da infância, Macrina comprometeu-se em casamento. Para as meninas, a idade de 12 anos era o limite entre a infância e a idade adulta, e em Bizâncio elas geralmente se casavam nessa idade (Clark, 1981, p. 13-15, 76ss.; Elm, 1994, p. 141). O candidato selecionado tinha concluído os estudos e estava no início da carreira de orador (*VM* 5), mas o casamento não se concretizou devido ao falecimento do jovem. Os pais tentaram persuadi-la a um novo noivado, porém sem sucesso: "ela, chamando de casamento a decisão do pai, como se o que já estava decidido realmente tivesse acontecido, decidiu permanecer celibatária" (*VM* 5.1). Com essa decisão, Macrina não atingiu seu objetivo na vida, ao contrário, o verdadeiro caminho começa aí.

O curso posterior da *Vida* descreve-a como uma guia. A decisão de não se casar tornou-a uma virgem (*parthénos*), que de boa vontade dedica sua vida ao Senhor. A segunda decisão foi ficar com a mãe. Enquanto ainda moravam na casa da família, mãe e filha se cuidaram mutuamente, sendo que a mãe desempenhava as tarefas educativas, e a filha, tarefas manuais e domésticas (*VM* 5.3). A relação entre as duas se inverte quando Macrina consegue atrair sua mãe para sua orientação de vida, a filosofia. A fase de ascetismo familiar de Macrina pertence à primeira metade do século IV, enquanto a partida para o páramo, com o início da vida monástica, à segunda metade do mesmo século. Gregório apresenta a vida ascética de sua irmã como um progresso constante em direção ao objetivo, a união com Cristo, e as mudanças internas e externas marcam o progresso. O plano de vida de Macrina adquire grande influência, pois as pessoas ao seu redor decidem se juntar a ela. Parte dessas mudanças diziam respeito a elevar escravas e servas à condição de "irmãs e iguais" (*VM* 7.1). O padrão social normal é simplesmente anulado, pois não vale mais lutar pela riqueza, mas sim tentar participar da vida dos pobres, do serviço mútuo, que é uma ajuda voluntária. Macrina concedeu alforria a todos os empregados domésticos, o que ocorreu de dois modos: como *manumissio in ecclesia* (promulgada por dois éditos Constantinianos de 316 e 323, um procedimento formalizado) ou como *manumissio inter amicos* (um escravo era declarado amigo, por carta – *per epistulam* – ou por convite para jantar na mesma mesa – *per mesam*). Provavelmente, na comunidade de Anesi se praticou essa última forma (Elm, 1996, 85ss.), e isso mostra o impacto social que teve a implementação dessa nova forma de vida. Ademais, entre os membros da comunidade foram admitidas muitas pessoas que sofreram da grande fome dos anos 368/369 (*VM* 12.3), momento em que os mosteiros masculinos e femininos no Íris forneciam grãos para a população "de modo que o deserto parecia ter se transformado em cidade pelas multidões daqueles que se reuniam ali" (*VM* 12.3; Stathakopoulos, 2004). Comunidades de mosteiros foram fundadas no deserto para escapar do barulho e da agitação da cidade; entretanto, se necessário, o páramo poderia se transformar em cidade. Segundo o que se sabe até hoje, o mosteiro fundado por Macrina é um dos mais antigos da Ásia Menor. Na capital, Constantinopla, não havia um único mosteiro antes de 384 (Albrecht, 1986). Os mosteiros de mulheres e homens eram próximos uns dos outros e tinham conexões entre si, embora cada comunidade fosse organizada de modo independente. Das descrições de Gregório, pode-se deduzir que os dois mosteiros de Anesi tinham uma igreja comum, onde se celebravam os serviços (*VM* 16.1; Cadenhead, 2018, p. 87ss.).

Gregório não informa a data exata do retiro para Ponto. O fato de Macrina continuar a sua vida ascética em Erémia é muito importante para ele, como se pode ver, por exemplo, na *Carta 19*, que diz que a sua irmã se encontra no deserto do Ponto (*Carta* 19.7). Em geral se aceitou que Basílio foi o primeiro a estabelecer a vida monástica masculina em Ponto e que Macrina, mais tarde, o seguiu (La Porte, 1982, p. 86; Lowther Clarke, 1925, p. 37-38). No entanto, a *Vida* nos ensina que aconteceu exatamente ao contrário. Basílio foi convertido ao ideal ascético de vida por Macrina (*VM* 6.1). A fundação do mosteiro de Macrina não responde aos movimentos anteriores da igreja, pelo contrário, a igreja teve que lidar com esse despertar religioso das mulheres, desenvolvido de maneira independente. Trata-se de um fenômeno altamente significativo do século IV: tanto no Oriente quanto no Ocidente, famílias aristocráticas inteiras se entregaram à vida ascética, uma transformação na qual as mulheres desempenharam um papel central (Giannerelli, 1989; Garrido, 1999).

A principal característica da vida ascética pode ser resumida na ideia de "vida angelical" (*bíos angelikós*), ou seja, a imitação da vida dos anjos (*VM* 11.2; Frank, 1964), vida fronteiriça que implica participação em ambos os mundos, o humano, de vida terrena, e aquele que está acima do humano. Gregório expressa a tensão desse contraste em um paradoxo, pois "mesmo vivendo na carne, em semelhança com as potestades incorpóreas, não estavam marcadas pelo peso do corpo, ao contrário, sua vida era elevada e tendia para cima, desdobrando-se nas alturas junto com as potestades celestiais" (*VM* 11.3). Segundo Gregório, Macrina transcendeu a natureza humana comum, porque não temia a iminência de sua morte (*VM* 18.1, 22.3; Frank 1964). Aqueles que vivem como *parthénos* já estão colhendo na vida presente o que foi prometido para a ressurreição. À medida que aumenta a assimilação aos seres sobrenaturais, a filosofia progride (*VM* 11.4). Aqui não há medida a ser alcançada, porém o esforço pela filosofia, que se realiza por meio do exercício das virtudes, só pode ir além superando o que já foi realizado. Isso resume o que Gregório e Macrina entendem por filosofia (*VM* 11.2).

A *Vida* relata dois milagres (ambos foram curas), alcançados pelas orações de Macrina: da própria Macrina e de uma menina com uma doença ocular (*VM* 31.1, 36.2). Os milagres não eram entendidos como um sinal da própria perfeição, mas como um testemunho do poder e da presença de Cristo. Por meio da sua fé e de seu modo de vida, Macrina torna-se a verdadeira seguidora de Jesus e dos seus discípulos, recebendo os mesmos dons da graça que eles. Como mulher, ela participa da nova realidade testemunhada no Evangelho e a difunde por meio de milagres (Albrecht, 1986, p. 100-101).

Em um ponto muito proeminente da *Vida*, são introduzidos termos e imagens do misticismo da noiva. Antes de sua morte, Macrina revela aos que a cercam o que esconde no fundo do coração: "o amor divino e puro do marido invisível" (*VM* 22.4). Para Macrina, a morte significa união com Cristo e quanto mais sua vida se aproximava do fim, mais ela "contemplava a beleza do noivo" (*VM* 23.1). Esse motivo, usado com moderação aqui, será uma imagem altamente desenvolvida em tempos posteriores. A introdução do topos da mística da noiva na *Vida* apresenta um paralelo marcante com o martírio de Perpétua e Felicidade. Em seu último dia, Perpétua é levada à arena com outros cristãos para lutar contra os animais e, naquele momento, em face da morte, ela diz: "ela os seguia com o rosto iluminado e um passo tranquilo, como a noiva de Cristo" (*Paixão*, XVIII). Cristo como marido e seu seguidor como esposa não apenas simbolizam um relacionamento interno da alma humana com o divino, mas aparecem aqui como uma categoria que determina a vida real. Essa tendência aumentou ao longo do século IV, à medida que a vida ascética das mulheres era cada vez mais entendida como casamento com Cristo (*De virg.* XX 3 e segs.; Bjerre-Aspergen, 1977). O *Tratado da virgindade* pode ser considerado uma reflexão teológica de Gregório sobre vidas tão amadas por ele: Macrina e Basílio (Völker, 1993, p. 228). A virgindade desempenhou um papel nas sociedades pagãs, e no cristianismo o motivo nupcial remonta a Paulo, que, em 2 Coríntios 11,2, entende a congregação como a esposa de Cristo. Além disso, desde Orígenes interpreta-se a alma individual como a esposa de Cristo na exegese do *Cântico dos Cânticos*.

Assim como no início da *Vida* Gregório relata a visão de Emélia antes do nascimento de Macrina, ao fim ele relata uma segunda visão que ele mesmo experimentou, intimamente relacionada à primeira. Quando ia visitar a irmã, depois de oito anos sem vê-la, Gregório teve um sonho em que levava em suas mãos relíquias de mártires das quais emanam raios deslumbrantes (*VM* 15.2). O paralelismo na descrição de ambas as visões é surpreendente: ambos carregam Macrina nas mãos; a mãe, sua filha ainda não nascida, e Gregório, as relíquias, os restos mortais. Antes de ela nascer, sua mãe a viu e conheceu seu verdadeiro destino marcado em nome de Tecla e, antes de ela deixar o mundo, seu irmão viu o que ela realmente era: uma mártir. Dessa forma, Gregório antecipa sua veneração, já que mártires e santos se tornavam tais em virtude das homenagens que recebiam, o que é corroborado na descrição do serviço fúnebre (*VM* 34.1).

## 2 – PENSAMENTO

Gregório destacou a figura de sua irmã não só como mestra de vida, mas também como profunda pensadora e exegeta em *Sobre a alma e a ressurreição* (*De anima et ressurrectione*, doravante *DAR*). Essa obra expõe detalhadamente um evento da *Vida*, as profundas discussões teológicas e filosóficas durante o encontro entre os irmãos nos últimos dois dias da vida de Macrina (*VM* 18.1). Dado o tema e o contexto do diálogo, este foi denominado "*Fédon* Cristão" (Frede-Reis, 2007, p. 16), além disso tem semelhança com *Banquete*, pois, assim como Diotima instrui Sócrates sobre a natureza do amor, Macrina ensina ao irmão a imortalidade da alma. Também se assemelha ao *Sobre a ressureição*, de Metódio – oponente de Orígenes (Callahan, 1967, p. 195). A preocupação de Macrina com o estado de espírito de Gregório é assimilada ao primeiro livro da *Consolação da Filosofia*, de Boécio, como também nos lembra as conversas entre Agostinho e Mônica em Ostia. Nessa obra, ao contrário do que se afirma sobre a formação de Macrina na *Vida*, o professor aparece como alguém competente em todos os problemas científicos, filosóficos e teológicos. Podemos supor que Gregório não apresentou ao acaso a figura de sua irmã como companheira nesses diálogos que tratam de temas tão importantes de seu pensamento (Daniélou, 1940), mas que se valeu de experiências vividas com Macrina e a delineou como uma mulher com uma formação completa dedicada a instruí-lo.

Gregório primeiro expõe sua dor pela morte de Basílio, razão pela qual buscou consolo em sua irmã. Macrina, "como costumam fazer aqueles que têm muita experiência na arte de domesticar potros", permitiu-lhe expressar a sua dor e depois insistiu para que conseguisse conter as emoções (*DAR* 1.1, edição de Moreschini), trazendo assim a dor da perda humana para o campo da pedagogia espiritual. O remédio para essa dor desproporcional é aprender o que é a alma. Ao contrário do que acontece com Sócrates no *Fédon*, trata-se de agradar ou ceder à dor de outra pessoa, deixar que se experimente a dor sem uma repreensão imediata é necessário para educá-la na percepção verdadeira da natureza da alma (Williams, 1993). Para Gregório, a dor e o medo da morte são típicos do ser humano. Macrina o convida a uma avaliação racional dessa situação e questiona o irmão sobre a sua dor, pois ela revelaria dúvidas sobre a crença na sobrevivência da alma para além da morte do corpo. No final dessa introdução, Macrina esboça o argumento sobre a virtude e os sacrifícios que ela implica, o que só faz sentido se considerarmos a eternidade da alma. Na vida virtuosa, a morte é uma situação extrema que nos obriga a nos perguntar por que vivemos como vivemos. Gregório sustenta que há opiniões divergentes sobre o assunto, entre gregos e filósofos, e lembra que filósofos materialistas entendem que, se a alma está nos elementos do corpo, quando ele se dissolve ao morrer, o mesmo acontece com a primeira (*DAR* 3.3). Macrina retoma esses argumentos e menciona os estóicos e os epicureus, enfocando a figura de Epicuro, e explica o erro de tais posições. Ensina como podemos, por meio das coisas visíveis, conhecer as não visíveis, como a existência de Deus, e por uma citação do profeta, "os próprios céus cantam com vozes indizíveis a glória de Deus" (*DAR* 4.6, Salmo XVIII. 1), introduz a descrição da harmonia de todas as coisas – incluindo uma série de considerações astronômicas – que nos obriga a pensar sobre a virtude divina primorosa e engenhosa que aparece em todas as coisas e se estende por meio delas.

Gregório objeta sobre a relação do mundo com a alma humana. Macrina responde com a ideia do homem como um microcosmo (*DAR* 4.7), que não é apenas um reflexo do cosmos maior, mas reproduz a harmonia e, por outro, constitui um elo entre o mundo sensível e o inteligível. A relação entre o macrocosmo e o microcosmo, portanto, não se limita a uma relação entre o maior e o menor, mas encontra no microcosmo o elo entre os dois planos da realidade, o inteligível e o sensível. Essa ideia está presente em outra obra de Gregório (*De hom. opif.* cap. 1 e 8), o que nos faz pensar na importância de sua irmã para as formulações centrais de seu pensamento, uma vez que as expressa por meio de Macrina.

Gregório exige uma definição de alma, ao que Macrina responde:

> A alma é uma essência gerada, uma essência viva, intelectual, que por si mesma infunde em um corpo dotado de instrumentos e sensações uma força vital e capaz de perceber coisas que caem sob os sentidos, enquanto se mantém em vida a natureza capaz de percebê-las (*DAR* 5).

Macrina apresenta dois aspectos centrais relacionados à sua concepção de alma: o relativo ao vivente e o caráter intelectual. Durante toda a primeira seção do diálogo, a ênfase é colocada no traço racional da alma, guia das coisas que são percebidas pelos sentidos para penetrar nas coisas não perceptíveis. Da mesma forma que o mundo inteiro é governado pela inteligência divina, no ser humano a inteligência governa como aspecto central da alma. Gregório objeta que isso nos leva a algo absurdo, já que nossa mente seria o mesmo que a natureza divina (*DAR* 6.15). Macrina corrige o irmão, pois não se trata do mesmo, mas sim da semelhança, porque a humanidade foi criada à imagem e semelhança. Assim como a "sabedoria arcana e inefável de Deus" (*DAR* 7.16) brilha em todas as coisas, mas é diversa das coisas singulares, também a alma é simples, indivisível e sem forma por natureza, isto é, não é o mesmo que a coagulação e o agrupamento dos corpos, por isso não duvidamos da eficácia vital da alma, que se mistura e se difunde nos elementos do corpo. A alma infunde os elementos com sua força vital e, uma vez dissolvido o agrupamento que compõe os corpos, aquela natureza simples e não composta permanece presente nas partes. Nas palavras de Macrina: "porque o composto se dissolve, não necessariamente se segue que o que não é composto também se dissolve" (DAR 7.16), de modo que a alma permanecerá unida aos elementos que formaram o corpo após a sua desintegração pela morte. No momento da ressurreição dos corpos, a alma mais uma vez informará o corpo ressuscitado. Interpretou-se que se trata aqui de um vínculo com a doutrina estoica, segundo a qual o princípio divino, imanente ao universo, está intrinsecamente ligado ao material, embora se denomine espírito e seja racional (Moreschini, 2014, p. 372).

Gregório questiona novamente sua mestra, com o problema das paixões da alma, pois são o desejo e a raiva os geradores dos movimentos (*DAR* 8.19). Macrina responde que as paixões estão na alma, mas não são a alma. Esta é semelhante a Deus e não há paixões nela. Aqui se retoma uma imagem mencionada no início, pois ela argumenta que é necessário "ignorar a carruagem de Platão e o tronco dos cavalos atrelados a essa carruagem [...] e deixar de lado o que ensina aquele filósofo que veio depois de Platão" (*DAR* 8.20; *Fedro*, 246a-254e; *República*, 441e-442b) para procurar o fundamento nas Escrituras. O que Macrina rejeita é a noção de uma canga de cavalos diferente entre si em seus impulsos, ou seja, ela desconfia do chamado problema do homúnculo que trata as partes ou poderes da alma como quase-sujeitos (Annas, 1981, p. 150-151). O que se segue na exposição de Macrina é, de fato, uma eliminação cuidadosa de qualquer independência para a vida afetiva, ao mesmo tempo que nega que seja intrínseca à alma. As Escrituras ensinam que tudo o que é estranho a Deus não pertence à definição da alma, visto que ela é criada à imagem e semelhança. As paixões também são constituintes de naturezas não racionais, portanto, não caracterizam o que é próprio da alma racional, não são a natureza da alma, mas afetos e perturbações "como verrugas que surgem da parte pensante da alma. Essas partes são consideradas coisas da alma, porque estão relacionadas, mas não como aquilo que por sua essência e natureza é a alma" (*DAR* 8.24). Essa afirmação é fundamental para a psicologia de todo o pensamento niceno e se conecta com sua antropologia, que segue a doutrina bíblica do homem criado à imagem de Deus: como imagem de Deus, o homem foi inicialmente desprovido de paixão, que se agarrou à sua alma como um resultado do pecado, sem deixar de ser algo intrinsecamente estranho a ele. A essência da alma, portanto, não está aprisionada na irracionalidade. Gregório novamente se opõe a Macrina, dessa vez seguindo exemplos bíblicos em que as paixões cumprem uma função no desenvolvimento da virtude. Macrina aceita a objeção e expõe, a fim de esclarecer a questão, uma interpretação da ordem da criação encontrada nas Escrituras. Desejo e raiva não são características essenciais da alma, mas, em uma escala de realidade que vai do grau mais baixo (a planta e seus movimentos como a natureza animada em seu estado essencial) ao mais alto (a alma racional no homem), constituem uma série de qualidades que são adicionadas à própria alma.

O numen divino chegou à criação do homem seguindo um determinado caminho e uma coerência que tem sua própria ordem. Porque, como nos diz a história, após a criação do universo, o homem não esteve imediatamente na terra, ao contrário, ele foi precedido pela natureza daqueles que não têm razão, assim como, antes destes, existiam as plantas. A Sagrada Escritura mostra com isso, a meu ver, que a força vital se une à natureza corporal seguindo seu próprio processo, penetrando e infundindo-se primeiro naqueles que não têm os sentidos, depois alcançando aqueles que os têm e, finalmente, ascendendo até aqueles que são dotados de mente e inteligência e participam da razão (*DAR* 10.25).

O homem abrange todas as espécies vitais. A força dotada de razão não pode estar na vida corporal se não for pela mediação dos sentidos, e a comunhão se dá pelos afetos ou paixões, que são movimentos da alma que podem estar a serviço da virtude ou do vício, de acordo com o uso que a vontade e o livre arbítrio fazem deles. Aqui, Macrina apresenta mais uma vez a imagem do cocheiro, que representa a razão que deve reger o movimento irracional das paixões dos cavalos. Isso implica uma concepção que não concorda com a ideia origeniana da pré-existência das almas (Karamanolis, 2020). O racional cresce a partir do mais elementar, o poder de animação move-se lentamente pelos diferentes níveis da vida material, do vegetal ao animal e do animal ao racional, o nível em que é mais plenamente ativo precisamente como razão. No entanto, mesmo nesse estágio, ele não pode ser separado da matéria, porque a razão requer experiência sensorial para operar. Ou seja, a definição é centrada em termos da força motriz: a alma é o que efetua o movimento e, portanto, é um termo aplicável a tudo o que produz e sustenta o movimento próprio a cada nível de existência. Nos seres humanos, então, a alma é um conceito complexo, porque o movimento próprio para os humanos é complexo: a alma humana é criada, viva e inteligente – como vimos na primeira definição –, mas também é uma força vital ou poder de animação que trabalha em conjunto com a vida sensível. Em geral, podemos traçar a distinção entre essência (*ousía*) da alma, para a alma como distintamente ativa e inteligente, e natureza (*phýsis*) da alma, para a realidade mais complexa da alma como animadora de um corpo. Nossa animalidade pode se tornar uma virtude quando a razão dirige o desejo e a raiva, que não são ruins em si. Essa concepção da inteligência animada fornece uma ferramenta para lidar com o problema de como vincular a unidade psíquica ao conflito psíquico.

Gregório objeta mais uma vez que, se a purificação das almas implica que não há movimento destituído de razão, na alma perecerá a faculdade do desejo e com ela todo desejo para o bem (*DAR* 15.42). Macrina responde com outra ideia central do pensamento niceno, indicando que a alma de alguma forma imita a natureza celeste e, tendo alcançado a tranquilidade, o apaziguamento e o fim de todas as coisas que agora são almejadas como boas, encontrará a única coisa que não tem fim: o amor e a caridade, que nunca perecem. A ação do amor não tem limites, porque o que é belo ou bom em si não tem limites, de maneira que o mal será expulso do que existe. Assim se vinculam dois conceitos centrais: a *epéktasis* e a *apokatástasis*. A *epéktasis* implica aquele desejo constante, típico de uma vida destinada ao crescimento infinito na contemplação de Deus e na virtude, visto que o amor e o desejo da alma não têm limites na capacidade de crescimento, com a concepção paradoxal de uma perfeição que consiste em um progresso que não tem fim (Daniélou, 1944, p. 291ss.). Por isso, poderíamos argumentar que o texto toma a dor humana comum pelo luto, compreensível e permissível, como paradigma do desejo, ou seja, da fixação em um objeto: a dor que é moldada ou sintonizada pela mente deve, presumivelmente, ser capaz de ver o outro como algo mais do que o mero objeto de apego. A crença de que a vida eterna da alma é o crescimento eterno é uma das contribuições mais conhecidas e distintas de Macrina-Gregório para a espiritualidade cristã: o objetivo não é a plenitude atemporal, mas uma expansão constante da consciência amorosa, até mesmo uma renovação do deslumbramento (Williams, 1993, p. 241). A ideia origeniana da *apokatástasis* entende que, no final dos séculos, todas as coisas serão restauradas em Cristo e o mal deixará de existir, um estado de retorno à santidade original anterior ao pecado, uma restauração universal de modo definitivo.

## 3 – UMA ÚLTIMA REFLEXÃO

Ao longo desse diálogo, a alma é vista como essencialmente sem gênero, e uma igualdade espiritual fundamental é mantida entre homens e mulheres, que não são determinados simplesmente por sua oposição ou complementaridade: eles são precisamente iguais como mentes corporificadas, lutando da mesma forma com a tarefa de tornar a existência animal uma vida significativa. Há quem tenha feito leituras muito críticas sobre a figura de Macrina em Gregório, pois interpretam que se trata de estratégias que fortalecem o discurso universalizante masculino (Clark, 1998; Burrus, 2005; Halperin, 1990). No entanto, devemos considerar que a teologia de gênero de Gregório não se concentra na diferença, mas na unidade (a confluência de masculino e feminino em um estado sem gênero) que desestabiliza o gênero por meio da transposição anagógica para um estado angelical sem gênero (Boersma, 2013, p. 110-111). A figura de Macrina representa uma alteração nos papéis usuais, tanto femininos quanto masculinos, uma vez que ela adota os dois tipos de papéis e, assim, os transforma (Cadenhead, 2018).

# BIBLIOGRAFIA

## Fontes

CADIZ, L. *San Gregorio Niseno*: diálogo sobre el alma y la resurrección. Buenos Aires: Atlántida, 1952.

CALLAHAN, V. W. *Saint Gregory of Nyssa*: ascetical works. Washington: Catholic University of America Press, 1967.

KRABINGER, J. *Gregorii Episcopi Nysseni de anima et resurrectione cum sorore sua Macrina dialogus*. Leipzig: Gustav Wittig, 1837.

LEONE, L. *Gregorio di Nissa*: vita di Gregorio Taumaturgo. Roma: Città Nuova, 1988.

MARAVAL, P. *Grégoire de Nysse*: vie de Sainte Macrine, Sources Chrétiennes 178. Paris: Cerf, 1971.

MATEO-SECO, L. *Gregorio de Nisa*: la virginidad. Madri: Ciudad Nueva, 2000.

MATEO-SECO, L. *Gregorio de Nisa*: vida de Macrina. Elogio de Basilio. Madri: Ciudad Nueva, 1995.

MORESCHINI, C. *Gregorio di Nissa*: opere dogmatiche. Testo greco a fronte. Milão: Bompiani, 2014.

NISSA, G. *Vida de Macrina*. Trad. de Adriana Zierer. [4--]. Disponível em: https://www.ricardocosta.com/traducoes/textos/vida-de-macrina-sec-iv?fbclid=IwAR2DS10ZK6MwicRXvgtlEwQfnsJGDPG8Y-B04_6HaiLxkxtBqSWfvVc2-s

PUIG, A. *Pasión de las santas Perpetua y Felicidad*. Barcelona: Acantilado, 2015.

SILVAS, A. *Macrina the Younger*: philosopher of God. Turnhout: Brepols, 2008.

## Literatura secundária

ALBRECHT, R. *Das Leben der heiligen Makrina auf dem Hintergrund der Thekla*: Traditionen. Studien zu den Ursprüngen des weiblichen Mönchtums im 4. Jahrhundert in Kleinasien. Göttingen: Vandenhoeck & Rupercht, 1986.

ANNAS, J. *An introduction to Plato's Republic*. Oxford: Clarendon Press, 1981.

BJERRE-ASPEGREN, K. *Bräutigam, Mutter und Sonne*: Studien zu einigen Gottesmetaphern bei Gregor von Nyssa. Lund: Gottesmetaphern, 1977.

BOERSMA, H. *Embodiment and virtue in Gregory of Nyssa*: an anagogical approach. Oxford: Oxford University Press, 2013.

BURRUS, V. Is Macrina a woman? Gregory of Nyssa's dialogue on the soul and resurrection. *In*: WARD, G. (org.). *The Blackwell companion to postmodern theology*. Oxford: Blackwell, 2005. p. 249-264.

CANDEHEAD, R. *The body and desire*: Gregory of Nyssa's ascetical theology. Oakland: University of California Press, 2018.

CLARK, E. Ascetic renunciation and feminine advancement: a paradox of late ancient Christianity. *Anglican Theological Review*, v. 63, p. 240-257, 1981.

CLARK, E. Holy women, holy words: early Christian women, social History, and the "linguistic turn". *Journal of Early Christian Studies*, v. 6, p. 413-430, 1998.

CLARKE, W. L. *The ascetic works of St Basil*. Londres: SPCK, 1925.

DANIÉLOU, J. Notes sur trois textes eschatologiques de saint Grégoire de Nysse. *Recherches de Science Religieuse*, v. 30, p. 348-356, 1940.

DANIÉLOU, J. *Platonisme et théologie mystique*: essai sur la doctrine spirituelle de saint Grégoire de Nysse. Paris: Aubier, 1944.

DAVIES, S. *The cult of Saint Thecla*: a tradition of women's piety in late Antiquity. Oxford: Oxford University Press, 2001.

ELM, S. *Virgins of God*. Oxford: Oxford University Press, 1994.

FRANK, K. *Angelikos bios*: Begriffsanalytische und begriffsgeschichtliche Untersuchung zum "engelgleichen Leben" im frühen Mönchtum. Münster: Aschendorff, 1964.

FREDE, D.; REIS, B. *Body and soul in Ancient Philosophy*. Berlim: De Gruyter, 2007.

GARRIDO, M. S. Monachae Christianae: consideraciones de San Jeronimo sobre el monacato urbano. *Habis*, v. 22, p. 371-380, 1999.

GIANNERELLI, E. Macrina e sua madre: santità e paradosso. *Studia Patristica*, v. 20, p. 224-230, 1989.

HALPERIN, D. Why is Diotima a woman? *In*: HALPERIN, D. *One hundred years of homosexuality and other essays on Greek love*. Nova York: Routledge, 1990. p. 113-151.

KARAMANOLIS, G.; ZANELLA, F. Seele und Seelenwanderung. *Reallexikon für Antike und Christentum*, v. 50, p. 107-136, p. 150-177, 2020.

LAPORTE, J. *The role of women in early Christianity*. Nova York: Mellen Press, 1982.

STATHAKOPOULOS, D. *Famine and pestilence in the Roman and early Byzantine empire*. Aldershot: Ashgate Publishing, 2004.

VÖLKER, W. *Gregorio di Nissa filosofo e místico*. Milão: Vita e pensiero, 1993.

WIMMER, O.; MELZER, H.; GELMI, J. *Lexikon der Namen und Heiligen*. Hamburgo: Nikol Verlag, 2002.

WILSON-KASTNER, P. Macrina: virgin and teacher. *Andrews University Seminary Studies*, v. 17, n. 1, 1979. Disponível em: https://digitalcommons.andrews.edu/auss/vol17/iss1/10. Acesso em: 3 jul. 2024.

# 6
# HIPÁCIA DE ALEXANDRIA

(?-ca. 415 EC)

*Loraine Oliveira*[*]
*Emílio Negreiros*[**]

## 1 – VIDA

Hipácia (Hipátia; Hypátia – Ὑπατία) viveu em Alexandria, no Egito, onde desenvolveu atividades de pesquisa e ensino ligadas à filosofia e à matemática. Embora não tenha chegado aos dias de hoje nenhum texto estritamente filosófico da sua pluma – razão pela qual não é possível fazer citação direta da própria filósofa –, e nem sequer títulos, talvez porque ela nada tenha escrito, costuma-se considerá-la neoplatônica. Quanto às matemáticas, chegaram referências a títulos que indicam ter-se dedicado ao estudo da astronomia, da geometria e da aritmética. No início do terceiro livro do *Comentário ao Almagesto*, de Ptolomeu, escrito por seu pai, Teon, consta que ela o teria revisado. Debate-se a atribuição da autoria desse livro a ela, sem que se consiga comprová-la, porém, admite-se que estudou e colaborou com o pai na edição e no comentário de obras fundamentais da matemática alexandrina. Outrossim, pode-se aduzir que os seus estudos

---

[*] Professora do Departamento de Filosofia da Universidade Federal de Pernambuco.
[**] Professor do Departamento de Sociologia da Universidade Federal de Pernambuco.

de matemática estavam intimamente ligados aos de filosofia. Vale lembrar que a filosofia antiga não se desenvolveu em textos destinados a leitores que fossem especialistas ou diletantes, como hodiernamente. A filosofia antiga constitui um modo de vida, no qual teoria e prática andam juntas, a teoria fundamentando as ações e o cotidiano validando a teoria, tanto quanto possível. Além disso, a filosofia estava intimamente ligada ao seu ensino oral, de modo que os textos se destinavam ao ambiente escolar, tanto no que diz respeito à forma quanto ao conteúdo. Portanto, muitas coisas não foram escritas. No que concerne ao neoplatonismo alexandrino do quarto e do quinto século, pode-se dizer que: 1. a ordem de leitura dos diálogos platônicos já estava bastante sistematizada; 2. elementos religiosos podiam ser empregados nos comentários aos diálogos ou na explicação de conceitos da filosofia platônica; 3. as matemáticas constituíam um caminho, senão um método privilegiado de acesso ao Um. Contemplar o Um era o objetivo da filosofia, tal como o compreendiam os neoplatônicos desde Plotino, no século III EC.

Não se sabe o ano em que nasceu. No *Onomatologus*, Hesíquio afirma que o ápice da carreira de Hipácia ocorreu durante o reinado de Arcádio. Ora, ele foi proclamado Augusto por volta de 383 e morreu em 408. Diante disso, pode-se considerar que nasceu em 370, e situa-se sua maturidade intelectual por meados do reinado em questão. Não obstante, na *Chronographia*, Malalas afirma que ela era idosa quando foi assassinada, o que permite sustentar que ela teria nascido por volta de 355 e contaria com 60 anos no momento de sua morte (Dzielska, 2009, p. 82-83). Hipácia foi brutalmente assassinada durante o episcopado de Cirilo, muito provavelmente no ano de 415 EC.

## 2 – HIPÁCIA EM SEU CONTEXTO HISTÓRICO

Hipácia viveu em uma das mais importantes metrópoles do Império Romano do Oriente: Alexandria era um importante centro intelectual e era base para o comércio do Mediterrâneo Oriental.

Da mãe não se conhece o nome. Talvez tivesse irmãos, um chamado Epifânio e outro, Atanásio, mas sobre isso não há unanimidade nos estudos hodiernos e as fontes antigas não são precisas (sobre a família de Hipácia, cf. Roques, 1995). Sabe-se com certeza quem era seu pai, o respeitado matemático Teon, que deve ter nascido por volta de 335, em Alexandria, e falecido antes do assassinato de Hipácia. O léxico bizantino do século X, conhecido por *Suda*, informa que ele era membro do Museu e é possível que tenha sido seu último matemático. Schiano (2002) põe em dúvida a existência do Museu na época de Teon, haja vista que a datação do fim dessa instituição é deveras controversa e ela não é mencionada nas fontes do século IV. Uma hipótese que se pode aventar é que não existisse mais no mesmo lugar, mas funcionasse no Serapeu. De um modo ou de outro, considera-se que com Teon e Hipácia se encerrou a época da escola matemática alexandrina.

Teon, que talvez hoje seja mais conhecido como pai de Hipácia, na sua época era um célebre astrônomo e professor de matemática. Anne Thion (1978), editora do *Grande* e do *Pequeno comentário às tabelas práticas de Ptolomeu*, escrito por Teon, situa seu acme em 364, quando observou dois eclipses, um solar, em 16/06, e outro lunar, na passagem de 25 para 26/11. Os cálculos detalhados desses eclipses encontram-se no *Comentário ao Almagesto* e no *Pequeno comentário*. Na altura em que viveu, quando as matemáticas e todo o vasto acervo da erudição helenista se viam sob suspeita e ameaçados, Teon tratou de editar e comentar aqueles que eram considerados textos de autoridade. Assim, por exemplo, tem-se o *Comentário ao Almagesto de Ptolomeu*, o *Grande comentário às tabelas práticas de Ptolomeu* e o *Pequeno comentário às tabelas práticas de Ptolomeu*. De Euclides, editou os *Elementos* e os *Dados*. O *Suda* menciona outros quatro títulos, ora perdidos: *Comentário sobre o pequeno astrolábio*; *Sobre os signos e a observação da voz dos pássaros*; *Sobre o nascer da estrela do cão (Sirius)* e *Sobre a inundação do Nilo*. É interessante notar que os pagãos sentiam a presença divina nas inundações do Nilo, mesmo sendo um acontecimento natural (Chuvin, 1990, p. 73-74).

Foi nesse ambiente intelectual que viveu Hipácia, tornando-se professora de filosofia e matemática. Suas aulas eram frequentadas por ilustres membros da cidade, tanto pagãos como cristãos e judeus, e sua fama correu para além das fronteiras alexandrinas, atraindo ouvintes de outras partes do Império. Mantinha boas relações com o prefeito Orestes, que fora seu discípulo e que buscava conselhos com ela em assuntos políticos (cf. Sócrates Escolástico, Sinésio e Nikiu). Outro aluno foi Sinésio, que frequentou a escola por dois anos e depois tornou-se bispo de Cirene. O convívio entre pagãos e cristãos na época de Hipácia não era pacífico e pouco a pouco a aristocracia pagã foi se convertendo ao cristianismo. Assim fez Orestes, que, no entanto, não abandonou completamente sua cultura pagã. Hipácia não se converteu, e, apesar do cenário político, seus discípulos conviviam fraternalmente uns com os outros, conforme indicam as cartas de Sinésio. Durante sua vida, Hipácia viu a destruição e a transformação dos templos antigos em igrejas. Fato emblemático foi a queda do Serapeu e a destruição da sua biblioteca, que resultou na fuga de muitos intelectuais pagãos. Ora, mais que apenas um templo, o Serapeu tinha alto valor político e cultural. Foi destruído a mando do bispo Teófilo, a partir do édito de Aquileia, de 16 de junho de 391, que interditou os sacrifícios e, na prática, os cultos pagãos. Esse édito, que foi enviado para o prefeito e o conde (isto é, o governante militar) de Alexandria, seguia o exemplo de outro, promulgado em Milão, em fevereiro do mesmo ano, que havia sido endereçado ao prefeito de Roma. O bispo de Alexandria obteve então aprovação do imperador Teodósio para destruir o Serapeu e subsequentemente construir no lugar uma igreja. Assim, com o exército, cercou e tomou a edificação. A biblioteca, as paredes com inscrições hieroglíficas e objetos sagrados pagãos, a exemplo da estátua criselefantina de Serapis, foram completamente destruídos. Trabalho refinado de ourivesaria e marfim, cuja estrutura interna era feita em madeira, a escultura havia sido feita pelo célebre ateniense Bryaxis, no século IV AEC. O neoplatônico Olímpio, que havia comandado a defesa do Serapeu, fugiu às escondidas pouco antes da queda. Outros defensores cujos nomes conhecemos, Eládio e Amônio, migraram para Constantinopla, onde seguiram ensinando literatura e exercendo atividades sacerdotais (Chuvin, 1990, p. 70 *sq*). Não é possível identificar todos os que partiram e os que ficaram, mas pode-se entrever o clima de ameaça e declínio em que as instituições pagãs se encontravam e as condições que aos poucos se impuseram aos intelectuais. Após o Serapeu, muitos outros templos tiveram o mesmo destino.

O silêncio das fontes antigas sugere que Hipácia não participou da defesa do Serapeu, e nem foi vista em lugares onde se travavam batalhas entre pagãos e cristãos (Dzielska, 2009). Mesmo após a queda do Serapeu, Hipácia continuou ensinando sem que seu círculo de discípulos sofresse ameaças. No entanto, quando Cirilo se tornou bispo de Alexandria, em 412, após a morte de Teófilo, a tensão aumentou na cidade. Primeiro, Cirilo iniciou uma querela pela pureza da fé, voltando-se contra grupos não ortodoxos, a ponto de fechar igrejas, confiscar seus bens e forçar alguns a saírem da cidade. Depois, tratou de acirrar os conflitos entre cristãos e judeus, finalmente expulsando os judeus de Alexandria no ano de 414. As fontes antigas aventam diversos motivos, mas cabe destacar o monopólio do comércio de grãos, que Cirilo queria estender para a igreja e de fato conseguiu em 415. Orestes ouviu as demandas dos judeus e, ao defender os interesses deles, atraiu a violência do bispo contra si e contra Hipácia (sobre esse tema, ver Oliveira, no prelo, e Ronchey, 2014, p. 153 *sq.*).

Dali em diante, as contendas entre o prefeito e Cirilo se tornaram cada vez mais ásperas. O bispo buscava aumentar seu poder nos assuntos públicos e, quando queria, se valia de monges do deserto armados, fanáticos e iletrados. Foram eles que destruíram as sinagogas. É bem provável que se tratasse dos parabolanos, os quais inicialmente deviam cuidar dos enfermos, mas se tornaram uma espécie de milícia muitas vezes convocada por Cirilo. Pelo que indicam as fontes antigas, uma turba de cristãos enfurecidos matou Hipácia em torno de 415. No entanto, o cotejo das fontes não permite afirmar peremptoriamente que o mandante do crime foi Cirilo, mas estudando o contexto histórico, percebe-se que ele se beneficiou muito com o assassinato de Hipácia (Oliveira, no prelo).

### 3 – A MATEMÁTICA E A FILOSOFIA

Embora a reputação de Hipácia como filósofa tenha ultrapassado a de matemática, não há nas fontes antigas menção a textos de comentário ou análise filosófica atribuídos a ela, havendo, no entanto, atribuição de obras matemáticas. Ora, deve-se observar que, no âmbito do neoplatonismo tardio, a matemática desempenhava um papel bastante importante para a filosofia: era um caminho para a purificação, com o fito de se atingir a contemplação do Um. Ou seja, a matemática não era estudada apenas por si própria, mas apontava para além de si, e isso não é estranho, uma vez que, para Platão, o estudo das matemáticas era propedêutico ao estudo da dialética, como se pode ler na *República* VI.

No campo da matemática, segundo Hesíquio de Mileto, "ela escreveu um comentário sobre Diofanto, <sobre> o *Cânone astronômico*, um comentário sobre as *Cônicas* de Apolônio" (*Suda*, IV, 644, 3-6, tradução de acordo com a versão de Tannery). A passagem se encontra corrompida e a solução de Tannery, que consiste em acrescentar *eis* antes de *Cânone astronômico*, não é totalmente aceita pelos especialistas hodiernos. Assim, de acordo com a edição e a tradução de Rashed e Houzel (2013, p. 598), que introduzem *katá* onde Tannery havia proposto *eis*, tem-se: "ela escreveu uma dissertação sobre Diofanto, de acordo com o cânone astronômico; uma dissertação sobre as *Cônicas* de Apolônio". Isto é, dois textos, ao invés de três, e nenhum deles considerado comentário por esses estudiosos, que traduzem *hypomnémata* por *mémoire*, a despeito do termo grego referir-se a "comentário filosófico". Logo, o texto de Hesíquio, longe de conduzir a certezas sobre o trabalho de Hipácia, apresenta problemas para os estudiosos, uma vez que não se sabe ao certo nem sobre que texto ou que tese de Diofanto ela teria escrito, nem mesmo que cânone astronômico, nem quantos e de que tipo seriam os livros de sua autoria.

Com efeito, Diofanto é considerado fundador de um ramo da matemática atualmente designado em sua honra: a análise diofantina. Tecnicamente é o início da "teoria dos números", que é um ramo do que hoje se chamaria álgebra (Deakin, 2007, p. 98). Na recente edição da *Aritméticas* de Diofanto, Rashed e Houzel (2013) insistem que a obra diofantina não é nem um livro de álgebra, nem de geometria algébrica, mas sim um livro de aritmética no qual são aplicados procedimentos algébricos até então inéditos. No preâmbulo, Diofanto informa que as *Aritméticas* continham 13 livros. Somente seis deles foram conservados em grego, e, em 1971, se encontraram quatro livros em árabe, que foram perdidos em grego. Além disso, nos manuscritos bizantinos encontra-se um texto anônimo, que foi transmitido como prolegômeno ao *Almagesto*, cujo título pode ser traduzido assim: "Métodos úteis para as multiplicações das frações de acordo com o cânone da astronomia". Discute-se a sobrevivência de excertos do texto hipaciano na edição bizantina anônima. De todo modo, esse título sugeriu a interpretação ora apresentada por Rashed e Houzel. Em síntese, eles consideram que havia uma tradição escolar local em Alexandria no contexto da qual se estudava Diofanto. Ocorre que os achados de Diofanto poderiam ser empregados para a solução de problemas alheios ao seu próprio tratado. É o que parece ter feito Teon no *Comentário* ao Livro I do *Almagesto*: "Para introduzir o cálculo sexagesimal, Teon se apoiou no primeiro capítulo das *Aritméticas*, que tratava das multiplicações de números inteiros e frações" (Rashed; Houzel, 2013, p. 597). Baseados nisso, contrariando Tannery, eles supõem que Hipácia não tivesse comentado a totalidade das *Aritméticas*, proposição por proposição, mas sim que houvesse composto uma dissertação em relação com seus interesses por astronomia, mais ou menos semelhante ao que seu pai teria feito na passagem supramencionada, enriquecendo as análises dele (Rashed; Houzel, 2013, p. 599).

Se o "cânone astronômico" a que se refere Hesíquio fosse de fato o *Almagesto*, considerando que Teon havia escrito um *Comentário ao Almagesto* em vários livros, e que Hipácia com ele colaborara, não faz muito sentido que ela própria compusesse um novo comentário. Todavia, um texto de outro tipo e com outro propósito, sim. Ademais, cabe lembrar que no Livro III do *Comentário ao Almagesto*, Teon escreveu "edição revista por minha filha Hipácia, a filósofa". Muita tinta correu sobre a autoria desse livro, e os estudiosos se dividem entre aqueles que atribuem a autoria à Hipácia, munidos de argumentos filológicos e matemáticos, nem sempre tão fortes a ponto de concluírem a questão, e outros que consideram o Livro III da lavra de Teon. Deakin (2007, p. 91 *sq*) oferece um panorama dos argumentos pró e contra a autoria de Hipácia, considerando "plausível que a mão de Hipácia possa ser vista não só no Livro III mas também no Livro IV". No entanto, não se pode afirmar que o livro em escopo seja de sua autoria.

O que parece mais interessante investigar a partir do *Almagesto* é a relação entre matemática e filosofia proposta por Ptolomeu, e que Hipácia devia conhecer. Cláudio Ptolomeu viveu em Alexandria no século II EC e é lembrado notoriamente por sua obra astronômica, que foi autoridade até os séculos XVI e XVII. À guisa de curiosidade, o título original do que hoje designamos por *Almagesto* era *Mathēmatikḕ sýntaxis*, e o livro constituía uma exposição completa de astronomia matemática. Nos séculos VIII e IX, o tratado foi diversas vezes traduzido para o árabe, até que o título se tornou *Al-mjsty*, derivado do grego *megístē* (grande), que talvez tenha substituído *sýntaxis*. Desse título árabe derivou o latim medieval *almagesti*, *almagestum*, até o título moderno, em português *Almagesto* (cf. Toomer, 1998). Ptolomeu também escreveu sobre harmonia (isto é, música, entendida como uma parte da matemática), geografia, ótica e astrologia, fazendo da matemática a única parte da filosofia capaz de chegar a conhecimentos verdadeiros. Não se pode afirmar com certeza quais teriam sido as fontes filosóficas das quais Ptolomeu bebeu, pois não era habitual citar. No entanto, ele menciona Platão nas *Hipóteses planetárias* e Aristóteles nesse mesmo texto e no *Almagesto*. Nos séculos I e II EC, se percebe uma prática filosófica na qual se combinavam conceitos e vocabulário de diferentes escolas. Assim, as tradições platônica, aristotélica, estoica e epicurista, com o repositório religioso egípcio, grego e romano, podiam compor o tecido do pensamento de um filósofo, mesmo que ele se ligasse especialmente a uma ou outra escola. Ptolomeu misturava conceitos das tradições platônica e aristotélica, mas também dos estoicos e epicuristas, ao que parece de modo sem precedentes na filosofia. A despeito disso, sua contribuição para a filosofia acabou sendo eclipsada.

No começo do Livro I do *Almagesto*, ele divide a filosofia em prática e teórica, e afirma que a parte teórica da filosofia é mais valiosa do que a prática. A matemática pertence à filosofia teórica, com a física e a teologia, mas somente a matemática permite atingir um conhecimento verdadeiro do seu objeto, e nesse ponto Ptolomeu foi inovador e muito controverso. Para ele, a física e a teologia repousam sobre a conjectura, já a matemática chega à sabedoria. Isso se deve à qualidade dos objetos estudados por cada uma. A física é conjectural por causa da falta de estabilidade e clareza da matéria, seu objeto.

A teologia tem por objeto o Primeiro Motor, que é invisível e inapreensível. As matemáticas, por sua vez, procedem de acordo com métodos indiscutíveis: a aritmética e a geometria.

Em consonância com a ética platônica, ele considerava que a melhor vida era a virtuosa. Porém, para Ptolomeu, a matemática revelava o objetivo da vida humana e fornecia os meios para o alcançar, diferente de Platão, para quem era preciso dedicar-se à dialética, um campo de estudos posterior e superior ao das matemáticas. No final do Livro I do *Almagesto*, Ptolomeu afirmou os benefícios da matemática, mormente a astronomia, para a ética: viver bem significa buscar um estado são e bem ordenado, um estado harmonioso da alma. Contemplar os corpos celestes, sua constância, ordem, simetria e beleza, leva a alma a um estado comparável ao do mundo divino. Ademais, os movimentos dos corpos celestes são eternos e imutáveis, por isso o tipo de conhecimento que a astronomia produz é eterno e imutável. Apesar disso, no Livro III, 1, ele nota que o poder de observação humana é limitado, motivo pelo qual certos aspectos das hipóteses astronômicas não podem ser conhecidos em sentido absoluto. Disso surgiu a necessidade, tanto para Ptolomeu como mais tarde para Teon, Hipácia e os astrônomos em geral, de comprovar com cálculos aritméticos e geométricos as suas hipóteses astronômicas (Feke, 2018, p. 20; Feke, 2012).

O outro escrito atribuído a Hipácia é um comentário das *Cônicas* de Apolônio. Apolônio de Perga viveu em Alexandria e teria sido contemporâneo dos discípulos de Euclides no Museu. O tratado sobre as seções cônicas era composto por oito livros, dos quais apenas os sete primeiros sobreviveram na sua quase totalidade. Os livros I-IV chegaram até os dias de hoje em grego por meio de um comentário de Eutócio, matemático ativo no início do século VI. Os livros V-VII chegaram por meio de traduções árabes. Considera-se provável que o comentário de Eutócio tenha incluído apenas os primeiros quatro livros, o que é geralmente sugerido como a razão para a nossa falta de um texto grego completo. Esses quatro livros constituíam uma introdução geral ao tema, que já era conhecido antes de Apolônio. Porém, seu tratado foi considerado superior a tudo o que o precedeu (Deakin, 2007).

Ele mostrou a importância do método aritmético aplicado à geometria, e hoje ele é considerado fundador da astronomia matemática quantitativa (Beretta, 1993). O comentário de Hipácia não sobreviveu e Eutócio não fez nenhuma alusão a ele.

Duas cartas de Sinésio também constituem fonte para a reconstrução da matemática hipaciana. Menos relevante, mas curiosa, é a carta XV, endereçada a ela, em que Sinésio descreve o hidroscópio que mandou fabricar. Ora, esse instrumento media o peso dos líquidos. Na outra carta, que escreveu para um amigo de nome Peônio, Sinésio fala de um presente que mandou fazer pelos melhores ourives para o referido destinatário: um astrolábio. O presente objetiva avivar em Peônio a tendência natural para a filosofia: era instrumento capaz de fornecer ao "observador inteligente" os meios para compreender a realidade para além do artefato. Dito de outro modo, o ponto central do argumento de Sinésio é que a constituição do astrolábio só é compreensível se prestarmos atenção à projeção matemática da esfera (*exáplōsis*) que está na base da determinação das linhas traçadas nele. Por isso, refletir sobre a projeção dos astros na superfície do instrumento, desenhado com linhas e curvas, e fazer dela um meio concreto para o observador elevar a sua alma acima do mero olhar superficial era a caraterística original do projeto de Sinésio (cf. Bernard, 2010). Sinésio diz que idealizou o astrolábio com base no que aprendeu com Hipácia. Descreve o astrolábio, que segundo ele foi aperfeiçoado por Ptolomeu, e explica para que serve: indicar a posição dos astros não com relação ao zodíaco, mas com o Equador. A carta não informa qual a contribuição de Hipácia para esse projeto sofisticado. Uma hipótese apontada por Bernard (2010) é que o ensino de Hipácia era uma mistura elaborada de ensino técnico e interpretação filosófica e que a sua interpretação do astrolábio foi basicamente seguida por Sinésio. Essa pode ser uma hipótese plausível, uma vez que Hipácia muito provavelmente conhecia bem os aspectos filosóficos da astronomia ptolomaica, além dos aritméticos e geométricos. Que ela de fato tivesse interesse na construção de instrumentos não passa de uma suposição a partir de ambas as cartas.

Com respeito à filosofia, a maior parte dos estudos hodiernos sobre Hipácia a considera neoplatônica. Não obstante, Bernard (2010) tentou contestar isso, defendendo que a filosofia de Hipácia fosse ptolomaica, o que parece difícil de aceitar, uma vez que não há nenhuma menção nas fontes antigas a isso. É possível admitir que Hipácia conhecia a filosofia de Ptolomeu, graças à colaboração com seu pai e aos estudos realizados junto a ele, mas não é suficiente para desconsiderar que ela desenvolvesse um tipo de filosofia platônica, até mesmo porque o neoplatonismo alexandrino do final do século IV e do V associava matemática, o estudo de diálogos de Platão e textos de Aristóteles, os Oráculos Caldaicos, o Orfismo e, com forte probabilidade, a teurgia. Isso sem esquecer comentários de Platão e Aristóteles, textos de filósofos oriundos de outras escolas e os poemas de Homero e Hesíodo. O traço comum aos filósofos neoplatônicos, seja de Atenas, Alexandria ou outras partes do Império, do século III ao V, era o de perseguirem um modo de vida baseado nos ensinamentos de Platão, que, segundo eles, objetivava a contemplação do Um ou do Bem. Tudo o que estudavam e as práticas religiosas que vários dentre eles mantiveram tinha esse escopo e se situava sob a autoridade dos textos de Platão. Por outro lado, Saffrey (2000) considera que o platonismo de Hipácia seguia as exegeses de Jâmblico, que as ilustrava com citações dos Oráculos Caldaicos. Ele baseia essa hipótese na presença dos Oráculos nos *Hinos* de Sinésio e também na hipótese muito difundida de que, no século IV, o ensino da filosofia no Oriente foi assegurado pelos sucessores de Jâmblico. No entanto, nenhuma fonte antiga menciona explicitamente qualquer interesse de Hipácia por práticas religiosas, ao passo em que Teon, sim, teria cultivado tais interesses. Ainda que se permaneça em *non liquet* por falta de textos da mão de Hipácia, podem-se comentar três fontes antigas que orientam a tentativa de compreensão da sua filosofia: a *História Eclesiástica*, de Sócrates Escolástico, as cartas de Sinésio e a *História filosófica*, de Damáscio.

Sócrates Escolástico diz que: 1. Hipácia desenvolveu seus estudos e ultrapassou os filósofos do seu tempo; 2. Recebeu a sucessão da escola platônica derivada de Plotino; 3. Ensinava filosofia para quem quisesse ouvir, de modo que chegavam até ela pessoas de todos os lugares (*História Eclesiástica*, 7, 15).

Segundo seu relato, Hipácia foi uma grande professora e filósofa, e isso não causa embaraço para os intérpretes, como o ponto 2 causa. Com efeito, Plotino foi para Alexandria aos 28 anos, com o fito de frequentar as aulas de Amônio Sacas e lá permaneceu por 11 anos. Fundou uma escola em Roma, aos 40 anos, e de lá não retornou a Alexandria. Portanto, não havia uma sucessão institucional possível. A esse propósito, cabe observar que a diferença existente entre a escola platônica de Atenas e a de Alexandria é institucional: em Atenas tem-se uma escola permanente, privada, com uma sucessão ininterrupta de diádocos (escolarcas). Em Alexandria não se sabe se os filósofos platônicos ensinavam na mesma instituição, fosse pública ou privada, se recebiam salário do governo ou se recebiam algum pagamento dos alunos. Talvez, como os retores, alguns filósofos possuíssem sua própria escola.

> Se continuamos falando de uma 'escola neoplatônica de Alexandria', o fazemos empregando a palavra 'escola' no sentido mais amplo de comunidade de espírito e de doutrina, e não no sentido de uma instituição permanente (Hadot, 1978, p. 12).

Poderia, então, se tratar de uma sucessão intelectual? Segundo Goulet-Cazé (1982), Plotino era visto como o promotor de uma profunda renovação do platonismo e, por esse motivo, nos séculos IV e V, em Atenas, como em Apameia, Sardes e Alexandria, se proclamava fidelidade ao platonismo, declarando-se discípulo ou sucessor de Plotino.

Inferir das cartas de Sinésio o conteúdo do ensino de Hipácia não é um procedimento historiograficamente seguro, embora amplamente usado. Daí vem a hipótese de que, se ele e um colega conheciam Plotino, ela também o conhecia. Na *Carta 139*, endereçada a Herculiano, Sinésio recomenda: "seja filósofo, e 'eleve o elemento divino que está em ti até o divino primeiro engendrado'", palavras estas que ele atribui a Plotino. Herculiano parece ter sido o mais próximo amigo de Sinésio na escola de Hipácia. Nenhum dos dois era natural de Alexandria, e em ambos Hipácia causou uma impressão extraordinária (*Carta 137*). A propósito, assim como o excerto de Sócrates, essa carta também indica que estrangeiros vinham assistir os cursos de Hipácia. Mais do que aspectos filosóficos, as cartas permitem conhecer um pouco do ambiente em torno da professora: ela e seus discípulos formavam uma comunidade, na qual os condiscípulos se sentiam unidos por laços profundos. Na *Carta 16* ele usa altos títulos para se dirigir à Hipácia: mãe, irmã, mestra e, por isso, sua benfeitora. Ele a considera uma guia autêntica nos mistérios da filosofia e diz que revelava aos alunos o sentido sagrado da pesquisa filosófica. Finalmente, envia dois textos inéditos para submeter à sua avaliação; serão publicados caso ela aprove (*Carta 154*).

A notícia de Damáscio (*Histoire philosophique*, ed Athanassiadi, 43), enfim, informa que:

1. Hipácia explicava as teorias de Platão e Aristóteles e outros filósofos. Essa, como já sabemos, era uma prática comum no neoplatonismo.

2. Ela ensinava publicamente (*demosía*), envergando o manto dos filósofos. O termo *demosía* permite considerar que ou ela ensinava às expensas do estado, ou em um espaço público, quiçá na rua mesmo (cf. Oliveira, 2016). Por outro lado, na mesma notícia, Damáscio também sugere que Hipácia recebia alunos em casa: passando em frente à casa de Hipácia, Cirilo viu uma grande quantidade de homens e cavalos. Perguntou o que aquelas pessoas ali faziam e soube que esperavam para ouvir Hipácia. É importante observar que, seja no espaço doméstico ou num espaço institucional, as escolas filosóficas na Antiguidade transgridem a divisão entre interior e exterior. Elas têm, de certo modo, a exterioridade da vida pública, mas se constroem em torno de uma economia doméstica quase familiar, uma vez que supõem uma vida quotidiana comum com refeições comuns e eventualmente uma moradia comum, mas, sobretudo, um tipo de relação de amizade e familiaridade entre mestre e discípulos. Desse modo, as escolas escapam da grande divisão gendrada que estrutura as sociedades antigas, entre público e privado. A escola filosófica constitui, portanto, um espaço em que as mulheres podiam ocupar um lugar equivalente ao dos homens e até mesmo desempenhar o principal papel (Koch, 2017).

3. Era justa e prudente e manteve-se virgem por toda a vida. A castidade ligava-se à notória prática das virtudes que Hipácia pareceu ter fixado para si. A filosofia neoplatônica considera que a prática das virtudes leva à purificação da alma, que, por sua vez, consiste nesse duplo movimento de

desligamento do sensível, por um lado, e elevação em direção ao inteligível, isto é, ao mundo das formas ou ideias de Platão. Voltar-se para o inteligível é o caminho para a contemplação do Um. Nesse caso, percebe-se como o estudo das matemáticas estaria afinado com a prática das virtudes de Hipácia. Damáscio conta ainda uma anedota, segundo a qual Hipácia era bela e graciosa e por isso um dos seus alunos se apaixonou por ela. Para refrear a paixão do moçoilo, e assim curá-lo, eis que ela lhe mostrou "o signo da sua natureza suja", um pano manchado do sangue da menstruação. Então, ela indagou: "Tu amas isso, jovem? Isso não é belo". De modo que o aluno ficou envergonhado e perdido, sua alma se perturbou e ele assumiu uma atitude mais sensata. Ora, a atitude de Hipácia coloca em perspectiva um elemento feio, e que, portanto, não pode elevar a alma: o sangue, o dejeto do corpo físico. E o amor, se for verdadeiro, não deve se dirigir ao corpo, ao feio, ao mortal.

Pensando a partir do excerto de Damáscio, no que diz respeito ao amor, a atitude de Hipácia só poderia seguir o ensinamento de Platão. Para os platônicos do final da Antiguidade, o ensinamento do *Banquete* consistia em um caminho de ascensão da alma por meio do amor. O verdadeiro amor é o desejo de possuir o Bem para sempre. Implica, pois, em um modo de vida virtuoso e em uma atividade específica, a produção do belo, de obras belas, de belas palavras. Quem segue esse caminho do amor compreende que a beleza das almas é mais preciosa que a beleza dos corpos. Que a beleza dos conhecimentos é mais preciosa que a das ocupações e das leis. O amante que contempla a beleza superior dos conhecimentos está como que mergulhado no oceano sem fim da beleza. Ele dá à luz uma imensidão de belos discursos, e de belos pensamentos. Então avista de súbito o Belo em si, que não aparece sob a forma de nenhuma coisa existente, nem corpos, nem palavras, nem conhecimentos, nem pensamentos. O Belo surge como uma forma eterna e única, da qual todas as coisas belas participam. Nesse contexto, a virgindade é um símbolo de pureza e virtude que caracteriza o ideal de vida platônico.

# BIBLIOGRAFIA

## Fontes

ADLER, A. (org.). *Suidae lexicon*. Munique: Leipzig: KG Saur [1928-1938], 2001. v. 1-4.

APOLÔNIO DE PERGA. *Coniques*. Ed. e trad. de Roshid Rashed. Berlim; Nova York: Walter de Gruyter, 2008. Tomo 1.1, livro I.

CORPUS RHETORICUM. *Anonyme*: préambule à la rhétorique. *Aphthonios*: Progymnasmata. *Pseudo-Hermogène*: Progymnasmata. Trad. de Michel Pattillon. Paris: Les Belles Lettres, 2008.

DAMÁSCIO. *The philosophical History*. Trad. de Polymnia Athanassiadi. Atenas: Apamea, 1999.

FLACH, J. (org.). *Hesychii Milesi Onomatologi quae supersunt cum prolegominis*. Leipzig: Teubner, 1882.

JOHN OF NIKIU. *The chronicle*: translated from Zotenberg's Ethiopic text. Trad. de Robert Henry Charles. Londres; Oxford: Williams and Norgate, 1916.

PTOLOMEU. *Ptolomy's Almagest*. Trad. de G. Princeton Toomer. Nova Jersey: Princeton University Press, 1998.

SÓCRATES DE CONSTANTINOPLA. *Histoire ecclésiastique*. Trad. de Pierre Pericho e Pierre Maraval. Paris: Cerf, 2007. Livros I-IV.

SUDA *on-line*. Byzantine lexicography. *The Stoa Consortium*. Disponível em: http://www.stoa.org/sol/. Acesso em: 4 jul. 2024.

SINÉSIO DE CIRENE. *Correspondance*. Ed. de Antonio Garzya. Trad. de Denis Roques. Paris: Les Belles Lettres, 2000.

TÉON DE ALEXANDRIA. *Le petit commentaire de Théon d'Alexandrie aux tables facile de Ptolemée*. Ed. e trad. de Anne Thion. Vaticano: Bibliothèque Apostolique Vaticane, 1978.

THURN, J. (ed.). *Ioannis Malalae chronographia*. Berlim; Nova York: Walter de Gruyter, 2000. Corpus Fontium Historiae Byzantinae (CFHB) Series Berolinensis, 35.

## Literatura secundária

BERETTA, G. *Ipazia d'Alessandria*. Roma: Editori Riuniti, 1993.

BERNARD, A. The Alexandrian school: Theon of Alexandria and Hypatia. *In*: GERSON, L. (org.). *The Cambridge History of Philosophy in late Antiquity*. Cambridge: Cambridge University Press, 2010. v. 1, p. 417-436.

CHUVIN, P. *Chronique des derniers païens*: la disparition du paganisme dans l`Empire romain du règne de Constantin à celui de Justinien. Paris: Les Belles Lettres/ Fayard, 1990.

DEAKIN, M. *Hypatia of Alexandria*: mathematician and martyr. Nova York: Prometheus Books, 2007.

DZIELSKA, M. *Hipátia de Alexandria*. Trad. de Miguel Serras Pereira. Lisboa: Relógio d'Água, 2009.

FEKE, J. Ptolémée d'Alexandrie. *In*: GOULET, R. (org.). *Dictionnaire des philosophes antiques V*. Paris: CNRS Éditions, 2012. De Paccius à Rutilius Rufus, pt. II, p. 1718-1733.

FEKE, J. Théon d'Alexandrie. *In*: GOULET, R. (org.). *Dictionnaire des Philosophes Antiques VI*. Paris: CNRS Éditions, 2016. De Sabinillus à Tysénos, p. 1008-1016.

FEKE, J. *Ptolemy's Philosophy*: mathematics as a way of life. Princeton; Oxford: Princeton University Press, 2018.

GOULET-CAZÉ, M-O. L'arrière-plan scolaire de la Vie de Plotin. *In*: BRISSON, L. et al. *Porphyre*: la vie de Plotin. Paris: Vrin, 1982. v. 1, p. 231-327.

HADOT, I. *Le problème du néoplatonisme alexandrin*: Hiéroclès et Simplicius. Paris: Études Augustiniennes, 1978.

KOCH, I. Les femmes philosophes dans l'Antiquité. *L'enseignement philosophique*, v. 67, n. 3, p. 73-79, 2017.

OLIVEIRA, L. Hipácia de Alexandria. *In*: SILVA, S; BRUNHARA, R; VIEIRA NETO, I. (orgs.). *Compêndio histórico de mulheres da Antiguidade*: trajetórias, construções e recepções. Goiânia: Tempestiva, no prelo. v. 2.

OLIVEIRA, L. Vestígios da vida de Hipácia de Alexandria. *Perspectiva Filosófica*, v. 43, n. 1, p. 3-20, 2016.

RASHED, R.; HOUZEL, C. *Les arithmétiques de Diophante*: lecture historique et mathématique. Berlim; Boston: Walter de Gruyter, 2013.

RONCHEY, S. Perche Cirillo assassino Ipazia? *In*: MARCONE, A.; ROBERTO, U.; TANTILLO, I. (orgs.). *Tolleranza religiosa in età tardoantica IV-V secolo*: atti delle giornate di studio sull'età tardoantica. Roma: Edizione Università di Cassino, 2014, p. 135-177.

ROQUES, D. La famille d'Hypatie (Sinésios, epp. 5 et 16 G). *Révue des Études Grecques*, v. 108, p. 128-149, 1995.

SAFFREY, H. Hypatie d'Alexandrie. *In*: GOULET, R. (org.). *Dictionnaire des Philosophes Antiques III*. Paris: CNRS Éditions, 2000. De Eccélos à Juvénal, p. 814-817.

SCHIANO, C. Teone e il Museu di Alessandria. *Quaderni di storia*, v. 55, p. 129-143, 2002.

# PARTE II
# MEDIEVO

# 7
# DHUODA

(806-811?-843?)

*Meline Costa Sousa*[*]

## 1 – VIDA

Considerada uma das primeiras filósofas do Medievo Latino Cristão, Dhuoda (Dodana ou Duodena) nasceu na primeira metade do século IX. As variações relativas ao nome da filósofa dificultam a identificação da sua origem, mas há referências que indicam que ela teria nascido no seio de uma família nobre. Algumas tentativas de estabelecer sua origem (cf. Thiébaux, 1998; Cherewatuk, 1991) se fundamentam na etimologia do nome Dhuoda e nas regiões nas quais se tem registro de variações semelhantes desse mesmo nome. Segundo Cherewatuk (1991, p. 50) "porque Dhuoda preferiu escrever em latim em detrimento de escrever em um dialeto característico, suas origens permanecem misteriosas". Segundo os estudos de Thiébaux (1998, p. 7), "Se as origens da autora forem os francos do norte, seus pais talvez fossem os Guarnerius e Rothlindis de Luxemburgo. [...] Contudo, Dhuoda poderia ter vindo do Sul (uma carta catalã nomeia uma Doda); ou ela poderia descender da nobreza visigótica de Septimania, anteriormente Gothia e ainda chamada assim em seu tempo".

---

[*] Professora de História da Filosofia Antiga e Medieval na Universidade Federal de Lavras.

Alguns elementos autobiográficos são apresentados no *Liber manualis* (de agora em diante *Manual*). Contudo, a maior parte das informações diz respeito à família do seu esposo, a qual é descrita como tendo vínculos de sangue ou por alianças políticas com a linhagem de Carlos Magno (haveria uma relação de parentesco entre o avô de Bernardo de Toulouse e a mãe de Carlos Magno. Alguns estudos indicam que o esposo de Dhuoda era primo de segundo grau de Carlos Magno; cf. Cherewatuk, 1991), e com as famílias nobres da corte; o que justificaria a ênfase dada por Dhuoda à nobreza real dos próprios filhos. Por meio do *Manual*, é sabido que Dhuoda recebeu o título de Duquesa de Septimania (região ao sul da França) em 824, ao se casar com Bernardo de Toulouse, o Duque de Septimania. Em 826 nasce seu primogênito, Guilherme (*Wilhelmum*), e, em 841, nasce Bernardo, seu segundo filho. Dhuoda foi enviada pelo marido para Uzès, onde viveu separada dos dois filhos. Dronke (1984) sugere que o fato de Dhuoda ter sido enviada pelo marido para Uzés poderia indicar que ela tinha vínculos familiares na região.

## 2 – CONTEXTO HISTÓRICO

Embora haja pouca informação sobre Dhuoda além do que a própria filósofa informa em sua obra, o contexto político do período fornece elementos para se compreender o momento no qual o texto foi escrito.

O Imperador Carlos Magno estabeleceu, em 806, a divisão do Império em três partes com a intenção de que cada um de seus três filhos governasse uma das partes. Após a morte de Carlos Magno em 814, as três partes do Império divididas em 806 segundo a *Divisio imperii* foram assumidas pelo único filho vivo, Luís, o Piedoso, no período de 814 a 840 (cf. Montanari, 2002). Uma das medidas tomadas por Luís foi "acentuar as características cristãs e sacras" (Montanari, 2002, p. 63) do Império. Por meio da *Constitutio Romana* (824), estabeleceu que, a partir de então, o papa consagrado deveria jurar fidelidade ao imperador, reforçando a dependência entre o "poder público e o âmbito eclesiástico" (Montanari, 2002, p. 63).

O período no qual escreve Dhuoda caracteriza-se pelas instabilidades políticas e sociais causadas pelas mudanças quanto à distribuição dos domínios do Império propostas por Luís, o Piedoso, após o nascimento do quarto filho, Carlos (o futuro Carlos, o Calvo). Entre 830-840, durante a segunda fase do reinado de Luís, as disputas pelo trono travadas entre os seus quatro herdeiros, Carlos, o Calvo, Luís II, Lotário e Pepino, levam, após a morte do pai em 841, a uma batalha entre os filhos Carlos, o Calvo, Luís II e Lotário. Em agosto de 843, um acordo foi estabelecido entre os três herdeiros vivos de modo que cada um deles assumisse uma parte do Império: Carlos, o Calvo assume o reino ocidental, Lotário assume o reino central e Luís II assume o reino oriental.

Em 841, justamente durante o início da disputa entre os futuros imperadores, Dhuoda começa a elaboração do *Manual* em Uzés, finalizando-o no início de 843. Durante esse período, seu esposo, Bernardo, "traidor do próprio juramento feudal e figura controversa ("tirano", "adúltero" e "porco" eram os epítetos dados pelos seus inimigos) entregou seu filho [...] como um gesto de apaziguamento após a Batalha de Fontenoy-en-Puisaye" (Thiébaux, 1998, p. 1); batalha na qual Carlos, o Calvo, Luís II e Lotário dividiram o reino entre si. O filho mais velho, Guilherme, foi enviado para a corte de Carlos, o Calvo, como garantia da lealdade de Bernardo. Assim, quando do início da escrita do *Manual*, o filho mais velho de Dhuoda vivia, por laços de vassalagem, na corte imperial, e seu filho mais novo em Aquitânia (sudoeste da França). Embora no *Manual* ela mencione apenas os filhos Guilherme e Bernardo, algumas referências (cf. Thiébaux, 1998) indicam que, entre 844-845, o casal teria tido uma filha.

## 3 – *LIBER MANUALIS* [MANUAL PARA MEU FILHO]

### 3.1 Gênero literário e influências filosóficas

Alguns estudiosos (cf. Dronke, 1984, p. 36; Cherewatuk, 1991, p. 49) entendem ser a obra do gênero literário "espelho de príncipe (*speculum principis*)" ainda que o uso dessa expressão para se referir a um gênero literário seja posterior à elaboração da obra (cf. Cherewatuk, 1991). Uma das características desse gênero é o fato de se tratar de uma espécie de guia de conduta pública e privada destinado aos jovens príncipes. Como aponta

Falkowski (2008), especificamente no caso dos espelhos de príncipe escritos em ambiente carolíngio, o componente cristão exerce um papel importante na conduta moral sugerida pelos seus autores. Assim, além de salvaguardar os interesses políticos da realeza, há uma preocupação com a formação moral cristã dos príncipes e governantes.

Embora Dhuoda não se refira à sua obra como um *speculum principis*, encontra-se no *Manual* a metáfora do espelho:

> tu também encontrarás um espelho no qual poderás vislumbrar sem qualquer dúvida a saúde da tua alma; e assim poderás agradar de todas as maneiras não apenas o mundo, mas também aquele que o formou do barro: o que é necessário em todos os sentidos, meu filho Guilherme, é que no cumprimento de ambos os deveres tu mostres que podes levar uma vida útil no mundo e que podes agradar a Deus em todas as coisas.
>
> *invenies etiam et speculum in quo salutem animae tuae indubitanter possis conspicere, ut non solum saeculo, sed ei per omnia possis placer qui te formavit ex limo: quod tibi per omnia necesse est, fili Wilhelme, ut in utroque negotio talis te exibeas, qualiter possis utilis esse saeculo, et Deo per omnia placere valeas semper* (*Liber manualis*, Incipit prologus; ed. e trad. Thiébaux, 1998, p. 48-49; Bondurand, 1887, p. 50-51).

O termo *speculum* encontra-se no texto como um modo de indicar ao filho Guilherme que o movimento de se voltar para sua própria alma é o que deve nortear suas ações. Ao ser imagem para o bom cristão, a obra é o reflexo da alma do próprio filho que, por sua vez, vê na obra algo que já está dado em si mesmo enquanto criatura divina. Um dos elementos que caracterizam o texto como um manual é o fato de ser uma discussão breve acerca da conduta moral cristã. Nesse sentido, o estilo espelho de príncipe se combina bem com a proposta de um manual na medida em que o gênero do espelho tem em vista apresentar para o homem nobre, de modo sucinto, os preceitos religiosos (a Santa Trindade, os dons do Espírito Santo, as oito bem-aventuranças, os salmos etc.) e sociais (conduta frente à família paterna, à nobreza, ao rei, às mulheres etc.) a serem considerados como "guia para a vida secular cristã" (Dronke, 1984, p. 38).

Como se desenvolveu, durante a dinastia carolíngia, um "movimento intelectual religioso" (Thiébaux, 1998, p. 2) a fim de reafirmar entre os novos governantes e os nobres laicos as condutas próprias do cristão fiel, a finalidade didática característica da obra de Dhuoda justifica a escolha do seu título, *Liber manualis*, e o tipo de exposição proposto para o conteúdo. No entanto, embora Dhuoda se posicione como aquela que ensina a conduta moral a ser seguida pelo filho (*"Norma ex me"*), em diferentes momentos da obra (cf. *Liber manualis*, Epigrama; ed. e trad. Thiébaux, 1998, p. 42-43; Bondurand, 1887, p. 46-47) a filósofa reconhece a própria ignorância e incapacidade. Assim, por meio de um exercício de humildade imposto pelo fato de ser ela uma mulher que se põe a instruir homens, ela se apresenta como uma mensageira do divino. A autoridade do discurso é transposta à graça divina. O conteúdo, pelas mãos de Dhuoda, será transmitido a todos aqueles aos quais a obra puder alcançar.

Sobre a polissemia do termo *manus*, do qual é derivado o título *manualis*, Dhuoda indica que o termo pode ser entendido em diferentes acepções como, o poder de Deus, o poder do Filho de Deus ou o próprio Filho de Deus. Sobre o termo *alis* (*manu-alis*), trata-se do "escopo, o qual é dito destino; a consumação, a qual é entendida como perfeição e a sequência, que é a compleição [*hoc est scopon quod dicitur destinatio, et consumatio quod intelligitur perfectio, et secutio quod est finitio*]" (*Liber manualis*, Incipit textus; ed. e trad. Thiébaux, 1998, p. 40-41). Dhuoda, após apresentar o sentido dos termos que compõem o título da obra *manualis*, aponta como finalidade do seu discurso o fim da ignorância (*ignorantia*).

São abundantes as referências diretas aos Pais da Igreja, em especial a Santo Agostinho. Como aponta Thiébaux (1998, p. 25), "um texto medieval chave e modelo do gênero espelho é a Cidade de Deus de Agostinho, o qual delineia o príncipe ideal como um cristão a serviço de Deus, disposto a refrear seu poder absoluto e comprometido com a misericórdia, humildade e oração".

O segundo livro do *Manual* aborda os aspectos trinitários da Trindade Santa (Pai, Filho e Espírito Santo) a partir das referências aos Pais da Igreja. Embora Dhuoda não forneça nenhuma indicação direta, o *Sobre a Trindade* de Agostinho pode ter exercido algum tipo de influência na sua análise.

## 3.2 Resumo da obra

Segundo a edição de Mabillon (1677), o *Liber manualis* é composto de 73 capítulos corridos. Em algumas versões (cf. Thiébaux, 1998; Bondurand, 1887), a obra se divide em duas partes. Na primeira, encontra-se a introdução dividida em *incipit textus*, o *incipit liber*, o *epigrama*, o *incipit prologus* e o *praefatio* (Bondurand (1887, p. 24) chama as três partes iniciais de Prolegômenos). Na segunda parte, encontra-se uma sequência de 11 livros.

No *inicipit textus*, a filósofa apresenta os três pilares que sustentam a obra (*Norma*, *Forma* e *Manualis*), os quais são descritos como os elementos que compõem o discurso (*partes locutionis*) e que estabelecem uma relação entre ela, a autora, e o leitor, seu filho Guilherme:

> Este presente opúsculo foi elaborado para apontar três perspectivas: leia-o na íntegra e, ao final, poderá compreendê-lo mais plenamente. Quero que as três diretrizes sejam igualmente enfatizadas na sequência útil dos meus ensinamentos: a Norma, a Forma e o Manual. Cada uma dessas partes do discurso pertence a nós dois em todos os sentidos: a Norma parte de mim, a Forma é recebida por ti, o Manual parte de mim e é recebido por ti igualmente, composto por mim e recebido por ti.
> *Praesens iste libellus in tribus virgulis constat esse erectus: lege cuncta et in fine plenius nosse valebis. Volo enim ut simili modo in tribus lineis secundum auctoritatis seriem utilissimum habeat nomem: id est Norma, Forma et manualis. Quod utrumque hae partes locutionis in nos specietenus continentur cuncta: Norma ex me, Forma in te, manualis tam ex me quam in te, ex me collectus, in te receptus* (*Liber manualis*, Incipit textus; ed. e trad. Thiébaux, 1998, p. 41).

A relação sugerida por Dhuoda indica a finalidade do texto e o modo como ela espera que o filho Guilherme receba seu conteúdo. A "saúde da alma e do corpo [*salutem animae et corporis*]" (*Liber manualis*, Incipit textus; ed. e trad. Thiébaux, 1998, p. 41) daquele para quem ela escreve é estabelecida como a finalidade da elaboração da obra. Ao passar das mãos ("*ex manu mea*") de Dhuoda às mãos do filho ("*in manu tua*"), a obra é recebida não apenas materialmente, mas também espiritualmente. Assim, as condutas (*Normae*) que partem de Dhuoda seriam internalizadas na alma do filho, o qual formaliza em si mesmo (*Forma*) os ensinamentos transmitidos pela mão da mãe (*Manualis*). Nesse sentido, Dhuoda não é apenas aquela que escreve o texto, mas quem conduz o filho pelo caminho reto.

Além de apresentar a finalidade do texto, Dhuoda indica aquele para o qual ela escreve, o jovem filho Guilherme, o qual fora enviado à corte pelo próprio pai como prova de lealdade após a vitória do rei Carlos, o Calvo, na batalha de Fontenoy. Quando Dhuoda inicia a elaboração do texto em 841, Guilherme teria 15 anos. Assim, o *Manual* apresenta orientações ("*dirigo gaudens*") a serem seguidas pelo filho dada a ausência materna imposta pelo distanciamento.

Depois de apresentar a obra, Dhuoda fornece um epigrama, cujas letras iniciais formam a seguinte frase: "*Dhuoda dilecto filio wilhelmo salutem lege* [Dhuoda declama saudações ao seu amado filho Guilherme]". O fato de Dhuoda se posicionar sobre a conduta do filho acentua o teor moral do *Manual*. Nas primeiras linhas do poema que abre o opúsculo, percebe-se que as orientações dadas ao filho se circunscrevem dentro de uma moral cristã, a qual será apresentada pela filósofa em maiores detalhes ao longo da obra.

### 3.2.1 Livros I-II-III: introdução aos preceitos cristãos

Os três primeiros livros do *Manual* são dedicados à apresentação de alguns dos preceitos assumidos pela fé cristã, dentre eles, a ideia de que todas as criaturas ganham seu ser a partir de Deus. Assim, os seres humanos têm no Criador a causa do viver, do mover e do ser: "Meu filho, tu e eu devemos buscar a Deus: por Sua vontade existimos, vivemos, movemo-nos e somos [*Quaerendus est Deus, fili, mihi et tibi: in illius nutu consistimus, vivimus, movemur et sumus*]" (*Liber manualis*, De querendo Deum; ed. e trad. Thiébaux, 1998, p. 60-61; Bondurand, 1887, pp. 58-59).

A necessidade de louvar a Deus se justifica dado o fato de ser Deus a origem não apenas da vida humana como também dos movimentos próprios que caracterizam o ser de cada indivíduo. Por ser o entendimento humano o movimento que distingue os seres humanos dos outros animais, a posse do entendimento já é um ato de bondade do Criador. Dessa forma, o simples exercício da racionalidade somente é possível graças à bondade divina ter dotado os humanos com essa capacidade. Então, as referências a Deus e à criação, no início do livro primeiro, marcam o reconhecimento de que aquilo que será comunicado pelas mãos da autora decorre de um dom divino; o que é corroborado pelo fato de a filósofa se apresentar, em diversos momentos, como alguém ignorante que roga a Deus por conhecimento. Dhuoda mostra-se consciente da sua condição de mulher e dos limites sociais impostos a ela ao, humildemente, colocar-se como porta-voz de um conhecimento que não é seu, mas que se manifesta por suas palavras:

> Em verdade, é possível que uma cadelinha impertinente, em meio a outros filhotes sob a mesa do seu senhor, consiga apanhar e abocanhar algumas migalhas que caem. Aquele que fez a boca de um animal mudo falar tem o poder [...] de abrir meus sentidos e, a mim, dar entendimento.
> *Nam solet fieri ut aliquotiens importuna catula, sub mensa domini sui, inter catulos alteros, micas cadentes valeat carpere et mandere. Potens est enim ille qui os animalis muti loqui fecit, mihi [...] aperire sensum et dare intellectum* (*Liber manualis*, Incipit prologus; ed. e trad. Thiébaux, 1998, p. 60-61; Bondurand, 1887, p. 58-59).

A onisciência divina é apresentada como modo de chamar a atenção do filho leitor para a importância da retidão do homem de Deus. Por meio da justiça divina, os bons são recompensados pelos méritos da vida terrena. A temporalidade dos bens terrenos, aos quais alguns homens teriam se apegado, acentua a necessidade do direcionamento da vontade àquilo que é eterno e imutável, cuja natureza imóvel manifesta a condição originária do princípio criador.

Partindo do caráter trino da Trindade Santa, no segundo capítulo do terceiro livro são apresentadas três virtudes: fé (*fide*), esperança (*spe*) e caridade (*karitate*). Sobre a origem do termo *karitas*, Dhuoda afirma advir do grego, cujo significado latino é amor (*dilectio*). A caridade é elevada ao patamar de virtude superior ao ser comparada às outras duas. O argumento para justificar a primazia da caridade baseia-se no fato de tanto a esperança quanto a fé serem relativas a algo buscado pela vontade. Desse modo, na medida em que o objeto posto pela vontade é um bem que ainda não se possui, trata-se de uma falta. Com exceção da caridade, a qual se caracteriza por um tipo específico de amor, as outras duas virtudes dizem respeito a algo que ainda não se possui e que se coloca como objeto de busca da vontade.

As três virtudes são mencionadas por Dhuoda no contexto da apresentação de uma conduta moral correta frente aos bens temporais (terrena). A relação natural entre o indivíduo e o bem desejado posto pela vontade é o indício da necessidade da busca por bens que sejam eternos (*caelestia*):

> aconselho-te e suplico-te que a tua procura e a tua aquisição sejam não só aqui, mas também na vida futura. Que possas buscar com diligência as coisas que são necessárias para tua alma [*ortor te admoneo ut petitio vel adquisitio tua sit non solum hic, sed etiam in futuro; ea diligenter quaeras quae animae tuae sunt necessario exigenda*] (*Liber manualis*, De fide, spe et karitate; ed. e trad. Thiébaux, 1998, p. 74-75; Bondurand, 1887, p. 73-74).

Nesse sentido, os bens eternos e as três virtudes estão diretamente relacionados. Trata-se de rogar (*pete per fidem*) por eles com fé, buscar com esperança (*quaere per spem*) e pulsar por caridade (*pulsa per karitatem*).

Tendo apresentado os três elementos da Trindade (Pai, Filho e Espírito Santo), Dhuoda dedica o terceiro livro à figura metafórica do pai. A filósofa ressalta a importância da reverência à autoridade paterna, a qual diz respeito tanto à conduta indicada para o filho primogênito Guilherme em relação a Bernardo de Septimania, mas também em relação aos Pais da Igreja. A devoção a Bernardo é exaltada em vista de ser, por meio da nobreza da família paterna, que o filho alcança espaço entre os nobres. A relação sagrada entre pai e filho é ilustrada com alguns exemplos bíblicos (Sem e Jafé, os filhos de Noé, Isaac, Jacó etc.), os quais têm em vista, a partir dos relatos bíblicos, instruir sobre a conduta correta do filho frente às atitudes paternas.

Outra relação enfatizada por Dhuoda é aquela mantida entre o filho e o rei Carlos, o Calvo. A submissão aos senhores é fundamentada em uma passagem das Escrituras, na qual toda a autoridade terrena é diretamente atribuída por Deus: "Não há poder que não venha de Deus e aquele que se opõe, opõe-se à ordem de Deus [*Non est potestas nisi a Deo, et qui potestati reistit, Dei ordinationi resistit*]" (*Liber manualis*, Admonitio erga seniorem tuum exhibenda; ed. e trad. Thiébaux, 1998, p. 94-95; Bondurand, 1887, p. 89; 91).

A noção de uma *ordinatio* divina a partir da qual todas as hierarquias (religiosas e sociais) são estabelecidas no mundo marca não apenas a necessidade de cada indivíduo reconhecer o próprio lugar como a necessidade de se submeter, enquanto fiel, àqueles que lhe são superiores.

### 3.2.2 Livros IV-VI: princípios para uma filosofia moral cristã

Focado em apresentar uma filosofia moral mais geral, o quarto livro da obra se inicia com a seguinte afirmação: "Grandes esforços e constante exercício são requeridos da espécie humana para alcançar a perfeição [*In specie humanitatis formam magnus est exigendus atque exercendus labor studiosus*]" (*Liber manualis, Admonitio specialis ad diversas corrigendas mores*; trad. Thiébaux, 1998, p. 126-127; Bondurand, 1887, p. 124; 126). São mencionados alguns exemplos de vícios (malícia e inveja) e de virtudes (fé e perseverança). Assim, o caminho em direção à perfeição humana, ou seja, em direção ao bom uso das disposições dadas por Deus ao ser humano, envolve a prática de ações virtuosas em detrimento de ações viciosas. Os homens do passado, a dizer, os doze patriarcas, são indicados como os modelos de conduta a serem seguidos, cujas práticas da virtude neste mundo conduziram a um "*cursu felici*".

Os sete dons do Espírito Santo são recebidos conforme o merecimento de cada indivíduo. Assim, Dhuoda instrui o filho na direção de se manter vigilante frente aos vícios de modo a merecer a infusão, pelo Espírito Santo, dos sete dons: *spiritus sapientiae, spiritus intellectus, spiritus consilii, spiritus fortitudinis, spiritus scientiae, spiritus pietatis, spiritus timoris Domini*. Os dons são agrupados em sete "porque há sete dias na semana, sete eras na história do mundo e sete lâmpadas sagradas" (*Liber manualis, In septemplici dono Sancti Spiritus militare*; ed. e trad. Thiébaux, 1998, p. 134-135; Bondurand, 1887, p. 135). As oito bem-aventuranças referem-se a determinadas condutas dos indivíduos que não são valorizadas pelos homens comuns ou que, ao que parece, podem causar a infelicidade ou a perseguição. O pressuposto assumido com relação às bem-aventuranças é que, ainda que possam encontrar dificuldades em manter uma conduta moral adequada na vida terrena, a prática da ação virtuosa, que aparentemente seria causa de sofrimento, é o único modo de experienciar a felicidade. O caráter paradoxal do preceito cristão apresentado por Dhuoda, a dizer, a adoção de práticas que geram infelicidade em nome da própria felicidade, desconstrói-se se levarmos em conta as peculiaridades da noção de felicidade adotada pela filósofa. Não se trata de assumir a noção comumente aceita de vida feliz, mas de ressignificar a felicidade na medida em que ela não se dissocia de uma vida de sofrimento. Logo, a felicidade em vida é derivada diretamente da fé na boa aventurança, tornando-se, por isso, desvinculada das condições da vida que se põem para o indivíduo como parte de uma dimensão social e que escapam à sua esfera de controle (por exemplo, honras, riquezas, aceitação pelos outros etc.). Conclui Dhuoda "Assim agindo, com a ajuda do Espírito Santo e dos seus dons, alcançarás o reino dos céus [*Ita agendo, santo quooperante donationum Spiritu, ad regnum valebis pertingere supernum*]" (*Liber manualis, In septempli dono Sancti Spiritus militare*; ed e trad. Thiébaux, 1998, p. 140-141; Bondurand, 1887, p. 140).

Dhuoda aborda a fragilidade da condição humana, partindo da distinção entre o homem *carnalis* e *spiritalis*. Para abordar a natureza humana, Dhuoda utiliza a analogia da árvore:

> A árvore significa cada homem. Seja ele bom ou mau, certamente será conhecido pelo seu fruto. Uma árvore bela e nobre produz folhas nobres e dá frutos decentes, e isso se aplica a um grande homem, um homem muito fiel. O homem instruído merece ser cheio do Espírito Santo e florescer com folhas e frutos. Ele se distingue por sua doce fragrância. Pois suas folhas são suas palavras, seu fruto é seu julgamento, ou de outra forma, suas folhas são seu intelecto e seu fruto suas boas ações. A árvore boa é propagada, mas a árvore má é entregue às chamas. Está escrito: "Toda árvore que não der bom fruto será cortada e lançada ao fogo".
> *Arbor, unusquisque intelligitur homo, et an bonus an malus sit, a fructu profecto agnoscitur suo. Arbor pulcher nobilisque folia gignit nobilia et fructus afert aptos. Hoc in magno et fidelissimo agitur viro. Vir namque eruditus Spiritu Sancto meretur repleri et folia atque fructum pullulare. Dinoscitur fragrari suave, habet folia in verbis, fructum in sensu, vel etiam habet folia in intellectu, fructum in operatione. Arbor propagatur bona, mala traditur igni. Scriptum est: Omnis arbor quae non facit fructum bonum excidetur et in igne mittetur* (*Liber manualis*, De diversarum tribulationum temperamentis; ed. e trad. Thiébaux, 1998, pp. 168-171; Bondurand, 1887, p. 172-173).

O homem seria tal como uma árvore, cuja bondade ou maldade pode ser percebida naquilo que dele resulta. Assim como uma árvore boa produz bons frutos, um homem bom também pode ser reconhecido como tal pelos seus frutos. Todas as partes da "bela e nobre [*pulcher nobilisque*]" árvore frutífera são igualmente belas e nobres em vista dos frutos. Os adjetivos usados por Dhuoda para se referir à árvore de bons frutos são "bela e nobre [*pulcher nobilisque*]". No caso do homem, a filósofa opta por "grandioso e fidelíssimo [*magno et fidelissimo*]". A grandiosidade do homem bom está na sua linhagem, tal como a beleza e nobreza da árvore se encontram na sua estirpe. Juntamente, a fé e a referência à graça do Espírito Santo são os aspectos que marcam o tipo de conhecimento que se manifesta no bom homem. Assim, é retomado o tema da sabedoria cristã, a qual pressupõe não apenas o exercício da razão, mas também de fé.

Dhuoda continua a analogia comparando as palavras e julgamentos do homem bom às folhas da árvore e seus julgamentos e boas ações aos frutos. Assim, por estar bem nutrida e fortificada, a árvore sadia se propaga e merece ser mantida viva. Ao contrário, a árvore fraca e contaminada deve ser cortada e incendiada (*excidetur et in igne mittetur*). Os "frutos do espírito" são a caridade (*karitas*), a alegria (*gaudium*), a paz (*pax*), a longanimidade (*longanimitas*), a bondade (*bonitas*), a benignidade (*benignitas*), a fé (*fides*), a mansidão (*mansuetudo*), a paciência (*patientia*), a castidade (*castitas*), a continência (*continentia*), a modéstia (*modestia*), a sobriedade (*sobrietas*), a vigilância (*vigilantia*) e a sabedoria (*astutia*).

No sétimo livro do Manual, Dhuoda propõe a distinção entre o primeiro nascimento (*prima nativitate*) e o segundo nascimento (*secunda nativitate*), e a primeira morte (*prima morte*) e a segunda morte (*secunda morte*). Quanto à primeira distinção, o primeiro nascimento diz respeito ao nascimento da carne a partir da carne (*ex carne*), enquanto o segundo nascimento é do espírito a partir do espírito (*ex spiritu*). Embora no nascimento carnal cada indivíduo seja filho de um único pai, no nascimento espiritual todos são filhos do mesmo Pai por meio de Cristo. Igualmente dá-se com a distinção entre a primeira e a segunda morte. Trata-se da morte do corpo e da morte da alma. Tendo em vista a natureza temporal do corpo, a morte do corpo é parte integrante da condição humana. Contudo, a segunda morte, isto é, a morte da alma, pode ser evitada no julgamento final. A vida eterna é prometida àqueles que seguem os ensinamentos de Cristo.

# BIBLIOGRAFIA

## Obra

*Edições*

BOWERS, M. E. *The Liber manualis of Dhuoda*: advice of a ninth-century mother for her sons. 1977. Tese (Doutorado em Literatura) – Catholic University of America, Washington, 1977.

DHUODA. *Liber manualis*. Ed. de Jacques Mabillon. Documenta Catholica Omnia, 1677.

DHUODA. *Educare nel Medioevo*. Per la formazione di mio figlio. Manuale. Trad. de Gabriella Zanoletti. Milao: Jaca Book, 1982.

DHUODA. *Handbook for her warrior son*: Liber manualis. Ed. e trad. de Marcelle Thiebaux. Nova Iorque: Cambridge University Press, 1998.

DHUODA. *L'éducation carolingienne*: Le Manuel de Dhuoda (843). Ed. e trad. de Edouard Bondurand. Paris: Picard, 1887.

DHUODA. *Manuel pour mon fils*. Ed. de Pierre Riché. Trad. de B. Vregille e C. Mondésert. Paris: Du Cerf, 1975.

*Traduções*

DHUODA. *De mare a fill*. Escrits d'una dona del segle IX. Trad. de Mercè Otero Vidal. Barcelona: LaSal, 1989.

DHUODA. *Handbook for William*: a Carolingian woman's counsel for her son. Trad. de Carol Neel. Lincoln: Londres: University of Nebraska Press, 1991.

DHUODA. *La educación cristiana de mi hijo*. Trad. de Marcelo Merino. Pamplona: Eunate, 1995.

## Literatura complementar

AGOSTINHO. *A Trindade/De trinitate*. Trad. de Arnaldo do Espírito Santo *et al*. Prior Velho: Paulinas, 2007.

BORN, L. K. The specula principis of the Carolingian Renaissance. *Revue belge de philologie et d'histoire*, v. 12, n. 3, p. 583-612, 1933.

CHEREWATUK, K. Speculum matris: Duoda's manual. *Florilegium*, v. 10, p. 49-64, 1991.

CLAUSSEN, M. A. God and man in Dhuoda's Liber manualis. *Studies in Church History*, v. 27, p. 43-52, 1990.

CLAUSSEN, M. A. Fathers of power and mothers of authority: Dhuoda and the Liber manualis. *French Historical Studies*, v. 19, p. 785-809, 1996.

CZOCK, M. Arguing for improvement: the last judgment, time and the future in Dhuoda's Liber manualis. *In*: WIESER, V.; ELTSCHINGER, V.; HEISS, J. (eds.). *Cultures of Eschatology*: Volume 1: Empires and scriptural authorities in medieval christian, islamic and buddhist communities. Volume 2: Time, death and afterlife in medieval christian, islamic and buddhist communities. Berlim, Boston: De Gruyter Oldenbour, 2020. p. 509-527.

DRONKE, P. *Women writers of the Middle Ages*. Cambridge: Cambridge University Press, 1984.

DIAS, I. A. *A educação feminina na Idade Média*: damas e religiosas. 2001. Dissertação (Mestrado em Educação) – Universidade Estadual de Maringá, Maringá, 2001.

DURRENS, J. *Dhuoda*: Duchesse de Septimanie. Toulouse: Clairsud, 2003.

FALKOWSKI, W. The Carolingian speculum principis: the birth of a genre. *Acta Poloniae Historica*, v. 98, p. 5-27, 2008.

GODARD, J. *Dhuoda*. La carolingienne. Paris: LGF, 1997; Le Livre de Poche, 2004.

LE JAN, R. The multipleidentities of Dhuoda. *In*: CORRADINI, R. *et al.* (orgs.). *Ego trouble*. Authors and their identities in the early Middle Ages. Viena: Austrian Academy of Sciences Press, 2010. p. 211-220.

MAYESKI, M. A. *Dhuoda*: ninth century mother and theologian. Scranton: University of Scranton Press, 1995.

MAYESKI, M. A. The beatitudes and the moral life of the christian: practical theory and biblical exegesis in Dhuoda of Septimania. *Mystics Quarterly*, v. 18, p. 6-15, 1992.

MEYERS, J. Dhuoda et la justice d'après son Liber manualis (IXe siècle). *Cahiers de Recherches Médiévales et Humanistes*, v. 25, p. 451-462, 2013.

MONTANARI, M. *Storia medievale*. Roma-Bari: Gius. Laterza et Figli, 2002.

OLIVEIRA, T.; VIANA, A. P. S. Espelho de príncipe: reflexões a partir do Manual de Dhuoda. *Linhas Críticas*, v. 23, n. 50, p. 111-130, 2017.

STOFFERAHN, S. A. The many faces in Dhuoda's mirror: the Liber manualis and a century of scholarship. *Magistra. A journal of women's spirituality in History*, v. 4, n. 2, p. 89-134, 1998.

# 8
# MURASAKI SHIKIBU

(978?-1031?)

*Márcia Hitomi Namekata**

## 1 – VIDA

Murasaki Shikibu é mundialmente conhecida como a autora da coletânea de narrativas *Genji Monogatari* [Narrativas de Genji]. Tecer considerações precisas em referência à Antiguidade clássica japonesa é uma tarefa difícil, ainda que se tenha à disposição um número considerável de fontes. De acordo com os eventos do período, é possível lançarmos mão de dados aproximados para que possamos construir essa imagem feminina que tem se destacado de maneira crescente no panorama histórico-literário não só do Japão (onde até hoje é o homem quem se destaca em praticamente todas as esferas sociais), mas em um nível global.

Considerando-se as informações disponíveis acerca da autora, a data de seu nascimento deve ter sido nos anos 70 do século X: a referência mais citada é o ano de 978. Nascida em Kyoto, capital do Japão durante o período Heian (794 EC-1185 EC), Murasaki pertenceu à média aristocracia da corte, descendendo de um ramo da poderosa família Fujiwara, cuja política de regentes dominou o cenário político de Heian, sobrepujando o poder imperial. Os Fujiwara

---

* Professora de língua e literatura japonesas na Universidade Federal do Paraná (UFPR).

foram também responsáveis por prover diversas consortes a imperadores da época. A data de seu falecimento é também motivo de controvérsias. Consta em alguns registros que ela se tornou monja em 1015 e faleceu em 1031. Há também algumas evidências de que, após o tempo em que a imperatriz Shôshi retirou-se da capital por motivo de falecimento de seu marido (o imperador Ichijô, em 1011), Murasaki a teria acompanhado, mantendo-se ao seu serviço.

Mesmo no que concerne ao nome, as mulheres ficavam à sombra dos homens da família, sendo que, muitas vezes, nem eram reconhecidas por seus próprios nomes – percebemos isso em muitas personagens femininas de *Genji Monogatari*. *Shikibu* era o título dado ao ministro de cerimoniais da corte de Heiankyô (denominação dada a Kyoto na época), cargo ocupado pelo pai de Murasaki, Fujiwara no Tametoki (Morris, 2014, p. 252).

Embora pertencesse a um ramo menor dos Fujiwara, a família de Murasaki Shikibu viveu sob uma atmosfera literária. Desde muito jovem a autora esteve entre pessoas altamente versadas nos clássicos e que compunham elegantes versos em chinês – cabe afirmar que o desenvolvimento da cultura japonesa ocorreu, desde seus princípios, sob o padrão chinês, considerado o máximo em termos de avanço e refinamento. O pai de Murasaki assumiu postos de governo nas províncias de Harima (parte sudoeste da atual província de Hyôgo), Echizen (parte leste da atual província de Fukui, local para onde a filha o acompanhou) e Echigo. Foi um estudioso dos clássicos chineses e tinha grandes ambições com relação a seu filho mais velho, Nobunori, fazendo todo o possível para que recebesse uma educação clássica, com ênfase nos conhecimentos sobre história e literatura, essenciais àqueles que almejavam a carreira política. Podemos imaginar, assim, que a autora assumia posição de destaque entre os círculos sociais de seu tempo, despertando comentários diversos acerca de sua pessoa, como na passagem que cita no diário de sua autoria:

> Bela e tímida, pequena à vista, antissocial, orgulhosa, propensa a romances, vaidosa e poética, que olha os outros do alto com um olhar invejoso – esta é a opinião daqueles que não me conhecem; mas, depois de me conhecerem, dizem, "Você é maravilhosamente gentil; não posso identificá-la com o que havia imaginado" (*The diary of Murasaki Shikibu*, p. 135).

Apesar de as mulheres não serem encorajadas ao estudo dos clássicos chineses – ao contrário, não era adequado que elas tivessem acesso à língua do país continental, sendo tal conhecimento considerado um tabu –, Murasaki obteve destaque nessa área de estudos, mais do que o próprio irmão, para desapontamento de seu pai. Murasaki teria adquirido, pelos ensinamentos paternos, vastos conhecimentos acerca dos clássicos chineses e budistas, tendo passado boa parte de sua juventude dedicando-se aos estudos. Casou-se entre os anos de 998 e 999 com um parente, Fujiwara no Nobutaka, ao redor dos 20 anos – uma idade consideravelmente avançada para a época, visto que a maioridade para uma mulher se dava aos 12 anos. Segundo registros, o período de vida conjugal foi bastante efêmero, visto que seu marido faleceu em 1001, provavelmente vítima de uma epidemia. Sua filha Katako (ou Kenshi), conhecida posteriormente como Daini no Sanmi, nasceu provavelmente em 999 e deve ter falecido ao redor de 1080. Segundo algumas fontes, o casal teve também outra filha, mas o destaque é dado a Katako por também ter sido escritora.

Durante cinco anos após a morte do marido, Murasaki teria vivido em retiro em sua casa e foi provavelmente nessa época que começou a escrever *Genji Monogatari*, sua obra-prima.

## 2 – OBRA

A despeito de toda a importância atribuída a *Genji Monogatari*, Murasaki Shikibu tem mais duas obras de sua autoria: *Murasaki Shikibu nikki* [O diário de Murasaki Shikibu], 1008, e *Murasaki Shikibushû* [Coletânea de Murasaki Shikibu], 1014(?). A primeira, caracterizada como literatura de diários (*nikki bungaku*), consiste em uma parte contendo vinhetas que trazem uma lenta descrição acerca dos diversos fatos envolvendo o nascimento do primogênito da imperatriz Shôshi, desde o início da gravidez até os festejos decorrentes do parto bem-sucedido, e uma seção epistolar. Por outro lado, várias passagens do diário mostram a insatisfação da autora com a vida na corte (Keene, 1999, p. 44). Evidenciam-se o sentimento de desamparo, seu senso de inadequação quando se comparava aos seus parentes e aos cortesãos de posição mais elevada entre os membros do clã Fujiwara e a solidão penetrante advinda da morte de seu marido (Mason, 1980, p. 30). A própria Murasaki tece algumas considerações sobre esse sentimento em seu diário:

> Não tendo nada de especial a declarar sobre mim, passo meus dias sem tecer nenhuma impressão sobre alguém em particular. Especialmente o fato de eu não ter um homem que cuidará do meu futuro deixa-me desconfortável. Não desejo me enterrar no tédio. Seria devido à minha mente mundana que me sinto solitária? Nas noites enluaradas do outono, quando me sinto desesperançosamente triste, normalmente saio à varanda e vislumbro a lua, como que em sonho. Isso me faz pensar nos dias que se foram. As pessoas dizem que é perigoso olhar para a lua na solidão, mas algo me impele e, sentada timidamente, fico ali, pensativa. Em meio ao vento gelado do anoitecer, toco o koto, embora os outros não prestarão atenção a ele. Receio que meu ato traia o ressentimento que se torna mais intenso, e fico desgostosa em relação a quão miserável e tola sou (*The diary of Murasaki Shikibu*, p. 132).

Já *Murasaki Shikibushû* apresenta-se como uma coletânea de *waka* (poema japonês) cuja temática reflete os aspectos das outras obras, porém com uma visão mais niilista a respeito da vida.

Murasaki esteve a serviço da imperatriz Shôshi como dama de companhia numa época em que, em termos políticos, a autoridade era exercida pelo imperador; no entanto, devido à institucionalização do sistema de regentes, conhecido como *sekkan seiji* (política *sekkan*), sua autoridade acabou se enfraquecendo devido ao domínio da família Fujiwara sobre tal sistema. No período em que Fujiwara no Michinaga, o mais poderoso membro do clã, ocupou sucessivamente vários postos ministeriais (foi nomeado *sesshô* em 1016 e *daijô daijin* – cargo que, atualmente, equivaleria ao de um primeiro-ministro – em 1018), a corte de Heian atingiu o auge do desenvolvimento cultural, sendo que Michinaga conseguiu fazer três de suas filhas consortes imperiais.

Murasaki viveu em um período em que, no ápice do desenvolvimento cultural patrocinado por Michinaga, houve um processo de nacionalização da cultura japonesa. Anteriormente a isso, desde o período Asuka (538-710), passando pelo período Nara (710-784), o referencial do conhecimento e do saber era a China. No período Nara temos o surgimento das primeiras obras literárias japonesas, escritas ou em chinês ou em estilo misto sino-japonês. A escrita chinesa ainda se fez presente em Heian, nos documentos oficiais e em escritos de autoria masculina; assim, não é exagero afirmar que a cultura japonesa foi construída sobre modelos chineses.

No início do período Heian, a influência chinesa foi efetivamente reduzida com a última missão imperial sancionada à China da dinastia T'ang, em 838. Dessa forma, manifestações culturais de caráter nacional começaram a emergir. No campo literário, de acordo com Orsi:

> Entre as tentativas mais significativas de libertação da escravidão dos caracteres chineses encontra-se o nascimento dos alfabetos fonéticos, hoje conhecidos como *hiragana* e *katakana*. Em particular o *hiragana* – apesar de nascido das exigências práticas e ter sido alimentado nos escritórios de um Estado que se organizara sobre bases burocráticas – ter-se-ia tornado um elemento-chave na criação do assim chamado estilo japonês (*wabun*), que por sua vez teria dado vida, no decurso dos séculos X e XI, a uma produção em prosa que conscientemente excluía o máximo possível de palavras de origem chinesa, acrescentando o contato com a língua coloquial; mas, não menos importante é que, por meio do *hiragana*, com seus caracteres arredondados, delicados e fluentes, derivados de uma simplificação dos *kanji*, o mundo das damas da corte entra na história da língua e da literatura no Japão. Tão estreitamente o *hiragana* estava ligado ao universo feminino, que foi denominado também *onnade* ("escrita das mulheres") (Orsi, 2009, p. 431).

Somos, assim, conduzidos a um universo literário em que predominou a figura feminina, que ganhou destaque em Heian com o surgimento de gêneros literários inéditos: os *monogatari* (narrativas), os *zuhitisu* (ensaios), os *nikki* (diários), além do *waka*, que foi um elemento imprescindível não só na literatura, mas nas relações sociais – e amorosas – entre os cortesãos da época.

Como já consta do próprio título, *Genji Monogatari* pode ser considerada uma coletânea de narrativas. Considerando-se o termo *monogatari*, este é empregado desde o período Heian e caracteriza um gênero literário que se apresenta sob diferentes formas. Segundo verbete da obra de Frédéric (2008, p. 812), poderia ser traduzido por "narrativa", "nome dado a muitos romances e romanças, canções de gesta e narrativas diversas sob forma de textos longos". Durante o período Heian, os *monogatari* eram relegados às mulheres, que não liam o chinês, a língua oficial do governo e da religião.

A religião, em *Genji Monogatari*, é abordada da forma sob a qual se apresenta no Japão desde os seus primórdios: um sincretismo dos pensamentos xintoístas – a religião autóctone do país –, budistas e confucionistas. Embora o confucionismo tenha sido introduzido no Japão ao redor do século V (cem anos antes do budismo, que entrou no ano de 538), não se verifica, em território japonês, um conflito entre diferentes doutrinas; tanto uma quanto a outra vieram do continente, mas não entraram em choque com o xintoísmo, "cujos temas centrais eram a aceitação jubilosa do mundo natural e a gratidão por sua benevolência, em conjunção a um horror pela doença e pela morte, consideradas a fonte de toda a profanação" (Morris, 2014, p. 93).

À época de Murasaki, os monastérios budistas tinham diversas funções: os numerosos templos que circundavam a capital eram locais de excursões e peregrinação, oferecendo, especialmente às mulheres que viviam enclausuradas nos palácios, uma oportunidade de se distraírem e observarem o mundo exterior. Ademais, pelo fato de muitos deles estarem localizados em locais pitorescos, era comum que muitos nobres da corte os utilizassem como locais de excursão, o que lhes confere um aspecto secular.

Por outro lado, esses templos eram também locais de retiro espiritual, aspecto que se relaciona a outra ideia que é fortemente explorada na coletânea de Murasaki: o desapego. Era bastante comum que, em determinado período de suas vidas, membros da nobreza – tanto homens como mulheres – entrassem em retiro, vivendo uma vida monástica. No caso das mulheres, tratava-se especialmente de casos em que ficavam viúvas, ou quando eram abandonadas por seu cônjuge ou amante. Nesse contexto, quando se fala em "desapego", isso significava uma reclusão total, sem qualquer contato até mesmo com as pessoas mais próximas, às vezes até o final da vida do retirado.

No que concerne ao aspecto religioso do budismo em *Genji Monogatari*, o fundamento espiritual comum a todas as seitas era o sentimento de transitoriedade, de evanescência (*mujôkan*). Percebe-se, não só na obra de Murasaki, mas em toda a cultura do período clássico, a representação desse sentimento pelas manifestações da natureza: a florada e o fenecer das flores de cerejeira, assim como a mudança de cores das folhas de bordo do outono, aparecem como exemplos de aspectos da passagem do tempo e da brevidade da vida, marcando as fases de um ciclo.

No universo retratado por Murasaki, tal ideia é expressa na arte poética, que tinha um valor tanto estético como social de suma importância na corte de Heian. A base dessa arte era o *waka*, elemento-chave no relacionamento homem-mulher que, desde o início, era mediado por cartas-poema, que atestavam o nível intelectual e de elegância daqueles que as escreviam. Quando um homem mostrava interesse por uma mulher e era correspondido, ele começava a visitá-la à noite e a comunicação entre ambos acontecia de maneira mediada, ele oculto por um biombo e ela, por um cortinado, sendo que ele deveria partir antes do amanhecer. Após três noites consecutivas, acompanhadas de três cartas na manhã seguinte, o compromisso entre ambos era selado com taças de saquê e a presença dos pais da futura noiva. No entanto, segundo Wakisaka e Cordaro (2013, p. 22), as esposas continuavam vivendo em seus lares de origem e recebiam visitas amorosas dos esposos oficiais, sendo a influência de seus pais fundamental no exercício do poder político, pois as utilizavam como progenitoras de possíveis futuros imperadores que lhes ficavam sob a guarda. As filhas passavam a ter, então, excepcional valor, e eram escondidas dos olhares comuns atrás de cortinas, cortinados, biombos, treliças: a chama da lamparina e a penumbra (e seus correlatos: a ambiguidade, a alusão, o subentendido, a sutileza) passaram a ser elementos estéticos da tradição clássica japonesa.

Cabe aqui acrescentar que, no Japão antigo, o sistema de casamento vigente era a poligamia, que perdurou até o início da era moderna, em 1868, quando foi oficialmente instituída a monogamia. No período Heian era permitido a um nobre da corte ostentar até dez esposas oficiais – excluindo-se as concubinas –, desde que as tratasse, e também a seus filhos, com igualdade.

É esse o pano de fundo de *Genji Monogatari*, que tem sido considerado por muitos críticos, inclusive ocidentais, como o primeiro romance psicológico mundial. Os principais aspectos que levam a tal caracterização seriam a criação de personagens altamente individualizadas em um contexto social realístico, a apresentação sutil de pensamentos e emoções e um drama contínuo, elementos que o distinguem de seus predecessores.

*Genji Monogatari* divide-se em 54 capítulos, ou livros, divididos em três partes:

- capítulos 1 a 33 – juventude e meia-idade de Genji;
- capítulos 34 a 41 – últimos anos do herói;
- capítulos 42 a 54 – trajetória dos descendentes de Genji e das pessoas a ele relacionadas.

Pode-se dizer que o fio narrativo da obra é o protagonista, Hikaru Genji (Genji, o Brilhante), príncipe que ficou órfão muito cedo. Sua mãe era amante de seu pai, o imperador, que tinha por esposa oficial a princesa Kôkiden (que, por sua vez, tinha um filho com o imperador). No entanto, quando Genji nasceu, todos logo perceberam que era extremamente belo, o que atraiu a preferência de seu pai em relação a seu meio-irmão. A mãe de Genji, embora não fosse uma esposa oficial, era considerada a preferida de seu pai, fato que desperta o ódio de Kôkiden, que passa a perseguir a rival. A mãe de Genji, não tendo com quem contar, por ser de baixa estirpe, sofre imensamente com a perseguição psicológica e vem a falecer.

Genji cresce na corte e, aos 12 anos, casa-se com Aoi, sua prima – um casamento por conveniência; inclusive o próprio Genji diz que não a ama. Contudo, nessa época, seu pai casa-se com Fujitsubo, uma bela mulher que em muito lembrava Kiritsubo, a mãe de Genji. O protagonista fica fascinado pela madrasta e a seduz (muitos estudiosos sugerem aqui o estabelecimento de uma relação edípica entre ambos). Fujitsubo tem um filho com o enteado, fato que muitos anos depois é descoberto pelo pai de Genji e lhe causa um grande ressentimento. Esse acontecimento serve como pretexto para Kôkiden arquitetar um plano que culmina com a expulsão de Genji da capital e seu exílio. Longe da corte, sob situações adversas, é auxiliado por forças sobrenaturais e retorna em triunfo à capital.

Dos capítulos 34 a 41 seguem-se vários infortúnios na vida do protagonista, decorrentes de uma série de choques emocionais, inclusive a morte de Murasaki – uma de suas esposas que, segundo alguns teóricos, teria sido o grande amor de sua vida. A morte de Genji acontece no capítulo 41 e, na última parte da obra, temos a apresentação de Niou (neto de Genji) e Kaoru (seu suposto filho, mas, na verdade, neto de Tô no Chûjô, melhor amigo de Genji) dos capítulos 42 ao 49 e, dos capítulos 50 ao 54, a rivalidade entre ambos pelo amor de Ukifune.

A despeito dessa divisão, uma dúvida que até hoje não foi esclarecida refere-se à autoria da terceira parte. Embora o príncipe Hikaru Genji – o protagonista – seja o elo entre as três partes, normalmente a ênfase é dada às duas primeiras partes da obra, que tratam de sua jornada em vida. No entanto, devido à diferença de estilo com relação às duas primeiras partes e à transição abrupta que acontece da segunda para a terceira parte, especula-se se a autora desta seria de fato Murasaki Shikibu; uma das hipóteses é a de que essa autoria seja atribuída à sua filha Katako (Daini no Sanmi).

## 3 – TEMÁTICAS DE *GENJI MONOGATARI*

*Genji Monogatari* pode ser pensado como um tipo de *Bildungsroman*, um romance de formação em que o autor revela o desenvolvimento da mente e do caráter do protagonista ao longo do tempo e da experiência (Shirane, 1987). Na obra, o crescimento ocorre não apenas na vida de um simples herói ou heroína, mas sobre diferentes gerações e sequências, com duas ou mais personagens. O processo de formação e desenvolvimento não termina com a morte de uma personagem, mas, ao contrário, desdobra-se pelas diferentes gerações e indivíduos. Genji, por exemplo, gradualmente se conscientiza da morte e da impermanência com experiência e o sofrimento. Kaoru, seu suposto filho, começa sua vida – ou narrativa – com uma profunda sensibilidade com relação a esses aspectos sombrios do mundo. Até mesmo as personagens que não têm relação entre si em termos de enredo ou genealogia carregam o fardo psicológico e social deixado pelas personagens que se vão.

Todas as temáticas que surgem na obra estão intrinsecamente ligadas à questão do tempo que, pela própria estrutura da obra – em que são constantes os fluxos de consciência, as referências a fatos passados e o clima de sonho –, caracteriza-se como circular (verificado pela estrutura não linear da obra). Na sequência narrativa, o passado exerce forte influência sobre o presente: cada sequência maior da obra (capítulo ou livro) é consequência de uma narrativa existente, trazendo problemas e dilemas criados ou deixados para trás.

Na cultura japonesa, a concepção de "tempo" remete à visão chinesa, sucedendo-se infinitamente sobre uma circunferência (Kato, 2012, p. 38-39) na qual coexistem, de um lado, a visão histórica cíclica e, de outro, a consciência de que tudo que uma vez acontece entre o céu e a terra não volta mais, o que faz com que, para o oriental, o "agora" seja algo valioso. A partir desse referencial, remetemo-nos ao conceito de *impermanência*, que é, possivelmente, uma das principais temáticas de G*enji Monogatari*, "a 'efemeridade de todas as coisas' não diz respeito a uma sucessão cíclica do tempo histórico, mas à vida com começo e fim de uma pessoa. A vida é curta" (Kato, 2012, p. 52-53).

Outro elemento que poderíamos elencar dentro da temática da obra e que está intrinsecamente ligado ao conceito de impermanência é o *mono no aware*, que, na estética do período Heian, sugere o *pathos* inerente à beleza do mundo exterior, uma beleza inexorável fadada a desaparecer a qualquer momento. Trata-se de um termo essencialmente relacionado ao budismo, mas que, por outro lado, enfatiza mais a experiência emocional do que uma compreensão religiosa. Isso se reflete na própria etimologia do termo *aware*, cujo "a" inicial apresenta-se como interjectivo, refletindo uma emoção daquele que fala: "Ah!".

A *jornada do herói* é uma temática de caráter universal que se configura como paralela e que, no entanto, tem uma importância dentro da narrativa: para o seu protagonista, está diretamente relacionada à presença e à ação da madrasta, Kôkiden, consorte principal do imperador, seu pai. A madrasta não é uma imagem recorrente na literatura japonesa – especialmente na forma como aparece na literatura ocidental. Na literatura da Idade Média japonesa, que se estende de 1192 a 1867, a madrasta má aparece normalmente como a segunda ou a esposa seguinte à consorte principal, que favorece seus próprios filhos sobre a descendência da falecida primeira esposa. Todavia, nos *monogatari* do período Heian, que refletem a prática do período de se ter esposas de alta e baixa estirpes ao mesmo tempo, a madrasta má normalmente é a consorte principal, de *status* mais alto (denominada *kita no kata*); isso está estreitamente relacionado ao intrincado jogo de poder estabelecido pelo clã Fujiwara, já exposto anteriormente. A mãe da heroína, ao contrário, é a segunda esposa, de nível mais baixo, ou uma amante. Sob pressão da *kita no kata*, ela morre ou desaparece, deixando a heroína para lutar sozinha. Desde que o *status* social e econômico é normalmente decidido pelos parentes maternos, que criam e dão suporte à criança, a morte da mãe normalmente significa que a heroína está sem um lar, mesmo que o pai seja uma figura poderosa ou bem-posicionada socialmente. No entanto, em *Genji Monogatari*, a imagem da vítima da madrasta desloca-se para o protagonista masculino, Genji, que, conforme a sinopse apresentada da obra, tem sua transgressão exposta e é exilado da corte. Considerando-se toda a sequência de ações que a ele se relacionam desde o início, sua trajetória perfaz essa temática da jornada do herói: no capítulo 1 é fornecida a informação de que Genji será um ser excepcional, previsão que é feita por um oráculo coreano, da qual surge o epíteto "brilhante", que lhe confere um aspecto quase divino. Durante seu exílio em Suma, Genji passa por um processo de purificação: a tempestade que enfrenta é analisada por alguns críticos como um ritual de passagem. Ademais, na tradição narrativa japonesa o exílio é associado, sob o ponto de vista xintoísta, à purificação e à expiação de transgressões anteriores (também verificado na perspectiva budista). Sugere-se, portanto, que ele se redime de seus pecados – sendo o maior deles o de ter seduzido a madrasta e traído o pai – e retorna triunfante à capital.

Grande parte da trama de *Genji Monogatari* centra-se sobre os amores vividos pelo protagonista, o que confere um destaque às personagens femininas: alguns capítulos da obra aparecem intitulados com nomes de mulheres que apresentam algum grau de relacionamento com Genji, por exemplo, Kiritsubo (nome de sua mãe e título do capítulo 1), Utsusemi (capítulo 3),

Yûgao (capítulo 4), Murasaki (capítulo 5) e Aoi (primeira esposa de Genji, que intitula o capítulo 9). Boa parte dos nomes femininos remetem à natureza ou a aspectos ligados à elegância da vida na corte: os nomes Kiritsubo (paulóvnia), Fujitsubo (espécie de trepadeira com flores roxas) e Murasaki (lavanda) estão associados à cor roxa, a cor mais cobiçada entre os nobres e, dessa forma, o máximo do refinamento, devido à dificuldade em sua obtenção.

Isso nos permite afirmar que um aspecto de importância na obra são as *mulheres*. Os *monogatari* de Heian constituíram, inicialmente, um gênero literário dominado por escritores homens; nesses casos, a trama girava em torno da corte e da perseguição amorosa. No caso dos *monogatari* de autoria feminina, a tradição literária objetiva as consequências da união marital: em sua obra, Murasaki traça um verdadeiro panorama das dificuldades e as agruras da poligamia, como o ciúme amargo, a resultante neurose, a desintegração familiar e o sofrimento dos filhos expulsos.

Temos aqui a configuração de uma situação nova que o acesso à escrita propiciou às damas de Heian: o surgimento de novos gêneros literários – a ela atribuídos – que permitem que tenham uma espécie de "voz" pela qual podem expressar seus sentimentos. Provavelmente, o principal veículo para isso seja o *nikki bungaku* (literatura de diários), de caráter confessional. No entanto, para essas mulheres, a literatura funciona mais como uma espécie de "válvula de escape": elas não escrevem para serem ouvidas ou para reivindicarem seus direitos, mas simplesmente para poderem aliviar seus fardos. O sistema patriarcal, a política dos Fujiwara – que passa a definir as relações entre os membros da corte – é tão consolidada que qualquer reviravolta positiva nessa situação é algo que não lhes passa pelo imaginário. Percebemos isso pela trajetória de boa parte das mulheres de *Genji Monogatari*, sempre à mercê das convenções sociais e dos desejos masculinos.

A situação social dessas mulheres é um aspecto de relevância dentro da obra. No capítulo 2 ("*Hahakigi*"), Genji e outros homens trocam ideias acerca da "mulher ideal". No decorrer da trama, percebe-se que as principais personagens masculinas nutrem uma preferência afetiva por mulheres socialmente inferiores a eles; no caso de Genji, a relação infeliz que tem com Aoi, sua prima e principal consorte, revela que os casamentos consanguíneos não o agradavam. E nota-se que ele não apresenta relação de sangue com as mulheres que foram marcantes em sua vida: Murasaki, Fujitsubo e Tamakazura.

Provavelmente a personagem que melhor exemplifica esse sofrimento é Murasaki. Criada por Genji quando foi abandonada pelo pai, posteriormente se casam. No entanto, Murasaki era sempre assolada pela presença de mulheres de estirpe superior à sua na vida de Genji. O primeiro sinal de seu sofrimento é seu desejo de renunciar ao mundo, ingressando em um monastério, ato muito comum entre as mulheres que ficavam viúvas ou que eram abandonadas. Genji rejeita o pedido duas vezes, mas o senso de transitoriedade que a leva a desejar a salvação religiosa sustenta-se não na doutrina budista ou no confronto com a morte, mas sim na consciência aguda da impermanência do casamento ou na inconstância do sexo oposto. Suas rivais no amor, na maioria dos casos, têm ligações com o trono; o mesmo aconteceu com Fujitsubo, a amante do imperador que teve um filho com Genji. Isso afeta sensivelmente Murasaki, cujo único elo com o poder é o próprio Genji.

Cabe aqui uma referência à obra de Waithe (1989), que dedica a primeira seção do segundo volume de sua obra, *A history of women philosophers* [Uma história das filósofas mulheres], a Murasaki Shikibu. O destaque dado pela autora à terceira parte da obra confere uma abordagem diversa daquela que já se tornou comum – que é concentrar a análise de *Genji Monogatari* em suas duas primeiras partes, com destaque à personagem-título –, na medida em que o ponto central de sua análise é Ukifune, alvo da disputa entre dois nobres da corte: Niou, neto de Genji, e Kaoru, supostamente filho de Genji, mas que, na verdade, era neto de Tô no Chûjô, cunhado e amigo de Genji.

Para Waithe, Ukifune é estuprada por Niou. No entanto, essa visão não condiz com a condição da mulher à época; mesmo em grande parte das análises literárias de *Genji Monogatari* nenhuma menção é feita ao estupro. Isso se deve, possivelmente, a alguns fatores que devem aqui ser mencionados. Primeiramente, no sistema poligâmico vigente em Heian, da mesma forma como era possível ao homem relacionar-se com várias mulheres ao mesmo tempo, à mulher não era exigida fidelidade ao marido (podemos tomar como exemplo Yûgao, destaque feminino do capítulo 4, que é "descoberta" por Genji em um bairro distante e inicia um relacionamento com ele. Posteriormente, vem-se a saber que se tratava da esposa de um governador provincial). Outra questão se refere ao ritual das três noites, já mencionado neste texto, que eram as três noites em que o casal se encontrava e, caso a mulher agradasse ao homem, este fazia dela sua esposa. Naturalmente, o relacionamento íntimo entre ambos fazia parte de tal ritual, o que, no entanto, não configuraria um estupro.

Waithe também teria pensado em *Genji Monogatari* como um *Bildungsroman* voltado à educação feminina. Contudo, dada a posição de Murasaki na corte como dama de companhia da imperatriz Shôshi, e considerando-se o que foi anteriormente colocado no tocante à condição das mulheres na corte, presume-se que ela narrava a história de sua autoria como uma forma de entretenimento que, para os leitores de épocas posteriores, acabam sendo um documento, um retrato pormenorizado da sociedade cortesã do século XI.

Outra personagem feminina relevante, que encontra ecos na literatura dos períodos posteriores, é Rokujô. Tia de Genji, consideravelmente mais velha, envolve-se com o sobrinho, por quem nutre uma paixão quase patológica, que faz com que seu espírito deixe seu corpo para matar suas rivais. Trata-se da imagem do *ikiryô*, traduzido por "espírito de pessoa viva", e que, a partir de *Genji Monogatari*, vem a povoar o imaginário japonês de todas as épocas. Os aristocratas de Heian acreditavam que o espírito de uma pessoa viajava e aparecia nos sonhos de outra pessoa por quem seria obcecada, revelando, assim, de um modo reminiscente a um espírito maligno, as emoções mais profundas de uma pessoa. Podemos dizer que se trata de um reflexo da poligamia centrada no homem, que obriga a mulher a reprimir sentimentos de ciúme e ressentimento, como Murasaki, que os mantém sob controle. A incapacidade de Rokujô de suprimir emoções proibidas torna-a um símbolo de apego excessivo e um emblema do caos social e da destruição. Assim, é condenada por seu comportamento: perde o seu lugar de heroína, retira-se da capital e vem a falecer precocemente.

À primeira vista, a imagem de Rokujô poderia sugerir um tabu no contexto de *Genji Monogatari*. No entanto, era muito comum que parentes de sangue se relacionassem entre si, assim como não se tratava de um tabu uma considerável diferença de idade entre homem e mulher em um casal, como acontece entre Genji e Aoi, sua primeira esposa (no caso, a mulher sendo mais velha do que o homem).

Em sua obra, Shirane (1987) afirma que, em *Genji Monogatari*, a essência da vida humana tende a ser compreendida em termos do seu fim, mais nos momentos derradeiros do que no nascimento ou na criação. A estação do ano dominante na obra é o outono, quando tudo é tingido pela melancolia e parece secar e morrer. Tecendo relações com as ideias aqui expostas acerca da poesia de Heian e da literatura feminina do período, a força, a teimosia, a agressividade perdem lugar para o delicado, o frágil e o mortal.

Isso nos leva a refletir sobre o final da obra, que parece não se aproximar de um final absoluto. Este se mostra inconclusivo, na medida em que o último capítulo teria um sentido de fim e antecipação: o potencial para um crescimento e desenvolvimento futuros existe aqui, assim como em qualquer ponto de uma narrativa descentralizada. Lembremos o fato de que a própria autoria da obra, na íntegra, ainda é motivo de controvérsias.

De qualquer maneira, considerando o que discorremos acerca da cultura japonesa, na qual predomina a imagem da espiral quando pensamos no tempo, o fim em si é algo etéreo, difuso, como a representação da natureza e da vida, que se fundem num clima de sonho. Isso pode ser vislumbrado no poema elaborado pela própria Murasaki Shikibu, registrado em *Ogura Hyakunin Isshu* [Cem poemas por cem poetas de Ogura], antologia poética organizada por Fujiwara no Teika (1162-1241):

> *Meguriaite Mishiya soretomo*
> *Wakanu mani Kumogakurenishi*
> *Yowano tsuki kana*
> [Encontrei por acaso,
> quiçá, fosse quem vira antes.
> Enquanto eu pensava
> as nuvens esconderam
> a lua da meia-noite].

# BIBLIOGRAFIA

## Obra

*Izumi Shikibu nikki; Murasaki Shikibu nikki; Sarashina nikki; Sanuki no Suke nikki.* Tóquio: Shogakukan (Nihon koten bungaku zenshû, 18), 1985.

SHIKIBU, M. *The diary of Murasaki Shikibu.* Nova York: The Riverside Press Cambridge, 1920. Disponível em: http://digital.library.upenn.edu/women/omori/court/court.html#69. Acesso em: 28 fev. 2024.

SHIKIBU, M. *Genji monogatari.* 19. ed. Tóquio: Shogakukan; Nihon Koten Bungaku Zenshû, 1985. v. 6, p. 12-17.

SHIRANE, H. *The bridge of dreams*: a poetics of the tale of Genji. USA: Stanford University Press, 1987.

SHIKIBU, M. *The tale of Genji.* Trad. de Royall Tyler. Londres: Penguin Books, 2001.

SHIKIBU, M. *The tale of Genji.* Trad. de Arthyr Waley. 14. ed. Tóquio: Tuttle, 2010.

## Literatura secundária

FIELD, N. *The splendor of longing in the tale of Genji.* Princeton: Princeton University Press, 1987.

FRÉDÉRIC, L. *O Japão*: dicionário e civilização. São Paulo: Globo, 2008.

HARPER, T.; SHIRANE, H. (orgs.). *Reading the tale of Genji*: sources from the first millennium. Nova York: Columbia University Press, 2015.

INOUYE, C. S. *Evanescence and form*: an introduction to Japanese culture. Nova York: Palgrave MacMillan, 2008.

KATO, S. *Tempo e espaço na cultura japonesa.* Trad. de Neide Hissae Nagae e Fernando Chamas. São Paulo: Estação Liberdade, 2012.

KEENE, D. *Travelers of a hundred ages*: the Japanese as revealed through 1000 years of diaries. Nova York: Columbia University Press 1999.

MASON, P. The house-bound heart: the prose-poetry genre of Japanese narrative illustration. *Monumenta Nipponica*, v. 35, n. 1, p. 21-43, 1980.

MORRIS, I. *The world of the shining prince*: court life in Ancient Japan. Tóquio: Kodansha, 2014.

NAMEKATA, M. H. (org.). *Jûsan'nin Isshû*: treze poemas do Ogura Hyakunin Isshû. Trad. de Vladine Barros. Curitiba: Urso, 2018.

ORSI, M. T. A padronização da linguagem: o caso japonês. *In*: MORETTI, F. (org.). *O romance*: a cultura do romance. São Paulo: Cosac Naify, 2009. p. 425-458.

SHÔNAGON, S. *O livro de travesseiro.* Trad. de Geny Wakisaka *et al.* São Paulo: Editora 34, 2013.

WAITHE, M. E. *A History of women philosophers*: Medieval, Renaissance and Enlightenment women philosophers, AD 500-1600. Dordrecht: Kluwer Academic Publishers, 1989. v. 2.

YODA, T. *Gender and national literature*: Heian texts in the constructions of Japanese Modernity. Durham: Duke University Press, 2004

# 9
# HELOÍSA DE ARGENTEUIL

(1090?-1164)

*Roberta Miquelanti**

## 1 – VIDA

Heloísa de Argenteuil é conhecida principalmente pelo seu relacionamento amoroso com Pedro Abelardo. No entanto, além de uma trágica história de amor, a história dos dois amantes é também a história de uma troca intelectual, um testemunho das tensões entre os ideais de vida filosófico e religioso na sociedade do século XII. Nas correspondências trocadas com Abelardo, podemos reconhecer na voz de Heloísa de Argenteuil o eco de uma reflexão sofisticada, que expressa com erudição, clareza e eloquência ideias acerca da vida filosófica, do amor, do casamento e da natureza da virtude.

Heloísa de Argenteuil nasceu na França, por volta de 1090. Filha de Hersende, pertenceu a uma família nobre da região de Paris. Ela foi inicialmente educada no Convento de Argenteuil, onde recebeu uma formação padrão para sua época, baseada nas artes do *Trivium* e nas *Sagradas Escrituras*. Ela continuou sua instrução sob os cuidados do seu tio, Fulberto, cônego de Notre-Dame, que, encantado pelos talentos excepcionais e zelo ao estudo demonstrados pela sobrinha, incentivou a continuação dos seus estudos. Além de conhecer obras clássicas da filosofia, incluindo autores como

---

* Professora da Universidade Federal da Bahia.

Sêneca, Ovídio e Cícero, e da teologia, ela também conhecia latim, grego e hebraico, habilidades pouco comuns para mulheres naquela época. Aos 16 anos, ela já era conhecida como uma das mulheres mais eruditas da França.

O desenrolar de sua história é ditado pelo seu encontro com Pedro Abelardo (1079-1142), um dos mestres de lógica mais célebres do período. Por volta de 1115, Fulberto contratou Abelardo para ser tutor particular de Heloísa e eles passaram a viver na mesma casa. As horas de estudo logo deram lugar à paixão e os dois amantes passaram a manter um relacionamento secreto. Ao serem descobertos por Fulberto, tiveram que se separar momentaneamente. A separação só tornou a paixão mais forte, e os dois amantes continuaram se encontrando furtivamente. Algum tempo depois, Heloísa descobre que estava grávida. Abelardo elabora então um plano para retirar a amada da casa do tio e, em uma noite, rapta Heloísa, enviando-a disfarçada de religiosa para a Bretanha, onde vivia uma das irmãs de Abelardo.

Após o nascimento do filho, Astrolábio, Abelardo retorna a Paris e propõe a Fulberto se casar com sua sobrinha, como forma de reparar a honra da família e aplacar a ira do tio após o escândalo gerado pela história. Embora Heloísa não fosse favorável ao casamento, argumentando que este iria manchar o prestígio de Abelardo, ela acaba cedendo. Heloísa deixa o filho sob os cuidados da família de Abelardo e retorna à casa do tio, em Paris. O casal segue levando vidas separadas e discretas, Abelardo vivendo em Saint-Denis e Heloísa na casa do tio. Fulberto, humilhado pela situação, torna o casamento público, e passa a maltratar a sobrinha, que continua negando o vínculo em diversas ocasiões. Abelardo intervém e envia Heloísa para o convento de Argenteuil, o mesmo no qual ela havia sido educada. Fulberto sente-se mais uma vez traído pelos amantes e, para se vingar, manda castrar Abelardo. Depois deste trágico acontecimento, Heloísa, sob as ordens de Abelardo, toma o véu em Argenteuil, e Abelardo se recolhe ao convento de Saint-Denis, onde se torna monge. A partir do momento em que fazem os votos, por volta de 1118, Heloísa de Argenteuil e Abelardo passam a levar vidas separadas e dedicadas à religião, voltando a se comunicar mais de uma década depois, por meio de cartas.

Em 1129, o Abade de Saint-Denis, Suger, expulsa as freiras do convento de Argenteuil, alegando que o convento pertencia a Saint-Denis. Com a ajuda de Abelardo, as freiras se instalam no Paracleto, monastério fundado pelo próprio Abelardo perto de Troyes, e estabelecem ali uma nova comunidade. Heloísa assume a direção do convento de Paracleto, do qual se torna abadessa, e o dirige até o final da sua vida. Registros da época indicam que ela alcançou muito êxito no comando do Paracleto, obtendo proteção e ajuda de autoridades importantes do período. Sob sua direção, o Paracleto tornou-se um centro de aprendizado e cultura, onde as mulheres podiam se dedicar aos estudos e ao debate intelectual. Após sua morte, em 11 de maio de 1164, Heloísa foi enterrada no Paracleto, junto ao túmulo de Abelardo, até a transferência dos restos mortais dos amantes, em 1817, para o cemitério Père-Lachaise, em Paris, onde encontram-se ainda hoje.

O que conhecemos dos escritos de Heloísa de Argenteuil é, basicamente, um conjunto de cinco correspondências, entre as quais quatro são cartas trocadas com Pedro Abelardo – sendo que uma delas contém o conjunto de questões conhecido como *Problemata* –, além de uma carta dirigida a Pedro, o Venerável. Todas as cartas datam do período monástico de sua vida. As duas primeiras cartas trocadas com Abelardo têm caráter pessoal e mostram não só a profundidade e a intensidade do amor de Heloísa, mas também seu lamento com a separação de Abelardo e a nova condição de vida que lhe foi imposta. Já as últimas cartas dirigidas a Abelardo indicam um redirecionamento temático, tratando principalmente de questões ligadas à vida monástica e religiosa.

## 2 – CONTEXTO HISTÓRICO-CULTURAL

Heloísa de Argenteuil e Pedro Abelardo viveram no século XII, também conhecido como século do renascimento cultural, marcado pela renovação da vida urbana, do comércio, pelo ressurgimento de centros urbanos de ensino e nascimento das primeiras universidades. Nesse contexto, a educação formal era reservada aos homens; logo, as mulheres tinham pouco acesso à educação, que era limitada aos conventos femininos ou ao ensino privado. Heloísa foi uma exceção para a época não só como uma mulher educada, que sabia ler e escrever, mas principalmente pelo seu nível de erudição. Segundo testemunhos da época, ela teria se destacado não somente por suas habilidades intelectuais, mas por sua vontade de perseguir os estudos, inclusive da teologia, em uma época em que as mulheres de sua idade eram destinadas a se casar. Após receber uma educação segundo os padrões da época no convento de Argenteuil, Heloísa continuou seus estudos com o incentivo de Fulberto. Assim, antes mesmo de se tornar aluna de Abelardo, ela já seria versada em diversas línguas e obras filosóficas e teológicas, o que nos permite questionar seu papel como mera aluna de Abelardo e evidenciar sua contribuição ativa no desenvolvimento intelectual do seu mestre.

O século XII também foi marcado por conflitos entre as autoridades eclesiásticas e as novas classes seculares. Esses elementos também são essenciais na compreensão do relacionamento entre Heloísa e Pedro Abelardo, sobretudo no que diz respeito ao casamento. Num contexto de mudanças sociais e culturais, o celibato dos clérigos parece ter se tornando uma questão de debate, em um ambiente em que as autoridades eclesiásticas buscavam impor regras à comunidade clerical e ao comportamento de homens e mulheres. Ainda que nesse período não houvesse interdição formal do casamento aos clérigos, eles tinham entre as suas obrigações manter a castidade, o que tornaria a vida clerical incompatível com o matrimônio. Na época dos fatos, Abelardo ocupava a condição de clérigo, uma posição eclesiástica inferior na qual se encontrava grande parte dos mestres da filosofia que se dedicavam ao estudo e ao ensino. Assim, a vontade de Abelardo em manter o segredo do casamento precisa ser entendida de acordo com esse contexto. Uma das possíveis razões seria que o casamento levaria Abelardo a perder o seu prestígio como mestre, ou mesmo sua posição, o que implicaria perder o direito de ensinar. Contudo, como o casamento não parecia ser expressamente proibido para os clérigos da época, outra hipótese é que ele seria visto como um sinal de decadência moral, pois o clérigo teria sido incapaz de manter sua continência (Gilson, 2007, p. 36-47). Além disso, o casamento não era visto, nesse período, como o resultado de um laço de amor, mas como um contrato que impunha obrigações mútuas entre marido e esposa. Nas *Cartas*, Heloísa de Argenteuil demonstra ciência dessas imposições, que apareceram como uma das razões que a levaram a não querer o matrimônio, já que este implicaria deveres de uma vida prática incompatíveis com as exigências da vida clerical e de estudos de Abelardo.

## 3 – AS CARTAS

Heloísa de Argenteuil e Pedro Abelardo trocaram uma série de cartas que se tornaram parte da história literária, mas cuja autenticidade foi intensamente questionada, tornando a questão, de acordo com Marenbon, uma das maiores controvérsias nos estudos medievais (2000, p. 19). Alguns estudiosos consideram que o conjunto de cartas não é autêntico e teria sido forjado como uma obra ficcional por algum autor do século XIII, tendo como base a história real dos dois amantes. Jean de Meun, autor de uma das principais obras literárias do século XIII, *O romance de Rosa*, e o primeiro tradutor das cartas para o francês, é apontado como o verdadeiro autor da correspondência. Outros consideram que as cartas são autênticas, mesmo admitindo que tenham sido reunidas, organizadas e modificadas posteriormente por algum editor desconhecido. Ainda entre aqueles que consideram que as cartas são autênticas, alguns levantam a hipótese de que elas teriam sido compostas apenas por Abelardo (Dronke, 1992; Marenbon, 2000). Atualmente, a interpretação que prevalece é a de que as cartas são autênticas e, ainda que tenham sido reunidas e organizadas posteriormente à data de sua composição, as obras têm uma forte coerência interna, indicando que foram escritas por dois autores diferentes: Heloísa de Argenteuil e Pedro Abelardo.

Além disso, muitos questionamentos sobre a autenticidade também levam em consideração o conteúdo das cartas. Deve-se notar que o gênero epistolar era um gênero literário comum na época e que, de maneira geral, as cartas tinham caráter público. Assim, elas eram meios pelos quais se fazia a comunicação de sentenças e exposição de ideias, mas também podiam ser usadas para apresentar a visão subjetiva do autor sobre determinado assunto. Esse caráter público das cartas também deve ser considerado ao se avaliar a intenção do autor no relato dos fatos. Por exemplo, *A história das minhas calamidades* é muitas vezes lida como a apresentação de uma autodefesa de Abelardo diante dos acontecimentos trágicos de sua vida. Já as cartas, tomadas em seu conjunto, visariam apresentar um modelo de conversão à vida religiosa.

A correspondência entre Heloísa de Argenteuil e Pedro Abelardo foi trocada por volta dos anos 1132-1137 (?) e é composta pelas seguintes cartas (com relação à numeração das *Cartas*, seguimos a da edição latina da obra de Pedro de Abelardo de Migne, PL 178):

- Carta I: de Abelardo a um amigo (*História das minhas calamidades*);
- Carta II: de Heloísa a Abelardo;
- Carta III: de Abelardo a Heloísa;
- Carta IV: de Heloísa a Abelardo;
- Carta V: de Abelardo a Heloísa;
- Carta VI: de Heloísa a Abelardo;
- Carta VII: de Abelardo a Heloísa – *Sobre a origem da vida religiosa*;
- Carta VIII: de Abelardo a Heloísa – *Regras*;
- *Problemata Heloissae*.

O conjunto de cartas não forma uma unidade temática. As primeiras cartas envolvem relatos mais subjetivos, enquanto as duas últimas cartas de Abelardo, compostas a pedido de Heloísa, têm caráter impessoal e dizem respeito a questões sobre a vida religiosa e a administração do Paracleto: a *Carta VII* trata da origem da vida religiosa das freiras, enquanto a *Carta VIII*, conhecida como *Regra* (*Regula*), constitui uma regra para a vida das religiosas do Paracleto.

As cartas II, IV e VI, escritas por Heloísa, encontram-se preservadas em sete dos nove manuscritos que conservam a correspondência, além de constar na tradução francesa feita por Jean de Meun, no século XIII (cf. Dronke, 1984, p. 108). Muito se debateu sobre a atribuição da autoria dessas cartas a Heloísa de Argenteuil. Em parte, essa suspeita fundamenta-se no preconceito que coloca em xeque a possibilidade de que um relato com tal nível de erudição possa ter sido escrito por uma mulher. No entanto, como apontam diversos testemunhos da época, a escrita condiz com as aptidões atribuídas a Heloísa.

O último conjunto de correspondências trocadas pelos amantes é constituído por uma série de questões propostas por Heloísa, seguida das respostas de Abelardo, que ficou conhecido pelo título *Problemata Heloissae* [Os problemas de Heloísa]. Esse texto, ainda pouco conhecido, foi conservado em apenas um manuscrito proveniente da Abadia de São Vitor, copiado por volta de 1400 (Paris BnF Ms. Lat. 14511), e contém 42 questões colocadas por Heloísa acerca de dúvidas suscitadas pela leitura das *Sagradas Escrituras*, intercaladas pelas soluções propostas por Abelardo. A estrutura do texto remete ao modelo dialético de questões e respostas utilizado por Abelardo no *Sic et Non*. A correspondência se inicia por uma carta introdutória de Heloísa, na qual ela cobra a dívida de Abelardo com relação a ela e as freiras do Paracleto. Heloísa usa um *topos* literário comum desde a Antiguidade – a instrução de uma comunidade feminina por um mestre –, tomando como modelo a direção espiritual dada por São Jerônimo a Marcela no estudo das *Escrituras*, de modo a incitar Abelardo a assumir seu papel como diretor espiritual do Paracleto:

> Mas o que quer dizer tudo isso, ó amado por muitos, mas ainda mais amado por nós? Isso não é uma lição, mas um aviso, para lembrar-te daquilo que nos deve e a pagar seu débito sem mais tardar. As servas de Cristo, e as tuas filhas espirituais, reunistes num oratório próprio, e consagraste-as ao serviço do Senhor; e costumavas nos exortar a nos dedicarmos à palavra divina e à leitura dos santos livros. Muitas vezes nos recomendastes o estudo das Escrituras, dizendo que elas eram como o espelho da alma onde todos poderiam conhecer a sua beleza ou a sua deformidade. E não permitirias que nenhuma noiva de Cristo negligenciasse esse espelho, devotando-se a agradar aquele a quem se consagrou. Acrescentastes, para nos encorajar ainda mais, que ler as Escrituras sem compreendê-las era como segurar um espelho diante dos olhos de um cego. Sensíveis a essas advertências, nossas irmãs e eu, buscando vos obedecer assim como possível, fomos tomadas por esse ardente amor pelas letras ao nos dedicarmos a esse estudo, sobre o qual o doutor [Jerônimo] já mencionou em certo lugar: "Ame o conhecimento das Escrituras e não amarás os vícios da carne". Mas perturbadas por muitas questões, ficamos mais desatentas na leitura, e quanto mais ignoramos as palavras sagradas, menos as amamos, à força de sentir o trabalho infrutífero a que nos dedicamos. Assim, como discípulas ao seu mestre, como filhas ao seu pai, lhe enviamos algumas pequenas questões, e vos pedimos suplicando, e vos suplicamos pedindo, que não desdenhe em se esforçar a resolvê-las, vós, sob cuja ordem e exortação empreendemos este estudo (Argenteuil, *Problemata*, p. 677-678, tradução nossa).

Na sequência das questões, Heloísa se dirige a Abelardo visando esclarecimentos sobre passagens problemáticas das *Sagradas Escrituras*, seja com relação à sua interpretação, às suas contradições internas ou mesmo a precisões históricas, mas também toca em problemas de ordem moral, como o pecado. O interesse de Heloísa nessa exegese pode ser visto como resultado de sua preocupação em buscar a conformidade entre os preceitos colocados pela Bíblia e a prática efetiva de uma vida religiosa em sua comunidade. De fato, tal obra ganha sentido considerando-se em paralelo o epistolário de Abelardo e Heloísa, sobretudo as duas últimas cartas de Abelardo (*Cartas VII e VIII*), em que ele aborda a origem e a natureza das práticas monásticas das freiras, e tomando-se o contexto mais amplo das reformas monásticas do século XII. As questões levantadas acerca das *Escrituras* aparecem assim como um instrumento pedagógico para a edificação de uma vida moral, que exige o espelhamento entre vida interior e vida exterior, diante das dificuldades enfrentadas por Heloísa na direção de uma comunidade monástica feminina.

De Heloísa de Argenteuil temos ainda uma carta dirigida a Pedro, o Venerável, abade de Cluny (1092-1156), em que ela pede que ele lhe envie uma carta selada contendo a absolvição de Abelardo, que provavelmente seria colocada em seu túmulo, além da ajuda para conseguir uma prebenda para seu filho, Astrolábio. Essa carta é seguida por uma nova resposta do abade de Cluny, que promete ajudá-la como possível com o filho, que posteriormente parece ter obtido uma posição como Cônego de Nantes, e é complementada com a carta selada de absolvição de Abelardo.

Acrescenta-se a esse *corpus* um outro conjunto de cartas anônimas que teriam sido trocadas entre dois amantes no século XII, na França. Um dos interlocutores é um homem, descrito como o mestre mais brilhante da França e o outro, uma mulher, jovem aluna. Tratar-se-ia das cartas de amor perdidas de Pedro Abelardo e Heloísa de Argenteuil trocadas durante a juventude, às quais os amantes fazem alusão nas *Cartas*. O texto foi encontrado em apenas um manuscrito copiado por Johannes de Vepria, bibliotecário da Abadia de Claraval, no final do século XV, que deu ao conjunto o título de *Ex epistolis duorum amantium* [Cartas de dois amantes]. Os dois autores não se identificam pelo nome, e o bibliotecário indica à margem do texto a intervenção da mulher pela inicial M (*mulier*) e do homem pela inicial V (*vir*). O texto foi editado e publicado apenas em 1974, por Ewald Könsgen. Tais cartas se distinguiriam de outras correspondências da época pelo seu caráter íntimo, em que o homem se engaja explicitamente na conquista da jovem mulher e na exposição de suas exigências afetivas, face à jovem que opõe inicialmente resistência. Os amantes ainda discutem questões sobre a natureza do amor, problemática que encontramos nos escritos posteriores de Heloísa. A controvérsia com relação à autenticidade desse conjunto de cartas continua em aberto, ainda que estudos importantes, como de Mews (1999), defendam sua atribuição a Heloísa de Argenteuil e a Abelardo.

## 4 – TEMAS FILOSÓFICOS NAS CARTAS

As cartas de Heloísa de Argenteuil demonstram originalidade na maneira de abordar questões filosóficas do ponto de vista feminino. Além disso, a escrita da filósofa exprime habilidade com a linguagem e desenvoltura na utilização das fontes antigas, as quais são constantemente mobilizadas nos seus argumentos.

A primeira carta escrita por Heloísa é motivada pela leitura da carta de Abelardo ao amigo anônimo (*Carta I*, mais conhecida como *História das minhas calamidades*). A carta se inicia com uma série de súplicas de Heloísa para que Abelardo também se dirija a ela, enquanto expõe a sua própria versão dos fatos. Ela desafia a narrativa feita por Abelardo, mostrando que os dois tinham posturas diferentes com relação ao amor. Enquanto Abelardo fala do amor como uma paixão avassaladora, ela parte de um ideal ciceroniano de amor como *dilectio*, um amor livre e desinteressado. Ela ressalta em diversos momentos que seu amor por Abelardo não tem como objeto sua fama ou fortuna, mas que ela ama Abelardo por si mesmo. Esse ideal de amor desinteressado também impulsiona sua posição contrária ao casamento.

O casamento proposto por Abelardo é ancorado em uma convenção social e é uma maneira de restabelecer a honra da família de Heloísa de Argenteuil diante do escândalo que o relacionamento causou na sociedade da época. Já a visão de Heloísa está ancorada na oposição entre o modo de vida clerical e filosófico e o modo de vida conjugal. Do último, decorre uma série de inconvenientes da vida prática, como cuidar da casa e dos filhos, que são incompatíveis com as exigências do estudo. A autora recorre a uma série de exemplos retirados de autoridades eclesiásticas, como São

Jerônimo e filósofos antigos, para justificar o celibato como modo de vida ideal do clérigo que, em sua época, representava o ideal do filósofo antigo. Ela prefere que Abelardo mantenha sua glória como clérigo a vê-lo desonrado pelo casamento, que representaria, aos olhos dela, "uma verdadeira ignomínia e uma carga onerosa" (Argenteuil, 2008, p. 117). Ela diz que preferiria, assim, o título de amante ao de esposa, preferindo manter um vínculo de amor desinteressado do que ter Abelardo preso a ela por um laço matrimonial. Ainda assim, ela acaba concordando com o casamento. Entretanto, uma vez contraído o vínculo, que, por sua vez, é seguido pela castração de Abelardo, o que vemos na sequência das cartas é a denúncia de Heloísa de que Abelardo não a amava da mesma forma que ela o amava. Ela se mostra triste com a mudança de atitude e negligência de Abelardo após sua entrada na vida religiosa, se comparada à intensidade do amor descrita pelo amante no passado, e opõe a esse quadro o seu amor desinteressado. Nesse ponto, Heloísa de Argenteuil toca em um dos conceitos centrais pelos quais é conhecida a ética de Abelardo: a noção de intenção (*intentio*), segundo a qual o que conta na qualificação de uma ação moral não é o ato em si, mas a intenção do agente. Não sabemos se Heloísa teve acesso à respectiva obra de Abelardo, mas seu relato contém noções desenvolvidas nessa obra. Se o que conta é a intenção na determinação da ação, então tudo o que Heloísa fez foi com boa intenção, ainda que envolvendo ações pecaminosas. Por isso, ainda que culpada, ela se considera inocente. Ela acusa, no entanto, Abelardo, que visaria na relação apenas aos prazeres carnais. No restante da carta, ao cobrar de Abelardo que se dirija a ela com mais frequência, Heloísa quer não só resgatar o ideal de amor enquanto *dilectio*, mas, principalmente, estabelecer a coerência no comportamento moral de Abelardo.

A segunda carta escrita por Heloísa de Argenteuil começa demonstrando preocupação pela vida de Abelardo que, durante o período como abade no Convento de Saint-Gildas, sofre diversas tentativas de assassinato pelos monges locais. Porém, logo a narrativa ganha um caráter mais psicológico e o relato ganha forma de autoanálise. Inicialmente, ela se coloca como a fonte dos infortúnios de Abelardo e se inscreve numa série de referências a mulheres das *Sagradas Escrituras* que também causaram a queda de homens.

Como na primeira carta, ela deixa claro que, se ela é a causa dos sofrimentos de Abelardo, não é com intenção: ela é inocente.

Por um lado, ela considera que a punição de Deus aos amantes é justa, pois pune, na sua visão, os pecados cometidos visando o prazer, mas também o vínculo instituído com o casamento:

> Com efeito, enquanto gozávamos dos prazeres de um amor inquieto e, para usar um termo mais vergonhoso, mas mais expressivo, nos entregávamos à fornicação, a severidade divina perdoou-nos. Mas logo que legitimamos esses amores ilegítimos e cobrimos com a dignidade conjugal a ignomínia da fornicação, a ira do Senhor abateu pesadamente a sua mão sobre nós e o nosso leito imaculado não encontrou favor diante daquele que outrora tinha tolerado um leito manchado (Argenteuil, 2008, p. 241).

Por outro lado, ela não demonstra arrependimento com relação aos prazeres experimentados e, ainda que tenha cedido ao pedido de Abelardo, e muitas vezes mesmo com relação aos prazeres sexuais, ela não concordava com o casamento. Ela também deixa claro, como na primeira carta, que sua entrada na vida religiosa foi apenas para obedecer à ordem de Abelardo, e não por devoção a Deus. No que se segue, ela expõe seu conflito interior, denunciando a hipocrisia da sua situação: apesar de ser vista como piedosa pelo mundo exterior e pelo próprio Abelardo, ela é, interiormente, incapaz de esquecer as volúpias do passado, e continua as desejando novamente nos mais diferentes momentos, mesmo durante o sono ou a celebração da missa:

> Quanto aos prazeres dos amantes a que ambos nos entregávamos, devo confessar que foram para mim tão doces que nem me desagradam, nem da minha memória há meio de se varrerem. Para onde quer que me vire, saltam-me sempre aos olhos com seus desejos. Nem durante o sono essas fantasias me deixam em paz. Mesmo durante as solenidades da missa, precisamente quando a oração deve ser mais pura, as obscenas imagens dessas volúpias assaltam tão profundamente a minha pobre alma que estou mais ocupada com essas torpezas do que com a oração. Devia gemer com as faltas cometidas, suspiro antes pelas que não pude cometer. [...] Proclamam a minha castidade aqueles que não conhecem a minha hipocrisia. Consideram uma virtude a pureza da carne, quando a virtude não é uma questão do corpo, mas do espírito (Argenteuil, 2008, p. 247-249).

Ela recusa, assim, o rótulo de piedade atribuído a ela por Abelardo, expondo, de maneira exemplar, o conflito entre interior e exterior, e mostrando que as condições para a virtude devem ser buscadas na intenção do sujeito, apontando, assim, para uma interiorização da moral.

A partir da terceira carta, ela muda o tom de escrita. Tal movimento é resultado da frieza da última resposta de Abelardo. Ele reforça a ligação com Heloísa em termos espirituais, referindo-se a ela como a esposa de Cristo. Abelardo também se refere à sua castração como um bem que o livrou das tentações da carne, expressando seu contentamento com a vida monástica. E a despeito das confissões de Heloísa, Abelardo a toma como suficientemente sábia e virtuosa para resistir às tentações. Ela parece atender ao pedido de Abelardo. Heloísa cessa os seus lamentos e pede a ele conselho espiritual, de modo que sua escrita ganha um caráter instrumental. Os temas discutidos a partir daí tratam dos problemas encontrados na vida monástica e na leitura das *Escrituras*, e a preocupação de Heloísa de Argenteuil se volta então às necessidades da comunidade feminina que está sob sua direção. Assim, ela pede que Abelardo a instrua sobre questões como a origem e natureza da vida monástica de freiras e que escreva uma regra adaptada às mulheres, o que Abelardo atende nas duas cartas seguintes. As regras monásticas do período prescreviam práticas que levavam em consideração apenas as necessidades masculinas e continham preceitos muitas vezes inadequados para mulheres. Ela pede que Abelardo leve em consideração as especificidades da vida das mulheres nos conventos, como a questão das vestimentas, inadaptadas para o período menstrual, da dieta, dos trabalhos e funções que as mulheres podem exercer, da hospitalidade a homens etc. Heloísa é, assim, uma das primeiras mulheres a chamar a atenção para a especificidade da natureza feminina e de suas funções sociais nas ordens monásticas.

Por fim, ficam em aberto as razões da mudança temática da última carta. Heloísa de Argenteuil estaria apenas obedecendo ao pedido de Abelardo, ou teria realmente passado por um processo total de conversão que a levaria a se dedicar completamente à vida espiritual? No final da *Carta V*, ela parece dizer que ainda não foi capaz de atingir tal ponto, mesmo que o quisesse.

Apesar de não termos mais cartas que contenham elementos para responder à questão, podemos vislumbrar um retorno de Heloísa a esse ponto nos *Problemata*. Na última questão dessa obra, ela questiona se alguém pode pecar fazendo aquilo que o Senhor permitiu ou mesmo ordenou. A questão remete tanto à ética da intenção como à sua entrada na vida religiosa, ambas resultantes do seu consentimento às ordens dadas por Abelardo. Na *Carta II*, a primeira carta escrita a Abelardo, ela diz claramente que foi apenas o seu amor a Abelardo, e não a escolha ou o amor a Deus, que a levou a tomar o véu. O fato de ela retornar a essa questão pode ser lido como um indício de que ela jamais se converteu completamente, ou, simplesmente, sinal de uma mágoa com relação à decisão de Abelardo. Se a questão da verdadeira intenção de conversão de Heloísa fica em aberto, por trás dos seus questionamentos podemos certamente vislumbrar uma reflexão acerca da liberdade e da responsabilidade, consideradas da perspectiva de uma mulher que, mais de uma vez, adotou um modo de vida que não foi aquele que escolheu. Além disso, Heloísa de Argenteuil parece dar grande relevo ao aspecto moral, indicando que a confluência entre vida interior e exterior também deve guiar as práticas e regras da vida monástica.

## 5 – O LEGADO DE HELOÍSA DE ARGENTEUIL

Além de a visão de Argenteuil durante a história ter sido extremamente marcada pela perspectiva de Pedro Abelardo, sua descrição também oscilou entre a de uma heroína trágica que sucumbe a uma paixão que causa sua ruína e um exemplo de vida virtuosa e piedosa, como indicam as últimas cartas e a descrição de Heloísa feita por Pedro, o Venerável, em uma das cartas dirigidas a ela:

> Eu não havia ainda passado os limites da adolescência, eu ainda não havia entrado nos anos da juventude, quando o teu nome chegou aos meus ouvidos; não era ainda a tua profissão religiosa, mas o teu tão honrado e tão louvável gosto pelo estudo que fazia tua fama. Ouvi falar então que uma mulher, ainda não liberta dos laços mundanos, estava se dedicando ao estudo das letras e, coisa rara, à busca da sabedoria; e que os prazeres do mundo, suas frivolidades

e seus desejos, não poderiam afastá-la do propósito de aprender as artes. E numa época em que a mais deplorável apatia por esses dois estudos torna o mundo entorpecido, e a sabedoria não tem onde subsistir, não diria entre o sexo feminino, do qual é totalmente descartada, mas dificilmente se encontra entre as mentes dos homens, você, através do seu zelo, superou todas as mulheres, e há poucos homens que você não superou (Pedro, o Venerável, 1967, p. 303-304, tradução nossa).

A figura de Heloísa de Argenteuil também serviu de inspiração constante em obras posteriores, como em *O Romance da Rosa*, de Jean de Meun, nos versos de François Villon, em *Júlia ou a nova Heloísa*, de Jean-Jacques Rousseau, ou ainda no poema *Eloisa to Abelard*, de Alexander Poper, que contribuíram para uma visão romantizada a seu respeito. A leitura das cartas, no entanto, nos apresenta uma outra Heloísa, marcada pelos conflitos internos e as exigências sociais do seu tempo. Ainda que seus escritos não sejam extensos, são originais na maneira como elaboram temas como o amor, a natureza feminina e o modo de vida de mulheres em ordens religiosas, sendo uma fonte importante para a compreensão do desenvolvimento do pensamento feminino no período medieval.

# BIBLIOGRAFIA

## Obras

### Edições

ABELARDO, P.; ARGENTEUIL, H. *Petri Abaelardi opera omnia*. Paris: Garnier, 1855. Turnholt: Brepols, 1995. Patrologia Latina, v. 178.

ARGENTEUIL, H. Heloisae suae ad ipsum deprecatoria (Carta II). *In*: MUCKLE, J. T. The personal letters between Abelard and Heloise. *Mediaeval Studies*, v. 15, n. 1, p. 47-94, 1953. p. 68-73.

ARGENTEUIL, H. Rescriptum ipsius ad ipsum (Carta IV). *In*: MUCKLE, J. T. The personal letters between Abelard and Heloise. *Mediaeval Studies*, v. 15, n. 1, p. 47-94, 1953. p. 77-82.

ARGENTEUIL, H. Item eadem ad eundem (Carta VI). *In*: MUCKLE, J. T. The letter of Heloise on religious life and Abelard's first reply. *Mediaeval Studies*, v. 17, n. 1, p. 240-281, 1955. p. 241-253.

### Traduções em português

ABELARDO, P.; ARGENTEUIL, H. *Cartas*. As cinco primeiras cartas traduzidas do original por Zeferino Rocha. Recife: Editora Universitária da UFPE, 1997.

ABELARDO, P.; ARGENTEUIL, H. *Correspondência de Abelardo e Heloísa*. Trad. de Letícia Santana Martins. São Paulo: Martins Fontes, 2002.

ABELARDO, P.; ARGENTEUIL, H. *Historia calamitatum*: *Cartas*. Trad. de Abel Nascimento Pena. Lisboa: Fundação Calouste Gulbenkian, 2008.

### Traduções em outras línguas

ABELARDO, P.; ARGENTEUIL, H. *Abelard and Heloise*: the letters and other writings. Trad. de William Levitan. Indianápolis: Cambridge: Hackett, 2007.

ABELARDO, P.; ARGENTEUIL, H. *Epistolario di Abelardo ed Eloisa*. Ed. e trad. de Ileana Pagani. Turim: Unione Tipografico-Editrice Torinese, 2004.

ABELARDO, P.; ARGENTEUIL, H. *Héloïse et Abélard*: lettres et vies. Trad. de Yves Ferroul. Paris: Flammarion, 1996.

ABELARDO, P.; ARGENTEUIL, H. *Lamentations, histoire de mes malheurs, correspondance avec Héloïse*. Trad. de Paul Zumthor. Arles: Actes Sud, 1992.

ABELARDO, P.; ARGENTEUIL, H. *Lettres complètes d'Abélard et Héloïse*. Trad. de O. Gréard. Paris: Garnier Frères, 1859.

ABELARDO, P.; ARGENTEUIL, H. *The letters of Abelard and Heloise*. Trad. de Betty Radice. Londres: Penguin Classics, 1974.

ABELARDO, P.; ARGENTEUIL, H. *The letters of Abelard and Heloise*: a translation of their collected correspondence and related writings. Ed. e trad. de Mary McLaughlin e Bonnie Wheeler. Nova York: Palgrave Macmillan, 2009.

### Problemata Heloissae

ARGENTEUIL, H. Heloissae Problemata cum Petri Abaelardi solutionibus. *In*: MIGNE, J. P. *Petri Abaelardi opera omnia*. Paris: Garnier, 1885. Patrologia Latina, v. 178.

McNAMER, E. M. *The education of Heloise*. Lewinston: Mellen, 1991. p. 111-183.

### Cartas de Heloísa e Pedro, o Venerável

ARGENTEUIL, H. *Lettres complètes d'Abélard et d'Héloïse*. Trad. de O. Gréard. Paris: Garnier Frères, 1859. p. 562-563.

PEDRO, O VENERÁVEL; ARGENTEUIL, H. *The letters of Peter the Venerable*. Ed. de Giles Constable. Cambridge: Harvard University Press, 1967. p. 400-401.

### Cartas de dois amantes

ANÔNIMO. *Epistolae duorum amantium*: Briefe Abaelards und Heloises? Ed. de Ewald Könsgen. Leiden: Brill, 1974.

ANÔNIMO. *Lettres de deux amants attribuées à Héloïse et Abélard*. Trad. de Sylvan Piron. Paris: Gallimard, 2005.

### Tradução em francês de Jean de Meun

MEUN, J. *Traduction de la première épitre de Pierre Abélard* (Historia Calamitatum). Ed. de C. Charrier. Paris: Champion, 1934.

### Literatura secundária

CLANCHY, M. T. *Abelard*: a Medieval Life. Oxford: Blackwell, 1997.

DRONKE, P. *Intellectuals and poets in Medieval Europe*. Roma: Edizioni di Storia e Letteratura, 1992.

DRONKE, P. *Women writers of the Middle Ages*: a critical study of texts form Perpetua (203) to Marguerite Porete (1310). Cambridge: Cambridge University Press, 1984.

DUBY, G. *Dames du XII siècle I*: Héloïsse, Aliénor, Iseut et quelques outres. Paris: Gallimard, 1995.

ESTEVÃO, J. C. *Abelardo e Heloísa*. São Paulo: Discurso Editorial; Paulus, 2015.

FINDLEY, B. H. Does the habit make the nun? A case study of Heloise´s influence on Abelard´s ethical Philosophy. *Vivarium*, v. 44, n. 2-3, p. 248-275, 2006.

GILSON, E. *Heloísa e Abelardo*. Trad. de Henrique Ré. São Paulo: Editora da Universidade de São Paulo, 2007.

LUSCOMBE, D. E. From Paris to the Paraclete: the correspondence of Abelard and Heloise. *Proceedings of the British Academy*, v. 74, p. 247-83, 1988.

LUSCOMBE, D. E. The letters of Heloise and Abelard since Cluny 1972. *In*: THOMAS, R. et al. (orgs.). *Petrus Abaelardus*. Trier: Paulinus-Verlag, 1980.

MARENBON, J. Authenticity revisited. *In*: WHEELER, B. (org.). *Listening to Heloise*. Nova York: St. Martin's Press, 2000.

MEWS, C. J. *Abelard and Heloise*. Oxford: Oxford University Press, 2005.

MEWS, C. J. *The lost love letters of Heloise and Abelard*: perceptions of dialogue in twelfth century France. Nova York: Saint Martin's Press, 1999.

PERNOUD, R. *Héloïse et Abélard*. Paris: Albin Michel, 1970.

SANTOS, E. B. A filosofia e o feminino em Heloísa de Argenteuil. *Modernos e Contemporâneos*, v. 6, n. 14, p. 42-56, 2022.

SILVESTRE, H. L'idylle d'Abélard et Héloïse: la part du Roman. *Bulletin de la Classe des Lettres et des Sciences Morales et Politiques*, v. 71, n. 1, p. 157-200, 1985.

THOMAS, R. et al. (orgs.). *Petrus Abaelardus*. Trier: Paulinus-Verlag, 1980.

WAITHE, M. H. Heloise. *In*: WAITHE, M. H (org.). *A History of women philosophers*: Medieval, Renaissance and Enlightenment women, AD 500-1600. Dordrecht: Nijhoff, 1989. v. 2, p. 67-83.

WHEELER, B. (org.). *Listening to Heloise*. Nova York: St. Martin's Press, 2000.

# 10
# HILDEGARDA DE BINGEN

Maria Cristina da Silva Martins[*]
Edla Eggert[**]

## 1 – VIDA

Hildegarda de Bingen, abadessa beneditina alemã, viveu durante o período do "Renascimento do século XII", uma era de notável avanço cultural. Como abadessa, escritora e compositora, ela foi uma das poucas mulheres medievais a deixar um legado literário, científico e artístico. Nascida em Bermersheim em 1098 e falecida em Rupertsberg em 1179, Hildegarda foi contemporânea de outras abadessas notáveis, como Herrade de Landsberg (1125-1195), Heloísa de Argenteuil (1079-1142) e Elisabeth de Schönau (1129-1164), todas igualmente eruditas e prolíficas.

Conhecida também como a Profetisa do Reno ou Sibila do Reno, Hildegarda se destaca na literatura latina medieval pela vastidão e diversidade de sua produção escrita, abrangendo campos como cosmologia, medicina e música, áreas nas quais a contribuição feminina era rara na época.

Como a décima e última filha de uma família nobre, Hildegarda foi oferecida, quando tinha apenas oito anos,

---

[*] Professora da Universidade Federal do Rio Grande do Sul (UFRGS).
[**] Professora da Pontifícia Universidade Católica do Rio Grande do Sul (PUCRS).

como dízimo e confiada aos cuidados de Jutta Sponheim, madre superiora do mosteiro beneditino misto de São Disibodo. Jutta supervisionou sua educação até sua morte em 1136, ano em que Hildegarda foi eleita para sucedê-la.

As informações sobre os primeiros anos de vida e educação de Hildegarda são escassas até a década de 1140, quando ela começou a escrever suas obras, incluindo detalhes autobiográficos. O livro *Vita Sancte Hildegardis* [Vida de Santa Hildegarda], comumente conhecido como *Vita*, é a principal fonte biográfica sobre ela, escrito por dois monges, Godofredo de Disibodenberg e Teodorico de Echternach, entre 1173 e 1175, enquanto Hildegarda ainda estava viva.

Em *Vita*, há também fragmentos autobiográficos, publicados e comentados por Peter Dronke (1984). Na passagem aqui destacada, Hildegarda relata ter experimentado visões desde os três anos de idade, compreendendo escritos dos profetas, Evangelhos e outros santos, apesar de ter tido uma educação "limitada", dada por uma "mulher inculta", referindo-se à sua mestra Jutta. Essa humildade é recorrente em suas obras, refletindo os preconceitos contra o potencial feminino presentes na sociedade e na tradição religiosa:

> Nesta mesma visão compreendi os escritos dos profetas, dos Evangelhos e de outros santos, assim como de alguns sábios pagãos, sem ter recebido nenhum ensinamento humano; e expliquei alguns deles, ainda que tivesse um escasso conhecimento das letras, pois eu tinha sido educada por uma mulher inculta. E também produzi, sem nenhum ensino humano, cantos com melodia para louvar a Deus e aos santos, e os cantei, ainda que nunca tivesse aprendido nem as notas musicais nem as regras do canto (Dronke, 1984, p. 232 *apud* Paz, 1999, p. 20, tradução nossa).

Esse desmerecimento da capacidade feminina é evidente também em outras mulheres de grande prestígio social e intelectual da Antiguidade Tardia, como Santa Paula, Santa Marcela e Egéria. A nosso ver, essa postura era adotada conscientemente, uma vez que, por serem mulheres e pertencerem ao contexto monástico, estavam sujeitas ao preceito de Paulo de Tarso, conforme descrito em 1 Timóteo 2,12: "não permito que a mulher ensine, nem que exerça autoridade sobre o homem; esteja, porém, em silêncio".

Além disso, na retórica clássica, o exórdio frequentemente incluía uma fórmula de humildade, visando ganhar a benevolência do público, conhecida como *captatio benevolentiae* (Lausberg, 2011). Essa prática justifica as atitudes humildes de Hildegarda, retratando-se como uma mulher desfavorecida, sem instrução e sem valor.

O século em que Hildegarda viveu foi marcado pelo florescimento das catedrais góticas, o desenvolvimento das cidades e universidades e o início das Cruzadas. Foram tempos de reafirmações institucionais e reordenamentos doutrinais. Os mosteiros, estruturados hierarquicamente como castelos, ocupavam uma posição privilegiada na sociedade feudal, prestando contas à nobreza e fornecendo uma variedade de serviços à comunidade.

Entre aproximadamente 1147 e 1150, Hildegarda empreendeu a construção do mosteiro de Rupertsberg, após uma revelação divina que a instou a deixar o mosteiro de São Disibodo. Essa mudança foi solicitada por meio de cartas que a abadessa enviou ao Papa Eugênio III. Desde que o papa legitimou o texto do livro *Scivias*, permitindo que a abadessa continuasse sua escrita, ele também passou a incentivá-la em seus empreendimentos. Mais tarde, em 1165, ela fundou também o mosteiro de Eibingen. Durante os anos seguintes, Hildegarda realizou três grandes excursões apostólicas, pregando em vários locais e alcançando uma ampla audiência, tanto entre nobres quanto entre camponeses.

O mosteiro de Rupertsberg floresceu sob a liderança de Hildegarda, que continuou a influenciar não só a vida monástica, mas também a cultura e a sociedade da época. O legado de Hildegarda perdura até os dias atuais, com o mosteiro de Eibingen ainda ativo, enquanto o de Bingen foi destruído durante a Guerra dos Trinta Anos, em 1632.

## 2 – DETALHAMENTO DE ALGUMAS OBRAS

O nome de Hildegarda de Bingen passou a ser conhecido com a publicação (quase completa) de suas obras na Patrologia Latina (PL), compilada por Jacques-Paul Migne, em 1855. Toda a sua produção, que abrange diversos campos do conhecimento, foi escrita em latim. Hildegarda afirmou que todas as suas inspirações foram reveladas pela Luz Divina, exceto as obras científicas e médicas, das quais não alegou ter recebido inspiração divina. Apesar de não mencionar suas fontes, é reconhecido que suas obras foram embasadas em extensas leituras de autores clássicos, neoplatônicos, traduções árabes, entre outros (Moulinier, 1995). Seus escritos podem ser divididos em diversas categorias temáticas:

- hagiografias: *Vita Sancti Disibodi* [Vida de São Disibodo] e *Vita Sancti Ruperti* [Vida de São Ruperto];

- trabalhos exegéticos: *Solutiones triginta octo quaestionum* [Soluções de trinta e oito questões], *Explanatio regulae Sancti Benedicti* [Explicação da regra de São Bento], *Explanatio Symboli Sancti Athanasii* [Explicação do credo de Santo Atanásio] e *Expositiones Evangeliorum* [Exposições dos Evangelhos];

- obras teológicas e credo: *Scivias* (abreviação de *Scite vias Domini* [Conheça os caminhos do Senhor]), *Liber vitae meritorum* [O livro dos méritos da vida] e *Liber divinorum operum* [O livro das obras divinas];

- medicina e ciências naturais: *Physica* [Ciências naturais] e *Causae et Curae* [As causas e as curas];

- música e poesia: *Symphonia harmoniae caelestium revelationum* [Sinfonia da harmonia das revelações celestes] e *Ordo virtutum* [A ordem das virtudes];

- linguística: *Lingua ignota* [A língua desconhecida];

- epistolografia: *Cartas*.

As obras de Santa Hildegarda abrangem diversas áreas do conhecimento, desde teologia e hagiografia até música, poesia, linguística, ciências naturais e medicina. Até o momento, porém, apenas uma de suas obras foi traduzida para o português por uma editora comercial: o livro *Scivias*, que foi traduzido do inglês. A seguir, vamos detalhar um pouco mais suas obras visionárias e seus trabalhos em ciências naturais.

## 3 – O TRÍPTICO VISIONÁRIO

*Scivias*, a primeira obra escrita por Hildegarda de Bingen, compõe um tríptico visionário ao lado de *Liber vitae meritorum* [Livro dos méritos da vida] e *Liber divinorum operum* [Livro das obras divinas].

Como visionária, Hildegarda afirmava que tudo o que escrevia vinha de Deus e que não devia nada ao saber humano. Em uma carta a Guibert de Gembleaux, seu futuro secretário, ela menciona que foi "iluminada pela luz viva" para nomear seu primeiro livro *Scivias* – de *Scite vias Domini* [Conhece os caminhos do Senhor] – e que toda a sabedoria lhe seria revelada por essa luz (Dronke, 1984 apud Moulinier, 1995). Por coerência, suas fontes em trabalhos científicos não eram reveladas, conforme destacado por Gorceix (1982).

*Scivias*, redigida de 1141 a 1151, conferiu-lhe o título de "profetisa", comparando suas visões às dos profetas do Antigo Testamento, especialmente Isaías. Segundo Zatonyi (2012 apud Vannier, 2015), nessa trilogia, Hildegarda de Bingen oferece um comentário das Escrituras por meio de suas visões.

A redação de *Scivias* enfrentou desafios, e a autenticidade de suas visões teve que ser reconhecida para que ela pudesse continuar a escrita da obra. Bernardo de Claraval, monge cisterciense, foi seu grande defensor, submetendo *Scivias* à aprovação no Concílio de Trier e ao Papa Inocêncio III. Ambas as autoridades reconheceram o caráter genuíno das visões de Hildegarda, permitindo-lhe escrever até sua morte, aos 81 anos.

*Scivias* descreve a bondade de Deus na criação, a queda do homem, a relação entre o homem e o cosmos, a intervenção do Salvador, os caminhos para a salvação, e a história da salvação. Hildegarda narra suas visões de maneira pedagógica, seguida de uma explicação. As ilustrações de *Scivias*, embora não sejam de autoria da santa, provavelmente foram supervisionadas por ela.

O *Liber vitae meritorum*, escrito entre 1158 e 1163, é uma obra prática de psicologia cristã, derivada de visões que Hildegarda recebeu, oferecendo conselhos para transformar vícios em virtudes. Já o *Liber divinorum operum*, redigido entre 1163 e 1173, baseia-se em dez visões organizadas em três registros: a Trindade, a Antropologia e a Salvação.

## 4 – PHYSICA

As obras de ciências naturais de Santa Hildegarda, conhecidas como *Physica* e *Causae et Curae*, faziam parte de uma única obra intitulada *Liber subtilitatum diuersarum naturarum creaturarum* [O livro das diversas sutilezas das criaturas naturais], conforme revelado em uma carta de 1170, de seu secretário Volmar, e em um livro de profecias atribuídas a ela, de 1220.

*Physica* foi escrito entre 1150 e 1158, compreendendo nove livros com a seguinte sequência: *De Plantis* [Das Plantas], *De Elementis* [Dos Elementos], *De Arboribus* [Das Árvores], *De Lapidibus* [Das Pedras], *De Piscibus* [Dos Peixes], *De Avibus* [Das Aves], *De Animalibus* [Dos Animais], *De Reptilibus* [Dos Répteis] e *De Metallibus* [Dos Metais].

A palavra latina *viriditas* perpassa todas as obras da abadessa, desde tratados de história natural e medicina até hinos e louvores. Embora já existisse em latim clássico, Hildegarda ampliou seu significado para abarcar o "vigor" ou "verdor" derivado de qualquer elemento da natureza, considerando-o uma obra divina. Para ela, as doenças provêm do desequilíbrio entre o corpo, a alma e o espírito, causado pela perda da *viriditas*, ou seja, pelo afastamento do estado de vigor original.

Com efeito, *viriditas* representa a energia vital presente em toda a criação, refletindo a concepção holística de saúde de Hildegarda, que abrange os aspectos físico, emocional e espiritual do ser humano. Ela trabalhou para religar o homem ao divino, estabelecendo paralelos entre o homem como um pequeno universo (microcosmo) e as leis do universo (macrocosmo).

Portanto, para promover a saúde, Hildegarda utilizava elementos dos reinos animal, vegetal e mineral, além de indicar exercícios físicos, alimentação adequada, sono adequado, preces, meditações e equilíbrio com a natureza. Sua obra visa aproximar o homem de Deus, proporcionando amor, paz, harmonia, beleza e saúde.

Por fim, o "Livro de Plantas" (primeiro livro de *Physica*) não apenas apresenta várias plantas para tratar doenças, mas também oferece receitas variadas de alimentação. O capítulo V desse livro, por exemplo, aborda a espelta, uma variedade antiga de trigo considerada por Hildegarda como o melhor cereal.

A espelta é o melhor dos grãos, é quente e nutritiva e tem energia. Ela é mais doce do que outros grãos e, quando consumida, fornece um corpo saudável e sangue adequado para quem a come, além de proporcionar alegria na mente do homem. De qualquer forma que seja consumida, seja em pão ou em outros alimentos, é boa e agradável. Se alguém estiver tão doente que não consiga comer devido à fraqueza, pode-se pegar grãos inteiros de espelta, cozê-los em água, acrescentar gordura ou gema de ovo, de modo que possam ser comidos com melhor sabor, e oferecer dessa forma ao doente para comer. Isso o curará internamente, como um bom e saudável unguento (Hildebrandt; Gloning, 2010, p. 63, tradução nossa).

As técnicas utilizadas por Hildegarda para promover a saúde são semelhantes às da medicina ayurvédica e dos terapeutas holísticos modernos, gerando um interesse renovado em sua obra atualmente. Os ensinamentos sobre os poderes curativos dos elementos naturais oferecem terapias alternativas para diversas doenças. A medicina hildegardiana está difundida na Europa e nos Estados Unidos. No Brasil, ela começa a ser explorada como uma sabedoria atemporal e valiosa.

## 5 – A LÍNGUA DESCONHECIDA

Dentro da vasta produção intelectual de Hildegarda de Bingen, que abrange não apenas importantes escritos teológicos e científicos, mas também literatura e música, destacam-se suas poesias (hinos e louvores), uma peça teatral e diversas composições musicais (algumas das quais foram musicadas), além da elaboração de um alfabeto para criar uma língua que ela denominou de "desconhecida" (*ignota*).

Publicada pela primeira vez no final do século passado por Roth, em 1880, a *Lingua ignota* permanece em dois manuscritos conhecidos: o Riesencodex e o manuscrito de Berlim. No fólio 461v do Riesencodex, está registrado: *ignota lingua per simplicem hominem Hildegardem prolata* (a língua desconhecida criada pelo simples ser humano [chamado] Hildegarda).

Alguns estudiosos, como Dumoulin (2012) e Newman (1988), sugerem que a *lingua ignota* foi criada para comunicação secreta entre Hildegarda e suas religiosas, a fim de proteger a comunidade de ataques externos. Vannier

(2015) supõe que a língua tenha sido desenvolvida para descrever visões que não poderiam ser expressas em sua língua materna ou em latim. Outros especulam que poderia ser uma glossolalia, uma língua desconhecida recebida durante estados de transe religioso. Hildegarda de Bingen afirmou ter recebido essa língua de Deus, como todo o conhecimento presente em suas obras (Higley, 2007).

Diversos estudos foram realizados para descrever o conteúdo semântico e a morfologia do vocabulário criado por Hildegarda de Bingen. Um deles está no livro de Higley (2007), que também aponta divergências filológicas entre os textos nos dois manuscritos.

Schnapp (1991) propôs uma classificação do vocabulário da *lingua ignota*, identificando temas como a ordem sobrenatural, a ordem humana, a Igreja, a vida monástica, a hierarquia secular, o tempo, o domínio socioeconômico e o mundo natural.

A *lingua ignota* também é notável por suas palavras consideradas obscenas por Roth (1880), embora ele reconheça que tais palavras já estavam presentes em glossários elaborados por Salomão III de Constância (bispo de 890 a 919). Por exemplo, "creveniz" designa o membro viril, e vários termos são usados para caracterizar excrementos.

Laurence Moulinier (1989) destaca a natureza trilíngue – latim, alemão e *lingua ignota* – usada para nomear plantas em *Causae et curae*, o segundo volume da obra científica de Hildegarda de Bingen. Moulinier também ressalta a importância do glossário elaborado por Pitra, em 1882, sobre o *herbarium*, que poderia ser composto apenas com plantas caracterizadas na *lingua ignota*.

## 6 – FEMINISMO E FILOSOFIA

Da mesma forma que Hildegarda de Bingen introduz o conceito de *viriditas*, abrangendo uma compreensão ampla de saúde integral ao reunir corpo e espírito, é evidente que, apesar de sua postura conservadora com relação aos temas eclesiásticos que exigem ensinamentos para todos os fiéis seguidores da fé católica, ela apresenta argumentos criativos, muitos dos quais relacionados às experiências femininas.

Podemos identificar um dos princípios fundamentais de sua exegese no conceito de equilíbrio. De acordo com Martins (2022b, p. 29), em suas obras sobre saúde, sua visão abrangia "o bem-estar físico, emocional e espiritual, enquanto suas obras teológicas buscavam estimular o ser humano a viver em harmonia com Deus, a natureza e o universo".

Embora não classifiquemos Hildegarda de Bingen como uma defensora direta das mulheres, feminista ou protofeminista, concordamos com Barbara Newman (2015) sobre a importância das virtudes femininas em sua teologia. Essas virtudes, que podem ser vistas como qualidades humanas irradiando uma luz divina, refletem um presente dado por Deus.

Bingen não questiona o poder masculino sobre as mulheres, mas, ao mesmo tempo, desafia algumas interpretações tradicionais, como no caso da responsabilidade atribuída a Eva por sua desobediência ao comer do fruto proibido. Além disso, a escolha que Deus fez por Hildegarda, uma mulher simples e humilde, como instrumento de sua vontade, também destaca essa inversão de papéis.

Ao longo dos três volumes de *Scivias*, identificamos explanações que refletem as experiências cotidianas das mulheres, adaptadas e influenciadas ao longo do tempo. Cada passagem oferece detalhamentos sobre as diferenças entre os corpos feminino e masculino, com as orientações para seu funcionamento e comportamento adequados. A abordagem de Hildegarda de Bingen, ao transmitir as mensagens divinas, revela uma integração única entre conhecimentos médicos e teológicos, destacando a importância da harmonia entre corpo e alma.

Ela defende uma interpretação conservadora em contraste com a estrutura emergente da Escolástica, que começava a separar razão e emoção de maneira mais definida. Sua crítica atravessa essa nova estrutura argumentativa, enfatizando, por meio das virtudes proclamadas em suas visões, a voz de um Deus que se revela por meio de uma mulher simples e despretensiosa, chamando à redescoberta da humildade e reverência em relação a Ele.

Por fim, Maria Simone Marinho Nogueira e Ana Rachel G. C. de Vasconcelos (2022) propõem uma análise que destaca como o cristianismo assimilou a filosofia grega e a subordinou à teologia por um longo período. Somente a partir do século IX é que a filosofia começou a construir argumentos de autonomia, estabelecendo-se cada vez mais por meio da Escolástica. Essa observação é fundamental, pois situa Hildegarda de Bingen em um período de ênfase teológica sobre a filosofia, mantendo, de certa forma, uma ambiguidade em sua obra. Ela reconhece a importância do discernimento e da razão, mas também integra essas capacidades intelectuais à experiência nos campos visionário e espiritual.

## 7 – CONSIDERAÇÕES FINAIS

Hildegarda de Bingen emergiu como uma figura marcante no medievo, graças à extensão e profundidade de suas obras, as quais ainda aguardam tradução para o português do Brasil. Seu legado como poeta, musicista, teóloga, médica, enfermeira, agrônoma, ecologista, cientista e gestora permanece acessível apenas a um grupo seleto de pesquisadores e curiosos autodidatas que buscam compreender sua vasta produção, em grande parte, publicada internacionalmente.

Reconhecida tanto no meio religioso quanto no científico, Santa Hildegarda tem sido reverenciada em várias regiões do mundo, especialmente na Alemanha, Bélgica e França (Martins, 2020). Sua contribuição abrangente para o estudo e o debate da ética e moralidade cristãs tem como eixo principal sua trilogia profética. O chamado para conhecer o caminho em direção a Deus e nele permanecer é o cerne de suas visões e interpretações. Suas obras relacionadas à medicina e aos cuidados com o corpo, alma e natureza apontam para a busca do equilíbrio, baseando-se na premissa de que "Deus não criou nada impuro" (Feldmann, 2009).

A compreensão de *Scivias* (2005) requer um estudo preliminar da teologia cristã durante o período de Hildegarda de Bingen. Nesse sentido, a introdução de Barbara Newman é de valor inestimável. Além disso, para um entendimento mais profundo do contexto histórico, social e cultural em que viveu Hildegarda, podemos recorrer aos estudos de teólogas estrangeiras como Rosemary Ruether (1993) e Elizabeth Schüssler Fiorenza (1992), assim como as brasileiras Ivone Gebara (2012) e Ivoni Richter Reimer (2014). Elas analisam as raízes do cristianismo primitivo, que tratava as mulheres em pé de igualdade com os homens, contrastando com a crescente obscuridade das mulheres com o fortalecimento da Igreja patriarcal.

Por meio de seus escritos, Hildegarda expressou abertamente seu receio quanto ao julgamento negativo de suas visões, ciente do contexto hostil às mulheres e às novas ideias. Portanto, ela empregou estratégias de humildade, tanto para cativar os ouvintes conforme previa a retórica clássica quanto como uma "regra preventiva" para sustentar sua posição profética (Deploige, 1999, p. 86).

Hildegarda de Bingen pode ser considerada uma pensadora no campo filosófico devido à sua abordagem teológica, que oscila entre o conservadorismo e a audácia. No campo das ciências naturais, ela se revela como uma verdadeira pesquisadora, descrevendo a natureza e seu funcionamento com uma metodologia que hoje seria considerada científica, inclusive explorando as diferenças entre homens e mulheres.

# BIBLIOGRAFIA

## Obras

### Traduções em português

BINGEN, H. *Cartas seletas*. Trad. de Tiago Gadotti. Dois Irmãos: Minha Biblioteca Católica, 2020.

BINGEN, H. *Physica*. Trad. de Maria Cristina Martins. Porto Alegre: UFRGS; Rio de Janeiro: UFRJ, no prelo.

BINGEN, H. *Scivias*: scite vias domini. Conhece os caminhos do Senhor. Trad. de Paulo Ferreira Valério. São Paulo: Paulus, 2015.

BINGEN, H. *Visões*. Trad. de Roberto Mallet. Dois Irmãos: Minha Biblioteca Católica, 2020.

## Literatura Secundária

### Livros traduzidos sobre Hildegarda de Bingen

PERNOUD, R. *Hildegarda de Bingen*: a consciência inspirada do século XII. Trad. de Eloá Jacobina. Rio de Janeiro: Rocco, 1996.

PERNOUD, R. *Santa Hildegarda*: mística e doutora da Igreja. Trad. de Roberto Mallet. Dois Irmãos: Minha Biblioteca Católica, 2020.

### Artigos e capítulos de livros publicados no Brasil

ALMEIDA, C. C. Do mosteiro à universidade: considerações sobre uma história social da medicina na Idade Média. *Revista Aedos*, v. 2, n. 2, 2009. Disponível em: https://seer.ufrgs.br/index.php/aedos/article/view/9830. Acesso em: 8 jul. 2024.

BARCALA, M. S.; NOGUEIRA, P. A. S. Os caminhos do Caminho: o *Scivias* de Hildegard von Bingen e sua hermenêutica bíblica visionária. *Estudos de Religião*, v. 34, n. 2, p. 463-487, 2020. Disponível em: https://doi.org/10.15603/2176-1078/er.v34n2p463-487. Acesso em: 8 jul. 2024.

BLASI, M.; SCHAPER, V. G. Saúde e religião em perspectiva de gênero: reflexões a partir de Hildegard von Bingen e Katharina von Bora. *Revista Caminhos*, v. 18, n. 2, p. 396-414, 2020. Disponível em: http://dx.doi.org/10.18224/cam.v18i2.7907. Acesso em: 8 jul. 2024.

COSTA, M. R. N. Mulheres intelectuais na Idade Média. Hildegarda de Bingen: entre a medicina, a filosofia e a mística. *Trans/Form/Ação*, v. 35, p. 187-208, 2012. Disponível em: https://www.scielo.br/j/trans/a/JffLJcbmPmfsmhkQyRPWDg/. Acesso em: 8 jul. 2024.

MARINHO, D. Dor e criação: o visionarismo de Hildegard Von Bingen. *Anais* Abralic Internacional. Campina Grande: Realize, 2013. Disponível em: https://www.editorarealize.com.br/artigo/visualizar/42441. Acesso em: 8 jul. 2024.

MARTINS, M. C. S. A medicina fitoterápica de Hildegarda de Bingen. *In*: DEPLAGNE, L. C.; ASSIS, R. C. (org.). *Tradução, transculturalidade e ensino*: de Christine de Pizan à contemporaneidade. João Pessoa: Editora do CCTA, 2023. v. 2, p. 68-82.

MARTINS, M. C. S. A polímata Hildegarda de Bingen. *In*: DEPLAGNE, L. C.; ASSIS, R. C. (org.). *Tradução, transculturalidade e ensino*: de Christine de Pizan à contemporaneidade. João Pessoa: Editora do CCTA, 2022. v. 1, p. 63-77.

MARTINS, M. C. S. Hildegarda de Bingen: Physica e Causae et curae. *Cadernos de Tradução*, v. 1, p. 163-176, 2019. Disponível em: https://seer.ufrgs.br/index.php/cadernosdetraducao/article/view/98507. Acesso em: 8 jul. 2024.

MARTINS, M. C. S. O livro de plantas de Hildegarda de Bingen. *RÓNAI*: Revista de Estudos Clássicos e Tradutórios, v. 10, n. 1, p. 26-49, 2022.

MARTINS, M. C. S. Physica: uma das obras científicas de Hildegarda de Bingen. *RÓNAI*: Revista de Estudos Clássicos e Tradutórios, v. 8, p. 3-18, 2020. Disponível em: https://periodicos.ufjf.br/index.php/ronai/article/view/28175/20835. Acesso em: 8 jul. 2024.

MIGNE, J. P. *Sanctae Hildegardis abbatissae opera omnia*. Patrologiae cursus completus. Paris: Migne, 1855. Series Latina. v. 197, col. 1117-1352.

NOGUEIRA, M. S. M.; VASCONCELOS, A. R. G. C. Ciência e fé em Hildegard Von Bingen. *Basilíade*: Revista de Filosofia, v. 4, n. 8, p. 57-72, 2022.

OLIVEIRA, T. Hildegard de Bingen: uma intelectual diante da religião. Conhecimento e política. *Revista Diálogo Educacional*, v. 19, n. 63, p. 1335-1357, 2019.

PALAZZO, C. L. Hildegard de Bingen: o excepcional percurso de uma visionária medieval. *Mirabilia*: Electronic Journal of Antiquity, Middle & Modern Ages, n. 2, 2002. Disponível em: https://dialnet.unirioja.es/servlet/articulo?codigo=2226907. Acesso em: 8 jul. 2024.

PINHEIRO, M. E. Hildegarda de Bingen: luz iluminada pela inspiração divina. *Revista Graphos*, v. 15, n. 1, 2013. Disponível em: https://periodicos.ufpb.br/ojs2/index.php/graphos/article/view/16319. Acesso em: 8 jul. 2024.

PINHEIRO, M. E.; EGGERT, E. Hildegarda de Bingen: as autorias que anunciam possibilidades. *In*: PACHECO, J. (org.). *Filósofas*: a presença das mulheres na filosofia. Porto Alegre: Fi, 2016. Disponível em: https://www.editorafi.org/filosofas. Acesso em: 8 jul. 2024.

QUARANTA, M. Viriditas e Sabedoria: o envolvimento de Hildegard de Bingen com a natureza revivido em conceitos da biologia contemporânea. *Gaia Scientia*, v. 3, n. 1, 2009. Disponível em: https://periodicos.ufpb.br/ojs2/index.php/gaia/article/view/3343. Acesso em: 8 jul. 2024.

SOELLA, G. M. Diálogos entre protagonismos femininos: Hildegarda de Bingen e modernidade. *Revista Sinais*, v. 2, n. 1, 2015. Disponível em: https://doi.org/10.25067/s.v0i17.10363. Acesso em: 8 jul. 2024.

## Monografias, dissertações e teses

ANDRADE, I. N. *Hildegarda de Bingen*: o reconhecimento de autoridade e a defesa de uma cultura feminina no século XII. 2016. Trabalho de Conclusão de Curso (Licenciatura em História) – Universidade de Brasília, Brasília, 2016. Disponível em: https://bdm.unb.br/handle/10483/13823. Acesso em: 8 jul. 2024.

ESTEVAM, M. T. *Um estudo sobre o Physica, de Hildegard de Bingen*: as virtudes curativas de algumas plantas. 2020. Dissertação (Mestrado em História da Ciência) – Pontifícia Universidade Católica de São Paulo, São Paulo, 2020. Disponível em: https://doi.org/10.23925/1980-7651.2020v25;p62-62

LAHASS, R. *Hildegard von Bingen*: a perspectiva teológica de uma mulher no século XII. 2021. Dissertação (Mestrado em Teologia) – Faculdade EST, Programa de Pós-Graduação em Teologia, São Leopoldo, 2021. Disponível em: http://dspace.est.edu.br:8080/jspui/handle/BR-SlFE/1093. Acesso em: 8 jul. 2024.

LIPPMANN, R. G. A. *Santa Hildegarda de Bingen*: uma doutora para nosso tempo. 2014. Dissertação (Mestrado em Teologia) – Pontifícia Universidade Católica do Rio Grande do Sul, Porto Alegre, 2014. Disponível em: https://tede2.pucrs.br/tede2/handle/tede/5888. Acesso em: 8 jul. 2024.

OLIVEIRA, K. R. *Escrita conventual*: raízes da literatura de autoria feminina na américa hispânica. 2014. Tese (Doutorado em Teoria da Literatura) – Universidade Federal de Pernambuco, Recife, 2014. Disponível em: https://repositorio.ufpe.br/handle/123456789/13289. Acesso em: 8 jul. 2024.

OLIVEIRA, R. M. *Hildegard de Bingen*: uma mulher que marcou o medieval ocidental. 2017. Trabalho de Conclusão de Curso (Licenciatura em História) – Universidade do Sul de Santa Catarina, Tubarão, 2017. Disponível em: https://repositorio.animaeducacao.com.br/handle/ANIMA/9098. Acesso em: 8 jul. 2024.

PEINHOPF, A. D. R. *Mulheres filósofas*: um silêncio institucionalizado. 2020. Dissertação (Mestrado em Letras) – Universidade Estadual do Oeste do Paraná, Cascavel, 2020. Disponível em: https://tede.unioeste.br/handle/tede/4706. Acesso em: 8 jul. 2024.

PINHEIRO, M. E. *Desvendando Eva*: o feminino em Hildegarda de Bingen. 2017. Tese (Doutorado em Letras) – Universidade Federal de Minas Gerais, Belo Horizonte, 2017. Disponível em: http://hdl.handle.net/1843/LETR-AU9NNB. Acesso em: 8 jul. 2024.

POLL, M. C. G. M. O. V. *A espiritualidade de Hildegard von Bingen*: profecia e ortodoxia. 2009. Tese (Doutorado em História Social) – Universidade de São Paulo, São Paulo, 2009. Disponível em https://www.teses.usp.br/teses/disponiveis/8/8138/tde-08032010-113221/pt-br.php. Acesso em: 8 jul. 2024.

SANTOS, F. M. *Hildegarda de Bingen*: mística e teologia femininas no século XII. 2019. Trabalho de Conclusão de Curso (Licenciatura em História) – Universidade de Brasília, Brasília, 2019. Disponível em: https://bdm.unb.br/handle/10483/26376. Acesso em: 8 jul. 2024.

SILVA, R. B. *Hildegard von Bingen e Mechthild von Magdeburg*: visionárias do tempo do fim, uma análise comparativa, 2014. Dissertação (Mestrado em História Comparada) – Universidade Federal do Rio de Janeiro, Rio de Janeiro, 2014. Disponível em: https://ppghc.historia.ufrj.br/index.php?option=com_docman&view=download&alias=109-hildegard-von-bingen-e-mechthild-von-magdeburg-visionarias-do-tempo-do-fim-uma-analise-comparativa&category_slug=dissertacoes&Itemid=155. Acesso em: 8 jul. 2024.

SOUZA, J. A. *A sexualidade e o controle do corpo no Scivias e no Causae et Curae de Hildegarda de Bingen*, século XII. 2013. Dissertação (Mestrado em História) – Universidade Federal do Espírito Santo, Vitória, 2013. Disponível em: http://repositorio.ufes.br/handle/10/3491. Acesso em: 8 jul. 2024.

### Outras publicações

BINGEN, H. *Symphonia*: a critical edition of the Symphonia armonie celestium revelationum. Trad. de Barbara Newman. Cornell: Cornell University Press, 1988.

BINGEN, H.; HILDEBRANDT, R. *Physica*: liber subtilitatum diversarum naturarum creaturarum. Berlim: De Gruyter, 2010. v. 1: Textkritische Ausgabe. Text mit Berliner Fragment im Anhang.

DUMOULIN, P. *Hildegarde de Bingen*: prophète et docteur pour le troisième millénaire. 4. ed. Châteaudun: Béatitudes, 2012.

DEPLOIGE, J. Hildegard de Bingen y su libro Scivias: ideología y conocimientos de una religiosa del siglo XII. *Revista Chilena de Literatura*, v. 55, p. 85-102, 1999. Disponível em: https://revistaliteratura.uchile.cl/index.php/RCL/article/view/39218/40845. Acesso em: 8 jul. 2024.

ERNOUT, A.; MEILLET, A. *Dictionnaire étymologique de la langue latine*: histoire des mots. Paris: Klincksieck, 2001.

FELDMAN, C. *Hildegarda de Bingen, una vida entre la genialidad y la fe*. Trad. de José Antonio Molina Gómez. Barcelona: Herder, 2009.

FIORENZA, E. S. *As origens cristãs a partir da mulher*: uma nova hermenêutica. Trad. de João Rezende Costa. São Paulo: Paulinas, 1992.

GAFFIOT, F. *Dictionnaire latin-français*. Paris: Hachette, 1934. Disponível em: https://www.lexilogos.com/latin/gaffiot.php?q=viriditas

GEBARA, I. *O que é cristianismo*. São Paulo: Brasiliense, 2012.

HIGLEY, S. *Hildegard of Bingen's unknown language*: an edition, translation and discussion. Nova York: Palgrave Macmillan, 2007.

MARTINS, M. C. S. *Peregrinação de Egéria*: uma narrativa aos lugares santos. Uberlândia: Edufu, 2017. Disponível em: https://books.scielo.org/id/srfgc/pdf/martins-9788570785190.pdf. Acesso em: 8 jul. 2024.

MARTINS, M. C. S. O Círculo do Aventino na Roma do IV século. *Romanitas*: Revista de Estudos Grecolatinos, n. 18, p. 178-194, 2022a. Disponível em: https://periodicos.ufes.br/romanitas/article/view/35974. Acesso em: 8 jul. 2024.

MOULINIER, L. *Le manuscrit perdu à Strasbourg*: enquête sur l'œuvre scientifique de Hildegarde. Paris: Publications de la Sorbonne, 1995.

MOULINIER, L. *Un lexique trilingue du XIIe siècle*: la "Lingua ignota" de Hildegarde de Bingen. Colóquio internacional, de 12-14 jun. 1997. Paris: l'École Pratique des Hautes Etudes-IVe Section et l'Institut Supérieur de Philosophie de l'Université Catholique de Louvain, 1997. p. 89-111.

MOULINIER, L. La botanique d'Hildegarde de Bingen. *Médiévales*, n. 16-17, p. 113-129, 1989.

NEWMAN, B. J. Introdução. *In*: BINGEN, H. *Scivias*: scito vias Domini. Conhece os caminhos do Senhor. São Paulo: Paulus, 2015. p. 21-90.

NOGUEIRA, M. S. M.; VASCONCELOS, A. R. G. C. Ciência e fé em Hildegard Von Bingen. *Basilíade*: Revista de Filosofia, v. 4, n. 8, p. 57-72, 2022.

PAZ, X. C. S. Introdución. *In*: BINGEN, S. H. *O desfile das virtudes (Ordo virtutum)*. Corunha: Universidade da Coruña, 1999.

PENEDO, R. Estrutura e resumo del libro. *In*: BINGEN, S. H. *Libro de las obras divinas*. Trad. de Rafael Renedo. Espanha: Hildegardiana, 2013. Disponível em: http://www.hildegardiana.es. Acesso em: 8 jul. 2024.

PITRA, J. B. *Analecta sacra spicilegio Solesmensi parata*. Monte Cassino: Nova sanctae Hildegardis opera, 1882. v. 8.

QUARANTA, M. Viriditas e sabedoria: o envolvimento de Hildegard de Bingen com a natureza revivido em conceitos da biologia contemporânea. *Gaia Scientia*, v. 3, n. 1, 2009. Disponível em: https://periodicos.ufpb.br/ojs2/index.php/gaia/article/view/3343. Acesso em: 8 jul. 2024.

REIMER, I. R. Comunhão e partilha como ruptura e transgressão de sistemas de dominação: diaconia de mulheres nos Atos dos Apóstolos e no Brasil. *CESContexto*, v. 8, p. 40-56, 2014. Disponível em: http://www.ces.uc.pt/cescontexto. Acesso em: 8 jul. 2024.

ROTH, E. Ignota lingua. *In*: ROTH, E. *Die Geschichtsquellen des Niederrheingaus, Die Geschichtsquellen aus Nassau*. Wiesbaden: Limbarth, 1880. v. 4, p. 23-24; 457-465.

ROTH, E. Glossae Hildegardis. *In*: STEINMEYER, E.; SIEVERS, E. *Die althochdeutsche Glossen*, Berlim: Wiedmann, 1895. v. 3, p. 390-404.

RUETHER, R. R. *Sexismo e religião*. Rumo a uma teologia feminista. Trad. de Walter Altmann e Luís Marcos Sander. São Leopoldo: Sinodal, 1993.

SCHNAPP, J. T. Virgin's words: Hildegard of Bingen's lingua ignota and the development of imaginary languages ancient to modern. *Exemplaria*, v. 3, n. 2, p. 267- 298, 1991.

VANNIER, M. A. *Les visions d'Hildegarde de Bingen*: dans Le livre des œuvres divines. Paris: Alban Michel, 2015.

## Links

BENTO XVII. *Carta Apostólica*: Santa Hildegarda de Bingen, Monja Professa da Ordem de São Bento, é proclamada Doutora da Igreja universal. Vaticano: Libreria Editrice Vaticana, 2012. Disponível em: https://w2.vatican.va/content/benedict-xvi/pt/apost_letters/documents/hf_ben-xvi_apl_20121007_ildegarda-bingen.html. Acesso em: 8 jul. 2024.

CIRLOT, V. De Hildegard von Bingen a Max Ernst. [*S. l: s. n.*], 2015. 1 vídeo (1h 24 s). Publicado pelo canal Fundación CajaCanarias. Disponível em: https://youtu.be/Larf70Xclww. Acesso em: 8 jul. 2024.

GRUPO GERMINA. *Uma filósofa por mês*: Hildegarda de Bingen. Disponível em: https://germinablog.wordpress.com/maio-hildegarda-de-bingen/. Acesso em: 8 jul. 2024.

HEALTHY HILDEGARD. *Website* norte-americano sobre a medicina hildegardiana. Disponível em: https://www.healthyhildegard.com/. Acesso em: 8 jul. 2024.

INSTITUTO HUMANITAS UNISINOS. Vozes que desafiam. Hildegarda de Bingen, mística e doutora da Igreja (1098-1179). Disponível em: https://www.ihu.unisinos.br/591114-vozes-que-nos-desafiam-hildegard-de-bingen-mistica-e-doutora-da-igreja-1098-1179. Acesso em: 8 jul. 2024.

MARTINS, M. C. S. *Aspectos da tradução comentada de Physica de Hildegarda de Bingen*. Conferência proferida em 16 set. 2020, no "Seminário de Hildegarda de Bingen: relação entre teologia e ciência na Idade Média". São Paulo: PUCSP, 2020. Disponível em: https://www.pucsp.br/pucplay/video/seminario-santa-hildegarda-de-bingen-relacao-teologia-e-ciencia-na-idade-media-0. Acesso em: 8 jul. 2024.

MARTINS, M. C. S. *Hildegarda de Bingen e a medicina natural*. Conferência proferida em 19 out. 2021, no IV Curso de Extensão. Jaguarão: Lapehme (Laboratório de Pesquisa e Estudo de História Medieval da Universidade do Pampa – Campus Jaguarão), 2021. Disponível em: https://www.youtube.com/watch?v=0nt8lfYZqAg&ab_channel=CursosdeExtens%C3%A3o-Hist%C3%B3riaMedieval. Acesso em: 8 jul. 2024.

MARTINS, M. C. S. *Hildegarda de Bingen e sua obra científica*: aspectos de tradução e de crítica textual. Conferência de abertura do V Encult e VI Semp, em 3 nov. 2021. João Pessoa: Universidade Federal da Paraíba, 2021. Disponível em: https://www.youtube.com/watch?v=JQrTrmkPL8U. Acesso em: 8 jul. 2024.

SANTA HILDEGARDA DE BINGEN. *Website* em espanhol dedicado à monja. Disponível em: http://www.hildegardiana.es/. Acesso em: 8 jul. 2024.

VIRIDITAS DE HILDEGARDA DE BINGEN. *Blog* em português sobre as obras de Hildegarda de Bingen. Disponível em: http://viriditasbingen.canalblog.com/. Acesso em: 8 jul. 2024.

VISÃO DA VIDA DE HILDEGARDA DE BINGEN. Filme Completo Legendado. [*S. l: s. n.*], 2009. 1 vídeo (110 min). Publicado pelo canal Ramon Fernandez de la Cigonha. Disponível em: https://www.youtube.com/watch?v=2EH79p_YL6Q&ab_channel=RamonFernandezdelaCigonha

# 11
# MARGUERITE PORETE

(?-1310)

Maria Simone Marinho Nogueira*

## 1 – VIDA

Pouco se sabe sobre a vida de Marguerite Porete. Para alguns dados é preciso recorrer a três fontes: aos Autos do Processo da Inquisição, onde se lê que ela foi condenada à fogueira como herege, recidiva, relapsa e impenitente (cf. Fredericq, 1889); a algumas crônicas da época (cf. Verdeyen, 1986) e ao livro escrito por ela, *O espelho das almas simples*. Pelos Autos sabe-se que ela foi queimada em 1 de junho de 1310, na Praça de Grève, em Paris. Também, que era de Hainaut (na região da Picardia, que hoje encontra-se entre a França e a Bélgica) e o seu nome e sobrenome, embora Sean Field (2012, p. 28) chame atenção para isso, uma vez que as Atas se referem a ela como "Marguerite chamada a Porete" e não simplesmente "Marguerite Porete", o que não indicaria uma afiliação familiar no sentido forte do termo. De qualquer forma, foi assim que ela ficou conhecida.

---

* Professora associada do Departamento de Filosofia e professora permanente do Programa de Pós-Graduação em Literatura e Interculturalidade da Universidade Estadual da Paraíba.

Pelas Atas da Inquisição, igualmente, tem-se conhecimento de que não se tratava do primeiro processo que ela sofria. O primeiro foi feito pelo Bispo de Cambrai, Guy de Colmieu, que proibiu Porete de divulgar seu livro, o que não ocorreu, pois ela não só continuou divulgando-o oralmente, como providenciou mais cópias e as enviou para três autoridades religiosas cujos nomes encontram-se no final do seu livro (Frei John di Querayn, franciscano; Dom Franco, cisterciense; e Goffredo de Fontaines, teólogo da Sorbonne). Já nas Crônicas, vê-se que ela se manteve fiel ao seu ensinamento, conduzindo-se nobremente para o patíbulo, fazendo chorar muitos dos que ali estavam. Pelo seu livro tem-se acesso a algumas informações, inclusive, como anuncia na canção de abertura, que os teólogos e outros clérigos não o entenderão se não procederem com humildade.

Talvez o livro de Marguerite Porete seja o espelho mais cristalino de sua própria vida, pois tudo parece girar em torno dele, desde as cópias que a própria Porete se encarrega de fazer, passando pelas muitas traduções e pela difusão que ele teve (mesmo depois de condenado), até as muitas referências autorais nele encontradas. Começando pelas cópias, que não se limitaram às três que enviou para as autoridades acima (pois parece que não foram as únicas feitas), elas revelam a condição financeira que Porete tinha, o que indica que ela ou pertencia à nobreza, ou vinha de uma família abastada, pois os custos para a produção e reprodução de um livro naquela época eram altos. Além disso, seu nível de educação também indica seu *status* social, pois, como escreve Barbara Newman (2016, p. 616):

> Onde quer que ela tenha vivido, deve ter sido uma mulher de posses. Essa conclusão se dá, não somente por sua alfabetização, sua extensa formação teológica e sua familiaridade com o discurso cortês, mas também, materialmente, pelo custo do pergaminho.

Quanto às referências autorais, sabe-se que ela se dirige, muito consciente da sua escrita, aos seus ouvintes/leitores. Também, quando reflete sobre os limites da linguagem, o faz, na maioria das vezes, com relação à sua experiência mística. Ainda, no Capítulo 52, quando ela usa a expressão *preciouse marguerite*, numa fala da personagem Amor, pode, ainda que discretamente, estar assinando a sua obra, ou seja, colocando ali uma marca autoral (cf. Schwartz, 2008, n. 6). Outro aspecto apresentado diz respeito ao nome *Autora* que Porete coloca em meio às personagens do livro.

Além das marcas autorais que se pode encontrar também por meio de elementos intertextuais, a vida de Porete vai aparecendo aos poucos na sua obra. Por exemplo, quando ela aponta para o seu próprio papel como escritora (no *Prólogo* e sobretudo na segunda parte de *O Espelho*). No *Prólogo*, Marguerite Porete se apresenta como a que escreve o livro (como personagem) e como a autora. Além disso, ao longo da obra, fala que passou por determinados testes, aborda a questão da incompreensão das palavras que escreve por alguns, remete para o conflito entre as duas igrejas (Santa Igreja, a grande e Santa Igreja, a pequena [a Instituição]) e uma série de outros elementos que podem ser lidos como marcas autorais daquela que escreve.

Por fim, ao fazer a opção de escrever em vernáculo (seu livro foi escrito em picardo e esse texto original se perdeu, restando uma cópia do escrito em médio-francês), Porete afasta-se da instituição marcada pelas hierarquias e realiza o seu percurso de maneira livre, alcançando, também, as pessoas que não sabiam latim, mesmo considerando o pequeno número de pessoas que sabiam ler e escrever na Idade Média. Também é importante destacar que, apesar de haver várias cópias de *O Espelho*, em diferentes línguas, o livro circulou como anônimo até meados do século XX, quando, em 1944, Romana Guarnieri descobre e restitui a sua autoria a Marguerite Porete.

## 2 – CONTEXTO RELIGIOSO, INTELECTUAL E CULTURAL

O contexto intelectual, cultural e religioso em que se situa Marguerite Porete é fruto do chamado Renascimento que ocorre no século XII e que tem como algumas características o desenvolvimento das cidades, o conhecimento do Oriente em parte favorecido pelas Cruzadas, a profusão de escolas monacais, episcopais e palatinas, assim como o surgimento das universidades e os trovadores e *trobairitz* com sua literatura cortês. Ademais, para muitas estudiosas e estudiosos, o século XII representa o nascimento do sujeito que ganha força e definição no século XIII, sobretudo com a escrita mística feminina. Como afirma Régnier-Bohler (1990), ao falar sobre uma expressão do eu na literatura, é no campo da espiritualidade feminina que a escrita, realmente individualizada, vai surgir, e isso ocorre a partir do século XII, tendo seu ápice nos séculos XIII e XIV.

O século XIII é também o período áureo da Escolástica e de todo movimento que ela inclui, seja no que diz respeito ao método, seja no que concerne aos modelos de escrita produzidos pelos professores das escolas e das universidades. Paralelo a essas *coisas da escola*, há dois outros acontecimentos igualmente importantes no século XIII: as Ordens Mendicantes, que ganham força, sobretudo a Dominicana e a Franciscana, responsáveis pelas orientações espirituais das beguinas e dos begardos, respectivamente, e o Movimento das Beguinas. Os dois movimentos estão na esteira do Renascimento do século XII, que faz renascer, também, um clima de espiritualidade mais próximo da vida apostólica e, portanto, fundamentado no ideal de pobreza e de tudo que esse ideal apresenta em paralelo com a instituição religiosa.

É interessante destacar que no Concílio de Viena (1311-1312) foram condenados alguns erros das beguinas e dos begardos e o processo contra Marguerite Porete foi amplamente utilizado para esse fim. Também, é importante informar que o livro de Porete foi julgado por uma comissão composta por vinte e um teólogos, dentre os quais se encontravam representantes das Ordens Mendicantes. Aliás, foi um Dominicano, Guglielmo Humbert, chamado de Guglielmo de Paris, o inquisidor responsável pelo processo de Porete.

Apesar disso, é preciso lembrar a importante parceria que houve entre homens e mulheres no século XIII, pois, se as mulheres, por um lado, estavam afastadas dos espaços de poder da igreja, não tendo na maioria das vezes nem mesmo autorização para pregar em público; por outro lado, foi essa mesma igreja, com alguns dos seus religiosos, que possibilitou às mulheres muito da instrução que tiveram, acesso aos livros e, principalmente, um diálogo importante, numa cooperação mútua. Tal relação foi mais complexa do que se pode imaginar, e ilustrações dessa cooperação podem ser vistas no livro de Bernard McGinn (2017), *O florescimento da mística: homens e mulheres da nova mística* (1200-1350).

Essa parceria, aliás, pode ser percebida no outro acontecimento importante que ganha força, sobretudo no século XIII, que é o surgimento das beguinas, já que Jacques (ou Tiago) de Vitry (que faleceu em 1240) escreve a vida daquela que pode ser considerada, como afirma McGinn, o arquétipo das primeiras etapas da vida beguina, Marie de Oignies (1176-1213). Em outras palavras, a vida dela, escrita por Jacques de Vitry, "era um manifesto em favor da nova forma de vida beguina e de sua piedade mística" (McGinn, 2017, p. 64). Também, é em McGinn que se lê: "Sendo mulher, Maria podia pregar só pelo exemplo e pela 'palavra de exortação'; em Tiago, ela encontrou seu porta-voz oficial, como dizem que ela afirmou no leito de morte" (McGinn, 2017, p. 63).

Marie de Oignies nasceu em Nivelles, na diocese de Liège, na Bélgica, onde exatamente surge o Movimento das Beguinas a partir do final do século XII. Ele se desenvolveu nos Países Baixos (Holanda e Bélgica), mas logo se estendeu para países como França, Itália, Alemanha e Espanha. Trata-se de um movimento inserido no horizonte de renovação da vida religiosa e era feito por mulheres que buscavam novas formas de viver suas espiritualidades.

Essas mulheres eram autossuficientes, pois viviam dos trabalhos feitos nas beguinagens, que as acolhiam independentemente das classes às quais pertenciam e de seu estado civil (solteiras, casadas ou viúvas). Elas se encontravam unidas em oração, apoio aos mais necessitados (trabalho de caridade), trabalhos manuais, leitura da Bíblia e algumas também exerciam o ensino a outras meninas e mulheres (ler e escrever). No entanto, como esclarece Ceci Mariani (2011, p. 59) "[...] é um movimento que permanece marginal, fora do controle institucional, pois não obedecia a uma regra aprovada".

A própria Marguerite Porete, uma beguina (cf. Field, 2012), deixa claro no seu livro, em uma amálgama de autora/escritora/personagem, como ela professa sua religião e obedece às suas regras (cf. cap. 137) e, ainda, como se lê no cap. 85:

> Esta Alma tem por herança sua perfeita liberdade, cada uma das partes do seu brasão tem sua plena pureza. Ela não responde a ninguém, se ela não quiser e se não for alguém de sua linhagem. Pois um nobre não deve considerar responder a um vilão, se ele o chama ou o convida ao campo de batalha. E porque não encontra tal Alma quando a chama, seus inimigos não têm dela nenhuma resposta (Porete, 1986, p. 240-242).

Como se percebe, o contexto em que Marguerite Porete está inserida é o proporcionado pelo Renascimento do século XII, quando ocorre o crescimento das cidades, o surgimento de novas ordens religiosas, a criação de escolas e universidades, o desenvolvimento da literatura cortês – que exerce sobre ela uma influência importante, como é possível notar na passagem acima, com os termos *herança, brasão, linhagem, nobre, vilão, batalha* – e um maior desejo das mulheres de viver uma nova espiritualidade, não necessariamente dentro de uma ordem religiosa aprovada.

Além do mais, como é possível observar na citação acima, há, sobretudo nos escritos das mulheres do século XIII, como Porete, uma escrita de si, já que dados autobiográficos são encontrados nesses textos e, na maioria das vezes, uma reflexão sobre um percurso místico realizado está presente. Nesse percurso, os textos místicos se tornam um espaço não apenas para a abordagem de temas religiosos, mas também político-sociais. Não à toa, Peter Dronke afirma que as mulheres daquele século "falavam em seu próprio nome. Não são profetisas, mas mentes apaixonadas, frequentemente angustiadas. A beleza dos seus escritos está relacionada à sua vulnerabilidade" (Dronke, 1986, p. 278). As afirmações de Dronke podem ser encontradas não só na própria figura de Marguerite Porete, como também na sua obra.

## 3 – A OBRA

Pode-se afirmar que Marguerite Porete é autora de um único livro, pelo menos que se tem conhecimento. Trata-se do *Mirouer des simples ames/Speculum simplicium animarum* [O espelho das almas simples]. Sobre o título mais longo, *Le mirouer des simples ames anienties et qui seulement demourent en vouloir et desir d'amour* [O espelho das almas simples e aniquiladas e que permanece somente na vontade e no desejo do amor], adotado na tradução que existe em português feita por Sílvia Schwartz (2008), esclarece Luiza Muraro:

> Em 1965, Guarnieri publica uma edição do livro de Marguerite, tendo por base o manuscrito de Chantilly, única cópia francesa que nos chegou (é uma cópia tardia, escrita em torno de dois séculos depois do original), sob o título *Le mirouer des simples ames anienties et qui seulement demourent en vouloir et desir d'amour*, título que não corresponde nem àquela da versão latina, nem àquela do original, como eu creio ter demonstrado em um artigo da revista do Centro Ruusbroec da Antuérpia (Muraro, 2000, p. 221).

Já a nova versão feita pela própria Guarnieri, com Verdeyen, de 1986, tem por base não somente o Manuscrito de Chantilly, do século XV, como também alguns manuscritos em latim (a maioria do século XIV, *Vaticano* A, B, C, D e um do século XV, *Vaticano* F) e um manuscrito inglês do século XV, *Oxford* E (cf. Verdeyen, 1986, p. 5-14). Esse manuscrito inglês, por sua vez, está na origem da versão inglesa moderna de 1927 que outra filósofa teve acesso, Simone Weil (1909-1943), e que aparece ainda sem autoria, fazendo com que esta a atribua a um místico francês do século XIV (cf. Weil, 1950, p. 162).

Apesar de a autoria ter sido atribuída/devolvida tardiamente a Marguerite Porete e de o livro ter sido condenado e queimado – sendo proclamado que todos que possuíssem uma cópia dele deveriam entregá-lo ao prior dos dominicanos de Paris, sob pena de excomunhão –, a difusão do livro foi, como afirma Kurt Ruh (2002, p. 356), "absurdamente grande". As palavras de Ruh fazem todo sentido quando se sabe que do original em picardo quatro traduções foram feitas: uma para o latim, quando Porete ainda estava viva e, logo depois da sua morte, duas para o inglês médio e uma para o francês médio, demonstrando que não só cópias de *O Espelho* sobreviveram à fogueira da Inquisição, como também que essas cópias tiveram uma ampla divulgação.

É válido destacar que, em primeiro lugar, o livro de Marguerite Porete, apesar de complexo na sua estrutura, parece certo, entre os estudos existentes, tratar-se de um Espelho, portanto de um gênero literário bastante difundido na Idade Média. Segundo Bradley (1954, p. 100): "A palavra speculum, 'espelho', foi muito popular na Idade Média como um título para diferentes tipos de trabalhos, e seria quase impossível enumerar tudo que foi escrito em diferentes países do século XII ao XVI sob este nome".

Há, por exemplo, desde os espelhos de instruções, obras sobre os saberes da época, como o *Speculum majus* de Vincent de Beauvais, passando pelos *Specula principis*, até os espelhos normativos ou exemplares, como o *Speculum virginum*, do século XII. Marguerite Porete tinha conhecimento dessa tradição de escritos *specularis* e isso se reflete não apenas no título do seu livro, como também no seu sentido, pois o espelho poretiano, na narrativa mística de sua autora, tem igualmente o objetivo de instruir e, para esse fim, reflete-

-se no mesmo espelho a própria Porete, aspectos religiosos, profanos, políticos e sociais, como se pode ler no seguinte trecho:

> Esta Alma professa sua religião e respeita suas regras. Qual é a sua regra? Que ela seja recolocada, pelo aniquilamento, naquele primeiro estado onde Amor a recebeu. Ela própria passou pelo exame de sua provação e venceu a guerra contra todos os poderes (Porete, 1986, p. 401).

Apresentado o gênero do livro de Porete e seus múltiplos horizontes, passa-se agora à sua estrutura. Ele tem 140 capítulos, sendo o capítulo 1 um *Prólogo*, antecedido por uma canção de abertura. O capítulo 140 é uma *approbatio* que se encontra nas versões em latim e na do inglês médio (cf. Verdeyen, 1986). O livro se apresenta em prosa e em verso, em forma de diálogos e também em tratados. Na forma dialógica, Marguerite Porete expõe diferentes personagens, sendo as principais a Alma (*Ame*), a Dama Amor (*Dame Amour*) e a Razão (*Rasoin*), sendo que essa última funciona como uma espécie de antagonista às ideias das duas primeiras personagens.

O livro está dividido em duas partes assimétricas. A primeira é composta pelos capítulos de número 1 ao 121, e a segunda parte vai do capítulo 122 até o final do livro (capítulo 140). A primeira parte é narrada em terceira pessoa e se apresenta em forma de diálogo entre as personagens principais, sendo, grosso modo, a Alma a personificação da própria Marguerite Porete. A Razão representa a instituição Igreja, e Amor expressa Deus. Outras personagens também comparecem nessa primeira parte do *Mirouer*, como a Verdade (*Verité*), a Nobreza da Unidade da Alma (*Noblesse de Unité d'Ame*), a Altíssima Donzela da Paz (*La Soubzhaulcee Damoyselle de Paix*), a Luz da Alma (*La Lumiere de l'Ame*) e o Longeperto (*Loingprés*).

Há outras personagens além das citadas, mas todas elas são como uma espécie de extensão das três personagens principais. Já no que diz respeito à segunda parte de *O Espelho*, ela é antecedida pela "Canção da Alma" (*Icy commence l'Alme sa chason*), redigida em versos e, com exceção de dois pequenos capítulos, o 133 e o 134, não há mais diálogos nem a presença de personagens. O que há é a fala de Marguerite Porete expressa em primeira pessoa. Mesmo naqueles dois capítulos supracitados as personagens que compareçam são a Alma (*Ame*), o Amor Divino (*Amour Divine*), Amor (*Amour*) e Alma Liberada (*Ame Franche*).

A "Canção da Alma", além de ser um louvor ao Amor, é também uma crítica à servidão, à razão, à eloquência, às obras, às virtudes e a tudo o que representa a Santa Igreja, a pequena, entendida por Marguerite Porete como a instituição religiosa e, como tal, incapaz de compreender o verdadeiro sentido do amor. Por isso, ela questiona o que dirá *a gente da religião* (incluindo padres, clérigos, pregadores, agostinianos, carmelitas, freis menores e até as beguinas) quando ouvir a excelência da sua divina canção, já que ela escreveu sobre o estado do amor purificado (cf. Porete, 1986, p. 340-346).

Terminada a primeira parte da "Canção da Alma", Porete faz sete considerações nos sete capítulos seguintes (do 123 ao 129), sendo todas explicitamente referentes à Bíblia, apresentando uma leitura bem própria de quem escreve. Depois dessas considerações, seguem os capítulos finais sobre os temas clássicos de O Espelho, como a aniquilação; o voltar a ser o que era antes de ser; a liberdade; as marcas autorais que aparecem de maneira muito mais explícita, não apenas pela escrita em primeira pessoa, mas também pelo caráter autobiográfico do texto; assim como a crítica à Igreja como instituição, explicitando, assim, o caráter transgressor do livro poretiano.

## 4 – *O ESPELHO* E SUAS TRANSGRESSÕES

*O Espelho* de Porete deixa transparecer toda a cultura assombrosamente letrada de sua escritora, o que resulta em um texto complexo em que se cruzam vários saberes, como a filosofia, a literatura e a teologia, num feixe de conhecimentos sagrados e profanos. Em meio aos temas ali tratados, um merece destaque por ser o fio condutor de todo o livro: o conceito de aniquilamento ou aniquilação (*anientissement*). É fato que esse conceito não é posto com clareza em *O Espelho*. No entanto, de qualquer maneira, apesar de não aparecerem ao longo do livro de Porete definições do que seja aquele estado, todo o livro se articula do início ao fim na ideia de que as almas podem chegar a ser almas aniquiladas, isto é, almas livres de todo e qualquer intermediário que impeça a livre união do ser humano com Deus.

O aniquilamento, por sua vez, pode ser lido de diferentes ângulos no texto poretiano, desde as três mortes (do pecado, da natureza e do espírito), passando pelos setes graus ou sete estados que a alma deve percorrer, até a "depuração" da própria linguagem por meio das apófases, estando tudo isso relacionado ao mesmo processo de aniquilamento da alma. Esse processo, como um percurso, aparece ao longo de O Espelho, mas há alguns capítulos específicos em que essa ideia é apresentada, seja de maneira introdutória (*Prólogo*), seja resumida (capítulo 61), ou mais desenvolvida (capítulo 118).

O Espelho, como já explicitado, é um livro de estilo exemplar; logo, a condução de seus leitores/ouvintes é importante para sua autora. Assim, mesmo se tratando de um experienciar próprio e subjetivo, o texto não deixa de ser um tratado mistagógico, portanto, que conduz (ou ensina) outras pessoas. Sendo assim, logo no *Prólogo*, as palavras iniciais são:

> Uma Alma tocada por Deus, e despojada do pecado no primeiro estado da graça, é elevada pelas graças divinas ao sétimo estado da graça. Neste estado a Alma tem a plenitude da sua perfeição por meio da fruição divina no país da vida (Porete, 1986, p. 10).

Ainda no *Prólogo*, mas agora o encerrando, encontramos a "meta" de O Espelho, que ajuda a entender melhor o seu início:

> Há sete estados de nobre existência, pelos quais a criatura recebe o ser, se ela se dispõe a passar por todos eles, antes de chegar ao estado perfeito. Vos direi como, antes que este livro termine (Porete, 1986, p. 14).

Posto isso, Marguerite Porete vai narrando e conduzindo o leitor/ouvinte na sua narrativa, que traz muitas reflexões (cf. Nogueira, 2020). Dentre essas, destaca-se aqui as que podem ser relacionadas às transgressões:

*Aniquilamento*: tal conceito passa, necessariamente, por três mortes e por sete estágios, um processo no qual, aos poucos, a alma vai se desprendendo de uma série de coisas até se esvaziar completamente da sua vontade ou do seu eu. Para que o processo de aniquilamento se realize na sua completude, é preciso renunciar a determinadas coisas que a Igreja considera importante, como *missas, sermões, jejuns, orações* (cf. Porete, 1986) e que Marguerite Porete considera como empecilhos para se unir a Deus, pois se trata, para ela, de uma união sem intermediários (*sine medio*). Essa é uma ideia que diminui o poder da Igreja como mediadora entre seres humanos e Deus.

*Santa igreja, a grande, e Santa Igreja, a pequena*: Marguerite Porete insiste na ideia de que a instituição (Santa Igreja, a pequena) não tem condições para guiar as almas, pois ela age de acordo com os preceitos da Razão. Esta, por sua vez, tem a visão de um só olho, e isso acontece a ela e a todos que são nutridos na sua doutrina, ou seja, enxergam as coisas diante dos olhos, mas sem compreendê-las (cf. Porete, 1986). Como afirma Porete, são pessoas com boca sem palavras, olhos sem claridade, ouvidos sem audição, razão sem razão, corpos sem vida e coração sem entendimento (cf. Porete, 1986). Essa é uma visão que demonstra a submissão da instituição Igreja às almas aniquiladas e como isso deve ser a regra a ser seguida por quem deseja uma união autêntica com Deus.

*O Longeperto*: este parece ser o único personagem sem fala em *O Espelho*. Ele aparece de diferentes formas, como centelha, movimento de abertura, Trindade, como o único capaz de quebrar a clausura secreta da mais elevada pureza da Alma. Porém, cabe ouvir o que escreve Porete (1986, p. 238-240) no capítulo 84, quando aborda a queda da Alma aniquilada no abismo "que se nomeia 'nada pensar do Longeperto', que é o seu mais próximo".

Quer dizer, o termo Longeperto, além de demonstrar o conhecimento da literatura cortês e o seu uso por parte de Porete para expressar o mais perfeito amor divino, indica, também, que ele faz parte do percurso místico poretiano, sendo ele próprio um novo nome para Deus que, como analisa McGinn (2017, p. 380), trata-se de dois adjetivos que sugerem ser Deus não uma coisa, mas uma "relação". Dialeticamente distante (longe) por sua infinitude e, ao mesmo tempo, próximo (perto) pela força do desejo e pela origem (divina) do humano (cf. Nogueira, 2019). O uso do Longeperto termina por apresentar uma visão de Deus não tão definida, não tão limitada, tampouco enquadrada num determinado modo de pensar que Porete critica.

*A crítica à Razão*: com o termo Longeperto, Porete foge, portanto, de uma "substantivação" de Deus, pois esta é típica do modo de pensar da Santa igreja, a grande, movida pela Razão. A razão poretiana e a das Almas aniquiladas raciocinam de outro modo e, por isso, ao criticar o modo estreito, limitado e finito da Razão, usando palavras como *lesma, entediante, pequena, rude, bestas, asnos* (cf. Porete, 1986, cap. 35 e 69), Marguerite Porete pode afirmar:

> Tais pessoas, que eu chamo de asnos, procuram Deus nas criaturas, nos mosteiros quando rezam, nos paraísos criados, nas palavras dos homens e nas Escrituras [...] Acreditam que Deus esteja sujeito aos seus sacramentos e às suas obras" (Porete, 1986, p. 194-196).

Quando perguntada pela Razão onde ela encontra Deus, a Alma responde que "O encontra em todos os lugares, pois Deus é tudo em todos os lugares" (Porete, 1986, p. 196). Não se trata de uma crítica à faculdade da razão, pois, se assim o fosse, nem mesmo o texto poretiano teria sentido algum. Porete não é contra a faculdade da razão, aliás, ela a usa muito bem. Ela apenas se posiciona de modo crítico ao que a personagem Razão, criada por ela, representa, ou seja, a instituição Igreja com todo o seu poder de reprimir, por exemplo, uma espiritualidade como a de Marguerite Porete, enraizada no amor e na liberdade, e a sua incapacidade (da Razão) de alargar os seus horizontes de compreensão.

Com *A crítica à Razão*, Marguerite Porete parece antecipar a crítica contemporânea que foi feita à égide da bandeira iluminista; abre caminho para uma teologia feminista, já que age sempre de modo bastante consciente com relação à sua escrita e ao direito que pensa ter para divulgá-la; defende o direito de viver a sua espiritualidade de maneira livre, uma vez que a Razão (e tudo que representa) impõe modelos e limites a essa vivência; e critica, ainda que indiretamente, o fazer filosófico dos escolásticos, enraizado na Razão, que defende em grande parte que uma mulher não deve pregar ou ensinar em público.

*A escrita do Espelho. Consciência e resistência:* o livro poretiano, diferente dos de outras beguinas, não é um livro confessional, como *A luz que flui da divindade* (*Fließendes Licht der Gottheit*), de Matilde von Magdeburg, nem um livro visionário, como as *Visões* (*Visionem*) de Hadewijch da Antuérpia (cf. Ruh, 2002). Também, quando comparada a outras filósofas medievais, como Hildegard von Bingen, por exemplo, Marguerite Porete difere pelo fato de jamais ter utilizado a fórmula de humildade.

Além dessas diferenças, *O Espelho* de Porete inaugura uma mística especulativa (cf. Garí, 2005). Quer dizer, embora mantenha a forte influência exercida pelo amor cortês, trata-se de uma experiência do pensamento amplamente apoiada na teologia negativa que reconhece os limites da linguagem quando se trata de escrever sobre o que ultrapassa qualquer limite, como se pode ler no capítulo 97:

> Todavia, diz esta Alma que escreveu este livro, eu era tão tola no tempo que eu o fiz, ou melhor, que Amor o fez por mim e a meu pedido, que eu coloquei em risco coisas que não se podem fazer nem pensar, como aquele que quisesse conter o mar em seu olho, e carregar o mundo na ponta de um junco, e iluminar o sol com uma lanterna ou com uma tocha. Eu era mais tola do que seria aquele que quisesse fazer isso,
> Quando eu estimei algo que não se pode dizer e me vi presa pela escuta dessas palavras. Mas assim tomei meu curso,
> para vir em meu socorro,
> ter minha mais elevada coroa, do estado que falamos
> que é o da perfeição.
> Quando a Alma permanece no puro nada, sem pensamento; e não antes disso (Porete, 1986, p. 270-272).

Para além das marcas autorais encontradas em *O Espelho* e que são reveladoras de um *eu* que se reconhece como tal e que vê no seu livro algo de importante, ao ponto de literalmente morrer por ele, a escrita poretiana também contribuiu para o desenvolvimento das literaturas vernáculas, como os livros de tantas outras mulheres medievais contribuíram. Ainda, quando se lê o livro poretiano, nele se reconhece sua autora e escritora, não somente porque muitas vezes ela fala em primeira pessoa, mas também, ou principalmente, porque revela a sua subjetividade (cf. Forcades, 2011; Dronke, 1986).

Por fim, Marguerite Porete é um ser consciente e reflexivo da instância do seu discurso e veicula seu nome ao seu texto e seu texto ao seu auditório (ela várias vezes chama a atenção para os "ouvintes do seu livro"). O eu de Porete tem um valor referencial sobre o plano do seu discurso, tanto que ela foi condenada à morte exatamente pelo discurso que fazia, e esse mesmo discurso/texto serviu para outras condenações de outros sujeitos na Idade Média. Apesar da condenação, seu *Espelho* vive, e, com ele, as reflexões de uma mulher que conscientemente resistiu para que suas ideias sobrevivessem e para que se pudesse pensar, quiçá, que há outras formas de se fazer filosofia/teologia, ou seja, aquela em que a Razão seja conduzida por Amor.

# BIBLIOGRAFIA

## Obra

### Edição em francês médio e latim com inserções em inglês médio
PORETE, M. *Le mirouer des simples ames*. Ed. de Romana Guarnieri (francês médio) e Paul Verdeyen (latim). Turnhout: Brepols, 1986.

### Traduções
PORETE, M. *Der Spiegel der einfachen Seelen*. Trad. de Bruno Kern. Alemanha: Marixverlag GmbH, 2011.

PORETE, M. *El espejo de las almas simples*. Trad. de Blanca Gari. Madri: Ediciones Siruela, 2005.

PORETE, M. *Le miroir des âmes simples et anéanties et qui seleument demeurent en vouloir et désir d'amour*. Trad. de Max Hout de Longchamp. Paris: A. Michel, 1997.

PORETE, M. *Lo specchio delle anime semplici*. Trad. de Giovanna Fozzer. Florença: Le Lettere, 2018.

PORETE, M. *O espelho das almas simples e aniquiladas e que permanecem somente na vontade e no desejo do Amor*. Trad. de Silvia Schwartz. Petrópolis: Vozes, 2008.

PORETE, M. *The mirror of simple souls*. Trad. de Ellen Babinsky. Nova Jersey: Paulist Press, 1993.

### Literatura secundária
BARTON, R. *A History of the Inquisition in the Middle Age*. Nova York: Macmillan, 1922.

BRADLEY, R. Backgrounds of the title Speculum in Mediaeval Literature. *Speculum*, v. 29, n. 1, p. 100-115, 1954. Disponível em: https://www.jstor.org/stable/2853870. Acesso em: 8 jul. 2024.

CIRLOT, V.; GARÍ, B. *La mirada interior*: escritoras místicas y visionarias en la edad media. Barcelona: Ediciones Martínez Roca, 1999.

DINIZ, J. O. *O espelho de si*: espiritualidade e autonomia feminina na literatura mística de Marguerite Porete. 2022. Dissertação (Mestrado em Literatura e Interculturalidade) – Universidade Estadual da Paraíba, Campina Grande, 2022. Disponível em: http://tede.bc.uepb.edu.br/jspui/handle/tede/4304. Acesso em: 8 jul. 2024.

DRONKE, P. *Donne e culture nel Medioevo*: scrittrici medievali dal II al XIV secolo. Trad. de Eugenio Randi. Milão: Il Saggiatore, 1986.

FREDERICQ, P. *Corpus documentorum inquisitionis*: haereticas pravitatis neerlandicae. Gante; Haia: J. Vuylsteke; Martinus Nijhoff, 1889. Parte I (1025-1520).

MURARO, L. Un livre et ses présents: corps et paroles de femmes dans la théologie occidentale. *Clio*, v. 12, p. 209-224, 2000.

FIELD, S. L. *The beguine, the angel, and the inquisitor*: the trials of Marguerite Porete and Guiard of Cressonessart. Notre Dame: University of Notre Dame Press, 2012.

FORCADES, T. *La teologia feminista en la història*. Trad. de Julia Munar. Barcelona: Fragmenta Editorial, 2011.

GARÍ, B. *Introdução à tradução de "El espejo de las almas simples"*. Madri: Ediciones Siruela, 2005. p. 9-37.

MARIANI, C. M. C. B. Marguerite Porete: a alma entre aniquilamento e nobreza. *Revista do Instituto Humanitas Unisinos*, v. 11, n. 385, p. 57-65, 2011. Disponível em: https://www.ihuonline.unisinos.br/artigo/4286-ceci-baptista-mariani. Acesso em: 10 jul. 2024.

MARIANI, C. M. C. B. *Marguerite Porete, teóloga do século XIII*: experiência mística e teologia dogmática em O espelho das almas simples de Marguerite Porete. 2008. Tese (Doutorado em Ciências da Religião) – Pontifícia Universidade Católica de São Paulo, São Paulo, 2008. Disponível em: https://repositorio.pucsp.br/jspui/handle/handle/2091. Acesso em: 10 jul. 2024.

MCGINN, B. *O florescimento da mística*: homens e mulheres da nova mística (1200-1350). Trad. de Pe. José Raimundo Vidigal. São Paulo: Paulus, 2017.

NEWMAN, B. Annihilation and authorship: three women mystics of the 1290s. *Speculum*, v. 91, n. 3, p. 591-630, 2016. Disponível em: https://www.journals.uchicago.edu/doi/pdf/10.1086/686939. Acesso em: 10 jul. 2024.

NOGUEIRA, M. S. M. Aniquilamento e descriação: uma aproximação entre Marguerite Porete e Simone Weil. *Revista Trans/Form/Ação* v. 42, n. 4, p. 193-216, 2019a. Disponível em: https://revistas.marilia.unesp.br/index.php/transformacao/article/view/9611. Acesso em: 10 jul. 2024.

NOGUEIRA, M. S. M. Escritoras medievais: transgressões silenciadas. *In*: BROCHADO, C. C.; DEPLAGNE, L. C. (orgs.). *Vozes de mulheres da Idade Média*. João Pessoa: Editora UFPB, 2018. p. 132-152.

NOGUEIRA, M. S. M. Este corpo que fala: Hadewijch e o furor do amor. *In*: DE MORI, G. (org.). *Esses corpos que me habitam no sagrado do existir*. São Paulo: Edições Loyola, 2022. p. 41-55.

NOGUEIRA, M. S. M. Lá onde estava antes de ser: Marguerite Porete e as almas aniquiladas. *Scintilla*: Revista de Filosofia e Mística Medieval, v. 13, n. 2, p. 11-30, 2016. Disponível em: https://scintilla.saoboaventura.edu.br/scintilla/article/view/21/17. Acesso em: 10 jul. 2024.

NOGUEIRA, M. S. M. Marguerite Porete: a mística como escrita de si. *Revista Graphos*, v. 22, n. 3, p. 76-90, 2020. Disponível em: https://periodicos.ufpb.br/ojs2/index.php/graphos/article/view/54125. Acesso em: 10 jul. 2024.

NOGUEIRA, M. S. M. Marguerite Porete e Mestre Eckhart: algumas aproximações. *In*: SILVA, N. C. B. S. (org.). *Verdade, saber e poder na filosofia da Idade Média*. Curitiba: CRV, 2019b. p. 115-128.

NOGUEIRA, M. S. M. Mística feminina medieval: um ensaio de categorização. *Perspectiva Filosófica*, v. 48, n. 2, p. 69-92, 2021. Disponível em: https://periodicos.ufpe.br/revistas/perspectivafilosofica/article/view/249029. Acesso em: 10 jul. 2024.

OLIVEIRA, L. M. *Marguerite Porete e as beguinas*: a importante participação das mulheres nos movimentos sociais e políticos na Idade Média. 2018. Dissertação (Mestrado em História) – Universidade de Brasília, Brasília, 2018. Disponível em: http://www.realp.unb.br/jspui/bitstream/10482/33093/1/2018_LeandrodaMottaOliveira.pdf. Acesso em: 10 jul. 2024.

PONTES, A. O. S. *Amar a Deus e amar a si*: imagens no espelho da experiência mística em Marguerite Porete. 2016. Dissertação (Mestrado em Ciências das Religiões) – Universidade Federal da Paraíba, João Pessoa, 2016. Disponível em: https://repositorio.ufpb.br/jspui/handle/123456789/11741. Acesso em: 10 jul. 2024.

RÉGNIER-BOHLER, D. Vozes literárias, vozes místicas. *In*: DUBY, G; PERROT, M. (org.). *História das mulheres no Ocidente*. A Idade Média. Porto: Edições Afrontamento, 1990. p. 516-589.

ROBINSON, J. M. *Nobility and annihilation in Marguerite Porete's Mirror of simple souls*. Albany: State University of Ney Work Press, 2001.

RUH, K. *Storia della mistica occidentale*: mistica femminile e mistica fracescana delle origini. Trad. de G. Cavallo-Guzzo e C. de Marchi. Milão: Vita e Pensiero, 2002.

SCHWARTZ, S. *A béguine e al-Shaykh*: um estudo comparativo da aniquilação mística em Marguerite Porete e Ibn' Arabi. 2005. Tese (Doutorado em Ciência da Religião) – Universidade Federal de Juiz de Fora, Juiz de Fora, 2005.

SCHWARTZ, S. Marguerite Porete: mística, apofatismo e tradição de resistência. *Numem*: Revista de Estudos e Pesquisa da Religião, v. 6, n. 2, p. 109-126, 2003.

SCHWARTZ, S. *Notas à sua tradução de "O espelho das almas simples e aniquiladas e que permanecem somente na vontade e no desejo do Amor"*. Petrópolis: Vozes, 2008.

TERRY, W. R.; STAUFFER, R. (orgs.). *A companion to Marguerite Porete and "The mirror of simple souls"*. Leiden: Brill, 2017.

VASCONCELOS, A. R. G. C. *Autoridade profética e autoimagem em Hildegard von Bingen*. Dissertação (Mestrado em Literatura e Interculturalidade) – Universidade Estadual da Paraíba, Campina Grande, 2022. Disponível em: http://tede.bc.uepb.edu.br/jspui/handle/tede/4381. Acesso em: 10 jul. 2024.

VERDEYEN, P. Le procès d'inquisition contre Marguerite Porete et Guiard de Cressonessart (1309-1310). *Revue d'Histoire Ecclésiastique*, v. 81, p. 45-94, 1986.

VERDEYEN, P. *Estudo à edição de Romana Guarnieri* : le mirouer des simples ames. Brepols: Turnhout, 1986. p. 5-14.

WEIL, S. *La connaissance surnaturalle*. Paris: Éditions Gallimard, 1950.

## Link

ARCHIVE DE LITTÉRATURE DU MOYEN ÂGE. *Marguerite Porete*. Disponível em : https://www.arlima.net/mp/marguerite_porete.html. Acesso em: 8 jul. 2024.

# 12
# CHRISTINE DE PIZAN

(1364-c.1431)

Ana Rieger Schmidt*

## 1 – VIDA

Christine de Pizan (ou Cristine de Pisan) nasceu em Veneza em 1364. Com quatro anos de idade mudou-se com a família para Paris, onde seu pai, Tommaso de Pizzano, trabalhou como astrólogo do rei francês, Carlos V. Em 1380, casou com Etinenne de Castel, secretário do rei, com quem teve dois filhos e uma filha. Um evento de grande importância em sua biografia é a morte inesperada de seu marido em 1389, pouco depois do falecimento de seu pai. Esse evento leva Pizan, agora viúva, a encontrar meios para o sustento próprio e de sua família. Começa compondo poesias a partir de 1390, as quais lhe rendem significativa atenção na corte. Em um de seus textos autobiográficos, *Le livre de l'advision Cristine* [O livro da visão de Cristine], a personagem Philosophie lembra Christine que se ela não tivesse ficado viúva, não teria se dedicado aos estudos e à escrita, mas teria se ocupado exclusivamente de responsabilidades domésticas – como era esperado de uma esposa de sua classe social. Convém observar que, no período medieval, a viuvez entre mulheres de famílias abastadas representava um estado de grande liberdade, já que elas podiam

---

* Professora da Universidade Federal do Rio Grande do Sul (UFRGS).

decidir não se casar novamente. Autora, editora e publicadora, Pizan também se envolvia diretamente na confecção de seus livros: orientava copistas e artistas para ilustrar seus manuscritos, agia como própria copista e muito astutamente presenteava compilações dedicadas a membros da corte em troca de pagamento, buscando com isso segurança financeira e renome. De fato, Pizan é considerada a primeira mulher escritora profissional no Ocidente.

Pizan viveu em um momento político especialmente turbulento, marcado por disputas de poder na monarquia. Em meio à Guerra de Cem Anos (1337-1451), quando a França se via devastada pelo cerco dos ingleses, eclodiu o conflito resultante das disputas de poder entre Armagnacs e Borguinhões (1407-1435), além das instabilidades causadas pelo Grande Cisma do Ocidente (1378-1417), crise religiosa marcada pela eleição de dois papas (um em Avignon e outro em Roma), ambos reclamando para si o poder sobre a Igreja Católica. A considerável quantidade de tratados de natureza política escritos por Pizan é certamente explicada pelas suas inquietações nesse contexto de profunda instabilidade.

Pizan se retira da corte parisiense em 1418, em decorrência da guerra civil, e se abriga em um convento em Poissy, onde praticamente abandonou a atividade literária, senão pela confecção de um poema celebrando a vitória dos franceses sobre os ingleses sob a liderança de Joana d'Arc, em 1429. Acredita-se que Pizan morreu pouco antes da condenação de Joana d'Arc, em 1431.

## 2 – CONTEXTO CULTURAL E INTELECTUAL

Pizan gozou de considerável reputação em vida e seu lugar no cânone da literatura ocidental está assegurado – o que ainda não é o caso com relação ao cânone filosófico. Com efeito, avaliar a pertinência dos escritos de Pizan para a compreensão da atividade filosófica dessa época implica levar em conta as condições singulares em que ela escreveu, e isso inclui notadamente a distinção sociocultural entre o meio laico e o meio clerical. Como mulher, Pizan está necessariamente excluída do meio clerical e, ao mesmo tempo, não pôde ter acesso a uma educação formal universitária. Pizan pertence ao meio intelectual e cultural que se desenvolveu na corte de Carlos VI, onde conviveu e debateu com nomes centrais do nascente pensamento humanista francês (como Jean Gerson, Jean Montreuil e Gontier Col). De modo geral, era muito incomum que mulheres desenvolvessem a prática da escrita na Idade Média fora dos contextos monásticos, em que a educação religiosa vinha acompanhada de certa instrução. Cabe notar que esse fato se reflete na iconografia da época, na qual são raras as representações de mulheres autoras ou como autoridades intelectuais. Nesse sentido, as ilustrações de Pizan estudando entre os livros, escrevendo e discutindo com homens em nítida posição de autoridade são surpreendentes e pouco comuns (cf. Renck, 2018). Em seu autobiográfico *Le livre de mutacion de fortune* [Livro da transformação de fortuna, 1403], Pizan descreve uma alegoria intrigante: após a morte de seu marido, uma transformação dramática faz-se necessária – Pizan é transformada pela Fortuna em um homem, que agora tem força suficiente para conduzir a embarcação que representa sua trajetória de vida. Mais que uma mera construção literária, tal metamorfose reflete uma realidade social, na medida em que escrever e viver de sua escrita, especialmente sobre assuntos de natureza filosófica e política, são atividades percebidas como masculinas. Tal relato se vale do *topos* literário da "mulher viril" (*virago*) para reclamar a mesma autoridade de um homem.

> Mas para fazê-los entender melhor o fim do processo ao qual quero chegar, direi quem sou, esta que vos fala, que de mulher se torna homem por Fortuna – que assim o quis. Assim, ela transforma meu corpo e face em um homem natural completo; De fato, eu, que fui mulher, agora sou um homem – e não minto, como bem demonstram meus passos. Assim, já fui mulher – e é verdade o que vos digo – mas narrarei como ficção o fato de minha transformação, de como sendo mulher me tornei homem. Quero que este poema seja intitulado, quando sua história se tornar conhecida, "A transformação de Fortuna" (*Livro da transformação de fortuna*, vv. 139-156).

Como vimos, Pizan era filha de um membro da corte de Carlos V e, por isso, pôde ser educada por meio de tutoria – como era recorrente entre jovens aristocratas. Além disso, teve acesso à famosa Biblioteca Real, a terceira maior biblioteca da França, que contava com obras centrais das tradições política, religiosa e filosófica. De fato, as evidências documentadas do seu conhecimento de obras filosóficas são vastas. Por exemplo, no *Livre des faits et bonnes moeurs du sage Roy Charles V* [Livro de fatos e bons costumes do sábio Rei Carlos V, 1404], Christine escreve uma biografia do rei em um elogio às suas virtudes, revelando compreensão do esquema aristotélico do saber teórico e da sabedoria prática aplicada na deliberação. A noção de prudência também é central em *O livro da paz*, considerada como a mãe de todas as virtudes. No *Livre de l'advision Cristine* [Livro da visão de Christine, 1405], Pizan se inspira na *Consolação da filosofia*, de Boécio, mostrando conhecimento detalhado da obra e assumindo o papel da protagonista que busca consolo na vida contemplativa para além da provação e dos sofrimentos infligidos por fortuna. Esse texto surpreende pelo emprego de longas paráfrases do *Comentário* de Tomás de Aquino à *Metafísica* de Aristóteles – um texto denso destinado ao público universitário e que circulava exclusivamente em latim.

### 3 – OBRAS

Pizan foi uma escritora prolífica: produziu mais de 40 obras em uma gama variada de gêneros literários (todas em francês médio, ou seja, o francês falado nos séculos XIV e XV) e para públicos diversos. Destacam-se os livros de instrução moral para o cultivo das virtudes, guias políticos para membros da corte e a defesa do sexo feminino. Listamos algumas dessas obras em função de sua relevância filosófica e aproximação temática.

Pizan compôs uma série de tratados de natureza política, dentre os quais o *Le livre du chemin de long estude* [O livro do caminho de longo estudo] (1402–1403), espécie de narrativa da história universal em verso, e o já mencionado *Livre des faits et bonnes moeurs du sage Roy Charles V* [Livro dos fatos e bons costumes do sábio rei Carlos V], uma biografia do rei Carlos V encomendada pelo Duque da Borgonha em 1404. *Le livre du corps de policie* [O livro do corpo político], composto entre 1404 e 1407, discorre sobre o bem comum e as qualidades esperadas de um bom governante. Em 1400, escreveu um tratado pedagógico para edificação moral em prosa e verso intitulado *L'Epistre Othea* [Cartas de Otea a Héctor], texto reproduzido em 47 manuscritos. Dentre as obras políticas se destacam o *Livre de la pais* [Livro da paz, 1414] e o *Livre du corps de policie* [Livro do corpo político, 1407], considerados espelhos de príncipes, ou seja, tratados dedicados à formação e educação moral do futuro rei. Verificamos uma compilação ética profundamente marcada pela influência de Aristóteles e sua recepção medieval.

*L'epistre au dieu d'Amours* [A carta ao Deus do Amor], composta em 1399, é uma sátira epistolar em verso na qual Cupido denuncia as difamações contra as mulheres. *Le livre de l'advision Cristine* [O livro da visão de Christine] (1405) se apresentou como uma narrativa autobiográfica em que Pizan mostrou ter consciência da novidade de sua condição como escritora e da importância disso para o seu reconhecimento e sua fama. No mesmo ano, escreveu seu texto mais conhecido, reproduzido em 26 manuscritos: *Le livre de la cité des dames* [A cidade das damas]. A personagem Christine recebe a visita de três senhoras – Razão, Retidão e Justiça – que a auxiliam a construir uma cidade amuralhada para proteger as mulheres virtuosas das calúnias injustas lançadas pelos homens. Essa obra pode ser entendida como uma narrativa alegórica em defesa das mulheres contra a misoginia disseminada nos meios culturais de seu tempo (cf. seção a seguir) e conta com uma compilação de *exempla* de mulheres notáveis pela história, na mitologia e nas Escrituras e com argumentos em favor da perfectibilidade da natureza feminina. Ainda em 1405, compôs *Le livre des trois vertus* [O livro das três virtudes], dedicado à Margarete da Borgonha, o qual pode ser lido como um guia prático de conduta moral dedicado às mulheres laicas de diversas classes sociais – de princesas a prostitutas. *Le ditié de Jehanne d'Arc* [O ditado de Joana d'Arc], de 1429, sua última obra, consiste em um poema louvando o heroísmo de Joana d'Arc na libertação de Orléans e descrevendo seus feitos como uma honra para o sexo feminino. Diversos desses textos se encontram em manuscritos muito luxuosos e ricamente iluminados – o que indica o prestígio de seus proprietários.

## 4 – DEFESA DO SEXO FEMININO E A *QUERELLE DES FEMMES*

Pizan ficou particularmente conhecida por sua defesa das mulheres contra a difamação do sexo feminino nos meios literários e filosóficos. Os textos mais importantes para analisarmos seus argumentos contra a inferioridade da mulher são a série de correspondências reunidas sob o título *Querelle de la rose* [Debate da rosa] e *A cidade das damas*.

A *Querelle de la rose*, protagonizada por Christine de Pizan, Jean de Montreuil e Gontier Col, é considerada o primeiro debate público em defesa do sexo feminino (McWebb, 2013). O debate se dá a partir de uma troca de cartas envolvendo a crítica do célebre *Romance da rosa* de Jean de Meun, cujos versos apresentam uma visão pouco elogiosa das mulheres, as quais são sistematicamente representadas como ardilosas e desleais. A disputa se inicia formalmente em 1401, quando Pizan escreve uma primeira carta diretamente em resposta a Jean de Montreuil denunciando os intelectuais que elogiam o autor e defendem o conteúdo dos seus versos. Pizan entende que todo autor deve assumir a responsabilidade moral sobre suas obras e que a literatura deve ter como função a boa orientação moral, para além da qualidade estética. O retrato difamatório do sexo feminino teria um efeito corrosivo sobre seus leitores, levando à desarmonia entre os sexos e a uma compreensão equivocada do amor. Gontier Col solicita uma cópia da carta de Pizan e a critica duramente, pedindo que se retrate. Pizan se recusa a fazê-lo, reitera sua posição, compila a correspondência e a envia a seus protetores, dentre os quais, a rainha Isabeau de Bavière – garantindo com isso a exposição do debate. Nas cartas, Pizan fala explicitamente em nome do seu sexo e usa sua condição de mulher como posição privilegiada para argumentar.

> E você deve acreditar em mim, caro senhor, que não sustento essas opiniões em favor das mulheres simplesmente porque sou uma mulher. Pois, com certeza, meu propósito é simplesmente defender a verdade absoluta, porque sei por conhecimento certo que a verdade é contrária às coisas que estou negando. E por mais que eu seja mulher, sou muito mais capaz de falar sobre essas coisas do que alguém que não tem experiência no assunto e que, portanto, só pode falar por meras suposições e aproximações (Carta de Christine à Jean de Montreuil, verão de 1401).

*A cidade das damas* pode ser lido como um catálogo de mulheres ilustres, do mesmo gênero do *De mulieribus claris* [Sobre mulheres ilustres], de Bocaccio, e *De viris illustribus* [Sobre homens ilustres], de Petrarca. Tendo claramente mulheres como público leitor, Pizan compila mais de 150 relatos biográficos de mulheres ilustres, seja pelas suas contribuições científicas ou seu destaque nas artes, por suas atuações como governantes e estrategistas militares ou por terem levado uma vida devota e exemplar segundo a fé cristã. Esses relatos são instrumentalizados em um objetivo duplo: além de servirem como *exempla* para promover a boa conduta moral de suas leitoras, Pizan pretende fornecer evidências suficientes para provar que a natureza feminina é compatível com o pleno uso da razão. Em consequência, as mulheres podem e devem, assim como os homens, aspirar ao cultivo das virtudes nos diferentes aspectos de suas vidas – social, intelectual e espiritual. Para assegurar esse objetivo, Pizan mobiliza uma série argumentos que refutam a tese da imperfectibilidade da forma feminina, se apropriando das tradições filosóficas medievais como bases teóricas de sua defesa.

Pizan é considerada uma antecipadora da *Querelles des femmes*, expressão que designa um conjunto de textos escritos em um espaço de mais de quatro séculos, reunidos segundo uma unidade temática: a reflexão sobre o estatuto da mulher na sociedade. Inserem-se nesse debate, por exemplo, *La nobiltà et l'eccellenza delle donne, co' difetti et mancamenti de gli uomini* [A nobreza, e excelência das mulheres, com defeitos e falta dos homens, 1600], de Lucrezia Marinella; *Égalité des hommes et des femmes* [Igualdade entre homens e mulheres, 1622], de Marie de Gournay, *A serious proposal to the ladies for the advancement of their true and greatest interest* [Uma proposta séria às senhoras para o avanço de seu verdadeiro e maior interesse, 1694], de Mary Astell, e ainda *A vindication of the rights of woman* [Reivindicação dos direitos da mulher, 1792], de Mary Wollstonecraf. Sem se constituir como um movimento uniforme, tampouco como ativismo político, o *corpus* da *Querelle* pode ser estudado em sua dimensão filosófica. Nesse caso, uma estratégia para abordar os textos se dá por meio da análise de um conjunto de argumentos recorrentes em favor da igualdade entre os sexos a partir de uma compreensão da razão como igualmente distribuída entre homens e mulheres. Podemos, ainda, centrar a leitura em uma reinvindicação recorrente, a saber, que mulheres seriam plenamente aptas a receber a mesma educação proporcionada aos homens. Podemos identificá-la com clareza na *Cidade das damas*:

> se fosse o costume mandar jovens meninas para a escola e ali ensiná-las toda sorte de diferentes matérias, assim como se faz com jovens meninos, elas entenderiam e aprenderiam as dificuldades de todas as artes e ciências com tanta facilidade quanto os meninos. [...] Sabes por que mulheres conhecem menos que homens? [...] é porque elas são menos expostas a uma larga variedade de expe-

**209**

riências já que precisam ficar em casa o dia inteiro em nome do lar. Não há nada como uma gama completa de diferentes experiências e atividades para expandir a mente de qualquer criatura racional (Pizan, 2012, parte I, cap. XXVII).

A conclusão segundo a qual homens e mulheres compartilham da mesma natureza é condição necessária para Pizan mostrar que supostas diferenças no desenvolvimento intelectual de ambos os sexos não se devem a uma inferioridade natural, mas a uma razão circunstancial. Tais considerações nos permitem atribuir a Pizan uma tese que representa um antecedente do pensamento feminista, a saber, a condição de submissão das mulheres pode ser explicada pela desigualdade de oportunidades e por certo condicionamento social. Ainda que não formule uma crítica contundente à dominação masculina na sociedade medieval, a obra de Pizan é celebrada pela crítica sem precedentes à misoginia nos meios intelectuais e como um expoente do protofeminismo no século XV.

Por meio de seus argumentos e do recurso a uma variedade de aparatos retóricos que visam, em última instância, à edificação moral de seus leitores, Christine de Pizan encontra um modo de legitimar seu discurso filosófico. Suas motivações para engajar-se nos debates de seu tempo emanam de uma visão transformadora e emancipadora do que significa ser uma filósofa.

*Se dizem: Os livros disso são cheios!*
eis a resposta que a muitos me queixo:
Pelas mulheres não foram escritos
nem os livros, nem as listas de vícios
que contra a natureza delas existem.
Se, tão arbitrariamente, decidem
defender sua causa veemente
sem a parte adversa estar presente,
vantagem levam, pois sem contra-ataque,
indefesa é acusada a outra parte.
Mas, se fossem escritos por autoras
Sei bem que as histórias seriam outras.
Pois, acusadas são injustamente;
sobre isso elas são bem conscientes.
E se as partes não são bem repartidas,
pegam os mais fortes as melhores fatias
(Deplagne e Lemaire, 2024, p. 81).

# BIBLIOGRAFIA

## Obras

### *L'epistre au dieu d'Amours*

– *Edição em francês médio*:
ROY, M. *Oeuvres poétiques de Christine de Pisan*. Paris: Firmin Didot & cie, 1886.

– *Tradução em francês moderno*:
FENSTER, T. S.; ERLER, M. C. *Poems of Cupid, God of Love*: Christine de Pizan's "Epistre au dieu d'amours" and "Dit de la rose". Leiden; Nova York: Brill, 1990.

– *Traduções*:
BLUMENFELD-KOSINSKI, R.; BROWNLEE, K. (orgs. e trads.). *The selected works of Christine de Pizan*. Nova York: Norton, 1997. p. 15-29.

DEPLAGNE, L. C.; LEMAIRE, R. (trads.). Epístola ao Deus do Amor. *In*: DEPLAGNE, L. C.; TORRES, M. H. C. (orgs.). *Raízes feministas em tradução*: francês. Brasília: Edições Câmara, 2024. p. 77-84.

LEMARCHAND, M. J. (org. e trad.). *La rosa y el príncipe*. Madri: Gredos, 2005.

### *L'epistre Othea*

– *Edição em francês médio*:
PIZAN, C. *L'Epistre Othea*. Org. de Gabriella Parussa. Genebra: Droz, 1999. Textes littéraires français, 517.

– *Tradução em francês moderno*:
PIZAN, C. *L'Epistre Othea*. Trad. de Hélène Basso. Paris: Presses Universitaires de France, 2008.

– *Tradução em inglês*:
PIZAN, C. *Othea's letter to Hector*. Trad. de Renate Blumenfeld-Kosinski e Earl Jeffrey Richards. Tempe: Arizona Center for Medieval and Renaissance Studies, 2017.

### *Les epiltres sur le Rommant de la Rose*

– *Edições em francês médio*:
PIZAN, C. *Debating the romance of the rose*: a critical anthology. Ed. e trad. de Christine McWebb. Nova York: Routledge, 2007.

PIZAN, C. *Le livre des epistres du debat sus le Rommant de la Rose*. Ed. de Andrea Valentini. Paris: Classiques Garnier, 2014.

– *Traduções em francês moderno*:

PIZAN, C. *Le débat sur le roman de la rose*. Org. de Eric Hicks. Genebra: Slatkine, 1996.

PIZAN, C. *Le débat sur le "roman de la rose"*. Trad. de Virginie Greene. Paris: Champion, 2006. Traductions des Classiques du Moyen Âge, 76.

– *Tradução em inglês*:

PIZAN, C. *Debating the romance of the rose*: a critical anthology. Org. e trad. de Christine McWebb. Nova York: Routledge, 2007.

### Le livre du chemin de long estude

– *Ediçãos em francês médio*:

TARNOWSKI, A. (ed. e trad.). *Le chemin de longue étude*. Paris: Librairie générale française, 2000. (Com tradução para o francês moderno.)

– *Tradução em inglês*:

BLUMENFELD-KOSINSKI, R.; BROWNLEE, K. (trads.). *The selected works of Christine de Pizan*. Nova York: Norton, 1997. p. 59-87.

### Le livre de la mutacion de Fortune

– *Edição em francês médio*:

PIZAN, C. *Le livre de la mutacion de fortune par Christine de Pisan*. Ed. de Suzanne Solente. Paris: Picard, 1959-1966.

– *Traduções*:

BLUMENFELD-KOSINSKI, R.; BROWNLEE, K. (trad.). *The selected works of Christine de Pizan*. Nova York: Norton, 1997. p. 89-109.

PIZAN, C. *The book of the mutability of fortune*. Trad. de Geri L. Smith. Toronto: Iter Press; Tempe: Arizona Center for Medieval and Renaissance Studies, 2017.

SCHMIDT, A. R. O livro da transformação de fortuna de Christine de Pizan. *Revista Philia*, v. 2, p. 578-600, 2020.

### Livre des faits et bonnes moeurs du sage Roy Charles V

– *Edição em francês médio*:

PIZAN, C. *Le livre des fais et bonnes meurs du sage roy Charles V*. Ed. de Suzanne Solente. Paris: Champion, 1936-1940.

– *Traduções em francês moderno*:

PIZAN, C. *Le livre des faits et bonnes moeurs du roi Charles V le Sage*. Trad. de Thérèse Moreau e Eric Hicks. Paris: Stock, 1997.

PIZAN, C. *Livre des faits et bonnes mœurs du sage roi Charles V*. Trad. de Joël Blanchard e Michel Quereuil. Paris: Pocket, 2013.

## Le livre de l'advision Cristine

– Edição em francês médio:
PIZAN, C. *Le livre de l'advision Cristine*. Ed. de Christine Reno e Liliane Dulac. Paris: Honoré Champion, 2001.

– Tradução em francês moderno:
PIZAN, C. La vision de Christine. *In*: PAUPERT, A. *Voix de femmes au Moyen Âge*: savoir, mystique, poésie, amour, sorcellerie, XIIe-XVe siècle. Paris: Laffont, 2006.

– Traduções:
BLUMENFELD-KOSINSKI, R.; BROWNLEE, K. (trads.). *The selected works of Christine de Pizan*. Nova York: Norton, 1997. p. 173-201.

PIZAN, C. *The vision of Christine de Pizan*. Trad. de Glenda McLeod e Charity Cannon Willard. Cambridge: Brewer, 2005.

## Le livre de la cité des dames

– Edições em francês médio:
PIZAN, C. *La città delle dame*. Trad. de Patrizia Caraffi. Ed. de Earl Jeffrey Richards. Milão: Luni Editrice, 1997.

PIZAN, C. *Le livre de la cité des dames*. Ed. de Claire le Ninan e Anne Paupert. Paris: Honoré Champion, 2023.

– Tradução em francês moderno:
PIZAN, C. *Le livre de la cité des dames*. Trad. de Eric Hicks e Thérèse Moreau. Paris: Stock, 1992.

– Traduções:
PIZAN, C. *A cidade das damas*. Trad. de Luciana Eleonora de Freitas Calado Deplagne. Florianópolis: Mulheres, 2012.

PIZAN, C. *La ciudad de las damas*. Madri: Siruela, 1995.

PIZAN, C. *The book of the city of ladies*. Trad. de Earl Jeffrey Richards. Nova York: Persea Books, 1982.

PIZAN, C. *The book of the city of ladies*. Trad. de Rosalind Brown-Grant. Londres: Penguin, 1999.

## Le livre des trois vertus (ou Trésor de la Cité des Dames)

– Edição em francês médio:
PIZAN, C. *Le livre des trois vertus*. Ed. de Charity Cannon Willard e Eric Hicks. Paris: Champion, 1989.

– *Tradução em francês moderno*:
PIZAN, C. Le livre des trois vertus. Trad. de Liliane Dulac. *In*: PAUPERT, A. *Voix de femmes au Moyen Âge*: savoir, mystique, poésie, amour, sorcellerie, XIIe-XVe siècle. Paris: Laffont, 2006.

– *Traduções*:
BLUMENFELD-KOSINSKI, R.; BROWNLEE, K. (trads.). *The selected works of Christine de Pizan*. Nova York: Norton, 1997. p. 156-173.

PIZAN, C. *A medieval woman's mirror of honor*: the treasury of the city of ladies. Trad. de Charity Cannon Willard. Ed. de Madeleine Cosman. Nova York: Bard Hall et Persea, 1989.

PIZAN, C. *Libro de las tres virtudes o tesoro de la ciudad de las damas de Cristina de Pizan*. Trad. de Raquel Homet Florensa. Buenos Aires: Editorial Autores de Argentina, 2016.

PIZAN, C. *The treasure of the city of ladies or The book of the three virtues*. Trad. de Sarah Lawson (trad.). Harmondsworth: Penguin, 1985.

## Le livre du corps de policie

– *Edições em francês médio*:
PIZAN, C. *Le livre du corps de policie*. Ed. de Angus J. Kennedy. Paris: Champion, 1998.

PIZAN, C. *Le livre du corps de policie*. Ed. de Robert H. Lucas. Genebra: Droz, 1967.

– *Traduções*:
BLUMENFELD-KOSINSKI, R.; BROWNLEE, K. (trads.). *The selected works of Christine de Pizan*. Nova York: Norton, 1997. p. 201-216.

PIZAN, C. *The book of the body politic*. Trad. de Kate Langdon Forhan. Cambridge: Cambridge University Press, 1994.

## Le livre de la paix

– *Traduções em francês moderno*:
BLUMENFELD-KOSINSKI, R.; BROWNLEE, K. (trads.). *The selected works of Christine de Pizan*. Nova York: Norton, 1997. p. 229-248.

PIZAN, C. *Le livre de la paix*. Ed. de C. Cannon Willard. Mouton: La Hague, 1958.

– *Tradução em inglês*:
PIZAN, C. *The book of peace by Christine de Pizan*. Ed. e trad. de Karen Green, Constant J. Mews e Janice Pinder. University Park: Pennsylvania State University Press, 2008.

### Le livre des fais d'armes et de chevalerie

– Edição em francês médio:
PIZAN, C. *Le livre des fais d'armes et de chevalerie*. Ed. de Lucien Dugaz. Paris: Classiques Garnier, 2021.

– Tradução em língua inglesa:
PIZAN, C. *Book of deeds of arms and of chivalry by Christine de Pizan*. Trad. de Sumner Willard. Ed. de Charity Cannon Willard. University Park: Penn State Press, 2010.

### Le ditié de Jehanne d'Arc

– Edições em francês médio (com trad. em inglês):
PIZAN, C. *Le ditié de Jehanne d'Arc*. Ed. e trad. de Angus J. Kennedy e Kenneth Varty. Oxford: Society for the Study of Mediaeval Languages and Literature, 1977.

– Tradução em francês moderno:
PIZAN, C. Le ditié de Jehanne d'Arc. Trad. de Margaret Switten. *In*: PAUPERT, A. *Voix de femmes au Moyen Âge*: savoir, mystique, poésie, amour, sorcellerie, XIIe-XVe siècle. Paris: Laffont, 2006.

– Traduções:
BLUMENFELD-KOSINSKI, R.; BROWNLEE, K. (trads.). *The selected works of Christine de Pizan*. Nova York: Norton, 1997. p. 252-262.

PIZAN, C. *Le ditié de Jehanne d'Arc*. Ed. e trad. de Angus J. Kennedy e Kenneth Varty. Oxford: Society for the Study of Mediaeval Languages and Literature, 1977.

## Literatura secundária

ALLEN, P. *The concept of woman*. Michigan: Grand Rapids, 2002. v. 2, The Early Humanist Reformation: 1250-1500.

ALTMANN, B. K.; MCGRADY, D. L. *Christine de Pizan*: a casebook. Nova York: Routledge, 2003.

BERGES, S. On the outskirts of the canon: the myth of the lone female philosopher, and what to do about it. *Metaphilosophy*, v. 46, n. 3, p. 380-397, 2015.

BLANCHARD, J. Christine de Pisan: les raisons de l'histoire. *Le Moyen Âge*, v. 92, p. 417-436, 1986.

BLANCHARD, J. Christine de Pizan: une laïque au pays des clercs. *In*: AUBAILLY, J. et al. (org.). *Hommage à Jean Dufournet, professeur à la Sorbonne*: littérature, histoire et langue du Moyen Âge. Paris: Champion, 1993. p. 215-226.

BLANCHARD, J. "Vox poetica, vox politica": l'entrée du poète dans le champ politique au XVe siècle. *Actes* du Ve colloque international sur le moyen francais. Milão, 6-8 maio 1985; Milão: Vita e Pensiero, 1986. p. 39-51.

BLUMENFELD-KOSINSKI, R. Christine de Pizan and the misogynistic tradition. *In*: BLUMENFELD-KOSINSKI, R.; BROWNLEE, K. (trads.). *The selected writings of Christine de Pizan*. Nova York: Londres: Norton, 1997. p. 297-311.

BLUMENFELD-KOSINSKI, R. Christine de Pizan et l'autobiographie féminine. *Mélanges de l'École française de Rome, Italie et Méditerrannée*, v. 113, n. 1, p. 2-28, 2001.

BIRK, B. A. *Christine de Pizan and biblical wisdom*: a feminist-theological point of view. Milwaukee: Marquette University Press, 2005.

BROWN-GRANT, R. *Christine de Pizan and the moral defence of women*: reading beyond gender. Cambridge: Cambridge University Press, 2003.

CADDEN, J. Charles V, Nicole Oresme, and Christine de Pizan: unities and uses of knowledge in fourteenth-century France. *In*: SYLLA, E.; MCVAUGH, M. (orgs.). *Texts and contexts in ancient and medieval science*. Leiden: Brill, 1997. p. 208-244.

CLAUDE, C. *La querelle des femmes*: la place des femmes des Francs à la Renaissance. Temps des Cerises, 2000.

DELANY, S. *Mothers to think back through*: who are they? The ambiguous example of Christine de Pizan, medieval literary politics: shapes of ideology. Manchester: Manchester University Press, 1990. p. 88-103.

DEPLAGNE, L. E. F. C. A reescrita do mito das amazonas na obra "A cidade das damas" de Christine de Pizan. *Anuário de Literatura*, v. 18, p. 115-113, 2013.

DEPLAGNE, L. E. F. C. Vozes femininas na Idade Média: autorrepresentação, corpo e relações de gênero. *Fazendo Gênero 8: corpo, violência e poder*, p. 1-8, 2008.

DUBOIS-NAY, A.; HENNEAU, M. E.; KULESSA, R. (orgs.). *Revisiter La querelle des femmes*: discours sur l'égalité/inégalité des femmes et des hommes en Europe, de 1400 aux lendemains de la Révolution. Saint-Etienne: Publications de l'Université de Saint-Etienne, 2015.

DULAC, L.; RENO, C. M. L'humanisme vers 1400, essai d'exploration à partir d'un cas marginal: Christine de Pizan traductrice de Thomas d'Aquin. *In*: ORNATO, M.; PONS, N. (orgs.). Practiques de la culture écrite en France au XV siècle. *Actes* du colloque internationale du CNRS, Paris, 16-18 mai. 1992. Paris: Louvaine-La-Neuve, 1995.

FARMER, S.; PASTERNACK, C. B. *Gender and difference in the Middle Ages*. Mineápolis: University of Minnesota, 2003.

FENSTER, T. S.; LEES, C. A. (orgs.). *Gender in debate from the early Middle Ages to the Renaissance*. Nova York: Palgrave, 2002.

FERRANTE, J. M. The education of women in the Middle Ages in theory, fact, and fantasy. *In*: LABALME, P. H. (org.). *Beyond their sex*: learned women of the European past. Nova York: Nova York University Press, 1984. p. 9-42.

FORHAN, K. L. *The political theory of Christine de Pizan*. Aldershot; Burlington: Ashgate, 2002.

GOTTLIEB, B. The problem of feminism in the Fifteenth Century. *In*: KIRSHNER, J.; WEMPLE, S. F. *Women of the medieval world*. Oxford: Blackwell, 1985. p. 337-364.

GREEN, K. *A History of women's political thought in Europe*: 1400-1700. Cambridge: Cambridge University Press, 2009.

GREEN, K. On translating Christine de Pizan as a philosopher. *In*: GREEN. K.; MEWS, C. J. (orgs.). *Healing the body politic*: the political thought of Christine de Pizan. Turnhout: Brepols, 2005.

GREEN, K. Virtue ethics and the origins of feminism: the case of Christine de Pizan. *In*: O'NEILL, E.; LASCANO, M. (orgs.). *Feminist History of Philosophy*: the recovery and evaluation of women's philosophical thought. Cham: Springer, 2019.

IMBACH, R.; KÖNING-PRALONG, C. *La défi laique*: existe-t-il une philosophie de laics au Moyen Âge? Paris: Vrin, 2013.

KELLY, J. Early feminist theory and the "Querelle des femmes", 1400-1789. *Signs*, v. 8, n. 1, p. 4-28, 1982.

KELLY, D. Reflections on the role of Christine de Pisan as a feminist writer. *SubStance*, v. 1, n. 2, p. 63-71, 1972.

KÖNIG-PRALONG, C. Métaphysique, théologie et politique culturelle chez Christine de Pizan. *Freiburger Zeitschrift für Philosophie un Theologie*, v. 59, p. 464-479, 2012.

MCWEBB, C. *Debating the Roman de la rose*: a critical anthology. Florence: Taylor and Francis, 2013.

MEWS, C. J. Latin learning in Christine de Pizan's Livre de paix. *In*: GREEN, K.; MEWS, C. J. *Healing the body politic*: the political thought of Christine de Pizan. Turnhout: Brepols, 2005.

RENO, C. M. Christine de Pizan: at best a contradictory figure? *In*: BRABANT, M. *Politics, gender, and genre*: the political thought of Christine de Pizan. Nova York: Routledge, 1992. p. 171-191.

RICHARDS, E. J. Christine de Pizan and the question of feminist rhetoric. *Teaching Language through Literature*, v. 22, p. 15-24, 1983.

SCHAUS, M. C. (org.). *Women and gender in medieval Europe*: an Encyclopedia. Nova York: Routledge, 2017.

SCHMIDT, R. A. Christine de Pizan contra os filósofos. *In*: SCHMIDT, R. A.; SECCO, G.; ZANNUZI, I. (orgs.). *Vozes femininas na filosofia*. Porto Alegre: Editora da UFRGS, 2018.

SCHMIDT, R. A. Christine de Pizan e o subiectum da Metafísica: uma apropriação filosófica em meio laico. *In*: LÉVY, L. et al. (orgs.). *Substância na história da filosofia*. Pelotas: Editora da UFPel, 2023.

SCHMIDT, R. A. "Pour ce que femme sui": female perspective and argumentation in Christine de Pizan's writings. *In*: PEIXOTO, K.; PRICLADNITZKY, P.; LOPES, C. (orgs.). *Latin American perspectives*: women in the History of Philosophy and sciences. Cham: Springer, 2022.

SCHMIDT, R. A. Christine de Pizan e o humanismo francês: elementos para contextualização histórica. *Dois Pontos*, v. 18, p. 247-263, 2021.

SEMPLE, B. M. The critique of knowledge as power: the limits of Philosophy and theology in Christine de Pizan. *In*: DESMOND, M. *Christine de Pizan and the categories of difference*. Mineápolis: University of Minnesota Press, 1998. p. 41-70.

SEMPLE, B. The consolation of a woman writer: Christine de Pizan's use of Boethius in L'avision-Christine. *In*: SMITH, L.; TAYLOR, J. H. M. *Women, the book and the worldly*. Selected Proceedings of the St Hilda's Conference, 1993. Cambridge: Brewer, 1995. v. 2, p. 39-48.

TARNOWSKI, A. (org.). *Approaches to teaching the works of Christine De Pizan*. Nova York: The Modern Languages Association of America, 2018.

WAITHE, M. E. *A History of women philosophers:* Medieval, Renaissance and Enlightenment women philosophers, AD 500-1600. Dordrecht: Nijhoff, 1989. v. 2.

WILLARD, C. C. *Christine de Pizan*: her life and works. Nova York: Persea, 1984.

WÜNSCH, A. M. O que Christine de Pizan nos faz pensar. *Anais do II Seminários de Estudos Medievais da Paraíba*. João Pessoa: Editora da UFPB, 2012.

ZIMMERMANN, M.; RENTIIS, D. (orgs.). *The city of scholars*: new approaches to Christine de Pizan. Berlim: W. de Gruyter, 1994.

**Links**

ARQUIVOS DE LITERATURA DA IDADE MÉDIA: https://www.arlima.net/ad/christine_de_pizan.html#

DICTIONNAIRE DU MOYEN FRANÇAIS (1330-1500): http://www.atilf.fr/dmf/. Acesso em: 10 jul. 2024.

INTERNATIONAL CHRISTINE DE PIZAN SOCIETY. North American Branch. Disponível em: https://christinedepizan.org/. Acesso em: 10 jul. 2024.

MEDIEVAL WOMEN AND GENDER INDEX. Disponível em: https://inpress.lib.uiowa.edu/feminae/default.aspx. Acesso em: 10 jul. 2024.

SOCIÉTÉ INTERNATIONALE CHRISTINE DE PIZAN. Branche européenne. Disponível em: https://societechristinedepizan.wordpress.com/. Acesso em: 10 jul. 2024.

THE MAKING OF THE QUEEN'S MANUSCRIPT (British Library, Harley MS 4431). Disponível em: http://www.pizan.lib.ed.ac.uk/. Acesso em: 10 jul. 2024.

# PARTE III
# MODERNIDADE

# 13
# ELISABETH DA BOÊMIA

(1618-1680)

*Katarina Ribeiro Peixoto**

Variações no nome: Elisabeth von der Pfalz; Elisabeth von Herford; Princess of The Palatinate; Elisabeth do Palatinato; Elisabeth Simmern Van Pallandt; Princesa do Palatinato e Abadessa de Herford. Nascida em Heidelberg, em 26 de dezembro de 1618, e falecida em Herford, em 11 de fevereiro de 1680.

## 1 – VIDA E FORMAÇÃO

Elisabeth da Boêmia é uma filósofa do início do Período Moderno. Seu legado filosófico está documentado nas suas cartas, sobretudo na longeva e contínua troca epistolar que manteve com René Descartes (1643-1649), publicada integralmente em 1879. Elisabeth é a filha mais velha e a terceira dos treze filhos do casal Frederick V Eleitor Palatino e Elizabeth Stuart. Nascida em 26 de dezembro de 1618, em Heidelberg, Elisabeth foi para o exílio aos dois anos, após o pai perder o trono, em 1620, no contexto da Guerra dos Trinta Anos (que tornou a sua família um reino exilado). Elisabeth viveu em Brandenburg com a sua avó, Louise Juliana de Nassau, até a idade de nove anos, quando foi para os Países Bai-

---

* Pesquisadora de pós-doutorado em Filosofia na Universidade de São Paulo, com bolsa da Fapesp.

xos, abrigada por Maurício de Nassau, tio de sua mãe, em Haia. A educação da princesa, como era característico de sua origem social e como foi documentado por sua irmã (cf. Akkerman, 2021; Shapiro, 2021), Sophie (cujas memórias foram transcritas por Leibniz), ocorreu por meio de tutores e se concentrou em lógica, matemática, política, história e artes. Entre os irmãos, ganhou o apelido de "a grega", dado o seu interesse no pensamento grego antigo. Nos últimos 20 anos de sua vida, a partir de 1860, Elisabeth foi para o convento de Herford (luterano), onde se tornou Abadessa (apesar de ser calvinista) e a partir do qual desempenhou papel de dirigente política, na maioria das vezes, protegendo e dialogando com Labadistas, Quakers e outros grupos de perseguidos políticos e religiosos do período. O legado intelectual da filósofa está em suas cartas, cujo inventário foi feito por Sabrina Ebbersmeyer recentemente (2020). Elisabeth faleceu em Herford, em fevereiro de 1680.

Elisabeth trocou cartas com o círculo intelectual de Haia, desempenhando papel proeminente na *República das Letras* (Pal, 2021). Ela passou a ser reconhecida como filósofa há poucos anos, graças ao trabalho de algumas filósofas – especialmente Lilli Alanen, Lisa Shapiro e Sabrina Ebbersmeyer – que se dedicaram a estudá-la e a traduzi-la no contexto da historiografia crítica, que busca reconsiderar e ampliar o cânone filosófico fixado nos últimos dois séculos. A correspondência longeva e contínua que Elisabeth da Boêmia manteve com René Descartes, entre 1643 e 1649, foi chamada por Antonia LoLordo de *Oitavas objeções e respostas* (Lolordo, 2019). Descartes dedica a Elisabeth sua obra de maturidade metafísica, *Princípios da filosofia primeira* (1644), e redige o *Tratado das paixões da alma* (1649), no qual enfrenta questões e leva adiante problemas a que teria sido levado a pensar no diálogo com a princesa. Diferentemente da comum irredutibilidade nas posições entre quem dialogava em cartas, essa troca epistolar produziu mudanças e desenvolvimentos de questões em ambos os interlocutores.

Esse verbete tem a seguinte estrutura: tratarei dos desafios de recuperação historiográfica e metodológica do legado de Elisabeth para a prática filosófica, considerando os efeitos da "injustiça epistêmica" de seu apagamento pela historiografia. Em seguida, de acordo com uma ordem temporal, dialógica e temática, sugiro um percurso para uma leitura filosófica da troca epistolar entre Elisabeth e Descartes. Então, apresento questões filosóficas e horizontes de pesquisa merecedores de atenção e dedicação, no programa historiográfico de reconsideração e ampliação do cânone filosófico. Por fim, ficará claro que a inclusão de Elisabeth da Boêmia no cânone deve se seguir sem o questionamento vão sobre a natureza filosófica de seu pensamento. A ideia é que se tenha aqui um guia de leitura filosófica do pensamento de Elisabeth.

## 2 – DESAFIOS DA RECUPERAÇÃO DO LEGADO DE ELISABETH DA BOÊMIA

O estudo das Cartas de Descartes a Elisabeth ocupou a literatura, ao passo que a fortuna da contribuição de Elisabeth foi soterrada por mais de um século. Em maio de 1643, a princesa escreve a Descartes, dando início à correspondência (Shapiro, 2007). Para a filosofia em geral e desde o seu nascimento na Grécia, o diálogo, as questões e as formulações de questões são os instrumentos de sua prática. No entanto, esse diálogo foi mutilado pela literatura: as cartas de Descartes a Elisabeth são tão conhecidas como Elisabeth é desconhecida. Como observa Ebbersmeyer,

> sabemos que Elisabeth, em vida, respondeu relutantemente quando a publicação de suas cartas foi requerida. Isso se torna claro já na sua primeira carta a Descartes, quando ela lhe solicita que ele mantivesse a Correspondência de ambos privada (cf. ATIII, 662). Ela confirmou sua posição posteriormente, depois da morte de Descartes, quando Chanut lhe pediu permissão para publicar a sua correspondência e ela recusou (cf. ATV, 470-475). A grande dificuldade para reconstruir sua troca epistolar é, entretanto, causada pelo fato de que Elisabeth destruiu todas as suas cartas que estavam em sua posse logo antes de morrer (cf. a carta dela ao seu irmão Charles Louis, de 7 de novembro de 1674). Isso quer dizer que não há um *Nachlass* escrito contendo a correspondência dela (Ebbersmeyer, 2020, p. 325-398, tradução nossa).

Essas cartas de Descartes a Elisabeth foram publicadas após a morte do filósofo, na edição de Clerselier (1657-1667). As cartas de Elisabeth foram descobertas por Frederik Muller, na biblioteca de Rosendael Castel, somente em 1876, e vieram a lume em 1879, publicadas por Foucher de Careil. O legado de Elisabeth foi apagado pela historiografia filosófica do fim do século XIX e de quase todo o século XX. Esse silenciamento historiográfico e filosófico foi interrompido pelos trabalhos de Alanen (2004), Shapiro (1999, 2004, 2007, 2021a, 2021b) e Ebbersmeyer (2020a, 2020b). Não deveria ser necessário dizer que, para um diálogo ocorrer, é preciso considerar ao menos duas pessoas em uma conversa. Há muitos casos de injustiça epistêmica implicada pelo apagamento do legado de mulheres, e este, de Elisabeth da Boêmia, é um dos mais clássicos. Essa variante do conceito de injustiça foi cunhada recentemente por Miranda Fricker (2007) e consiste em um exame do que a filósofa considera "epistemologia da injustiça", um campo de investigação conceitual a respeito das implicações do que, tanto na vida cotidiana como na tradição canônica da filosofia, escapa ou vai além do que é normalmente considerado justo, normal, a regra padrão. O fato de Descartes ter lhe dedicado tanto tempo e de ter lhe dedicado o seu trabalho de maturidade metafísica (os *Princípios*, de 1644) não gerou ceticismo quanto à conexão entre um nome (Elisabeth) e um pensamento filosófico pelos historiadores dos últimos dois séculos.

Os desafios de recuperação do pensamento de Elisabeth são irredutíveis. Trata-se de um esforço que requer retorno ao uso de documentação sem o filtro das interpretações e sem sucumbir à captura pelo viés do solilóquio que consolidou a interpretação a partir do que Descartes respondeu. Em uma tradição que nasce da interpretação de diálogos, um dos documentos modernos fundamentais para a filosofia do período, que é um diálogo, foi mutilado, tratado como um solilóquio. Assim, uma relevante literatura resultou do estudo de respostas a questões ignoradas.

## 3 – AS CARTAS DE ELISABETH A DESCARTES

Há uma ordem temporal e temática que acompanha o diálogo. Diante da assimetria entre trabalhos acadêmicos voltados ao pensamento de cada um deles e como este é um verbete voltado à apresentação do pensamento de Elisabeth, apresentarei essa ordem sugerindo a possibilidade de se considerar um percurso dialógico de elaboração e desenvolvimento de questões e problemas. A escolha de tratar as cartas assim visa contribuir para iluminar o desenvolvimento filosófico no diálogo. Elisabeth tinha 24 anos quando escreve a primeira carta e, ao longo dos anos, o seu pensamento e o seu conhecimento do pensamento de Descartes se aprofundam. Desse processo, um outro parece resultar: a posição dialógica é transformada. A relação entre uma aluna e um filósofo proeminente se transforma, primeiro, em uma relação entre amigos e, finalmente, entre filósofos. Esse efeito dialógico merece ser dignificado por pesquisa futura.

## 3.1 A ação voluntária no dualismo substancial: o ano de 1643

A troca epistolar se inicia em maio de 1643, com uma questão de Elisabeth. A questão é:

> Eu lhe peço por favor que me diga como a alma de um ser humano (sendo apenas uma substância pensante) pode determinar os espíritos corpóreos a fim de fazer agir ações voluntárias. Pois parece que toda determinação do movimento ocorre por meio do impulso da coisa movida, pelo modo no qual é empurrada por aquilo que a move, ou ainda pelas qualidades particulares e forma da superfície da última. O contato físico é requerido para as primeiras duas condições; extensão, para a terceira. Você exclui inteiramente uma (extensão) da noção que tem da alma, e a outra (contato físico) me parece incompatível com uma coisa imaterial. É por isso que eu lhe peço uma definição mais precisa de alma do que aquela que você dá na sua Metafísica, isto é, de sua substância separada de sua ação, isto é, do pensamento. Pois mesmo se tivéssemos de supô-los inseparáveis (o que é, porém, difícil de provar no útero da mãe e nos desmaios) como o são os atributos de deus, poderíamos, ao considerá-los à parte, adquirir uma ideia mais perfeita deles (ATIII, 661, p. 62, tradução nossa).

A partir daí, ao menos cinco cartas se seguem ao longo do ano de 1643, quando o diálogo entre Elisabeth e Descartes se concentra na ontologia cartesiana. Assim, a discussão sobre a origem das ações voluntárias requer esclarecimentos sobre o escopo da concepção de substância para Descartes e da diferença, se é disso que se trata, do agir humano para o movimento entre os corpos. Descartes responde a essa carta apresentando a sua teoria das noções primitivas, as quais seriam, como "originárias de padrões do que formamos todos os nossos outros conhecimentos" (ATIII, 665, p. 65): para o corpo, essa noção seria a de extensão, da qual se seguem as de forma e movimento; e para a alma, apenas aquela de pensamento, na qual se incluem as de percepções do entendimento e inclinações da vontade e, finalmente, para a alma e o corpo juntos, a noção de união, que torna inteligíveis o poder da alma mover o corpo e do corpo agir sobre a alma, causando suas sensações e paixões. A resposta de Elisabeth a essa carta de Descartes contém quatro elementos que merecem consideração: 1) ela deixa claro que compreendeu que a distinção entre os padrões de conhecimento é um requisito que ela pode não ter observado, de maneira que pode ter tomado uma noção por outra, incorrendo em erro; 2) a constatação de que a imaterialidade da alma, como um conceito puramente negativo, é algo que ela nunca fora capaz de compreender e, finalmente, 3) a princesa introduz um elemento que, ao menos para Descartes, não estava ainda presente: o governo ou o que comandaria a alma. A questão que a princesa levanta parece poder ser traduzida assim: se o movimento entre corpo e alma não pode ser explicado da mesma maneira que os escolásticos explicam, isto é, por meio de uma teoria da substância que comporte qualidades, e se, por outro lado, Descartes mantém o dualismo substancial, como ele explica que a alma, sendo imortal, pode vir a ser dependente do corpo? Afinal, uma coisa é dizer que há duas substâncias que não se conectam entre si, senão em um determinado padrão de conhecimento (aquele da "união", mencionado na primeira carta de Descartes a Elisabeth, e explorado na Sexta Meditação, por meio da noção epistêmica de "ensinamentos da natureza") e outra coisa é estabelecer uma assimetria entre ambas que explique uma relação de comando ou de subjugação. Ao mencionar uma alma "governada" por um corpo, Elisabeth parece levantar uma hipótese, mas também desenvolver uma questão já presente na primeira carta, relacionada à sua saúde e à medicina da alma. Isso é consistente com 4) a expectativa da princesa de que Descartes a esclareça, dados os aprendizados sobre o dualismo substancial e a assimetria entre mortalidade e imortalidade e as dificuldades daí decorrentes, "a natureza de uma substância imaterial e o modo de suas ações e paixões no corpo" (ATIII, 685, p. 68).

Os elementos 3) e 4), assim, contêm duas interpelações possíveis: a primeira sobre como se dá a relação de "governo" entre as duas substâncias, de maneira a tornar inteligível que algo finito venha a comandar algo infinito, e a segunda, como um resultado da anterior, sobre a dinâmica interna de uma substância (ATIII, 685, p. 68, último parágrafo) que venha a explicar aquilo que a relação entre substâncias não poderia fazê-lo. A perspectiva dialógica da correspondência pode iluminar a etapa posterior, pois Descartes faz uma afirmação surpreendente, que parece contradizer a sua própria teoria das noções primitivas, ao solicitar a Elisabeth que ela se sinta "livre para atribuir matéria ou extensão à alma" (ATIII, 695, p. 71), desde que, para fins de análise, considere a irredutibilidade das noções primitivas. Na carta de 1º de julho de 1643, ela se questiona se haveria alguma propriedade da alma que seria desconhecida de nós de tal maneira que se possa considerar a sua extensão, subvertendo assim o que Descartes teria dito nas *Meditações*, pois, afirma Elisabeth, "embora a extensão não seja necessária para o pensamento, tampouco lhe é repugnante, então, poderia atender a alguma outra função da alma que não lhe seria menos essencial" (ATIV, 3, p. 72). Enquanto Descartes autoriza o uso da noção de extensão da mente como um expediente não analítico, se assim se pode dizer, Elisabeth reivindica a possibilidade de uma função desconhecida da mente que, se não pertence ao domínio imaterial, teria de pertencer à sua extensão, visto que seria, a um só tempo, mental e desconhecida. Como resultado, essa posição ao menos a levaria a abandonar a tese escolástica da unidade da alma, a qual acarretaria uma contradição de ser parte e todo em todo o corpo, como contraditória (ATIV, 3, p. 72). A extensão da alma tornaria inteligível não apenas uma função desconhecida como asseguraria que essa função seria consistente com a noção primitiva da união e com os seus ensinamentos da natureza.

Assim, a literatura, mesmo aquela que se dedica a Elisabeth, formou quase um consenso sobre o que seria a crítica e a recusa, por parte da princesa, ao dualismo substancial cartesiano. Essa posição, com raras exceções, não levou a uma resposta sobre se Elisabeth seria, digamos, uma monista, tampouco ao que seria exatamente problemático no dualismo, de maneira que o diagnóstico vale o quanto pesa (ou não), na inteligibilidade do pensamento da filósofa. Seja como for, vale considerar que ela afirma, ao final, nessa mesma carta, que ainda não conseguiu se livrar da sua "primeira dúvida". Aí está, ao menos intuitivamente, uma boa razão para ponderar se a discussão sobre a ontologia cartesiana, tal como Elisabeth a lê, é um assunto encerrado em 1643.

O final do ano de 1643 é marcado, na troca epistolar, pelo tratamento por Descartes do problema dos três círculos. Ele chegou a esse problema porque teria, como afirma na carta de 17 de novembro, ficado sabendo que Elisabeth buscara reconstruir a questão da geometria em busca de uma "quantidade desconhecida" (ATIV, 38), uma afirmação consistente com o reconhecimento, pela princesa, da possibilidade de uma extensão da alma. Essa afirmação não apenas permite-nos reconhecer que a busca da natureza do mental persiste, para Elisabeth, como que ela teria inclusive tentado reconstruir a questão em busca de uma descrição que satisfizesse a sua dúvida. Afinal, a geometria é a linguagem que descreve as grandezas espaciais ou a extensão.

O ano de 1643 estabelece, assim, a natureza temática e o horizonte para interpretações das implicações metafísicas na *Correspondência*. Em suma, os temas são: a origem da ação voluntária, o dualismo substancial, a teoria cartesiana da substância, as noções primitivas, a extensionalidade ou não da alma, a assimetria entre mente e corpo, a busca de uma função desconhecida e a busca de uma "quantidade desconhecida" da alma. Ao longo do ano seguinte, a troca epistolar se aprofunda, por um lado, ao tempo que, do ponto de vista conceitual, rarefaz-se, até que a saúde da filósofa ganha proeminência para ambos os interlocutores.

## 3.2 A dedicatória dos *Princípios* e corpuscularismo: o ano de 1644

Na trajetória das cartas, o ano de 1644 é curto: contém ao todo três cartas. A carta de Elisabeth, de 1º de agosto de 1644, contém dois elementos: 1) o registro do agradecimento de Elisabeth ao saber que Descartes lhe dedicara o seu *Princípios de filosofia primeira*, quando afirma que toma a moralidade como "a regra de minha vida": buscar informar o entendimento e seguir o bem que ele conhece (ATIV, 132, p. 83) e 2) uma dúvida sobre a física corpuscular, que a filósofa teria lido nos *Princípios*, Parte III, sobre magnetismo, em que ela firma que está com dificuldades para entender "essas partículas que passam ao centro da terra sem serem levadas a se desfigurarem pelo fogo que lá está" (*Princípios*, III, §88-90). Embora essa dúvida possa ser tomada como consistente com a linha de investigação que parece mobilizar a princesa, ela mesma a abandona ou assim parece, ao menos no âmbito da física corpuscular. Pode ser promissora a pesquisa do agradecimento à dedicatória dos *Princípios* e à formulação da dúvida sobre a física dos corpos. Em ambos os aspectos, Elisabeth parece preocupada com questões sobre a conexão entre normatividade (o bem, a força, a gravidade e seus impactos) e a natureza das coisas subsumidas a regras (o entendimento, os corpos, os corpúsculos).

### 3.3 Terapêutica, moralidade das ações e as paixões: o ano de 1645

O ano de 1645 é intenso e profícuo e marca uma mudança significativa na troca epistolar. Na ordem temporal ora adotada, ele se inicia em 18 de maio de 1645 com uma carta de Descartes na qual ele se diz surpreso ao ficar sabendo que a filósofa está doente há muito. Ao longo do ano, ao menos 19 cartas são trocadas (nove de Elisabeth) e a correspondência se transforma, tanto no nível dialógico como temático. No nível dialógico, a relação entre estudante e professor transforma-se em um diálogo entre amigos, ao menos até a carta de 13 de setembro de 1645, de Elisabeth. Quanto à mudança temática, o diálogo se desloca da metafísica cartesiana para uma terapêutica: Descartes busca ajudar a sua estudante, que se torna uma interlocutora importante, a enfrentar um quadro de tristeza. Nesse percurso, o diálogo se inicia com um recurso não *prima facie*, ao menos, sistemático, mas afetivo: Descartes se dedica a ajudar a sua amiga, enaltecendo o seu intelecto e capacidade de não sucumbir, tal como as almas vulgares, às paixões.

Na sua primeira carta a Descartes, em 1645, Elisabeth começa com uma aparente ironia: "saiba que eu tenho um corpo imbuído em larga medida da fraqueza do meu sexo, de modo que é afetado muito facilmente pelas aflições da alma" (ATIV, 208, p. 89). Após os aconselhamentos de Descartes (ATIV,

220, p. 92), Elisabeth escreve sobre as dificuldades de sua família, enfatizando como esse contexto afetivo estava conectado à sua melancolia, e que afastar-se disso poderia significar "pecar" contra o seu dever; ao mesmo tempo, ainda na mesma carta, a princesa afirma que remover a fonte de suas angústias ao voltar o pensamento para algo saudável poderia fazê-la julgar mais saudavelmente e "encontrar nisso os remédios assim como a afecção que traz para tanto", para depois afirmar que nunca soube como pôr em prática essas coisas sem que a paixão tenha já desempenhado o seu papel; pois haveria "algo surpreendente no infortúnio, mesmo para aqueles que o haviam antecipado". Em um passo no qual reafirma o que parece identificar como uma debilidade do seu gênero, Elisabeth associa que o "fardo do seu sexo" a privaria do contentamento de desfrutar alguns dos benefícios da contemplação da natureza tal como Descartes recomendara" (ATIV, 234, p. 93-94).

A mudança que se estabelece no diálogo permite o acesso ao que é objeto do pensamento filosófico para ambos. Elisabeth tem um padecimento, algo que a torna melancólica e que está associado às circunstâncias de sua família no exílio; o aconselhamento de Descartes começa pela recomendação de contemplar a natureza e ter pensamentos felizes. Elisabeth responde a essas recomendações com uma observação sobre a própria saúde física e sobre o impacto desta em sua mente. Descartes se dedica, então, a um tipo de terapêutica sobre a felicidade. Para tanto, o filósofo introduz uma discussão sobre *Da vida beata*, de Sêneca, com restrições metodológicas. A primeira é que a sua concepção de felicidade não depende de nada externo, digamos, do destino (ATIV, 264, p. 97); a segunda, derivada da primeira, é que a felicidade só dependeria do contentamento da mente. O filósofo recorre à moral provisória que descrevera no *Discurso do método*: 1) usar a mente o melhor que puder para saber o que deve ser, ou não, feito, em todos os eventos da vida; 2) ter uma resolução constante para executar tudo o que a razão aconselha sem sucumbir às paixões e 3) os bens que não se possui estão fora do alcance e a razão acostumará a não se pretender desejá-los, e essa é uma maneira de jamais se arrepender, pois a virtude sozinha pode nos dar felicidade na vida (ATIV, 265-267, p. 98-99).

À indiferença do tratamento cartesiano da liberdade, Elisabeth responde com uma articulação entre felicidade e moralidade, em agosto de 1645. O livro de Sêneca teria enunciados bem concebidos e partes boas, mas careceria de método, de modo que "ele se contenta em revelar que sua riqueza e luxúria não precluem o seu alcance dessas coisas". Então, a princesa solicita que Descartes continue corrigindo Sêneca, pois a maneira cartesiana de raciocinar seria não apenas mais natural, como, enquanto não a ensinara nada de novo, permitir-lhe-ia "tirar" da mente "pedaços de conhecimento ainda não apreendidos" (ATIV, 269, p. 100). Por isso, Elisabeth questiona Descartes sobre a sua concepção de vontade, como independente da vida incorporada ou de limitações externas (caso de doença, que poderia não apenas debilitar a vontade como levar ao arrependimento diante da cedência às paixões). Na carta seguinte e ainda criticando Sêneca, Elisabeth desfere uma crítica ao estoico, que estaria mais preocupado em ter audiência do que em escrever para formar a faculdade do juízo em seus discípulos (ATIV, 278, p. 105).

A discussão sobre ações e paixões deixa de ser objeto de uma terapêutica e passa a ser objeto de um diálogo conceitual e prático. Aí as paixões desempenham um papel central a partir da carta de 13 de setembro de 1645. Essa carta contém uma espécie de resposta à afirmação de Descartes de que a imortalidade da alma teria uma fundação tão sólida que nem mesmo uma crença falsa poderia destruí-la (ATIV, 287, p. 109); Elisabeth enfatiza a perspectiva prática e social que é obrigatória ao exercício prudente de uma dirigente política (ATIV, 288, p. 110). Para tanto, a contemplação da imortalidade não é suficiente e a extensão de seu conhecimento é indisponível, visto que, como afirma a filósofa, para agir segundo o conhecimento de todo o bem, seria requerida a uma ciência infinita, o que é impossível. Aí, o percurso do tratamento das paixões passa a seguir um direcionamento para o juízo, para a deliberação, para a reflexão sobre o agir moral. É isso o que se pode ler ao final da carta, quando a filósofa interpela Descartes sobre a possibilidade e a oportunidade de corrigir as paixões (ATIV, 289, p. 110). Ao fim da carta, ela solicita a Descartes que o filósofo defina as paixões, pois, diferentemente do que ele afirmara, ela reconhece paixões que conduzem a ações razoáveis (ATIV, 290, p. 110-111).

O fim do ano de 1645 contém elaborações da racionalidade prática de uma dirigente política cartesiana. É assim que a terapêutica das paixões se torna uma discussão filosófica sobre a sua natureza e, como resultado, da medida das ações. Por isso, ela critica a atitude de Epicuro, na carta de 30 de setembro de 1645, quando revisita a terceira parte dos *Princípios* a fim de objetar a perspectiva ali apresentada. O conhecimento da extensão do universo ajudaria a se libertar das paixões, como Descartes ensina, mas "também separa a providência particular, a qual é o fundamento da teologia, da ideia que temos de Deus" (ATIV, 303, p. 115). A noção de "providência particular" parece inequívoca na doutrina calvinista da graça. Entretanto, essa perspectiva prática, levando a sério a irredutibilidade entre teologia e ciência que pode ser encontrada na metafísica cartesiana dos *Princípios*, é reivindicada por Elisabeth em uma busca pela medida da ação prudente. A ação prudente, assim, parece ser aquela em que a medida do mal que se pode causar a outra pessoa tem de ser levada em conta tanto como o bem público. Para tanto, "é necessário saber exatamente todas as paixões que sentimos e os preconceitos que temos, a maior parte dos quais imperceptíveis" (ATIV, 303, p. 115). Em 28 de outubro de 1645, Elisabeth pondera sobre o valor do arrependimento e o papel das paixões na mobilização de correção de nos corrigir (ATIV, 323, p. 123). Mais que uma concepção separada e distinta do conceito de paixões, assim, o que se pode identificar aí, como elaboração do que se discutiu em 1645, é uma busca da medida das ações com as paixões, para além de uma terapêutica: na vida social e política de uma dirigente.

A reflexão teológica e a prova da existência de Deus e de sua imutabilidade desempenham a função, naquele momento, de interpelar Descartes sobre o espaço da liberdade. Para Elisabeth, a liberdade deve poder comportar aquilo que não depende de nossa vontade (ATIV, 323, p. 123). É a busca por esse espaço de determinação da ação prudente que a leva a questionar Descartes sobre a independência de nossa vontade em relação a Deus (ATIV, 336, p. 127), pois não compreende como se pode compatibilizar o poder infinito com a ação livre quando limitada em um contexto. A tensão entre a conceptibilidade da ação livre e, ao mesmo tempo, limitada, no cartesianismo, ocupa o ano de 1646 da troca epistolar, quando a discussão se volta à dimensão política e social do exercício da vontade.

Ao longo do ano de 1645, a reflexão prática e dialógica se transforma. As posições dialógicas deixam de ser desempenhadas por uma estudante e um professor, e o diálogo se torna uma interlocução entre um amigo que busca ajudar uma amiga que está doente. Nesse caminho, o tratamento das paixões da alma deixa, progressivamente, de servir a uma terapêutica e passa a ser explorado filosoficamente. Então, Elisabeth desenvolve o seu pensamento tanto ao explicitar o que é problemático no tratamento cartesiano das paixões como para afirmar, a contrapelo, as implicações do banimento das paixões para uma concepção de prudência e de deliberação no contexto social, em que a liberdade é limitada. Aí a discussão teológica também ganha proeminência e Elisabeth apresenta a Descartes uma dificuldade maior, sobre o tratamento da compatibilidade entre a infinitude de Deus e a finitude da liberdade, que Descartes tomaria, segundo Elisabeth, como infinita.

### 3.4 Paixões, poder, prudência: o ano de 1646

Em 1646, há ao menos nove cartas na *Correspondência* e a discussão filosófica das paixões assume dois aspectos correlatos à dinâmica dialógica. A partir desse momento, a concepção de ação e paixão de Elisabeth é pensada em um contexto político e social. Um exemplo é quando ela afirma, na carta de 25 de abril de 1646, que o tratamento cartesiano da limitação das paixões é mais fácil de compreender do que aquilo que seria o remédio para esses excessos, isto é: a estrutura deliberativa do juízo moral que considere a limitação da liberdade. A força da perspectiva limitada é irredutível: ela substitui a negação da possibilidade de ter uma "ciência infinita" a fim de guiar as ações pela impossibilidade de ter "um conhecimento infinito" que lhe permita avaliar os bens e os males em todas as pessoas (ATIV, 405, p. 134).

Em setembro de 1646, Descartes escreve para Elisabeth com comentários de *O príncipe*, de Maquiavel. Segundo Shapiro, esse parece ter sido um pedido de Elisabeth ao filósofo (cf. nota 112, p. 139, da tradução utilizada aqui). E, em outubro de 1646, Elisabeth tece comentários das dificuldades de o príncipe usurpador obter autoridade, bem como sobre a utilidade e adequação dos usos da violência para o bem da vida civil (ATIV, 521, p. 145). No cerne do diálogo sobre autoridade política e liberdade filosófica, a que Descartes prossegue nas cartas a Elisabeth de 1646, ela se volta a um dos desenvolvimentos possíveis das ponderações sobre a prudência das ações morais (associadas às paixões) no contexto social e político: a dimensão autorreflexiva dos efeitos de suas ações. Quando segue as próprias inclinações, ela age melhor, não tanto pela felicidade da própria mente, mas porque "tem mais preocupação com o que a afeta do que qualquer outra pessoa" (ATIV, 579, p. 151).

Em 1646, o diálogo se volta ao problema da autoridade, da legitimidade e do dever de quem governa. Ambos discutem Maquiavel e Elisabeth opera uma inflexão para uma perspectiva autorreflexiva sobre o valor da prudência em suas ações, para o seu bem-estar, quando as afecções que lhe são problemáticas são incluídas na deliberação.

### 3.5 Os anos de 1647 e 1648: cartesianismo e expressão da consciência

Em 1647 e em 1648, há uma assimetria na quantidade de cartas – Descartes escreve mais que Elisabeth – e quanto a discussões de natureza conceitual, por parte dela. Há duas cartas que merecem ser consideradas para a reflexão filosófica sobre o racionalismo do início do período moderno. Em dezembro de 1647, Elisabeth afirma estar melhor formada na filosofia de Descartes, após receber a tradução em francês das *Meditações*, e seus comentários contra as objeções de Gassendi e de Hobbes podem iluminar a historiografia a levar a sério que a objeção dela não é idêntica à de Gassendi. A perspectiva dialógica evidencia que uma questão não vale apenas pelo que nela está escrito, mas também pelo que ela afirma, semanticamente. E, em julho de 1648, Elisabeth refere-se a si mesma na terceira pessoa (ATV, 211, p. 173). Esse é um movimento, a um só tempo, enigmático e esclarecedor, pois Elisabeth parece elaborar uma resposta a um conjunto de inquietações, ao dizer que "ela" (si mesma): "busca satisfação apenas na expressão que sua consciência lhe dá de ter feito o que devia".

# BIBLIOGRAFIA

## Obras

DESCARTES, R. *Ouvres de Descartes*. Ed. de Charles Adam e Paul Tannery. Paris: CNRS/Vrin, 1964-1976. 12 v.

SHAPIRO, L. (org. e trad.). The correspondence between Princess Elisabeth of Bohemia and René Descartes. *In*: KING, M. L.; RABIL JR, A. (orgs.). *The other voice in Early Modern Europe*. Chicago: The University of Chicago Press, 2007.

## Literatura Secundária

ALANEN, L. Descartes and Elisabeth: a philosophical dialogue? *In*: ALANEN, L.; WITT, C. (orgs.). *Feminist reflections on the History of Philosophy*. Dortrecht: Kluwer Academic Publishers, 2004. p. 193-218.

ALANEN, L. The soul's extension: Elisabeth's solution to Descartes's mind-body problem. *In*: EBBERSMEYER, S.; HUTTON, S. (orgs.). *Elisabeth of Bohemia (1618-1680)*: a philosopher in her historical context. Dortrecht: Springer, 2021. p. 145-162.

AKKERMAN, N. Elisabeth of Bohemia's aristocratic upbringing and education at the Prinsenhof, Rapenburg 4-10, Leiden, c. 1627/8-1632. *In*: EBBERSMEYER, S.; HUTTON, S. (org.). *Elisabeth of Bohemia (1618-1680)*: a philosopher in her historical context. Dortrecht: Springer, 2021. p. 17-32.

BROAD. J. *Women philosophers of the Seventeenth Century*. Cambridge: Cambridge University Press, 2004.

EBBERSMEYER, S. An inventory of the extant correspondence of Elisabeth of Bohemia, Princess Palatine (1618–1680). *Journal of the History of Philosophy*, v. 58, n. 2, p. 325-398, 2020.

FRICKER. M. *Epistemic injustice*: power and the ethics of knowing. Oxford: Oxford University Press, 2007.

FRIEDMAN, M. Descartes e Galileu: copernicanismo e o fundamento metafísico da física. *In*: BOURGHTON, J.; CARRIERO, J. (orgs.). *Descartes*. Trad. de Lia Levy e Ethel Rocha. Porto Alegre: Penso, 2011. p. 80-94.

JALOBEANU, D.; WOLFE, C. T. (orgs.). *Encyclopedia of Early Modern Philosophy and the sciences*: verbete "Bohemia, Elisabeth of". Cham: Springer, 2020.

JANSSEN-LAURET, F. Elisabeth of Bohemia as a naturalist dualist. *In*: THOMAS, E. (org.). *Early Modern women on Metaphysics*. Cambridge: Cambridge University Press, 2018.

KAMBOUCHNER, D. What is Elisabeth's cartesianism? *In*: EBBERSMEYER, S.; HUTTON, S. (orgs.). *Elisabeth of Bohemia (1618-1680)*: a philosopher in her historical context. Dortrecht: Springer, 2021. p. 205-214.

KOLESNIK-ANTOINE, D.; PELLEGRIN, M. F. (orgs.). *Elisabeth de Bohème face à Descartes*: deux philosophes. Paris: Vrin, 2012.

LOLORDO, A. Descartes's Philosophy of mind and its early critics. *In*: COPENHAVER, R. (org.). *Philosophy in the Early Modern and Modern Ages*: the History of Philosophy of mind. Nova York: Routledge, 2019. v. 4, p. 69-90.

O'NEILL, E. Disappearing ink: Early Modern women philosophers and their fate in History. *In*: KOURANY, J. A. (org.). *Philosophy in a feminist voice*. Princeton: Princeton University Press, 1998.

O'NEILL, E. Mind-body interaction and metaphysical consistency: a defense of Descartes. *Journal of the History of Philosophy*, v. 25, n. 2, p. 227-245, 1987.

O'NEILL, E. Women cartesians, "feminine Philosophy" and historical exclusion. *In*: BORDO, S. (org.). *Feminist interpretations of René Descartes*. University Park: Pennsylvania State University Press, 1999.

PAGANINI, G. Elisabeth and Descartes read Machiavelli in the time of Hobbes. *In*: EBBERSMEYER, S.; HUTTON, S. (orgs.). *Elisabeth of Bohemia (1618-1680)*: a philosopher in her historical context. Dortrecht: Springer, 2021. p. 109-126.

PAL, C. A persistent princess: how Elisabeth of Bohemia constructed her personal politics. *In*: EBBERSMEYER, S.; HUTTON, S. (orgs.). *Elisabeth of Bohemia (1618-1680)*: a philosopher in her historical context. Dortrecht: Springer, 2021. p. 89-108.

PAL, C. *Republic of women*: rethinking the Republic of Letters in the Seventeenth Century. Nova York; Cambridge: Cambridge University Press, 2012.

PEIXOTO, K. Context and self-related reflection: Elisabeth of Bohemia's way to address the moral objectiveness. *In*: PEIXOTO, K.; PRICLADNITZKY, P.; LOPES, C. (orgs.). *Latin American perspectives*: women in the History of Philosophy and sciences. Cham: Springer, 2022. p. 33-52.

PEIXOTO, K. O que Elisabeth perguntou a Descartes? Uma proposta de leitura da carta que inaugura a Correspondência. *Revista Seiscentos*, v. 1, n. 1, p. 91-108, 2021.

PELLEGRIN, M. F. The feminine body in the Correspondence between Descartes and Elisabeth. *In*: EBBERSMEYER, S.; HUTTON, S. (orgs.). *Elisabeth of Bohemia (1618-1680)*: a philosopher in her historical context. Dortrecht: Springer, 2021. p. 193-204.

PERLER, D. Is our happiness up to us? Elisabeth on the limits of internalism. *In*: EBBERSMEYER, S.; HUTTON, S. (orgs.). *Elisabeth of Bohemia (1618-1680)*: a Philosopher in her Historical Context. Dortrecht: Springer, 2021. p. 177-192.

REUTER, M. Elisabeth on free will, preordination, and philosophical doubt. *In*: EBBERSMEYER, S.; HUTTON, S. (orgs.). *Elisabeth of Bohemia (1618-1680)*: a philosopher in her historical context. Dortrecht: Springer, 2021. p. 163-176.

SCHMALTZ, T. Princess Elisabeth of Bohemia on the cartesian mind: interaction, happiness, freedom. *In*: O'NEILL, E.; LASCANO, M. (org.). *Feminist History of Philosophy*: the recovery and evaluation of women's philosophical thought. Cham: Springer, 2019. p. 155-173.

SHAPIRO, L. Princess Elisabeth and the challenges of philosophizing. *In*: EBBERSMEYER, S.; HUTTON, S. (org.). *Elisabeth of Bohemia* (1618-1680): a philosopher in her historical context. Dortrecht: Springer, 2021. p. 127-141.

SHAPIRO, L. *Stanford Encyclopedia of Philosophy*: verbete "Elisabeth of Bohemia". Disponível em: https://plato.stanford.edu/entries/elisabethbohemia/. Acesso em: 10 jul. 2024.

SHAPIRO, L. The correspondence between Princess Elisabeth of Bohemia and René Descartes. *In*: KING, M. L.; RABIL JR, A. *The other voice in Early Modern Europe*. Chicago: The University of Chicago Press, 2007.

# 14
# MARGARET CAVENDISH

(1923-1673)

*Márcio A. Damin Custódio*[*]
*Sueli Sampaio D. Custódio*[**]

## 1 – VIDA

Margaret Lucas (1623-1673), nome de família de Cavendish, nasceu em Colchester, Essex, em 1623, sendo a mais nova dos oito filhos de Elizabeth Leighton Lucas e Thomas Lucas. Em seu texto *A true relation of my birth, breeding and life* [Sobre a verdade de meu nascimento, maternidade e vida], reflexão autobiográfica publicada como posfácio da primeira edição de *Natures pictures* [Retratos da natureza] (1656), Cavendish exalta a importância de seus primeiros anos, nos quais aprendeu admirar o caráter e a capacidade de julgar de sua mãe, que manteve a família forte e unida após a morte de Thomas Lucas, em 1625, momento em que a herança de família foi contestada, cabendo a Elizabeth Lucas a administração do patrimônio e o cuidado das crianças. Cavendish relata também, naquele período, a proximidade com sua irmã, que em carta é referida como Pye (Cavendish, 1664, carta 200).

---

[*] Professor do Departamento de Filosofia da Universidade Estadual de Campinas (Unicamp).
[**] Professora do Departamento de Humanidades e Chefe do Laboratório de Inovação do Instituto Tecnológico de Aeronáutica (ITA).

Os Lucas não gozavam de boa reputação entre a população por conta do apoio a Carlos I e às prerrogativas da realeza. Eles eram considerados realistas, termo cunhado por William Prynne, em 1643, para designar os apoiadores de Carlos I (Prynne, 1643) em oposição aos parlamentaristas, que defendiam que o monarca deveria responder ao parlamento no que diz respeito às prerrogativas tanto legislativas quanto executivas (Wilcher, 2001). Em 1642, o episódio de invasão de St. John's Abbey, residência dos Lucas em Colchester, retrata bem a animosidade dos parlamentaristas, quando membros da família ficaram presos por algum tempo (Whitaker, 2002). A postura política e social da família Lucas é relevante para a compreensão da trajetória pessoal e intelectual de Margaret Cavendish, sobretudo para entender sua defesa da realeza em alguns momentos. Os posicionamentos ambíguos da autora levaram parte dos estudos contemporâneos a caracterizarem-na pela aparente contradição de sustentar um feminismo radical para a época e, ao mesmo tempo, defender um conservadorismo social feroz (Lilly, 1992; Trubowitz, 1992, p. 229; Gardiner, 1997). Kate Lilly (1992), na introdução da edição contemporânea de *Blazing World* [Mundo resplandecente], sustenta que a defesa da igualdade de gênero encontra-se seriamente comprometida em Cavendish, justamente pelo compromisso da autora com o privilégio hierárquico dos estamentos sociais e as prerrogativas da monarquia absolutista.

Contudo, a literatura mais recente tem se afastado da compreensão de que haveria uma ruptura comprometedora entre as posições políticas adotadas por Cavendish em sua obra. Mihoko Suzuki (2003) sustenta que, embora fosse esperado que Cavendish se alinhasse completamente às posições da família e, posteriormente, do marido, não é isso que se verifica em sua obra. Margaret Cavendish apresenta uma disputa equilibrada entre as duas formas de governo e, em *Natures pictures* [Retratos da natureza], afirma que "O sistema monárquico de governo das abelhas é tão sábio e feliz quanto a república (*Republick Commonwealth*) das formigas" (Cavendish, 1656, p. 165). Ademais, acrescenta que nenhuma forma de governo pode ser considerada perfeita, uma vez que "não há segurança, nem felicidade perfeita, nem continuidade constante nas obras da natureza" (Cavendish, 1656, p. 166). Para Walters (2005, p. 15-16), a obra de Margaret Cavendish revela-se interessante precisamente por evidenciar as contradições características de uma escritora em seu contexto histórico.

Em 1643, Margaret Lucas torna-se dama de honra da Rainha Henrietta Maria e acompanha a corte no exílio em Paris, em 1644, quando Oxford já não era mais porto seguro em função da Guerra Civil (Fitzmaurice, 1997). Henrietta Maria participava ativamente dos movimentos políticos e militares, controlando uma infantaria de 5.000 homens contra os parlamentaristas. Cavendish estava presente quando a rainha e poucos acompanhantes foram perseguidos pelas tropas parlamentaristas, que continuaram a perseguição em navios de guerra durante a fuga para o exílio, em 1644 (Whitaker, 2002). Henrietta Maria parece ser uma figura importante não só na formação política de Cavendish, mas também em Letras, uma vez que a rainha comumente tratava de teatro e era versada em platonismo (Whitaker, 2002). A família Lucas manteve-se realista mesmo durante a Guerra Civil, pagando alto preço por seu posicionamento. Em 1648, Sir Charles Lucas, irmão de Margaret, é executado no cerco de Colchester, e os cadáveres, tanto da mãe quanto da irmã de Margaret, são vilipendiados por tropas parlamentaristas (Dolan, 2013).

No exílio, em 1645, Cavendish encontra-se com William Cavendish (1592-1676), recém viúvo e com duas filhas, Jane Cavendish (1622-1669) e Elizabeth Brackley (1627-1663). Ambas citaram Margaret Cavendish em *The concealed fancies* [Fantasias ocultas, J. Cavendish, 2018]. Margaret, por seu turno, refere-se às enteadas em *The life of the thrice noble, high, and puissant prince William Cavendish* [A vida do príncipe William Cavendish, três vezes nobre, elevado e poderoso] (Cavendish, 1667). Durante o período do exílio, os Cavendish mantêm vivo interesse pelas artes, escrevem poesia, peças de teatro e dedicam-se especialmente à filosofia natural e às matemáticas. William e seu irmão Charles (1591-1654), que havia recebido alguma instrução de Hobbes (1588-1679), encorajam Margaret Cavendish a estudar filosofia.

Em Paris, os Cavendish, entre os anos de 1645 e 1648, se reúnem com os filósofos ingleses exilados, todos influenciados pela nova filosofia mecânica. O grupo ficou conhecido como círculo de Newcastle e, antes mesmo do exílio, fora frequentado por Hobbes, Digby (1603-1665) e Walter

Charleton (1619-1707), além do contato com Descartes (1596-1650), Gassendi (1592-1655) e Mersenne (1588-1648). Não é clara qual a real participação de Cavendish nas reuniões do círculo, mas ela própria informa que não se pronunciava na presença de Descartes e teve uma interação mínima com Hobbes, devido à sua timidez. Apesar disso, ela se interessou pelas noções de átomos e corpúsculos e sobre o materialismo, sendo Hobbes o autor de sua predileção (O'Neill, 2001).

Casados em dezembro de 1645, William e Margaret Cavendish mudam-se para Antuérpia em 1648, onde residem até o retorno à Inglaterra, em 1660. No ínterim entre 1651 e 1653, Margaret e seu cunhado Charles viajam para Londres para peticionar uma compensação pela perda de patrimônio da família Cavendish durante a guerra civil. A viagem é mal-sucedida, nenhum ganho é obtido com a petição e Margaret Cavendish retorna a Antuérpia, onde permanece com seu marido até o final do exílio. A vida cotidiana em Antuérpia, na casa que alugaram do pintor Peter Paul Rubens (1577-1640), é relatada em diversas cartas publicadas em *Sociable letters* [Cartas sociais], especialmente as cartas finais (Cavendish, 1664).

Em Antuérpia, Cavendish começa a publicar (Weststeijn, 2008), sendo *Poems and fancies* [Poemas e fantasias, 1653] seu primeiro livro. Mais tarde, no mesmo ano, é publicado *Philosophical fancies* [Fantasias filosóficas] com material que deveria ter sido incluído em *Poems* [Poemas], mas que não ficara pronto a tempo da impressão. Em 1655, publica *The world's of Olio* [O mundo de Olio], obra que contém sua crítica a Shakespeare e seu ensaio sobre a circulação do sangue, de William Harvey (1578-1657). No mesmo ano de 1655, a autora publica a primeira versão de *Philosophical and physical opinions* [Opiniões filosóficas e físicas] e no ano seguinte publica *Natures pictures* [Retratos da natureza] acompanhado de um texto autobiográfico, *A true relation of my birth, breeding and life* [Sobre a verdade de meu nascimento, maternidade e vida].

Com a restauração ao trono de Carlos II, em 1660, os Cavendish retornam para a Inglaterra e retiram-se para as Midlands (Terras Médias, região central da Inglaterra), dedicando-se a reparar as propriedades da família. Distante da corte e da vida efervescente de Londres, Cavendish cada vez mais se ocupa em administrar as propriedades da família, repetindo um papel semelhante ao ocupado pela mãe. Na década de 1660, ela pôde, ainda, dedicar-se aos estudos de filosofia natural, adotando como procedimento a leitura de seus contemporâneos que acabou por levá-la a tecer críticas tanto à filosofia mecânica quanto ao dualismo de Descartes e à filosofia experimental. Seu propósito era aproximar-se do debate público por meio de um domínio maior da linguagem predominante na filosofia natural de sua época. Durante esse período de estudos, consolida sua concepção materialista da natureza e desenvolve sua teoria da matéria, além de publicar seus principais textos de filosofia natural.

Em 1663, Cavendish reedita *Philosophical and physical opinions* [Opiniões filosóficas e físicas], originalmente publicado em 1655. Em 1664, publica *Philosophical letters: or, modest reflections upon some opinions in natural philosophy* [Cartas filosóficas: ou uma reflexão modesta sobre algumas opiniões em filosofia natural], no qual o material de estudo sobre os filósofos que lhe são contemporâneos é aproveitado. Ainda em 1664, publica a edição revista de *Poems and fancies* [Poemas e fantasias] como parte de seu projeto de revisão e organização de sua filosofia da natureza.

Em 1666, a autora atinge o ápice de sua publicação em filosofia natural com dois textos publicados conjuntamente, a saber, *Observations upon experimental philosophy* [Observações sobre a filosofia experimental] e sua utopia *The description of a new blazing world* [A descrição sobre um novo mundo resplandecente]. Em *Observations* [Observações], aparece seu estudo da filosofia da Royal Society of London [Academia Real de Londres], com especial atenção para Robert Boyle (1627-1691), Robert Hooke (1635-1703) e Henry Power (1623-1668). Em 1668, publica seu último livro, *Grounds of natural philosophy* [Fundamentos da filosofia natural], que considera a revisão final, mais organizada e sistemática de suas ideias dedicadas "a todas as universidades da Europa" (Cavendish, 1668, s.p.). O texto não é completamente inédito, mas sim a revisão ampliada de *Philosophical and physical opinions* [Opiniões filosóficas e físicas], publicada primeiro em 1655.

A profusão de publicações da década de 1660 revela a intenção da autora em se inserir no debate público sobre filosofia da natureza. Cavendish deixa transparecer em seus textos, muitas vezes em prefácios, a recepção de sua obra, especialmente entre os filósofos naturais. Sua visita à Royal Society [Sociedade Real], em 1667, é considerada por parte da literatura uma evidência da dificuldade em estabelecer interlocução com os membros. Para Sarasohn (2010), a recepção fria de Cavendish revela a aversão da sociedade exclusivamente masculina em admitir que uma mulher se posicionasse como filósofa da natureza (Sarasohn, 2020). De fato, Cavendish não apenas se colocou como filósofa da natureza, mas também como crítica da filosofia experimental feita na Royal Society. Para ela, os filósofos modernos "fazem um grande barulho por quase nada, como cães que ladram para a lua" (Cavendish, 1666, citação no anexo *Further observations* [Demais observações], p. 72). Há vários relatos de membros da Royal Society [Sociedade Real] e de contemporâneos desqualificando-a. Alguns a trataram como insana por conta de suas opiniões, sua escrita pouco formal e suas vestimentas consideradas masculinizadas. Esse qualificativo deu origem, mais tarde, provavelmente no século XIX, ao designativo de "mad Madge" ["a louca Madge"], expressão usada por parte da crítica literária durante o século XX, sendo muito conhecidos os ataques que lhe são desferidos por Virginia Woolf em 1929 e em 1945. Woolf afirma que o texto de Cavendish se assemelha a um jardim caótico, impenetrável e que cresce fora de controle: "como se um pepino gigante tivesse crescido sobre as rosas e cravos do jardim, asfixiando-as até a morte" (Woolf, 1994 (1929), p. 59).

A abordagem desqualificadora da obra de Cavendish passa por revisão no início do século XXI. Katie Whitaker (2002), por exemplo, recupera a relevância da recepção de Cavendish entre seus pares e revela ter havido recepção sofisticada e cuidadosa por parte de Joseph Glanvill (1636-1680). Whitaker sustenta que a obra de Glanvill seria, em grande medida, réplica à concepção de matéria de Cavendish (Whitaker, 2002). Natalie Davis sustenta, por sua vez, que a obra de Cavendish influenciou outras autoras, dentre as quais, Lucy Hutchinson (1620-1681), que a imitava abertamente (Davis, 1984). Ademais, Cavendish alcança muito sucesso com sua publicação de *Poems and fancies* [Poemas e fantasias], listado como um dos livros mais vendidos na Inglaterra em 1657 (Walters, 2005). Outro destaque da recepção de Cavendish é o trabalho de divulgação realizado por Walter Charleton e a correspondência com Robert Hooke (1665), especialmente sobre a observação VII "Of some phaenomena of glass drops" [Sobre alguns fenômenos das gotas de vidro] da *Micrographia*, 1665.

Margaret Cavendish morreu em 15 de dezembro de 1673 e foi enterrada na Abadia de Westminster em 7 de janeiro de 1674.

## 2 – OBRA: TEMAS E CONCEITOS

### 2.1 O encanto com o atomismo antigo

O círculo de Newcastle, e depois o salão dos Cavendish no exílio de Paris, foi centro de debates e de propagação do materialismo antigo revisitado por filósofos da modernidade, como Walter Charleton (Hutton, 1997). Segundo Charles Cavendish, em carta a John Pell de dezembro de 1644, esses filósofos por vezes "se reuniam com grande alegria para debates acalorados sobre o epicurismo" (Kroll, 1990, p. 133, nota 154). O círculo também era frequentado por Lucy Hutchinson (1620-1681), que mostrou sua tradução privada de partes do poema de Lucrécio para Margaret Cavendish, que, dessa forma, teve acesso direto à obra pela primeira vez, dado que lia apenas textos em língua inglesa (Wilson, 2008).

Os debates vividos em Paris parecem ter influenciado os primeiros textos publicados por Cavendish em seu período na Antuérpia. Esse é o caso de *Poems and fancies* [Poemas e fantasias,1653], que remete à temática de Lucrécio, e *Philosophical fancies* [Fantasias filosóficas, 1653], texto complementar ao *Poems* [Poemas]. Em ressonância com Lucrécio, a autora sustenta a autonomia e a independência da natureza como senhora de si, livre da opressão de déspotas arrogantes, livre da jurisdição dos deuses. Trata-se de uma noção de natureza que parece dispensar um princípio criador:

> Pequenos Átomos organizam por si mesmos o mundo que fazem,
> Por serem sutis, adquirem qualquer forma;
> E conforme dançam ao redor, encontram lugares,
> Das Formas que mais lhes agradam, fazem de tudo (Cavendish, 1664, p. 6).

Em *World's of Olio* [O mundo de Olio] (1655), o materialismo ganha contornos mais modernos, ficando mais evidente outra influência, mais duradoura para Cavendish: Thomas Hobbes (Hutton, 1997). Em Olio, a autora sustenta que é preferível o ateísmo ao mundo das superstições, uma vez que os ateus cultivam a humanidade e a civilidade, enquanto os supersticiosos nutrem-se de crueldades sem fim. O ataque à superstição permite compreender a abrangência do materialismo no pensamento de Cavendish. Segundo a autora, a filosofia não é o lugar para se tratar de espíritos, seres supranaturais ou substâncias incorpóreas. Do mesmo modo, o intelecto é concebido como a substância material do cérebro, organizado para perceber e apreender o mundo.

A fantasia envolvendo muitos mundos também aparece na obra inicial de Margaret Cavendish. Trata-se de uma característica do período, que se encontra em Pierre Borel (1620-1671) com seus *Discours nouveau prouvant la pluralité des mondes* [Novos discursos provando a pluralidade dos mundos] (1657), no qual argumenta que o Sol e a Lua são habitados, ou mesmo Cyrano de Bergerac (1619- 1655) em sua *Histoire comique des estats et empires de la Lune* [História cômica dos estados e impérios da Lua] (1657). O texto é um conjunto de exercícios de imaginação que misturam elementos de epicurismo com a firme adesão ao copernicanismo. No caso específico de Cavendish, o interesse pelos átomos tem predomínio sobre a astronomia, o que a faz imaginar mundos diminutos:

> Assim como em um conjunto de caixas
> Encontramos tamanhos diferentes em cada caixa,
> Assim também neste mundo e em muitos outros,
> Gradualmente menos e menos espessos;
> Embora não seja sujeito aos nossos sentidos,
> Um Mundo talvez não seja maior que uma moeda de dois pences
> (Cavendish, 1664, p. 6).

Ao referir-se a pequenos mundos, Cavendish parece sugerir que a estrutura, segundo a qual a matéria se agrega para compor o mundo percebido por nós, segue certa ordem que se repete em todos os graus de tamanho dos agregados da matéria.

A concepção de que há uma ordenação do mundo acompanha, no período, a ideia de que há muitos mundos, cada qual exibindo organização e variando principalmente em tamanho, se comparados entre si e ao mundo da nossa experiência. A ideia de micromundos também é recorrente em filósofos modernos, e podemos encontrá-la, por exemplo, em carta de Leibniz a Arnauld, de 9 de outubro de 1687: "Não há partícula de matéria que não contenha um mundo de inumeráveis criaturas todas bem-organizadas" (Leibniz, 1989, p. 347). Para Cavendish, trata-se de compreender que, se há uma ordenação para as coisas no tamanho afeito aos nossos sentidos, essa mesma ordenação se multiplica pelos outros astros do mundo, se repete em uma ordem estelar de grandeza e se repete em uma ordem atômica de grandeza. O Sol, a Lua, as montanhas e os vales e todas as ordenações de movimentos que percebemos, inclusive aqueles criados pelos homens, as cidades e as guerras, teriam seu análogo em tamanho atômico.

O encanto e, por vezes, a obsessão com o materialismo antigo não eram exclusividade dos Cavendish, como conta o químico Daniel Sennert: "Em todo lugar, entre os Filósofos e Físicos, Antigos e Modernos, é feita menção a estes pequenos Corpos de Átomos, a tal ponto que eu me pergunto se a Doutrina dos Átomos deveria ser tratada como Novidade" (Sennert, 1618, cap. XI, p. 446).

## 2.2 O desencanto com o atomismo e com a filosofia mecânica

Margaret Cavendish rapidamente se desencantou com o atomismo ou, mais precisamente, assimilou dele vários elementos e o expandiu, de modo a superar aquilo que via como limitação na doutrina dos antigos. Essa crítica aparece em sua melhor forma nas *Observations upon experimental philosophy* [Observações sobre filosofia experimental] (1666), em que a autora sustenta que a filosofia dos antigos carece de profundidade para tratar dos fenômenos.

Nas *Observations* [Observações] encontram-se as afirmações sobre cada parte da natureza ser substância viva, de igual poder e que raramente se unifica sob um mesmo governo, o que explica a variedade infinita da observação. Para ela, se equivocam aqueles que

> reduzem a natureza a certo átomo proporcional, além do qual imaginam que a natureza não pode ir, porque seus cérebros ou sua razão particular finita não pode alcançar mais distante... [desse modo] cometem a falácia de concluir a finitude e a limitação da natureza a partir da própria estreiteza de sua concepção racional (Cavendish, 2003, p. 199).

Apesar da crítica e de não abraçar a doutrina atomista, Cavendish nunca deixou de debater com os autores que recepcionaram essa filosofia na modernidade. Sabe-se que estudou as paráfrases da *History of philosophy* [História da filosofia] de Thomas Stanley (1660), obra na qual há cerca de cem páginas dedicadas a Epicuro, e sabe-se também de sua proximidade com Walter Charleton, responsável pela introdução da obra de Gassendi na Inglaterra. A materialidade plena do mundo é, para Cavendish, constatada pela experiência cotidiana, que exibe inegável variedade na natureza: "prova de que há infinita variedade na natureza, e que a natureza é corpo em perpétuo automovimento, dividindo, compondo, formando, transformando suas partes por movimento figurativo corpóreo" (Cavendish, 2003, p. 85).

Para Cavendish, os fenômenos produzidos pelos homens são igualmente considerados como fenômenos naturais, cujo princípio é material. A infinita variedade na natureza abarca indistintamente fenômenos naturais como as cores dos pássaros, os caprichos dos homens, as diferenças no entendimento das coisas do mundo, a imaginação, o juízo, as carnes, as pedras e o céu. A consideração sobre a infinita variedade do mundo resulta não só em seu afastamento do atomismo dos antigos, mas também de um afastamento de explicações puramente mecânicas do mundo, o que se dá pela consideração de que não é razoável que tamanha variedade seja explicada pela simples mecânica dos corpos, ou seja, sua figura e seu movimento.

## 2.3 A matéria e sua percepção

O afastamento do materialismo antigo não significa o retorno a alguma teoria das formas, o que fica claro em seu tratamento da percepção dos fenômenos naturais. Cavendish se afasta de explicações que se valem de um princípio oculto, do espiritualismo, e apresenta noções de padronização e imitação como atributos da matéria (James, 1999). Ela sustenta que a percepção é

> propriamente feita por padronização e imitação, pelos movimentos figurativos inatos das criaturas animais, e não pela recepção, seja das figuras dos objetos exteriores nos órgãos dos sentidos, ou mesmo pelo envio de algum tipo de raio invisível do órgão para o objeto, e muito menos por pressão e reação (Cavendish, 2003, p. 15).

Em Cavendish, a infinita variedade na natureza, tal qual a percebemos, com seus padrões e movimentos, não pode ser nem tratada como um fenômeno de observação, inexistente na coisa observada, nem explicada pelo movimento e figura dos átomos. Essa admissão de complexidade na natureza parece apontar para dois caminhos explicativos possíveis. O primeiro requer sustentar que há alguma forma de imaterialidade e de divindade como princípio garantidor da complexidade, o que não é o caso para Cavendish. A segunda possibilidade requer a admissão de que a complexidade na natureza é decorrente daquilo que nela há de mais complexo, ou seja, a própria intelecção humana. Esta não é a produtora ou imaginadora de tal complexidade. Ao invés disso, serve de modelo para que a totalidade da natureza seja ao modo do observador.

Nos termos da autora, tudo está vivo, atento e é sensível: "Não há parte da natureza que não tenha sensação e razão, que não tenha vida e conhecimento; e se todas as partes infinitas têm vida e conhecimento, a natureza infinita não pode ser tola e insensível" (Cavendish, 2003, p. 82). Isso não quer dizer que haja substância imaterial na natureza. Tudo que há é matéria que se transforma o tempo todo, sem que haja qualquer perda ou aniquilação: "o que é chamado de morte é somente a alteração dos movimentos naturais corpóreos de uma figura para os de outra figura" (Cavendish, 1664, p. 223).

## 2.4 Política e sociedade

A utopia *Blazing world* [Mundo resplandescente] é escrita para um público mais amplo que aquele leitor dos ensaios ou tratados filosóficos. O texto apresenta questões de filosofia natural e críticas a filósofos experimentais da recém-fundada Royal Society of London e se organiza em um prefácio e três seções. A primeira descreve um mundo utópico e sua organização política. A segunda apresenta diálogos sobre teorias científicas e busca esclarecer os debates filosóficos presentes à época. Por fim, a terceira introduz uma narrativa fantasiosa em que a personagem viajante leva consigo o modelo do mundo novo para o mundo de origem e o impõe justificando a unificação política por conta do argumento da estabilidade. A estabilidade é o aspecto central na construção do novo mundo, sobretudo porque, em um estado de natureza, as pessoas estariam em perpétuo medo e não seriam capazes de viver muito tempo, ou viver em paz, além de não poderem atualizar suas potencialidades.

Para Cavendish, a estabilidade da sociedade não é um fim em si mesmo, mas uma condição necessária para que as pessoas possam alcançar seus próprios objetivos. Ao apresentar o mundo novo, Cavendish expõe o problema das guerras e insurreições civis, ao mesmo tempo que aponta para a necessidade de ordenação. Nessa medida, o relato dos debates da personagem da imperatriz em *Blazing world* pode ser interpretado como uma versão fictícia que se quer real, sobretudo porque o relato de viagem pode ser interpretado como uma crítica à sociedade política constituída e às suas imperfeições. O diálogo da personagem Duquesa de Newcastle, alter ego da própria Cavendish, com a Imperatriz, evidencia bem essa posição:

> um mundo miserável como aquele do qual eu venho, onde há mais soberanos que mundos, e mais falsos governantes que governo, mais religiões que deuses e mais formas de pensar naquelas religiões que verdades; mais leis que direitos e mais subornos que juízes; mais políticas que necessidades e mais medos que perigos; mais cobiça que riqueza, mais ambição que mérito; mais serviços que recompensas, mais linguagens que inteligência, mais controvérsias que conhecimento, mais relatórios que ações e mais presentes por parcialidades que acordos por mérito; tudo isso é uma grande miséria (Cavendish, 2014, p. 252).

Percebe-se, na passagem acima, que a autora adota uma posição bastante crítica e, ao mesmo tempo, inédita sobre a sociedade em que vive, especialmente quando propõe que tanto a personagem da Duquesa quanto qualquer outra pessoa tem o direito de criar e organizar mundos paralelos ordenados em suas mentes conforme suas escolhas e ações. Esse construto ficcional não só sinaliza a insatisfação da autora com relação aos usos e costumes do período, mas também visa incluir as mulheres no mundo restrito das sociedades científicas e políticas:

> se alguma alma gostar do mundo que criei e estiver disposta a ser súdita, pode imaginar-se dessa forma e o será, quero dizer, em sua mente, fantasia ou imaginação; mas se não suportar ser súdita, pode criar seu próprio mundo e governá-lo como lhe aprouver (Cavendish, 2014, p. 298).

Nesse mundo criado, há defesa de poucas leis no reino, uma vez que a existência de muitas leis só causa divisões ou facções. Curioso notar que, a despeito de a autora escolher a monarquia como forma de governo, ela defende o uso da persuasão e não da força para obter obediência dos membros da comunidade:

> ela (imperatriz) bem sabia que crer era algo que não deveria ser forçado ou imposto sobre as pessoas, mas incutido em suas mentes por meio de uma afável persuasão. Dessa forma, encorajou-os também a submeterem-se a todos os outros deveres e ocupações; pois o medo, embora faça com que as pessoas obedeçam, ainda assim não dura muito tempo, nem é uma forma tão certa de mantê-los em suas funções, como o amor (Cavendish, 2014, p. 277).

Na utopia cavendishiana, o exercício do poder e a forma de governo são apresentados de maneira dúbia. Se por um lado a monarquia é vista como sendo mais natural ao corpo político por ter apenas um governante, por outro lado, a autora defende limites ao poder do monarca quando trata dos direitos e liberdades de atuação dos indivíduos, como fica evidente na sequência de diálogos entre a Duquesa de Newcastle e a personagem Fortuna. A autora apresenta sua insatisfação com o confisco do patrimônio do marido e de seu alijamento da vida política na corte de Carlos II. O diálogo é iniciado pela Fortuna, que representa Carlos II:

> Nobres amigos, nós aqui nos encontramos para ouvir a causa relacionada às diferenças entre mim e o Duque de Newcastle. [...] saiba que este Duque que reclama ou exclama tanto contra mim tem sido sempre meu inimigo, pois ele preferiu a Honestidade e Prudência a mim e desprezou todos os meus favores, ou melhor, não só isso, como lutou contra mim e preferiu sua inocência a meu poder (Cavendish, 2014, p. 242).

Após a fala da Fortuna, a Imperatriz pede a palavra e responde a favor do Duque:

> sendo de natureza honrável, assim como honesta, não poderia confiar à Fortuna aquilo que valorizava acima de sua vida, que era a sua reputação, em razão da Fortuna não tomar parte com aqueles que eram honestos e honrados, mas renunciá-los; e como não poderia estar em ambos os lados, escolheu ser daquele que era agradável tanto para sua consciência quanto para a natureza de sua educação (Cavendish, 2014, p. 243-244).

Na sequência, Cavendish expõe os limites da monarquia, quando a Imperatriz reitera a defesa do Duque frente à Fortuna, expondo que o mesmo servirá à monarquia desde que observadas certas condições e virtudes: "Ele está pronto a qualquer momento para servi-la desde que honestamente e prudentemente" (Cavendish, 2014, p. 244). Cavendish esclarece ao leitor que a responsabilidade moral do monarca sobre o reino está intimamente correlacionada à noção de sabedoria, prudência e ao seu conhecimento das mais diversas ciências. Por fim, buscando esclarecer seus objetivos com o texto, a autora, no Epílogo, esclarece:

> Por meio desta descrição poética, podeis perceber que minha ambição não é apenas ser uma Imperatriz, mas a autora de todo um mundo e que os mundos que construí, tanto o Blazing World quanto o outro mundo filosófico, mencionados na primeira parte dessa descrição, são moldados e compostos de maior pureza, ou seja, as partes racionais da matéria, que são as partes de minha mente, o que foi uma criação mais fácil e rapidamente efetuada que a conquista de dois monarcas mais famosos do mundo: Alexandre e César (Cavendish, 2014, p. 297).

Percebe-se, na passagem, que Cavendish vincula suas reflexões políticas ao mundo plenamente material de sua filosofia natural e não se isenta de apresentar publicamente suas convicções sobre o mundo e sobre a sociedade em que vive.

# BIBLIOGRAFIA

## Obras

CAVENDISH, M. *Philosophical fancies*. Londres: J. Martin and J. Allestrye, 1653.

CAVENDISH, M. *Poems and fancies*. Londres: J. Martin and J. Allestrye, 1653.

CAVENDISH, M. *The philosophical and physical opinions*. Londres: J. Martin and J. Allestrye, 1655.

CAVENDISH, M. *The worlds Olio*. Londres: J. Martin and J. Allestrye, 1655.

CAVENDISH, M. *Natures pictures drawn by fancies pencil to the life*. Londres: J. Martin and J. Allestrye, 1656.

CAVENDISH, M. *Orations*. Londres: [s. n.], 1662.

CAVENDISH, M. The convent of pleasure. *In*: CAVENDISH, M. *Playes*. Londres: [s. n.], 1662.

CAVENDISH, M. *Philosophical and physical opinions*. Londres: William Wilson, 1663.

CAVENDISH, M. *CCXI sociable letters*. Londres: [s. n.], 1664.

CAVENDISH, M. *Philosophical letters*: or, modest reflections upon some opinions in natural Philosophy, maintained by several famous and learned authors of this age, expressed by way of letters. Londres: [s. n.], 1664.

CAVENDISH, M. *Poems and fancies*. ed. rev. Londres: J. Martin and J. Allestrye, 1664.

CAVENDISH, M. *Observations upon experimental Philosophy, to which is added, the description of a new blazing world*. Londres: A. Maxwell, 1666.

CAVENDISH, M. *The life of the thrice noble, high and puissant prince William Cavendishe, duke, marquess and earl of Newcastle*. Londres: A. Maxwell, 1667.

CAVENDISH, M. *Grounds of natural Philosophy*. Londres: [s. n.], 1668.

CAVENDISH, M. Assaulted and pursued chastity. *In*: LILLEY, K. (ed.). *The blazing world and other writings*. Londres: Penguin Books, 1994. p. 45-118.

CAVENDISH, M. The contract. *In*: LILLEY, K. (ed.). *The blazing world and other writings*. Londres: Penguin Books, 1994. p. 1-44.

CAVENDISH, M. The description of a new world, called "The blazing world". *In*: LILLEY, K. (ed.). *The blazing world and other writings*. Londres: Penguin Books, 1994. p. 119-225.

## Outras edições

CAVENDISH, M. Margaret Cavendish, Duchess of Newcastle. *In*: CAVENDISH, M. *The convent of pleasured women's writing of the Early Modern period, 1588-1688*: an anthology. Ed. de Stephanie Hodgson-Wright. Edimburgo: Edinburgh University Press, 2002. p. 257-286.

CAVENDISH, M. *Margaret Cavendish*: political writings. Ed. de Susan James. Cambridge: Cambridge University Press, 2003.

CAVENDISH, M. *Observations upon experimental Philosophy*. Ed. de Eileen O'Neill. Cambridge: Cambridge University Press, 2003.

CAVENDISH, M. *Sociable letters*. Ed. de James Fitzmaurice. Nova York: Broadview Press, 1997.

CAVENDISH, M. *The blazing world and other writings*. Ed. de Kate Lilley. Londres: Penguin, 2004.

CAVENDISH, M. *The description of a new world, called "The blazing world"*. Londres: A. Maxwell, 1668. Disponível em: http://digital.library.upenn.edu/women/newcastle/blazing/blazing.html. Acesso em: 10 jul. 2024.

CAVENDISH, M. The true relation of my birth, breeding and life. *In*: CAVENDISH, M. *The life of William Cavendish*: Duke of Newcastle to which is added the true relation of my birth, breeding and life. Londres: G. Routledge & Sons; E.p. Dutton, 1890. p. 155-178.

### Traduções para o português

CAVENDISH, M. *O mundo resplandecente*. Trad. de Milene C. Silva Baldo. Ponte Gestal: Plutão Livros, 2019. E-book.

SILVA BALDO, M. C. *"O mundo resplandecente", de Margaret Cavendish*: estudo e tradução. 2014. Dissertação (Mestrado em Teoria e História Literária) – Universidade Estadual de Campinas, Campinas, 2014.

## Literatura Secundária

BATTIGELLI, A. *Margaret Cavendish and the exiles of the mind*. Lexington: The University Press of Kentucky, 1998.

BOYLE, D. Fame, virtue, and government: Margaret Cavendish on ethics and politics. *Journal of the History of Ideas*, v. 67, p. 251-289, 2006.

BROAD, J. Margaret Cavendish and Joseph Glanvill: science, religion and witchcraft. *Studies in the History and Philosophy of Science*, v. 38, p. 493-505, 2007.

BROAD, J. *Women philosophers of the Seventeenth Century*. Cambridge: Cambridge University Press, 2002.

CAVENDISH, J. *The collected works of Jane Cavendish*. Org. de Alexsandra G. Bennett. Abingdon: Routledge, 2008.

CHALMERS, H. *Royalist women writers 1650-1689*. Oxford: Claredon Press, 2004.

CLUCAS, S. The atomism of the Cavendish circle: a reappraisal. *The Seventeenth Century*, v. 9, p. 247-273, 1994.

CLUCAS, S. Variation, irregularity and probabilism: Margaret Cavendish and natural Philosophy as rhetoric. *In*: CLUCAS, S. *A princely brave woman*: essays on Margaret Cavendish, Duchess of Newcastle. Hampshire; Burlington: Ashgate Publishing Company, 2003. p. 199-209.

CUNNING, D. *Cavendish*. Nova York: Routledge, 2016.

CUNNING, D. Cavendish on the intelligibility of the prospect of thinking matter. *History of Philosophy Quarterly*, v. 23, p. 117-136, 2006.

DETLEFSEN, K. Atomism, monism, and causation in the natural Philosophy of Margaret Cavendish. *In*: GARBER, D.; NADLER, S. (orgs.). *Oxford studies in Early Modern Philosophy*. Oxford: Oxford University Press, 2006. p. 199-240.

DETLEFSEN, K. Margaret Cavendish on the relationship between God and world. *Philosophy Compass*, v. 4, p. 421-438, 2009.

DETLEFSEN, K. Reason and freedom: Margaret Cavendish on the order and disorder of nature. *Archiv* für *Geschichte der Philosophie*, v. 89, p. 157-191, 2007.

DOLAN, F. Scattered remains and paper bodies: Margaret Cavendish and the Siege of Colchester. *Postmedieval*, v. 4, p. 452-464, 2013.

FITZMAURICE, J. Introduction. *In*: CAVENDISH, M. *Sociable letters*. Ed. de James Fitzmaurice. Nova York: Broadview Press, 1997. p. xi-xxii.

GARDINER, J. K. Singularity of self: Cavendish's true relation, narcissism, and the gendering of individualism. *Restoration*, v. 21, n. 2, p. 52-65, 1997.

HAROL, C. Imagining worlds and figuring toleration: freedom, diversity, and violence in a description of a new world, called "The blazing-world". *In*: CONWAY, A.; ALVAREZ, D. (orgs.). *Imagining religious toleration*: a literary History of an idea, 1600-1830. Toronto: University of Toronto Press, 2019. p. 97-118.

HOOKE, R. *Micrographia*: or some physiological descriptions of minute bodies made by magnifying glasses, with observations and inquiries thereupon. Londres: [s. n.], 1665.

HOPKINS, L.; RUTTER, T. *A companion to the Cavendishes*. Leeds: Arc Humanities Press, 2020.

HUTTON, S. In dialogue with Thomas Hobbes: Margaret Cavendish's natural Philosophy. *Women's Writing*, v. 4, p. 421-432, 1997.

JAMES, S. The philosophical innovations of Margaret Cavendish. *British Journal for the History of Philosophy*, v. 7, p. 219-244, 1999.

KROLL, R. W. F. *The material word*: literate culture in the restoration and early eighteenth century. Baltimore: John Hopkins University Press, 1998.

LEIBNIZ. Letter to Arnauld, 9 October 1687. *In*: ARIEW, R.; GARBER, D. (orgs. e trads.). *Philosophical essays*. Indianápolis: Cambridge: Hackett Publishing Company, 1989. p. 347.

LEWIS, E. The legacy of Margaret Cavendish. *Perspective on Science*, v. 9, p. 341-365, 2001.

LILLEY, K. Introduction. *In*: LILLEY, K. (ed.). *Margaret Cavendish*: the blazing world and other writings. Londres: Penguin Classics, 1992.

MAJOR, P. (org.). *Literatures of exile in the English revolution and its aftermath, 1640-1690*. Burlington: Asghate, 2010.

MICHAELIAN, K. Margaret Cavendish's epistemology. *British Journal for the History of Philosophy*, v. 17, p. 31-53, 2009.

MIHOKO, S. *Subordinate subjects*: gender, the political nation, and literary form in England, 1588-1688. Aldershot: Ashgate publishing, 2003.

O'NEILL, E. Disappearing ink: Early Modern women philosophers and their fate in History. *In*: KOURANY, J. A. (org.). *Philosophy in a feminist voice*. Princeton: Princeton University Press, 1998.

O'NEILL, E. Introduction. *In*: CAVENDISH, M. *Observations upon experimental Philosophy*. Ed. de Eileen O'Neill. Cambridge: Cambridge University Press, 2001.

PRYNNE, W. *The soveraigne power of parliments and kingdoms*: or second part. Londres: [s. n.], 1643.

RÉE, J. Women philosophers and the canon. *British Journal for the History of Philosophy*, v. 10, p. 641-52, 2002.

SARASOHN, L. T. *The natural Philosophy of Margaret Cavendish*: reason and fancy during the scientific revolution. Baltimore: Johns Hopkins University Press, 2010.

SCHIEBINGER, L. Margaret Cavendish. *In*: WAITHE, M. H. (org.). *A History of women philosophers:* 1600-1900. Boston: Kluwer Academic Publishers, 1991. v. 3, p. 1-20.

SENNERT, D. *Epitome naturalis scientiae*. Trad. de Thirteen Books of Natural Philosophy. Londres: [s. n.], 1600. p. 446.

SIEGRIED, B. R.; SARASOHN, L. T. (orgs.). *God and nature in the thought of Margaret Cavendish*. Burlington: Asghate, 2014.

TRUBOWITZ, R. The reenchantment of utopia and the female monarchical Self: Margaret Cavendish's Blazing world. *Tulsa Studies in Women's Literature*, v. 1, n. 2, p. 229-245, 1992.

WALTERS, E. M. *Science, nature and politics*: Margaret Cavendish's challenge to gender and class hierarchy. 2005. Tese (Doutorado em Literatura) – The University of Edinburgh, Edimburgo, 2005.

WALTERS, L. *Margaret Cavendish*: gender, science and politics. Cambridge: Cambridge University Press, 2014.

WESTSTEIJN, T. *Margaret Cavendish in de Nederlanden*: filosofie en schilderkunst in de Gouden Eeuw. Amsterdam: Amsterdam University Press, 2008.

WHITAKER, K. *Mad Madge*: Margaret Cavendish, Duchess of Newcastle: royalist, writer and romantic. Londres: Chatto & Windus, 2002.

WILCHER, R. *The writing of royalism, 1628-1660*. Cambridge: Cambridge University Press, 2001.

WILKINS, E. Margaret Cavendish and the Royal Society. *Notes and Records*, v. 68, n. 3, p. 245-260, 2014.

WILSON, C. *Epicureanism at the origins of Modernity*. Oxford: Clarendon Press, 2008.

WOOLF, V. *The common reader*. Londres: Hogarth Press, 1929.

WOOLF, V. *The common reader in the essays of Virginia Woolf*. Org. de Andrew McNeillie. Londres: The Hogarth Press, 1994. v. 4.

WOOLF, V. *A room of one's own*. Londres: Penguin Books, 1945.

## Links

CUNNING, D. *Stanford Encyclopedia of Philosophy*: verbete "Margaret Lucas Cavendish". Disponível em: https://plato.stanford.edu/entries/margaret-cavendish/. Acesso em: 10 jul. 2024.

INSTITUTE FOR DIGITAL RESEARCH IN THE HUMANITIES. University of Kansas. Projeto de digitalização de *Philosophical and Physical Opinions*, 1663. Disponível em: https://idrh.ku.edu/digital-humanities-projects/margaret-cavendish philosophical-and-physical-opinions. Acesso em: 10 jul. 2024.

MARGARET CAVENDISH e o atomismo. Videoconferência de Sueli Sampaio D. Custódio. [s. l.; s. n.], 2020. 1 vídeo (25 min 45 s.). Publicado pelo canal Grupo de Pesquisa em Metafísica e Política: GPMP. Disponível em: https://youtu.be/qLh CDZRzmX4

MARGARETH CAVENDISH por Janyne Sattler. Videoconferência de Janyne Sattler. [s. l.; s. n.], 2020. 1 vídeo (2 h 11 min 10 s.). Publicado pelo canal Rede Brasileira de Mulheres Filósofas. Disponível em: https://youtu.be/J9Kj2PHkIpw. Acesso em: 10 jul. 2024.

PROJECT VOX. Verbete "*Cavendish*". Disponível em: https://projectvox.org/caven dish-1623-1673/. Acesso em: 10 jul. 2024.

PROJETO UMA FILÓSOFA POR MÊS. Material sobre Cavendish. Disponível em: https://germinablog.wordpress.com/agosto-margaret-cavendish/. Acesso em: 10 jul. 2024.

THE INTERNATIONAL MARGARET CAVENDISH SOCIETY. Disponível em: https://www.margaretcavendishsociety.org/; https://www.facebook.com/Margaret-Cavendish-Society-135112673212390/. Acesso em: 10 jul. 2024.

# 15
# SOR JUANA INÉS DE LA CRUZ

(1648?-1695)

*Estevam Strausz**

## 1 – VIDA

É uma tarefa difícil tratar da biografia de Juana Inés de la Cruz: são muitas as divergências entre seus biógrafos em termos de interpretação, de acesso a documentos históricos, entre outros aspectos. Nenhuma das biografias, ou estudos biográficos existentes, ocupa uma posição paradigmática que cumpra todas as exigências que essa figura histórica nos impõe. Para evitar depender de um só olhar da vida de Juana Inés, serão apresentadas, durante a sessão biográfica deste verbete, algumas das divergências sobre os aspectos mais problemáticos de sua biografia.

Em termos de biografias contemporâneas da autora, temos dois textos: a *Aprobación* [Aprovação], do padre jesuíta Diego Calleja, e a *Respuesta a Sor Filotea de la Cruz* [Resposta a Sor Filotea de la Cruz], da própria Juana Inés. Ambos estão incluídos no terceiro volume de obras completas, *Fama y obras posthumas del Fénix de Mexico* [Fama e obras póstumas da Fênix do México], editado por Juan Ignacio de Castoreda e publicado em Madri, em 1700. Além desses, alguns documentos da época também nos trazem informações relevantes.

---

* Graduando em Filosofia pela Universidade Federal do Rio de Janeiro (UFRJ).

A *Resposta* é um dos textos mais importantes de Juana Inés. Trata-se de uma resposta às críticas que Fernández de Santa Cruz, sob o pseudônimo Sor Filotea de la Cruz, fez à autora ao publicar a famosa *Carta atenagórica*. É a principal fonte de informações sobre a infância da autora, mas deve ser lida com um olhar crítico quanto à sua qualidade biográfica. É uma autodefesa antes de ser uma autobiografia e, se nos traz muitos dados sobre sua vida, oculta também muitos outros; não mencionando, por exemplo, os seus anos de vida na corte. A *Resposta* narra sua vida com o fim de justificar sua produção intelectual e literária, e uma biografia só é apresentada na medida em que é necessária para esse fim.

Por sua vez, a *Aprovação*, de Calleja, é muitas vezes criticada por se aproximar muito de uma hagiografia. É um texto que tece uma narrativa santificante da escritora e que, para melhor encaixá-la nesse molde, faz diversas suposições e ignora ou obscurece trechos de sua vida. Dessa forma, aspectos não ortodoxos da sua vida e de seu pensamento são ofuscados, quando não excluídos, da narrativa. Além disso, Calleja apresenta algumas informações incorretas, tais como diversas datas, incluindo as de nascimento e batismo, o seu sobrenome paterno, entre outras. Não se sabe também qual era a relação entre Calleja e Juana Inés; o padre afirmava que os dois mantinham uma correspondência, mas ela nunca o mencionou por nome e, se eles de fato o fizeram, as cartas não foram encontradas.

No século XX ocorreu um ressurgimento no interesse pela obra e biografia de Juana Inés, que foi pouco estudada nos séculos XVIII e XIX. A estadunidense Dorothy Schons é a primeira pesquisadora que visa à produção de uma biografia crítica e que apresenta uma interpretação feminista dos tópicos mais problemáticos da vida da autora – além de ser responsável pela descoberta de diversos documentos e textos inéditos. Schons nunca publicou uma biografia, porém, produziu alguns artigos e ensaios que tratam do tema: *The first feminist of the new world* [A primeira feminista do novo mundo] (1925), *Some bibliographical notes on Sor Juana Inés de la Cruz* [Notas bibliográficas sobre Sor Juana Inés de la Cruz] (1926), *Some obscure points in the life of Sor Juana Inés de La Cruz* [Pontos obscuros da vida de Sor Juana Inés de la Cruz] (1926), *Carta abierta al señor Afonso Junco* [Carta aberta ao senhor Afonso Junco] (1934) e *Algunos parientes de Sor Juana* [Alguns parentes de Sor Juana] (1934).

Já nos anos 80, Octavio Paz publica *Sor Juana Inés de la Cruz o las trampas de la fé* [Sor Juana Inés de la Cruz, ou as armadilhas da fé], talvez a obra mais abrangente sobre Juana Inés. Paz não só apresenta toda a vida da autora, como também diversas análises sobre seus textos, influências, contexto histórico, a literatura barroca hispânica em geral, a vida no convento e na corte – os códigos morais e o papel das mulheres nesses espaços.

## 1.1 Infância

Juana Inés de Asuaje y Ramírez de Çantillana nasceu em San Miguel Nepantla – um povoado aos pés do vulcão Popocatépetl e hoje a cidade de Tepetlixpa, próxima à Cidade do México – e foi batizada em 2 de dezembro de 1648. Calleja, e muitos biógrafos desde então, afirmam que Juana Inés teria nascido em 1651, mas sua certidão de batismo, onde consta que o batismo ocorreu em 1648, mostra que isso não seria possível (Schmidhuber, 2016, p. 36-37).

Filha do capitão espanhol Pedro Manuel de Asuaje y Vargas com Isabel Ramírez Çantillana, seria considerada uma *criolla*: seu pai era espanhol e sua mãe, americana de descendência espanhola. Na sua *Resposta a Sor Filotea de la Cruz*, temos uma breve descrição de sua infância com a intenção de descrever sua "inclinação", isto é, seu gosto pela literatura e obsessão pelos estudos. Passou seus primeiros anos na fazenda de seu avô materno. Lá, frequentemente se escondia na biblioteca para estudar, apesar de ser punida por isso. Juana Inés relata que, aos três anos, seguiu sua irmã, que foi mandada a uma escola, e convenceu a professora a lhe ensinar a ler e escrever. Aos seis ou sete anos, tentou convencer sua mãe, em vão, a vestir-se de homem para que pudesse entrar na universidade na Cidade do México.

Calleja relata que Juana Inés de la Cruz foi enviada à Cidade do México aos oito anos para viver com o avô, onde teria encontrado sua biblioteca. A própria Juana Inés, porém, situa sua convivência com o avô e com a biblioteca antes de sua ida à Cidade do México, que só teria ocorrido após a morte dele. Ainda na fazenda, portanto, conseguiu um professor particular para lhe ensinar latim, mas não teve mais de vinte aulas. Diz Calleja que seu professor foi o bacharel Martín de Oliva. A autora relata que, como forma de autodisciplina nas suas aulas de latim, media seu cabelo e cortava de 10 a 15cm. Caso ele crescesse de volta ao tamanho original e ela não tivesse aprendido o que se propôs a aprender até então, ela o "cortava de novo por sua estupidez" (*Respuesta*, 263, tradução nossa), dizendo que não parecia certo que sua cabeça fosse cheia de cabelos, mas vazia de conhecimento.

Seu avô, Pedro Ramirez, morreu em janeiro de 1656. Pouco depois, sua mãe teve seu primeiro filho com o capitão Diego Ruiz Lozano. Sabe-se que em algum momento por volta dessa época Juana Inés é enviada para a Cidade do México para viver com sua tia materna. A *Resposta* ignora os anos seguintes.

## 1.2 Vida na corte

Em 1664, chegam ao México o novo vice-rei e a vice-rainha: o segundo Marquês de Mancera, dom Antonio Sebastián de Toledo e sua esposa, dona Leonor Carreto. Juana Inés então já tinha por volta de 16 anos, tendo vivido oito anos com os tios, que a levaram ao palácio do vice-reino para ser apresentada à vice-rainha, quando fora admitida na corte. Lá, conheceu o padre jesuíta Antonio Núñez de Miranda, teólogo e membro do tribunal do Santo Ofício, que se tornou seu confessor. Figura muito influente na Nova-Espanha, Núñez convenceu Juana Inés a ingressar na vida conventual e negociou seu dote.

Sobre o ingresso de Juana Inés na ordem carmelita, e depois na de San Jerónimo, podemos contar novamente com o testemunho da *Resposta*. A autora realça que aceitara a vida monástica pelo desejo de um espaço onde pudesse estudar sem ser perturbada e pela extrema aversão que tinha ao casamento, e não propriamente por inclinação à vida religiosa.

## 1.3 Vida no convento

Aos 20 anos, Juana Inés entra como noviça no convento de San José de las Carmelitas Descalzas, ordem conhecida por sua severidade, onde passa somente três meses. Um ano e meio depois, em 1669, ela ingressa no convento *criollo* de Santa Paula da Ordem de San Jerónimo, que seguia a regra agostiniana.

O convento de *San Jerónimo*, como muitos outros conventos da Nova-Espanha, não era um espaço de completa reclusão religiosa e vida comunitária – as freiras tinham celas individuais de dois andares com cozinha, sala de estudo e empregadas. Ocorriam apresentações musicais e peças de teatro abertas ao público, e até bailes e festas seculares; podiam manter algum contato com o mundo secular por cartas ou recebendo visitas (cf. Schmidhuber, 2019). O voto de pobreza também não era seguido: muitas possuíam livros e joias – no caso de Juana Inés, uma biblioteca considerável; Calleja estima 4 mil livros; Octavio Paz, ao menos 1,5 mil.

Em 1680 um novo vice-rei ocupa o cargo, dom Tomás Antônio de la Cerda, Marquês de La Laguna e primo de Payo Enríquez. No mesmo ano é encomendada a construção de dois arcos para a chegada do novo vice-rei: um na praça de Santo Domingo e outro na entrada da catedral da cidade. Juana Inés é responsabilizada pelo segundo, e escreve um de seus poucos textos em prosa que acompanha o arco. O arco foi construído em cerca de um mês com madeira e gesso e não sobreviveu aos séculos, mas o texto que o acompanha, *Neptuno alegórico, oceano de cores, simulacro político* [Netuno alegórico, oceano de cores, simulacro político], descreve-o em grande detalhe e contém uma ilustração da construção. O arco e texto de Juana Inés agradaram ao vice-rei e sua esposa, María Luisa Manrique de Lara y Gonzaga, que se tornaram protetores da autora.

O período mais produtivo de Juana Inés foi entre 1680 e 1686, coincidente com o mandato do Marquês de La Laguna. São escritos seus *autos sacramentales*, dentre eles, o mais conhecido, *El divino Narciso* [O divino Narciso] – além de duas comédias e muitas poesias. Tornou-se muito próxima à vice-rainha, que anos depois ajudou-a a publicar o primeiro e segundo volumes de suas obras em Madri.

### 1.4 Polêmica e últimos anos

Em 1690, o bispo de Puebla, Manuel Fernández de Santa Cruz, amigo de Juana Inés desde, ao menos, o vice-reinado de Payo Henríquez, encomenda uma crítica ao Sermão do Mandato do Padre Antônio Vieira, de 1650, pronunciado na capela real de Lisboa. Juana Inés aceita, mas exigindo que o texto não fosse publicado, explicitando que seria de natureza privada. Poucos meses depois circula uma publicação do texto, intitulado *Carta atenagórica*. Junto à publicação, foi incluída uma breve carta dirigida a Juana Inés, assinada por Sor Filotea de la Cruz, ao mesmo tempo elogiando a retórica e o conhecimento da poeta e criticando sua dedicação a assuntos mundanos, sugerindo, por fim, que se dedicasse completamente a assuntos teológicos e à vida conventual.

Sabe-se que Sor Filotea de la Cruz é um pseudônimo, e que o comentário fora escrito pelo próprio bispo de Puebla, Manuel Fernández, que publicou o texto. Os motivos do bispo não são claros, mas Octavio Paz, sustentando-se na interpretação de Dario Puccini, afirma a possibilidade de que se tratasse de uma disputa entre o bispo de Puebla e o arcebispo Francisco de Aguiar y Seijas. Ele era conhecido por seu temperamento colérico e por sua aversão maníaca às mulheres – seu biógrafo, José de Lezamis, relata que ouvira o bispo dizer "que se soubesse que alguma mulher tivesse entrado em sua casa, mandaria trocar o chão que ela pisara [...]" (Lezamis, 1738, p. 75) – e era também grande admirador do Padre Antônio Vieira. Paz conclui que o propósito da publicação não autorizada, sob um pseudônimo feminino e aparentemente autointitulado *Atenagórica* – digna da sabedoria de Atena –, da crítica de Juana ao sermão de Vieira, seria provocar o arcebispo.

A carta gerou uma grande polêmica tanto nas Américas quanto na Espanha. Juana Inés recebeu diversas críticas e ameaças. Apesar da declaração da Inquisição, na Espanha, de que não havia nada de herético na carta, ela ainda foi frequentemente acusada de heresia no México. Em resposta a essa perseguição e à carta pseudônima de Fernández, ela publica em 1691 a *Respuesta a Sor Filotea de la Cruz*, em que pretende justificar sua produção literária secular e seu interesse por assuntos não teológicos.

Em 1693, Juana Inés abandona a escrita e cede sua biblioteca e instrumentos, além de muitos bens do convento, ao arcebispo Aguiar, que os vende e doa os ganhos. Nos próximos anos, ela apresenta à Inquisição um pedido de misericórdia e perdão e escreve dois documentos em sangue reiterando sua fé no dogma da Puríssima Conceição. Calleja relata que a poeta passa a se flagelar, e Oviedo, biógrafo de Nuñez, afirma que o rigor na penitência de Juana Inés necessitava da atenção de seu confessor, pelo risco que apresentava à sua vida.

A escritora passa seus últimos anos dedicando-se completamente à penitência e a serviços de caridade. Seus biógrafos e críticos católicos mais conservadores, com poucas exceções, veem esse momento como uma aceitação virtuosa da fé que a permitiu "voar à perfeição", gerando seu apelido de fênix do México. Outros biógrafos atuais têm um olhar mais crítico à situação. Juana Inés morreu na manhã de 17 de abril, com aproximadamente 46 anos. Os documentos contemporâneos registram uma doença como causa de morte.

## 2 – OBRA

Ao longo da vida, Juana Inés produziu um grande número de poemas, peças teatrais religiosas e seculares, alguns textos em prosa, um tratado perdido de musicologia e um pequeno livro de enigmas. Destaco aqui três obras que compõem um possível núcleo da produção de caráter filosófico da autora, por tratarem de temas que interessam à filosofia: *Primero sueño* [Primeiro sonho], *Carta atenagórica* e *Carta respuesta a Sor Filotea de la Cruz* [Resposta a Sor Filotea de la Cruz]. A autora trata de assuntos teológicos, como o amor de Cristo e de Deus, da questão do lugar da mulher na atividade intelectual (tanto internamente quanto na sociedade e na Igreja) e do conhecimento como um ideal de vida, mesmo que inalcançável e prova da insuficiência trágica do intelecto humano.

### 2.1 *Primero Sueño*

Na *Resposta*, Juana Inés (1260) escreve: "no me acuerdo haber escrito por mi gusto sino es un papelito que llaman *El sueño*" [Não me lembro de haver escrito nada por gosto próprio além do panfleto que chamam de *O sonho*]. Esse *papelito* seria uma longa *silva* publicada sob o título de *Primero sueño* [Primeiro sonho] no segundo tomo de suas obras completas. Ele é considerado pela crítica a obra mais importante da autora e aclamado como um dos mais ricos poemas filosóficos da língua espanhola.

O título da publicação do poema – *Primero sueño, que así intituló y compuso la madre Juana, imitando a Góngora* [Primeiro sonho, que assim titulou e compôs a mãe Juana, imitando Góngora] – traz as *Soledades* de Góngora como sua principal influência no campo literário. Não só *O sonho* de Juana Inés faz múltiplas referências diretas às *silvas* de Góngora, como também segue na mesma métrica, usufruindo de seu vocabulário e de sua forma. As diferenças entre os dois textos são, porém, de grande importância: nas *Soledades* a alma livre de seu corpo adormecido viaja por um mundo sonhado, idílico e habitado – os poemas são contemplações e questionamentos sobre o humano em sociedade. A *silva* de Juana Inés trata de outro tipo de sonho: o intelecto sobrevoa um mundo em penumbra, desabitado e silencioso, enquanto busca se elevar. Os acompanhantes do espírito são formas geométricas, obeliscos e pirâmides negras, dispersos no espaço noturno. Assim, a forma humana se ausenta após o anoitecer, dando lugar às categorias e faculdades do intelecto. A peregrinação onírica da alma não é sem pretensão; seu impulso é intelectual, visando conhecer o invisível e o imóvel, e seu voo é em direção à Causa Primeira.

O poema trata dessa busca impulsiva pelo conhecimento. Nela, dois métodos são utilizados ao longo da narrativa e, entre eles, um interlúdio apresenta as pirâmides egípcias como uma imagem emblemática do tema. O primeiro método é o do conhecimento imediato e faz referência ao entendimento neoplatônico: a alma reconhece sua faculdade racional como perfeita emanação do Todo e não supõe obstáculos para seu olhar, que se põe sobre os objetos do mundo. Na empreitada inicial do espírito que, sob o signo de uma águia que voa em direção ao monte mais alto, destrói-se a cada batida de asas, Juana Inés nos apresenta essa ambição como arrogante e fútil. De fato, ao final da ascensão neoplatônica, não só a emanação se mostra incapaz de entender o Todo, como o olhar da razão se perde na multiplicidade pela abundância de objetos.

Antecipando o fracasso do primeiro voo, o interlúdio das pirâmides apresenta-as como construções emblemáticas da ambição intelectual humana, a chamada "pirâmide mental". Em um elaborado jogo simbólico, que se inspira na egiptologia e no hermetismo do *Oedipus aegyptiacus* [Édipo egípcio] de Kircher, a forma piramidal – corpo da noite nos primeiros versos – torna-se uma representação da ambição do intelecto que, apontando para a centelha divina, almeja por natureza o conhecimento, ou seja, o retorno à sua origem divina. Nas palavras de Juana Inés, em *Primero sueño*:

> As Pirâmides foram objetos únicos, signos exteriores das dimensões interiores que são espécies da alma: que como a chama ardente sobe ao céu em ponta piramidal, assim também a mente humana, sua figura transitória, à Causa Primeira sempre aspira, o centro de onde traça reta a linha, se não a circunferência, que contém, infinita, toda essência.
> [Las Pirámides fueron materiales / tipos sólo, señales exteriores / de las que, dimensiones interiores, / especies son del alma intencionales: / que como sube en piramidal punta / al cielo la ambiciosa llama ardiente, / así la humana mente / su figura trasunta, / y a la Causa Primera siempre aspira, / céntrico punto donde recta tira / la línea, si ya no circunferência / que contiene, infinita, toda esencia] (vv. 400-411, tradução nossa).

Após o interlúdio e o fracasso da intuição imediata, a segunda peregrinação da alma se dá por um método analítico, subindo a escada das categorias aristotélicas. Apesar de frutífera no que diz respeito aos particulares, a mediação das categorias dá amplo espaço para dúvidas e para a razão questionar o método. Nesse demorado questionamento, o sol nasce, as cores invadem os sentidos do corpo, e a alma é forçada de volta à matéria sem ter vislumbrado a Causa Primeira.

A riqueza literária do *Primero sueño* abre espaço para uma grande variedade de interpretações para o poema. Dentre os críticos que já se debruçaram sobre o texto, talvez a premissa mais amplamente aceita seja a do paralelo do poema com as *Soledades* de Góngora. Desde a publicação da *silva* de Juana Inés, em 1662, são indicadas as semelhanças. Calleja, por exemplo, faz a relação entre os poemas em sua *Aprovação*. Pela irrefutabilidade da semelhança entre os textos, a maioria das interpretações atuais busca uma análise focada nas diferenças, gerando um amplo corpo de discussões sobre o papel da imitação na literatura. Em *Sacrificio y simulacro en Sor Juana Inés de la Cruz* [Sacrifício e simulacro em Sor Juana Inés de la Cruz], Jean-Michel Wissmer destaca o valor artístico atribuído à imitação na renascença e o uso subversivo que Juana Inés faz das referências às *silvas* de Góngora e às *Metamorfoses* de Ovídio.

A presença de múltiplas menções a fenômenos óticos e a emblemas no poema é também analisada pelo vínculo com o papel da representação e da imitação; em *Emblems, optics and Sor Juana's verse: "eye" and thou* [Emblemas, ótica e o verso de Sor Juana], Frederick Luciani aponta para o caráter autossubversivo da visão tal como apresentada nos livros de emblemas e nos poemas de Juana Inés. Esse tema se mostra relevante em diversos textos da autora: em *Otro soneto a la esperanza* [Outro soneto à esperança] (soneto 152), brinca-se com as falhas da visão, com o paradoxo dos óculos que, ao distorcer a vista, permitem a visão, e com a imagem da *manus oculata* – figura recorrente nos livros de emblemas da época, que apresenta uma mão com olhos, representando a visão que não pode ser enganada. Também em um de seus versos mais famosos, escrito em resposta a seus críticos – "y diversa de mí misma entre vuestras plumas ando" (vv. 18-19, romance 51) – o lugar da identidade na autoria é problematizado. De fato, o espírito do *Primero sueño* não se identifica até que amanhece e a luz do sol restaura as cores das coisas. Somente o último verso, "el mundo iluminado, y yo despierta" (v. 975), indica que se trata do sonho de uma mulher, pelo uso do adjetivo feminino *despierta*.

Reflexões acerca da posição da mulher como intelectual são tema principal da *Resposta*, mas já estão presentes em muitos textos anteriores, inclusive no *Sonho*. O feminismo se torna então uma ótica proeminente para análises da *silva* desde o começo do século XX, quando Miguel de Unamuno, em *Sor Juana Inés, hija de Eva* [Sor Juana Inés, filha de Eva], descreve a autora como "precursora y profetisa del más refinado feminismo de hoy en día", e Schons declara-a a primeira feminista das Américas. Em *A feminist Rereading of Sor Juana's Dream* [Uma releitura feminista do *Sonho* de Sor Juana], Sabbat de Rivers aponta para a abundância de substantivos femininos centrais para o poema e para o uso que Juana Inés faz da flexão em gênero feminino, propondo a ideia de um feminismo linguístico. Em *El sueño: cartographies of knowledge and the self* [O sonho: cartografias do conhecimento e do si mesmo], Jacqueline C. Nanfito faz uso dos conceitos que Kristeva desenvolve no ensaio *Les temps des femmes* [Os tempos das mulheres] para propor que o sonho de Juana Inés abandona o tempo linear ou histórico em prol da fluidez temporal. Nessa ótica, também as referências à mitologia greco-romana ganham uma relevância especial: Nictímene e as Miníades, mulheres punidas pelos deuses e transformadas em animais noturnos; e Minerva, figura recorrente no poema, dentre outros, são objetos das análises de Rivers no capítulo já mencionado.

## 2.2 *Carta atenagórica*

Em novembro de 1690, circula por Puebla o folheto *Carta atenagórica de la madre Juana Inés de la Cruz* [...] [Carta atenagórica da madre Juana Inés de la Cruz]. Trata-se de uma crítica de Juana Inés a um sermão do mandato do padre Antônio Vieira, pronunciado na capela de Lisboa em 1650. A carta fora escrita por encomenda para um destinatário particular, o bispo Manuel Fernández de Santa Cruz, sob o título original de *Crisis de un sermón* [Crítica de um sermão] – sendo, porém, impressa e distribuída por ele.

Do *Mandato*, ou *Sermão do mandato*, tem um título comum aos sermões predicados na Quinta-feira Santa. Nele, Vieira trata do que chama as maiores "finezas" de Cristo antes da morte. O termo, comum a ambos o português e ao castelhano, é definido no *Diccionario de autoridades* [Dicionário de autoridades], de 1732, como "Perfección, pureza y bondad de alguna cosa en su línea" [Perfeição pureza e bondade de algo], mas também como "acción o dicho con que uno da a entender el amor y benevolencia que tiene a otro" [ação ou feito pelo qual alguém comunica o amor e benevolência que tem por outro].

O sermão expõe as posições de três santos, Tomás, Agostinho e Crisóstomo, sobre a maior fineza de Cristo antes da morte, para então afirmar uma maior que a dita por estes e, por fim, sua posição no assunto. A carta, por outro lado, defende as posições dos santos antes de, também, posicionar-se.

Assim se seguem os argumentos: Santo Agostinho diz que a maior fineza de Cristo foi morrer pelos homens, ao que Vieira responde que mais fino foi ausentar-se perante os homens. A distinção é sutil; o jesuíta procura afirmar que, para Cristo, mais valia a presença perante os homens do que a própria vida. Se é maior a fineza que mais custa ao amante, tal como quer Vieira, então maior fineza fora ausentar-se do que morrer.

Juana Inés aponta que se distingue dentre as finezas suas finalidades: para quem a faz e para quem é feita. Maior é a primeira conforme mais custa para o amante, enquanto maior é a segunda conforme mais beneficia o amado. A maior fineza seria, então, aquela que, mais custando, também mais beneficia. Assim, é a vida, e não a presença, que mais vale: foi pelo sacrifício que Cristo redimiu – ou seja, que mais beneficiou, pois não haveria benefício maior que a redenção –, e o sacrifício foi abrir mão da vida. Além disso, acrescenta que Cristo sequer se ausentou, pois permaneceu presente, sacramentado. Como diz num vilancete, essa presença é estado remediado da morte, estando presente mesmo que morto: "y ya sé que Cristo, / en el sacramento, / estando glorioso, / está como muerto" [e já sei que Cristo, em sacramento, estando glorioso, está como morto] (vilancete 345, vv. 38-41, tradução nossa).

São Tomás diz que a maior fineza de Cristo foi sacramentar-se; São Crisóstomo, por sua vez, diz que foi lavar os pés de seus discípulos. Para Vieira, em relação a Tomás, mais fino foi sacramentar-se sem o uso dos sentidos e, em relação a Crisóstomo, não foi lavar os pés, e sim a motivação para fazê-lo. A resposta de Juana abarca os erros formais das proposições; sobre Tomás, ela escreve: "El Santo propone en género; el autor responde en especie. Luego no vale el argumento" [O Santo propõe em gênero; o autor responde em espécie. Logo, não vale o argumento] (355-357, tradução nossa), ou seja, sacramentar-se sem o uso dos sentidos é uma espécie de sacramento e não poderia ser mais fino do que sacramentar-se, em gênero. Quanto à opinião de Crisóstomo: lavar os pés dos discípulos foi efeito de sua causa, ou seja, da motivação que levou Cristo a fazê-lo. Não se pode dizer que Crisóstomo acreditava que o ato foi feito sem qualquer causa, logo, a motivação do ato já está incluída na opinião do santo, e julgar que a causa fora mais fina do que a própria ação, que já comporta tanto causa quanto efeito, é um erro de categoria.

Vieira conclui, então, com sua opinião de que a maior fineza de Cristo foi amar os homens sem esperar que o amassem de volta, exigindo apenas que amassem uns aos outros. A proposição é criticada, e Juana Inés não deixa de citar múltiplos trechos que comprovam a ortodoxia de que Cristo exige dos cristãos que o amem.

Terminada a tarefa de criticar as posições que Vieira toma ao longo do seu sermão, Juana Inés expõe, então, sua própria com um diferencial: não pretende tratar da maior fineza de Cristo em vida, e sim de "Deus enquanto Deus" – da fineza contínua (965). A maior fineza para Juana Inés é negativa; são todos os benefícios que Deus deixa de dar aos homens. Argumenta que Ele, de infinito amor e plena capacidade de conferir aos homens todo e qualquer benefício, mesmo assim deixa de fazê-lo, pois seria retribuído com ingratidão pecaminosa. A maior fineza é, então, facilitar a vida piedosa, ao não fazer com que suas inúmeras dádivas tenham de ser recebidas graciosamente, algo que não se poderia esperar dos homens.

Mudando o eixo da questão da fineza de Cristo em vida para a fineza de Deus, sua opinião se redimensiona na discussão sobre o livre-arbítrio na teologia, tema muito recorrente nos séculos XVI e XVII. Por meio da noção de favores negativos exposta na *Carta*, é possível interpretar que Juana Inés se aproxima da ideia de graça eficaz tal como na doutrina da providência divina no molinismo, conciliando o Deus onipotente com a possibilidade da liberdade humana em face à ameaça do fatalismo teológico. Juana Inés, porém, conclui a carta sem se aventurar pelo tema.

## 2.3 *Carta Respuesta a Sor Filotea de la Cruz*

Ao publicar a *Carta atenagórica*, o bispo Manuel de Santa Cruz incluiu uma nota, sob o pseudônimo Sor Filotea de la Cruz, criticando a dedicação de Juana Inés aos assuntos mundanos – à poesia, ao teatro secular e à filosofia – e sugerindo que a autora se dedicasse inteiramente à leitura das Escrituras e aos seus deveres como freira. A crítica não se refere especificamente à *Carta atenagórica*, de tema limitado à teologia, e sim à própria figura de Juana Inés, que já tinha fama como escritora e intelectual. Da nota de Santa Cruz, cujo tom varia entre elogios afetuosos e sutis ameaças, seguiram-se críticas mais agressivas por outras figuras, sugerindo que a *Carta* era herética não por seu conteúdo, mas por ser escrita por uma mulher.

É no contexto dessa polêmica que Juana Inés escreve, em 1691, uma longa carta para defender-se das acusações: a *Resposta*. O texto, porém, só viria a ser publicado em 1700, cinco anos após a morte da autora. Seu fio condutor diz respeito à oposição de Santa Cruz: se uma mulher, especialmente uma freira, deveria dedicar-se aos assuntos seculares, filosóficos, científicos e escrita secular. Para responder às acusações, Juana Inés traça uma autobiografia intelectual, de tom parcialmente confidencial, antes de propor que o estudo, tanto de assuntos sagrados quanto profanos, cabe também às mulheres da Igreja.

A solidão do espírito no *Primeiro sueño* encontra seu correspondente no relato do autodidatismo da *Respuesta*, e ambos invocam as figuras das leituras de Juana Inés para acompanhá-la. Na *Respuesta*, a autora traz ao seu lado um grande número de mulheres doutas: a profetisa Débora; a rainha de Sabá; Abigail; Ester; Rahab; Ana, mãe de Samuel; as Siblas; Minerva; Pola Argentaria; a filha de Tirésias; Zenóbia; Areté; Carmenta; Aspásia; as Milésias; Hipatia; Leôncia; Corina; Cornélia; Catarina de Alexandria; Gertrudes de Helfta; Paula, Blesia e Eustóquio, irmãs jerônimas suas; Fabiola; Falconia; a rainha Isabel da Espanha; Cristina, a rainha da Suécia; a Duquesa de Aveyro e a Condessa de Villaumbrosa.

Essa eclética listagem não é vã demonstração de erudição, pois, com o trecho de 1 Coríntios 14,33-35, em que São Paulo diz que as mulheres devem permanecer em silêncio na Igreja, introduz o tema que lhe interessa: se as mulheres devem estudar e interpretar as Escrituras. Anteriormente, Juana Inés aponta que o estudo da Bíblia exige todo tipo de conhecimento. A autora se pergunta, remetendo novamente ao *Sonho*: como entender o conhecimento mais elevado sem antes todos os outros? Assim, se a leitura da Bíblia exige todo tipo de conhecimento, propor que as mulheres devem poder estudar e ensinar teologia é também propor que devem poder estudar e ensinar muitos outros assuntos. Juana Inés conclui que as mulheres, tal como os homens, têm o dever moral de estudar, ensinar e interpretar a Bíblia – sob a condição de que o façam em lugares privados, para não ofender a norma moral de São Paulo. Trata-se de uma posição muitas vezes classificada como protofeminista: de alguma forma subversiva do patriarcado eclesiástico e propositiva de uma ampliação dos espaços sociais das mulheres, porém demasiada deslocada das ideias e dos movimentos feministas, que muitas vezes lutaram justamente contra essa restrição aos espaços privados.

# BIBLIOGRAFIA

## Obras

CRUZ, J. I. *Fama y obras póstumas del fénix de México*. Madri: Imprenta de Manuel Ruiz de Murga, 1700.

CRUZ, J. I. *Inundación castálida*. Ed. de Juan Garcia Infanzon. Madri: [s. n.], 1689. Disponível em: https://www.cervantesvirtual.com/obra/inundacion-

CRUZ, J. I. *Obras completas*. Ed. de Francisco Monter. Mexico: Editorial Porrua, 1985.

CRUZ, J. I. *Obras completas I*. Ed. de Alfonso Méndez Plancarte. México: Fondo de Cultura Económica, 1951.

CRUZ, J. I. *Obras completas II*. Ed. de Alfonso Méndez Plancarte. México: Fondo de Cultura Económica, 1952.

CRUZ, J. I. *Obras completas III*. Ed. de Alfonso Méndez Plancarte. México: Fondo de Cultura Económica, 1955.

CRUZ, J. I. *Obras completas IV*. Ed. de Alberto G. Salceda. México: Fondo de Cultura Económica, 1957.

CRUZ, J. I. *Segundo tomo de las obras de sóror Juana Inés de la Cruz*. Ed.. de Tomas Lopez de Haro. Sevilha: [s. n.], 1692.

## Tradução para o português

CRUZ, J. I. *Letras sobre o espelho*. Trad. de Tereza Cristofani Barreto. São Paulo: Iluminuras, 1989.

## Biografias e estudos biográficos

CALLEJA, D. Aprobación. *In*: CRUZ, J. I. *Fama y obras póstumas del fénix de México*. Madri: Imprenta de Manuel Ruiz de Murga, 1700.

PAZ, O. *Sor Juana Inés de la Cruz ou as armadilhas da fé*. Trad. de Wladir Dupont. São Paulo: Ubu, 2017.

SCHMIDHUBER, G. *De Juana Inés Asuage a sor Juana Inés de la Cruz*. El libro de las profesiones del convento de San Jerónimo de México. Toluca: Instituto Mexiquense de Cultura, 2013.

SCHMIDHUBER, G.; DORIA, O. *Familias paterna y materna de Sor Juana Hallazgos documentales*. Cidade do México: Centro de Estudios de Literatura Mexicana CARSO, 2016.

SCHMIDHUBER, G. Los conventos de la Nueva España del siglo XVII como espacios de desarrollo femenino: el caso del convento de San Jerónimo de México. *Sincronía*, n. 76, p. 411-432, 2019.

SCHMIDHUBER, G. Pertinencia actual de la primera biografía de sor Juana Inés de la Cruz. *Estudios de Historia de España*, v. 19, 2017.

SCHONS, D. Algunos parientes de Sor Juana: prolija memoria. *Primera época*, v. 2, n. 1-2, p. 149-153, 2006.

SCHONS, D. Some obscure points in the life of Sor Juana Inés de la Cruz. *Modern Philology*, v. 24, n. 2, p. 141-162, 1926.

## Literatura Secundária

AVILÉS, L. F. et al. *The Routledge research companion to the works of Sor Juana Inés de la Cruz*. Oxford; Nova York: Routledge, 2017.

BROOKE, A. *The autos sacramentales of Sor Juana Inés de la Cruz*: natural Philosophy and sacramental theology. Oxford: Oxford University Press, 2018.

BUXÓ, J. P. Sor Juana and Luis de Góngora: the poetics of imitativo. In: ZAMORA, L. P.; KAUP, M. (orgs.). *Barroque new worlds*: representation, transculturation, counterconquest. Durham; Londres: Duke University Press, 2010. p. 352-393.

BUXO, J. P. *Sor Juana Inés de la Cruz*: lectura barroca de la poesia. México: Editorial Renacimiento, 2006.

CARILLA, E. Sor Juana: ciencia y poesía. (sobre el "Primero sueño"). *Revista de Filología Española*, v. 36, p. 287-307, 1952.

CHECA, J. Sor Juana Inés de la Cruz: la mirada y el discurso. In: HERRERA, S. P.; URRUTIA, E. (orgs.). *Y diversa de mí misma entre vuestras plumas ando*: homenaje internacional a Sor Juana Inés De La Cruz. Cidade do México: El Colegio de Mexico, 1993. p. 127-136.

KIRK, S. L. *Sor Juana Inés de la Cruz and the gender politics of knowledge in colonial Mexico*. Nova York: Routledge, 2016.

LEZAMIS, J. *Breve relación de la vida y muerte del [...] Señor Don Francisco de Aguiar y Seijas, Obispo de Mechoacan, y después Arzobispo de México*. València: [s. n.], 1738.

LUCIANI, F. Emblems, optics and Sor Juana's verse: "eye" and thou. *Calíope*, v. 4, n. 1-2, p. 157-172, 1998.

MERRIM, S. et al. *Feminist perspectives on Sor Juana Ines de la Cruz*. Org. de Stephanie Merrim. Detroit: Wayne State University Press, 1991.

NANFITO, J. F. *El sueño*: cartographies of knowledge and the self. Nova York: Peter Lang, 2000. Série Wor(L)Ds of Change: Latin American and Iberian Literature.

RIVERS, G. *El "Sueño" de Sor Juana Inés de la Cruz*: tradiciones literarias y originalidade. Londres: Támesis Books, 1997.

URRUTIA, E.; HERRERA, S. P. (orgs.). *Y diversa de mí misma entre vuestras plumas ando*: homenaje internacional a Sor Juana Inés de la Cruz. Cidade do México: El Colegio de Mexico, 1993.

VOSSLER, C. *La décima musa de México*: Sor Juana Inés de la Cruz. Escritores y poetas de España, 1947. Colección Austral, t. 771.

WISSMER, J. *Las sombras de lo fingido*: sacrificio y simulacro en Sor Juana Inés de la Cruz. Toluca: Instituto Mexiquense de Cultura, 1998.

ZAMBUDIO, J. F. De Ovídio a Sor Juana Inés de la Cruz: o tímido monarca Acteon em "Primero Sueño". *CODEX: Revista de Estudos Clássicos*, v. 8, n. 1, p. 14-26, 2020.

ZORRILLA, R. O. "El sueño" y la emblemática. *Literatura Mexicana*, v. 6, n. 2, p. 367-398, 1995.

ZORRILLA, R. O. Los tópicos del sueño y del microcosmos: la tradición de Sor Juana. *In*: BUXÓ, J. P. *Sor Juana Inés de la Cruz y las vicisitudes de la crítica*. Cidade do México: Instituto de Investigaciones Bibliográficas, Unam, 1998. Série Estudios de Cultura Literaria Novohispana, p. 179-211.

ZORRILLA, R. O. Refracción e imagen emblemática en el Primero sueno, de Sor Juana. *Studi Latinoamericani/Estudios Latinoamericanos*, n. 4, p. 251-282, 2008.

ZORRILLA, R. O. Tradición de la poesía visionaria y emblemática mística y moral en el Primero sueño, de Sor Juana. *In*: Florilegio de estudios de emblemática. *Actas del VI Congreso Internacional de Emblemática*. La Coruña: The Society for Emblem Studies e Sociedad de Cultura Valle Inclán, 2004. p. 553-558.

## Links

BIBLIOTECA VIRTUAL CERVANTES. *Portal Sor Juana Inés de la Cruz*: Sor Juana Inés de la Cruz. Disponível em: https://www.cervantesvirtual.com/portales/sor_juana_ines_de_la_cruz/. Acesso em: 10 jul. 2024.

DICCIONARIO HISTÓRICO DE LA LENGUA ESPAÑOLA. Dicionário histórico do começo do século XVIII. Real Academia Española. Disponível em: https://webfrl.rae.es/DA.html. Acesso em: 10 jul. 2024.

LA PERSONA Y LA OBRA DE SOR JUANA. Parte I. [*s. l.: s. n.*], 2021. 1 vídeo (55 min 27 s). Publicado pelo canal Zona Paz Octavio Paz (série Conversaciones con Octavio Paz). Disponível em: https://www.youtube.com/watch?v=X226TRALtWw. Acesso em: 10 jul. 2024.

LA PERSONA Y LA OBRA DE SOR JUANA. Parte II. [*s. l.: s. n.*], 2021. 1 vídeo (1 h 8 min 49 s). Publicado pelo canal Zona Paz Octavio Paz (série Conversaciones con Octavio Paz). Disponível em: https://www.youtube.com/watch?v=Pi-ScRI-q-Y. Acesso em: 10 jul. 2024.

# 16
# ÉMILIE DU CHÂTELET

(1706-1749)

*Mitieli Seixas da Silva**

## 1 – VIDA

Émilie du Châtelet nasceu Gabrielle Émilie le Tonnelier de Breteuil no dia 17 de dezembro de 1706, em Paris. Émilie viveu a primeira metade do século das Luzes, conheceu e contribuiu para a aurora do Iluminismo francês. É possível encontrar referências à sua pessoa como Marquesa du Châtelet, título adquirido a partir de seu casamento com o nobre Marquês Florent-Claude du Châtelet-Lomont, ou simplesmente como Madame du Châtelet. É importante destacar que seu nome pode aparecer nos arquivos como "Chastelet", com a grafia anterior à reforma ortográfica do século XVIII na qual o "s" é substituído pelo acento circunflexo. Émilie du Châtelet morreu tragicamente aos 43 anos no dia 10 de setembro de 1749, em Lunéville, na corte do monarca deposto da Polônia, Rei Stanislas Leszczynski, pai da rainha da França, por consequência de complicações decorrentes no parto de sua quarta filha.

Há alguma controvérsia acerca do tipo de educação recebida pela menina Gabrielle Émilie. Na idade adulta ela lia latim, italiano, inglês e flamengo, era exímia em matemática

---

* Professora adjunta do Departamento de Filosofia da Universidade Federal de Santa Maria (UFSM).

e geometria, além de ser uma das poucas pessoas na Europa que dominava o cálculo integral (Zinsser, 2007). Que estranha conjunção de fatores pode ter permitido a uma filha da nobreza francesa adquirir todas essas habilidades? Até na sua mais nova biografia, escrita por Judith P. Zinsser em 2007, duas hipóteses estavam colocadas: ou Émilie teve um mentor intelectual na infância, ou ela frequentou um convento. Não há nenhuma evidência para sustentar o primeiro cenário. Por outro lado, há indícios de que, em algum momento, ela tenha frequentado uma casa religiosa. Ainda assim, não é possível afirmar que essa situação tenha perdurado por muito tempo de modo a permitir atribuir sua ampla formação à educação religiosa.

A insuficiência de elementos para provar quaisquer das possibilidades acima leva a biógrafa a sugerir uma "nova hipótese": a de que a educação de Émilie tenha simplesmente seguido alguns dos esforços dispensados para educar o filho mais novo do casal Tonnelier de Breteuil. Elisabeth-Théodore, desde o nascimento destinado a seguir uma carreira clerical, foi o único filho educado em casa. A um futuro clérigo era comum reservar uma educação baseada nas humanidades, nas letras, na matemática e na filosofia – exatamente as habilidades apresentadas pela jovem Émilie. Se somarmos essa possibilidade ao acesso livre à biblioteca de seu pai, a qual estava fornida tanto com autores romanos (Virgílio, Cícero, Lucrécio, Horácio), quanto com as novelas de Paul Scarron, as fábulas de La Fontaine, as obras de Racine e Pierre Corneille, entre outros autores clássicos, podemos ter alguma luz acerca do modo como sua mente curiosa foi desenvolvida.

Se a infância foi marcada pelo estudo, a juventude de Émilie seguiu o curso esperado para uma nobre: quando tinha 18 anos, seu casamento foi arranjado por seu pai e seu futuro sogro com o Marquês Florent-Claude du Châtelet-Lomont, um coronel do regimento real já na casa dos 30 anos, que gozava os privilégios de descender de uma das mais antigas linhagens de nobres da região de Lorraine. Dessa união, nasceram três filhos: Gabrielle-Pauline (1726), Florent-Louis (1727) e Victor-Esprit (1733). Seu último filho com o Marquês du Châtelet, contudo, morreu ainda bebê. Sabe-se que os anos que passaram entre o seu casamento e a morte de seu terceiro filho foram anos dedicados à família e, nas suas próprias palavras, "às coisas frívolas" vividas na corte: ao teatro, à ópera e ao jogo.

## 2 – OBRA: TEMAS E CONCEITOS

O ano de 1733 marca uma importante reviravolta na vida de Émilie, pois ocorrem seu reencontro com Voltaire e sua decisão de se dedicar novamente ao estudo da natureza, sob a tutela do acadêmico Pierre-Louis Moreau de Maupertuis. Com o mestre, e em seguida com o pupilo Alexis-Claude Clairaut, ela dedicou-se a estudar os fundamentos da filosofia natural: a geometria, a matemática e o cálculo integral. O trabalho árduo nos fundamentos da ciência mostrou-se particularmente útil quando, *circa* 1736, Émilie começa a interessar-se mais entusiasticamente pelo sistema de mundo newtoniano. Ora, defender esse sistema de mundo significava, entre outros desafios, nem sempre científicos, confrontar a mecânica universal cartesiana, amplamente aceita na França de Du Châtelet.

Seu reencontro com Voltaire em 1733 é marcado pela mútua admiração. É verdade que eles mantiveram um relacionamento romântico nos primeiros anos de sua amizade. Contudo, é certamente errado reduzir a espécie de cooperação estabelecida entre os dois a esse tipo de relacionamento. Por conta do constante perigo enfrentado por Voltaire na Paris de 1735, devido à publicação de suas *Cartas filosóficas* em 1734, Madame du Châtelet decide abandonar sua vida "mundana" e ir viver com Voltaire no Château de Cirey, um castelo modesto no campo, de propriedade e com a anuência de seu marido. Os anos em Cirey foram de intenso florescimento intelectual e científico para a marquesa e seu *entourage*, composto por intelectuais, cientistas, damas, nobres, poetas e filósofos. Nesse local, Émilie e Voltaire montaram uma biblioteca e um laboratório onde ela escreveu suas *Institutions de physique* [Instituições de física], e ele, seus *Elementos da filosofia de Newton*. A amizade, a admiração e o intercâmbio intelectual com Voltaire duraram até sua morte, em 1749. Felizmente, as cartas (não todas) e os escritos que foram recuperados, funcionam como testemunho dessa colaboração.

A marquesa foi uma mulher do seu tempo e, como tal, era ciente de seu valor. Em uma carta ao Rei Frederico da Prússia, encontramos um registro dessa autoconsciência:

> Eu sou minha própria pessoa e sou a única responsável por mim mesma e por tudo o que sou, o que digo e o que faço. Podem existir metafísicos e filósofos cujo conhecimento seja maior do que o meu. Ocorre que eu ainda não os encontrei. Mas, mesmo eles, são apenas fracos seres humanos com falhas, e quando conto meus talentos, eu penso que posso dizer que não sou inferior a nenhum deles (Du Châtelet *apud* Hagengruber, 2012, p. 2, tradução nossa).

A tentativa de reconstruir o cânone da história da filosofia a partir da contribuição das filósofas esbarra em inúmeras dificuldades. Dentre elas, contamos dificuldades em localizar os textos, atribuir-lhes autoria e legitimar formas narrativas não convencionais. A obra da Marquesa du Châtelet não é imune a esses obstáculos. Em primeiro lugar, alguns de seus textos foram publicados anonimamente (por exemplo, *Dissertação sobre a natureza e a propagação do fogo*), outros, publicados apenas postumamente (a tradução e o comentário ao *Principia* de Newton) e outros sequer foram devidamente localizados. Os arquivos de Voltaire em São Petersburgo podem trazer novos textos de sua autoria (Hagengruber, 2012b). Em segundo lugar, como estamos tratando da obra de uma filósofa e cientista cujo trabalho acontecia em e a partir de uma rede de colaboração intelectual, nem sempre é evidente separar o que é o resultado de uma simples fonte de inspiração e o que pode ter sido, de fato, escrito em conjunto. Daí que alguns textos atribuídos a Voltaire, como os *Elementos da filosofia de Newton*, podem ter a pena da marquesa. De fato, de *Sobre a liberdade* já sabemos que foi escrito por Du Châtelet. Por fim, Du Châtelet manteve intensa atividade intelectual, documentada em cartas, poemas e dedicatórias, com um amplo conjunto de personalidades. Além de Voltaire, encontramos cartas trocadas com os mestres Maupertuis, Clairaut e König, com os nobres Duque de Richelieu, Rei Stanislau Leszczynski e o Rei Frederico da Prússia, além de condes, damas e outros acadêmicos. Há registros de todas essas relações. Nessa abundante correspondência, encontramos reflexões sobre o amor, a vida e a morte, sobre a importância da educação das mulheres e, sobretudo, sobre suas descobertas filosóficas e científicas. Por tudo isso, reconhecemos a amplitude de seus interesses, a potência de sua obra e, vai sem dizer, sua relevância filosófica.

É na metade da década de 1730 que Émilie du Châtelet volta seus olhos para a popularização da filosofia de Newton na França e é nessa época também que podemos localizar seus primeiros escritos filosóficos e científicos. Em 1737, a marquesa submete anonimamente um texto para concorrer ao prêmio da Academia Real de Ciências da França. Sua *Dissertação sobre a natureza e a propagação do fogo* não vence o prêmio principal, mas é um dos cinco ensaios publicados. Esse é o texto que, uma década mais tarde, será comentado por Kant em seu ensaio, também de estreia, *Pensamento sobre o verdadeiro valor das forças vivas*. Em 1738, o *Journal des Sçavans* aceita sua resenha do *Elementos da filosofia de Newton* e uma primeira versão não autorizada e incompleta de seu livro *Institutions de Physique* aparece em Amsterdam. É provável que Émilie du Châtelet tenha finalizado sua tradução (com modificações importantes) da *Fábula das Abelhas*, de Bernard de Mandeville, ainda em 1738 (Gottmann, 2012). Além disso, data de 1739 o ensaio *Sobre a ótica*, embora esse manuscrito tenha sido considerado perdido por alguns séculos até ser encontrado nos arquivos da Universidade de Basel, em 2006 (Nagel, 2012; Gessell, 2019).

A aparição de *Institutions de physique* em 1740 simboliza o ingresso de Émilie du Châtelet no circuito filosófico "das grandes questões". Esse texto é, por excelência, um tratado sobre os fundamentos da física, o que significava, à sua época, um tratado em *filosofia natural*. Ele contém, portanto, a exposição e discussão de temas como os princípios do conhecimento humano, a existência de Deus, os elementos da matéria, a natureza dos corpos e de seu movimento. Para discuti-los, são apresentados os conceitos de força, gravitação e atração, bem como são apresentadas e discutidas as teorias de Descartes, Leibniz e Newton. O tratado é, sem dúvida, uma tentativa de popularizar a filosofia de Isaac Newton para o público europeu, em especial para o público francês. No entanto, ele é mais do que isso: ao passo que apresenta a filosofia de Newton, Du Châtelet esforça-se por fornecer-lhe fundamentos *filosóficos* a partir da filosofia de Leibniz.

Como testemunha o Prefácio do editor na primeira edição do tratado, o livro estava pronto para publicação em setembro de 1738. Contudo, a pedido da própria autora, o editor teve que cancelar sua impressão. O contato com a filosofia de Leibniz ocorrera por meio de manuscritos enviados a Voltaire pelo Rei Frederico da Prússia, por volta de 1736 (Iltis, 1977), mas é a partir da estada de Samuel König em Cirey, no ano de 1739, que Émilie se vê convicta da filosofia leibniziana. Samuel König foi instruído por Johann Bernoulli, em Basel, e em 1735 pelo discípulo de Leibniz em Marburg, o famoso filósofo Christian Wolff. A inscrição do princípio de razão suficiente de Leibniz no programa de tornar compreensíveis as ideias de Newton é vista pela historiografia como representando a coroação do projeto filosófico de Du Châtelet desse período: para além de ensinar seu filho lições sobre física, o propósito declarado no Prefácio da obra, Émilie du Châtelet estaria realizando uma tarefa próxima àquela que Descartes havia empreendido um século antes, a saber, a de fundamentar a ciência na metafísica (cf. Iltis, 1977; Hagengruber, 2012b; Detflesen, 2014). Desse modo, se o propósito de Du Châtelet é, ao menos em parte, equivalente àquele de Descartes, ela compreendia que à explicação dos fenômenos físicos deveria ser acrescentada a elucidação de seu fundamento.

Assim, o encontro com a filosofia de Leibniz e sua adoção do princípio de razão suficiente representam não apenas a rejeição da mecânica celeste cartesiana, mas, em particular, a rejeição da metafísica cartesiana como fundamento da física (para uma visão diferente, cf. Detlefsen, 2014). A propósito do papel do *princípio de razão suficiente*, encontramos:

> As ideias do Sr. Leibniz em metafísica são ainda pouco conhecidas na França, mas elas certamente merecem ser [melhor conhecidas]. Apesar das descobertas desse grande homem, não há dúvida de que restam ainda muitas coisas obscuras em [sua] metafísica; mas, parece-me que, com o princípio de razão suficiente, ele forneceu uma bússola capaz de nos guiar pela areia movediça dessa ciência (Zinsser, 2009, p. 123, tradução nossa).

O impacto de seu *Institutions* pode ser medido pelo fato de que, em 1741, o secretário da Academia Real de Ciências da França, Jean-Jacques Dortous de Mairan, lhe dedica uma carta-resposta. Du Châtelet havia criticado sua posição sobre as forças vivas e, nessa carta, o acadêmico resolve abertamente defender-se. A disputa torna-se pública e rende uma réplica da marquesa. Nesse mesmo ano, *Institutions* é publicado em Amsterdam e Londres, e notícias sobre seu livro aparecem em jornais de Florença e Bruxelas. Em 1742 é publicada uma segunda edição revisada e ampliada, e sua fama alcança a Alemanha. No ano seguinte, sua obra é traduzida para o alemão e para o italiano. Em 1744, uma nova edição de seu primeiro escrito é publicada em Paris, a qual será comentada na dissertação inaugural de Immanuel Kant dois anos mais tarde, mesmo ano em que Madame du Châtelet é eleita para a Accademia delle Scienze di Bologna.

Já gozando de certa fama, Émilie decide empreender o seu trabalho mais ambicioso: a tradução e o comentário do *Philosophiae naturalis principia mathematica,* de Isaac Newton. Trata-se, até nossos dias, da única tradução completa dos *Principia* em francês. Émilie termina a tradução em 1745, em Paris, ocupando-se da revisão e do comentário até seus últimos dias de vida. Em uma carta de 13 de abril de 1747 ao matemático franciscano François Jacquier, Émilie escreve: "Eu continuo muito ocupada com o *meu Newton*. Ele está na prensa. Estou revisando as provas, o que é muito chato, e trabalhando no comentário, o que é muito difícil" (Zinsser, 2009, p. 254, tradução e grifo nossos). Cerca de um ano mais tarde, na corte do Rei Stanislas em Lunéville, Émilie apaixona-se por Saint-Lambert, amor que lhe renderá uma gravidez tardia. Em Paris, já grávida e impondo-se uma rotina de muitas horas de trabalho diário (como descrito na carta a Saint-Lambert de 21 de maio de 1749), Émilie é assistida por Clairaut, a fim de terminar as seções de matemática de seu comentário. Por esse motivo, é somente cerca de três meses antes da data prevista para o parto que Madame du Châtelet cumpre a vontade de seu marido (e de seus amigos mais próximos) e viaja para a corte do Rei Stanislas, em Lunéville, a fim de preparar-se para o parto de sua quarta filha. Nessa época, como encontramos registrado em uma carta a Madame de Boufflers [3 de abril de 1749] (Zinsser, 2009), Émilie temia por sua vida e por não conseguir finalizar "o seu Newton", pois sabia do perigo que seu parto representava. Como sabemos, a história pessoal não termina com um final feliz, pois Madame du Châtelet, de fato, vem a falecer no dia 10 de setembro de 1749 de uma embolia pulmonar, seis dias após dar à luz. Contudo, o "seu Newton" foi finalizado e permanece até hoje como um desafio para todos e todas que querem compreender a história da revolução científica na modernidade.

A tradução do *Principia* para a língua francesa tem valor histórico e científico evidente. Mas, o que torna o Newton de Châtelet uma obra que merece ser estudada *filosoficamente*?

Para compreender esse ponto, a entrada "Filosofia de Newton ou Newtonismo" da *Enciclopédia* de Diderot e D'Alembert pode nos ajudar. A *Enciclopédia* foi um empreendimento monumental levado a cabo graças ao esforço de Denis Diderot e Jean le Rond d'Alembert, compreendendo um total de 35 volumes nos quais se pretendia reunir todo o conhecimento humano. Na entrada citada acima, D'Alembert descreve algumas maneiras pelas quais a expressão "filosofia newtoniana" pode ser entendida e conclui que na *Enciclopédia* trata-se de considerá-la na medida em que "o novo sistema que ele [Newton] fundou sobre esses [novos] princípios, e as novas explicações dos fenômenos por ele deduzidas" contribuem para a filosofia (Diderot; D'Alembert, 2015, p. 75). Na sequência, D'Alembert cita algumas obras que tentaram tornar a filosofia de Newton mais acessível e, dentre estas, enumera "o comentário que nos foi deixado pela senhora marquesa du Châtelet, com uma tradução da obra" (Diderot; D'Alembert, 2015, p. 76). Note-se que o Newton de Du Châtelet é citado, em primeiro lugar, pelo valor de seu *Comentário* e não apenas por ser uma tradução do texto em francês. Ora, se os enciclopedistas dizem que irão tratar a expressão "filosofia de Newton" como sinônimo das contribuições do cientista para a filosofia na medida em que ele funda um novo sistema a partir de certos princípios, então, podemos ler a contribuição para a filosofia do Comentário de Du Châtelet como uma tentativa de *justificar* o método que permite a Newton "fundar um novo sistema do mundo a partir de certos princípios". E como ocorreria essa justificação? Em primeiro lugar, pelo delineamento dos *fundamentos* desse método. Em segundo lugar, com o próprio sistema de mundo sendo colocado à prova para resolver problemas científicos.

A estrutura do *Comentário* de Émilie du Châtelet parece seguir exatamente esse plano. A primeira parte é dedicada a uma *Exposição sumarizada do sistema do mundo*, contendo uma Introdução aos avanços científicos em astronomia até Newton, bem como uma exposição do modo pelo qual a teoria de Newton explica fenômenos como o movimento dos astros, o avanço e recuo das marés, a órbita dos cometas, o achatamento da Terra nos polos etc. Nessa primeira parte, ao mesmo tempo que vemos ser descrita, por exemplo, a história dos avanços científicos em astronomia, encontramos as ideias de Du Châtelet acerca da sobrevivência de hipóteses no progresso científico, do papel da matemática e dos primeiros princípios no estabelecimento de algo como ciência, do que conta como verdade etc. (Du Châtelet, 1759). (Para uma visão geral, consultar o Índice no Tomo II). Por isso, podemos afirmar que é possível encontrar, em seu *Comentário*, uma epistemologia ou um discurso sobre o método científico. Além dessa primeira parte dedicada ao público leigo, não versado em matemática, Du Châtelet oferece ainda uma seção intitulada *Solução Analítica*, na qual enfrenta problemas derivados da teoria newtoniana utilizando uma das técnicas mais sofisticadas da matemática de sua época, a saber, o cálculo integral (Zinsser, 2009; Hermann, 2008). Nessa segunda parte, a filósofa complementa a seu modo a teoria de Newton, a partir de demonstrações matemáticas.

O *Comentário* engendra muitas perguntas filosoficamente relevantes:

i) Quais são as características do método científico para a filósofa?

ii) A década que separa a *Institutions* do *Comentário* produz mudança em sua concepção de ciência, em especial no que concerne ao que serve de *fundamento* para a ciência?

iii) Por que a marquesa compreende ser necessário oferecer uma prova *analítica* aos problemas suscitados pelo sistema de mundo newtoniano? Que tipo de papel uma prova como essa pode ter na ciência experimental?

Após a prematura morte de Émilie, sua última obra ficou por algum tempo esquecida e só foi publicada em 1759, sob a aprovação de Clairaut. Tiveram o mesmo destino os seus *Discurso sobre a felicidade* (em que figuram reflexões sobre a condição feminina), *Sobre a liberdade* (primeiramente atribuído a Voltaire), a tradução da *Fábula das abelhas*, seu *Comentário sobre a Bíblia* e quem sabe quantos outros escritos. Após a morte de Voltaire, Catarina II da Rússia compra sua biblioteca e a leva para São Petersburgo, levando com ela os escritos de Émilie du Châtelet. Hoje, apenas um estudo sistemático nesses arquivos, bem como nos arquivos de outros filósofos que participavam de seu círculo intelectual, pode garantir uma visão completa de sua obra. Du Châtelet não foi apenas uma tradutora, matemática e cientista, mas, como testemunham seus trabalhos e registros epistolares, uma filósofa. Como espero ter mostrado, seus escritos em filosofia natural despontam como promissores. Por tudo isso, Émilie du Châtelet merece ser estudada pela filosofia. Resta-nos fazer-lhe justiça.

# BIBLIOGRAFIA

## Obras

### Disponíveis on-line

DU CHÂTELET, E. *Discours sur le bonheur*. [s. l.: s. n.], 1779. Disponível em: https://gallica.bnf.fr/ark:/12148/bpt6k64858651. Acesso em: 11 jul. 2024.

DU CHÂTELET, E. *Dissertation sur la nature et la propagation du feu*. [S. l.: s. n.], 1752. Disponível em: https://books.google.com.br/books?id=LSQ4TjYQqBIC&hl=pt-BR&pg=PP9#v=onepage&q&f=false. Acesso em: 11 jul. 2024.

DU CHÂTELET, E. *Doutes sur les religions révélées adressées à* Voltaire. Paris: [s. n.], 1792. Disponível em: https://gallica.bnf.fr/ark:/12148/bpt6k399843. Acesso em: 11 jul. 2024.

DU CHÂTELET, E. *Essai sur l'Optique* (descoberto em 2006). Transc. de Project Vox. Trad. de Bryce Gessel. Durham: Duke University Libraries, 2019. Disponível em: http://projectvox.org/du-chatelet-1706-1749/texts/essai-sur-l%27optique; http://projectvox.org/wp-content/uploads/2019/04/DuChatelet_Essay-on-Optics.pdf. Acesso em: 11 jul. 2024.

DU CHÂTELET, E. *Institutions de physique*. [S. l.: s. n.], 1740. Disponível em: http://womeninscience.history.msu.edu/Object/C-46-1/institutions-de-physique-1740--/. Acesso em: 11 jul. 2024.

DU CHÂTELET, E. *Institutions physiques*. Paris: [s. n.], 1742. Disponível em: https://books.google.com.br/books?id=Ero1AAAAcAAJ&hl=pt-BR&pg=PP11#v=onepage&q&f=false. Acesso em: 11 jul. 2024.

### Tradução e comentário dos Princípios de Isaac Newton (1759)

NEWTON, I. *Principes mathématiques de la philosophie naturelle*. [s. l.]: Gallica, 1759. Disponível em: https://gallica.bnf.fr/ark:/12148/bpt6k1040149v (t. I); https://gallica.bnf.fr/ark:/12148/bpt6k1040150h (t. II). Acesso em: 11 jul. 2024.

NEWTON, I. *Principes mathématiques de la philosophie naturelle*. [s. l.]: Women in Science, 1759. Disponível em: http://womeninscience.history.msu.edu/Object/C-46-E/principes-mathematiques-de-le-philosophie-naturell ( t. I); http://womeninscience. history.msu.edu/Object/C-46-F/principes-mathematiques-de-le-philosophie-naturell (t. II). Acesso em: 11 jul. 2024.

### Traduções para o inglês

DU CHÂTELET, E. *Reason, illusion and passion*: philosophical works. Trad. de Kirk Watson. [s. l.: s. n.], 2019. *E-book* (Kindle).

ZINSSER, J. (org.). Émilie Du *Châtelet*: selected philosophical and scientific writings. Trad. de Isabelle Bour e Judith Zinsser. Chicago: University of Chicago Press, 2009.

## Literatura secundária

ARIANRHOD, R. *Seduced by logic*: Émilie du Châtelet, Mary Somerville and the Newtonian Revolution. Nova York: Oxford University Press, 2012.

BODANIS, D. *Passionate minds*: Émilie du Châtelet, Voltaire, and the great love affair of the Enlightenment. Nova York: Three Rivers Press, 2009. *E-book* (Kindle).

BRADING, K. Émilie du *Châtelet and the foundations of physical science*. Nova York, Londres: Routledge, 2019.

DETLEFSEN, K. Du Châtelet and Descartes on the roles of hypothesis and Metaphysics in natural Philosophy. *In*: O'NEILL, E.; LASCANO, M. P. (orgs.). *Feminist History of Philosophy*: the recovery and evaluation of women's philosophical thought. Cham: Springer, 2019. *E-book* (Kindle).

DETLEFSEN, K. *Stanford Encyclopedia of Philosophy*: verbete "Émilie du Châtelet". Disponível em: https://plato.stanford.edu/archives/win2018/entries/emilie-du-chatelet/. Acesso em: 11 jul. 2024.

DIDEROT, D.; D'ALEMBERT, J. R. *Enciclopédia, ou Dicionário razoado das ciências, das artes e dos ofícios*. Trad. de Pedro Paulo Pimenta e Maria das Graças de Souza. São Paulo: Editora Unesp, 2015. v. 3.

GOTTMANN, F. Du Châtelet, Voltaire, and the transformation of Mandeville's Fable. *History of European Ideas*, v. 38, n. 2, p. 218-232, 2012.

HAGENGRUBER, R. (org.). *Emilie du Châtelet between Leibniz and Newton*. Nova York: Springer, 2012a.

HAGENGRUBER, R. Émilie du Châtelet between Leibniz and Newton: the transformation of Metaphysics. *In*: HAGENGRUBER, R. (org.). *Émilie du Châtelet between Leibniz and Newton*. Nova York: Springer, 2012b. p. 1-60.

HAGENGRUBER, R. Émilie du *Châtelet und die deutsche Aufklärung*. Wiesbaden: Springer VS, 2019.

HERMAN, C. La traduction et les commentaires des Principia de Newton par Émilie du Châtelet. *Bibnum. Textes fondateurs de la science*, 2008. Disponível em: http://journals.openedition.org/bibnum/722. Acesso em: 11 jul. 2024.

HUTTON, S. Between Newton and Leibniz: Émilie du Châtelet and Samuel Clarke. *In*: HAGENGRUBER, R. (org.). *Émilie du Châtelet between Leibniz and Newton*. Nova York: Springer, 2012. p. 77-96.

HUTTON, S. Émilie du Châtelet's Institutions de physique as a document in the History of French Newtonianism. *Studies in History and Philosophy of science*, v. 35, n. 3, p. 515-531, 2004.

ILTIS, C. Madame du Châtelet's Metaphysics and mechanics. *Studies in History and Philosophy of science*, v. 8, n. 1, p. 29-48, 1977.

JORATI, J. Du Châtelet on freedom, self-motion, and moral necessity. *Journal of the History of Philosophy*, v. 57, n. 2, p. 255-280, 2019.

LOCQUENEUX, R. Les institutions de physique de Madame du Châtelet ou d'un traité de paix entre Descartes, Leibniz et Newton. *Revue du Nord*, v. 77, n. 312, p. 859-892, 1995.

LU-ADLER, H. Between du Châtelet's Leibniz exegesis and Kant's early Philosophy: a study of their responses to the vis viva controversy. *Logical Analysis & History of Philosophy*, v. 21, p. 177-194, 2018.

TERRALL, M. Émilie du Châtelet and the gendering of science. *History of Science*, v. 33, n. 3, p. 283-310, 1995.

VOLTAIRE. *Elementos da filosofia de Newton*. Trad. de Maria das Graças de Souza. 2. ed. Campinas: Editora da Unicamp, 2015.

ZINSSER, J. P. Émilie du Châtelet and the Enlightenment's Querelle des femmes. *In*: SMITH, H. L. (org.). *Challenging orthodoxiers*: the social and cultural worlds of Early Modern women. Burlington: Ashgate Publishing Limited, 2014. p. 123-146.

ZINSSER, J. P. Émilie du *Châtelet*: daring genius of the Enlightenment. Nova York: Penguin Books, 2006.

ZINSSER, J. P. Émilie du Châtelet: genius, gender, and intellectual authority. *In*: SMITH, H. L. (org.). *Women writers and the Early Modern British political tradition*. Cambridge: Cambridge University Press, 1998. p. 168-190.

ZINSSER, J. P. Translating Newton's principia: the Marquise du Châtelet's revisions and additions for a French audience. *Notes & Records of The Royal Society*, v. 55, p. 227-245, 2001.

WAITHE, M. E. *A History of women philosophers*: 1600-1900. Cham: Springer Science and Business Media, 1991. v. 3.

WINTER, U. From translation to philosophical discourse: Émilie du Châtelet's commentaries on Newton and Leibniz. *In*: HAGENGRUBER, R. (org.). *Émilie du Châtelet between Leibniz and Newton*. Nova York: Springer, 2012. p. 173-206.

## Para uma bibliografia completa, consultar

RODRIGUES, A. Émilie du Châtelet, a bibliography. *In*: HAGENGRUBER, R. (org.). *Émilie du Châtelet between Leibniz and Newton*. Nova York: Springer, 2012. p. 207-246.

## Links

ARCHIVES ÉMILIE DU CHÂTELET. *Bibliographie chronologique d'Émilie Du Châtelet*. Disponível em: https://c18.net/edc/aedc_pages.php?nom=bib_1. Acesso em: 11 jul. 2024.

BIBLIOTECA NACIONAL DA FRANÇA. *La Bibliothèque de Voltaire*. Disponível em: https://gallica.bnf.fr/dossiers/html/dossiers/Voltaire/. Acesso em: 11 jul. 2024.

BIBLIOTECA NACIONAL DA RÚSSIA. *The Voltaire Library*. Disponível em: http://nlr.ru/voltaire?l=eng. Acesso em: 11 jul. 2024.

CHÂTEAU DE CIREY. *Informações sobre o Château de Cirey*. Disponível em: https://www.chateaudecirey.com/. Acesso em: 11 jul. 2024.

DIDEROT, D.; D'ALEMBERT, J. R. *Enciclopédia*. Edição colaborativa e crítica *on-line*. Disponível em: http://enccre.academie-sciences.fr/encyclopedie/. Acesso em: 11 jul. 2024.

DIDEROT, D.; D'ALEMBERT, J. R. *Enciclopédia*. Edição colaborativa e crítica *on-line*: verbete "Newtonismo". Disponível em: http://enccre.academie-sciences.fr/encyclopedie/article/v11-495-0/. Acesso em: 11 jul. 2024.

HISTORY OF WOMEN PHILOSOPHERS AND SCIENTISTS. *Projeto "du Châtelet's foundations of Physics"*. Disponível em: https://historyofwomenphilosophers.org/project/du-chatelets-foundations-of-physics/. Acesso em: 11 jul. 2024.

PROJECT VOX. Verbete: "Émilie du Châtelet". Disponível em: http://projectvox.org/du-chatelet-1706-1749/. Acesso em: 11 jul. 2024.

WOMEN IN SCIENCE. *Biography*: *Gabrielle Émilie le Tonnelier de Breteuil, Marquise Du Châtelet*. Disponível em: http://womeninscience.history.msu.edu/Biography/C-4A-0/marquise-du-chtelet/. Acesso em: 11 jul. 2024.

# 17
# MARY WOLLSTONECRAFT

(1759-1797)

*Sarah Bonfim*[*]

## 1 – VIDA

Mary Wollstonecraft, filha de Elisabeth e Edward, nasceu em 27 de abril de 1759, em Londres, na Inglaterra. Segunda filha de um total de seis, Wollstonecraft, desde muito cedo, assume o papel de protetora. Ela protege sua mãe das agressões de seu pai, que tinha problemas com álcool, e é quem cuida dos irmãos pequenos, papel que desempenha por grande parte da vida, principalmente com suas irmãs, Eliza e Everina.

Como é esperado de uma moça de classe média no século XVIII, Wollstonecraft frequenta uma escola para meninas, onde aprende um pouco de aritmética, geografia, um pouco de francês, música e dança (Brody, 2000). O seu desenvolvimento intelectual deve-se muito aos amigos que fez durante a vida. A começar por Henry Clare, um reverendo Dissidente (não alinhado ao anglicanismo do rei) vizinho dos Wollstonecrafts, que percebe o interesse dela por livros e a convida para frequentar a sua biblioteca.

---

[*] Integrante do projeto New Voices, do Grupo de Filosofia Política da Unicamp. Doutoranda em Filosofia pela Universidade Estadual de Campinas (Unicamp) e bolsista da Fapesp.

É na biblioteca de Clare que Wollstonecraft tem seu primeiro encontro com grandes nomes da filosofia. Em especial, ela fica muito impressionada pelos escritos de John Locke (1632-1704) contra a tirania. No retrato do tirano feito por Locke, a jovem identifica semelhanças com o comportamento de seu pai (cf. Gordon, 2020). Inspirada pela definição de liberdade de Locke, ela decide assumir o governo de sua própria vida. Isso significaria tomar decisões por conta própria – e arcar com as consequências. A coragem dela é extraída da teoria. Nas palavras da biógrafa Charlotte Gordon:

> Mary extraía coragem das teorias de Locke e das obras de Rousseau, que desenvolvia um pouco mais as ideias de Locke, argumentando que a liberdade era o que mais importava, e que a obediência e a subordinação eram sintomas de opressão social (2020, p. 68).

Wollstonecraft desde cedo já tinha uma lucidez sobre sua condição social e as opressões dela decorrentes, mesmo que ainda não pudesse nomeá-las apropriadamente. Oriunda de uma família de classe média, precocemente conjecturou sobre as suas possibilidades de subsistência. Como não recebeu a herança deixada pelo avô paterno, seu destino seria o casamento ou empregos de pouco *status* e baixa remuneração. Tendo clareza do que significava o casamento para uma mulher, isto é, estar vulnerável a uma série de violências, tal como aconteceu com sua mãe, Wollstonecraft optou por buscar um emprego. Ela decidiu deixar a casa de seus pais e partiu para Bath, onde trabalhou como acompanhante. No entanto, por conta do adoecimento da mãe, retornou para casa. Após a morte da mãe, Wollstonecraft permaneceu com suas irmãs, acompanhando-as. Ao perceber que uma delas, Eliza, estava sofrendo violência doméstica do marido, Wollstonecraft fugiu com ela, deixando o cunhado e o bebê para trás. Com o intuito de ajudar as irmãs financeiramente e ao mesmo tempo realizar um sonho, Wollstonecraft abre sua escola em Newington Green.

A localização é um pedido de Hannah Burgh, viúva de James Burgh (1714-1775), educador inglês que pleiteou o sufrágio universal e a liberdade de expressão. Hannah financia o projeto de Wollstonecraft, que toma lugar nessa vizinhança ao norte de Londres e que também é morada de proeminentes figuras políticas da época, como Richard Price (1723-1791), que se torna um importante mentor para Wollstonecraft. Pastor Dissidente, Price tinha ideias progressistas e era um ativista político, sempre reivindicando cidadania completa a todos, independentemente do sexo ou da classe social. Nele Wollstonecraft encontra inspiração e amizade, principalmente pelo papel que ambos atribuíam à educação. Reciprocamente, ele acompanha de perto Wollstonecraft e o seu projeto escolar.

A escola em Newington Green tem em seu quadro de funcionárias as irmãs de Wollstonecraft, Everina e Eliza, e a amiga de longa data, Fanny Blood (1758-1785). Embora nenhuma delas tenha uma formação que as qualificasse como professoras, elas sabem ler e escrever e a educação é uma maneira digna de se ganhar algum dinheiro. Wollstonecraft se considera uma boa professora, pois é "paciente, razoável e afetuosa" (Brody, 2000, p. 46). Divide entre suas irmãs e a família de Fanny o dinheiro que angaria com a matrícula dos alunos. O projeto educacional de Newington Green é o de fomentar a autonomia de pensamento bem como tratar os alunos como indivíduos dotados de vontade, razão e experiências. Com respeito, ternura e misturando diferentes idades e ambos os sexos, Wollstonecraft fomenta a criatividade, a integridade e a autodisciplina. Todavia, a escola não se sustenta por muito tempo por dois motivos: o primeiro foi a falta de engajamento de Eliza e Everina, e o segundo, o casamento de Fanny, que a levou a deixar a escola e se mudar para Portugal.

Fanny Blood é uma pessoa pela qual Wollstonecraft nutre grandes sentimentos. Amigas de longa data, Wollstonecraft não mede esforços para ir até Fanny quando sabe que a amiga está com problemas na gestação. Wollstonecraft, então, se dirige até Lisboa para acompanhar o parto de Fanny. Complicações decorrentes do parto foram o motivo da morte de Fanny, que deixa o marido e o filho recém-nascido. Muito abalada pela morte da amiga, Wollstonecraft retorna a Londres e percebe que não é possível que a escola permaneça funcionando, em função do mau gerenciamento de suas irmãs durante a sua ausência. Com a perda de Fanny e o fechamento da escola, John Hewlett (1762-1844) decide ajudar Wollstonecraft e a apresenta a Joseph Johnson (1738-1809), um editor londrino que sugere que ela escreva uma obra educacional, uma vez que já tinha experiência na área com práticas originais e progressistas. Ela acata a sugestão e o resultado desse incentivo é *Throughts on the education of daughters* [Pensamentos sobre a educação das filhas], publicado por Johnson, em 1786.

Embora a publicação marque os primeiros passos de Wollstonecraft como escritora, essa atividade ainda não é capaz de custear as dívidas que ela tinha com o fechamento de sua escola. Para saná-las, aceita uma posição de governanta na família do Lorde Kingsborough, assumindo a responsabilidade pela educação das filhas do lorde. Aqui é importante notar que a vaidade e a superficialidade dos costumes que ela observa na casa dessa família são, a seu ver, razão para a corrupção de qualquer possibilidade de virtude. Em poucos meses, ela os deixa, prometendo a si mesma nunca mais "trabalhar em situação tão degradante" (Wollstonecraft *apud* Gordon, 2020, p. 133).

É nesse momento que ela recebe a proposta de Johnson para dedicar-se à editora, trabalhando como resenhista na revista *Analitycal Review*. Em 1787 Wollstonecraft volta para Londres, onde se dedica exclusivamente a sua escrita. Começa a escrever o conto "Cave of fancy" [Caverna da imaginação] e a coletânea de textos de apoio para a educação feminina intitulada *The female reader* [Leitora feminina]. É nesse período que ela lança *Original Stories from real life* [Histórias originais da vida real], inspirando-se em sua vivência na casa dos Kingsborough. As vendas desse último foram um sucesso, garantindo a Wollstonecraft a possibilidade de se sustentar apenas com a sua escrita (cf. Brody, 2000).

À medida que Wollstonecraft demonstra seus talentos para a escrita, Johnson confere a ela cada vez mais responsabilidades. Uma delas é a tradução de obras educacionais em outros idiomas. Mais uma vez, Wollstonecraft demonstra habilidade autodidata: aprende os idiomas sozinha e realiza traduções de obras do francês e do alemão. Um fato curioso das traduções feitas por Wollstonecraft é o de que ela subverte alguns dos conteúdos presentes nas obras. Um exemplo dado por Charlote Gordon (2020) é o da obra *Moralisches Elementarbuch nebst einer Anleitung zum nützlichen Gebrauch desselben* [Elementos de moralidade para o uso de crianças], do alemão Christian Salzmann (1744-1811), no qual Wollstonecraft reescreve passagens inteiras que se referem à defesa da aristocracia e à educação das meninas. Apenas recentemente essa intervenção foi notada. Essa estratégia brilhante, como nota Gordon, já anuncia a posição da filósofa desde muito jovem: a de enfrentar teses de grandes escritores.

Ainda que clandestinamente, atitudes como essa são fundamentais dentro de sua carreira de escritora. Para Gordon (2020), o fato de ninguém ter descoberto a intervenção de Wollstonecraft fez com que ela se encorajasse ainda mais a expressar suas opiniões. Assim, ela caminha a passos largos para se tornar a grande filósofa reivindicatória, tanto da *Reivindicação dos direitos dos homens* (1790) como da *Reivindicação dos direitos da mulher* (1792).

Wollstonecraft, agora como autora de obras notáveis, é também frequentadora de espaços que permitiriam encontros com pessoas como o filósofo anarquista William Godwin (1756-1836). Obstinada em observar de perto a França pós-revolucionária, Wollstonecraft se muda para Versalhes no final do ano de 1792. Nessa mudança, ela conhece Gilbert Imlay (1754-1828), norte-americano com quem tem sua primeira filha, Fanny – nome dado em homenagem à sua amiga. Nesse período são escritos e lançados *An historical and a moral view about the origin and progress of French Revolution* [Uma visão histórica e moral sobre a origem e o progresso da Revolução Francesa] (1794) e *Letters written during short residence in Sweden, Norwegen, and Denkmark* [Cartas escritas durante uma breve residência na Suécia, Noruega e Dinamarca] (1795).

Em 1795 ela volta a Londres e, apesar de ter conquistado boa parte dos seus anseios intelectuais, Wollstonecraft ainda tem que lidar com muitas perdas e complicações da vida ordinária, como é o caso de ser abandonada por Imlay, que a deixa sozinha com a pequena Fanny. A tristeza a leva a tentar suicídio e, felizmente, isso não se concretiza. Johnson se reaproxima de Wollstonecraft e a traz novamente para o círculo intelectual dos Dissidentes. É nesse espaço que Wollstonecraft se reencontra com William Godwin e se envolve romanticamente com ele.

Ao engravidar pela segunda vez, em 1797, e temerosa das consequências práticas do abandono masculino – como foi o caso com Imlay –, Wollstonecraft casa-se com Godwin. A princípio, ambos moram em casas separadas e mantêm uma vida independente. O nascimento da filha, que mais tarde ficaria famosa por ser a escritora de *Frankenstein* sob o pseudônimo de Mary Shelley, acontece no começo de setembro de 1797. A recém-mãe acabou sucumbindo às complicações do parto, vindo a falecer em 10 de setembro de 1797, em Londres.

Além das obras mencionadas, algumas obras receberam edições inéditas ou revisadas postumamente por William Godwin, tais como o conto "The cave of fancy" [Caverna da imaginação] (1787), a coletânea de textos *The female reader: or miscellaneous pieces in prose and verse; Selected from the best writers, and disposed under proper heads; for the improvement of young women* [Compêndio feminino: ou miscelânea de trechos em prosa e verso; seleções dos melhores escritores e dispostas sob títulos apropriados; para o aperfeiçoamento de jovens mulheres] (1789) e *Mary, a fiction* [Mary, uma ficção] (1796).

## 2 – OBRA

Wollstonecraft é uma escritora versátil, que transita entre diversos gêneros textuais. Carta, panfleto, história infantil, manual de conduta, romance e tratado filosófico são alguns deles. O estilo de escrita dela também é marcante, pois ela não poupa o uso da ironia, do cotejamento direto das obras e da primeira pessoa. É uma escritora autodidata, que aperfeiçoa o ofício da escrita na medida em que desenvolve os seus trabalhos. É também uma escrita apaixonada e, em geral, feita no compasso da impressão: *Reivindicação dos direitos dos homens* e *Reivindicação dos direitos da mulher* foram escritos e publicados em três e seis semanas, respectivamente. A fim de facilitar uma introdução ao pensamento de Wollstonecraft, apresento alguns trabalhos selecionados divididos em dois grandes temas: pedagógicos e políticos, com destaque para a liberdade e opressão. No primeiro grupo, destacam-se as sugestões de Wollstonecraft para educação de crianças e jovens, e no segundo grupo, as impressões, críticas e sugestões referentes aos direitos das mulheres, em especial à educação.

## 2.1 Escritos pedagógicos

A primeira publicação de Wollstonecraft é a obra *Thoughts on the education of daughters: with reflexions about female conduct in the more important duties of life* [Pensamentos sobre a educação das meninas: com reflexões sobre a conduta feminina nos mais importantes deveres da vida], de 1786. Nessa obra, já é possível observar a formação de um tema perene no trabalho de Wollstonecraft: o desenvolvimento intelectual das mulheres e a necessidade de a maneira como as meninas são tratadas na sociedade ser revista. O destaque da obra é a disputa da ideia do que seria uma *dama adequada*, isto é, qual deveria ser o modelo ideal feminino a ser difundido por meio da literatura de conduta. Outras obras, tais como *A father's legacy to his daughters* [Legado de um pai para suas filhas], do Dr. John Gregory (1724-1773), que são mais conservadoras, advertiam que o papel das mulheres era apenas o de obedecer aos seus maridos e esbanjar docilidade. Wollstonecraft não concorda com essa visão e acredita que seria possível conciliar a atividade do cuidado com o desenvolvimento intelectual. Mesmo que ela adote um padrão conservador de literatura – como é o caso da literatura de conduta – ela inova ao apresentar comportamentos diferentes do que eram esperados para as mulheres, como a escrita, a leitura e a elaboração de opiniões próprias (cf. Bonfim, 2021).

A segunda publicação de Wollstonecraft, *Original stories from real life; with conversations calculated to regulate the affections and form the mind to truth and goodness* [Histórias originais da vida real; com diálogos planejados para regular os afetos e formar a mente para a verdade e a bondade], de 1787, é voltada ao público infantil, composta por pequenas histórias que têm alguma lição a ser ensinada, tal como caridade, paciência e respeito aos animais. Desde a introdução, Wollstonecraft deixa claro que o intuito do livro é o de apresentar as situações forjadas que servem para que as crianças aprendam com elas, uma vez que exemplos são mais eficientes para o ensino infantil do que apenas teoria. A grande inovação de *Histórias originais da vida real* é ter duas meninas no centro do processo de aprendizagem, sem se limitar a ensinar-lhes "coisas de meninas". Wollstonecraft faz questão de que suas personagens, Mary e Caroline, aprendam tudo o que deveria ser acessível a qualquer ser humano, independentemente do sexo biológico e de suas implicações. *Histórias originais da vida real* se manteve como uma obra essencial no aconselhamento sobre o desenvolvimento moral infantil por quase 50 anos (Gordon, 2020).

Já *Mary, a fiction* (1787) [Mary, uma ficção] é um romance com elementos autobiográficos. A personagem principal demonstra agência sobre suas ações, bem como contraria o que é esperado de uma mulher – sendo, por exemplo, uma figura oposta à Sofia, personagem de Jean-Jacques Rousseau (1712-1778) (cf. Wollstonecraft, 2004, p. 5). Assim como em *Pensamentos sobre a educação das meninas*, nessa obra Wollstonecraft também demarca a sua posição antagônica ao que era socialmente esperado das mulheres, como é o caso do casamento e do desenvolvimento da razão. Inclusive, é por ter aprendido a refletir que a personagem Mary é tão melancólica no decorrer da história: ela não consegue compreender o motivo do casamento compulsório para as mulheres – e, no caso dela, arranjado. Ela resiste em permanecer fechada em casa e busca alternativas, como viagens e interações sociais. No entanto, o romance acaba com Mary casada e dependente de seu marido. A frase que fecha o romance imagina um mundo em que há outros cenários possíveis para as mulheres: "ela pensou estar se apressando para um mundo onde não terá de se casar nem ceder ao casamento" (Wollstonecraft, 2004, p. 53).

## 2.2 Escritos políticos

Wollstonecraft inicia a temática de equidade social na obra *Vindication of the rights of men* [Reivindicação dos direitos dos homens], de 1790. Em formato de carta, cujo remetente é Edmund Burke e as suas *Reflexões sobre a Revolução Francesa* (1790), Wollstonecraft aborda temas como a importância da razão no governo das paixões, a virtude como sustentáculo social e uma fervorosa oposição à escravidão.

É importante destacar que a oposição que Wollstonecraft marca com relação a Burke é dupla, isto é, é de ordem estética e política. É estética, porque ela se opõe ao uso de uma retórica floreada, que Burke utiliza ao apelar para o sentimentalismo de seus leitores e não à racionalidade deles. De acordo com Wollstonecraft, a "indignação" que ela diz sentir ao ler a obra de Burke "foi despertada pelos argumentos sofísticos", que a cada momento atravessavam-na, "na forma questionável de sentimentos naturais e bom senso" (Wollstonecraft, 1993, p. 3). Além disso, é uma oposição política, porque Wollstonecraft questiona Burke sobre a defesa que ele faz de determinada organização social, na qual o costume e a tradição funcionam como embasamento das leis.

Por exemplo, em determinado ponto de *Reivindicação dos direitos dos homens*, ao recusar obediência cega aos reis – defendida por Burke como uma "constituição moral [oriunda] do coração" – Wollstonecraft argumenta que os governantes merecem respeito e não devoção de seus súditos. Ela também defende a separação entre a razão e as paixões. As paixões de início não são nem boas, nem ruins, porém, devem ser submetidas à razão a fim de garantir que colaborem no aperfeiçoamento da virtude das pessoas (Wollstonecraft, 1993, p. 31). Dessa maneira, ao contrário do que Burke defende, não deve ser tarefa das paixões ditar a moral, mas da razão.

A razão, em constante aperfeiçoamento, permite que a moral fique cada vez mais adequada. Um exemplo é a escravidão. Wollstonecraft rebate Burke afirmando que, em algum momento da história, o tráfico de pessoas foi amparado pela lei e pela moral, porém, não deve mais ser tolerado de modo algum, pois não é racionalmente justificável que um ser humano seja considerado uma propriedade e que seja impedido de ser livre (cf. Wollstonecraft, 1993).

A questão de determinada moral que não faz mais sentido também figura nas páginas de *Reivindicação dos direitos da mulher*, onde, no entanto, como já sugere o título, ela é especificada para o caso das mulheres. Inspirada por Catharine Macaulay (1731-1791), Wollstonecraft argumenta que o pacto social não é justo, pois não é esperado que homens e mulheres tenham a mesma conduta em termos de aperfeiçoamento das virtudes (cf. Wollstonecraft, 2016, p. 219). Em especial, ela salienta que os costumes e a tradição ditam como as mulheres deveriam se portar, não em termos de virtudes, isto é, qualidades que elevam o ser moral, mas sim em virtudes negativas que ditam comportamentos e outras qualidades efêmeras, tais como a beleza física.

Com o objetivo de nivelar o terreno sobre o qual devem se assentar as virtudes, Wollstonecraft estabelece um princípio que serve de alicerce para o seu argumento pela equidade feminina. Razão, virtude e conhecimento, para ela, são as "verdades mais simples" (Wollstonecraft, 2016, p. 31) e devem ser as reguladoras do aperfeiçoamento. Atuando de maneira conjunta, essas concepções devem amparar o desenvolvimento humano – que acontece pelo intermédio da educação. Todos os seres humanos – independentemente de acidentes externos, isto é, aspectos biológicos, geográficos e sociais – são dotados de razão e têm a capacidade de serem virtuosos, mesmo que em diferentes graus. A humanidade como um todo pode adquirir conhecimentos que, quando acumulados, tornam-se experiência. Acontece que Wollstonecraft constata que as mulheres não são incluídas nessa ideia de humanidade, uma vez que são tratadas de modo diferente pelo Estado, pelas Constituições e pelos teóricos.

Se em *Reivindicação dos direitos dos homens* Wollstonecraft tem como oponente Edmund Burke, em *Reivindicação dos direitos da mulher* esse oponente é Jean-Jacques Rousseau, especificamente sobre o que ele escreveu na obra *Emílio ou da educação* (1762). É fato que ela partilha de várias das posições de Rousseau. No entanto, como bem define Barbara Taylor (2017, p. 216) em *Reivindicação dos direitos da mulher*, Wollstonecraft é mais uma "discípula enfurecida do que uma inimiga intelectual" do genebrino. E o motivo da fúria de Wollstonecraft é o modo com que Rousseau constrói a personagem Sofia, esposa de Emílio, que, embora cativante, é, de acordo com Wollstonecraft (2016, p. 45), totalmente "inatural". Em especial, Wollstonecraft também se indispõe com o modo com o qual Rousseau trata da faculdade racional no caso das mulheres. Para ele, a capacidade de razão das mulheres é apenas de ordem prática, isto é, seriam incapazes de abstrair e generalizar. Nas palavras dele:

> A procura das verdades abstratas e especulativas, dos princípios, dos axiomas nas ciências, tudo o que tende a generalizar as ideias não é da competência das mulheres, seus estudos devem todos voltar-se para a prática; cabe a elas fazerem a aplicação dos princípios que o homem encontrou, e cabe a elas fazerem as observações que levam o homem ao estabelecimento de tais princípios (Rousseau, 2014, p. 565).

Para Wollstonecraft, ao promover essa razão deficiente, Rousseau forja um ser quimérico e afasta as mulheres da possibilidade de adquirir conhecimento, tendo como consequência a impossibilidade de o gênero feminino alcançar a virtude. Nesse sentido, ela afirma que a constância e a virtude, que Rousseau alega não serem da alçada feminina, de fato serão vetadas às mulheres enquanto elas estiverem sujeitas a um sistema de educação que visa formar seres *pela metade* e não desenvolvê-las como seres humanos integrais. Wollstonecraft questiona: como "pôde Rousseau esperar que elas [as mulheres] fossem virtuosas e constantes, quando não é permitido que a razão seja o fundamento de sua virtude nem a verdade o objeto de suas indagações?" (Wollstonecraft, 2016, p. 121). O erro de Rousseau é deter-se entre os seus próprios sentimentos, que ofuscaram suas virtudes e fizeram de sua imaginação uma faculdade fértil demais. O resultado é a manutenção de um sistema que mais oprime do que promove as mulheres, atrasando não só o desenvolvimento delas, mas o da sociedade como um todo:

> Todos os erros do pensamento de Rousseau, porém, surgiram da sensibilidade, e as mulheres estão sempre prontas a perdoar a sensibilidade a seus encantos! Quando deveria ter raciocinado, ele tornou-se apaixonado, e a reflexão inflamou sua imaginação, em vez de iluminar seu entendimento. Até mesmo suas virtudes levaram-no a conclusões errôneas; tendo nascido com uma constituição calorosa e uma imaginação fértil, ele foi levado pela natureza até o outro sexo com uma inclinação tão ávida que logo se tornou lascivo. Se tivesse dado vida a esses desejos, o fogo teria se extinguido de maneira natural, mas a virtude e uma espécie romântica de delicadeza o fizeram praticar a abnegação; ainda assim, quando o medo, a delicadeza ou a virtude o restringiram, ele abusou de sua imaginação e, refletindo sobre as sensações às quais a fantasia deu força, ele as traçou com as cores mais resplandecentes e as afundou no mais profundo de sua alma (Wollstonecraft, 2016, p. 121).

A postura crítica que Wollstonecraft assume com relação ao modelo feminino rousseauista permite que ela imagine outras possibilidades para as mulheres para além do espaço doméstico, por exemplo, a possibilidade de se tornarem profissionais da saúde, (cf. Wollstonecraft, 2016) e até representarem outras mulheres politicamente (cf. Wollstonecraft, 2016). Wollstonecraft busca, desde *Pensamentos sobre a educação das meninas* (1786), estender às mulheres aquilo que Rousseau defende no Emílio, mas restringe aos homens. Em poucas palavras, ela tem por objetivo proporcionar às meninas uma educação que desenvolva hábitos de virtude e autonomia e que seja capaz de garantir a perfectibilidade da razão de todos os seres humanos, sem distinção.

A questão da perfectibilidade da razão é um importante argumento tanto em *Reivindicação dos direitos dos homens* como em *Reivindicação dos direitos da mulher*. O dever de desenvolvimento da razão ganha relevância na *Reivindicação* de 1792 a partir de um quadro teórico-metafísico, no qual Wollstonecraft afirma que homens e mulheres têm uma razão a desenvolver, cujo propósito deve ser a perfectibilidade, isto é, o aperfeiçoamento da faculdade da razão. A consequência desse aperfeiçoamento vai desde o plano pessoal até o social. Por serem perfectíveis, os seres humanos devem se desenvolver e é papel de um Estado que é virtuoso garantir isonomia entre os cidadãos – independentemente do sexo – para que esse objetivo comum seja atingido.

Embora em *Reivindicação dos direitos da mulher* Wollstonecraft trate muito rapidamente sobre o papel do Estado para o desenvolvimento das virtudes dos indivíduos, é em *An historical and a moral view of the origin and progress of French Revolution* [Uma visão histórica e moral da origem e progresso da Revolução Francesa] (1794), que ela desenvolve uma tese fundacionista da sociedade, bem como extrai diagnósticos sobre a condição na qual se encontram tanto a França quanto a Inglaterra após a Revolução de 1789. É nessa obra, também, que ela pôde se deter em explicar como as formas de governo impactam a capacidade de virtude de uma população. Por exemplo, ao favorecer os mais ricos e não proteger os mais pobres e vulneráveis, para Wollstonecraft, o Estado estaria indo de encontro a um de seus princípios mais fundamentais. De acordo com ela:

> Tendo a natureza tornado os homens desiguais, dando poderes físicos e mentais mais fortes a uns do que aos outros, o objetivo do governo deveria ser destruir essa desigualdade protegendo os fracos. Em vez disso, sempre se inclinou para o lado oposto, desgastando-se por desconsiderar o primeiro princípio de sua organização (Wollstonecraft, 1993, p. 289).

O que Wollstonecraft defende é que os governos sejam justos no trato com os seus cidadãos, não permitindo que poderes individuais impliquem a diminuição do bem-estar geral. O papel do governo seria o de garantir que ninguém tivesse um poder maior do que outra pessoa com base apenas em elementos hereditários. E é nessa direção que em *Uma visão histórica e moral* ela reitera o que já afirmara em *Reivindicação dos direitos dos homens*: a faculdade da razão, e não o costume, deveria ser a base das leis civis. Comparado à *Reivindicação dos direitos da mulher*, *Uma visão histórica e moral* mantém a ideia de que a razão, e não o decoro ou a tradição, deve guiar a mulher em suas decisões da vida privada e pública. Em suma, a razão é um tema perene que tem um papel central na literatura de Wollstonecraft, sendo a pedra angular que embasa uma perspectiva tanto do ponto de vista generificado (isto é, do sexo biológico) quanto da espécie humana.

> Para fazer com que a humanidade seja mais virtuosa e, claro, mais feliz, ambos os sexos devem agir de acordo com os mesmos princípios; mas como isto pode ser esperado quando apenas a um deles se permite enxergar a razoabilidade desses princípios? Para fazer com que o pacto social seja verdadeiramente equitativo e a fim de difundir esses princípios esclarecedores, os únicos capazes de melhorar o destino do homem, deve-se permitir às mulheres que lancem os alicerces de sua virtude no conhecimento, o que é muito pouco possível, a não ser que sejam educadas com as mesmas atividades que os homens (Wollstonecraft, 2016, p. 223-224).

## 3 – LEGADO

A meu ver, a vida e a obra de Mary Wollstonecraft se confundem, encontrando-se nos momentos de revolta e coragem. Há um enorme senso de responsabilidade com o contexto histórico e o amor à liberdade. Wollstonecraft não recebeu o merecido reconhecimento de seus pares contemporâneos, permanecendo assim por todo século XIX. Já durante o século XX, ainda que seja retomada pelas sufragistas, ela fica à margem dos estudos acadêmicos. No Brasil, apenas em 2016 ela é retomada como uma teórica política ao ter uma obra traduzida para a língua portuguesa (*Reivindicação dos direitos da mulher*). Por ora, aguardamos outras traduções para o português de suas obras para a ampliação dos estudos.

Os escritos wollstonecraftianos ainda permanecem atuais e tanto sua obra quanto sua vida servem de inspiração para a contínua luta pelo reconhecimento dos direitos das mulheres. Que ecoem seus conselhos sobre enfrentar os desafios no caminho para a emancipação:

> Não deixe que algumas pequenas dificuldades a intimidem, eu imploro – enfrente quaisquer obstáculos em vez de submeter-se a um estado de dependência –; digo isso do fundo do coração. – Já senti o peso e gostaria que você o evitasse de todas as formas (Wollstonecraft *apud* Gordon, 2020, p. 88).

# BIBLIOGRAFIA

## Obras

*– Tradução em português*
WOLLSTONECRAFT, M. *Reivindicação dos direitos da mulher*. Trad. de Ivania Pocinho Motta. São Paulo: Boitempo, 2016.

*– Ainda não traduzidas*
WOLLSTONECRAFT, M. *A vindication of the rights of men and a vindication of the rights of woman*. Oxford: Oxford University Press, 1993.

WOLLSTONECRAFT, M. *Letters written in Sweden, Norway, and Denmark*. Oxford: Oxford University Press, 2009.

WOLLSTONECRAFT, M. *Mary and Maria*. Nova York: Peckering and Chatto, 2004.

WOLLSTONECRAFT, M. *Original stories from real life; with conversations calculated to regulate the affections and form the mind to truth and goodness*. Altenmuster: Jazzy Bee, 2018a.

WOLLSTONECRAFT, M. *Thoughts on the education of daughters*. Altenmuster: Jazzy Bee, 2018b.

## Literatura secundária

### Sobre a vida de Wollstonecraft

BRODY, M. *Mary Wollstonecraft*: mother of women's rights. Oxford; Nova York: Oxford University Press, 2000.

GODWIN, W. *Memoirs of the author of "Vindication of rights of woman"*. Londres: [s. n.], 1797.

GORDON, C. *Mulheres extraordinárias*: as criadoras e a criatura. Rio de Janeiro: Darkside, 2020.

TODD, J. *Mary Wollstonecraft*: a revolutionary life. Nova York: Columbia University Press, 2000.

TODD, J. (org.). *The collected letters of Mary Wollstonecraft*. Nova York: Columbia University Press, 2003.

WOLF, V. Quatro figuras: Mary Wollstonecraft. *In*: WOLF, V. *O valor do riso e outros ensaios*. São Paulo: Cosac Naify, 2015. p. 221-229.

## Sobre a obra de Wollstonecraft

BERGÈS, S. *The Routledge guidebook to Wollstonecraft's A vindication of the rights of woman*. Nova York: Routledge, 2013.

BERGÈS, S.; BOTTING, E. H.; COFFEE, A. (orgs.). *The Wollstonecraftian mind*. Nova York: Routledge, 2019.

BERGÈS, S.; COFFEE, A. (orgs.). *The social and political Philosophy of Mary Wollstonecraft*. Oxford: Oxford University Press, 2016.

BOTTING, E. H. *Wollstonecraft, Mill, & women's human rights*. New Heaven; Londres: Yale University Press, 2016.

HALLDENIUS, L. *Mary Wollstonecraft and feminist republicanism*: independence, rights, and the experience of unfreedom. Londres: Pucking and Chatto, 2015.

JOHNSON, C. *The Cambridge companion to Wollstonecraft*. Cambridge: Cambridge University Press, 2002.

MIRANDA, A. R. *Mary Wollstonecraft e a reflexão sobre os limites do pensamento liberal e democrático a respeito dos direitos femininos (1759-1797)*. 2010. Dissertação (Mestrado em História) – Universidade Federal do Paraná, Curitiba, 2010.

MIRANDA, A. R. *Protofeministas na Inglaterra setecentista*: Mary Wollstonecraft, Mary Hays e Mary Robinson. Sociabilidade, subjetividade e escrita de mulheres. 2017. Tese (Doutorado em História) – Universidade Federal do Paraná, Curitiba, 2017.

MOTTA, I. P. *A importância de ser Mary*: análise e tradução da obra "Vindication of the rights of woman", de Mary Wollstonecraft. São Paulo: Annablume, 2009.

NUNES, S. B. M. *O papel da razão na emancipação feminina*: Mary Wollstonecraft e sua Reivindicação. 2021. Dissertação (Mestrado em Filosofia) – Universidade Estadual de Campinas, Campinas, 2021.

NUNES, S. B. M. Resenha de "Pensamentos sobre a educação das meninas". *Blogs de Ciência da Universidade Estadual de Campinas*: Mulheres na Filosofia, v. 7, n. 2, p. 11-21, 2021. Disponível em: https://www.blogs.unicamp.br/mulheresnafilosofia/pensamentos-sobre-a-educacao-das-meninas/. Acesso em: 12 jul. 2024.

RODRIGUES, A. P. A. F. *O despertar da consciência cívica feminina*: identidade e valores da pedagogia feminina de finais do século XVIII. 2011. Tese (Doutorado em Estudos de Literatura e de Cultura) – Universidade de Lisboa, Lisboa, 2011.

SAPIRO, V. *A vindication of political virtue*. Chicago: Londres: The University of Chicago Press, 1992.

TAYLOR, B. *Mary Wollstonecraft and the feminist imagination*. Cambridge: Cambridge University Press, 2003.

TAYLOR, B. Wollstonecraft e Rousseau: solitary walkers. *In*: ROSENBLATT, H.; SCHWEIGERT, P. (orgs.). *Thinking with Rousseau*: from Machiavelli to Schmmit. Cambridge: Cambridge University Press, 2017. p. 211-234.

TAYLOR, N. F. *The rights of woman as chimera*: the political Philosophy of Mary Wollstonecraft. Nova York: Londres: Routledge, 2007.

## Links

DIÁLOGOS FILOSÓFICOS COM YARA FRATESCHI: Catharine Macaulay e Mary Wollstonecraft contra Jean Jacques Rousseau. [*s. l.*: *s. n.*], 2021. 1 vídeo (1 h 51 min 32 s). Publicado pelo canal Programa de Pós-Graduação em Filosofia UFPI. Disponível em: https://www.youtube.com/watch?v=CKcs57ruD0g&t=5s. Acesso em: 11 jul. 2024.

MARY WOLLSTONECRAFT E O DOCUMENTO FUNDACIONAL DO FEMINISMO. Com Eunice Ostrensky e Maria Lygia Quartim de Moraes (mediação de Sarah Bonfim). [*s. l.*: *s. n.*], 2021. 1 vídeo (1 h 25 min 50 s). Publicado pelo canal TV Boitempo. Disponível em: https://www.youtube.com/watch?v=jXpFhlEgeik&t=122s. Acesso em: 11 jul. 2024.

SARAH BONFIM LÊ MARY WOLLSTONECRAFT: Mulheres que leem mulheres. [*s. l.*: *s. n.*], 2021. 1 vídeo (8 min 36 s). Publicado pelo canal Rede brasileira de mulheres filósofas. Disponível em: https://www.youtube.com/watch?v=Z1bNqoNPcnM&t=2s. Acesso em: 11 jul. 2024.

THE WOLLSTONECRAFT SOCIETY. Organização sem fins lucrativos. Londres: The Wollstonecraft Society. Disponível em: https://www.wollstonecraftsociety.org/. Acesso em: 11 jul. 2024.

# 18
# KAROLINE VON GÜNDERRODE

(1780-1806)

*Fabiano Lemos**

## 1 – VIDA

Como ocorre com boa parte dos autores e autoras do Romantismo alemão, grupo ao qual Karoline von Günderrode é comumente associada, a biografia dessa escritora é atravessada de mitificações que, em grande medida, eclipsam uma discussão mais cuidadosa de seus escritos. Nascida em Karlsruhe, no Sudoeste da Alemanha, em 11 de fevereiro de 1780, Günderrode ficou conhecida logo após seu suicídio, aos 26 anos, à beira do Reno, em Winkel, um pouco ao norte de sua cidade natal. Uma representação bastante difundida de sua figura, recorrente mesmo em trabalhos mais consistentes de história e historiografia da literatura alemã até hoje, é a da poetisa incompreendida, entregue aos braços da morte por si mesma em função de um amor infeliz. Ao vincular o significado histórico de Günderrode a uma figura masculina que está longe de ter esgotado sua atividade intelectual, tal representação mobiliza uma imagem da escrita feminina tutelada, que está em ampla contradição com os propósitos da obra da autora.

---

* Professor adjunto do Departamento de Filosofia da Universidade do Estado do Rio de Janeiro (UERJ), pesquisador do CNPq.

Filha mais velha do casal Hector Wilhelm e Louise von Günderrode, Karoline von Günderrode cresceu, com outros cinco irmãos, em uma família típica da nobreza financeiramente decadente do final do século XVIII alemão. Seu estatuto social, ainda que em defasagem em relação à sua situação econômica, a vinculava a um modelo de cultura que a aproximava de certa herança literária. Seu pai, conselheiro real, que herdara o título de barão de um antigo patriarcado de Frankfurt, havia chegado mesmo a escrever algumas obras de economia política e publicado, anonimamente, uma história do rei Adolfo de Nassau. Sua mãe, que se interessava pela filosofia de Fichte, publicara poesias e artigos em diversas revistas, também de modo anônimo, dos quais não há mais registros. A morte do pai, quando Günderrode tinha apenas seis anos, impactou de modo irreversível a situação financeira da família, que passou a depender de uma pensão destinada aos membros associados à linhagem dos Alten-Limpurg, com a qual a viúva e seus filhos puderam se estabelecer, ainda que modestamente, na cidade de Hanau. Desde 1797, a filha mais velha da família é integrada à Fundação Cronstetten-Hynsperg, em Frankfurt, um pequeno internato evangélico destinado a mulheres, no qual pôde estudar filosofia (Kant, Schelling e Schleiermacher, sobretudo), literatura e mitologia – alcançando a mais alta distinção dentre as estudantes da instituição. Não é claro em que medida sua internação se deveu à sua condição econômica ou a alguns conflitos com sua mãe, que, inclusive, fizeram com que, ao menos em uma ocasião, Karoline von Günderrode tenha fugido de casa (Günderrode, 1983).

A situação no internato pareceu produzir sobre Günderrode uma impressão notavelmente ambígua. De um lado, o rigor simbólico da instituição interferia indelevelmente no modo como ela aparecia em público: Günderrode se incomodava continuamente com o fato de ter de vestir o hábito negro da ordem, sempre adornado por uma enorme cruz ao peito (Günderrode, 1983). Por outro lado, as regras da Fundação lhe permitiram participar de vários eventos sociais da cidade e seus arredores, passando a frequentar as casas de muitas famílias nobres da região e a ter, assim, contato com um pequeno grupo de jovens com pretensões literárias e filosóficas. É nesse contexto que ela conhece, em 1799, Friedrich Carl von Savigny, que se tornaria um reconhecido jurista nas décadas seguintes, bem como Bettina von Arnim, sua futura biógrafa, e seu irmão Clemens, que viria a ser um importante poeta romântico. A paixão entre Savigny e Günderrode parece ter sido mútua, e, da parte dela – se considerarmos suas cartas da época –, emocionalmente desgastante, ainda que tenha durado apenas alguns meses, já que, em agosto daquele ano, Savigny partiria para uma longa viagem de estudos. A correspondência trocada posteriormente entre os dois é, assim, marcada por uma melancolia indexada pela referência explícita aos sofrimentos de Werther, o herói suicida do romance epistolar de Goethe (Bianquis, 1910), e Günderrode confessa constantemente aos amigos von Arnim a amplitude de tais conflitos emocionais. Somente após 1803, as relações com Savigny, a essa altura já noivo de Kunigunde Brentano, assumem um tom novamente cordial, e um breve período de tranquilidade se instaura.

Não se tem notícia precisa sobre as etapas de redação e preparação para a publicação do livro *Gedichte und Phantasie* [*Poemas e fantasias*], que aparece em abril de 1804 sob o pseudônimo Tian, e que, em suas quase 140 páginas *in-octavo*, é composto por vinte textos, incluindo poemas de inspiração mitológica, pequenas narrativas em prosa, excertos dramáticos e fragmentos filosóficos. Embora Günderrode já houvesse manifestado anteriormente o desejo de se dedicar à literatura, que lhe parecia o meio mais adequado de expressão para sua perspectiva de vida (Hoff, 2000), o aparecimento do livro parece ter sido recebido com alguma surpresa, mesmo por seus amigos próximos: é assim que Bettina von Arnim e seu irmão Clemens lhe escrevem, no começo de maio, para saber se o livro é mesmo de sua autoria, como os boatos supõem, ao que ela responde, um tanto laconicamente, confirmando a suspeita, mas, ao mesmo tempo, lamentando que tenha sido descoberta (Günderrode, 1990, v. 3). Essa contradição insolúvel entre a necessidade de se expressar e um relativo desejo de anonimato configura não apenas a posição de Günderrode, mas uma situação mais ampla, observável como traço recorrente da escrita feminina da época.

Ainda naquele ano, em julho ou agosto, Karoline von Günderrode, de passagem por Heidelberg, conhece Friedrich Creuzer, professor de filologia da Universidade daquela cidade, por quem se apaixona. Creuzer, que mais tarde se tornaria famoso pelo seu livro *Symbolik und Mythologie der alten Völker, besonders der Griechen* [Simbologia e mitologia dos povos antigos, em especial dos gregos] (1812) – admirado, entre outros, por Nietzsche, que o utilizou como referência na composição de seu *O nascimento da tragédia* – é dez anos mais velho que ela, casado então há cinco anos, e, apesar de sua proverbial feiura e de sua figura extravagante – fala-se de sua peruca antiquada e de seu comportamento um tanto empertigado (Bianquis, 1910) – é considerado por muitos uma personalidade carismática. O sentimento que liga Günderrode a Creuzer é mútuo e ele chega mesmo a planejar manter seu casamento apenas socialmente, mas renuncia a essa decisão pouco tempo depois, por temor de que isso pudesse afetar sua carreira, ou, segundo informa a Günderrode em carta, por pena de sua esposa. Outras tentativas de concretizar essa relação serão arquitetadas, sempre de modo vago e sem solução de continuidade: Creuzer negocia um cargo em uma universidade russa, pensando em fugir com sua amada; Günderrode tem planos mais ousados: mudar-se para Heidelberg e viver disfarçada de homem entre os estudantes de filologia da Universidade (Bianquis, 1910). O tom assumido na irrealização dessa união é manifesto, sobretudo, nas passagens mais desesperançosas das cartas de Günderrode, que denunciam, assim, ao mesmo tempo, sua tensão emocional e sua elaboração poética:

> Tive recentemente um momento terrível. Parecia-me como se tivesse ficado louca por muitos anos e tivesse acabado de tomar juízo e perguntado por ti e descobrisse que estavas morto há muito tempo. Esse pensamento era loucura e teria dilacerado meu cérebro se tivesse durado mais do que um momento. Portanto, não fale de nenhuma outra felicidade de amor por mim (Günderrode, 1983, p. 235)

A conturbada relação também significou uma troca intensa de percepções filosóficas e literárias. Günderrode enviava a seu amante muitos de seus escritos, que ele comentava, sugerindo alterações ou pedindo esclarecimentos. Esse intercâmbio, contudo, esteve longe de se qualificar exclusivamente como uma colaboração, como se demonstra nas muitas ocasiões em que Creuzer impôs restrições nitidamente misóginas ao trabalho de Günderrode. Em uma dessas ocorrências, ele lhe sugere que o estudo aprofundado do latim, que ela havia começado por sugestão sua – para que trocassem bilhetes que não poderiam ser imediatamente lidos por qualquer um –, não era adequado às mulheres (Günderrode, 1983; Bianquis, 1910). A marca da influência de Creuzer é, certamente, perceptível no segundo livro de Günderrode, publicado em 1805, ainda sob o pseudônimo Tian, com o título *Poetische Fragmente* [Fragmentos poéticos]. O livro é constituído por três poemas – "Piedro", "Die Pilger" [Os peregrinos] e "Der Kuss im Traume" [O beijo no sonho] – e dois dramas curtos – "Hildgund" e "Mahomed, der Prophet von Mekka" [Maomé, o profeta de Meca]. Não chegaríamos, no entanto, a dizer, como Herbert Levin o fez em seu estudo de 1922 sobre o Romantismo de Heidelberg, que o que haveria de melhor em Günderrode se deveria às intuições de Creuzer (Becker-Cantarino, 2008). Uma revisão menos misógina do cânone filosófico-literário poderia demonstrar, antes, que os interesses desse último em sua obra posterior *Symbolik* estão próximos do sincretismo apresentado por aquela primeira nas referências, poetizantes, é claro, às mitologias oriental e nórdica do livro de 1805. Estabelecer a direção em que essa influência se deu está longe de ser uma decisão fácil.

Ainda naquele ano, Creuzer traria a público dois outros textos de Günderrode, os dramas *Udohla* e *Magie und Schicksal* [Magia e destino], que apareceriam conjuntamente na seção *Poesien* [Poesias], no jornal *Studien*, por ele editado. Um terceiro fragmento dramático, intitulado *Nikanor*, é editado pouco depois no almanaque *Taschenbuch für das Jahr 1806*, e, um pouco depois, o texto em prosa *Geschichte eines Braminen* [História de um brâmane] aparece em uma série de livros de divulgação religiosa editados por Sophie von La Roche. Todos são assinados sob o mesmo pseudônimo, Tian.

Enquanto o projeto literário de Günderrode parece avançar, a situação é bem mais complicada no que se refere à sua relação com Creuzer. Após a decisão desse último de não se separar de sua esposa, que havia recentemente se dedicado a fazer com que ele se recuperasse de uma longa enfermidade, Karoline von Günderrode dá sinais de que não resistiria por muito tempo às tensões emocionais decorrentes daí. Retrospectivamente, alguns de seus amigos afirmam ter pressentido o prenúncio das ideias suicidas, mas o fato é que o tema da morte esteve sempre muito presente na obra de Günderrode, mesmo antes de Creuzer, bem como em toda sua produção epistolar, de tal modo que essa indicação deve ser colocada sob suspeita. O interesse de suas leituras de Schelling e Schleiermacher, por exemplo, está marcado pela busca de uma abordagem filosófica da questão, como se pode notar em seu fragmento de 1805-1806, *Idee der Erde* [Ideia da Terra]. Também é incerta a informação de que Günderrode havia comprado há muito tempo um punhal, e que, após se consultar com um cirurgião sobre o modo de manipulá-lo fatalmente, passaria a andar sempre com ele. Seja como for, no crepúsculo do dia 26 de julho de 1806, Günderrode se mata com uma punhalada no coração, à margem do rio Reno. Seu corpo foi encontrado, na manhã seguinte, por um barqueiro. Creuzer só recebeu a notícia semanas depois.

Não demorou muito para que uma certa mitologia se construísse em torno da figura da poetisa suicida. É verdade que a publicação, poucos meses depois de seu suicídio, da coletânea *Melete*, que não havia sido completamente revisada por sua autora, mas, ainda assim, ironicamente veio a público por meio do trabalho de edição de Creuzer, pode ter colaborado para isso. No entanto, a peça fundamental na construção do mito Günderrode é a biografia epistolar *Die Günderode* [A Günderode, grafado equivocadamente sem o duplo "r"], escrita por Bettina von Arnim. Publicado em 1840, o livro alcançou um grande sucesso – bem como algumas críticas não isentas de misoginia –, mas uma comparação das cartas reproduzidas por von Arnim indica o grande número de interferências e transformações do material original (Hock, 2001). Seja como for, o romance não apenas consolidou a imagem da trágica heroína romântica, despertando um relativo interesse por sua obra, mas, na direção oposta, promoveu uma interpretação, muitas vezes politicamente conservadora, dadas as convicções religiosas e ideológicas de Bettina, de textos que, sob muitos aspectos, expressam tendências revolucionárias próprias do *Frühromantik*, do *primeiro Romantismo*. Pode-se afirmar, nesse sentido, que a imagem da biografia de Karoline von Günderrode muitas vezes apagou traços significativos de sua escrita – uma situação que só seria revertida, em parte, a partir das leituras feministas da história da literatura feminina alemã, empreendidas, desde a década de 1960, por exemplo, por Christa Wolf, Sigrid Weigel ou Helga Dormann, que mostraram em que sentido a vida de Günderrode deveria permitir a promoção de um interesse mais amplo, e um estudo mais aprofundado, de seus textos.

## 2 – OBRA E TEMAS

A dificuldade de se articular a escrita de Karoline von Günderrode ao debate filosófico moderno deriva ao menos de duas razões que se amplificam mutuamente: de um lado, a misoginia da historiografia que constitui e estrutura o cânone, e, de outro, a recusa, da parte de muitos historiadores, de pensar a escrita literária como veículo conceitual autônomo. Enquanto o primeiro aspecto resulta em um apagamento sistemático de autoras que pensaram de modo original os problemas filosóficos, pode-se responsabilizar o segundo pela virtual ausência de escritores românticos nas historiografias canônicas da filosofia, uma vez que o projeto conceitual destes consistia, em alguma medida, em mostrar que a forma do conceito não está necessariamente ligada a um modelo dedutivo, promovendo, conscientemente, a experimentação do contexto narrativo da filosofia na direção da poesia. Se admitirmos, portanto, que essa experimentação é legítima, e que aquele silenciamento deve ser também sistematicamente enfrentado, a obra de Günderrode se revela como de grande interesse.

Os poemas de Günderrode apresentam grande variação temática, consistindo ora em baladas líricas (*Wunsch* [Desejo] ou *Die Bande der Liebe* [Os elos do amor]), ora em retratos épicos (*Darthula nach Ossian* [Dártula segundo Ossian], *Don Juan*), ora em poemas históricos (*Mahomets Traum in der Wüste* [O sonho de Maomé no deserto]). Do ponto de vista formal, eles não anunciam nenhuma grande divergência em relação ao modelo vigente à época, assemelhando-se, frequentemente, a certas passagens de Goethe, com uma ou outra exceção – como é o caso com *Die Bande der Liebe* [Os elos do amor], que foge da estrutura do quarteto. O mesmo se pode dizer dos fragmentos dramáticos, que, em geral, se alinham ao tipo de exercício literário que interessou toda uma geração na virada para o século XIX. É no nível temático, contudo, que esses textos expressam as ideias particulares de Günderrode.

Uma primeira leitura poderia nos levar a incluir a poética de seus livros inteiramente no projeto geral do Romantismo: ao lado da premeditada instabilidade formal dos textos, que parece replicar o princípio editorial da revisa *Athenäum*, dos irmãos Schlegel. Além disso, tomados em conjunto, esses textos corroboram a imagem do amor como princípio de síntese transpessoal – que o avizinha da eliminação da concretude da singularidade, ou seja, entre outras coisas, do suicídio como questão ética e cosmológica –, que se deixa pressentir como uma tendência geral do movimento. Assim, alguns de seus poemas de 1799, recolhidos em *Gedichte und Phantasien* [Poemas e fantasias], podem mesmo ser interpretados a partir dos paradoxos éticos instanciados na imagem do amor irrealizável, como é o caso com os primeiros versos de *Liebe* [Amor], escritos, provavelmente, na segunda metade de 1799:

> O reiche Armut! Gebend, seliges Empfangen!
> In Zagheit Mut! in Freiheit doch gefangen.
> In Stummheit Sprache,
> Schüchtern bei Tage,
> Siegend mit zaghaftem Bangen.
> [Ó rica pobreza! Sagrado receber, doador!
> Coragem na timidez! na liberdade ainda aprisionada.
> Em linguagem de mutismo,
> Oculto em pleno dia,
> Vencendo com tremores hesitantes] (Günderrode, 1990, v.1, p. 79).

Que essa disposição não se esgota em uma representação meramente subjetiva do amor – como frequentemente se critica nos textos românticos em geral, e das mulheres, em particular – é algo que se demonstra em vários fragmentos do espólio de Günderrode que se esforçam para indicar a dimensão ética da questão. É o caso de uma passagem, de data incerta, onde lemos: "não existe nenhum Amor Pessoal, apenas amor à excelência" (Günderrode, 1990, v. 1, p. 463).

No entanto, a temática do amor em Günderrode sugere subversões que não se encontram facilmente entre outros autores. A maneira como a inexorabilidade do destino, orientada pelo impulso amoroso transpessoal, resulta, em seus escritos, em uma reavaliação dos papéis de gênero é algo excepcional, mesmo se levarmos em conta as experimentações que, nesse sentido, foram feitas em um romance como *Lucinde* (1800), de Friedrich Schlegel. Nesse último, embora haja um esforço para se pensar a relatividade das identidades de gênero e para se promover o elogio do feminino, as personagens acabam, fatalmente, marcadas pelo destino familiar, doméstico, auxiliar (Lemos, 2022b). Em Günderrode, ao contrário, o amor força o rompimento das personagens com essa estrutura da familiaridade e, por extensão, com os espaços identitários do masculino e do feminino. Um poema incluído em *Poetische Fragmente* [Fragmentos poéticos], intitulado "Piedro", já foi definido como uma "balada homoerótica" (Ezekiel, 2016, p. 8), pois narra a história da personagem-título, um marinheiro que, ao matar o sequestrador de sua noiva, vendo-o "tão graciosamente na morte" (Günderrode, 1990, v. 1, p. 104) acaba por se apaixonar por ele, "e de seus pálidos lábios / com remorso bebe beijos quentes" [*Und von seinen blassen Lippen / Reuig heiße Küsse trinkt*] (Günderrode, 1990, v. 1, p. 104). Um ultrapassamento análogo se dá no fragmento dramático *Hildgung*, no qual a guerreira que dá nome à peça se vê presa a uma difícil decisão: ela deve casar-se com Átila, o Huno, de quem havia acabado de fugir, a fim de poupar a Borgonha de uma invasão. Nos últimos versos da peça, que termina em suspenso, ela acaba por ceder, pressionada por seu pai, mas está decidida a matar seu futuro marido e a cometer suicídio. Assim, ela lhe diz: "Curvo-me até a poeira do chão diante de meu senhor" [*Ich beuge mich zum Staub vor meinem Herrscher hin*] (Günderrode, 1990, v. 1, p. 101), enquanto para si mesma, anuncia: "Ah, tirano, celebra, / as horas que rápido passam de seu último dia" [*Ha feire nur, Tirann, / Des letzten Tages schnell entflohne Stunden*] (Günderrode, 1990, v. 1, p. 102).

Os escritos de Günderrode são, assim, pródigos em referências ao sistema de opressão de gênero, bem como de propostas de subversão, ainda que por meio dos instrumentos conceituais e narrativos próprios do oitocentos. As resenhas que seus livros publicados receberam confirmam o quanto essas percepções eram tangíveis em seu espaço histórico-cultural. Em uma reação típica das resenhas escritas por homens por ocasião do aparecimento de obras escritas por mulheres, *Gedichte und Phantasien* [Poemas e fantasias] é criticado, em uma recensão publicada no *Der Freimüthige*, em maio de 1805, onde se indica o nome da autora e se sugere que ela, no futuro, não recaia nas "profundezas de uma mística sinistra" (Günderrode, 1990, v. 3, p. 62). Em julho, uma outra resenha, no *Jenaische Allgemeine Literatur-Zeitung*, é ainda mais dura, apontando o que entende como as inconsistências formais do livro, sem unidade com seu conteúdo (Günderrode, 1990, v. 3, p. 68). No ano seguinte, a publicação de seu livro *Poetische Fragmente* [Fragmentos poéticos] é recebida com igual disposição: sua obra é apresentada como "sem começo e sem fim – e sem conteúdo", sem as competências necessárias para a articulação do todo, sugerindo, enfim, os benefícios que o autor (não se sabe até que ponto o resenhista sabia da identidade por trás do pseudônimo Tian, anteriormente já revelada) poderia retirar de algum tempo de estudo (Günderrode, 1990, v. 3, p. 110-111). E, apesar de algumas breves menções elogiosas na imprensa especializada (Günderrode, 1990, v. 3, p. 112), em junho de 1807 – um ano, portanto, após o suicídio de Karoline von Günderrode –, o mesmo jornal *Jenaische Allgemeine Literatur-Zeitung* ainda insistia na imagem típica da deficiência da escrita feminina: o que a autora parece ter desejado fazer em seu segundo livro é aí entendido como "poetizar enquanto mulher no espírito masculino [*dichten als Weib im männlichen Geiste*] [...] mas a natureza feminina nela fez com que a este fim faltasse aquele – a consciência de sua intenção" (Günderrode, 1990, v. 3, p. 113).

O triângulo formado, assim, pelos problemas da opressão de gênero, pela universalidade categórica e sacrificial do amor e pela disponibilidade poética da morte como alternativa a uma vida despotencializada se prolonga dos poemas e peças aos fragmentos de caráter mais imediatamente reconhecíveis como filosóficos. Desde seus primeiros anos de estudo, Günderrode havia enxergado no idealismo pós-kantiano, bem como na mitologia, especialmente a nórdica e a de povos orientais, a imagem de mundo capaz de responder aos seus anseios em torno da ideia de unidade cosmológica. Os textos que constituíram o material de sua formação indicam a constante retomada dessa preocupação fundamental com o Todo especulativo. De seus cadernos, podemos reconstruir, de um lado, o amplo interesse pelas ciências: confirmam-no seus estudos de métrica grega clássica e alemã, de língua latina, química e, especialmente, fisionomia – uma área à qual dedicava grande interesse, a se contar pelos muitos desenhos que fez, anexados aos seus estudos (Günderrode, 1990, v. 3, p. 419-483). Mas, por outro lado, são suas leituras filosóficas que configuram o horizonte heurístico de suas reflexões. Também nesses cadernos estão transcritos muitos dos fragmentos da revista *Athenäum*, especialmente os de Novalis e Friedrich Schlegel (Günderrode, 1990, v. 3, p. 273-281), passagens do *Über die Religion* [Sobre a religião], publicado por Friedrich Schleiermacher em 1799, da série de conferências de Fichte, *Die Bestimmung des Menschen* [A destinação dos homens], do mesmo ano, e de *Simon ou des facultés de l'âme*, escrito por Franz Hemsterhuis, um filósofo importante para autores como Novalis e Jean Paul, e publicado postumamente em 1792. Uma parte considerável desses cadernos, por fim, é preenchida pelas anotações do estudo detalhado feito por Günderrode a partir da obra *Grundriß einer reinen allgemeinen Logik nach kantischen Grundsätzen* [Esboço fundamental de uma lógica universal pura segundo princípios kantianos], publicado por Johann Gottfried Kiesewetter, professor de filosofia em Berlim, em 1793.

O que se desenha a partir dessas referências é o problema já mapeado na crítica feita pelos autores do *Sturm und Drang* e do Romantismo às cisões operadas por Kant entre subjetividade e mundo, que, no caso de Günderrode, se reveste de uma melancolia profunda. Se reconstruirmos suas posições a partir desse quadro geral, pode-se dizer que sua questão mais insistente é a da possibilidade de se alcançar a verdadeira unidade entre a natureza e a liberdade por meio de uma transformação ética do estado de incompletude da vida cotidiana, que corresponderia a viver poética e misticamente no mundo, como se não se pertencesse a ele:

> Há duas vidas[,] a comum (a pior é como a nossa) e a mais elevada; muitos seres humanos alternam entre as duas, o verdadeiro artista permanece inteiramente na última[,] ela é a verdadeira benção, e quem alguma vez a adentrou, para este o mundo está perdido, sem salvação (Günderrode, 1990, v. 1, p. 437).

Essa conversão, que, não por acaso, é denominada celestial, faz com que o modelo perceptivo dos sujeitos reunificados com o mundo seja, não o da lógica ou o do utilitarismo, mas o da contemplação onírica e da disposição para o sinestésico. A atenção dispensada por Günderrode ao mundo dos sonhos, como chave de interpretação da eternidade (cf. os fragmentos *Der Traum* [O sonho] em Günderrode, 1990, v. 1, p. 435, *ein Traum* [um sonho], em Günderrode, 1990, v. 1, p. 439, ou *Träume* em Günderrode, 1990, v. 1, p. 444-445) não está muito distante do interesse que, alguns anos depois, Friedrich Schlegel desenvolveria a respeito dos estados magnéticos e sonambúlicos, algo com o que também Hegel se ocupou nos §§ 404-407 da *Enciclopédia*.

O que define, portanto, a estrutura ontológica do mundo como unidade entre sujeito e objeto é uma totalidade vital que só pode ser categorizada analiticamente em um momento posterior da história do Espírito. Em consonância com muitas das ideias românticas, Günderrode assume como paradigma da reflexão filosófico-poética o movimento de retorno às origens de uma síntese total, mas a característica fundamental desse ponto originário é, ao mesmo tempo, a possibilidade do hibridismo. É o que afirma um fragmento de 1802-1803, apropriando-se poeticamente do conceito fichtiano de *Anstoss, obstáculo*:

> Em todas as matérias habita uma vida secreta, mas ela está presa nelas com os apertados laços de um tecido do qual ela não pode se livrar sozinha. Quando, contudo, um obstáculo [Anstoss] externo toca a matéria, então os nós se desfazem, os sons saem de seus calabouços, abraçam, trêmulos, o ar, e, em harmônicas vibrações, voam uns sobre os outros. Assim, há muito tempo, quando todas as coisas ainda estavam misturadas em uma massa crua, o espírito vivo flutuou sobre todas as matérias, e, quando ele a abraçou, nasceu de sua mistura uma série de formas harmônicas (Günderrode, 1990, v. 1, p. 441).

Sob esse aspecto, o conceito implícito de origem dos textos de Günderrode está mais próximo daquilo que Novalis chamou, no fragmento 54 do *Pólen*, de *confusão* do que da estabilidade unificadora de uma síntese idêntica a si mesma. A crítica que, contra o Romantismo, pretendeu enxergar nele o totalitarismo de uma regressão não compreende que esse movimento de retorno ao Todo é, ao mesmo tempo, uma afirmação paradoxal da potência radical que esse Todo guarda de se tornar tudo, de dispersar-se, configurando essa potencialidade como critério de unificação. Os fragmentos de Günderrode, lidos com atenção, podem ajudar a esclarecer esse ponto.

Por fim, talvez, nesse sentido, o texto mais emblemático da confluência de suas questões éticas, poéticas e cosmológicas seja o fragmento *Idee der Erde* [Ideia da Terra], escrito pouco antes de seu suicídio, entre novembro de 1805 e fevereiro de 1806. Trata-se de um fragmento de quatro parágrafos que pretende discutir a tese apresentada logo no início do texto:

> A Terra é uma ideia realizada [Die Erde ist eine realisrte Idee], ao mesmo tempo uma (força) eficiente e uma (aparição) efetivada, portanto, uma unidade entre alma e corpo [Leib], das quais um dos polos da atividade que eles desenvolvem exteriormente nós chamamos extensão, forma, corpo [Körper], e, quanto ao que se volta ao interior, intensidade, essência, força [Kraft], alma (Günderrode, 1990, v. 1, p. 446).

Reconhecemos, nessa proposição de abertura, reverberações do horizonte da filosofia de Schelling que Günderrode havia estudado há alguns anos e que discutia há algum tempo com Creuzer. Esse texto, que merece uma análise cuidadosa – e sobre o qual há pouca coisa escrita – propõe, contudo, uma inversão: trata-se de pensar a *ideia* não a partir de uma tópica exclusivamente ascensional, mas, antes, de reconduzi-la à Terra, ou seja, *radicalizá-la*, no sentido em que pensamos na direção da *raiz* do Ser. Além disso, o processo por meio do qual o Espírito se move não se reduz à unidirecionalidade da dialética que, em Hegel, por exemplo, se manifesta como *Aufhebung*, como *suprassunção*. Em *Idee der Erde*, a "vida é imortal e ondula para cima e para baixo nos elementos, pois eles são a própria vida" (Günderrode, 1990, v. 1, p. 446). O que se estabelece, assim, é uma identificação, tensionada, sem dúvida, entre a profundidade ontológica e a sublimidade epistemológica, ou seja, entre a concretude do Ser e a contemplação do Infinito. Diferentemente do que o idealismo especulativo de tipo hegeliano propõe, Günderrode pretende que essa identificação deva se dar não na direção de uma síntese superior, mas na vertigem de uma *queda*. Eis porque a morte e a individualidade só conduzem à realização por meio de um *aterramento*, sendo mantidas como figura, mas não exatamente *superadas*:

> Mas quando, então, a morte do ser humano retorna sua mistura para a substância terrena, o que nela era o que designamos como força, ação, ou várias outras [coisas] desse teor, nas quais o polo ativo predominou, se revolve de novo naquilo que, na Terra, as modifica; os elementos mais grosseiros procuram pelos semelhantes segundo leis da afinidade [...] (Günderrode, 1990, v. 1, p. 447).

Eis porque a ética celestial de Günderrode é, concomitantemente, uma ontologia lapsária, uma cosmologia da queda que, em si mesma, promove a ascensão.

> Assim, todo moribundo devolve à Terra uma vida elementar aumentada, mais desenvolvida, que ela plasma em formas cada vez mais ascendentes, e o organismo em que, desse modo, incorpora em si elementos, sempre mais desenvolvidos, deve, com isso, se tornar cada vez mais completo e universal. Assim, a Totalidade se torna viva através da queda da individualidade, e a individualidade continua a viver, imortal, na totalidade, cuja vida ela vivamente desenvolveu, e, mesmo após a morte, elevou e ampliou; e, desse modo, através do viver e do morrer, ajuda a realizar a ideia da Terra (Günderrode, 1990, v. 1, p. 447).

Ainda que relativamente pouca atenção tenha sido dada às contribuições originais de Günderrode ao debate da filosofia pós-kantiana, um esforço de interpretação nesse sentido, especialmente concentrado no fragmento *Idee der Erde*, tem sido empreendido desde a publicação, em 1990, da edição crítica das obras da autora, organizada por Walter Morgenthaler. Não podemos deixar de indicar a pesquisa pioneira de Christa Wolf, que, no início dos anos 1980, havia apresentado, na Alemanha, uma seleção dos poemas, da prosa e da correspondência de Günderrode, ainda que seu intuito não tenha sido o de estabelecer uma edição crítica. Os esforços operados por uma revisão do cânone literário de uma perspectiva feminista, instanciados exemplarmente nos artigos de Sigrid Weigel, desde a década de 1970, consistem em uma primeira formulação mais geral das questões de método que reivindicariam um novo espaço de leitura, mas não tratam direta e extensamente da obra de Günderrode. Os trabalhos de Wolfgang Westphal (1993), Markus Hille (1999) ou Helga Dormann (2004), em alemão, e de Gabriele Dillmann (2008), Dalia Nassar (2014) ou Anna Ezekiel (2016), em inglês, representam um avanço importante e mais recente na reconsideração do problema. Essa última estudiosa ainda propôs, também em 2016, uma tradução dos *Poetische Fragmente* para o inglês. Em português, apenas referências indiretas à vida e, ainda mais indiretas, à obra de Günderrode estavam disponíveis até 2022, quando foi publicado o livro *As outras constelações*, no qual proponho a tradução, a partir da edição crítica alemã, de uma seleção de textos escritos por mulheres, sobre filosofia, no período romântico alemão. Entre esses textos, encontraremos os seguintes fragmentos: *O sonho* (1801-1802), *A excelência é um todo...* (1802), *Um sonho* (1802-1804), *O rouxinol* (1802-1803), *O reino dos sons* (1802-1803), *A música* (1803), *A música para mim* (1802-1803), *Sonhos* (1804), *Um fragmento apocalíptico* (1804), *Os manes. Um fragmento* (1804), *Ideia da Terra* (1806) e *Cartas de dois amigos* (1806).

# BIBLIOGRAFIA

BECKER-CANTARINO, B. Mythos und Symbolik bei Karoline von Günderrode und Friedrich Creuzer. *In*: STRACK, F. (org.). *200 Jahre Heidelberger Romantik*. Berlim; Heidelberg: Heidelberger Jahrbücher, 2008.

BEHRENS, K. *Frauenbriefe der Romantik*. Frankfurt: Insel, 1982.

BIANQUIS, G. *Caroline de Günderrode 1780-1806*. Paris: Félix Alcan, 1910.

DILLMANN, G. Suicidal ideation in Karoline von Günderrode's life and work. *Essays in Romanticism*, v. 16, n. 1, 2008.

DORMANN, H. *Die Kunst des inneren Sinns*: Mythisierung der inneren und äußeren Natur im Werk Karoline von Günderrode. Würzburg: Königshausen & Neumann, 2004.

EZEKIEL, A. Introduction. *In*: GÜNDERRODE, K. *Poetic fragments*. Trad. de Anna C. Ezekiel. Nova York: Suny, 2016.

GÜNDERRODE, K. *Der Schatten eines Traumes*: Gedichte, Prosa, Briefe, Zeugnisse von zeitgenossen. Org. de Christa Wolf. Darmstad: Neuwied: Luchterhand, 1983. v. 3.

GÜNDERRODE, K. *Poetic fragments*. Trad. de Anna C. Ezekiel. Nova York: Suny, 2016.

GÜNDERRODE, K. *Sämtliche Werke und ausgewählte Studien*: Historisch-Kritische Ausgabe. Org. de Walter Morgenthaler. Frankfurt: Stroemfeld; Basel: Roter Stern, 1990.

HILLE, M. *Karoline von Günderrod*. Reinbeck: Rowohlt, 1999.

HOCK, L. M. *Replicas of a female Prometheu*s: the textual personae of Bettina von Arnim. Nova York: Peter Lang, 2001.

HOFF, D. Kontingenz-Erfahrung in der Romantik: Ausdrucksbegehren und Zensur bei Karoline von Günderrode. *Pandemonium Germanicum*, n. 4, p. 179-197, 2000.

LEMOS, F. (org.). *As outras constelações*: antologia de filósofas do Romantismo alemão. Belo Horizonte: Relicário, 2022a.

LEMOS, F. *O contracânone romântico*: estudos sobre uma (certa) filosofia do Romantismo alemão. Rio de Janeiro: EdUerj, 2022b.

NASSAR, D. *The Romantic absolute*. Chicago; Londres: University of Chicago Press, 2014.

WEIGEL, S. Der schielende Blick: Thesen zur Geschichte weiblicher Schreibpraxis. *In*: STEPHAN, I. (org.). *Die verborgene Frau*: sechs Beiträge zu einer feministischen Literaturwissenschaft. Hamburgo: Argument, 1988.

WESTPHAL, W. *Karoline von Günderrode und "Naturdenken um 1800"*. Essen: Blaue Eule, 1993.

# PARTE IV
# CONTEMPORANEIDADE

# 19
# ROSA LUXEMBURGO

(1871-1919)

*Isabel Loureiro**

## 1 – VIDA

Rosa (Rosalie, Rosalia, Róża) Luxemburgo (Luksenburg, Luxemburg) nasceu em 5 de março de 1871, em Zamość, pequena cidade na parte sudoeste da Polônia anexada pelo Império Russo. O pai, Eliasch Luksenburg, comerciante, e a mãe, Lina (de solteira Löwenstein), ligados ao iluminismo judaico, prezavam acima de tudo a educação dos filhos e a alta cultura. Rosa Luxemburgo era a última de três irmãos e uma irmã.

Em 1873, a família mudou-se para Varsóvia. Aos cinco anos, para tratar de uma doença do quadril, Rosa passou um ano na cama com a perna engessada. Foi quando aprendeu a ler e escrever. Como resultado do tratamento, a perna esquerda ficou mais curta, levando-a a coxear por toda a vida. Educada em casa até os nove anos, entrou pelo sistema de quotas para meninas judias no II Ginásio Feminino de Varsóvia, colégio russo onde era proibido falar polonês.

Em fevereiro de 1889, foi para a Universidade de Zurique onde se matriculou em Ciências Naturais. Pouco depois, abandonou essa carreira ao conhecer Leo Jogiches,

---

* Professora da Unesp e doutora em Filosofia pela Universidade de São Paulo (USP).

de Vilna (Lituânia), seu companheiro por 15 anos, que a convenceu a estudar Economia, Filosofia e Direito. Na universidade, Rosa Luxemburgo se torna exímia conhecedora da obra de Marx, com quem estabeleceu um diálogo frutífero, avesso a qualquer forma de dogmatismo.

Em 1893, com Leo Jogiches e outros revolucionários poloneses, fundou a Social-Democracia do Reino da Polônia, partido de base marxista, fortemente inspirado na social-democracia alemã, que em 1899, com a adesão dos socialistas da Lituânia, foi rebatizada de Social-Democracia do Reino da Polônia e Lituânia (SDKPiL), nome com que passou à história.

Em 1897, defendeu a tese de doutorado em economia política, *O desenvolvimento industrial da Polônia*, publicada logo em seguida por uma grande editora de Leipzig. Em 1898, mudou-se para Berlim, onde fez carreira no Partido Social-Democrata Alemão (SPD) como jornalista, oradora e professora da escola de quadros do partido. De 1904 a 1914, representou a SDKPiL no Bureau da Internacional Socialista em Bruxelas. Ela teve sempre uma dupla militância, no movimento socialista alemão e no polonês.

Em março de 1906 foi detida com Leo Jogiches em Varsóvia, onde ambos se encontravam por conta da Revolução Russa que havia começado um ano antes. Suas reflexões sobre esse período resultaram num de seus escritos mais famosos, *Greve de massas, partido e sindicatos* (1906).

De 1907 a 1914, lecionou na escola do SPD e era a única professora mulher. Desse trabalho pedagógico saíram suas obras de economia política, *A acumulação do capital* (1913) e a *Introdução à economia política* (1925). Em 1907, rompeu com Leo Jogiches, mas o vínculo político manteve-se até o fim da vida. Nessa época, começou um relacionamento com Constantin Zetkin, filho mais novo de sua amiga Clara Zetkin, que durou até 1912.

Em 1914, com a adesão do SPD à mobilização do governo imperial em prol da guerra, Rosa e seus companheiros da ala esquerda do partido fundaram o Grupo Internacional, que, posteriormente, adotaria o nome de Liga Spartakus. Presa durante um ano (fevereiro de 1915 a fevereiro de 1916), acusada de agitação antimilitarista, ela redigiu *A crise da social-democracia*, publicada em abril de 1916, com o pseudônimo Junius. Por causa da atividade contra a guerra, foi novamente encarcerada em julho de 1916. Na prisão, entre muitos outros artigos, escreveu as notas críticas aos bolcheviques que ficaram conhecidas como *A revolução russa*, além de cartas aos amigos e amigas, publicadas postumamente.

Com a derrota da Alemanha na guerra, a República foi proclamada. Posta em liberdade (8 de novembro de 1918), Rosa voltou a Berlim, onde passou a dirigir o jornal spartakista *Die Rote Fahne* [A Bandeira Vermelha], em que publicava artigos corrosivos contra o governo de seus antigos companheiros social-democratas, acusando-o de sufocar a revolução iniciada com o fim da monarquia (Luxemburgo, 2017c). No final de dezembro de 1918, participou da fundação do Partido Comunista Alemão (KPD). Foi presa, com Karl Liebknecht, durante a "insurreição de janeiro" em Berlim. Ambos foram brutalmente assassinados em 15 de janeiro de 1919, por soldados de uma milícia protofascista criada para reprimir os revolucionários. Rosa tinha 47 anos. Seu corpo, lançado ao canal Landwehr, que atravessa o Tiergarten (parque central de Berlim), só foi encontrado em 31 de maio e sepultado em 13 de junho daquele ano.

## 2 – OBRA: TEMAS E CONCEITOS

A obra de Rosa Luxemburgo se dedica a dois grandes temas, que se iluminam reciprocamente: economia e política. Ao não separar uma da outra em polos estanques, o empreendimento intelectual de Rosa, inseparável de sua militância socialista, se estrutura em torno do conceito de totalidade (Lukács, 1970).

Por um lado, Luxemburgo faz análise do modo de produção capitalista com suas contradições: trata-se de um modo de produção que cria necessariamente a desigualdade entre os seres humanos, as classes e os países; que para se reproduzir precisa acumular indefinidamente, destruindo antigos modos de vida, a natureza, os vínculos sociais; é racista e sexista. Dessa análise decorre logicamente a necessidade da transformação radical desse modo de produção disfuncional. Ou, nos termos de Rosa Luxemburgo, a necessidade da revolução socialista. Aqui nos deparamos com sua obra de economia política, *A acumulação do capital* (1913) e *Introdução à economia política* (1925), para citar apenas os textos mais importantes.

Por outro lado, ela estuda a história das lutas de classes, das revoluções, do protagonismo da classe trabalhadora, de suas vitórias e derrotas, para aprender tanto com as vitórias quanto com as derrotas. Com isso, Luxemburgo enfatiza o papel da experiência como a grande mestra dos oprimidos. Nesse terreno encontramos, entre outros, escritos políticos como *Questões de organização da social-democracia russa* (1904), *Greve de massas, partido e sindicatos* (1906), *A crise da social-democracia* (1916), *A revolução russa* (1918). Desse conjunto de textos podemos extrair sua filosofia política.

Ademais, Luxemburgo é autora de vasta correspondência com interlocutores do campo socialista europeu, de cartas de cunho estritamente pessoal com amores, amigos e amigas, além de pequenos ensaios sobre a literatura russa –sobre obras de Tolstói e Korolenko, em particular. Nesses textos é perceptível uma espécie de filosofia de vida, que, mais do que fruto de reflexão elaborada e sistemática, é antes produto espontâneo do seu modo de ser.

### 2.1 Imperialismo e crítica do progresso

Reconhecida como a grande herdeira de Marx da primeira geração que se seguiu à morte dele, Luxemburgo foi a primeira teórica marxista a analisar o capitalismo como sistema global em sua obra magna de economia política, *A acumulação do capital* (1913). Por natureza antidogmática e profundamente independente, Rosa não temia apontar insuficiências na teoria de Marx, que considerava inacabada. No seu entender, ele não expunha de maneira adequada o desenvolvimento do capitalismo e Rosa pensava continuar a obra do mestre nesse sentido. Ela foi muito criticada pelos especialistas em economia política, segundo os quais a revolucionária polonesa não havia entendido Marx e, portanto, o criticava erroneamente. Seu livro recebeu críticas de todos os tipos: de ordem técnica, que apontavam contradições e lacunas na argumentação; de ordem teórica, que rejeitavam a ideia da impossibilidade da acumulação numa economia capitalista fechada; de ordem pessoal, que consideravam inaceitável que uma mulher inteligente se pusesse a corrigir Marx.

Muito tempo se passou até que seu empreendimento teórico original fosse avaliado de maneira justa. Independentemente dos erros, reconhecidos mesmo por seus simpatizantes, hoje é evidente a enorme atualidade da parte histórica de *A acumulação do capital*. Nessa obra, Rosa Luxemburgo mostra que o capitalismo na metrópole só pôde se desenvolver às custas da espoliação da periferia, num processo que começou há séculos e continua até o presente. Ela enfatiza o reverso sangrento da modernização capitalista com seu conhecido séquito de horrores: genocídio dos povos primitivos e seus modos de vida comunitários pelo capitalismo europeu, a fim de submetê-los aos mecanismos de mercado; guerra do ópio na China com o mesmo objetivo; comércio de escravos; enriquecimento da metrópole às custas do endividamento da periferia; acumulação de capital mediante compras de armas pelo Estado, o que favorece o militarismo e as guerras.

Numa postura distante do eurocentrismo da social-democracia alemã e da II Internacional, Rosa demonstra grande simpatia pelas culturas "tradicionais", que foram aniquiladas pelo rolo compressor do capital. A modernização capitalista não significa progresso em relação ao período anterior, mas apenas a ruína econômica e cultural dos povos originários. Diferentemente de uma concepção iluminista do progresso, segundo a qual a violência capitalista é vista como mal "necessário" no caminho que leva ao socialismo, Rosa acredita que os povos originários podem ensinar aos "civilizados" formas de sociabilidade mais igualitárias e não predadoras, determinadas pelos interesses da coletividade. Rosa Luxemburgo, originária da Polônia periférica na Europa do começo do século XX, tem *insights* que apontam para uma concepção de história distinta da do marxismo ortodoxo de seu tempo, caracterizado por uma fé ingênua no desenvolvimento das forças produtivas.

No começo da Primeira Guerra Mundial, ao pôr na ordem do dia a consigna socialismo ou barbárie, Rosa Luxemburgo se afasta do progressismo típico da II Internacional, segundo o qual o socialismo resultaria, mais cedo ou mais tarde, das contradições imanentes ao modo de produção capitalista. Assim procedendo, ela reforça a perspectiva de uma história indeterminada, aberta à experiência, dando assim a entender que o socialismo deixou de ser uma garantia e passou a ser uma aposta, que só pode ser vencida se houver o engajamento das classes populares, aqui e agora, contra a barbárie. Essa perspectiva de uma história aberta adquire cada vez mais atualidade numa época de crise civilizatória como a que estamos atravessando, no âmago da qual ecoa a pergunta já formulada por Rosa, que continua não querendo calar: a barbárie capitalista é mesmo o horizonte inelutável da humanidade?

## 2.2 Socialismo democrático

A concepção de socialismo de Rosa Luxemburgo, que ela identificava com uma sociedade igualitária de seres humanos livres, rompe duplamente com a visão autoritária da corrente hegemônica da esquerda no século XX, o marxismo-leninismo. Para Rosa, não se trata primeiro de tomar o poder e só depois mudar o mundo:

> A democracia socialista não começa somente na Terra prometida, quando tiver sido criada a infraestrutura da economia socialista, como um presente de Natal, já pronto, para o bom povo que, entretanto, apoiou fielmente o punhado de ditadores socialistas. A democracia socialista começa com a destruição da dominação de classe e a construção do socialismo. Ela começa no momento da conquista do poder pelo partido socialista (Luxemburgo, 2017c, p. 210).

Socialismo e democracia são inseparáveis, assim como liberdade e igualdade. O socialismo só pode resultar da ação livre das massas populares e o caminho para lá chegar precisa necessariamente ser democrático. Meios e fins se condicionam reciprocamente. Justamente porque uma sociedade socialista só pode ser instituída a partir da experiência vivida de todos os atingidos pela ordem reinante é que ela defende incisivamente a manutenção das liberdades democráticas na transição ao socialismo. Rosa sempre argumentou com ardor em prol das liberdades democráticas, fruto das revoluções burguesas no ocidente. Tendo vivido a infância e a adolescência na Polônia dominada pela autocracia tzarista, conhecia bem a vida sem liberdade de imprensa, associação, reunião; sem liberdade religiosa; sem direitos de nenhuma espécie para trabalhadores, mulheres, crianças proletárias etc. (Luxemburgo, 2017b, p. 218-262). Diante disso, critica a dissolução da Assembleia Constituinte pelos bolcheviques:

Sem eleições gerais, sem liberdade ilimitada de imprensa e de reunião, sem livre debate de opiniões, a vida se estiola em qualquer instituição pública, torna-se uma vida aparente em que só a burocracia subsiste como o único elemento ativo. A vida pública adormece progressivamente, algumas dúzias de chefes partidários, de uma energia inesgotável e de um idealismo sem limites, dirigem e governam; entre eles, na realidade, uma dúzia de cabeças eminentes dirige, e a elite do operariado é convocada de tempos em tempos para reuniões, para aplaudir os discursos dos chefes e votar unanimemente as resoluções propostas; portanto, no fundo, é um grupinho que governa [...] (Luxemburgo, 2017c, p. 208-209).

É por acreditar na criatividade das massas que Rosa apoia com energia os conselhos de trabalhadores e soldados surgidos espontaneamente no começo da Revolução Alemã de 1918, vendo neles uma nova forma de soberania popular no plano político, econômico e cultural (Luxemburgo, 2017c, p. 289, 294-296). Esses organismos democráticos e suprapartidários, expressão da auto-organização das massas, seriam a base de uma democracia popular ativa. Além disso, tinham papel pedagógico fundamental na formação política dos trabalhadores: "Exercendo o poder [nos conselhos], a massa deve aprender a exercer o poder. Não há nenhum outro meio de lhe ensinar isso." (Luxemburgo, 2017c, p. 369).

Em suma, para Rosa Luxemburgo, contemporânea dos conselhos, a democracia socialista se funda na multiplicação dos espaços de democracia direta e de autogoverno e, nesse sentido, engloba e supera a democracia representativa burguesa e o Estado de direito burguês.

## 2.3 Revolução e autonomia das massas populares

A revolução imaginada por Luxemburgo não consistia na troca de grupos no poder, e sim na mudança estrutural da sociedade em termos econômicos, políticos, sociais e culturais. Isso implicava mudança de valores dos indivíduos e das coletividades, ou seja, uma revolução como processo e, portanto, lenta (Luxemburgo, 2017c, p. 343-370). Ao mesmo tempo, ela não rejeitava a conquista do poder político pelos trabalhadores – revolução como ruptura rápida das relações de poder existentes, que permitiria acelerar o processo de mudança estrutural (Luxemburgo, 2017b, p. 67-77). Embora não diga com clareza como isso se realizaria na prática, ela sempre afirma de maneira contundente que não seria por meio do golpe de uma minoria convertida em substituta das massas (Luxemburgo, 2017c, p. 291).

Em suma, o que subjaz à noção de revolução democrática de Luxemburgo é a ideia de que a transformação da sociedade capitalista em direção ao socialismo só pode resultar da atividade autônoma das massas populares. Essa é sua contribuição original à teoria política. A consciência política não é introduzida de fora por uma vanguarda esclarecida de intelectuais que supostamente sabem melhor o que os de baixo devem pensar, sentir e fazer, mas resulta da participação autônoma dos próprios concernidos, tanto na luta quotidiana pela ampliação de direitos quanto para transformar de maneira radical o estado de coisas vigente. Rosa Luxemburgo sempre foi decididamente contra a ideia de vanguarda substituta das massas (Luxemburgo, 2017b). Para ela, o verdadeiro líder político socialista é aquele que esclarece, destrói as ilusões dos trabalhadores, transforma a massa em liderança de si mesma, acaba com a separação entre dirigentes e dirigidos e, assim, contribui para formar o que ela considera o pré-requisito fundamental de uma humanidade emancipada: a "autonomia intelectual", "autodeterminação e iniciativa" e "pensamento crítico" (Luxemburgo, 2017b, p. 419, 421-422), o único antídoto contra a burocratização das organizações de esquerda (Luxemburgo, 2017c, p. 205-210).

A revolução socialista é obra da ação livre, espontânea, dos trabalhadores, ou não é revolução. Rosa Luxemburgo chega a essa ideia analisando as lutas de classes de sua época, sobretudo na Rússia de 1905-1907, durante a primeira Revolução Russa (Luxemburgo, 2017b). Mas, ao mesmo tempo, só espontaneidade não basta: o trabalho organizativo é fundamental para estruturar e dar continuidade às explosões contra-hegemônicas dos de baixo, que irrompem de tempos em tempos na rotina da vida quotidiana. Na obra de Luxemburgo há sempre essa relação dialética entre espontaneidade e organização, de tal maneira que a acusação de espontaneísmo – como se ela negasse a necessidade da organização política dos trabalhadores – que lhe foi endereçada pelo stalinismo não faz o menor sentido.

## 2.4 A arte da vida

Nos últimos anos, renovou-se a tendência a valorizar a correspondência privada de Rosa Luxemburgo como fonte indispensável para a compreensão do conjunto de sua obra (Caysa, 2017; Brie, 2019). Vida política e vida pessoal são inseparáveis nessa personagem que, mais do que qualquer outra, uniu teoria e prática. Lukács, em uma das obras filosóficas fundamentais do século XX, *História e consciência de classe*, já o havia constatado: "É sinal da unidade de teoria e prática na obra da vida de Rosa Luxemburgo que essa unidade de vitória e derrota, destino individual e processo total tenha formado o fio condutor de sua teoria e modo de vida." (Lukács, 1970, p. 117).

Rosa Luxemburgo foi interpretada como aquela que exerce "a arte da vida" (Kautsky, 1973?, p. 41; Caysa, 2017, p. 36-41), compreendida como "uma forma de vida filosófica caracterizada pela identidade concreta entre vida e pensamento e na qual se trata de configurar e dirigir a vida de modo autoconsciente de acordo com uma ideia" (Caysa, 2017, p. 37). Assim, aplica-se a ela a sugestão de Antonio Candido a respeito de Florestan Fernandes. Para além da obra de sociólogo e de sua atuação como intelectual, professor e pesquisador, "ele realizou outra obra não menos admirável: *a construção de si mesmo*" (Candido, 2001, p. 65).

Do mesmo modo, Rosa Luxemburgo, para além do jornalismo, da docência e da militância revolucionária, dedicou-se à construção de si mesma. Qual seria então a ideia fundamental que a orientava como máxima de vida e que aparece nas cartas da prisão escritas durante a guerra? Antes de mais nada, tinha em alta conta uma concepção de vida interior centrada em valores como harmonia, equilíbrio, estoicismo, recusa a lamentações diante das adversidades: "'assim' é a vida desde sempre, tudo faz parte dela: sofrimento e separação e saudade. Temos de aceitá-la com tudo isso e achar tudo belo e bom. Eu pelo menos faço assim. Não por meio de uma sabedoria artificial, mas simplesmente por minha natureza" (Luxemburgo, 2017a, p. 267). A carta à amiga Luise Kautsky, de 26 de janeiro de 1917, é esclarecedora:

> Essa entrega total à miséria de nossos dias é absolutamente incompreensível e insuportável para mim. Veja como um Goethe, por exemplo, mantinha uma fria serenidade diante das coisas. Mas pense em tudo o que ele teve de passar: a grande Revolução Francesa, que, vista de perto, certamente parecia uma farsa sangrenta e completamente sem sentido, depois, de 1793 a 1815, uma série ininterrupta de guerras em que o mundo novamente parecia um hospício desembestado. E com que tranquilidade, com que equilíbrio espiritual ele realizou simultaneamente a tudo isso os seus estudos sobre a metamorfose das plantas, sobre a teoria das cores e mil outras coisas. Eu não exijo de você que escreva poemas como Goethe, mas a concepção de vida dele – o universalismo dos interesses, a harmonia interior – podem todos adquirir ou ao menos almejar (Luxemburgo, 2017a, p. 223).

No entanto – e essa é uma das facetas que fazem a riqueza da nossa personagem –, ao mesmo tempo, ela nunca quis renunciar aos prazeres da vida. Fazia sua a máxima do escritor russo Vladimir Korolenko, que traduziu na prisão: "o homem é criado para ser feliz como o pássaro para voar" (Kautsky, 1973?, p. 61). Por isso mesmo, nunca se contentou com uma vida consagrada unicamente à militância política: se, por um lado, se dirigia às massas como jornalista e oradora, por outro, voltava-se inteiramente a si mesma, à solidão criativa, dedicando-se à pintura, ao desenho, à música, à botânica, à geologia. No isolamento da cela relembrava momentos de alegria com os amigos, quando bebiam champanhe e "a vida nos formiga na ponta dos dedos e estamos sempre prontas para qualquer loucura" (Luxemburgo, 2017a, p. 221). Mesmo aprisionada, não desistia de ser feliz e mantinha um amor platônico com seu amigo Hans Diefenbach; se apegava aos sinais da natureza que chegavam esparsos à prisão: cultivava um pequeno jardim, herborizava, observava as nuvens, as plantas, os animais; alegrava-se com o canto dos pássaros.

Essa maneira de ser se alicerçava numa concepção orgânica do mundo, fortemente inspirada no amor à natureza: "Em mim, a fusão íntima com a natureza orgânica [...] toma formas quase doentias" (Luxemburgo, 2017a, p. 340). Ela procurou ajustar "o sentimento espontâneo da vida, que nunca reprimiu" (Roland-Holst, 1937, p. 24) à teoria de Marx, interpretada de maneira não dogmática:

> O próprio marxismo é, por essência, o pensamento mais universal, mais fecundo que dota o espírito de uma teoria vasta como o mundo, flexível, rica de cores e de nuances como a natureza, incitando à ação, transbordante de vida como a própria juventude (Luxemburgo *apud* Laschitza, 1986, p. 129).

Em muitas passagens encontramos referência à vida, ao orgânico, não burocrático, como nesta: "Não é a letra do estatuto, mas o sentido e o espírito nela introduzidos pelos militantes ativos que determinam o valor de uma forma de organização" (Luxemburgo, 2017b, p. 164). Ainda nesse contexto, acreditava que

> [s]eria um engano desastroso imaginar que, desde então [desde a fundação da social-democracia], também toda a capacidade histórica de ação do povo tivesse se transferido unicamente para a organização social-democrata, que a massa desorganizada do proletariado teria se tornado um mingau disforme, um peso morto da história. Pelo contrário. Apesar da social-democracia, a matéria viva da história mundial permanece sendo a massa popular, e apenas se existir uma circulação sanguínea viva entre o núcleo organizado e a massa popular, quando a mesma pulsação der vida a ambos, poderá a social-democracia mostrar-se qualificada para realizar grandes ações históricas (Luxemburgo, 2017b, p. 465).

Também, sobre o modo de viver, acreditava que "[s]ó uma vida fervilhante e sem entraves chega a mil formas novas, improvisações, mantém a força criadora, corrige ela mesma todos os seus erros" (Luxemburgo, 2017c, p. 207).

Quando se refere à greve de massas, que não pode ser executada por um decreto do partido, com hora marcada, vemos a mesma ênfase na vida:

> O absolutismo na Rússia precisa ser derrubado pelo proletariado. Mas, para isso, o proletariado precisa de um alto grau de educação política, de consciência de classe e de organização. Todas essas condições não podem ser adquiridas em brochuras e panfletos, mas apenas na escola política viva, na luta e pela luta, no andamento progressivo da revolução (Luxemburgo, 2017b, p. 285-286).

Também o socialismo não pode ser introduzido por decreto, a partir de uma receita já pronta, mas é criação livre das massas que, levando em conta suas experiências, exercem cotidianamente a criatividade para resolver os milhares de problemas que se colocam diante delas. Rosa se recusa a pensar a política nos termos da política burguesa, em que existe um plano traçado de antemão para que a máquina funcione racionalmente e o mais eficazmente possível e com consequências calculáveis, tudo isso sem a incômoda participação das classes populares, que, com suas reivindicações "extemporâneas", bagunçam o que foi planejado pelos dirigentes. Ao se contrapor à concepção leninista de partido como vanguarda de revolucionários profissionais, ela acusa Lênin de ter uma visão mecanicista do partido e da revolução. É justamente essa recusa do mecânico, do sem vida e do burocrático que aparece também na correspondência da jovem Rosa com seu amado Leo Jogiches. Enquanto ela fala de sua vida e de seus sentimentos, ele só tem olhos para a política e para a causa revolucionária (Luxemburgo, 2017a). Ela, em contrapartida, quer conciliar a política com a felicidade pessoal, a luta coletiva por uma sociedade justa e igualitária com a alegria das pequenas coisas cotidianas. Ela luta por uma vida plena, não compartimentada, multifacetada.

Seu ideal é resumido de maneira límpida numa carta à amiga Mathilde Wurm, de 28 de dezembro de 1916, em plena guerra:

> Então cuide de permanecer sendo um ser humano. Ser humano é o mais importante de tudo. E isso significa: ser firme, claro e alegre, sim, alegre apesar de tudo e de todos, pois choramingar é ocupação para os fracos. Ser humano significa atirar com alegria sua vida inteira "na grande balança do destino" se for preciso, mas ao mesmo tempo se alegrar a cada dia claro, a cada bela nuvem, ah, eu não sei dar uma receita de como ser humano, eu só sei como se pode sê-lo, e você também sempre soube quando passeávamos por algumas horas juntas no campo em Südende e a luz rosada da tarde caía sobre as searas. O mundo é tão belo, com todo o seu horror, e seria ainda mais belo se não houvesse nele os fracos e covardes (Luxemburgo, 2017a, p. 214).

Desse ideal de ser humano completo também fazia parte a generosidade com os "humilhados e ofendidos": presos comuns, prostitutas, sem-teto e crianças maltratadas, temas de alguns de seus artigos. No começo da Revolução Alemã, uma semana depois de sair da prisão, Rosa escreve no jornal spartakista *Die Rote Fahne*:

> A mais violenta atividade revolucionária e a mais generosa humanidade – eis o único e verdadeiro alento do socialismo. Um mundo precisa ser revirado, mas cada lágrima que cai, embora possa ser enxugada, é uma acusação; e aquele que, para realizar algo importante, de maneira apressada e com brutal descuido esmaga um pobre verme, comete um crime (Luxemburgo, 2017c, p. 242).

Embora herdeira do Iluminismo, marxista que era, Rosa desejava um mundo em que coubessem vários mundos. Sua crítica do capitalismo levava, com uma lógica implacável, à rejeição do colonialismo, do imperialismo, do militarismo, do nacionalismo, do racismo, assim como à recusa da desvalorização das mulheres, das crianças e da natureza. Socialismo democrático, humanista e internacionalista, sem dúvida. Mas mais que isso. Sua ligação com a natureza, testemunhada pelas cartas da prisão, mais do que anedótica, dá elementos que permitem ver em Rosa Luxemburgo uma precursora da militância socioambiental. Por tudo isso, suas ideias continuam a frutificar, sobretudo na América Latina, onde Rosa Luxemburgo brilha como símbolo das reivindicações do feminismo popular na sua resistência ao capitalismo, ao racismo e ao patriarcado (Ouviña, 2021).

# BIBLIOGRAFIA

## Obras

LUXEMBURGO, R. *Gesammelte Werke*. Berlim: Dietz, 1979-2017. 7 v.

LUXEMBURGO, R. *Introdução à economia política*. Trad. de Carlos Leite. São Paulo: Martins Fontes, 1977.

LUXEMBURGO, R. *Gesammelte Briefe*. Berlim: Dietz, 1982-1993. 6 v.

LUXEMBURGO, R. *A acumulação do capital*. São Paulo: Nova Cultural, 1985.

LUXEMBURGO, R. *Cartas*. Org. de Isabel Loureiro. Trad. de Mário Luiz Frungillo. 2. ed. São Paulo: Editora Unesp, 2017a. v. III.

LUXEMBURGO, R. *Textos escolhidos*. Org. de Isabel Loureiro. Trad. de Stefan Fornos Klein *et al*. 2. ed. São Paulo: Editora Unesp, 2017b. v. I (1899-1914).

LUXEMBURGO, R. *Textos escolhidos*. Org. e trad. de Isabel Loureiro. 2. ed. São Paulo: Editora Unesp, 2017c. v. II (1914-1919).

## Literatura secundária

BRIE, M. ¡Muéstranos tu milagro! ¿Dónde está tu milagro? *Herramienta*, v. 62, p. 19-33, 2019.

CANDIDO, A. *Florestan Fernandes*. São Paulo: Perseu Abramo, 2001.

CAYSA, V. *Rosa Luxemburg*: Die Philosophin. Leipzig: Rosa-Luxemburg-Stiftung Sachsen, 2017.

KAUTSKY, L. *Mon amie Rosa Luxembourg*. Paris: Spartacus, 1969.

LASCHITZA, A. Une marxiste éminente. *In*: BADIA, G.; WEILL, C. *Rosa Luxemburg aujourd'hui*. Paris: Presses Universitaires de Vincennes, 1986. p. 123-139.

LOUREIRO, I. *Rosa Luxemburgo*: os dilemas da ação revolucionária. 3. ed. São Paulo: Editora Unesp, 2019.

LOUREIRO, I. (org.). *Rosa Luxemburgo e o protagonismo das lutas de massa*. São Paulo: Expressão Popular, 2018.

LUKÁCS, G. *Geschichte und Klassenbewußtsein*. Darmstadt: Luchterhand, 1970.

LUKÁCS, G. *História e consciência de classe*. Trad. de Telma Costa. Lisboa: Escorpião, 1974.

OUVIÑA, H. *Rosa Luxemburgo y la reinvención de la política*: una lectura desde América Latina. Bogotá: La Fogata; Lanzas e Letras, 2019.

OUVIÑA, H. *Rosa Luxemburgo e a reinvenção da política*: uma leitura latino-americana. São Paulo: Boitempo/FRL, 2021.

ROLAND-HOLST, H. S. *Rosa Luxemburg, ihr Leben und Wirken*. Zurique: Jean-Christoph Verlag, 1937.

SCHÜTRUMPF, J. (org.). *Rosa Luxemburgo ou o preço da liberdade*. 2. ed. São Paulo: Expressão Popular, 2015..

# 20
# HANNAH ARENDT

(1906-1975)

*Renata Romolo Brito*[*]

## 1 – VIDA

Hannah Arendt nasceu em 14 de outubro 1906, em Linden, próximo de Hannover, no Império Germânico, e passou a maior parte de sua infância e adolescência em Könisberg. Filha de Martha e Paul Arendt, foi excelentemente educada em literatura alemã, grego clássico e filosofia moderna e antiga, em uma atmosfera de altos padrões, ideais e princípios pré-Primeira Guerra, cercada por Goethe, Mozart e Kant. Seus pais eram da primeira geração de profissionais judeus alemães agnósticos, politicamente liberais e altamente educados, e o fato de ser judia nunca foi mencionado a Arendt, que só compreendeu isso ao sair de casa e experienciar o antissemitismo. Em 1924, Arendt chegou à Universidade de Marburg em meio a uma revolução iniciada pelo jovem Heidegger, que continuava o movimento intelectual iniciado por Edmund Husserl na Universidade de Freiburg. Heidegger teve grande influência em seus estudos e no seu pensamento, mas sua tese de doutoramento, intitulada *O conceito de amor em Santo Agostinho*, foi completada em 1929, na Universidade de Heidelberg, sob a orientação de Karl Jaspers, com quem teve um relacionamento profundo de afinidade intelectual, amizade e companheirismo para o resto da vida.

---

[*] Pós-doutora, doutora e mestre em Filosofia pelo Departamento de Filosofia da Universidade Estadual de Campinas. Bolsista associada ao Núcleo de Estudos de Políticas Públicas da Unicamp.

Logo em seguida, começou a escrever sua tese de habilitação para poder trabalhar em universidades da Alemanha. Inicialmente sobre os românticos alemães, sua escrita voltou-se para a vida de Rahel Varnhagen, uma judia alemã que viveu entre os primeiros judeus prussianos que buscaram assimilação pela alta sociedade germânica cem anos antes, e com quem Arendt sentiu profunda afinidade por sua posição de pária consciente. De certa maneira, escrever sobre Rahel Varnhagen foi uma forma de Arendt formular a questão judaica e reagir ao antissemitismo crescente à sua volta. A ascensão nazista na década de 1930 lançou-a para a política, alterando seus estudos. As primeiras leis antissemitas de 1933 fizeram com que Arendt decidisse afastar-se do intelectualismo da Academia, pois acreditava que os intelectuais haviam caído na armadilha de suas próprias construções. Desejando uma atuação prática no mundo, ela se une a grupos sionistas e trabalha para expor o antissemitismo na Alemanha. Em resultado, Arendt foi presa por oito dias e, ao ser liberada, fugiu para a França, o que deu início à sua longa jornada como apátrida.

Em Paris, continuou trabalhando para grupos sionistas que tentavam resistir à ameaça nazista. Com a invasão da França em 1940, Arendt foi levada para um campo de internamento, de onde fugiu para, finalmente, chegar aos Estados Unidos, tornando-se cidadã americana apenas em 1950. Nos Estados Unidos, publicou as obras que marcaram o pensamento político do século XX e pelas quais é reconhecida: *Origens do totalitarismo* (1951), *A condição humana* (1958), *Entre o passado e o futuro* (publicado originalmente em 1961, reunindo ensaios desde 1954 a 1960, e em 1968 acrescido com mais dois textos), *Sobre a Revolução* (1963), *Eichmann em Jerusalém* (1963), *Homens em tempos sombrios* (1968), *Crises da República* (1972) e *A vida do espírito* (1978, póstumo e inacabado), além de inúmeros artigos, desde os anos 30, que mais tarde seriam reunidos em coletâneas, dentre as mais importantes: *The Jew as pariah: Jewish identity and politics in the modern age* [O judeu como pária: identidade judaica e política na idade moderna, 1978], *Responsabilidade e julgamento* (2003), *Compreender: formação, exílio e totalitarismo* (1994) e *Escritos judaicos* (2007). Também fez sua carreira dando aulas em algumas das principais universidades do país, cercando-se de amigos intelectuais dos mais variados. Arendt faleceu em 4 de dezembro de 1975, em Nova York.

## 2 – OBRA: TEMAS E CONCEITOS

Hannah Arendt marcou o pensamento político do século XX com duas grandes obras filosóficas, gerando um intenso debate inclusive fora da comunidade acadêmica: *Origens do totalitarismo*, que reflete sobre os elementos históricos e políticos que antecederam o totalitarismo, bem como as caraterísticas comuns aos regimes totalitários; e *A condição humana*, que investiga a *vita activa*, quer dizer, as atividades fundamentais da existência humana no mundo (trabalho, fabricação e ação). A preocupação com compreender o tempo presente, em especial após a ruptura causada pelos fenômenos totalitários, levou Arendt a repensar grande parte dos conceitos fundamentais da tradição do pensamento político ocidental, escrevendo sobre liberdade, revolução, autoridade, tradição, modernidade – todos conceitos essenciais para sua concepção de ação política. Já em meados da década de 1960, Arendt voltou-se aos questionamentos morais e para a relação entre moralidade e política, ocupando-se da questão do julgamento político e do pensamento. Em 1975, na ocasião de sua morte, deixou inacabada outra grande obra filosófica que investigava as atividades da *vita contemplativa* (pensar, querer e julgar): *A vida do espírito*. O terceiro volume dessa obra, sobre a atividade de julgar, não foi escrito e apenas alguns ensaios publicados previamente indicam a contribuição arendtiana para a questão do julgamento. Dentre eles, estão "A crise da cultura: sua importância social e política" (1960-1961) e "Verdade e política" (1967), ambos em *Entre o passado e o futuro*, bem como o material para um curso sobre Kant, que ela ministrou em The New School of Social Research, que foi publicado em 1982 sob o título *Lições de filosofia política de Kant*. Tais textos indicam que Arendt pensou sobre o juízo de maneira peculiar, unindo elementos da filosofia aristotélica com elementos da filosofia kantiana, a fim de refletir sobre uma das mais antigas questões filosóficas, a saber, a relação entre o particular e o universal.

Uma das teses centrais de Hannah Arendt é que o ineditismo do fenômeno totalitário causou tamanha ruptura com a tradição ocidental que os conceitos tradicionais, que até então guiavam homens e mulheres no mundo, não serviam mais para compreender o que estava acontecendo. Assim, em sua primeira obra de filosofia política, *Origens do totalitarismo*, Arendt visava compreender o fenômeno totalitário para examinar e suportar o fardo que os regimes nazista e stalinista haviam colocado sobre a humanidade. Compreender tornou-se o centro da reflexão arendtiana, o fio condutor em suas obras, que sempre buscavam "pensar o que estamos fazendo" (Arendt, 2017, p. 6). Nesses exercícios de pensamento, Arendt foi aprofundando-se em uma ideia que já aparecera de certa forma na sua tese de doutorado: a ideia de que a humanidade é plural. Pensar a pluralidade humana e como ela existe no mundo é, para Arendt, pensar a própria política.

*Origens do totalitarismo* não trata, na realidade, das origens do fenômeno totalitário, visto que a ruptura perpetrada pelo evento totalitário impede justamente que ele possa ser deduzido dos eventos anteriores. O que Arendt intenta fazer é traçar uma consideração histórica acerca dos elementos que se cristalizaram no totalitarismo – retirando do passado fragmentos que possam ser alinhavados em uma narrativa com significado. O que ela percebe é que o esgarçamento e a degeneração dos vínculos humanos dentro da sociedade europeia possibilitaram uma forma de dominação sem precedentes, destruindo os princípios morais e as instituições jurídicas que antes serviam como limites para a ação humana. Se antes do surgimento do totalitarismo o contínuo desafio às barreiras ético-morais, e suas sucessivas quebras, mostraram que tudo é permitido, a ruptura totalitária elimina completamente essas barreiras e acaba por mostrar que tudo é possível.

O "tudo é possível" inicia-se por uma completa destruição das tradições políticas, sociais e jurídicas do Estado e por desenvolver novas forças e instituições políticas que, embora ocupem o lugar das anteriores, as viram de cabeça para baixo. Se o regime totalitário parece uma tirania, o faz apenas superficialmente, porque, na verdade, ele extrapola a classificação tradicional dos regimes políticos ao afirmar "obedecer rigorosamente e inequivocamente àquelas leis da Natureza ou da História que sempre acreditamos serem as origens de todas as leis" (Arendt, 1989, p. 513). O regime não seria arbitrário, porque afirmaria obedecer a uma lei, porém essa lei é o que Arendt chama de lei de movimento, algo sem o elemento de estabilização que se espera de qualquer sistema jurídico. Segundo ela, os nazistas falam em lei da Natureza e os bolchevistas falam em lei da História, todavia, entendem Natureza e História como uma dinâmica de transformação da humanidade. A crença nazista em leis raciais que expressariam a lei da Natureza contém uma deturpada visão da ideia darwiniana da evolução das espécies que não necessariamente termina na espécie atual. De maneira semelhante, por trás da crença bolchevista da luta de classes, há uma leitura equivocada da noção marxista da sociedade como o produto de um movimento histórico dirigido ao fim dos tempos. Os regimes totalitários, portanto, recorreriam à própria fonte de autoridade das leis humanas (quer dizer, Natureza ou História) para retirar sua suposta legitimidade, pretendendo executar a justiça diretamente na humanidade, visando gerar uma nova humanidade como resultado. Tudo se resolve e se organiza em função dessa lei de movimento que rege a sociedade como um todo, prescindindo de qualquer consentimento dos indivíduos. O sacrifício de qualquer instituição, interesse ou grupo humano se faz em nome dessa nova justiça que em nada se assemelha às noções tradicionais de justiça.

Para que isso seja efetuado, são necessários dois elementos: terror e ideologia. O terror é a essência do totalitarismo, porque é ele que impede qualquer ação humana, qualquer espontaneidade, eliminando as diferenças entre os seres humanos e visando sempre à fabricação de uma nova humanidade. A ideologia – que significa a crença de que uma ideia ou premissa pode conter uma explicação total da realidade, substituindo essa realidade pela lógica da ideia – prepara, via a doutrinação do conteúdo ideológico, as pessoas para o papel que a lei do movimento lhes atribui. Com esses dois elementos, o totalitarismo conseguiu estabelecer fábricas de mortes com métodos de extermínio e imposição de sofrimento inéditos em relação a qualquer forma de dominação precedente, tornando o extermínio uma medida perfeitamente normal e engendrando de fato a dominação total. Essa dominação total é antecedida por três mortes: a morte da pessoa jurídica, a morte da pessoa moral e a morte da individualidade. A morte da pessoa jurídica iniciou-se com a massificação de pessoas apátridas no início do século XX, sem que nenhum sistema jurídico as socorresse da condição de "fora-da-lei". A morte da pessoa moral ocorreu com uma corrosão da solidariedade humana devido à destruição dos vínculos entre os homens, visto que a consciência moral é também dependente da comunidade. Por fim, a morte da individualidade significa o fim de qualquer espontaneidade humana, da sua capacidade de iniciar algo novo e de ser livre.

A partir dessa análise, Arendt afirma duas noções que estarão presentes em toda a sua obra: a de que pensamento, consciência e juízo moral são desenvolvidos em comunidade e a de que a política é expressão da liberdade humana e dependente da pluralidade. Para chegar à dominação total, os regimes totalitários começaram atacando os vínculos humanos formadores das comunidades, isolando os seres humanos a fim de torná-los um mero feixe de reações e não o *locus* da liberdade no mundo, da liberdade de iniciar algo novo, de resistir à dominação e de construir um outro mundo – liberdade essa que é, para Arendt, a própria política. Isso posto, uma maneira de evitar a reincidência do totalitarismo é justamente fortalecer os vínculos humanos, por meio da atividade política, razão pela qual Arendt afirma ser ferrenha defensora da participação política ativa e da liberdade positiva.

Em *A condição humana*, Arendt busca estabelecer um quadro conceitual crítico que esclarece as condições necessárias para o exercício das capacidades humanas de agir e pensar. Para isso, utiliza dois conceitos-chave: vida e mundo. Vida é a forma como a existência nos é dada na Terra, o fato inexorável da existência biológica da espécie humana. Mundo é o que o ser humano constrói artificialmente, um abrigo separado da natureza onde ele pode viver de maneira propriamente humana. Entre a vida e o mundo, há a condição humana – que é a forma como os seres humanos existem e se manifestam na Terra –, dividida em três atividades principais: trabalho, obra e ação. O trabalho é a atividade que corresponde à vida, sendo a atividade necessária para responder às necessidades naturais do corpo humano. A obra é a atividade de construção do mundo artificial, da construção das coisas permanentes que constituem um mundo realmente humano. A ação, por sua vez, é a atividade que se dá diretamente entre as pessoas, sem mediação das coisas e da matéria, por meio da qual elas podem expressar, por meio das palavras e do discurso, sua singularidade e espontaneidade. A qualidade revelatória da ação e do discurso (e a fala se torna discurso ao expressar quem cada ser humano é) aparece quando as pessoas estão juntas uma com as outras, em conjunto, revelando e discutindo suas opiniões e perspectivas. É com a análise das transformações das relações entre essas atividades que Arendt faz uma excelente crítica à modernidade e à sua época. A ação é a atividade política por excelência do ser humano e corresponde à condição humana da natalidade, corresponde ao fato de que seres humanos nascem e vêm ao mundo como seres singulares que habitam o mundo no plural, fundamentalmente distintos entre si, mas todos humanos. A pluralidade, que é consequência da natalidade, significa, assim, tanto igualdade quanto diferença. Igualdade, porque somos todos humanos e capazes de compreendermos uns aos outros por meio do discurso, e diferença, porque cada ser humano é único e insubstituível. A ação atualiza a singularidade, estabelecendo vínculos entre as pessoas, pois permite que elas revelem quem são aos outros pelas palavras e pelo discurso. O discurso revela aos demais a perspectiva exclusiva de cada ser humano, levando a marca de sua singularidade aos demais. Com isso, não só os seres humanos diferem entre si, mas também as relações que formam se tornam singulares, e como esses vínculos são múltiplos e se entrelaçam, eles formam o que Arendt chama de teia de relações.

A teia de relações é a esfera pública da existência humana, é a comunidade humana, é o espaço em que se estabelecem os vínculos que promovem a consciência moral, o pensamento e a liberdade. E é justamente aquilo que foi destruído pelo totalitarismo. O espaço público, que engloba não só a teia de relações como também todas as instituições criadas pela comunidade para a vida em conjunto, é a esfera de tudo aquilo que é comum e compartilhado por homens e mulheres, em que os cidadãos podem entrar para discutir e falar sobre o que está entre eles e o que lhes interessa. E isso é liberdade, para Arendt. A pluralidade de perspectivas do espaço público ilumina o que aparece nessa esfera, por meio do debate que surge devido às várias perspectivas e opiniões singulares. É nesse processo que o ser humano aprende a discutir com os demais e a confirmar e reavaliar suas opiniões e seus pensamentos. É nessas interações também que o ser humano aprende a pensar, a julgar, bem como a desenvolver um senso comum e uma consciência moral. Para Arendt, o ser humano existe em um mundo compartilhado, e é apenas nesse mundo compartilhado que consegue desenvolver suas capacidades humanas.

O que Arendt percebe no totalitarismo, mas não só nele, é a corrosão da qualidade comum do mundo. Em uma crítica à modernidade, Arendt afirma que o mundo está se funcionalizando em nome da privatividade. Isso ocorre, segundo ela, quando os valores que regem a atividade do trabalho tomam conta do espaço público, ficando no lugar dos valores da ação. O que isso significa é que a manutenção da vida e dos interesses privados se sobrepõe aos interesses que as pessoas têm em comum. A interação deixa de ser política, as pessoas deixam de agir e apenas se comportam como produtores econômicos e consumidores. Os interesses privados adquirem importância pública, e a manutenção da vida e o consumo tomam o lugar da liberdade. Isso significa a funcionalização da política, porque a política passa a ser entendida como um meio para a satisfação de interesses individuais e privados de sobrevivência e aquisição. É isso o que Arendt chama de vitória do animal *laborans* (do homem como animal que trabalha para sobreviver) e dos seus valores: felicidade privada, satisfação das necessidades e a abundância, em detrimento de uma vida primariamente pública e compartilhada, vivida em liberdade.

Para Arendt, isso implica um desequilíbrio entre as significações da vida biológica e do mundo, com a preeminência da vida em detrimento da permanência do mundo, resultando no apequenamento das possibilidades humanas. A satisfação tomou o lugar da liberdade e da capacidade de iniciar, quer dizer, tomou o lugar da própria política. Arendt, então, chama atenção para a necessidade suprema de tornarmos a política (e não a vida) novamente o centro do interesse humano, caso contrário, arriscamos não só nossas capacidades mais humanas como também arriscamos, paradoxalmente, a própria sobrevivência biológica. A política e o mundo foram os primeiros obstáculos para a dominação total, e, a partir do momento em que as barreiras mundanas foram destruídas, não havia qualquer outra defesa para a vida. Uma sociedade focada apenas no consumo, na felicidade privada, não é só pequena em seus valores como também é frágil. Arendt explica:

> O fato é que uma sociedade de consumidores não pode absolutamente saber como cuidar de um mundo e das coisas que pertencem de modo exclusivo ao espaço das aparências mundanas, visto que sua atitude central em relação a todos os objetos, a atitude de consumo, condena à ruína tudo em que toca (Arendt, 1979, p. 264, tradução modificada).

É por isso que o foco do pensamento arendtiano é a capacidade humana de começar, a capacidade para a política e para a liberdade, condição fundamental da existência humana. E dada essa possibilidade sempre presente, há sempre a esperança de se começar de novo um novo mundo, razão pela qual Arendt aposta na política e na recuperação da dignidade da política.

Assim, partindo da reflexão sobre o evento totalitário e sobre a dominação total do ser humano, que visa excluir a pluralidade e a capacidade humana de começar, Arendt busca compreender, após essa ruptura, as condições para o cultivo e exercício da liberdade, encontrando-as na manutenção de um mundo comum por meio da ação política. Se ela percebeu que a política é a expressão da liberdade humana e dependente da pluralidade, desenvolvendo essas noções não apenas em *A condição humana* como também em vários ensaios e em *Sobre a revolução* (um estudo comparativo sobre as Revoluções Francesa e Americana, visando compreender a constituição de novas comunidades políticas e a fundação da liberdade), ela também já havia indicado que pensamento, consciência e julgamento são desenvolvidos em comunidade.

Essa última noção marcou fortemente sua trajetória, especialmente após a publicação da obra *Eichmann em Jerusalém*. Originariamente uma série de artigos para a revista *The New Yorker* sobre o julgamento do oficial nazista Adolf Eichmann, a obra, que tem o subtítulo "Um relato sobre a banalidade do mal", gerou uma grande controvérsia que a marcou profundamente. Arendt não tinha inicialmente a intenção de escrever um livro filosófico, mas o retrato que ela faz de Eichmann (com as posteriores reflexões sobre o vínculo profundo entre a capacidade de pensar e a moralidade) e suas reflexões sobre a "banalidade do mal" certamente alçaram o livro a esse patamar. Há quatro grandes pontos nessa controvérsia: o retrato de Eichmann como um tolo balbuciante, ao invés de um monstro encarnando o mal; a tese da banalidade do mal; as críticas que Arendt faz ao Estado e às políticas de Israel (que, na verdade, datam da criação desse Estado); e a denúncia do papel das lideranças judaicas na implementação da Solução Final. Esses últimos dois pontos fizeram com que a comunidade judaica se voltasse contra ela, pois interpretaram a crítica e a denúncia como se fossem atribuição de culpa aos judeus e isenção da culpa de Eichmann (uma leitura equivocada da obra). Sobre o retrato de Eichmann, Arendt chocou-se com o fato de que ele parecesse um homem normal, tolo, que se expressava por clichês, sem conseguir formular um pensamento original e que, ainda assim, tinha sido capaz de participar de um dos maiores genocídios da história. Não um monstro ou um pervertido, mas um homem de massa, ou seja, fruto de uma sociedade atomizada, solitário, desenraizado, interessado em si mesmo e em sua carreira e suscetível ao autoritarismo, como tantos outros indivíduos que pertencem a uma sociedade de massas. É a partir dessa caracterização que Arendt reflete sobre a relação entre pensamento e moralidade e sobre a banalidade do mal. Com isso, ela não quer dizer que o mal é algo comum ou que a máquina nazista era algo ordinário (compreensão errada de sua posição), mas sim que o mal não é radical, não tem profundidade e é capaz de se alastrar sem criar raízes em lugar algum, especialmente em uma sociedade em que os homens deixaram de pensar.

O que é o pensamento, quais as suas capacidades e, mais importante, se a faculdade do pensamento está relacionada, de alguma maneira, com a consciência moral são questões que fizeram Arendt voltar-se para a análise da *vita contemplativa*, visando complementar a extensa análise que já fizera sobre a *vita activa*. Seguindo a distinção kantiana entre pensar e conhecer, para Arendt, o ser humano tem a necessidade de pensar para além dos limites do conhecimento, de buscar entender questões últimas irrespondíveis. Em *A vida do espírito*, ela define, inspirada em Sócrates, a atividade do pensamento como o diálogo sem som de si consigo mesmo (Arendt, 2009). Esse diálogo é uma atividade incessante que não deixa nada atrás de si, dissolve conceitos normais e positivos até encontrar seu sentido original, razão pela qual o pensamento tem o potencial de nos fazer questionar os critérios, as regras e os valores estabelecidos. Seu resultado não é tangível, pois apenas a atividade do pensamento pode responder à necessidade de pensar, tendo de ser constantemente pensado de novo.

A partir dessa caracterização do ego pensante expressada no diálogo sem som de si consigo mesmo – esse dois-em-um, essa representação da pluralidade e da natalidade dentro de cada ser humano –, Arendt defende duas teses: em situações-limite, a consciência moral pode vir da harmonia desejada consigo, da harmonia entre os parceiros do diálogo sem som; o pensar relaciona-se com o juízo ao abrir caminho para lidar com os particulares em sua particularidade, que é a faculdade de julgar.

A primeira tese remete claramente ao contexto totalitário e aos questionamentos que surgem após a publicação de *Eichmann em Jerusalém*. A "banalidade do mal" significa que o mal vem da irreflexão, da ausência de pensamento, pois o exercício do pensamento também é capaz de dissolver o mal em seu sentido original, revelando o significado das atitudes e escolhas humanas. Nos contextos totalitários, em que as pessoas tiveram seus valores deturpados e não tinham mais uma comunidade e pessoas com quem debater e analisar os novos valores em conjunto, cada ser humano tinha uma pluralidade dentro de si com quem dialogar e debater o sentido do que estavam fazendo. O mal alastrado na sociedade veio, portanto, da ausência de pensamento e de pluralidade, imposta pela ideologia e pelo terror totalitários, como ela já havia indicado, desde *Origens*, ao concluir que precisamos de uma pluralidade para pensar.

Para terminar, cumpre sublinhar que uma das mais importantes contribuições de Arendt para o pensamento político do século XX advém das suas reflexões inacabadas sobre a capacidade humana de julgar. Se definimos o juízo como a subsunção do particular ao universal, o que fazer quando as regras e valores que guiam os seres humanos perderam significado ou quando temos que lidar com o âmbito político que é, por natureza, particular e contingente? Arendt visava recuperar a dignidade do particular e a validade do domínio político encontrando um modelo para isso no juízo reflexionante kantiano (que não funciona de acordo com a subsunção de particulares a normas universais) e na mentalidade alargada (a capacidade de pensar a partir do ponto de vista dos outros – uma interpretação enfatizada na leitura de Seyla Benhabib). Para Arendt, Kant foi o único filósofo a saber lidar com a pluralidade humana ao relacionar a validade do juízo reflexionante ao acordo potencial com outros e à capacidade de se pensar no lugar de outrem. Nesse juízo, Arendt encontrou um procedimento que assegura uma validade intersubjetiva (e não universal) para assuntos contingentes, visto que sua eficácia recai no assentimento, real ou potencial, de uma comunidade. Assim, para Arendt, a preocupação em lidar com a particularidade do particular e do contingente (fruto da liberdade), de cunho aristotélico, une-se à fundamentação filosófica universalista de cunho kantiano na ideia de que a validade dos nossos juízos depende da comunicabilidade universal que visa contemplar a pluralidade e cortejar o assentimento do outro.

Segundo Arendt (1979), julgamos como membros de uma comunidade, mas o que ela nos mostra é que somos como membros de uma pluralidade. Somos capazes de pensar, de julgar, de agir e de existir em nossa singularidade apenas em conjunto com os outros. O mais importante: somos capazes de mudar, de começar de novo, de fazer novas escolhas e de alterar o curso do mundo, e é esta esperança que suas reflexões nos deixam: um mundo novo, de novo, é uma possibilidade sempre presente.

## 2.1. Obras

**Publicação das obras:**

1929 – *Der Liebesbegriff bei Augustin. Versuch einer philosophischen Interpretation* [O conceito de amor em Santo Agostinho]: apenas em 1996 uma versão em inglês, com revisões, foi publicada nos Estados Unidos da América.

1951 – *The origins of totalitarianism* [Origens do Totalitarismo]: em 1958, uma segunda edição revisada foi publicada.

1958 – *The human condition* [A condição humana].

1958 – *Rahel Varnhagen: the life of a jewess* [Rahel Varnhagen: a vida de uma judia alem. na época do romantismo].

1961 – *Between past and future* [Entre o passado e o futuro]: reunindo ensaios desde 1954 a 1960, e em 1968 acrescido com mais dois textos.

1963 – *On revolution* [Sobre a revolução].

1963 – *Eichmann in Jerusalem: a report on the banality of evil* [Eichmann em Jerusalém: um relato sobre a banalidade do mal].

1968 – *Men in dark times* [Homens em tempos sombrios].

1972 – *Crises of the republic* [Crises da república].

1978 – *The life of the mind* [A vida do espírito].

1978 – *The Jew as pariah: Jewish identity and politics in the modern age*

1982 – *Lectures on Kant's political philosophy* [Lições de filosofia política de Kant].

1994 – *Essays in understanding 1930-1954: formation, exile, and totalitarianism* [Compreender: formação, exílio e totalitarismo].

2003 – *Responsibility and judgment* [Responsabilidade e julgamento].

2005 – *The promise of politics* [A promessa da política].

2007 – *The Jewish writings* [Escritos judaicos].

Em 2019, sua obra completa, *Complete works: critical edition*, começou a ser publicada e dois volumes dos dezessete planejados (*Sechs essays: die verborgene Tradition* e *The modern challenge to tradition: Fragmente eines Buchs*) já estão disponíveis.

# BIBLIOGRAFIA

## Obras

ARENDT, H. The rights of man: what are they? *Modern Review*, v. 3, n. 1, p. 24-37, 1949.

ARENDT, H. *Men in dark times*. Harcourt: Brace & World, 1968.

ARENDT, H. *The Jew as pariah*: Jewish identity and politics in the modern age. Nova York: Grove Press, 1978.

ARENDT, H. *Entre o passado e o futuro*. Trad. de Mauro W. Barbosa. São Paulo: Perspectiva, 1979.

ARENDT, H. *The life of the mind*. Orlando: Harcourt, 1981.

ARENDT, H. *Origens do totalitarismo*. Trad. de Roberto Raposo. São Paulo: Companhia das Letras, 1989.

ARENDT, H. *Homens em tempos sombrios*. Trad. Ana Luísa Faria. Lisboa: Relógio d'água, 1991.

ARENDT, H. *Lectures on Kant's political Philosophy*. Ed. Ronald Beiner. Chicago: The University of Chicago Press, 1992.

ARENDT, H. *The human condition*. Chicago: The University of Chicago Press, 1992.

ARENDT, H. *Between past and future*. Nova York: Penguin Books, 1993.

ARENDT, H. *Essays in understanding 1930-1954*: formation, exile, and totalitarianism. Nova York: Schocken Books, 1994.

ARENDT, H. *Lições de filosofia política de Kant*. Trad. de André Duarte de Macedo. 2. ed. Rio de Janeiro: Relume Dumará, 1994.

ARENDT, H. *Rahel Varnhagen*: a vida de uma judia alemã na época do Romantismo. Rio de Janeiro: Relume Dumará, 1994.

ARENDT, H. *The origins of totalitarianism*. Harcourt: A Harverst Book, 1994.

ARENDT, H. *O conceito de amor em Santo Agostinho*. São Paulo: Instituto Piaget, 1997.

ARENDT, H. *A dignidade da política*. Org. de Antônio Abranches. Trad. de Helena Martins *et al*. Rio de Janeiro: Relume Dumará, 2002.

ARENDT, H. *Responsibility and judgment*. Org. de Jerome Kohn. Nova York: Schocken books, 2003.

ARENDT, H. *Crises da república*. Trad. de José Volkmann. São Paulo: Perspectiva, 2006.

ARENDT, H. Trabalho, obra, ação. *In*: CORREIA, A. (org.). *Hannah Arendt e a condição humana*. Trad. de Adriano Correia. Salvador: Quarteto, 2006.

ARENDT, H. *The Jewish writings*. Org. de Jerome Kohn e Ron H. Feldman. Nova York: Schocken books, 2007.

ARENDT, H. *A promessa da política*. Org. de Jerome Kohn. Trad. de Pedro Jorgensen Jr. Rio de Janeiro: Difel, 2008.

ARENDT, H. *Compreender*: formação, exílio e totalitarismo. Org. de Jerome Kohn. Trad. de Denise Bottmann. São Paulo: Companhia das letras; Belo Horizonte: Editora UFMG, 2008.

ARENDT, H. *Responsabilidade e julgamento*. Trad. de Rosaura Eichenberg. São Paulo: Companhia das Letras, 2008.

ARENDT, H. *A vida do espírito*. Trad. de César Augusto de Almeida *et al*. Rio de Janeiro: Civilização Brasileira, 2009.

ARENDT, H. *Eichmann em Jerusalém*: um relato sobre a banalidade do mal. Trad. de José Rubens Siqueira. São Paulo: Companhia das Letras, 2009.

ARENDT, H. *Sobre a revolução*. Trad. de Denise Bottman. São Paulo: Companhia das Letras, 2011.

ARENDT, H. *A condição humana*. Trad. de Roberto Raposo. Rio de Janeiro: Forense Universitária, 2017.

## Literatura secundária

ADVERSE, H. Arendt e a crítica ao romantismo na biografia de Rahel Varnhagen. *Argumentos*, n. 9, p. 79-96, 2003.

AGUIAR, O. A amizade como amor mundi em Hannah Arendt. *O que nos faz pensar?*, n. 28, 2011.

ASSY, B. Eichmann, banalidade do mal e pensamento em Hannah Arendt. *In*: BIGNOTTO, N. (org.). *Hannah Arendt*: diálogos, reflexões, memórias. Belo Horizonte: Editora UFMG, 2003.

ASSY, B. Ética, *responsabilidade e juízo em Hannah Arendt*. Cerqueira César: Perspectiva, 2015.

ASSY, B. Faces privadas em espaços públicos: por uma ética da responsabilidade. *In*: ARENDT, H. *Responsabilidade e julgamento*. São Paulo: Companhia das Letras, 2008.

ASSY, B. Hannah Arendt and the redemptive power of narrative. *In*: HIRCHMAN, L. P.; HIRCHMAN, S. K. (orgs.). *Hannah Arendt critical essays*. Albany: State University of New York Press, 1994. p. 111-37.

ASSY, B. *The reluctant modernism of Hannah Arendt*. Nova York: Sage Publications, 1996.

ASSY, B. *The claims of culture*: equality and diversity in the global era. Nova Jersey: Princeton University Press, 2002.

ASSY, B. *The rights of others*: aliens, residents and citizens. Cambridge: Cambridge University Press, 2004.

BEINER, R. Arendt on nationalism. *In*: VILLA, D. (org.). *The Cambridge companion to Hannah Arendt*. Cambridge: Cambridge University Press, 2000.

BENHABIB, S. *Situating the self*. Nova York: Routledge, 1992.

BENHABIB, S. (org.). *Politics and dark times*: encounters with Hannah Arendt. Cambridge: Cambridge University Press, 2010.

BERNSTEIN, R. From radical evil to the banality of evil: from superfluousness to thoughtlessness. *In*: BERNSTEIN, R. J. *Hannah Arendt and the Jewish Question*. Cambridge: MIT Press, 1996.

BETZ HULL, M. *The hidden Philosophy of Hannah Arendt*. Londres; Nova York: Routdledge Courzon, 2002.

BRITO, R. *Direito e política na filosofia de Hannah Arendt*. 2013. Tese (Doutorado em Filosofia) – Unicamp, Campinas, 2013.

BRITO, R. Soberania e poder em "Sobre a revolução" de Hannah Arendt. *Cadernos de Filosofia Alemã*, v. 20, n. 1, p. 127-140, 2015.

BRITO, R. Violência e processo democrático em Hannah Arendt. *Ethic@ (UFSC)*, v. 14, p. 429-450, 2015.

CANOVAN, M. Socrates or Heidegger? Hannah Arendt's reflections on Philosophy and politics. *Social Research*, v. 57, n. 1, p. 135-165, 1990.

CANOVAN, M. *Hannah Arendt*: a reinterpretation of her political thought. Cambridge: Cambridge University Press, 1992.

CORREIA, A. (org.). *Hannah Arendt*: entre o passado e o futuro. Juiz de Fora: Editora UFJF, 2008.

CORREIA, A. *Hannah Arendt e a modernidade*: política, economia e a disputa por uma fronteira. Rio de Janeiro: Forense Universitária, 2014.

CORREIA, A. O papel da desobediência civil em sociedades de massas não-totalitárias em Arendt. *Cadernos de Filosofia Alemã*, v. 24, n. 2, p. 13-28, 2019.

COSTA, N. R. *A sociedade de massas em Hannah Arendt*. 2018. Dissertação (Mestrado em Filosofia) – Unicamp, Campinas, 2018.

COURTINE-DENAMY, S. *Le souci du monde*: dialogue entre Hannah Arendt et quelques uns de ses contemporains: Adorno, Buber, Celan, Heidegger, Horkheimer, Jaspers. Paris: Librairie Philosophique J Vrin, 1999.

D`ENTRÈVES, M. P. *The political Philosophy of Hannah Arendt*. Londres: Routledge, 1994.

D'ENTRÈVES, M. P. Arendt's theory of judgement. *In*: VILLA, D. (org.). *The Cambridge Companion to Hannah Arendt*. Cambridge: Cambridge University Press, 2000.

DUARTE, A. A dimensão política da filosofia kantiana segundo Hannah Arendt. *In*: ARENDT, H. *Lições sobre a filosofia política de Kant*. Trad. de André Duarte de Macedo. Rio de Janeiro: Relume Dumará, 1994.

DUARTE, A. *O pensamento à sombra da ruptura*: política e filosofia em Hannah Arendt. São Paulo: Paz e Terra, 2000.

DUARTE, A. *Hannah Arendt e o pensamento político sob o signo do amor mundi*. Rio de Janeiro: Mulheres de Palavra, 2003.

DUARTE, A. Hannah Arendt e o pensamento "da" comunidade: notas para o conceito de comunidades plurais. *O que nos faz pensar?*, n. 29, 2011.

FELDMAN, R. *The Jew as pariah*: Jewish identity and politics in the modern age. Nova York: Groove Press, 1978.

FRATESCHI, Y. Participação e liberdade política em Hannah Arendt. *Cadernos de filosofia alemã*, v. 1, p. 83-100, 2007.

FRATESCHI, Y. Democracia, direito e poder comunicativo: Arendt contra Marx. *Dois Pontos*, v. 7, p. 163-188, 2010.

FRATESCHI, Y. Universalismo interativo e mentalidade alargada em Seyla Benhabib. *Ethic@*, v. 13, n. 2, p. 363-385, 2014.

FRATESCHI, Y. Liberdade política e cultura democrática em Hannah Arendt. *Cadernos de filosofia alemã*, v. 21, n. 3, p. 29-50, 2016.

FRATESCHI, Y. Juízo e opinião em Hannah Arendt. *Cadernos de filosofia alemã: Crítica e Modernidade*, v. 24, n. 1, p. 35-65, 2019.

HABERMAS, J. Hannah Arendt's Communications Concept of Power. *Social Research*, v. 44, n. 1, p. 3-24, 1977.

HEUER, W. Amizade política pelo cuidado com o mundo: sobre política e responsabilidade na obra de Hannah Arendt. *História: questões e debates*, n. 46, p. 91-109, 2007.

HILL, M. A. The fictions of mankind and the stories of men. *In*: HILL, M. A. *Hannah Arendt*: the recovery of the public world. Nova York: St. Martin's Press, 1979. p. 275-300.

HINCHMAN, L.; HINCHMAN, S. *Hannah Arendt*: critical essays. Nova York: State University of New York Press, 1994.

ISAAC, J. C. Situating Hannah Arendt on action and politics. *Political Theory*, v. 21, n. 3, p. 534-540, 1993.

JARDIM, E.; BIGNOTTO, N. (orgs.). *Hannah Arendt*: diálogos, reflexões, memórias. Belo Horizonte: Editora UFMG, 2001.

KOHLER, L.; SANER, H. (orgs.). *Hannah Arendt Karl Jaspers*: correspondence, 1926-1969. USA: Harvest Edition, 1993.

KOHN, J. Evil and plurality: Hannah Arendt's way to the life of the mind. *In*: MAY, L.; KOHN, J. *Hannah Arendt twenty years later*. Cambridge: The MIT Press, 1997.

KRISTEVA, J. *Hannah Arendt*: life is a narrative. Trad. de Frank Collins. Toronto: University of Toronto Press, 2001.

KRISTEVA, J. *O gênio feminino*: a vida, a loucura e as palavras. Rio de Janeiro: Rocco, 2002.

LAFER, C. Experiência, ação e narrativa: reflexões sobre um curso de Hannah Arendt. *Estudos Avançados*, v. 21, n. 60, 2001.

MANTENA, K. Genealogies of catastrophe: Arendt on the logic and legacy of imperialism. *In*: BENHABIB, S. (org.). *Politics and dark times*: encounters with Hannah Arendt. Cambridge: Cambridge University Press, 2010. p. 83-112.

MICHELMAN, F. Parsing "a right to have rights". *Constellations*, v. 3, n. 2, p. 200-208, 1996.

NUNES, I. V. B. Amor mundi e espírito revolucionário: Hannah Arendt entre política e ética. *Cadernos de filosofia alem*ã, v. 21, n. 3, p. 67-78, 2016.

NUNES, I. V. B. *"In-Between"*: o mundo comum entre Hannah Arendt e Karl Jaspers: da existência política ao exemplo moral. 2018. Tese (Doutorado em Filosofia) – Unicamp, Campinas, 2018.

O' SULLIVAN, N. Hannah Arendt: a nostalgia helênica e a sociedade industrial. *In*: ANTHONY, C; MINOGUE, K. (orgs.). *Filosofia política contemporânea*. Brasília: Editora UnB, 1979. p. 271-294.

SITTON, F. J. Hannah Arendt's argument for Council Democracy. *Polity*, v. 20, n. 1, p. 80-100, 1987.

SOUKI, N. *Hannah Arendt e a banalidade do mal*. Belo Horizonte: Editora UFMG, 1998.

TAMINIAUX, J. *The Thracian maid and the professional thinker*: Arendt and Heidegger. Albany: University of New York Press, 1997.

VILLA, D. Beyond good and evil: Arendt, Nietzsche and the aestheticization of political action. *Political Theory*, v. 20, n. 2, p. 274-308, 1992.

VILLA, D. *Arendt and Heidegger*: the fate of the political. Nova Jersey: Princeton University Press, 1996.

VILLA, D. (org.). *The Cambridge companion to Hannah Arendt*. Cambridge: Cambridge University Press, 2005.

WELLMER, A. Hannah Arendt on revolution. *In*: VILLA, D. (org.). *The Cambridge companion to Hannah Arendt*. Cambridge: Cambridge University Press, 2000.

WOLIN, R. *Heidegger's children*: Hannah Arendt, Karl Lowitt, Hans Jonas, Herbert Marcuse. Princeton: Princeton University Press, 2001.

YOUNG-BRUEHL, E. *Hannah Arendt*: for love of the world. New Haven: Yale University Press, 1984.

YOUNG-BRUEHL, E. *Hannah Arendt*: por amor ao mundo. Trad. de Antônio Trânsito. Rio de Janeiro: Relume Dumará, 1997.

YOUNG-BRUEHL, E. *Why Arendt matters*. New Haven; Londres: Yale University Press, 2006.

## Links

THE HANNAH ARENDT PAPERS. Disponível em: https://memory.loc.gov/ammem/arendthtml/arendthome.html. Acesso em: 11 jul. 2024.

THE HANNAH ARENDT CENTER. Disponível em: https://hac.bard.edu/amor-mundi/. Acesso em: 11 jul. 2024.

TÖMMEL, T. *Stanford Encyclopedia of Philosophy*: verbete "Hannah Arendt". Disponível em: https://plato.stanford.edu/entries/arendt/. Acesso em: 11 jul. 2024.

# 21
# SIMONE DE BEAUVOIR

(1908-1986)

*Heci Candiani**

## 1 – VIDA

Simone de Beauvoir (Simone Lucie Ernestine Marie Bertrand de Beauvoir) nasceu em Paris, França, em 9 de janeiro de 1908, e faleceu na mesma cidade em 14 de abril de 1986, aos 78 anos. Foi criada em uma abastada família burguesa que perdeu grande parte de seus recursos financeiros após a Primeira Guerra Mundial. Seu pai, Georges Bertrand de Beauvoir, era advogado, e sua mãe, Françoise Bertrand de Beauvoir (Brasseur, quando solteira) dedicava-se à administração da casa da família e à educação das duas filhas, Simone e Hélène (Henriette-Hélène Bertrand de Beauvoir, 1910-2001, pintora), tendo voltado a estudar depois de enviuvar, aos 54 anos, construído uma vida profissional como bibliotecária auxiliar da Cruz Vermelha em Paris, processo que Beauvoir descreveu como o reencontro da mãe com a liberdade.

Uma das grandes preocupações da família foi investir em uma formação tradicional e burguesa para as filhas, e ambas foram matriculadas no Institut Adéline Desir, escola privada, exclusivamente para meninas de sua classe social.

---

* Doutora em Ciências Sociais pela Universidade Estadual de Campinas (Unicamp). É tradutora, editora e pesquisadora.

Simone de Beauvoir estudou ali até a aprovação no *baccalauréat* de Matemática e Filosofia em 1925. Ao contrário de muitas jovens da burguesia francesa da primeira metade do século XX, ela prosseguiu os estudos licenciando-se em Letras Clássicas no Institut Sainte-Marie-de-Neuilly e em Matemática no Institut Catholique de Paris. Em 1927, iniciou sua formação em Filosofia na Sorbonne. Em 1929, foi aprovada em segundo lugar no concurso de *agrégation* em Filosofia com uma tese sobre Leibniz. Ela tinha, então, 21 anos, sendo a oitava mulher e a mais jovem estudante a obter essa aprovação e a se tornar professora de Filosofia até então. De 1931 a 1935, ensinou Filosofia em liceus femininos nas cidades de Marselha e Rouen, retornando a Paris em 1936 como professora do Liceu Molière, masculino.

Beauvoir iniciou a publicação de seus textos literários e filosóficos durante a Segunda Guerra Mundial, estreando com o romance *A convidada* (1943), obra que inaugurou seu estilo próprio de produzir uma literatura baseada na ficcionalização de experiências vividas, levantando, a partir delas, debates filosóficos que se revelavam nas ações e reflexões das personagens. Em 1945, após o fim da guerra, fundou, com Jean-Paul Sartre e Maurice Merleau-Ponty, entre outros nomes da intelectualidade francesa, a revista *Les Temps Modernes*, dedicada a temas literários e políticos. Na revista, que foi publicada ininterruptamente de outubro de 1945 a meados de 2019, Beauvoir atuou como editora, tradutora e integrante permanente do conselho editorial até 1986.

Suas principais influências filosóficas foram: Hegel, Husserl, Heidegger, Marx, Descartes e Bergson. Os principais interlocutores contemporâneos de Beauvoir foram os filósofos Maurice Merleau-Ponty e Jean-Paul Sartre. Os três intelectuais se conheceram quando eram estudantes de Filosofia nos anos de 1920.

## 2 – OBRA: TEMAS E CONCEITOS

Filósofa, ativista, feminista, autora de ficção e não ficção, Simone de Beauvoir produziu uma vasta obra composta por ensaios, tratados, uma peça de teatro, um manifesto, romances, contos, novelas, relatos de viagem, memórias, cartas, diários e reportagens. Sua ampla produção textual, sua ligação intelectual e afetiva com Jean-Paul Sartre, bem como o contexto histórico e intelectual francês em meados do século XX, marcado por uma forte resistência à atuação das mulheres na esfera pública, fizeram com que, por muito tempo, Simone de Beauvoir não fosse considerada uma filósofa, mas sim uma discípula de Sartre, que se limitaria a reformular as ideias dele para outros públicos.

Entretanto, após sua morte em 1986, e mais especificamente a partir dos anos 1990, a publicação de textos inéditos da autora, em especial suas cartas para Sartre e Jacques Laurent-Bost, possibilitou um aprofundamento das pesquisas sobre seu pensamento, sobretudo por pesquisadoras feministas. Esse processo ainda está em andamento e inclui, já nos anos 2000, a publicação, tradução e republicação de muitos textos, entre eles *Mal-entendido em Moscou* (uma novela mantida inédita desde o início dos anos 1960 e que traz reflexões sobre a velhice que antecipam seu tratado sobre o tema), seus diários de juventude, em especial durante os anos de formação filosófica antes do encontro com os intelectuais que fariam parte de seu círculo, e um romance inacabado sobre a condição de opressão das jovens francesas na década de 1920, além de novos volumes de correspondência intelectual e pessoal. Outro processo que tem renovado o interesse no pensamento de Beauvoir e que abre possibilidades longe de se esgotarem em termos de pesquisa é a liberação do acesso público a alguns de seus manuscritos e a cartas que recebeu. Esses novos materiais de estudo têm servido não apenas para reafirmar a importância de suas contribuições para o existencialismo, a fenomenologia e a filosofia feminista, mas também têm sido importantes para demonstrar a especificidade do projeto intelectual de Beauvoir, em que a política, a teoria feminista e, sobretudo, a ética existencialista (campo de reflexão que ela inaugurou) são temas centrais, e conceitos como situação, liberdade, ambiguidade e o Outro são trabalhados de maneira bastante original.

## 2.1 Primeiros ensaios

Um dos campos em que a contribuição de Simone de Beauvoir para o existencialismo tem sido mais amplamente estudada é o campo da ética. Esse tema, que perpassa toda a obra de Simone de Beauvoir, foi trabalhado filosoficamente pela autora particularmente em seus primeiros ensaios filosóficos, escritos nos anos de 1940. Os dilemas éticos que a guerra impôs à Europa, e particularmente à França, que com a ocupação nazista se viu confrontada com questões como a resistência, o colaboracionismo, os sentidos do desengajamento ou da "neutralidade" política, a legitimidade ou não da violência contra invasores e colaboracionistas e a responsabilidade em relação aos outros indivíduos, estão claramente presentes nesses ensaios.

No primeiro deles, intitulado "Pirro e Cineias" e publicado em 1944, Beauvoir abordou justamente o sentido da ação individual. Para que agir? O que define uma ação como ética ou antiética? Em que momentos é ético falar em nome do Outro (entendido aqui como aquele que difere do Eu e que é muitas vezes objetificado pelo Eu)? Essas foram algumas das questões que ela se propôs a analisar. Para Beauvoir, a única justificativa da ação é a liberdade, ampliar os limites da liberdade humana. E já nesse momento inicial de sua produção filosófica, o pensamento de Beauvoir encontrou divergências com o de Sartre (que, ao longo de grande parte de sua carreira, pensou a liberdade humana como ilimitada, adotando a perspectiva beauvoiriana em uma fase mais tardia de suas reflexões). Em um trecho do segundo volume de suas memórias, *A força da idade*, Beauvoir relatou como sua reflexão sobre a liberdade em "Pirro e Cineas" parte do que já havia sido elaborado em seu romance *A convidada*, ganhando maior precisão:

> Distingui dois aspectos da liberdade: ela é a própria modalidade da existência que, por bem ou por mal, de uma maneira ou de outra, retoma por sua conta tudo que lhe vem de fora; esse movimento interior é indivisível, logo total em cada um. Em compensação, as possibilidades concretas que se abrem para as pessoas são desiguais; algumas têm acesso a uma pequena parte das de que dispõe o conjunto da humanidade; seus esforços não fazem senão aproximá-las da plataforma de onde se lançam as mais favorecidas; sua transcendência perde-se na coletividade sob a forma da imanência. Nas situações mais favoráveis, o projeto é, ao contrário, uma verdadeira superação, constrói um futuro novo; uma atividade é boa quando visa conquistar para si e para outros essas posições privilegiadas: liberar a liberdade. Tentei, assim, conciliar com as ideias de Sartre a tendência que, em longas discussões, eu sustentara contra ele: restabelecia uma hierarquia entre as situações; subjetivamente, a salvação era em todo caso possível; não se devia, contudo, deixar de preferir o saber à ignorância, a saúde à doença, a prosperidade à penúria (Beauvoir, 2010a, p. 540).

O fato de existirem desigualdades entre as pessoas faz com que a ação realmente ética seja, então, não apenas aquela que visa ampliar a liberdade do sujeito, mas que se paute pelo compromisso em ampliar também a liberdade dos outros. Beauvoir evocou, assim, a ideia de que liberdade e ética se unem por meio da responsabilidade do sujeito com os demais indivíduos e por um objetivo maior do que sua própria existência, o objetivo de "liberar a liberdade" (Beauvoir, 2010a, p. 540), expressão que a autora usou para nos remeter à importância do engajamento pela igualdade material e política para além de nossos círculos de relações.

Esse debate foi retomado pela autora em seus ensaios subsequentes, publicados na revista *Les Temps Modernes*: "Idealismo moral e realismo político" (1945), "O existencialismo e a sabedoria das nações" (1945, título do ensaio e do livro que reúne os textos, 1965a [1948]) e "Olho por olho" (1946) e *Por uma moral da ambiguidade* (2005 [1947]). Para Beauvoir, a ambiguidade é a condição inerente a todos os indivíduos em sua relação com os outros, porque, embora sejamos, em nossa consciência, sujeitos livres, nas relações nos vemos objetificados pelos outros. Essa ambígua condição de sujeitos/objetos é relevante para compreender as questões essenciais da ação ética, como a ideia de que os fins justificam os meios (Beauvoir nos dizia que não) e como podemos agir eticamente quando estamos diante de um mundo marcado pela violência e mesmo diante de um opressor.

### 2.2 *O segundo sexo* e *A velhice*

Um dos motivos para o tardio reconhecimento acadêmico e público de Simone de Beauvoir como filósofa foi o fato de que ela não adotou em seu trabalho a metodologia de construção de um sistema filosófico, que ela considerava abstrata e universalizante. Sua opção, em termos metodológicos, foi buscar analisar criticamente o conhecimento construído sobre os temas de seu interesse e, a partir dessa crítica, analisar as experiências vividas das pessoas diretamente implicadas na questão.

A pensadora deu um importante passo nesse sentido e estabeleceu as bases de seu método em sua obra filosófica mais conhecida: *O segundo sexo*.

Hoje um texto canônico da filosofia feminista, esse livro foi escrito a partir de uma extensa pesquisa iniciada em 1946 e sua produção foi concluída em 1949. Mas o texto não foi pensado pela autora como uma obra feminista em si. O que Beauvoir tinha em mente era apresentar uma discussão, com base no existencialismo, na fenomenologia e no marxismo, sobre a condição das mulheres nas sociedades ocidentais em meados do século XX. O livro traz como centrais os conceitos de situação e de Outro, já anteriormente abordados em seus textos, mas agora tomando a situação específica de um Outro: da mulher (estritamente a mulher burguesa europeia e branca, como ela nos alerta no texto, em uma abordagem que, embora deixe de lado toda a diversidade das mulheres, é coerente com as premissas da obra beauvoiriana de não falar em nome do Outro sobre experiências que não são as suas e de seu meio).

O conceito de situação é fundamental no existencialismo e se refere basicamente ao fato de estarmos posicionados no tempo, no espaço e em relação com os outros sob condições específicas que não escolhemos nem controlamos (nossa nacionalidade, etnia, idade, classe social, educação, o sexo que nos é atribuído no nascimento, na época de Beauvoir, ou já nas primeiras semanas de gestação, na atualidade, nossas limitações físicas, os valores vigentes no momento histórico em que vivemos e as contingências da existência). A situação expressa o lugar social de indivíduos ou de coletividades e a força das circunstâncias na experiência vivida.

Beauvoir iniciou *O segundo sexo* identificando a situação das mulheres como uma situação de aprisionamento em uma condição de inferiorização: as mulheres têm suas ações no mundo limitadas, são relegadas à alteridade absoluta, à condição de Outro, que é produzida e sustentada, nas sociedades ocidentais patriarcais, pelo modo como as mulheres são retratadas pela ciência, pela história e pela psicanálise. Todo conhecimento produzido historicamente sobre as mulheres convergiu para um ponto que consistiu em justificar que, a partir das diferenças biológicas, elas estivessem em um lugar secundário na vida social. Essa justificação se sustenta por meio de uma série de mitos sobre a biologia, o psiquismo e o papel intelectual, social e econômico das mulheres.

Às mulheres é reservado um lugar secundário não porque elas sejam inferiores aos homens, mas porque o poder de determinar o que significa ser mulher e o que significa ser homem está nas mãos dos homens. Retomando a ideia da ambiguidade do sujeito, Beauvoir afirmava que nenhum sujeito define a si mesmo como Outro, porque essa definição exige uma objetificação que nunca pode recair sobre o próprio sujeito.

> Por que as mulheres não contestam a soberania do macho? Nenhum sujeito se define imediata e espontaneamente como o inessencial; não é o Outro que se definindo como Outro define o Um; ele é posto como Outro pelo Um definindo-se como Um. Mas para que o Outro não se transforme no Um é preciso que se sujeite a esse ponto de vista alheio (Beauvoir, 2009a, p. 18).

Histórica, social, cultural e politicamente, as mulheres são retratadas como seres essencialmente biológicos e submetidos às leis da natureza em contraposição aos homens como seres da razão, do conhecimento e com a capacidade de transcender sua biologia. É nesse sentido que a filósofa escreveu na abertura do segundo volume de seu texto que:

> Ninguém nasce mulher: torna-se mulher. Nenhum destino biológico, psíquico, econômico define a forma que a fêmea humana assume no seio da sociedade; é o conjunto da civilização que elabora esse produto intermediário entre o macho e o castrado, que qualificam de feminino. Somente a mediação de outrem pode constituir um indivíduo como um Outro (Beauvoir, 2009a, p. 361).

Beauvoir explicou o sentido de sua frase nos parágrafos seguintes, especificando que a fêmea humana não é dotada "naturalmente" de características como "misteriosos instintos [que] a destinem imediatamente à passividade, ao coquetismo, à maternidade" (Beauvoir, 2009a, p. 361), mas que essas atribuições, que são socialmente associadas à feminilidade, são impostas ou ensinadas à menina já nos primeiros anos de vida. Essas imposições e essa mistificação do que é "ser mulher" constituem as bases da opressão patriarcal, que submete as mulheres à condição de Outro, limitando sua liberdade de ação, de escolha e a possibilidade de que ela defina a si mesma.

Um dos aspectos importantes é que, nesse livro, Beauvoir estabeleceu a importância de retratar e analisar as experiências vividas pelas mulheres como parte de seu método, dando a essas experiências sua dimensão filosófica e política. Ela se baseou em conversas, diários e narrativas de mulheres sobre suas experiências concretas para refletir sobre as formas e as consequências da opressão patriarcal, da infância até a velhice. Com isso, ela mostrou não apenas o impacto da opressão patriarcal sobre a vida de mulheres de carne e osso, que não são abstrações ou conceitos, mas também apresentou as bases para a superação da condição de inferioridade a elas imposta.

Polêmico ainda hoje, 75 anos depois de sua publicação original, *O segundo sexo* tornou-se uma obra feminista devido à grande potência política inerente ao próprio conceito de situação. Em sociedades profundamente marcadas por desigualdades e injustiças, é inevitável que a discussão sobre a situação de indivíduos e grupos se torne uma discussão sobre poder.

Na atualidade, essa obra adquire ainda uma dimensão importante para a própria história da filosofia e do feminismo. Ao longo de mais de sete décadas, as feministas têm recorrido a esse texto como fonte privilegiada sobre o que é e o que não é feminismo, atribuindo à autora tanto as qualidades quanto os equívocos de um existencialismo feminista. Todas essas leituras e interpretações, no entanto, contam também uma história particular da filosofia feminista: uma história que pode ser traçada a partir das críticas que a obra recebeu na filosofia e no campo das humanidades em geral, mas que ainda não foi contada.

A vitalidade do conceito de situação, a escolha metodológica por privilegiar as experiências vividas bem como o modo como Beauvoir apresentou seu discurso em *O segundo sexo* são aspectos que evidenciam, ainda, o uso que a pensadora fez da fenomenologia e suas contribuições para esse método de investigação. Essas características de *O segundo sexo* e o retorno ao conceito de Outro marcam também outro de seus textos mais importantes: *A velhice* (1990a [1970]).

Publicada em 1970, essa obra seguiu os mesmos percursos metodológicos de *O segundo sexo* e também foi dividida em duas partes. Na primeira, o tema é analisado de fora, pelo conhecimento formal da biologia, da etnografia, da história e da sociologia. A segunda parte trata da velhice como experiência vivida. É importante ressaltar que em nenhum dos dois livros Beauvoir tinha a intenção de generalizar as experiências individuais, mas, como ela disse na Introdução de *A velhice*, seu objetivo foi empreender uma investigação que pudesse identificar alguns aspectos constantes nessas experiências variadas e que surgiram em relatos diversos.

Por meio desse projeto, a autora nos mostra como o envelhecimento é, antes de uma limitação física ou intelectual, um processo contínuo da existência e uma transformação pessoal que não se explica apenas por questões biológicas: é uma mudança no modo como somos objetificados nas relações interpessoais, nas circunstâncias econômicas e no contexto familiar. Ainda, a autora investigou nesse texto como o processo de envelhecimento não tem as mesmas consequências e sentidos nas experiências de homens e mulheres e de pessoas de diferentes gêneros, classes sociais, origens e culturas. Uma de suas descobertas foi a de que o conceito de situação nos ajuda a compreender também como se dá socialmente a disciplina dos corpos, sobretudo dos corpos dos Outros – as mulheres, os grupos étnico-raciais minorizados, as crianças, as pessoas com deficiência, as pessoas em deslocamento e, especificamente nessa obra, as pessoas idosas –, por meio da alienação e por meio da normatização: "queremos que os velhos se conformem à imagem que a sociedade faz deles. Impomos-lhes regras com relação ao vestuário, uma decência de maneiras, e um respeito às aparências" (Beauvoir, 1990b, p. 268).

Além disso, *A velhice* tem uma importância fundamental na obra de Beauvoir por lidar com parte das lacunas que a autora e seu leitorado haviam identificado em *O segundo sexo*, sobretudo a articulação de suas reflexões não apenas do ponto de vista da classe burguesa, mas de marcadores de gênero e classe, além, evidentemente, da idade. Beauvoir enxergou, então, o modo como esses marcadores operam para reforçar opressões diversas:

> Enfim, a sociedade destina ao velho seu lugar e seu papel levando em conta sua idiossincrasia individual: sua importância, sua experiência; reciprocamente, o indivíduo é condicionado pela atitude prática e ideológica da sociedade em relação a ele. Não basta, portanto, descrever de maneira analítica os diversos aspectos da velhice: cada um deles reage sobre todos os outros e é afetado por eles; é no movimento indefinido desta circularidade que é preciso apreendê-la (Beauvoir, 1990b, p. 16).

## 2.3 Para além dos textos filosóficos

Embora conhecida e estudada principalmente por *O segundo sexo*, nem o feminismo, nem a filosofia de Simone de Beauvoir se esgotaram com essa obra. Com relação ao feminismo, estima-se (Zéphir, 1984) que, entre 1949 e 1979, Beauvoir produziu mais de 150 textos, incluindo artigos e entrevistas. Com relação ao debate mais estritamente filosófico, além dos primeiros ensaios e dos dois tratados já mencionados, a autora produziu mais de duas dezenas de ensaios e artigos publicados principalmente na revista *Les Temps Modernes*. Nesses textos, ela tratou, por exemplo, de temas como o pensamento de grupos políticos privilegiados em *O pensamento de direita, hoje* (1967 [1955]), da violência política, da sexualidade e do erotismo, além de uma crítica àquilo que era então entendido e produzido a título de filosofia.

Para além dos textos formal e explicitamente políticos, entretanto, Beauvoir fez amplo uso da filosofia para o embasamento e a argumentação de toda a sua produção textual. Quando escreveu sobre o racismo nos Estados Unidos em *América dia a dia* (1963 [1948]), família, gênero e poder em sua peça *Les bouches inutiles* (1945), colonialismo em *Pour Djamila Boupacha* (1960), por exemplo, ela mobilizou temas e reflexões filosóficas sobre o colonialismo e revelou a tomada de consciência de Beauvoir sobre o papel colonizador da França e sua participação nesse processo, ainda que involuntária, como cidadã francesa e pessoa branca. Embora esse segundo texto ainda não esteja disponível em língua portuguesa, ele parte das reflexões da autora sobre colonialismo e pode ser encontrado nas páginas de *A força das coisas* (2010b) em que Beauvoir relatou sua viagem ao Brasil e suas impressões sobre o país (capítulo VII da segunda parte).

Com esses e outros textos, ainda pouco estudados, Beauvoir levantou o debate sobre os grupos privilegiados (o privilégio também é uma situação) e o papel político que eles têm como aliados de projetos políticos emancipatórios que não estão ligados aos seus interesses diretos, e sim aos interesses dos grupos minorizados e desprivilegiados. Beauvoir enfrentou, então, algumas questões sensíveis: como agir diante dos próprios privilégios? Como certos privilégios, por exemplo de raça, se entrelaçam a certas opressões, por exemplo, de gênero?

Qual a atitude ética diante de uma condição privilegiada: recusá-la ou questioná-la? Com essas perguntas, Beauvoir colocou-se também em questão. Essa solução concreta partiu de reflexões de Beauvoir sobre a associação intrínseca e socialmente mascarada entre os privilégios de classe, raça e acesso ao debate público, por exemplo, com os poderes do Estado burguês, de tal modo que as camadas privilegiadas se tornam cúmplices de uma lógica opressiva sempre que ignoram ou escondem o fato de tomarem parte em relações sociais assimétricas. Além da branquitude, Beauvoir identificou seus privilégios não só em sua origem em uma família burguesa, mas na educação burguesa que recebeu e que possibilitou a ela iniciar sua carreira como professora contando com a segurança econômica de um cargo subvencionado pelo Estado, mas também na cidadania francesa e no prestígio intelectual que abria a ela as portas dos meios de comunicação que reverberavam suas opiniões. Entre as respostas que encontrou, estava um elemento de seu pensamento que ainda merece ser mais investigado e debatido: a reflexão de que a melhor maneira de lidar com os próprios privilégios é encontrar maneiras de transformá-los em ferramentas para reforçar as lutas emancipatórias dos grupos não privilegiados. Um exemplo prático disso que ela nos deu foi a utilização de seu privilégio de mulher branca e intelectual renomada para dar visibilidade política às lutas das mulheres da classe trabalhadora por direitos trabalhistas e reprodutivos, colocando esses temas em seus textos, mas também em suas falas e aparições públicas. Essa é a estratégia que permeou a dedicação de Beauvoir à militância feminista nos anos de 1970 e no início dos anos 1980 e em grande parte do conteúdo de alguns de seus textos, como reportagens, artigos em jornais, opiniões e resenhas na revista *Les Temps Modernes* e em prefácios de livros.

Simone de Beauvoir também escreveu vários romances de caráter claramente metafísico, como *A convidada* (1985 [1943]), *O sangue dos outros* (1990b [1945]) e *Todos os homens são mortais* (1995 [1946]), nos quais temas como o Outro e a ambiguidade do sujeito ganharam concretude nas situações vividas pelas personagens. Em suas memórias (publicadas originalmente entre 1958 e 1970) e em *Os mandarins* (1965b [1954]), Beauvoir não só discutiu alguns dos conceitos filosóficos de sua obra como apresentou um vívido retrato da história e dos conflitos intelectuais da França em meados do século XX.

Todas essas características peculiares da produção intelectual da autora, bem como sua metodologia particular, chamam a atenção para o fato de que a compreensão e análise do trabalho filosófico de Beauvoir passa, necessariamente, pela análise de seu papel como intelectual pública preocupada principalmente com a maneira como as marcas sociais da alteridade se entrecruzam na experiência individual e coletiva. Sua preocupação com o entendimento de como diversas situações influenciam o acesso aos privilégios, a experiência de opressão e a experiência fenomenológica e política do corpo é profundamente relevante para os dias atuais. As pesquisas sobre o pensamento de Simone de Beauvoir na atualidade têm se concentrado em quatro principais linhas: sua contribuição para a fenomenologia; a compreensão de sua metodologia filosófica; a análise de seus textos filosóficos e dos aspectos filosóficos de seus textos literários e memorialísticos, importante para a compreensão das relações entre filosofia e a literatura; e ainda, a recepção de sua obra em diversos países e culturas. Essa última linha de pesquisa se concentra, principalmente, em *O segundo sexo*, obra publicada em mais de 40 idiomas pelo mundo ao longo do século XX e que tem despertado grande interesse também pelo modo como suas ideias foram traduzidas. Em linhas gerais, as pesquisas sobre a circulação mundial de *O segundo sexo* têm ajudado a pensar questões como os cuidados de tradução com as obras escritas por mulheres, a influência de elementos textuais e paratextuais na divulgação e comercialização de textos sobre mulheres, os impactos das traduções na circulação de ideias e, especificamente, na construção de um cânone feminista. Para além desse aspecto, *O segundo sexo* é também uma obra cujas diferentes apresentações (em diversos idiomas, em edições resumidas ou integrais, em traduções populares ou acadêmicas, em formatos mais ou menos acessíveis ao leitorado) contam parte da história da filosofia feminista em si. Nesse sentido, uma questão ainda pouco explorada é por que e como uma obra francesa foi incorporada ao cânone feminista de diversos países em um momento de ascensão dos Estados Unidos e do inglês como culturalmente hegemônicos? Parte da resposta pode estar na própria apropriação da obra pelo pensamento estadunidense nos anos de 1950 e 1960.

Novas linhas de pesquisa também têm se desenvolvido na esteira da liberação gradual de materiais de arquivos do espólio de Simone de Beauvoir. Nesse aspecto, convém destacar não apenas a correspondência de Beauvoir com outras pessoas de seu meio intelectual, como Sartre, Jacques Laurent-Bost, Élizabeth Lacoin e Maurice Merlau-Ponty, mas sobretudo as cartas recebidas por Beauvoir. Um arquivo de numerosas cartas recebidas pela autora entre 1949 e 1979 tem oferecido amplo material de pesquisa sobre a autora e sobre como a correspondência com suas leitoras levou-a não apenas a rever ideias, mas também a incentivar outras pensadoras e intelectuais. Essas cartas têm permitido revelar alguns aspectos ainda pouco conhecidos da trajetória intelectual de Beauvoir, como sua relação com seu leitorado e detalhes de sua presença na militância feminista francesa nos anos de 1970. Os primeiros estudos nesse sentido (Rouch, 2019; Coffin, 2020) têm demonstrado a importância dessas cartas para que Beauvoir pensasse a construção da teoria feminista como uma ferramenta que se produz a partir da ação coletiva pela transformação social e para sua insistência na dimensão colaborativa do pensamento feminista.

Em 1976, Beauvoir declarou abertamente uma mudança importante: ao contrário do que pensava quando escreveu *O segundo sexo*, ela já não acreditava que uma revolução socialista fosse um passo necessário para tornar o movimento feminista viável e forte. Essas lutas, acreditava ela, eram inseparáveis, sendo a luta feminista mais profundamente transformadora. Questionada se essa sua nova concepção a inspiraria a escrever uma revisão de *O segundo sexo*, Beauvoir respondeu:

> É na prática que hoje podemos ver como a luta de classes e a luta de sexos se intercalam, ou, pelo menos, como elas podem ser articuladas. Mas isso vale para todas as lutas atuais: nós temos que formular nossas teorias com base na prática, e não o contrário. O que se faz realmente necessário é que todo um grupo de mulheres de todos os países reúna suas experiências vividas e que, a partir dessas experiências, possamos identificar os padrões das situações que as mulheres precisam enfrentar em todos os lugares. E tem mais, essa informação deveria ser proveniente de todas as classes, e isso é duas vezes mais difícil (Gerassi, 1979, p. 560).

Além dessas linhas de pesquisa, as investigações sobre a biografia de Beauvoir também têm sido importantes para além da compreensão de sua trajetória pessoal ou mesmo intelectual. Os quatro volumes principais de suas memórias (*Memórias de uma moça bem-comportada*, *A força da idade*, *A força das coisas* e *Balanço final*, publicados originalmente em francês entre 1958 e 1972) revelam como a escrita pessoal tem uma dimensão política ao descrever uma situação específica a partir de experiências concretas, incluindo a dimensão do corpo. Tais obras podem ser lidas também como um registro sobre os privilégios de classe e como eles convivem pacificamente com a opressão das mulheres. Algumas pesquisas apontam ainda que as memórias de Beauvoir são importantes como registros da lógica dos conflitos e alianças políticas do campo intelectual, sobretudo no ambiente da esquerda durante a Guerra Fria. Outro fator importante é que essas obras contribuem para uma releitura do gênero memorialístico, que, ao longo da história, foi retratado como um gênero quase exclusivamente feminino e, portanto, menor. As memórias de Beauvoir, para além das revelações e omissões de caráter pessoal, contam uma história que transcende aquela da pensadora, mas que revelam parte da própria história das mulheres na filosofia: o modo como as mulheres podiam fazer e faziam filosofia, os paradoxos vividos pelas filósofas em um campo predominantemente masculino, as estratégias e ações às quais elas recorriam para lidar com esses paradoxos e a própria dinâmica não só intelectual, mas também política e de gênero do campo intelectual europeu.

# BIBLIOGRAFIA

## Obras

BEAUVOIR, S. *Les bouches inutiles: pièce en deux actes et huit tableaux*. Paris: Gallimard, 1945.

BEAUVOIR, S. Pour Djamila Boupacha. *Le Monde*, 2 jun. 1960. p. 5.

BEAUVOIR, S. *A América dia a dia*. Trad. de Emília Rodrigues. Lisboa: Arcádia, 1963.

BEAUVOIR, S. Faut-il brûler Sade. *In*: BEAUVOIR, S. *Privilèges*. Paris: Gallimard, 1964.

BEAUVOIR, S. *O existencialismo e a sabedoria das nações*. Trad. de Bruno da Ponte e Manuel de Lima. Lisboa: Editorial Minotauro, 1965a.

BEAUVOIR, S. *Os mandarins*. Trad. de Hélio de Souza. São Paulo: Difusão Europeia do Livro, 1965b.

BEAUVOIR, S. *O pensamento de direita hoje*. Rio de Janeiro: Paz e Terra, 1967.

BEAUVOIR, S. *A convidada*. Trad. de Vitor Ramos. Rio de Janeiro: Nova Fronteira, 1985.

BEAUVOIR, S. *A velhice*. Trad. de Maria Helena Franco Monteiro. Rio de Janeiro: Nova Fronteira, 1990a.

BEAUVOIR, S. *O sangue dos outros*. Trad. de Heloysa de Lima Dantas. Rio de Janeiro: Nova Fronteira, 1990b.

BEAUVOIR, S. *Todos os homens são mortais*. Trad. de Sérgio Milliet. Rio de Janeiro: Nova Fronteira, 1995.

BEAUVOIR, S. *Por uma moral da ambiguidade, seguido de Pirro e Cineias*. Trad. de Marcelo Jacques de Moraes. Rio de Janeiro: Nova Fronteira, 2005.

BEAUVOIR, S. *O segundo sexo*. Trad. de Sérgio Milliet. Rio de Janeiro: Nova Fronteira, 2009a.

BEAUVOIR, S. *Memórias de uma moça bem-comportada*. Trad. de Sérgio Milliet. Rio de Janeiro: Nova Fronteira, 2009b.

BEAUVOIR, S. *A força da idade*. Trad. de Sérgio Milliet. Rio de Janeiro: Nova Fronteira, 2010a.

BEAUVOIR, S. *A força das coisas*. Trad. de Maria Helena Franco Martins. Rio de Janeiro: Nova Fronteira, 2010b.

**Literatura secundária**

ALTMAN, M. *Beauvoir in time*. Leiden: Brill, 2020.

BURAWOY, M. As antinomias do feminismo: Beauvoir encontra Bourdieu. *In*: BURAWOY, M. *O marxismo encontra Bourdieu*. Trad. de Fernando Rogério Jardim. Campinas: Editora da Unicamp, 2010. p. 131-158.

CANDIANI, H. R. *A tessitura da situação*: a trama das opressões na obra de Simone de Beauvoir. 2018. Tese (Doutorado em Ciências Sociais) – Universidade Estadual de Campinas, Campinas, 2018. Disponível em: https://repositorio.unicamp.br/acervo/detalhe/1050578. Acesso em: 15 jul. 2024.

CHAPERON, S. Auê sobre "O Segundo Sexo". *Cadernos Pagu*, v. 12, p. 37-53, 1999.

CHAPERON, S. A segunda Simone de Beauvoir. *Novos Estudos Cebrap*, n. 57, p. 103-123, 2000.

CYFER, I. Afinal, o que é uma mulher? Simone de Beauvoir e "a questão do sujeito" na teoria crítica feminista. *Lua Nova*, n. 94, p. 41-77, 2015.

DAIGLE, C. Pensando com Simone de Beauvoir e para além. *Sapere Aude*, v. 5, n. 9, p. 381-392, 2014.

GERASSI, J. Le Deuxième Sexe vingt-cinq ans après. *In*: FRANCIS, C.; GONTIER, F. *Les écrits de Simone de Beauvoir*. Paris: Gallimard, 1979. p. 545-565.

GUNELLA, E. J. *Ontologia e ética n'O segundo sexo de Simone de Beauvoir*. 2014. Dissertação (Mestrado em Filosofia) – Universidade de São Paulo, São Paulo, 2014. Disponível em: https://www.teses.usp.br/teses/disponiveis/8/8133/tde-12122014195339/publico/2014_ElisJoyceGunella_VOrig.pdf. Acesso em: 15 jul. 2024.

KRUKS, S. Teorizando a opressão. *Sapere Aude*, v. 3, n. 6, p. 13-56, 2012.

ROUCH, M. Simone de Beauvoir et ses letrices. *Simone de Beauvoir Studies*, v. 30, n. 2, p. 225-251, 2019.

ZÉPHIR, J. J. Importance des écrits féministes de Simone de Beauvoir postérieurs au Deuxième sexe. *Simone de Beauvoir Studies*, v. 2, p. 117-147, 1984..

# 22
# SIMONE WEIL

(1909-1943)

*Fernando Rey Puente**

## 1 – VIDA

Simone Adolphine Weil, nascida em Paris no dia 3 de fevereiro de 1909, é uma das mais importantes filósofas do século XX. Em sua breve vida, vivenciou as duas grandes guerras. Ela faleceu aos 34 anos, no dia 24 de agosto de 1943, na cidade de Ashford (Reino Unido), sem ter podido presenciar a derrocada do nazismo e a libertação da França do jugo da Alemanha hitlerista.

Os pais de Simone Weil, Bernard e Selma Weil, eram ambos judeus não praticantes e tiveram dois filhos. O primeiro, um dos mais importantes matemáticos do século XX, foi André Weil (1906-1998), membro fundador do Grupo Bourbaki, que revolucionou a matemática no século XX. A segunda foi Simone Weil, que compartilhou com seu irmão uma infância diferenciada, pois estudaram em casa com diversos professores particulares e sob os auspícios zelosos de sua mãe em função de mudanças constantes que tiveram de fazer devido aos sucessivos empregos do pai. Dado que André e Simone não tiveram nenhuma

---

* Professor do Departamento de Filosofia da Universidade Federal de Minas Gerais (UFMG).

formação religiosa, eles cresceram adotando uma posição agnóstica que se reflete claramente nos textos iniciais de Simone Weil. Os irmãos foram muito próximos intelectualmente e a correspondência entre eles é uma verdadeira mina de informações sobre questões matemáticas, filosóficas e científicas, sempre eivadas de muito humor e ironia.

Simone Weil viveu em uma época marcada não somente pelas guerras, mas também por intensos movimentos político-sociais de luta por melhores condições de trabalho para os operários, bem como por um engajamento dos intelectuais na formação educacional dos trabalhadores. Tudo isso se manifesta fortemente em sua produção filosófica.

Tendo tido uma formação clássica (latim e grego) rigorosa, Simone Weil tornou-se leitora arguta da tradição grega (sobretudo de Homero, dos pitagóricos, de Platão e dos Evangelhos) e dos filósofos modernos mais estudados tradicionalmente na França daquelas décadas, a saber, Descartes e Kant; por fim, mas não menos importante, empreendeu uma leitura atenta e profunda de Marx. Antes de ingressar na *École Normale Supérieure*, estudou com Alain no Liceu Henry IV, no qual ingressou com 16 anos nas classes preparatórias para as grandes Escolas da França. Alain é o pseudônimo de Émile-Auguste Chartier (1868-1951), professor de filosofia que marcou indelevelmente diversos intelectuais franceses que foram seus alunos antes de ingressarem nas grandes Escolas ou na Sorbonne.

Simone Weil foi, portanto, uma das primeiras mulheres a entrar na prestigiosa École Normale Supérieure em Paris, tendo concluído sua formação acadêmica com um trabalho intitulado *Science et perception dans Descartes* (Weil, 1988), orientado por L. Brunschvicq e defendido por ela em 1930 aos 21 anos. A independência intelectual da jovem pensadora foi notável e pode ser percebida pela inversão, em sua tese, da interpretação filosófica de seu orientador com relação a Descartes, que defende que, em Descartes, "uma teoria das sensações como signos" está presente (Weil, 1988, p. 182).

Além de seus estudos teóricos nos quais ressalta a importância fundamental de Marx, de quem, contudo, foi igualmente uma crítica contumaz, Weil participou das lutas sindicais de sua época enquanto ministrava cursos de Filosofia para as filhas de operários nos Liceus de Puy (1931-1932), Auxerre (1932-1933), Roanne (1933-1934), Bourges (1935-1936) e Saint-Quentin (1937-1938).

Paralelamente à atividade como professora de ensino médio, ela empreenderá outras atividades decisivas em sua formação pessoal e intelectual. Assim, viaja para a Alemanha em 1931, pois compreendia que lá estavam ocorrendo transformações efetivas na vida política que necessitavam ser melhor entendidas. Em 1934, antes de ter sua experiência como operária, publica o que ela considerava então ser a sua grande obra: *Reflexões sobre as causas da liberdade e da opressão social* (Weil, 1979). Torna-se operária por um curto intervalo de tempo, entre 1934 e 1935, pois havia intuído que necessitava dessa experiência concreta para pensar a questão operária, e será precisamente dessa experiência que surgirá o texto "Diário de fábrica", escrito em 1936 (Weil, 1991a). A seguir, em agosto de 1936, sentiu a obrigação de se engajar na Guerra Civil Espanhola. Lutou ao lado dos republicanos na coluna comandada por Durruti, que dirigia a formação mais importante das milícias da Central Sindical Anarquista. Essa brevíssima experiência em uma guerra servirá para Weil conceber de modo claro a barbárie que domina o coração dos seres humanos independentemente de partidos ou posições políticas, bem como a idolatria da força e do poder que subjaz no âmago de quase todas as pessoas. Alguns textos weilianos produzidos nessa época o exprimem com clareza, tais como: "Reflexões sobre a barbárie" (Weil, 1989) e o célebre "Ilíada ou o poema da força" (Weil, 1979). Tampouco a questão colonial passou despercebida a Weil enquanto escrevia textos críticos em relação à França e às demais nações colonialistas, seja nos textos de 1930-1931 (em que analisava a situação na Indochina) ou de 1937 (em que refletia sobre os problemas que acometiam o Marrocos) (Weil, 1979).

De 1932 a 1938, Weil será uma adepta convicta do pacifismo, provavelmente devido ao excesso de violência que vivenciava ao seu redor, seja na experiência de fábrica, na guerra espanhola ou nas colônias ocupadas pelos franceses. Em função disso, ela chega até mesmo a defender uma política de não intervenção diante da anexação de parte do território da Tchecoslováquia pela Alemanha, pensando naquele momento que, ante a possibilidade iminente de uma guerra europeia, essa apropriação territorial ilegítima seria um mal menor a se assumir. Assim, é somente com a entrada dos soldados nazistas em Praga, em março de 1939, que ela começará a despertar desse sonho pacifista. Com habitual dureza, quer em relação aos demais, quer em relação a si própria, ela se recriminará veementemente nos próximos anos de sua breve existência por sua adesão temporária ao pacifismo. Uma passagem de seu "caderno de Londres", redigido ao final de sua vida, fala do "erro criminoso" (Weil, 2006, p. 374) que ela julgava ter cometido ao ter aderido a essa posição política.

Todas essas experiências que ela quis vivenciar e outras a que ela ainda se exporá nos seus derradeiros anos de vida remetem ao profundo desejo weiliano de "ter um contato direto com a vida", como ela escreve em uma anotação de seu "Diário de fábrica" (Weil, 1991a, p. 253). Entendendo esse contato direto como uma experiência que ultrapassaria a mera especulação filosófica, mas que constituiria a base de uma reflexão autêntica nascida a partir de uma situação concreta, buscava assim reunir teoria (ciência) e prática (trabalho), ou pensamento e ação, de modo singular na filosofia do século XX. Raramente se encontra numa única pessoa, como é o caso de Weil, um discernimento político extremamente apurado e uma singular capacidade de pensar os problemas mais essenciais de modo profundo e original nas mais diversas áreas da filosofia. A biografia e a obra de Weil estão essencial e intimamente conectadas.

Tudo na vida de Simone Weil é intenso e parece ocorrer simultaneamente. O mesmo se dará com o seu aprofundamento espiritual, que acontecerá primeiro em Viana do Castelo (Portugal), para onde viaja com os pais logo após sua estafante estadia na fábrica. Novas experiências espirituais continuarão a se manifestar nos anos seguintes à sua participação na Guerra Civil Espanhola, tanto na capela de Assis, em 1937, quanto, finalmente, no mosteiro beneditino de Solesmes, em 1938, e permanecerão ocultas de quase todos até a sua morte, quando certos textos e cartas de sua autoria foram finalmente publicados.

Não devemos, de modo algum, dividir a vida de Weil como se ela tivesse ocorrido em etapas sucessivas completamente distintas. A sua existência foi marcada especialmente pela necessidade de mediar posições teóricas aparentemente distantes e até mesmo supostamente incompatíveis, de modo que as reflexões sobre espiritualidade cristã e grega têm de ser analisadas no contexto mesmo de suas reflexões sociais e políticas.

Nos últimos seis ou sete anos de sua vida se processará uma integração – difícil de ser concebida sem preconceitos pelas partes envolvidas (isto é, o preconceito dos estudiosos de Platão e de Marx) – entre Marx e Platão, tendo como horizonte espiritual a figura, para ela, central, de Cristo. A isso se associa igualmente uma abertura inconteste em relação a outras espiritualidades, em um claro diálogo inter-religioso, especialmente para aquelas vertentes espirituais oriundas da Índia, antecipando o diálogo entre as religiões defendido pelo Concílio Vaticano II. Por essa razão, Weil começou a aprender o sânscrito e foi uma leitora atenta de algumas obras fundadoras da tradição filosófico-religiosa da Índia, tal como o *Bhagavad gîta*, além de estudar com muito interesse o *Livro egípcio dos mortos* e o *Tao te king*. Realizou, ainda, pesquisas acerca dos contos e dos relatos do folclore das mais diversas culturas, incluindo os místicos cristãos, particularmente São João da Cruz.

Superada a posição pacifista, Weil engajou-se ativamente no movimento de resistência. Na França, mais precisamente em Marselha, aonde chegou com os pais em setembro de 1940, até o embarque dos Weil para Nova York em maio de 1942, Simone Weil contribuiu para a resistência distribuindo uma das mais importantes revistas clandestinas da zona livre, os *Cahiers du témoignage chrétien*. Paralelamente, conheceu duas pessoas fundamentais para a sua vida: o padre dominicano Joseph-Marie Perrin e, por meio dele, Gustave Thibon, agricultor e escritor. Com o primeiro, teve importantes conversas sobre o cristianismo e a tradição grega e, graças ao segundo, conseguiu vivenciar a experiência que julgava lhe faltar, a de campesina, ainda que por poucos meses. Ambos foram os amigos com os quais Weil deixou seus inúmeros escritos antes de partir para Nova York. Vários textos como "Intuições pré-cristãs", "A fonte grega" e "A espera de Deus", bem como seus célebres "Cadernos", foram entregues a eles. Weil sabia que seus pais somente teriam aceitado partir para os Estados Unidos se ela os acompanhasse e, por isso, consentiu em fazer a travessia do Atlântico, mas na esperança de poder viajar rapidamente para Londres, onde ela compreendia que se encontrava o polo mais importante da resistência aliada contra Hitler e ao qual queria se unir.

A estadia em Nova York lhe foi muito tempestuosa interiormente. Devido aos grandes obstáculos que ali encontrou para viajar para Londres, ela se sentia como uma desertora. Apesar disso, não deixava de continuar aproveitando seu tempo visando conhecer outras realidades, como fica claro, de um lado, por suas pesquisas teóricas nas bibliotecas de Nova York e, de outro, por suas visitas ao Harlem e às suas igrejas.

Por fim, após muitos percalços e muita pertinácia da parte dela, Weil consegue juntar-se à resistência francesa em Londres: no final de novembro de 1942, ela consegue chegar a Liverpool. Restarão para ela apenas mais nove meses de vida, que foram de intensa produção teórica e de engajamento prático na resistência. Ela sente-se fracassada por não conseguir a autorização do General De Gaulle, chefe da resistência francesa em Londres, para poder realizar o projeto relacionado às enfermeiras de fronteira, por ela idealizado. O plano consistiria em lançar de paraquedas, nos campos de batalha, um grupo de jovens mulheres com algum conhecimento em enfermagem (a própria Weil capacitou-se rapidamente para poder ser enviada) a fim de socorrer os aliados, mas também seus inimigos, o que deveria ocorrer no próprio campo de batalha. O objetivo, como o texto "Projeto de uma formação de enfermeiras de primeira linha" (Weil, 2008) deixa claro, não é o de ingenuamente supor que esse grupo poderia salvar muitas vidas, mas sim o de opor ao comando SS (a "tropa de proteção" [*Schutzstaffel*], organização paramilitar ligada ao partido nazista) um grupo pequeno de jovens mulheres que serviriam como símbolo contrário àquele representado pela abominável tropa de elite hitlerista. Isso deve-se ao fato de ela ter logo compreendido a importância da propaganda no nazismo, o que fez com que quisesse contrapor-se a essa veiculação do ódio e da indiferença por meio de uma propaganda que enaltecesse um amor desinteressado. Obviamente, De Gaulle recusou-se a adotar tal plano, o que causou uma imensa tristeza em Simone.

Escrevendo o relatório sobre como seria a vida da França livre, texto que viria a constituir o que se passou a intitular o seu último livro, *O enraizamento*, bem como outros textos sobre questões espirituais e políticas, ela já se alimentava parcamente e fumava desenfreadamente, deixando de comer, pois se recusava a ingerir mais que um francês na França dominada pela Alemanha nazista poderia fazer. É interessante notar que essa atitude remete à decisão tomada durante a Primeira Guerra Mundial, com apenas seis anos de idade, de recusar-se a comer açúcar, porque os soldados que lutavam nas trincheiras estavam privados de consumi-lo. Por fim, já enfraquecida, ela acaba adoecendo em Londres, sendo transferida em seguida para um hospital na cidade de Ashford e falecendo em agosto do ano de 1943, aos 34 anos de idade. Lá se encontra a sua sepultura.

Em sua breve vida, tão plena de experiências não acadêmicas, Simone Weil escreveu abundante e quase compulsivamente o conjunto de seus textos filosóficos – pouquíssimos dos quais foram publicados em vida – que compõem os 16 volumes de suas *Obras Completas*, ainda em curso de publicação pela editora francesa Gallimard. Uma visão geral do plano da edição das *Obras Completas*, que apresentamos a seguir, nos dá uma ideia bastante razoável da amplitude temática e da quantidade de textos que ela escreveu, extraordinária para alguém que viveu tão pouco e teve uma vida tão intensa e profundamente comprometida com questões sociais e políticas.

## 2 – PLANO DA EDIÇÃO DAS OBRAS COMPLETAS

A edição realizada pelas Éditions Gallimard (Paris) está organizada em sete tomos, subdivididos, por sua vez, em 16 volumes, dos quais já temos publicados 13, faltando a publicação do volume único do Tomo III – que contém a produção poética e dramatúrgica de Simone Weil – e os dois volumes do Tomo VII relativos à correspondência mantida por Simone Weil com interlocutores em geral, excetuando aquela que manteve com a sua família, pois esta (volume 1 do tomo VII) já foi publicada.

Tomo I: *Primeiros escritos filosóficos.*

Tomo II: *Escritos históricos e políticos.*

– Volume 1: *O engajamento sindical (1927-1934).*

– Volume 2: *A condição operária (1934-1937).*

– Volume 3: *Rumo à guerra (1937-1940).*

Tomo III: *Poemas e Veneza salva.*

Tomo IV: *Escritos de Marseille.*

– Volume 1: *Filosofia, ciência, religião.*

– Volume 2: *Grécia – Índia – Ocitânia.*

Tomo V: *Escritos de Nova York e de Londres.*

– Volume 1: *Questões políticas e religiosas.*

– Volume 2: *O Enraizamento. Prelúdio a uma declaração aos deveres relativos ao ser humano.*

Tomo VI: *Cadernos – volumes 1-4.*

Tomo VII: *Correspondência.*

– Volume 1: *Correspondência familiar.*

– Volumes 2 e 3: *Correspondência geral.*

## 3 – OBRA: TEMAS E CONCEITOS

Tendo em vista a estreitíssima conexão entre a breve vida e a extensa obra de Simone Weil acima assinalada, mostraremos a seguir que os temas e conceitos mais importantes de sua filosofia estão profundamente conectados com as diferentes etapas de sua biografia, ainda que, devido à desproporção entre uma vida tão curta e uma produção intelectual tão ampla, inúmeros temas e autores se sobreponham e sejam tratados em diversos períodos sucessivos. Note-se que, para a nossa autora, a filosofia não é compreendida como um conhecimento meramente teórico, mas sim como uma atividade igualmente prática, e a noção de valor, sobre a qual ela escreveu um belo texto em 1941 intitulado "Algumas reflexões em torno à noção de valor", constitui uma chave fundamental para entendermos seu pensamento, como a seguinte passagem de sua obra evidencia:

A filosofia não consiste em uma aquisição de conhecimentos, como a ciência, mas em uma mudança de toda a alma. O valor é algo que se relaciona não somente ao conhecimento, mas à sensibilidade e à ação; não existe reflexão filosófica sem uma transformação essencial na sensibilidade e na prática da vida, transformação que possui igual alcance acerca das circunstâncias as mais ordinárias e as mais trágicas da vida (Weil, 2008, *OC* IV1, p. 57).

Ainda sobre a filosofia, vale a pena lembrar a altíssima exigência expressa pela pensadora francesa com relação quer ao método que deve ser adotado por quem a pratica, quer por quem deve ser reconhecido/a como tal:

O método próprio à filosofia consiste em conceber claramente os problemas insolúveis em sua insolubilidade, depois em contemplá-los sem mais, fixamente, incansavelmente, durante anos sem qualquer esperança, na espera.
Segundo este critério, há poucos filósofos. Poucos é ainda dizer muito (Weil, 2006, *OC* VI4, p. 362).

Um primeiro núcleo temático do seu pensamento está ligado ao problema da percepção e a um consequente diálogo e reinterpretação de Descartes e Espinosa, feitos sempre no interior do horizonte de apropriação que ela empreende dos pensadores gregos (em especial, de Platão), bem como da leitura atenta e crítica que começa a fazer de Marx e do problema operário tendo como conceito fundamental a noção de trabalho, talvez um dos conceitos mais fundamentais de sua filosofia. Esse modo de apropriação de diferentes pensadores pode ser observado já em seus primeiros textos juvenis:

É preciso examinar as relações da percepção e da ciência em Kant, Descartes e Platão; Platão sendo a síntese, pois levou a crítica kantiana mais longe do que Kant, até o realismo cartesiano. Mas Descartes deve fazer a conclusão, pois disse explicitamente o que Platão apenas nos fez subentender (Weil, 1988, *OC* I, p. 133).

A atividade estruturante dessa época e que estimula a sua reflexão é a sua breve, mas decisiva, experiência como operária. Sobre essa experiência, é importante citar um passo extraído de seus diários de fábrica no qual exprime com muita lucidez suas reflexões:

O esgotamento acaba por me fazer esquecer os verdadeiros motivos de minha estada na fábrica, torna quase invencível para mim a tentação mais forte que esta vida inclui: a de não pensar mais, o único meio de não sofrer com ela [...]. Só o sentimento de fraternidade, a indignação pelas injustiças infligidas a outros permanecem intactos – mas até que ponto tudo isso vai resistir ao correr do tempo (Weil, 1979, p. 79).

Essa experiência é tão fundamental para nossa autora que Weil volta a refletir sobre ela em um belo texto, "Experiência da vida de fábrica", escrito em Marselha em 1941, no qual afirma:

> São os sentimentos dependentes das circunstâncias de uma vida que tornam as pessoas felizes ou infelizes, mas esses sentimentos não são arbitrários, não são impostos ou apagados por sugestão, não podem ser mudados a não ser por uma transformação radical das próprias circunstâncias. Para mudá-las é preciso primeiro conhecê-las. Nada mais difícil de conhecer do que a infelicidade; ela é sempre um mistério (Weil, 1979, p. 138).

O segundo núcleo conceitual é construído em torno do problema da opressão e da liberdade, para o entendimento do qual, além de Marx, compareçem Rousseau, Tucídides, Homero e Maquiavel, enfatizando a formulação do conceito de força. Sem dúvida, a atividade que marca mais profundamente a vida de Weil nesse período é a sua participação na guerra civil espanhola. Evoquemos aqui uma célebre passagem do historiador ateniense Tucídides que ecoa em diversos textos de Simone Weil dessa época até o final de sua vida, a saber, o trecho que narra o episódio da embaixada dos atenienses, que vai dialogar com os cidadãos da ilha de Melos, os quais estavam neutros com relação ao litígio bélico entre Atenas e Esparta e, admoestados pelos atenienses de que deveriam se unir a eles em sua luta contra os espartanos, resistem e recusam-se a fazê-lo, afirmando que nada tinham a ver com essa contenda. Com uma franqueza meridiana, que sempre pareceu a Simone Weil uma grande virtude dos atenienses, eles responderão então aos melienses com as duríssimas palavras que se seguem, na tradução que nossa autora fez de Tucídides em um passo de seus *Cadernos*:

> Tal como o espírito humano é feito, o que é justo só é examinado caso haja uma necessidade igual de ambas as partes; mas, caso haja um fraco, o que é possível é feito pelo primeiro e aceito pelo segundo. Nós não pensamos e não queremos fazer nada que seja contrário àquilo que os homens creem dos deuses e julgam bom entre eles. *Nós temos, a respeito dos deuses, a crença; a respeito dos homens, o conhecimento certo de que sempre, por uma necessidade natural, cada um comanda por toda parte onde ele tem o poder.* Não

> somos nós que estabelecemos essa lei, e nós não somos os primeiros a aplicá-la; nós a encontramos estabelecida, nós a conservaremos como algo que deve durar. Por essa razão nós a aplicamos. Nós sabemos bem que vocês, como qualquer outro, uma vez tendo alcançado o mesmo poderio que nós, agiriam do mesmo modo (Weil, 2002, *OC* VI 3, p. 424, ênfase da autora).

O emprego que a filósofa francesa fará dessa passagem é essencial para compreender a noção de força em sua filosofia, bem como é bastante comum como procedimento metodológico: ela seleciona um trecho de um autor que, segundo ela, contém um conceito fundamental – a força, nesse caso – que exprimiria a essência do pensamento desse autor e na sequência ela o correlacionará com outros estudos feitos por outros autores – relacionados quer ao próprio âmbito social (como em Marx), quer ao âmbito estritamente físico (como em Galileu) – desse conceito.

Um terceiro núcleo de questões tem como conceitos-chave as noções de leitura e de decreação, que reúnem uma dimensão antropológica e outra teológica. São textos nos quais Weil se esforça para estabelecer a mediação entre temas e problemas aparentemente dissonantes ao pensá-los em planos distintos, mas relacionados entre si. Aqui a leitura que ela faz do *Novo Testamento* em direta conexão com a tradição grega se manifesta de modo decisivo. A experiência estruturante desse núcleo é a inesperada, para uma autora que sempre se entendeu como agnóstica, experiência mística que ela teve e que a levou a ter de repensar o cristianismo e a sua relação com as demais tradições religiosas e espirituais. Um passo de sua obra nos oferece uma visão ampla de como ela correlacionava o mundo grego e as demais civilizações:

> O que é, por conseguinte, Platão? Um místico, herdeiro de uma tradição mística na qual toda a Grécia estava mergulhada.
> Vocação de cada povo na antiguidade: um aspecto das coisas divinas (excepto os Romanos). Israel: unidade de Deus. Índia: assimilação da alma a Deus na união mística. China: modo de operação próprio de Deus, plenitude da acção que parece inacção, plenitude da presença que parece ausência, vazio, silêncio. Egipto: imortalidade, salvação da alma logo após a morte, pela assimilação a um Deus sofredor, morto e ressuscitado, caridade para com o próximo. Grécia (que sofreu muito a influência do Egipto): miséria do homem, distância, transcendência de Deus (Weil, 2006, p. 69).

Com essa comparação, se esclarece que aquilo que permite a Simone Weil comparar diversas religiões entre si com o mundo grego – o qual não é visto como um caso à parte no qual o pensamento racional teria se desenvolvido em detrimento da espiritualidade, mas, ao contrário, é entendido em correlação com as demais civilizações, mais próximo, portanto, do modo como hoje em dia alguns especialistas da Antiguidade costumam analisar a civilização grega – é a noção de leitura, uma noção cuja gênese está alicerçada tanto nas considerações de Platão na *República*, sobre os tipos de conhecimento que há, quanto nos três níveis de conhecimento expostos por Espinosa. Na verdade, a filósofa francesa estrutura toda a sua obra em torno dessa noção, inclusive a sua recepção do mundo grego se deixa melhor compreender a partir dessa perspectiva, ou seja, os gregos, para ela, expuseram a miséria dos seres humanos em suas tragédias, e a transcendência de Deus é apresentada principalmente nos textos pitagóricos e em Platão, nos quais também se encontra a conexão entre Deus e os seres humanos feita no domínio da geometria. Por isso, Simone Weil pode afirmar que a geometria grega é uma profecia do cristianismo. Nesse sentido é que ela propunha traduzir o termo grego *logos* no prólogo do *Evangelho de João* não como "verbo", mas sim como "mediação", entendendo *logos* como razão no sentido de uma média proporcional matemática entre três termos. Em um passo fundamental de seus *Cadernos*, ela apresenta de modo sucinto a sua concepção de leitura: "Leituras superpostas: ler a necessidade por detrás da sensação, ler a ordem por detrás da necessidade, ler Deus por detrás da ordem" (Weil, 1997, OC VI 2, p. 373).

De modo emblemático temos aí, exposto de modo formular, o programa que dirige a metodologia utilizada por nossa autora para se apropriar da tradição grega, como expusemos detalhadamente em uma obra que trata especificamente dessa apropriação (cf. Puente, 2007) e para podermos estruturar a sua própria filosofia que parte da constatação de uma necessidade que aparece na noção de força, se dirige para as suas reflexões sobre as ciências, em particular para a geometria por meio da noção de ordem e de seu conceito complementar, a beleza, para então chegar a Deus. Note-se que não se trata de imaginar planos sucessivos de análise, mas sim de compreender o imbricamento simultâneo desses planos.

O último núcleo se manifesta nos anos finais de Simone Weil, quando ela deseja ardentemente contribuir com os aliados na luta contra a Alemanha nazista. Ela declara estar dilacerada entre as questões relativas à miséria humana e ao amor de Deus. Nenhum desses polos pode ser pensado sem o outro, mas como pensá-los simultaneamente tampouco lhe parecia evidente. A noção capital aqui é a de enraizamento. A tentativa frustrada de participar na ofensiva dos aliados sediados em Londres contra a Alemanha constitui a atividade mais marcante dos últimos anos de sua vida. Foi precisamente em Londres que Simone Weil compôs um relatório para as forças aliadas, sediadas na Inglaterra sob o comando do general De Gaulle, explicando como a França deveria se reestruturar após a vitória dos aliados sobre a Alemanha hitlerista. É precisamente esse relatório que ficou posteriormente conhecido, graças à intervenção de seu editor A. Camus, com o nome de *O enraizamento*. Tal como com relação a quase todos os outros textos de Simone Weil, esse tampouco foi escrito em 1943 para constituir um livro, mas nesse formato é que nós o conhecemos. Nessa obra, presidida pela metáfora da alimentação, pois nossa autora entendia que certos conhecimentos deveriam integrar-se organicamente a nós, e não apenas mentalmente, ela discute as noções de desenraizamento e de enraizamento. O desenraizamento é apresentado em três faces: o desenraizamento operário, o desenraizamento camponês e o desenraizamento das nações, provocado pelo colonialismo. A missão de seu texto é exposta sinteticamente por ela: "Ajudar a França a encontrar no fundo de sua desgraça uma inspiração conforme seu gênio e as necessidades atuais dos homens no infortúnio. Espalhar essa inspiração, uma vez reencontrada ou pelo menos entrevista, através do mundo" (Weil, 2001, p. 179).

Simone Weil estava plenamente consciente de que essa é uma tarefa deveras difícil, como se pode verificar por outro trecho que se pode ler mais adiante:

> O método de ação política esboçado aqui supera as possibilidades da inteligência humana, ao menos tanto quanto essas possibilidades são conhecidas. Mas isso é precisamente o que constitui seu valor. Não se deve perguntar se se é capaz ou não de aplicá-lo. A resposta seria sempre não. É preciso concebê-lo de uma maneira perfeitamente clara; contemplá-lo muito tempo e frequentemente; enterrá-lo para sempre no lugar da alma onde os pensamentos criam raízes; e que ele esteja presente a todas as decisões. Há talvez então uma probabilidade para que as decisões, embora imperfeitas, sejam boas (Weil, 2001, p. 196-197).

Esse método de insuflar uma inspiração em um povo, não, evidentemente, por meio da força e do prestígio – como nossa autora diz no início da terceira parte de seu "livro" que trata do enraizamento –, é "completamente novo". Ela menciona nessa passagem as alusões que Platão teria feito sobre esse método em seu diálogo *O Político*, bem como em outros diálogos. Também, declara que Montesquieu o ignorou e que Rousseau "reconheceu-lhe claramante a existência, mas não foi mais além", afirma também que "os homens de 1789 não parecem tê-lo suspeitado" e, por fim, enfatiza que no século XX, "o nível das inteligências descera bem abaixo do campo em que se colocam tais questões" (cf. Weil, 2001, p. 169).

Por fim, é preciso advertir que não se pode acreditar ingenuamente que os temas e problemas mencionados nessas fases estejam plenamente superados em suas fases posteriores e que possam ser tratados como se fossem totalmente desvencilhados uns dos outros. Ao contrário, todos estão intimamente conectados e isso torna a leitura da obra weiliana bastante difícil. Ocorre com ela o que ocorre quer com Platão, quer com Kierkegaard: não podemos considerar as suas obras como tendo sido escritas em meras etapas sucessivas, o pensamento deles é mais complexo, exigindo de nós uma leitura bastante refinada.

Na obra de Simone Weil ocorre que cada conceito requer para a sua plena compreensibilidade outros ainda não plenamente formulados. Todavia, essas noções ou prenoções já estão de certo modo intuídas pela autora, comparecendo assim apenas implicitamente. Por conseguinte, necessitamos de um conhecimento vasto e aprofundado da totalidade da produção weiliana para podermos pensar adequadamente a complexa articulação entre os conceitos fundamentais presentes em sua filosofia.

Seria um grande equívoco julgar que ela seja uma pensadora de fragmentos filosóficos ou de meros ensaios isolados de grande impacto devido à sua clareza, concisão e perfeição estilística. Há, ao contrário, uma sólida doutrina filosófica em Simone Weil que não pode, contudo, ser sistematizada, mas que tem uma lógica inerente que perpassa e aproxima textos aparentemente desconexos e circunstanciais para revelar, enfim, um painel complexo e sutil acerca do mundo, do ser humano, da amizade, da sociedade, das artes e das ciências, da guerra, da justiça, da religião e de Deus.

# BIBLIOGRAFIA

## Obras

### Traduções em português

WEIL, S. *Opressão e liberdade*. Trad. de Maria de Fátima Sedas Nunes. Lisboa: Livraria Morais Editora, 1964.

WEIL, S. *A condição operária e outros escritos sobre a opressão*. Org. de Ecléa Bosi. Trad. de Therezinha Langlada. Rio de Janeiro: Paz e Terra, 1979.

WEIL, S. *A gravidade e a graça*. Trad. da ECE. São Paulo: ECE, 1986.

WEIL, S. *Espera de Deus*. Trad. da ECE. São Paulo: ECE, 1987.

WEIL, S. *Lições de filosofia*. Trad. de Paulo Neves. São Paulo: Martins Fontes, 1990.

WEIL, S. *Aulas de filosofia*. Trad. de Marina Appenzeller. Campinas: Papirus, 1991b.

WEIL, S. *Pensamentos desordenados acerca do amor de Deus*. Trad. da ECE. São Paulo: ECE, 1991c.

WEIL, S. *A gravidade e a graça*. Trad. de Paulo Neves. São Paulo: Martins Fontes, 1993.

WEIL, S. *O enraizamento*. Trad. de Maria Leonor Loureiro. São Paulo: Edusc, 2001.

WEIL, S. *Opressão e liberdade*. Trad. de Ilka Stern Cohen. São Paulo: Edusc, 2001.

WEIL, S. *Espera de Deus*. Trad. de Manuel Maria Barreiros. Lisboa: Assírio & Alvim, 2005.

WEIL, S. *A fonte grega*. Trad. de Filipe Jarro. Lisboa: Edições Cotovia, 2006.

WEIL, S. *Carta a um religioso*. Trad. de Monica Stahel. Petrópolis: Vozes. 2016.

WEIL, S. *Pela supressão dos partidos políticos*. Trad. de Lucas Neves. Belo Horizonte: Âyiné, 2016.

WEIL, S. *Nota sobre a supressão geral dos partidos políticos*. Trad. de Manuel de Freitas. Lisboa: Antígona, 2017.

WEIL, S. *Reflexões sobre as causas da liberdade e da opressão social*. Trad. de Maria de Fátima Sedas Nunes. Lisboa: Antígona, 2017.

WEIL, S. *Contra o colonialismo*. Trad. de Carolina Selvatici. Rio de Janeiro: Bazar do Tempo, 2019.

### Obras publicadas pela editora Gallimard, Paris:

WEIL, S. *La connaissance surnaturelle*. Paris: Editions Gallimard, 1950.

WEIL, S. *Lettre à un religieux*. Paris: Editions Gallimard, 1951a.

WEIL, S. *La condition ouvrière*. Paris: Editions Gallimard, 1951b.

WEIL, S. *La source grecque*. Paris: Editions Gallimard, 1953.

WEIL, S. *Oppression et liberté*. Paris: Editions Gallimard, 1955.

WEIL, S. Écrits de Londres et dernières lettres. Paris: Editions Gallimard, 1957.

WEIL, S. Écrits historiques et politiques. Paris: Editions Gallimard, 1960.

WEIL, S. *Pensées sans ordre concernant l'amour de Dieu*. Paris: Editions Gallimard, 1962.

WEIL, S. *Sur la science*. Paris: Editions Gallimard, 1966.

WEIL, S. *Poèmes, suivis de Venise sauvée*. Paris: Editions Gallimard, 1968.

### Obras publicadas na editora Plon, Paris:

WEIL, S. *La pesanteur et la grâce*. Org. de Gustave Thibon. Paris: Plon, 1949.

WEIL, S. *Cahiers*. Paris: Plon, 1951. t. I.

WEIL, S. *Cahiers*. Paris: Plon, 1953. t. II.

WEIL, S. *Cahiers*. Paris: Plon, 1956. t. III.

WEIL, S. *Leçons de Philosophie*. Paris: Plon, 1959.

### Obras publicadas pela editora La Colombe, Paris:

WEIL, S. *Attente de Dieu*. Paris: La Colombe, 1949.

WEIL, S. *Intuitions pré-chrétiennes*. Paris: La Colombe, 1951.

### Reedições pela editora Gallimard, Paris, no âmbito das Obras Completas:

WEIL, S. *Oeuvres complètes*. Tome I: Premiers écrits philosophiques. Org. de A. Devaux e F. de Lussy. Paris: Éditions Gallimard, 1988.

WEIL, S. *Oeuvres complètes*. Tome II: Écrits historiques et politiques. Paris: Éditions Gallimard, 1988. v. 1: L' engagement syndical (1927- juillet 1934).

WEIL, S. *Oeuvres complètes*. Tome II: Écrits historiques et politiques. Paris: Éditions Gallimard, 1989. v. 3: Vers la guerre (1937-1940).

WEIL, S. *Oeuvres complètes*. Tome II: Écrits historiques et politiques. Paris: Éditions Gallimard, 1991b. v. 2: L'expérience ouvrière et l'adieu à la révolution (juillet 1934-juin 1937).

WEIL, S. *Oeuvres complètes*. Tome IV: Écrits de Marseille. Paris: Éditions Gallimard, 2008. v. 1: (1940-1942). Philosophie, science, religion, questions politiques et sociales.

WEIL, S. *Oeuvres complètes*. Tome IV: Écrits de Marseille. Paris: Éditions Gallimard, 2009. v. 2: Grèce – Inde – Occitanie.

WEIL, S. *Oeuvres complètes*. Tome VI: Cahiers. Paris: Éditions Gallimard, 1994. v. 1 (1933-septembre 1941).

WEIL, S. *Oeuvres complètes*. Tome VI: Cahiers. Paris: Éditions Gallimard, 1997. v. 2 (septembre 1941-février 1942).

WEIL, S. *Oeuvres complètes*. Tome VI: Cahiers. Paris: Éditions Gallimard, 2002. v. 3: (février 1942-juin 1942). La porte du transcendant.

WEIL, S. *Oeuvres complètes*. Tome VI: Cahiers. Paris: Éditions Gallimard, 2006. v. 4: (juillet 1942-juillet 1943). La connaissance surnaturelle (Cahiers de New York et de Londres).

WEIL, S. *Oeuvres complètes*. Tome VII: Correspondance. Paris: Éditions Gallimard, 2012. v. 1: Correspondance familiale.

WEIL, S. *Oeuvres complètes*. Tome V: Écrits de New York et de Londres. Paris: Éditions Gallimard, 2013. v. 2: L'Enracinement. Prélude à une déclaration des devoirs envers l'être humain.

WEIL, S. *Oeuvres complètes*. Tome V: Écrits de New York et de Londres (1942-1943). Paris: Éditions Gallimard, 2019. v. 1: Questions politiques et religieuses.

WEIL, S. *Simone Weil*: oeuvres. Org. de F. de Lussy. Paris: Quarto Gallimard, 1999.

## Literatura secundária

ALLEN, D.; SPRINGSTED, E. O. *Spirit, nature, and community*: issues in the thought of Simone Weil. Nova York: State University of New York Press, 1994.

BINGEMER, M. C. L. (org.). *Simone Weil e o encontro entre as culturas*. Rio de Janeiro: Editora PUC-Rio; São Paulo: Paulinas, 2009.

BINGEMER, M. C. L.; PUENTE, F. R. (orgs.). *Simone Weil e a filosofia*. Rio de Janeiro: Editora PUC-Rio; São Paulo: Edições Loyola, 2011.

BOSI, E. *O tempo vivo da memória*. Cotia: Ateliê Editorial, 2003. Parte III: quatro estudos sobre Simone Weil.

CALLE, M.; GRUBER, E. (orgs.). *Simone Weil* : la passion de la raison. Paris: l'Harmattan, 2003.

CANCIANI, D. *Simone Weil* : il coraggio di pensare. Impegno e riflessione politica tra le due guerre. Roma: Edizioni Lavoro, 1996.

CANCIANI, D. *Tra sventura e belezza*: riflessione religiosa e esperienze mistica in Simone Weil. Roma: Edizioni Lavoro, 1998.

CHENAVIER, R. *Simone Weil*: une philosophie du travail. Paris: Èdition du Cerf, 2001.

DELSOL, C. (ed.). *Simone Weil*: les cahiers d'histoire de la philosophie. Paris: Cerf, 2009.

DIETZ, M. G. *Between the human and the divine*: the political thought of Simone Weil. Nova Jersey: Rowman & Littlefield Publishers, 1988.

DOERING, J.; SPRINGSTED, E. O. *The Christian Platonism of Simone Weil*. Notre Dame: University of Notre Dame Press, 2004.

DOERING, J. *Simone Weil and the specter of self-perpetuating force*. Notre Dame: University of Notre Dame Press, 2010.

DUNAWAY, J.; SPRINGSTED, E. O. *The beauty that saves*: essays on aesthetics and language in Simone Weil. Georgia: Mercer University Press, 1996.

FINCH, H. L. *Simone Weil and the intellect of grace*. Nova York: Continuum, 2001.

FULCO, R. *Corrispondere al limite*. Simone Weil: il pensiero e la luce. Roma: Edizioni Studium, 2002.

GABELLIERI, E. Être et don: Simone Weil et la philosophie. Louvain, Paris: Peeters, 2003.

GAETA, G. *Leggere Simone Weil*. Macerata: Quodlibet, 2018.

GÉRARD, V. (org.). *Simone Weil*: lectures politiques. Paris: Éditions Rue d'Ulm; Presses de l'École Normale Supérieure, 2011.

HOLOKA, J. P. (ed.). *Simone Weil's the Iliad or the poem of force*: a critical edition. Nova York: Peter Lang, 2003.

JACQUIER, C. (org.). *Simone Weil*: l'expérience de la vie et le travail de la pensée. Arles: Editions Sulliver, 1998.

JANEIRA, A. L. *Conhecer Simone Weil*. Braga: Publicações da Faculdade de Filosofia, 1973.

KÜHN, R. *Deuten als Entwerden*: eine Synthese des Werkes Simone Weils in hermeneutisch-religionsphilosophischer Sicht. Freiburg: Herder, 1989.

KÜHN, R. *Leere und Aufmerksamkeit*: Studien zum Offenbarunsgsdenken Simone Weils. Dresden: Verlag Text & Dialog, 2014.

LUSSY, F. (org.). *Simone Weil*: sagesse et grâce violente. Montrouge: Bayard, 2009.

MARIANELLI, M. *La metafora ritrovata*: miti e simboli nella filosofia di Simone Weil. Roma: Città Nouva, 2004.

MEANEY, M. C. *Simone Weil's apologetic use of literature*: her christological interpretation of classic Greek texts. Oxford: Clarendon Press, 2007.

MORGAN, V. G. *Weaving the world*: Simone Weil on science, mathematics and love. Notre Dame: University of Notre Dame Press, 2005.

NAUD, A. *Les dogmes et le respect de l'intelligence*: plaidoyer inspiré par Simone Weil. Saint Laurent: Éditions Fides, 2002.

PUENTE, F. *Simone Weil et la Grèce*. Paris: L' Harmattan, 2007.

PUENTE, F. *Exercícios de atenção*: Simone Weil leitora dos gregos. Rio de Janeiro: Editora PUC-Rio; São Paulo: Edições Loyola, 2013.

REVILLA, C. (org.). *Simone Weil*: descifrar el silencio del mundo. Madri: Editorial Trotta, 1995.

REVILLA, C.; BEA, E. (orgs.). *Simone Weil*: el arte de leer. Buenos Aires: EUBA: Katz Editores, 2018.

REVILLA, C. *Simone Weil*: nombrar la experiencia. Madri: Editorial Trotta, 2003.

RHEES, R. *Discussions of Simone Weil*. Nova York: State University of New York Press, 2000.

SAINT-SERNIN, B. *L'action politique selon Simone Weil*. Paris: Édition du Cerf, 1988.

SCHLETTE, H. R.; DEVAUX, A. (orgs.). *Simone Weil*: Philosophie, Religion, Politik. Frankfurt: Verlag Josef Knecht, 1985.

SPRINGSTED, E. O. *Simone Weil & the suffering of love*. Cambridge: Cowley Publications, 1986.

VETÖ, M. *La méthaphysique religieuse de Simone Weil*. Paris: Vrin, 1971.

WINCH, P. *Simone Weil*: the just balance. Cambridge: Cambridge University Press, 1989.

## Links

BERGERY, B. *Simone Weil*: excerpts selected, translated, and commented by Benjamin Bergery. Disponível em: http://simoneweil.net/home.htm. Acesso em: 16 jul. 2024.

CAIRN INFO. *Matières à réflexion*. Disponível em: https://www.cairn.info/resultats_recherche.php?searchTerm=simone+weil. Acesso em: 16 jul. 2024.

LES CLASSIQUES DES SCIENCES SOCIALES. *Une bibliothèque numérique, entièrement réalisée par des bénévoles, fondée et dirigée par Jean-Marie Tremblay, sociologue*. Disponível em: http://classiques.uqac.ca/classiques/weil_simone/weil_simone.html. Acesso em: 16 jul. 2024.

MEUNIER, L. *Pensées de Simone Weil*. Disponível em: https://nosliensvivants.fr/simoneweil/. Acesso em: 16 jul. 2024.

RADIOFRANCE. *Simone Weil*. Disponível em: https://www.franceculture.fr/personne-simone-weil.html. Acesso em: 16 jul. 2024.

ROZELLE-STONE, A. R.; DAVIS, B. P. *Stanford Encyclopedia of Philosophy*: verbete "Simone Weil". Disponível em: https://plato.stanford.edu/entries/simone-weil/. Acesso em: 16 jul. 2024.

SIMONE WEIL. *Site dedicado à divulgação do pensamento de Simone Weil*. Disponível em: http://www.simoneweil.com.br. Acesso em: 16 jul. 2024.

UNIVERSITY OF CALGARY. *Simone Weil bibliography*. Disponível em: https://simoneweil.library.ucalgary.ca/. Acesso em: 16 jul. 2024.

# 23
# GERTRUDE ELIZABETH MARGARET ANSCOMBE

(1919-2001)

*Beatriz Sorrentino Marques**

Este verbete visa apresentar um breve recorte da vida e obra de Gertrude Elizabeth Margaret Anscombe. Ela nasceu em 18 de março de 1919, em Limerick, Irlanda, numa família anglicana de classe média, e faleceu em 5 de janeiro de 2001, em Cambridge, Inglaterra. Anscombe frequentou a Sydenham School e depois estudou na Universidade de Oxford. No final da graduação, casou-se com o também filósofo Peter Geach, com quem teria sete filhos, mas sempre preferiu ser chamada pelo próprio sobrenome. Ela lecionou na sua *alma mater* até assumir a cadeira de Wittgenstein, seu professor e amigo, na Universidade de Cambridge, em 1970.

A filósofa escreveu *Modern moral philosophy* [Filosofia moral moderna] (1958), que permitiu a volta da ética das virtudes aristotélica para as discussões da ética contemporânea, *The first person* [A primeira pessoa] ([1975]1981) e *An introduction to Wittgenstein's Tractatus* [Uma introdução ao *Tratado* de Wittgenstein] (1959). Além disso, o seu livro *Intenção* (1957b) criou a área da filosofia da ação como disciplina acadêmica contemporânea e as questões tratadas nele ditam a agenda dessa área até hoje. Contudo os interesses de

---

* Professora da Universidade Federal de Mato Grosso (UFMT).

Anscombe em filosofia eram amplos. Ela escreveu artigos muito citados e proferiu palestras sobre temas desde a causação, a percepção e a primeira pessoa até questões sobre religião, dignidade humana, aborto e eutanásia. A maioria pode ser encontrada em coleções de ensaio como *From Parmenides to Wittgenstein. Human life, action, and ethics: essays by G. E. M. Anscombe* [De Parmênides a Wittgenstein. Vida humana, ação e ética: ensaios de G. E. M. Anscombe] e outras coleções organizadas por Mary Geach e Luke Gormally.

## 1 – INFÂNCIA, FAMÍLIA E CONTEXTO

Elizabeth Anscombe teve, de modo geral, uma infância comum, com dois irmãos, eles gêmeos, e o pai professor de escola (Lipscomb, 2022). A exceção à norma era personificada em sua mãe, Gertrude Anscombe (nascida Thomas), que era progressista para a época em termos de educação formal para as mulheres. Ela havia frequentado a universidade, embora tenha sido em um período em que as mulheres não podiam receber um diploma de graduação. Além disso, foi professora e diretora de uma escola antes de se casar (Cumhaill; Wiseman, 2022).

Quando criança, Gertrude Thomas (mãe de Elizabeth Anscombe) teve uma educação pouco usual para uma menina. Cumhaill e Wiseman relatam que, quando ela era pequena, a família desistiu de ter governantas por não poder protegê-las das insistentes "atenções" (Cumhail; Wiseman, 2022) do tio das crianças. A família precisou optar por um arranjo pouco ortodoxo, em que o tutor homem ensinava tanto aos garotos como a Gertrude Thomas as mesmas matérias, o que resultou no domínio pouco usual da menina de grego e de latim, algo raro na educação das mulheres (Cumhaill; Wiseman, 2022).

Essa era uma distinção marcante a respeito da educação de meninos e meninas naquela época. Os primeiros aprendiam as línguas mortas, exigidas para o acesso a cursos concorridos nas grandes universidades, como Cambridge e Oxford, enquanto as últimas aprendiam francês e, quando tinham idade para ir à escola, estudavam também história e literatura. Isso contribuía para afastar as mulheres dos cursos mais prestigiosos. Como lembra Lipscomb (2022), esse é um exemplo de controle de acesso [*gatekeeping*] em que o acesso não é proibido, mas as condições para de fato acessar os cursos, embora pareçam razoáveis, em conjunto com a realidade social, tornam quase impossível para as mulheres fazê-lo.

O grande objetivo da preparação dos jovens rapazes que tinham condições financeiras de ir para a universidade era justamente ingressar nas instituições inglesas de excelência, em especial num curso como *Honour Moderations and Literae Humaniores* (Letras Clássicas), conhecido simplesmente como *Greats*, ou *Mods and Greats* (Lipscomb, 2022). O curso abordava clássicos e humanidades e preparava para profissões de grande notoriedade no serviço público, política e diplomacia, bem como outras ocupações importantes (Lipscomb, 2022). Quando ingressou na Universidade de Oxford, em 1937, na faculdade de St. Hugh, Elizabeth Anscombe pôde trilhar esse prestigioso caminho acadêmico, pois sua mãe havia ensinado as línguas mortas aos seus filhos e também à sua filha, e insistiu que ela continuasse estudando grego quando estava na Sydenham School (Cumhaill; Wiseman, 2022).

Lipscomb relata que, aos 12 anos, Elizabeth Anscombe se interessou pelas histórias de mártires católicos. A religião católica passou a ser um aspecto importante de sua vida e, posteriormente, de muitas de suas reflexões filosóficas. É importante notar que ainda havia considerável preconceito aberto contra católicos na Inglaterra antes dos anos 50. Mesmo assim, a menina leu diversos livros sobre o tema e se aproximou do catolicismo e da ideia da conversão (Lipscombe, 2022). Seus pais se opuseram fortemente, mas tinham dificuldade para argumentar com a filha adolescente, que já era rápida e sagaz (Lipscombe, 2022).

Anscombe é comumente descrita como uma grande presença intelectual (Cumhaill; Wiseman, 2022) e parece tê-lo sido desde muito jovem. Quando foi para Oxford, ela finalmente se converteu, apesar da ameaça dos pais de que não pagariam por seus estudos se ela o fizesse, algo que sua mãe jamais cumpriria (Lipscombe, 2022). Ela seguiu na universidade até se formar em *Greats*, que exigia domínio do grego e do latim.

Embora as Universidades de Oxford e de Cambridge sejam universidades medievais (a de Oxford tem quase mil anos), Cambridge só passou a emitir diplomas para mulheres em 1948, ao passo que Oxford "já" o fazia em 1920 (Lipscombe, 2022). Isso não significa que antes disso as mulheres estivessem totalmente proibidas de frequentar a universidade, porém, não recebiam o diploma e poucas frequentavam, afinal, havia uma série de restrições, muitas delas, sociais. Quando passaram a receber o diploma, Lipscomb explica que havia limites. Por receio da *feminização* da universidade, em Oxford foi imposta a regra de que as estudantes poderiam totalizar apenas um quarto do total de estudantes.

Com o início da Segunda Guerra, contudo, a demografia da universidade sofreu uma enorme alteração, já que muitos homens foram enviados para a guerra, inclusive muitos professores (Lipscombe, 2022). As mulheres, ao contrário, eram encorajadas a terminar suas graduações, pois, com os homens ausentes, era preciso que elas tomassem seus lugares no serviço público, trabalhos administrativos e planejamento relacionado à vida civil e aos suprimentos (Lipscombe, 2022). Em Oxford, as mulheres passaram a compor a maioria dos estudantes avançados e se tornaram, finalmente, o foco da atenção dos tutores, até mesmo dos de grande fama acadêmica e que, por alguma razão, não tinham sido convocados para a guerra (Lipscombe, 2022). Isso deu a elas um acesso à formação de excelência, antes inimaginável.

## 2 – A JOVEM FILÓSOFA

Em 1941, Anscombe concluiu a graduação no mais alto estrato de notas (*First Class*) e se casou com Peter Geach (Cumhaill; Wiseman, 2022). Ele foi recrutado para os esforços de guerra pouco tempo depois, enquanto ela seguiu para a pós-graduação. O casal enfrentava grandes dificuldades financeiras na época. Cumhaill e Wiseman (2022) relatam que Anscombe já vinha enfrentando dificuldades após a morte de seu pai, em 1939, até mesmo para terminar a graduação. Embora tivesse uma bolsa Gilchrist, o dinheiro era muito pouco, mesmo somado ao que recebia pelas tutorias que assumiu em Oxford depois de graduada. Em 1942, lhe foi concedida uma bolsa Sara Smithson para estudar em Cambridge, sem incompatibilidade com a continuação de suas atividades de doutorado em filosofia em Oxford. Grávida da primeira filha, Anscombe passou a fazer o trajeto Oxford-Cambridge (Cumhaill; Wiseman, 2022), mas em 1944 ela perdeu a bolsa, voltando à condição de dificuldade.

No ano seguinte, Anscombe frequentou o curso de Ludwig Wittgenstein em Cambridge. A relação que eles desenvolveram teve enorme significado para os dois, pois eles compartilhavam uma atitude similar com relação à filosofia. A amizade e parceria entre os dois se estabeleceu na filosofia e fora dela. Quando Wittgenstein faleceu, em 1951, ele deixou os direitos de publicação de suas obras aos cuidados de Anscombe e mais dois alunos (Cumhaill; Wiseman, 2022). Ficou a cargo dela traduzir para o inglês as *Investigações filosóficas* (1953). A filósofa manteve as ideias de Wittgenstein vivas em seu próprio trabalho filosófico, contudo, é importante notar que Anscombe não foi apenas uma aluna de Wittgenstein e que desenvolveu suas próprias ideias, um método original e um estilo próprio.

Outras grandes influências para Anscombe foram suas amigas Philippa Foot, Iris Murdoch e Mary Midgley. As quatro estudaram na Universidade de Oxford na mesma época. Elas discutiam sobre filosofia regularmente e encontraram afinidades a respeito das questões que as incomodavam e das dificuldades que percebiam nas teorias que tentavam abordar. Essas conversas seguiram mesmo depois da graduação (Cumhaill; Wiseman, 2022; Lipscomb, 2022) e alguns dos temas que elas discutiam informalmente aparecem nos trabalhos publicados das filósofas.

Um dos temas de discussão era a visão crítica que elas compartilhavam da filosofia proposta por Alfred J. Ayer em *Language, truth and logic* [Linguagem, verdade e lógica] ([1936]1972) e, posteriormente, por John L. Austin em *How to do things with words* (1962), assim como da ética de Richard Hare (Cumhaill; Wiseman, 2022; Lipscomb, 2022). Pouco antes da guerra, Ayer havia trazido para Oxford ideias que ele desenvolveu quando frequentou o círculo de Viena, em 1933. A influência de Viena na Inglaterra já havia começado em Cambridge antes disso. No início dos anos de 1930, a lógica Susan Stebbing se interessou pelo trabalho do círculo de Viena antes de seus colegas homens (Cumhaill; Wiseman, 2022). Ela se preocupava com a educação do público em geral e com como as pessoas poderiam estar melhor equipadas pela análise da linguagem para evitar a manipulação por meio da propaganda, por exemplo, de guerra ou de produtos. A busca pela compreensão do que significava aquilo que é afirmado levou a uma virada metodológica em Cambridge. Apesar da reconhecida competência de Stebbing, sua aplicação das ferramentas de Viena foi esquecida e ofuscada pela proposta de Ayer, que concluiu que proposições podem ser formalizadas para que fiquem claras e depois verificadas empiricamente, e aquelas que não puderem ser analisadas dessa forma não teriam sentido (Cumhaill; Wiseman, 2022).

Consequentemente, tais ideias promoveram também um duro ataque à ética, pois não parecia haver observações capazes de verificar afirmações sobre, por exemplo, um dever moral. As proposições da ética passaram a ser tratadas como sem sentido. Tal consequência deu início a um subjetivismo moral que tratava julgamentos morais como meras preferências ou expressões de emoções. Esse foi um ponto de forte desacordo para Anscombe e suas colegas (Cumhaill; Wiseman, 2022).

Richard Hare foi um dos herdeiros imediatos das ideias de Ayer. Ao aceitar a cisão entre descrições de fatos e de valores em sua teoria, ele não defendeu um conjunto de princípios éticos objetivos. A ética seguiu sendo tratada por ele como algo distante dos fatos, sendo assim uma ética subjetivista (Lipscomb, 2022, p. 94-95). Esse passou a ser considerado o paradigma da ética de Oxford, ética que seria duramente criticada por Anscombe (1957a).

Foot, Murdoch, Midgley e Anscombe conversavam frequentemente sobre o que elas consideravam problemático na filosofia de Oxford, especialmente os pontos relacionados à proposta de que não há objetividade moral que permita verificar se uma asserção ética é verdadeira ou falsa (Cumhaill; Wiseman, 2022). O debate entre as filósofas visava não apenas criticar a posição vigente, mas também encontrar uma maneira de resgatar as verdades morais, reaproximando a moral das questões relevantes da vida. Não é por acaso que esse problema lhes era caro. No pós-guerra, parecia-lhes que deveria ser possível para a filosofia discutir os horrores da guerra e afirmar que tinham sido *moralmente erradas* as barbaridades perpetradas pelos nazistas (Cumhaill; Wiseman, 2022), afinal, era estranho que a ética deixasse essas questões à mercê do subjetivismo. Para avançar na discussão, contudo,

Cumhaill e Wiseman (2022) ressaltam que era preciso tratar da metafísica que fundamenta a ética para reaproximar valor de fato.

A descrição *rude* foi por isso muito discutida pelo quarteto. *Rude* é uma descrição que pode ser apoiada por evidências, por exemplo, "ele é uma pessoa rude, pois muitas vezes o vi deliberadamente não responder quando lhe desejam um bom dia". As ações da pessoa dão evidência de sua rudeza, no entanto, atribuir o adjetivo "rude" a alguém é também uma avaliação negativa, já que consideramos que agir dessa maneira é reprovável (Lipscomb, 2022). Portanto, é importante perceber que a própria aplicação do termo *rude* requer a compreensão dessa avaliação negativa e não faria sentido dizer que algumas pessoas usam o termo para avaliar bem as ações ou as pessoas. Mesmo em um caso em que podemos avaliar que ela agiu bem ao ser rude, por exemplo, com um assediador, estamos justamente dizendo que ela fez bem em ter uma reação proporcionalmente ruim em resposta a alguém que estava se comportando mal com ela. Dessa forma, mesmo que seja um termo avaliativo, a avaliação que rude encerra é apoiada em fatos, isto é, nas evidências. Anscombe (1958) depois publica um exemplo em que a pessoa deve dinheiro ao verdureiro, sendo *dever* um termo avaliativo.

Em conclusão, o uso da linguagem não segue uma regra específica que dá significado às palavras, porque a linguagem surge das práticas da vida, algo que não pode ser simplificado em um conjunto de regras (Lipscombe, 2022). Nas complexas práticas da vida humana, Lipscomb enfatiza que não separamos o aspecto descritivo do aspecto avaliativo da rudeza; tampouco faz sentido tentar fazer essa separação nas palavras. É possível ver nessas reflexões a influência das ideias que Wittgenstein apresenta nas *Investigações filosóficas*.

### 3 – OBRA

O livro *Intenção* tem sido considerado a obra central de Anscombe. Como dito acima, a filósofa escreveu sobre diversos temas da filosofia, mas como não é possível abordar todos eles, manterei o foco em *Intenção* e em textos que ajudam a compreendê-lo.

## 3.1 A filosofia moral de Oxford corrompe a juventude?

O estado da ética contemporânea foi o tema do programa de rádio da BCC no qual Anscombe, em 1957, respondeu se a filosofia moral da Universidade de Oxford corrompe a juventude ["*Does Oxford moral philosophy corrupt the youth?*"]. A conclusão foi negativa, mas apenas porque Anscombe julgava que a filosofia de Oxford estava de acordo com as ideias morais do país (Wiseman, 2016; Lipscomb, 2022). Subentende-se que estava tão de acordo que não poderia corromper a juventude para além do que as ideias morais da cultura vigente já corrompiam.

Um ano antes, a Universidade de Oxford havia decidido conceder um título honorífico a Harry Truman, que foi presidente dos EUA durante o final da Segunda Guerra e foi responsável por assinar a ordem de lançar bombas atômicas em Hiroshima e Nagasaki. Anscombe foi veementemente contra a homenagem, ao contrário da grande maioria de seus colegas, que parecia aceitar bem a proposta (Lipscomb, 2022). Homenagear alguém que ela considerava um assassino era um exemplo das ideias morais da sociedade às quais Anscombe se referia na BBC (Cumhaill; Wiseman, 2022). Sobre a homenagem, ela escreveu um manifesto, *Mr. Truman's degree* [O diploma do senhor Truman] (1956), argumentando que não se deve conceder honras a um homem afamado por dois massacres, tampouco elogiar tais ações por meio de honrarias. Os desdobramentos de suas reflexões filosóficas sobre o tema apareceriam ainda em renomados trabalhos seus como *Intenção* (1957b) e *Filosofia moral moderna* (1958), que Lipscomb lembra que é um dos artigos mais citados do século XX.

Para dizer no programa da BBC que Oxford estava corrompendo a juventude seria preciso mostrar que os jovens teriam tido ideias melhores sem a Universidade de Oxford por meio da formação na sociedade e na família. Todavia, de modo geral, aquilo que era defendido pela filosofia moral em Oxford era similar às ideias da sociedade; portanto, Oxford não podia estar corrompendo a juventude (Anscombe, 1957a). Anscombe era bastante afeita à ironia e ao sarcasmo, inclusive em seus textos, assim, a fala era uma crítica à ética de Oxford.

## 3.2 Filosofia moral moderna

Em *Filosofia moral moderna* (1958), Anscombe chega à conclusão de que era necessário investigar as intenções para que fosse possível avançar na ética. A ética, no tempo em que a filósofa escreveu, tinha duas posições fortes, a deontologia e o que Anscombe chamou de consequencialismo, cunhando o famoso termo (Wiseman, 2016). No artigo, ela rejeita as duas posições.

*A doutrina do duplo efeito* (ou do efeito colateral) é fundamental para entender a rejeição do consequencialismo e parte da motivação para escrever *Intenção*. Wiseman (2016) explica que essa é uma doutrina católica que diz que, se um evento proibido advém de maneira previsível – mas não intencional – de uma ação, isso não torna a ação proibida. Já se a consequência proibida é intencional, então a ação é proibida. O exemplo de Anscombe (1982) é um caso imaginário em que uma pessoa está presa entre rochas, bloqueando a saída de uma caverna que está inundando, e há outras pessoas dentro da caverna que morrerão afogadas com a pessoa que está bloqueando a saída. Para a filósofa, está claro que não é permitido explodir tal pessoa com dinamite para liberar a saída, matando-a intencionalmente, mesmo que isso salve as demais. Isso constituiria assassinato. Contudo, no exemplo, é possível criar outra saída; basta mover certa pedra em outro lugar da caverna. Dada a posição da pedra, é previsível que, ao ser deslocada, ela cairá e esmagará a cabeça da pessoa presa entre as rochas, matando-a. Nesse caso, entretanto, Anscombe (1982) aceita que não há intenção de matá-la e isso seria um infortúnio; logo, a ação é permitida, mesmo que a morte seja previsível. Porém, as circunstâncias são relevantes para quais descrições da ação o agente deve aceitar (Anscombe, 1982). Não se pode dizer que algumas consequências da ação não foram intencionais. Por exemplo, se ao mover a pedra ela imediatamente esmagará a cabeça da pessoa presa, não se pode dizer que a consequência é apenas previsível.

Isso mostra por que Anscombe considerava a ação de Truman tão grave. Com o bombardeio, Truman tinha a intenção de matar milhares de pessoas, o que, supõe-se, ele esperava que levaria à rendição *incondicional* do Japão. Para Anscombe, como vimos, isso constitui assassinato. Caso ele tivesse optado por ordenar uma invasão ao Japão para forçar sua rendição, era previsível que muita gente morresse, talvez também milhares (Anscombe, 1956), mas isso seria uma consequência desafortunada, não a sua intenção.

Havia, portanto, um problema de filosofia da psicologia para Anscombe, pois Schwenkler (2019) ressalta que, como a filosofia moral do tempo não fazia distinção entre consequências previstas e consequências intencionais, então tratava todas as consequências como intencionalmente provocadas. Sendo assim, a distinção entre esses tipos de consequências não podia contribuir para a avaliação moral da ação e restava apenas olhar para qual consequência era menos danosa. Porém, para a filósofa, quando certa consequência vai se seguir de uma ação que realizamos, faz diferença saber se tal consequência é intencionalmente provocada (Schwenkler, 2019). Era necessária uma investigação da intenção.

Contudo, como vimos, a própria avaliação moral de ações era problemática por causa da cisão entre fatos e valores, tema que preocupava Anscombe e suas amigas filósofas. A questão sobre como as avaliações podem ser factuais e não meramente subjetivas aparece também em *Filosofia moral moderna*. Anscombe defende que há um pano de fundo complexo de práticas da vida humana que fazem com que, dado certo contexto, afirmações sobre valores sejam verdadeiras (Wiseman, 2016). O exemplo é o caso em que o verdureiro entrega batatas na casa dela e ela, então, deve dinheiro ao verdureiro. Dever dinheiro é uma avaliação (ela deve pagar) e, se ela não pagar, pode até ser chamada de *trapaceira* (Anscombe, 1958). Novamente, uma avaliação (trapacear é uma injustiça). Para Anscombe, chega-se à conclusão "*devo dinheiro*" por meio de uma série de fatos que são próprios do contexto institucional (práticas da vida humana), ao menos na sociedade em que ela escreveu. Para perceber isso, é preciso considerar mais do que uma única afirmação atômica. É preciso aceitar alguns fatos, por exemplo, que ela encomendou batatas e que o verdureiro as entregou, mas, além disso, é preciso considerar o contexto de práticas da vida humana que permitem a uma pessoa encomendar batatas e, se ela as recebe, dizemos que é verdadeiro que ela deve dinheiro ao verdureiro (Wiseman, 2016) e que seria uma *trapaceira* se não pagasse.

### 3.3 *Intenção*

Embora não trate de questões da ética, *Intenção* (1957b) é um livro cuja preocupação é a ética em grande medida. Vimos que Anscombe conclui que ainda não era frutífero discutir ética, porque era necessário antes esclarecer questões sobre a filosofia da psicologia para que se pudesse avançar adequadamente numa investigação ética. Por isso, em *Intenção* ela se dedica à investigação da filosofia da psicologia, tentando elucidar o conceito de intenção. Seu objetivo então é dar os fundamentos que permitam a discussão adequada da ética, e isso ela logrou. Anscombe deitou os trilhos para o ressurgimento da ética das virtudes no século XX.

Colocando de maneira simplificada, um dos objetivos do livro é elucidar a distinção entre uma consequência de ação prevista e uma consequência intencional. Para esclarecer a intenção para o futuro, esclarecendo assim a distinção enfatizada pelo duplo efeito, a filósofa precisa se engajar em uma empreitada anti-cartesiana, mostrando que uma intenção não é um estado mental que pode ser determinado pela vontade do agente (Wiseman, 2016). Segundo Wiseman (2016), Anscombe questiona que o valor moral da ação esteja num estado mental que a antecede e propõe olhar para a ação intencional. Afinal, ações têm diferentes descrições, algumas delas são carregadas de valor moral devido ao pano de fundo contextual de instituições, sociedade, cultura e história, ou seja, as práticas da vida humana que lhe conferem tal descrição e já lhe atribuem uma avaliação.

Assim, Wiseman divide o livro em três objetivos. O primeiro objetivo do livro trata da doutrina do duplo efeito, que mostra a influência tomista no trabalho de Anscombe, e distingue consequência intencional de previsível. Já o segundo objetivo trata de investigar a intenção com a qual o agente age, que não é um estado mental ou a vontade. Por fim, o terceiro objetivo é oferecer uma explicação de ação intencional que permita tratá-la como virtuosa ou viciosa (Wiseman, 2016). No último, percebe-se a influência aristotélica em Anscombe, que permite a retomada da ética das virtudes.

### 3.3.1 O método

O método do livro situa a filósofa em seu tempo, após a virada linguística. Anscombe, contudo, não adotou a filosofia da linguagem de Austin, muito pelo contrário, ela criticava duramente a ideia de basear a análise de conceitos no uso da linguagem (Cumhaill; Wiseman, 2022). A filósofa visa desvelar pressuposições escondidas sobre intenções (Wiseman, 2016) e a gramática wittgensteiniana é sua influência metodológica (Diamond 2019), embora seja importante deixar claro que Anscombe desenvolveu seu próprio método, mostrando que conceitos intencionais, como intenção (ou percepção) esboçam, ou delineiam, padrões e habilidade que constituem a vida humana (Wiseman, 2022). Assim, ela aprimorou e desenvolveu sua investigação gramatical para mostrar que a linguagem é aplicada nas práticas da vida humana, vivida em um ambiente moral. O fato de que a vida humana se passa em tal ambiente é também enfatizado pelas filósofas de Oxford de seu tempo, suas amigas Philippa Foot, Iris Murdoch e Mary Midgley.

Um ponto para o qual Wiseman (2016) chama a atenção é que muitas vezes a chave de leitura sugerida por comentadores do livro não ajuda na sua compreensão. Por exemplo, se o projeto que se pensa que Anscombe visa realizar com o livro for mostrar a conexão (causal) entre os três objetivos acima listados, o livro parece oferecer rascunhos incompletos (Wiseman, 2016). Porém não é isso o que a filósofa pretende; os seus objetivos são aqueles listados no final da subseção anterior. Se interpretamos o livro como visando mostrar a tal conexão entre os tópicos, isso faz parecer que Anscombe faz afirmações que precisam ser apoiadas por argumentos que ela nunca oferece. Um exemplo de uma afirmação desse tipo, segundo Wiseman (2016), é que ações podem ter diversas descrições, algumas delas intencionais e outras não. Wiseman defende que, na verdade, essa afirmação é a descrição de um requisito que uma explicação de ações precisaria satisfazer, pois esse é um fato básico sobre identidade e ações, e se uma explicação de ação não puder dar conta disso, precisa ser repensada. É uma afirmação sobre algo tão básico que ninguém o negaria, por isso, um argumento não acompanha essas afirmações.

Por outro lado, Davidson oferece uma teoria da identidade de eventos. Wiseman (2016) especula que essa pode ser uma razão pela qual comumente se supõe que a teoria de Anscombe pode ser subordinada à de Davidson. Aliás, a ideia de que eventos têm diferentes descrições é comumente chamada de Davidson-Anscombe. Wiseman sugere que é possível que alguns leitores pensem que Anscombe tenha apresentado apenas um rascunho da ideia e que Davidson (2001), então, a tenha desenvolvido como teoria, mas esse não era o caminho que Anscombe estava seguindo, nem o que ela almejava seguir. Ela estava apenas constatando algo elementar: que ações têm diferentes descrições. Equívocos similares na aproximação entre Anscombe e Davidson são apontados também por Jennifer Hornsby (2011) e Naomi Kloosterboer (2022).

### 3.4 Outras questões filosóficas

Anscombe desenvolveu ideias sobre temas diversos da filosofia, como a causação (de ações) ([1983]2005c), verdades práticas (1999), avaliações de ações (2005g), teorias da ação ([1979]2005a), dentre outros ao longo de sua carreira. Para além das ações intencionais, Anscombe discutiu diversos assuntos conectados à filosofia da mente, como a percepção ([1965]2002), um dos tópicos que lhe causou perplexidade desde jovem. É famoso também o seu artigo sobre a primeira pessoa, *The first person* [A primeira pessoa] (1981), em que ela apresenta uma proposta distinta do que habitualmente se encontra na discussão sobre a questão. A filósofa defende que o pronome *eu* não é uma expressão de referência. Anscombe não acreditava que o uso do pronome pessoal *eu* fizesse referência, por exemplo, ao seu corpo, pois o demonstrativo não teria em que se ancorar para referir o corpo (Anscombe, 1981; Teichmann, 2008; Wiland; Driver, 2022). Como não é possível tratar de todas as temáticas filosóficas discutidas pela filósofa, um breve panorama do seu tratamento sobre aborto, eutanásia e a dignidade humana mostrará parte dos seus variados interesses filosóficos.

A dignidade humana é um tema conectado a algumas das suas preocupações morais. Ao discuti-lo, a filósofa defende uma série de posições controversas – embora eu discorde de muitas, não há espaço aqui para argumentar. Anscombe (2005f) explica que há algo que todos os seres humanos compartilham: a dignidade humana. Essa dignidade não pode ser tomada de um ser humano, embora possa ser violada. Matar alguém em vista de um benefício para si é violar a dignidade humana. Contudo, Anscombe não considera que matar por vingança constitua uma violação da mesma natureza em casos em que vingar-se envolve a consideração de que o outro merece a morte devido a uma ação prévia. Essa ideia fundamenta a sua aceitação da pena capital, pois, nesse caso, acredita-se que a pessoa merece a morte como punição por ter elegido agir de certa maneira, de livre vontade.

Já a eutanásia, o aborto e experimentos com embriões violam a dignidade humana, segundo Anscombe (2005f). A simples interferência na procriação humana, por meio de contraceptivos e da fertilização *in vitro* já são considerados pela filósofa abusos, pois a procriação seria intrínseca para a criação de nova vida humana. Além disso, a procriação por meio do sexo seria o meio para a reprodução que pertence à vida humana tal como vida humana. Ela chega a definir a parentalidade como procriação – definição que muitas pessoas certamente consideram restritiva em excesso – e, portanto, na fertilização *in vitro* não haveria um procriador, apenas um manipulador.

Numa linha de raciocínio conectada à de suas ideias sobre a dignidade humana, a filósofa faz notar sua posição contrária ao aborto em algumas de suas palestras e textos. Resumindo, a proibição é o caso, porque os cromossomos e genes do zigoto já determinam materialmente o ser humano que ele vai se tornar. Além disso, o zigoto tem uma alma, que é o princípio da sua unidade, e é ela que governa o seu desenvolvimento, de modo que a unidade permanece (Anscombe, 1992). O interesse da filósofa pela natureza humana e pela alma datam desde seu esboço do projeto de pesquisa na pós-graduação (Cumhaill; Wiseman, 2022). Ela conclui que a alma intelectual é a forma dos seres humanos. Como os seres humanos são individualizados pela sua espacialidade e extensão, assim como os animais, isso permite que haja diferentes indivíduos com a mesma forma (Anscombe, [1985]2005d). Sendo assim, mesmo o caso de gêmeos não causa embaraço para o seu argumento, já que ela pensa que o zigoto que se separa em dois para virar dois aglomerados de células é o mesmo que as células nas quais se separa, mas apenas materialmente, pois trata-se de dois portadores de vida que começaram com o zigoto (Anscombe, [1985]2005e).

A percepção do que é a vida humana nos leva a tratá-la com respeito, o que, segundo Anscombe, é feito numa luta até a morte ou na pena capital, pois essas são responsabilizações por ações prévias da pessoa. Anscombe (2005b) admite, também, matar numa guerra, porque esses são casos em que a justiça é feita por algum malfeito anterior do indivíduo. Assim, para ela, matar não seria proibido em todas as situações, assim como nem toda omissão que leva à morte é errada.

A mesma ausência de proibição, entretanto, não é aceita pela filósofa no caso da eutanásia (Anscombe, [1982]2005b). Uma posição controversa, sem dúvida. Matar uma pessoa inocente apenas por parecer boa ideia é proibido, porque uma pessoa assassinada sofre um grande mal. É um direito das pessoas não serem assassinadas e, para Anscombe, esse é um direito mais básico do que o direito à vida. De acordo com ela, pessoas de idade avançada ou muito jovens devem ser consideradas pessoas (Anscombe, [1982]2005b), se opondo a como alguns filósofos tratam o conceito de pessoa ao associar a perda de algumas capacidades à perda da pessoa. Para ela, todo ser humano é uma pessoa, logo, um ser humano é uma pessoa mesmo quando não tem certas capacidades, pois é uma pessoa por ser um tipo de criatura caracterizada pela racionalidade, o que garante a sua dignidade. Criar os meios para a morte de um inocente, mesmo que seja pela vontade do indivíduo, como na eutanásia, é, para a filósofa, fazer-lhe mal.

Anscombe é cada vez mais reconhecida como uma grande filósofa. Impressionantemente inteligente e sagaz, ela se posicionava de maneira extremamente honesta sobre questões importantes de seu tempo, conectando filosofia com a vida cotidiana. Fica claro também que ela sustentou posições controversas, que muitas de nós consideramos questionáveis, sobre, por exemplo, a eutanásia e o aborto. O mais importante, contudo, é que seu legado nos encoraja a pensar sobre as questões filosóficas que a motivaram.

# BIBLIOGRAFIA

## Obras

ANSCOMBE, G. E. M. Mr. *Truman's Degree*. [Manifesto]. [s. l.: s. n.], 1956.

ANSCOMBE, G. E. M. Does Oxford moral Philosophy corrupt youth? *The Listener*, v. 57, n. 1455, p. 266-271, 1957a.

ANSCOMBE, G. E. M. *Intention*. Cambridge: Harvard University Press, 1957b.

ANSCOMBE, G. E. M. Modern moral Philosophy. *Philosophy*, v. 33, n. 124, p. 1-19, 1958.

ANSCOMBE, G. E. M. *An introduction to Wittgenstein's Tractatus*. Londres: Hutchinson, 1959.

ANSCOMBE, G. E. M. The first person. *In*: ANSCOMBE, G. E. M. *Metaphysics and the Philosophy of mind*: the collected philosophical papers of G. E. M. Anscombe. Oxford: Basil Blackwell, 1981. p. 21-37. v. 2.

ANSCOMBE, G. E. M. Medalist's address: action, intention and "double effect." *Proceedings of the American Catholic Philosophical Association*, v. 56, p. 12-25, 1982.

ANSCOMBE, G. E. M. Embryos and final causes. *In*: FOLLON, J.; MCEVOY, J. (orgs.). *Finalité et intentionnalité* : doctrine thomiste et perspectives modernes. Paris: Librairie Philosophique J. Vrin & Leuven; Éditions Peeters, 1992. p. 293-303.

ANSCOMBE, G. E. M. Practical truth. *Logos*: a Journal of Catholic Thought and Culture, v. 2, n. 3, p. 68-75, 1999.

ANSCOMBE, G. E. M. The intentionality of sensation: a grammatical feature. *In*: NOË, A.; THOMPSON, E. (orgs.). *Vision and mind*: selected readings in the Philosophy of perception. Cambridge: MIT Press, 2002. p. 55-75.

ANSCOMBE, G. E. M. Chisholm on action. *In*: GEACH, M.; GORMALLY, L. (orgs.). *Human life, action and ethics*: essays by G.E.M. Anscombe. Exeter: Imprint Academic, 2005a. p. 77-87. Série St. Andrew studies in Philosophy and public affairs.

ANSCOMBE, G. E. M. Murder and the morality of euthanasia. *In*: GEACH, M.; GORMALLY, L. (orgs.). *Human life, action and ethics*: essays by G.E.M. Anscombe. Exeter: Imprint Academic, 2005b. p. 261-277. Série St. Andrew studies in Philosophy and public affairs.

ANSCOMBE, G. E. M. The causation of action. *In*: GEACH, M.; GORMALLY, L. (orgs.). *Human life, action and ethics*: essays by G.E.M. Anscombe. Exeter: Imprint Academic, 2005c. p. 89-108. Série St. Andrew studies in Philosophy and public affairs.

ANSCOMBE, G. E. M. Has mankind one soul: an angel distributed through many bodies? *In*: GEACH, M.; GORMALLY, L. (orgs.). *Human life, action and ethics*: essays by G.E.M. Anscombe. Exeter: Imprint Academic, 2005d. p. 17-26. Série St. Andrew studies in Philosophy and public affairs.

ANSCOMBE, G. E. M. Were you a zygote? *In*: GEACH, M.; GORMALLY, L. (orgs.). *Human life, action and ethics*: essays by G.E.M. Anscombe. Exeter: Imprint Academic, 2005e. p. 39-44. Série St. Andrew studies in Philosophy and public affairs.

ANSCOMBE, G. E. M. The dignity of the human being. *In*: GEACH, M.; GORMALLY, L. (orgs.). *Human life, action and ethics*: essays by G.E.M. Anscombe. Exeter: Imprint Academic, 2005f. p. 67-73. Série St. Andrew studies in Philosophy and public affairs.

ANSCOMBE, G. E. M. Good and bad human action. *In*: GEACH, M.; GORMALLY, L. (orgs.). *Human life, action and ethics*: essays by G.E.M. Anscombe. Exeter: Imprint Academic, 2005g. p. 195-206. Série St. Andrew studies in Philosophy and public affairs.

## *Tradução em português*

ANSCOMBE, G. E. M. *Intenção*. Trad. de Anderson Luis Nakano. São Paulo: Scientiae Studia, 2023.

## Literatura secundária

AUSTIN, J. L. *How to do things with words*: the William James lectures, delivered at Harvard University in 1955. Oxford: Clarendon Press, 1962.

AYER, A. J. *Language, truth and logic*. Harmondsworth: Penguin Books, 1972.

CUMHAILL, C. M.; WISEMAN, R. *Metaphysical animals*: how four women brought Philosophy back to life. Nova York: Doubleday, 2022.

DAVIDSON, D. Agency. *In*: DAVIDSON, D. *Essays on actions and events*. Nova York: Clarendon Press, 2001. p. 43-62.

DIAMOND, C. *Reading Wittgenstein with Anscombe, going on to ethics*. Cambridge: Harvard University Press, 2019.

HORNSBY, J. Actions in their circumstances. *In*: FORD, A.; HORNSBY, J.; STOUTLAND, F. (orgs.). *Essays on Anscombe's Intention*. Cambridge: Harvard University Press, 2011. p. 105-127.

KLOOSTERBOER, N. Anscombe's approach to rational capacities. *In*: PEIJNENBURG, J.; VERHAEGH, S. (orgs.). *Women in the History of Philosophy and sciences*: selected papers of the Tilburg – Groningen Conference, 2019. Cham: Springer, 2022. v. 15, p. 194-217.

LIPSCOMB, B. J. *The women are up to something*: how Elizabeth Anscombe, Philippa Foot, Mary Midgley, and Iris Murdoch revolutionized ethics. Nova York: Oxford University Press, 2022.

SCHWENKLER, J. *Anscombe's Intention*: a guide. Oxford: Oxford University Press, 2019.

TEICHMANN, R. *The Philosophy of Elizabeth Anscombe*. Oxford: Oxford University Press, 2008.

WILAND, E.; DRIVER, J. *Stanford Encyclopedia of Philosophy*: verbete "Gertrude Elizabeth Margaret Anscombe". Disponível em: https://plato.stanford.edu/archives/fall2022/entries/anscombe/. Acesso em: 16 jul. 2024.

WISEMAN, R. *Routledge Philosophy guidebook to Anscombe's Intention*. Londres: Routledge, 2016.

WISEMAN, R. What do I really do? What do I really see? *In*: HADDOCK, A.; WISEMAN, R. (orgs.). *The Anscombean mind*. Londres: Routledge, 2022. p. 187-200.

WITTGENSTEIN, L. *Philosophical investigations*. Trad. de G. E. M. Anscombe. Oxford: Basil Blackwell, 1953.

# 24
# SOPHIE BỌ́SẸ̀DÉ OLÚWỌLÉ; ABỌ́SẸ̀DÉ OLAYEMI

(1935-2018)

*Carlos Eduardo da Silva Rocha*\*

Sophie Bọ́sẹ̀dé Olúwọlé foi uma filósofa nigeriana cujo trabalho se debruçou sobre o estudo e divulgação das filosofias africanas, em especial *Ifá*, a filosofia de Òrúnmìlà. A vida da filósofa, doutora e professora Sophie Bọ̀sẹ́dé Olúwọlé foi um exemplo de perseverança, dedicação e luta contra o eurocentrismo ainda tão forte na Academia mundial. Olúwọlé enfrentou de frente a colonialidade acadêmica que ainda resiste em reconhecer a existência das filosofias africanas. Como filósofa, ela denunciou o racismo estrutural que sufoca o estudo, a pesquisa e a divulgação de todo o pensamento que não seja branco e Ocidental.

## 1 – NASCIMENTO E OS PRIMEIROS ANOS

No artigo biográfico "Remembering the African philosopher, Abọ́sẹ̀dé Sophie Olúwọlé: a biographical essay" [Lembrando da filósofa africana, Abọ́sẹ̀dé Sophie Olúwọlé: um ensaio biográfico], Ademola Kazeem Fayemi nos lem-

---

\* Doutor e licenciado em Filosofia pela Universidade Federal do Rio de Janeiro (UFRJ).

bra que Abọ́sẹ̀dé Olayemi Sophie Olúwọlé nasceu em 1935, em Igbara-Oke, no estado de Ondo, Nigéria, em uma família de fé anglicana. Ambos seus pais eram naturais do estado de Edo.

Apesar da crença popular de que Olúwọlé é uma iorubá devido à sua proeminência no estudo da filosofia iorubá, na verdade sua ancestralidade vem de edo, e o fato de ela ter nascido em Igbara-Oke foi resultado de seu pai ter vivido lá (Fayemi, 2018). Devido à sua ancestralidade, Olúwọlé compreendia o dialeto edo, mas não era fluente. Todavia Fayemi observa que é mais adequado considerá-la mais como uma pessoa iorubá do que edo, devido à origem iorubá de seu nome. Ambos os nomes de nascimento da filósofa (sem contar seu nome de casamento, Olúwọlé) são de origem iorubá. Abọ́sẹ̀dé significa "uma menina nascida em um domingo" e Olayemi significa "eu mereço a fortuna".

## 2 – O INÍCIO DA EDUCAÇÃO E A CARREIRA ACADÊMICA

Os primeiros anos da educação da filósofa foram marcados por um fato curioso: o recebimento do nome "Sofia", por volta dos oito anos de idade, quando ela foi batizada. O nome foi dado por um amigo da família, que era, também, o diretor da escola comunitária de Igbara-Oke. O diretor batizou a futura filósofa como Sofia por reconhecer que Abọ́sẹ̀dé Olayemi era uma criança de extrema inteligência. O nome dado pelo diretor foi um divisor de águas na vida de Sophie, pois, com o reconhecimento de sua notória inteligência, ela passou a viver na casa do diretor e começou a frequentar a St. Paul's Anglican Primary School, em Igbara-Oke, onde teve sua educação primária (Fayemi, 2018). Depois, ela foi matriculada na Anglican Girl Modern School, na cidade de Ile-Ife, em 1951. Em 1953, foi para Ilesha e lá frequentou o Women Training College, onde se qualificou para a profissão docente. Uma outra curiosidade quanto ao nome da filósofa é que, de acordo com Fayemi, a mudança de "Sofia" para "Sophie" foi uma questão de escolha da própria filósofa, embora o motivo não tenha ficado claro (Fayemi, 2018).

Ela obteve sua primeira formação em Filosofia em 1970. Fayemi (2018) destaca que durante sua graduação ela nunca foi introduzida à filosofia africana, muito provavelmente pelo fato de seus professores não terem formação em filosofia africana, mas sim formação no cânone tradicional eurocêntrico da filosofia acadêmica, mais especificamente nas filosofias grega, britânica e alemã. Ela concluiu seu mestrado ao apresentar a dissertação *An Introduction into the relationship between transformational grammar and logical analyses* [Uma introdução acerca da relação entre gramática transformacional e análise lógica] em 1974, pela Universidade de Lagos. Foi durante a redação de sua dissertação de mestrado que Olúwolé ouviu pela primeira vez o conceito de filosofia africana por parte de J. B. Danquah Jr. O interesse de Danquah pela filosofia africana se voltava à filosofia egípcia antiga e à relação da filosofia grega com o pensamento egípcio, mas Olúwolé tinha certas restrições quanto à pesquisa de Danquah (Fayemi, 2018). A preocupação de Olúwolé não estava em comparar o pensamento egípcio com o grego ou investigar a africanidade da civilização egípcia. Ao invés disso, ela ponderava as seguintes questões: "Se os egípcios eram pretos e estudaram filosofia primeiro, o que aconteceu com o povo originário, o povo que iniciou a filosofia?", "Haverá algum resíduo de pensamento africano que possa pré-datar à invasão islâmica e cristã em terras africanas?" (Fayemi, 2018, p. 122). Com sua dissertação de mestrado, ela pretendia lançar alguma luz sobre essas questões.

No entanto, como bem coloca Fayemi (2018), o sonho de Olúwolé em pesquisar filosofias africanas foi frustrado pelo simples, porém grave, fato de não haver quem pudesse orientá-la em sua pesquisa, ou seja, em uma universidade africana não havia nenhum professor ou professora com qualificação para orientar uma pesquisa em filosofia africana, visto que a formação dos professores de Olúwolé era a canônica eurocêntrica. Então, o assunto de sua dissertação mudou de filosofia africana para filosofia da linguagem no pensamento ocidental.

Mesmo diante das adversidades, a filósofa não perdeu seu intuito de investigar e pesquisar o pensamento africano. Em sua pesquisa de doutorado, iniciada em 1977, ela tinha a intenção de estudar a ética iorubá desenvolvendo uma pesquisa intitulada *The rational basis of yorùbá ethics* [A base racional da ética iorubá]. Porém, mais uma vez ela encontraria barreiras em sua busca pela filosofia africana, especificamente da negação por parte de seu orientador Peter Bodunrin da existência de um *corpus* de pensamento africano que pudesse ser classificado como filosofia, isto é, Bodunrin negava a possibilidade da existência de uma filosofia africana, sendo sua especialidade a filosofia grega. Assim, o tema da pesquisa de doutorado de Olúwọlé foi a metaética e a regra de ouro. Essas barreiras encontradas pela filósofa foram mencionadas por ela em sua conferência na Universidade Federal do Rio de Janeiro, em 2018, quando ela disse:

> Quando eu escrevi minha tese de doutorado, que eu terminei em 1984, não me permitiram trabalhar um tópico africano, pois não existia uma filosofia africana. Então, eu tive que obedecê-los e tive que estudar a filosofia ocidental e tudo o que me ensinavam era filosofia ocidental. Durante meu doutorado eu queria mostrar para eles que havia filosofia africana, todos os artigos que escrevi eram para mostrar para eles que existia filosofia africana (Olúwọlé, 2018, transcrição e tradução nossa).

Entretanto, como lembra Fayemi (2018), embora não tivesse interesse em pesquisar filosofia ocidental, Olúwọlé usou essa pesquisa para mostrar sua capacidade como pesquisadora em temas filosóficos – o que ela fez com louvor ao defender com muito sucesso sua tese em 1984, sendo a primeira mulher a receber o título de doutorado em Filosofia por uma universidade nigeriana e em toda África Subsaariana –, o que acabou por abrir as portas para ela se dedicar ao estudo de filosofias africanas, que teve início com seu primeiro contato com *Ifá*.

*Ifá* é a filosofia de Ọ̀rúnmìlà (filósofo iorubá do século IV AEC), transmitida oralmente. O *corpus* filosófico de *Ifá* é composto por 256 poemas chamados *Odù* – que se dividem em 16 *Odù* maiores, os *Ojú Odù*, e 240 *Odù* menores, chamados *Ọmọ Odù* – que são interpretados por uma série de sistemas oraculares. A introdução de Olúwọlé ao pensamento de Ọ̀rúnmìlà não ocorreu em uma universidade ou por intermédio de algum professor, mas por Funke Geshide, filha de Olúwọlé. Geshide estudava a tradição oral de *Ifá* em seu período na Universidade de Lagos. Quando ela se casou, deixou grande parte de sua coleção de livros para sua mãe, sendo um desses livros

Àwọn Ojú Odù mẹ́rẹ́ẹ̀rìndínlógún [Sixteen great poems of Ifá/Dezesseis poemas maiores de Ifá] (1977), de Wande Abimbola, um babaláwo (sacerdote oraculista), estudioso e professor da filosofia de *Ifá*. Quando Olúwọlé leu alguns versos dos *Odù Èjìogbè* e *Ọ̀wọ́rín Mèjí*, percebeu a beleza e a racionalidade do pensamento do filósofo iorubá antigo (Fayemi, 2018). Esse encontro aleatório com livros que traziam em suas páginas transcrições da tradição filosófica oral de *Ifá* foi o ponto de virada na vida, carreira e pensamento de Sophie Olúwọlé, pois ela finalmente encontrara o que tanto procurava, um sistema endógeno iorubá de conhecimento que, de fato, se classificava como filosofia. Ao entrar em contato com *Ifá* (Fayemi, 2018), Olúwọlé se deparou com uma tradição filosófica oral que discutia questões humanas fundamentais como ética, metafísica, epistemologia, entre outras. Mais uma vez, a barreira da língua se mostraria um desafio para a filósofa, pois como uma nigeriana imersa em uma realidade colonial, a "língua materna" de Olúwọlé era o inglês, o que levou a filósofa a buscar tutores em idioma iorubá para que pudesse ler e interpretar os versos dos *Odù* que compõem o *corpus Ifá* que, como grande parte da literatura da Antiguidade, era composto em um complexo estilo linguístico (Fayemi, 2018). O encontro com *Ifá* fez com que a filosofia de Ọ̀rúnmìlà se tornasse a pedra angular do pensamento de Sophie Olúwọlé e com que ela se tornasse uma das maiores especialistas e divulgadoras de *Ifá* como filosofia e pesquisa acadêmica.

Em 23 de dezembro de 2018, em Ibafo, estado de Ogun, na Nigéria, Sophie Bọ́sẹ̀dé Olúwọlé deixou o *Àyié* (mundo material, segundo *Ifá*) para encontrar com seus ancestrais no *Ọ̀run* (mundo imaterial), mas a marca que ela deixou nunca será apagada. Com sua obra, Olúwọlé, de fato, colocou o pensamento iorubá no mapa, mostrando que a filosofia não é universal, mas pluriversal. Com sua obra, Sophie Bọ́sẹ̀dé Olúwọlé mostrou que, para o estudo da filosofia, é necessária a busca pelas origens, ou como ela mesma disse: "O caminho para frente é voltando para casa" (Olúwọlé, 2018, transcrição e tradução nossa).

## 3 – OBRA

### 3.1 A preocupação com a língua e sua relação com a identidade

Em sua conferência na Universidade Federal do Rio de Janeiro, em 2018, Olúwọlé chamou a atenção para a importante questão de que a filosofia não tem uma língua particular, ou seja, a filosofia ocidental é difundida em muitas línguas, por exemplo, o inglês, o francês ou o alemão. O que a filósofa quis dizer é que não existe uma única filosofia ocidental, mas filosofias ocidentais. Na conferência, ela disse:

> Quando me falavam de filosofia ocidental, eu retrucava: "não existe filosofia ocidental". Existe filosofia inglesa, existe filosofia francesa, existe filosofia alemã, mas não podemos colocá-las juntas, pois as línguas são diferentes. Então, se você quiser ensinar filosofia africana busque o que os africanos dizem em suas próprias línguas (Olúwọlé, 2018, transcrição e tradução nossa).

Olúwọlé usou a si mesma como exemplo, pois, como se dedicou à filosofia de *Ifá*, ela teve que aprender o idioma iorubá para, assim, compreender o que Ọ̀rúnmìlà e seus discípulos disseram. Porém, ela lembra que seu estudo se focou no iorubá e na filosofia de língua iorubá, porque ela não entendia outras línguas de matriz africana como, por exemplo, o idioma ibo. O importante ponto sublinhado pela filósofa é que, assim como não existe uma única filosofia ocidental, também não existe uma única filosofia africana, mas filosofias africanas, cada qual com sua língua materna.

A rejeição do pensamento africano e dos próprios africanos em instituições de ensino da África levou Olúwọlé a escrever *Katanfuru: who are (we/they) Africans? Some memorable questions* [Katanfuru: quem são (nós/elas/eles) africanos? Algumas questões memoráveis]. *Katanfuru*, segundo a filósofa, significa "alguém que perdeu sua língua e, portanto, é um tolo". A filósofa observa que, se um indivíduo não consegue falar sua própria língua ou quando as pessoas não a compreendem, isso significa que elas não têm nada. A filósofa observa que foi isso que ela aprendeu ao estudar a língua iorubá, ou seja, a importância do resgate das línguas originárias para a cultura e para a filosofia.

## 3.2 A importância das tradições orais enquanto filosofia

Um dos temas a que Olúwolé se dedicou foi a relação entre filosofia e as tradições orais. Como observa Gail Presbey (2020) em seu artigo "Sophie Olúwolé's major contributions to African philosophy" [As maiores contribuições de Sophie Olúwolé para filosofia africana], Olúwolé critica todo um grupo de eruditos africanos em filosofia que, por décadas, desacreditou as tradições orais de sabedoria.

Como aponta Presbey, a filósofa critica esses eruditos por considerar que eles taxaram, de maneira injusta, as tradições orais como autoritárias e dogmáticas. Ela rebate esses eruditos afirmando que as tradições orais africanas não são autoritárias, pelo contrário, são parte da tradição liberal na África. Segundo a filósofa, as histórias orais são dinâmicas, não são apenas memorizadas, mas também analisadas, ou seja, as histórias orais não eram compreendidas de modo literal, mas interpretadas (Olúwolé, 1997a *apud* Presbey, 2020). As histórias orais, como os *Odù Ifá*, trazem nos versos de seus poemas belíssimas lições filosóficas sobre ética, metafísica, epistemologia, entre outras lições que estão contidas nas narrativas míticas de seus poemas.

## 3.3 Sobre bruxaria e reencarnação

Em seu livro *Witchcraft, reincarnation and the God-head* [Bruxaria, reencarnação e a cabeça como divindade], como afirma Presbey (2020), Olúwolé realiza um estudo acerca da bruxaria mantendo, ao mesmo tempo, a mente aberta e uma posição cética para com aqueles que acreditam na eficácia da bruxaria. A filósofa faz também uma crítica ao materialismo ocidental, contrastando-o com a crença em reencarnação das culturas africanas.

Segundo a filósofa, não se pode refutar totalmente a eficácia da bruxaria usando o método científico, já que há alguns casos nos quais algumas pessoas manifestaram resultados que podem ser considerados como evidência empírica com demonstrações experimentais, mesmo que em âmbito hipotético. Ela aponta que físicos têm absoluta crença na realidade dos neutrinos, embora os seres humanos não possam experimentá-los de maneira direta, mas apenas seus efeitos (Olúwolé, 1995 *apud* Presbey, 2020). Por outro lado, a filósofa convida os praticantes da bruxaria a admitir que suas crenças não são infalíveis e imutáveis, para assim aprender com seus próprios erros.

Quanto ao tema da reencarnação, a filósofa discute estudos empíricos (inclusive nos Estados Unidos) que traziam evidências acerca da reencarnação, ainda que de maneira inconclusiva. Olúwọlé percebeu que alguns filósofos africanos se referiam à reencarnação como prova de que os africanos eram retrógrados intelectualmente. Olúwọlé aponta que os africanos que defendem a crença na reencarnação como retrógrada o fazem porque essa defesa se encaixa em suas próprias ideias metafísicas, já que eles afirmam ter "evidências empíricas demasiadas" que corroboram sua defesa (Olúwọlé, 1992a *apud* Presbey, 2020). Para Olúwọlé, são os materialistas ocidentais que defendem uma posição irracional, pois, ao insistir em acreditar apenas em fenômenos que possam ser provados pela ciência, acabam rejeitando qualquer evidência empírica que desafie seu compromisso com o materialismo. Ela também expõe sua posição em favor da reencarnação ao chamar a atenção para umas das próprias definições da filosofia, que diz que as explicações filosóficas são racionais, baseadas na intuição e na experiência. E já que a maior parte da reflexão filosófica se dá pela especulação, não devemos pensar que a filosofia lide unicamente ou primariamente com absolutos.

### 3.4 Comparando as filosofias africanas e ocidentais

O ápice do trabalho de Sophie Bọ́sẹ̀dé Olúwọlé é a comparação que ela faz entre as filosofias africanas e ocidentais, mais especificamente a iorubá e a helênica, ao comparar os dois maiores representantes dessas filosofias: o grego Sócrates e o iorubá Ọ̀rúnmìlà. Ao apontar similaridades e diferenças entre os dois filósofos, Olúwọlé mostra, assim, as similaridades e as diferenças entre os pensamentos africano e ocidental.

Como bem lembra Presbey (2020), Olúwọlé contextualiza Ọ̀rúnmìlà como uma pessoa histórica nascida no século IV AEC cujas ideias foram transmitidas oralmente para seus discípulos, isto é, ela postula que Ọ̀rúnmìlà foi um filósofo que, de fato, viveu e teve discípulos, apesar de ser considerado um *Òrìṣà*, parte do panteão das divindades de *Ifá*. Na verdade, o que Olúwọlé faz é uma caracterização dos dois filósofos em três instâncias, conforme veremos a seguir.

### 3.4.1 O Sócrates fictício

Ao retratar o Sócrates fictício, Olúwolé (2017) toma o Sócrates retratado por Aristófanes nas peças *As nuvens* e *As aves*. O Sócrates de Aristófanes propunha que o que determinava as qualidades de um líder era a posse do conhecimento, o entendimento e a virtude moral. Essas eram as qualidades que justificavam quem deveria ser apontado para reger os assuntos de Estado. Aristófanes descrevia um Sócrates que propunha mudanças drásticas para o pensamento e as crenças tradicionais gregas, ou seja, questionando poetas como Homero e Hesíodo e políticos como Sófocles ou Sólon, assim como sofistas como Protágoras ou Górgias. Para Aristófanes, Sócrates era um revolucionário radical que levaria a sociedade grega à anarquia.

### 3.4.2 O Sócrates corporativo

Nessa caracterização, Olúwolé (2012) toma o Sócrates retratado por seu discípulo Platão. O Sócrates de Platão era uma síntese crítica do pensamento grego anterior e contemporâneo ao período em que Platão escreveu seus diálogos. Por corporativo, Olúwolé caracteriza Sócrates como um revolucionário à frente de um movimento intelectual. Por isso, ela observa que Platão retratava Sócrates como um representante dessa corporação intelectual que surgia em Atenas, uma corporação que considerava Sócrates como o mais sábio dos gregos e líder revolucionário.

### 3.4.3 O Sócrates histórico

Quanto ao Sócrates histórico, Olúwolé (2017) traçou os dados da vida de Sócrates, o homem que viveu na Atenas do século IV AEC, por exemplo, os nomes e as ocupações de seus pais. O nome do pai de Sócrates era Sofronisco, um pedreiro do distrito de Alopece, que ficava ao sul de Atenas. Sua mãe era parteira e se chamava Fenarete.

Olúwolé menciona Composta (1990, p. 139), que lembra que Diógenes Laércio afirmou que Sócrates tinha dez discípulos, dos quais muitos eram seus amigos, e que o número de discípulos era provavelmente maior devido ao fato de cinco escolas de pensamento socrático terem sido estabelecidas.

Ela ainda observa que, segundo registros históricos, o filósofo viveu na era em que a religião ateniense cultuava os 12 Olimpianos encabeçados por Zeus, lembrando que o santuário de Orfeu em Delfos alojava o famoso oráculo de Apolo (Olúwọlé, 2017). Quanto à aparência física de Sócrates, Olúwọlé menciona Durant (1926), que faz menção à imagem do busto de Sócrates, o retratando como um homem feio para os padrões gregos. O busto mostra um homem de rosto largo, nariz chato, lábios grossos e de barriga grande. Quanto ao restante de sua personalidade, ainda mencionando Durant (1926), tanto Platão como Xenofonte retratam Sócrates como alguém com uma grande tolerância para o álcool, que usava vestes simples, preferia andar descalço e sempre comia a convite de seus colegas. Era dito que sua pobreza era resultado de sua indiferença para com a riqueza, pois se sentia rico na pobreza.

Aos 70 anos de idade, Sócrates foi acusado do crime de impiedade, julgado, declarado culpado e condenado à morte. Seus amigos arquitetaram sua fuga da prisão, mas ele recusou.

### 3.4.4 O Ọrúnmìlà mítico

Segundo Sophie Olúwọlé (2017), a tradição oral iorubá descreve Ọrúnmìlà como membro de um grupo celestial, os *Òrìṣà* que foram enviados por Olódúmarè (Todo poderoso) para o *Àyié* (mundo material), com tarefas específicas. A tarefa de Ọrúnmìlà era usar sua sabedoria para organizar os assuntos da sociedade. O centro de suas atividades era Ile-Ife, o lar ancestral do povo Iorubá do Sudeoste da Nigéria.

### 3.4.5 O Ọrúnmìlà corporativo

Aqui, Olúwọlé caracteriza Ọrúnmìlà como uma representação corporativa do axioma intelectual do povo iorubá em um ponto particular no desenvolvimento de sua tradição filosófica. Como o líder de uma corporação, uma escola mística surgia e difundia seu pensamento (Olúwọlé, 2017). Ela chama atenção para uma questão quanto ao nome do filósofo, pois o termo *"Ifá"*, em um sentido, se refere à vasta tradição oral do povo Iorubá, mas também é usado como nome alternativo para o próprio Ọrúnmìlà. Ela afirma que o líder histórico desse grupo de pensadores tomou o nome "Ọrúnmìlà" como uma alcunha, uma prática que, segundo ela, ainda é comum entre os Iorubá.

A filósofa lembra que os *Ojú Odù*, os 16 poemas maiores do *Corpus Ifá*, são creditados como registros das 16 discípulas e discípulos originais de Ọrúnmìlà, que em seus poemas registraram os ensinamentos e discussões que tiveram com seu mestre. Gerações posteriores adicionaram seus próprios pensamentos aos registros dos 16 discípulos originais e, como aprendizes, eles tinham que memorizar os versos dos *Odù* para adquirirem a competência necessária para analisar e interpretar os ensinamentos dos poemas. Então, cada um dos 16 *Odù* maiores foram compostos pelos 16 discípulos e discípulas originais a partir dos ensinamentos de seu mestre, ao passo que esses 16 discípulos também tiveram seus próprios discípulos e discípulas que também compuseram seus próprios *Odù*, chamados *Ọmọ Odù*. Assim, os *Odú* são composições dos discípulos de Ọrúnmìlà e dos discípulos dos discípulos dele, totalizando um *corpus* filosófico de 256 *Odù*, o que significa que o *Corpus Ifá* foi composto por 256 filósofas e filósofos cuja linhagem começa com Ọrúnmìlà, o fundador do sistema filosófico e criador dos sistemas oraculares que interpretam esse sistema que supera o número de 400 mil versos.

### 3.4.6 O Ọrúnmìlà histórico

Para a caracterização histórica, Olúwọlé (2017) cita Emanuel (*Ifá Festival*, 2000) que menciona uma lenda que descreve Ọrúnmìlà como uma personalidade histórica nascida por volta de 500 AEC. Ela observa que o *Odù Ọsá Méjì* contém uma descrição detalhada quanto à confusão do local de nascimento de Ọrúnmìlà. O *Odù* conta que quando foi dito que o filósofo nasceu em Ado, ele respondeu que, na verdade, ele não era natural de Ado, mas que visitou Ado quando descobriu que a população de lá não tinha religião e foi até lá para levar *Ifá* para as pessoas.

Foi dito também que ele era de Òffá; no entanto, mais uma vez Ọrúnmìlà diz que ele não era natural de Òffá, mas que foi até lá, pois as pessoas estavam doentes. Olúwọlé menciona (2017) Emanuel (2000), que explica que a confusão quanto ao local de nascimento de Ọ̀rúnmìlà nos versos do *Odù Ọ̀sá Méjì* dão maior credibilidade às evidências de que ele era nascido e criado em Òkè Ìgèti, em Ilé-Ifè.

Quanto à sua aparência física, Olúwọlé recorre novamente a Emanuel (2000), que se refere ao *Odù Òyẹ̀kú Méji* que descreve Ọ̀rúnmìlà como um homem feio, de barriga protuberante devido a muita bebida e de pele preta como se tingido com índigo.

Olúwọlé observa que a lenda acerca da vida de Ọ̀rúnmìlà afirma que ele era um sábio excepcional, o que o tornou extremamente famoso. Sua fama era tamanha que as pessoas o procuravam para se tornarem seus aprendizes, mas ele escolheu apenas 16, cujos nomes coincidem com os *Ojú Odù* (*Odù* maiores) de *Ifá*. Segundo a filósofa (Olúwọlé, 2017, p. 46), há um testemunho textual de que ele lecionou em uma escola estabelecida em Òkè Itàsè e outra escola em Ilé-Ifè, que é hoje o santuário central de *Ifá* como uma religião mundial.

Ao comparar Sócrates e Ọ̀rúnmìlà, o que Olúwọlé faz é uma comparação entre as filosofias ocidental e africana. Ela mostra que, assim como Sócrates, Ọ̀rúnmìlà merece seu lugar na história da filosofia como um sábio da Antiguidade cujo pensamento exerce influência até os dias de hoje.

## 4 – IMPORTÂNCIA DA FILÓSOFA E SUA OBRA

A trajetória da vida de Sophie Bọ́sẹ̀dé Olúwọlé foi marcada por adversidades e pela superação. Olúwọlé foi uma vítima da colonialidade que ainda tem suas marcas profundas no continente e nos povos africanos, impondo as culturas ocidentais como norma, reduzindo as culturas originárias africanas ao primitivismo e à irracionalidade. Olúwọlé era uma mulher preta, africana e estudante formada em instituições de ensino africanas, mas que ousou querer ir além e estudar filosofia africana, um desejo que seus orientadores rejeitaram afirmando que essa área não existia. A colonialidade sufoca as vozes originárias e foi assim que Olúwọlé deve ter se sentido: sufocada e impedida de falar. No entanto, sua voz não seria calada por muito tempo.

Embora seus títulos acadêmicos tenham sido alcançados com a pesquisa de pensadores brancos e ocidentais, a conquista da doutora Olúwọlé abriria para ela a oportunidade de dar os primeiros passos na direção de volta para casa, ou seja, em direção ao pensamento e às vozes de seus ancestrais. Mal sabia que sua conquista ajudaria a fortalecer a defesa da existência e do estudo das filosofias africanas, abrindo o caminho para que outras/os estudantes pudessem encontrar seus caminhos de volta para casa, de volta para as vozes de seus ancestrais. Em sua jornada, Olúwọlé viu que a concepção de uma "filosofia universal" era falaciosa, ou seja, percebeu a pluriversalidade da filosofia. Ela notou que a filosofia está presente em todas as culturas – com faces, cores e etnias diferentes – e que uma das marcas dessa pluriversalidade é a língua. A filósofa percebeu que os numerosos povos africanos com seus numerosos idiomas e dialetos produziram suas próprias filosofias, que representam suas diferenças e particularidades culturais. Olúwọlé chegou à conclusão de que, para ouvir as vozes de seus ancestrais e estudar suas filosofias, é necessário aprender suas línguas para, assim, sorver suas palavras, conceitos e as filosofias contidas nelas. Foi isso que Olúwọlé fez quando se deparou com *Ifá*, a filosofia de Ọ̀rúnmìlà, o que a levou à redação de sua *magnum opus*.

Nessa obra, Olúwọlé faz um estudo comparativo entre Sócrates e Ọ̀rúnmìlà, dois filósofos que transmitiram seu pensamento de modo oral para seus discípulos. Como é amplamente sabido, Sócrates não deixou nada escrito, e tudo o que sabemos do filósofo heleno e seu pensamento é pelos registros de seus discípulos, em especial, Platão. Assim como Sócrates, Ọ̀rúnmìlà viveu em uma sociedade de tradição oral. Portanto, o que sabemos do pensamento do filósofo iorubá vem da longa linha de discípulos e discípulos de seus discípulos, que foram passando a sabedoria de Ọ̀rúnmìlà oralmente de geração para geração, chegando até nós como um sistema filosófico e religioso que ainda é amplamente praticado e transmitido, tanto na África quanto na Diáspora, de maneira ininterrupta por, pelo menos, 2.600 anos.

Como afirma Presbey (2020), por seu vasto conhecimento e compreensão da filosofia contida nos *Odù Ifá*, Olúwọlé, em vida, sempre esteve na mídia, em matérias sobre sua vida e sua obra e, após sua morte, sua presença na mídia aumentou. Presbey (2020) observa que, de acordo com uma rádio nigeriana, muitas vezes quando se referiam à filósofa, o faziam pelo apelido de "Mamaláwo", uma adaptação do termo "Babaláwo". Babaláwo são os sacerdotes que interpretam os *Odù Ifá* por sistemas oculares, ou seja, são os especialistas na filosofia de Ọ̀rúnmìlà que treinam durante muitos anos para memorizar os 256 *Odù*, interpretar seus mitos e manipular seus oráculos. O termo "babaláwo" é geralmente traduzido por "Pai do segredo", assim, o apelido de Olúwọlé seria algo como "Mãe do segredo", em reconhecimento de seu profundo conhecimento da filosofia de *Ifá*.

A palavra iorubá para "ser humano" é "ènìyàn", que literalmente significa "aquela/e que escolhe", e essa escolha é *Orí*, a cabeça que, segundo *Ifá*, é o receptáculo da personalidade e do destino humano. Assim, para *Ifá*, escolhemos nossos destinos antes de nascermos. Então, quando Olúwọlé se deparou com a obra *Àwọn Ojú Odù mẹ́rẹ́ẹ́rìndínlógún*, de Wande Abimbola, não foi uma mera coincidência, mas uma obra do destino escolhido pela filósofa no Ọ̀run. No entanto, *Ifá* adverte em seus *Odù* que, mesmo com a escolha de um bom destino, este não pode ser alcançado sem o empenho de *Ìwà*, do bom caráter, o que faz da escolha do destino um ato constante. Em sua vida, Olúwọlé enfrentou inúmeras adversidades que a impediram de encontrar a filosofia africana que buscava, mas ela nunca desistiu de buscar a voz e a sabedoria de seus antepassados, isto é, seu *Ìwà*, seu bom caráter, nunca foi dobrado diante das dificuldades. Quando ela finalmente encontrou a voz de Ọ̀rúnmìlà, empenhou seu caráter com ainda maior afinco para que essa voz ancestral fosse ouvida e reconhecida como o que ela é, como filosofia. Sophie Olúwọlé não foi apenas uma estudiosa de filosofias africanas, mas a mulher que estava destinada a ser a filósofa que deu ao pensamento de Ọ̀rúnmìlà o devido reconhecimento, um destino por ela mesma escolhido.

Portanto, em sua vida e obra, Sophie Bọ́sẹ̀dẹ́ Olúwọlé foi uma filósofa que quebrou barreiras, como ser a primeira mulher a obter o título de Doutora em Filosofia pela Universidade de Ibadan, e por defender *Ifá* como sistema filosófico e Ọ̀rúnmìlà como um filósofo da Antiguidade. Em sua obra, assim como em sua vida, Olúwọlé buscou legitimar o pensamento africano, mostrando que as filosofias africanas não devem nada às filosofias ocidentais e que, assim como Sócrates, Ọ̀rúnmìlà foi um filósofo cujo pensamento merece seu lugar na história da filosofia. Assim como os dois filósofos que ela compara, a filósofa Sophie Bọ́ṣẹ̀dé Olúwọlé também deixou sua marca na história da filosofia ao mostrar que, do mesmo modo que Sócrates pode ser considerado como o "santo patrono" das filosofias ocidentais, Ọ̀rúnmìlà pode igualmente ser colocado como o "santo patrono" das filosofias africanas, e que o eurocentrismo que impregna a Academia não pode mais ofuscar a importância do pensamento africano e de suas filósofas e filósofos.

# BIBLIOGRAFIA

## Obras

OLÚWOLÉ, S. B. *Witchcraft, reincarnation and the God-head*. New Delhi: Excel Publishers, 1992a.

OLÚWOLÉ, S. B. *Democratic patterns and paradigms*: Nigerians women's experience. Lagos: Goethe-Institut, 1992b.

OLÚWOLÉ, S. B. On the existence of witches. *In*: MOSLEY A. G.; CLIFFS E. *African Philosophy*: selected readings. Nova Jersey: Prentice Hall, 1995.

OLÚWOLÉ, S. B. African Philosophy as illustrated in *Ifá* corpus. *Imódòye: a Journal of African Philosophy*, v. 2, p. 1-20, 1996.

OLÚWOLÉ, S. B. *Philosophy and oral tradition*. Lagos, Nigeria: African Researche Konsultancy, 1997a.

OLÚWOLÉ, S. B. Culture, gender and development theories. *Africa development*, v. 22, 1997b.

OLÚWOLÉ, S. B. Oruka's misson in African Philosophy. *In*: GRANESS, A.; KRESSE, K. *Sagacious reasoning*: Henry Odera Oruka in memoriam. Nairobi: Est African Educational Publishers, 1999.

OLÚWOLÉ, S. B. Africa. *In*: JAGGAR, A. M.; MARION, I. (orgs.). *A companion to feminist Philosophy*. Malden; Mass: Blackwell Publishers, 2000.

OLÚWOLÉ, S. B. Womanhood and feminism in African traditional thought. *In*: ABODURIN, F.; OFEMI, O.; OGUNDELE, W. (org.). *Trenton character is beauty*: redefining Yoruba culture and identity (Iwalewa-Haus 1981-1996). Trenton: Africa World Press, 2001.

OLÚWOLÉ, S. B. Public health and the individual right to sexual pleasure and choice. *Sexuality in Africa*, v. 3, n. 2, p. 6-8, 2006.

OLÚWOLÉ, S. B. *Katanfuru*: who are (we/they) Africans? Some memorable questions. [s. l.]: Cefacad, 2011.

OLÚWOLÉ, S. B.; SOFOLUWE, A. *African myths and legends of gender*. Lagos: ARK Publishers, 2014.

OLÚWOLÉ, S. B. Oruka and the sage Philosophy: new insights on sagacious reasoning. *In*: FALOLA, T.; AFOLAYAN, A. *Handbook of African Philosophy*. Nova York: Palgrave MacMillan, 2017.

OLÚWOLÉ, S. B. *Sócrates and Òrúnmìlà*: two Patron Saints of classical Philosophy. 3. ed. Lagos: ARK Publishers, 2017.

OLÚWOLÉ, S. B. The best of both worlds: Philosophy in African languages and English translation. *APA Newsletter on Indigenous Philosophy*, p. 7-14, 2017.

## Literatura secundária

DASAOLU, B. O.; FAYEMI, A. K. Oral tradition in African Philosophy discourse: a critique of Sophie Olúwọlé's account. *The African Symposium: an Online Journal of the African Educational Research Network*, v. 15, n. 1, p. 57-68, 2015.

FAYEMI, A. K. Remembering the African philosopher, Abọsẹ́dé Sophie Olúwọlé: a biographical essay. *Filosofia Theoretica: Journal of African Philosophy. Culture and Religions*, v. 7, n. 3, p. 118-131, 2018.

KIMMERLE, H. An amazing piece of comparative Philosophy. Sophie Bọsẹ̀dé Olúwọlé: Sócrates and Ọ̀rúnmìlà: two Patron Saints of classical Philosophy. Book Review. *Filosofia Theoretica: Journal of African Philosophy. Culture and Religions*, v. 3, n. 2, p. 224, 2014.

PRESBEY, G. Sophie Olúwọlé's major contributions to African Philosophy. *Hypatia*, v. 35, n. 2, p. 231-242, 2020.

## Links

ADEBUMITI, A. Philosopher urges Nigerians to embrace indigenous knowledge, languages. *The Guardian*, 2016. Disponível em: https://guardian.ng/art/philosopher-urges-nigerians-to-embrace. Acesso em: 17 jul. 2024.

AJELUORO, A. Socrates and Ọ̀rúnmìlà... Putting premuim on Africa's indigenous Philosophy. *The Guardian*, 2015. Disponível em: https://guardian.ng/art/socrates-and-orunmila-putting-premium. Acesso em: 17 jul. 2024.

CONFERÊNCIAS AFRICANAS: Semana de Ooni de Ifé no Rio. Final Sequence 2 com trecho. [*S. l.: s. n.*], 2020. 1 vídeo (1 h 8 min 23 s). Publicado pelo canal Filósofos transcrições. Disponível em: https://www.youtube.com/watch?v=6N1QyqCGhoU. Acesso em: 17 jul. 2024.

LASISI, A. Salute to Ọ̀rúnmìlà as Sophie Olúwọlé hosts Dutch film-maker. *Punch*, 2017. Disponível em: https://punchng.com/salute-to-orunmila-as-sophie-oluwole-hosts-dutch-film-maker/. Acesso em: 17 jul. 2024.

NORTHUSSEN, S. De wertese filosofie loopt al eeuwen achter. *Trouw*, 2017. Disponível em: https://www.trouw.nl/nieuws/de-westerse-filosofie-loopt-al-eeuwen-achter~b92ab8e9/. Acesso em: 17 jul. 2024.

NWAKUNOR, G. A.; DANIEL, E. Top African philosopher, Sophie Olúwọlé, dies at 82. *The Guardian*, 2018. Disponível em: https://guardian.ng/features/top-african-philosopher-sophie-oluwole. Acesso em: 17 jul. 2024.

OBE, T. She who was diferent: Sophie Olúwọlé, 1935-2018. *Medium*, 2018. Disponível em: https://medium.com/@araisokun/she-who-was-different-adccb087c91b 2018. Acesso em: 17 jul. 2024.

OJOYE, T. Buhari, Tinubu, Ofeimun mourn as Sophie Olúwọlé dies at 83. *Punch*, 2018. Disponível em: https://punchng.com/buhari-tinubu-ofeimun-mourn-as-sophie-oluwole-dies-at-83/. Acesso em: 19 jul. 2024.

OJOYE, T. My mum never believed I could become a professor: Sophie Olúwọlé. *Punch*, 2017. Disponível em: https://punchng.com/mum-never-believed-become-professor-sophie. Acesso em: 19 jul. 2024.

ORO ISITI. Importance of the mother tongue. Lagos: Tundekelani. tv, 2016a. 1 vídeo (10 min 48 s). Publicado pelo canal TK ÒPÓMÚLÉRÓ. Disponível em: https:// www.youtube.com/watch?v=KYZyDrx0Rh8&list=PL72E8Gg1-OFI0ZNAbFDMqgI8oP-ohGSmE. Acesso em: 19 jul. 2024.

ORO ISITI. Ifá is a scientific and mathematical system? Lagos: Tundekelani.tv, 2016b. 1 vídeo (6 min 46 s). Publicado pelo canal TK ÒPÓMÚLÉRÓ. Disponível em: https://www.youtube.com/watch?v=1Zsq3FSMof8&list=PL72E8Gg1-OFI0ZNAbFDMqgI8oP-ohGSmE&index=2. Acesso em: 19 jul. 2024.

ORO ISITI. What is education in Nigeria? Lagos: Tundekelani.tv, 2016c. 1 vídeo (12 min 40 s). Publicado pelo canal TK ÒPÓMÚLÉRÓ. Disponível em: https://www.youtube.com/watch?v=yH1bM4Rl9Ig&list=PL72E8Gg1-OFI0ZNAbFDMqgI8oP-ohGSmE&index=3. Acesso em:19 jul. 2024.

ORO ISITI. You are a stupid idiot if you condemn the whole of your culture? Lagos: Tundekelani.tv, 2016d. 1 vídeo (7 min 4 s). Publicado pelo canal TK ÒPÓMÚLÉRÓ. Disponível em: https://www.youtube.com/watch?v=UHTVxlWFkWc&list=PL72E8Gg1-OFI0ZNAbFDMqgI8oP-ohGSmE&index=4. Acesso em: 19 jul. 2024.

ORO ISITI. Ọrúnmìlà and Socrates: what do they have in common? Lagos: Tundekelani. tv, 2016e. 1 vídeo (9 min 28 s). Publicado pelo canal TK ÒPÓMÚLÉRÓ. Disponível em: https://www.youtube.com/watch?v=Nrrpo4mxFkI&list=PL72E8Gg1-OFI0ZNAbFDMqgI8oP-ohGSmE&index=5. Acesso em: 19 jul. 2024.

ORO ISITI. Are herbal preparations fetish? Lagos: Tundekelani.tv, 2016f. 1 vídeo (9 min 50 s). Publicado pelo canal TK ÒPÓMÚLÉRÓ. Disponível em: https://www.youtube.com/watch?v=G-zbZmzaRhM&list=PL72E8Gg1-OFI0ZNAbFDMqgI8oP-ohGSmE&index=6. Acesso em: 19 jul. 2024.

RENOWNED SCHOLAR OF CLASSICAL PHILOSOPHY. Prof. Sophie Olúwọlé on Hot-Seat (Ogtv). Entrevista Concedida a Adesina Anidugbe e a Tunde Sodeke. [*S. l.: s. n.*], 2014. 1 vídeo (58 min 22 s). Publicado pelo canal Adesina Anidugbe. (Vídeo série). Disponível em: https://www.youtube.com/watch?v=ExKGqmnRfuM&t=95. Acesso em: 19 jul. 2024.

**Literatura Complementar**

ADEBGINDIN, O. *Ifá in yorùbá thought system*. Durham: Carolina University Press, 2014.

BENISTE, J. *Dicionário português-iorubá*. Rio de Janeiro: Bertrand Brasil, 2021.

BENISTE, J. *Dicionário iorubá-português*. 5. ed. Rio de Janeiro: Bertrand Brasil, 2020.

BENISTE, J. *Ọ̀run Àiyé: o encontro de dois mundos: o sistema de relação nagô-iorubá entre o céu e a terra*. 15. ed. Rio de Janeiro: Bertrand Brasil, 2021.

COMPOSTA, D. *History of ancient Philosophy*. Bangalore: Theological Publications India, 1990.

DURANT, W. *Life in Greece*. Nova York: Simon and Schuster, 1926.

EMANUEL, A. *Ifá Festival (Odun Lie)*. Lagos: West African Books Publishers Limited, 2000.

PRANDI, R. *Mitologia dos Orixás*. São Paulo: Companhia das Letras, 2001.

# 25
# GLORIA ANZALDÚA

(1942-2004)

*Ada Cristina Ferreira**

## 1 – VIDA

Com o florescimento das teorias feministas e os estudos sobre gênero, classe e sexualidade, a autora Gloria Evangelina Anzaldúa (1942-2004) tem sido uma das autoras que vem conquistando espaço dentro dos estudos filosóficos. Serpenteando entre as linhas da poesia, literatura, narrativa, teoria e auto-história, Anzaldúa convida seus leitores e leitoras a visitarem os espaços fronteiriços e serem testemunhas do nascimento de uma nova cultura, a cultura que envolve e representa a população da fronteira e que abriga a identidade da "New Mestiza".

Nascida no Vale do Rio Grande no Texas, Estados Unidos, na fronteira com o México – onde uma linha divisória cortou o espaço sagrado da ancestralidade asteca –, Anzaldúa foi a filha mais velha de Urbano e Amália Anzaldúa. De origem pobre e campesina e autodeclarada chicana, lésbica e ativista política, Anzaldúa experiencia desde muito cedo as tensões que envolvem seu corpo, sua sexualidade e seu local de origem. Desde muito antes de seu nascimento

---

* Doutoranda em Filosofia pela Universidade Federal do ABC (UFABC).

a família sobrevivia do trabalho campesino. Enquanto criança, Anzaldúa e seus irmãos auxiliavam os pais com as tarefas nos campos e, intercalando os horários de aula com as horas de trabalho, eles ajudavam no sustento da família. À noite, período em que tinha maior liberdade, Anzaldúa lia para sua irmã Hilda adormecer e sua imaginação criativa a fazia inventar contos noturnos em troca do silêncio prometido pela irmã quando Anzaldúa temia ser repreendida pela mãe. Então, atravessava a noite em claro, lendo e escrevendo debaixo das cobertas, iluminando as páginas com a pouca luz de uma lanterna para não ser descoberta.

Ainda muito cedo experimentou o quanto o corpo pode transformar as relações que estabelecemos conosco e com o próximo. Com uma condição rara de saúde que a obrigava a enfrentar um forte desequilíbrio hormonal que a fazia sangrar desde que tinha três meses de idade, Anzaldúa se via como uma estranha entre as outras pessoas. Aos sete anos e já com os seios em desenvolvimento, sua mãe tentava protegê-la dos olhares atravessados pela violência enfaixando seus seios para que não fossem vistos pelos colegas e demais pessoas. Ainda, era repetidamente advertida para que tomasse cuidado ao se sentar: "Mantenha suas pernas fechadas, Prieta" (Anzaldúa, 2021, p. 66), já que em sua calcinha diversos panos dobrados serviam para absorver o sangramento que tinha. Sua condição a deixou com fortes dores, principalmente na vida adulta. Com cólicas, febres altas e tremores, Anzaldúa sempre estava no hospital.

Aos 38 anos de idade foi submetida a uma cirurgia de histerectomia. A retirada do útero trouxe a Anzaldúa uma das experiências mais traumatizantes, que a deixou entre a vida e a morte. Esses acontecimentos são relatados no profundo e emocionante ensaio "La Prieta", publicado em *This bridge called my back* [Essa ponte que chamo de minhas costas], em 1981. Nele, Anzaldúa relembra momentos de sua infância e de sua vida adulta, a perda do pai quando tinha apenas 12 anos de idade, a difícil relação com a mãe e os olhares de estranhamento que enfrentava de uma sociedade que a via como uma "loquita, jotita, marimacha, pajuelona, lambiscona, culera" (Anzaldúa, 2021, p. 126), nomes considerados depreciativos e que reproduzem os preconceitos de uma sociedade.

How to turn away from the hellish journey that the disease has put me through, the alchemical nights of the soul. Torn limb from limb, knifed, mugged, beaten. My tongue (Spanish) ripped from my mouth, left voiceless. My name stolen from me. My bowels fucked with a surgeon's knife, uterus and ovaries pitched into the trash. Castrated. Set apart from my own kind, isolated. My life-blood sucked out of me by my role as woman nurturer – the last form of cannibalism.
[Como me afastar da jornada infernal em que a doença me fez passar, as noites alquímicas da alma. Rasgada membro por membro, esfaqueada, roubada, espancada. Minha língua (espanhol) arrancada de minha boca, deixada sem voz. Meu nome roubado de mim. Minhas entranhas fodidas por uma faca de cirurgião, útero e ovários lançados no lixo. Castrada. Separada do meu próprio povo, isolada. Meu sangue-vital sugado de mim pelo meu papel de mulher criadora – a última forma do canibalismo] (Anzaldúa, 1984, p. 231-232).

Mesmo frequentando a universidade, Anzaldúa manteve uma forte ligação com o campo e trabalhava nos fins de semana e nas férias para ajudar a família. Não era sua intenção desenvolver o tradicional papel destinado à mulher naquela época, que consistia em casar e ter filhos, viver nos campos trabalhando para sobreviver, um destino que geralmente era traçado para pessoas mais pobres. Anzaldúa se sentia sufocada com isso. Necessitava de mais. Mais palavras, mais conhecimento, mais questionamentos sobre "o jeito de ser das coisas" (Anzaldúa, 2021, p. 73). Essa sua sede por conhecimento a conduziu à Universidade Pan American, onde, em 1969, recebeu o diploma de licenciatura em Artes e Literatura Inglesa.

Nos anos seguintes à sua formação, Anzaldúa foi professora em escolas públicas no Texas. Em suas aulas para o ensino médio, ela percebia a recusa da escola em oferecer aos alunos chicanos e alunas chicanas uma literatura que incluísse contos e a arte chicana. Sempre que tentava complementar os estudos de seus alunos e alunas levando textos sobre esses temas, era repreendida pela diretora. No entanto, arriscando seu emprego, ela oferecia em segredo alguns poemas, peças, contos da literatura chicana para que seus alunos e alunas pudessem conhecer e experienciar um pouquinho daquilo que viviam na prática.

Em 1972, se tornou mestre em Educação Artística e Literatura pela Universidade de Austin e logo em seguida ingressou nos movimentos campesinos, encontros de ativistas políticos e movimentos sociais de imigrantes chicanos. Esses contatos a conduziram à coordenação de uma escola na qual Anzaldúa era incumbida da educação de filhas e filhos de migrantes trabalhadores do campo em Indiana. Em 1974, entra em contato direto com o feminismo e passa a participar ativamente de encontros políticos e atividades práticas do movimento. Com a proximidade dos diálogos, Anzaldúa estabelece uma aliança entre o movimento chicano que já participava e o movimento feminista na época. Esse contato foi importante para que ela pudesse perceber que havia críticas a serem feitas em cada um desses movimentos, por exemplo, o abismo que existia entre o movimento feminista e o movimento antirracista, a precariedade do trabalho das mulheres chicanas em relação aos homens da mesma comunidade (Palacio, 2020).

Nos anos seguintes, Anzaldúa se ocupa com as discussões feministas e o tema do racismo e passa boa parte de seu tempo se dedicando à escrita. Ela articula a construção de um movimento que pudesse discutir um feminismo mais plural, que trabalhasse com a experiência relatada por mulheres que estavam às margens da visibilidade ocidental, mulheres que Anzaldúa chamou de "Mulheres de Terceiro Mundo" (Anzaldúa, 1987, p. 3). Tais experiências envolveriam principalmente os problemas como o racismo e as desigualdades de classes, temas que atingiam mais as mulheres de cor da classe trabalhadora. Anzaldúa acreditava que apenas com essas discussões era possível alcançar uma emancipação feminina mais abrangente, mais inclusiva e justa.

Por volta dos anos de 1974-1977, Anzaldúa tenta ingressar no doutorado na Universidade do Texas, mas a pesquisa que pretendia desenvolver, sobre estudos feministas e literatura chicana, foi frustrada, uma vez que consideravam os estudos sobre mulheres algo a que Anzaldúa não deveria se dedicar (Anzaldúa, 2016). Segundo relata, era como se essas vozes não existissem, como se esses estudos não gerassem impacto ou não tivessem peso acadêmico (Anzaldúa, 2016):

> cuando estaba en la Univesidad de Tesas, quería centrar mi tesis en estudios feministas y literatura chicana y enseguida me di cuenta de que eso parecía un proyecto imposible. El asesor me dijo que la literatura chicana no era una disciplina legítima, que no existía, y que los estudios de mujeres no eran algo a lo que yo debería dedicarme.

Ya sabes, esto era en 1976-1977. Si eras una chicana en una universidad, todo lo que te enseñaban eran sistemas filosóficos, disciplinas y modos de conocimiento rojos, blancos y azules, bien estadunidenses. [(...) quando estava na universidade do Texas, queria centrar minha tese nos estudos feministas e literatura chicana e em seguida me dei conta de que isso parecia ser um projeto impossível. O orientador me disse que a literatura chicana não era disciplina legítima, que não existia, e que os estudos sobre as mulheres não era algo a que deveria me dedicar. Já sabe, isso era em 1976-1977. Se você é uma chicana em uma universidade, tudo o que te ensinam são sistemas filosóficos, disciplinas e modos de conhecimento vermelhos, brancos e azuis, bem estadunidenses] (Anzaldúa, 2016, p. 274).

Após as negativas que recebeu sobre a intenção de sua pesquisa na Academia, Anzaldúa desiste de completar o doutorado e se muda para a cidade de São Francisco. Então, ela entra para a "Women's Writer's Union" e a "Feminist Writer's Guild", um sindicato e uma associação que contemplavam escritoras mulheres e feministas. Ali, conhece diversas escritoras, como Susan Griffin, Nellie Wong, Merle Woo e também Cherríe Moraga, com quem divide amizade e trabalhos ao longo de sua vida. Durante os encontros com essas mulheres, Anzaldúa percebe que os grupos eram formados em sua maioria por mulheres brancas e acabavam negligenciando outros fatores que envolviam a opressão de gênero. Temas como a classe social, a raça, a orientação religiosa, a idade, o físico das mulheres, entre outros tantos tópicos que embasavam a violência, deveriam entrar para a discussão, mas não era o que acontecia.

Essas experiências despertam em Anzaldúa a ideia de unir essas vozes que se encontravam às margens para que pudessem ser ouvidas, incluindo as diferentes opressões que envolvem não só o corpo, mas o lugar que este ocupa. Em 1981, foi convidada pela Universidade de São Francisco a lecionar no recém-programa voltado aos estudos sobre mulheres, em que mantinha o foco na literatura de mulheres de terceiro mundo (Palacio, 2020). Com o engajamento de seu trabalho e com o interesse demonstrado por diversas mulheres surge, em 1981, por iniciativa de Anzaldúa, o compilado que levou o nome de *"This bridge called my back, writings by radical women of color"* [Essa ponte que chamo de minhas costas, escrito de mulheres radicais de cor], reunindo diversas escritoras com diferentes estilos de escrita e diferentes formas de experienciar o mundo.

A recepção do livro, o engajamento e a parceria dessas escritoras fizeram com que as ideias borbulhassem na mente de Anzaldúa e a encorajassem a seguir com um projeto que já estava sendo desenhado há algum tempo, chamado por ela de "Mundo Zurdo" [Mundo canhoto]. Nele, Anzaldúa propõe uma espécie de partilha em que as mulheres pudessem dividir não só de maneira literária, mas fisicamente, suas histórias, participando de seminários, oficinas, grupos de escuta, movimentos em que o corpo também pudesse mediar o próprio pensamento. A ideia consistia, segundo Palacio (2020), em estabelecer um vínculo entre teoria e prática com o objetivo de criar um espaço desde a marginalidade. Esse espaço serviria de "abrigo" para essas mulheres, fornecendo condições para que as experiências pudessem ser compartilhadas. Muitas vezes a mesma realidade atravessava a vida de diferentes sujeitos e com a partilha se construía condições em conjunto para superar os obstáculos e articular novas formas para transpor as dificuldades que lhes eram apresentadas. Dessa forma, Anzaldúa e outras tantas mulheres rompiam juntas a tradição do silêncio que anteriormente se instaurava em torno dos marcadores como o sexo, o gênero, a cor, a localidade etc.

> La noción del Mundo Zurdo no pretende ser una mera categoría explicativa, sino que introduce el vínculo entre teoría y práctica, ya que de lo que se trata es de crear un espacio desde la marginalidad, un espacio que al ser creado por ellos pueda albergarles. En este sentido, la metodología de talleres y seminarios acompaña al proceso de elaboración de un nuevo sentido al que refiere este Mundo Zurdo. Anzaldúa sabía de qué hablaba y por qué, ella conocía la marginación y confiaba en que la experiencia de las carencias sirviera de resorte a una visión diferente de una misma realidad compartida.
> [A ideia do *Mundo Zurdo* não pretende ser uma categoria explicativa, mas visa introduzir o vínculo entre teoria e prática, já que se trata de criar um espaço desde a marginalidade, um espaço que ao ser criado possa servir de abrigo. Nesse sentido, a metodologia de oficinas e seminários acompanha o processo de elaboração de um novo sentido a que se refere o *Mundo Zurdo*. Anzaldúa sabia o que falava e por que falava, ela conhecia a marginalização e confiava que a experiência sobre as carências serviria de aporte a uma visão diferente de uma mesma realidade compartilhada] (Palacio, 2020, tradução nossa).

Após o ano de 1981, Anzaldúa participou de diversas atividades além de lecionar em universidades como Columbia, Maryland, Yale, Norwich, Califórnia e, anos mais tarde, na Universidade da Flórida. Em 1987 finalmente é publicado seu mais famoso livro *Borderlands/La frontera: la consciencia de la nueva mestiza* [Fronteiras/A fronteira: a consciência da nova mestiça], eleito pela *Journal* como um dos 38 melhores do ano e um dos 100 melhores de 1987 segundo as revistas *Hungry Mind* e *Utner Reader*. Por suas publicações e pelo impacto de suas obras, Anzaldúa recebe diversos prêmios, como o Before Columbus American Book Award, o prêmio Lambda Lesbian Small Book Press, o Lesbian Rights, o Prêmio Nacional de Artes da Faculdade de Artes Liberais da Pamona College na Califórnia, o Prêmio Sappho, o Americas Honor Award e o prêmio concedido pelo programa de Estudos Latinos, o Consortium of Latin American Studies Programs (Clapsa).

No ano de 1988, Anzaldúa retoma sua pesquisa de doutorado na Universidade da Califórnia, mas novamente é interrompida por problemas de saúde. Entre os anos de 2002 e 2003 ela retoma a pesquisa e mantém um forte ritmo produtivo com o objetivo de terminar sua tese. Porém, com sua saúde cada dia mais debilitada, somada ao diagnóstico de diabetes, Anzaldúa não concluiu seu doutoramento e faleceu em sua residência, na cidade de São Francisco, no dia 15 de maio de 2004, aos 61 anos de idade. Seu corpo retornou para casa, para a pequena cidade de Hargill, no Texas, onde cresceu. Posteriormente, a Universidade da Califórnia lhe concedeu o título póstumo de doutora em Literatura. Em 2009, uma série de entrevistas editadas por AnaLouise Keating – "The Gloria Anzaldúa Reader" – é publicada.

## 2 – O POETIZAR DA OBRA *BORDERLANDS/LA FRONTERA: THE NEW MESTIZA*

Realizar a leitura de uma obra é sempre uma tarefa difícil, pois a leitura exige mais que uma mera interpretação, exige absorção do texto, da narrativa, das imagens, do aprofundamento e da apropriação dos conceitos. A leitura do texto de Glória Anzaldúa se torna mais desafiadora quando ela retira o leitor de seu comodismo acadêmico e o insere de maneira gradativa no universo da fronteira. Ao iniciarmos a leitura dessa obra, Anzaldúa nos convida a experimentar a linguagem fronteiriça que reflete seus antepassados e o seu presente e que atualmente representa a sobrevivência na fronteira. Do "bilinguajamento" e do "multilinguajamento" – ou seja, a intersecção de línguas que se fundem em uma só como a mescla do espanhol com inglês, o tex-mex, o pachuco, as gírias – emerge "um modo de viver", um viver-entre-línguas (Anzaldúa, 1987). Só assim é que se pode adentrar no espaço da *mestiza* e conhecê-la da forma como Anzaldúa desejaria que a conhecêssemos.

Ao tomarmos contato com seu mais famoso livro, Anzaldúa consegue resgatar nossa atenção desde sua capa – a da primeira edição de 1987. No título, a palavra "Borderlands" está localizada na parte superior, insinuando o norte inglês, o norte geográfico. Na parte inferior, por sua vez, está o "La fronteira", representando o Sul mexicano, seguido por dois pontos e "the new mestiza". Isso mostra a mescla linguística que representa o espaço híbrido da fronteira. Para separar os territórios, uma linha divisória corta o sul e o norte e delimita dois lados, sendo o desenho uma metáfora para demonstrar as barreiras assinaladas pela geografia política colonial.

A estruturação dos capítulos do livro e a mescla que a autora faz da narrativa poética nas passagens em que resgata a memória chicana deixa mais evidente o movimento da obra. Essa estrutura é fundamental para ilustrar o próprio processo de construção da consciência mestiça. O desenvolvimento passa pela teoria, pela autobiografia e, desta, para poesia. Posteriormente, passa para a transcrição de uma entrevista concedida a Karin Ikas. A obra se divide em duas partes: a primeira, "Atravesando fronteras/Crossing borders", traz importantes temas como a violência colonial, os processos de resistência, as ameaças constantes sofridas pelas chicanas e chicanos e, por fim, a consciência mestiça. A segunda parte inicia-se em "Un agitado viento/Ehêcatl, the wind" e é composta de poesias.

Apesar de o livro se dividir em duas partes e conter vários capítulos, podemos dizer que a obra passa por três movimentos, os quais vão se transformando poeticamente em uma espécie de ritual metafórico que se consolida, por fim, com o nascimento da "New mestiza".

## 3 – A FRONTEIRA

A contextualização do lugar de onde nascem as discussões de Anzaldúa é importante para que se compreenda a identidade *mestiza*. Nos primeiros capítulos de *Borderlands/La frontera: the new mestiza*, a autora se preocupa em apresentar a fronteira de onde ela fala, ressaltando que essa fronteira não é apenas um espaço geográfico definido, mas sim um local conflituoso que, em meio às tensões políticas, econômicas e culturais, desenvolve, segundo Anzaldúa (1987), uma luta que também é feminista.

Anzaldúa faz um apanhado histórico, revisitando o México, principalmente a parte ao norte do hemisfério, área tradicional de cultura mexicana e onde atualmente é o Sul dos Estados-Unidos. A autora ressalta a importância dada às entidades místicas femininas, como Malintzin, La Llorona, Coatlicue, Malinche e a virgem de Guadalupe, entre outras que foram estigmatizadas ou passaram por um processo de adaptação cristã. Suas histórias remetem aos símbolos da América pré-colombiana e entidades que estão intrinsecamente relacionadas ao surgimento da cultura chicana.

A autora apresenta não só o contexto em que se formou a fronteira, mas aponta a situação de dupla violência que as mulheres fronteiriças enfrentam diante da situação em que se encontram. Anzaldúa busca demonstrar como se institui o dispositivo hierárquico de poder e, como aponta Meloni (2012), essa colonialidade opera em três níveis: o poder econômico (político), o saber epistêmico e a produção de controle da sexualidade pela designação de rótulos para os gêneros. Assim, realiza o que Aníbal Quijano (2005), Mignolo (2003) e os teóricos do círculo de debates do grupo "Modernidade/Colonialidade" chamaram posteriormente de *colonialidade do poder, do saber e do ser*.

Com a colonização espanhola no começo do século XVI, a terra sagrada asteca, "Aztlán", foi dominada pelos europeus e a população originária foi drasticamente reduzida. Séculos depois, entre 1846-1848, a guerra entre México e Estados Unidos provocou a perda de grande parte do território Norte do México para os Estados Unidos, e o tratado de Guadalupe Hidalgo, celebrado em 1848, fez com que milhares de mexicanos e mexicanas se transformassem repentinamente cidadãos e cidadãs estadunidenses. Então, surge a fronteira, o "terceiro espaço", que, como conceituado por Bhabha (2007), projeta a noção da diferença cultural que se desenvolve no contexto histórico de lutas e resistências.

> The U.S.-Mexican border *es una herida abierta* where the Third World grates against the first and bleeds. And before a scab forms it hemorrhages again, the lifeblood of two worlds merging to form a third country, a border culture.
> [A fronteira entre Estados Unidos e México *es una herida abierta* onde o terceiro mundo é arranhado pelo primeiro e sangra. E antes de que se forme uma crosta, volta a sangrar novamente, a força vital de dois mundos que se fundem para formar um terceiro país, uma cultura de fronteira] (Anzaldúa, 1987, p. 3, tradução nossa).

A ferida aberta é uma ferida colonial que produz e categoriza o sujeito subalterno e aponta, com uma linha divisória, os lugares que são ou não são seguros (Anzaldúa, 1987). São fronteiras que se estendem para além da geopolítica, pois acompanham seu povo e sua cultura. Num país em que a terra e o indivíduo mantêm uma íntima relação de sobrevivência, fixar limites é separar o sujeito de seu lar, é separá-lo de sua própria identidade.

## 4 – A MULHER FRONTEIRIÇA

Após destacar as tensões que compõem a história da fronteira México-Estados Unidos, a autora volta sua análise para a mulher que habita esse local. Anzaldúa se concentra nas experiências dessas mulheres com relação ao trabalho, à cultura, à família e à religiosidade. Sua investigação deixa evidente a existência de papéis pré-definidos para cada grupo. Da mulher pobre à professora universitária, cada uma vive dentro de um limite definido, conduzindo-nos à crítica de como organizamos as diferentes estruturas de poder a partir das diferentes experiências. A autora consegue viver a experiência de diversas culturas ao mesmo tempo e descrever o poder que existe em cada uma delas.

> It's an interesting path, one that continually slips in and out of the white, the Catholic, the Mexican, the indigenous, the instincts. [...] It is a path of knowledge – one of knowing (and of learning) the history of oppression of our *raza*. It is a way of balancing, at mitigating duality.

> [É um caminho interessante, que continuamente desliza para dentro e para fora do branco, do católico, do mexicano, do indígena, dos instintos. [...] É um caminho de conhecimento – de saber (e de aprender) a história de opressão de nossa *raza*. É uma forma de equilibrar, de mitigar a dualidade] (Anzaldúa, 1987, p. 19, tradução nossa).

Como uma mulher fragmentada – pela língua, cultura, gênero, classe social, crenças, sexualidade –, ela se insere em debates que envolvem a condição da mulher que segue marcada por diferentes grupos sociais. A autora tem a legitimidade de apontar determinados aspectos de opressão que não são facilmente detectados por outros sujeitos femininos. Quanto mais próxima está a mulher da fronteira, mais visíveis ficam as opressões. Ela desarticula o conceito hegemônico ocidental de "mulher" para apontar as diferenças coloniais e experienciais que seguem estruturando identidades. A autora busca incluir não só a chicana em seus estudos, mas, a partir de sua experiência, abranger outras mulheres que se identifiquem com o local de hibridez.

> *La mestiza* tem que se mover constantemente para fora das formações cristalizadas – do hábito; para fora do pensamento convergente, do raciocínio analítico que tende a usar a racionalidade em direção a um objetivo único (um modo ocidental), para um pensamento divergente, caracterizado por um movimento que se afasta de padrões e objetivos estabelecidos, rumo a uma perspectiva mais ampla, que inclui em vez de excluir (Anzaldúa, 2005, p. 706).

Nesse sentido, a autora nos convida a repensar as diferenças que se constroem dentro das bordas geográficas, dos intercâmbios culturais, e a encontrar caminhos para articular o trânsito de vozes e conhecimento.

> A uma determinada altura, no nosso caminho rumo a uma nova consciência, teremos que deixar a margem oposta, com o corte entre os dois combatentes mortais cicatrizado de alguma forma, a fim de que estejamos nas duas margens ao mesmo tempo e, ao mesmo tempo, enxergar tudo com olhos de serpente e de águia (Anzaldúa, 2005, p. 706).

Sua finalidade é propor o alargamento de nossa compreensão com relação às histórias que carregam os sujeitos femininos e as identidades que as integram para a formulação e edificação dos saberes. Identidade que não é branca, hispânica, negra ou indígena, mas heterogênea.

## 5 – A TOMADA DE CONSCIÊNCIA: NASCIMENTO DA NEW MESTIZA

Após levantar o debate sobre o significado da fronteira na geografia política territorial e indicar a experiência que compõe a identidade da mulher fronteiriça, Anzaldúa soma ao seu discurso o capital simbólico que se encontra nas entidades culturais de seus antepassados. Para romper com as hegemonias do conhecimento do cânone ocidental, a autora revisita as histórias de seus ascendentes astecas que, depois da invasão espanhola, compuseram uma identidade híbrida com traços mexicanos e espanhóis. Será a partir desse momento que a leitura vai desvendando o processo que chamamos de "tomada de consciência", em que Anzaldúa (2005) percebe a necessidade de romper com as dualidades que aprisionam a identidade chicana ao ter que escolher entre uma ou outra cultura. O viver entre fronteiras é, segundo Anzaldúa (1987), uma batalha que nunca termina, que envolve a luta constante pela identidade cultural. A inquietude psíquica sempre está presente e sempre se depara com a mesma pergunta, "com o dilema das raças híbridas: a que coletividade pertence a filha de uma mãe de pele escura?" (Anzaldúa, 2005, p. 705).

A "tomada de consciência", ou seja, o nascimento da identidade mestiça, se torna possível pelas lentes da poesia. Anzaldúa assume a poesia como uma estratégia narrativa a fim de aproximar sua comunidade dos laços que a mantém enquanto povo mestiço. Ela recorda (Anzaldúa, 1987) o impacto que a poesia bilíngue teve em sua comunidade em meados dos anos 1960, quando houve a publicação de "I am Joaquín" [Eu sou Joaquín], de Rodolfo Gonzales. A poesia era uma exposição do sentimento e uma afirmação da experiência vivida. Cada pessoa que a declamava, mesmo que individualmente, sentia as palavras se aproximarem do sentimento mais profundo que carregava. Para Anzaldúa, essa obra fez com que a população experimentasse pela primeira vez um sentimento de coletividade e de pertença a uma comunidade. E este sentimento de "La raza unida" foi o nome que deu aporte para os movimentos chicanos que se intensificaram nos anos seguintes nos Estados Unidos. Entender o processo que conduz ao sentimento de união de uma comunidade foi fundamental para que Anzaldúa pudesse encontrar na "New mestiza" uma identidade que expressasse o sentimento de estar na fronteira.

A "New mestiza" nasce no envolvimento poético da natureza textual de sua narrativa e a autora nos transforma em cúmplices metafóricos/as de seu surgimento. Frente a um espelho, num processo simbiótico de ver a outra metade de si mesma, ela consegue observar o que compõe a sua formação cultural. Embalada pela poesia de suas palavras, a autora enxerga sua infância, o rosto de seus familiares, o passado de seu povo e a identificação de sua alma com a ancestralidade que carrega.

> And there in the black, obsidian mirror of the Nahuas is yet another face, a stranger's face. Simultáneamente me miraba la cara desde distintos ángulos. Y mi cara, como la realidad, tenía un carácter multiplice.
> [E ali no espelho negro de obsidiana dos Nahuas existe mais um rosto, o rosto de uma estranha. Simultaneamente olhava para meu rosto de distintos ângulos. E meu rosto, como a realidade, tinha um caráter múltiplo] (Anzaldúa, 1987, p. 44, tradução nossa).

Inicia-se, assim, um decurso metaforizado de "tomada de consciência", um diálogo com o símbolo ambivalente que não produz apenas imagens, mas proporciona a visão da própria alma. Ela percebe o fosso entre dois mundos, um vazio que só pode ser preenchido com uma nova consciência. Então, ela realiza, num ato simbólico de passagem, o despertar da consciência da "New mestiza".

> The gaping mouth slit heart from mind. Between the two eyes in her head, the tongueless magical eye and the loquacious rational eye, was la *rajadura*, the abyss that no bridge could span. Separated, they could not visit each other and each was too far away to hear what the other was saying. Silence rose like a river and could not be held back, it flooded and drowned everything.
> [A boca aberta separou o coração da mente. Entre os dois olhos em sua cabeça, o olho mágico sem língua e o olho racional loquaz, estava la *rajadura*, o abismo que nenhuma ponte poderia transpor. Separados, eles não podiam se visitar e cada um estava muito longe para ouvir o que o outro dizia. O silêncio cresceu como um rio e não pôde ser contido, inundou e afogou tudo] (Anzaldúa, 1987, p. 45, tradução nossa).

Anzaldúa deixa que o poetizar de suas palavras alcance o que ela quer transmitir; dois olhos que enxergam de formas diferentes: um desses olhos, sem a língua que o especifique aos olhos ocidentais, como os chicanos e chicanas que utilizam diversos dialetos e diferentes línguas para sua comunicação; o outro, o olho "racional" ocidentalizado, aquele que ocupa as categorias do conhecimento acadêmico e científico. Eles estão separados por uma rachadura que os mantêm distantes e condicionados ao silêncio, sendo que este pode ser rompido com o nascimento de uma nova consciência, a consciência da "New mestiza". Com ela, podemos transpor fronteiras, construir pontes, gerar uma forma mais maleável e rica de cultura, sem negar uma ou outra identidade, originando um ser híbrido, que nasce "a partir dessa 'transpolinização' racial, ideológica, cultural e biológica" (Anzaldúa, 2005, p. 704), com uma consciência que está em constante formação e transformação e que pretende reconstruir a história, equilibrar as culturas, renovar e ampliar as identidades.

# BIBLIOGRAFIA

## Obras

ANZALDÚA, G. E. et al. *This bridge called my back*: writings by radical women of color. Nova York: Kitchen Table/Women color press, 1984.

ANZALDÚA, G. E. *Borderlands/La frontera*: the new mestiza. San Francisco: Aunt Lute Books, 1987.

ANZALDÚA, G. E. *Making face, making soul/Haciendo caras*: creative and critical perspectives by feminists-of-color. San Francisco: Aunt Lute Books, 1990.

ANZALDÚA, G. E. *Falando em línguas*: uma carta para as mulheres escritoras do terceiro mundo. Trad. de Edna de Marco. *Revista Estudos Feministas*, v. 8, n. 1, p. 229-236, 2000.

ANZALDÚA, G. E. La consciencia de la mestiza/Rumo a uma nova consciência. Trad. de Ana Cecilia Acioli Lima. *Revista Estudos Feministas*, v. 13, n. 3, p. 704-719, 2005.

ANZALDÚA, G. E. Como domar uma língua selvagem: Gloria Anzaldúa. Trad. de Joana Plaza Pinto, Karla Cristina dos Santos e Viviane Veras. *Cadernos de Letras da UFF. Dossiê: difusão da língua portuguesa*, n. 39, p. 305-318, 2009.

ANZALDÚA, G. E. *Borderlands/La frontera*: la nueva mestiza. Trad. de Carmen Valle Simon. Madri: Capitan Swing libros, 2016.

ANZALDÚA, G. E. *A vulva é uma ferida aberta e outros ensaios*. Trad. de Tatiana Nascimento. Rio de Janeiro: A bolha, 2021.

## Literatura secundária

ALARCON, N. Chicana feminist literature: a re-vision through Malintzin/or Malintz. *In*: MORAGA, C.; ANZALDÚA, G. (orgs.). *This bridge called my back*: writings by radical women of color. Nova York: Kitchen Table; Women color press, 1984. p. 182-189.

BHABHA, H. K. *O local da cultura*. Trad. de Myriam Avila, Eliane Livia Reis e Glauce Gonçalves. Belo Horizonte: Editora UFMG, 2007.

COSTA, C. L.; ÁVILA, E. Gloria Anzaldúa, a consciência mestiça e o feminismo da diferença. *Revista Estudos Feministas*, v. 13, n. 3, p. 691-703, 2005.

COSTA, C. L.; ÁVILA, E. O silêncio da tradução. *Revista Estudos Feministas*, n. 12, p. 13-14, 2004.

IKAS, K. R. *Chicana ways*: conversations with ten chicana writers. Reno: University of Nevada Press, 2001.

MELONI, C. *Las fronteras del feminismo*: teorías nómadas, mestizas y postmodernas. Madri: Editorial Fundamentos, 2012.

MIGNOLO, W. *Histórias locais/projetos globais*: colonialidades, saberes subalternos e pensamento liminar. Trad. de Solange Ribeiro de Oliveira. Belo Horizonte: Editora UFMG, 2003.

MORAGA, C. Queer Aztlán: the re-formation of chicano tribe. *In*: MORAGA, C. *The last generation*: prose and poetry. Boston: South End Press, 1993. p. 145-174.

MORAGA, C. *The last generation*: prose and poetry. Boston: South End Press, 1993.

MOHANTY, C. T. *Feminism without borders*: decolonizing theory, practicing solidarity. Durham: Duke University Press, 2003.

MOHANTY, C. T. *Sob olhos ocidentais*. Trad. de Ana Bernstein. Rio de Janeiro: Zazie Edições, 2020.

PALACIO, M. *Gloria Anzaldúa*: poscolonialidad y feminism. Barcelona: Gedisa Editorial, 2020. *E-book* (Kindle).

QUIJANO, A. Colonialidad del poder, eurocentrismo y America Latina. *In*: LANDER, E. (org.). *A colonialidade do saber*: eurocentrismo e ciências sociais. Perspectivas latinoamericanas. Buenos Aires: CLACSO, 2005. p. 107-126. Colección Sur.

SANDOVAL, C. Nuevas ciencias: feminismo cyborg y metodologia de los oprimidos. *In*: HOOKS, B. et al. *Otras inapropiables*: feminismos desde las fronteras. Madri: Traficantes de Sueños, 2004. p. 81-106.

# 26
# ANGELA DAVIS

(1944)

*Thaís Rodrigues de Souza**
*Laíssa Ferreira***

## 1 – VIDA

A filósofa e ativista Angela Yvonne Davis, conhecida por sua luta anticapitalista, antirracista e feminista, nasceu em 26 de janeiro de 1944 na cidade de Birmingham, Alabama, na região Sul dos Estados Unidos. Filha mais velha de Sally e Frank Davis, Angela Davis cresceu em uma família politicamente ativa durante o período de vigência das leis de segregação Jim Crow. Seus pais eram professores, participavam de movimentos antirracistas como a NAACP (Associação Nacional para o Progresso de Pessoas de Cor) e tinham como amigos próximos integrantes do Partido Comunista. Portanto, não foi inesperado o seu envolvimento na luta pelos direitos civis, uma vez que essa consciência política foi desenvolvida desde a sua infância.

Angela Davis teve uma carreira educacional muito promissora e com episódios que a marcaram por toda a vida, a

* Doutora pelo Programa de Pós-Graduação em Filosofia da Universidade Federal de São Paulo, docente no Instituto Federal de Goiás e integrante do Grupo FiloPol – Unifesp/CNPq e Diversas IFG/CNPq.

** Doutoranda no Programa de Pós-Graduação em Filosofia da Universidade Estadual de Campinas (Unicamp) e integrante do Grupo de Pesquisa em Filosofia Política – CNPq.

começar pela sua vivência na escola segregada Carrie A. Tuggle Elementary School. A experiência de convívio somente com crianças negras tornou possível a construção de uma identidade negra mesmo em um local com uma estrutura tão precária (cf. Davis, 2019). Aos 15 anos, Davis foi para Nova York estudar na Elisabeth Irwin High School pelo programa American Friends Service Committee (Comitê de Assistência dos Amigos Estadunidenses; AFSC, na sigla em inglês), onde aprendeu sobre socialismo nas aulas de História (cf. Davis, 2019). No socialismo ela identificou uma possibilidade concreta de resolver os problemas enfrentados pelo povo negro. A partir de então, e por conta própria, Davis buscou entender melhor esse movimento nos livros aos quais tinha acesso e por meio da participação em uma organização marxista-leninista para jovens chamada Advance (Progresso), irmã do Partido Comunista.

Em 1961, Davis ingressa na Universidade de Brandeis, Massachusetts, para estudar Literatura Francesa. Nessa época, ela já se declarava comunista, embora ainda não estivesse envolvida em nenhum movimento oficial, pois, nas suas palavras, "tornar-se comunista é assumir um compromisso vitalício que exige muita reflexão séria a respeito de se possuir o conhecimento, a força, a perseverança e a disciplina que uma pessoa comunista precisa ter" (Davis, 2019b, p. 165). Durante a graduação, ela consegue uma bolsa de estudos de um ano pelo programa Hamilton College e vai estudar na Sorbonne, em Paris. Lá, ela se interessa por textos existencialistas de Sartre e pela fenomenologia de Merleau-Ponty.

Quando retorna do intercâmbio na França, Davis se vê cada vez mais interessada pela filosofia, sobretudo por Marx, seus antecessores e sucessores. Decide, portanto, procurar pelo professor Herbert Marcuse, que veio a orientar os seus estudos filosóficos até o fim da graduação.

Após se formar em 1965, Angela Davis segue para a Alemanha para fazer pós-graduação em Filosofia, cujo tema era a liberdade como categoria estética nas obras de Kant e Schiller, sob orientação do professor Theodor Adorno, na Universidade Goethe, em Frankfurt. No entanto, quando o movimento pela libertação negra passou por uma metamorfose decisiva e as organizações se transformaram diante de seus olhos, Davis tomou a difícil decisão de retornar aos Estados Unidos, pois sentia que precisava fazer parte daquele movimento em 1967.

Ao retornar para os Estados Unidos, a filósofa vai para Los Angeles com a intenção de concluir seu doutorado na Universidade da Califórnia, sob orientação do professor Marcuse. Paralelamente, ela se envolve em diversas atividades voltadas ao ativismo político e direitos da população negra, e é nesse período que ela se depara com uma questão que vai perdurar por toda a sua vida política: o sexismo dentro do movimento pela libertação negra (cf. Davis, 2019). Esse momento também foi marcado pela percepção da necessidade de organização das massas, que só teria efeito concreto a partir de um processo, acima de tudo, educativo.

Em 1968, Angela Davis filiou-se oficialmente ao Partido Comunista por meio do Coletivo Che-Lumumba, do qual já fazia parte, e tornou-se professora assistente do Departamento de Filosofia da UCLA. Devido à filiação ao PC, ela sofreu dura perseguição política pelo corpo diretivo da universidade e do governador Ronald Reagan, até ser demitida em 1969. Davis recebeu a notícia de sua demissão enquanto participava de uma manifestação pela libertação dos irmãos Soledad: George Jackson, Fleeta Drumgo e John Clutchette.

Seu envolvimento com o Comitê de Defesa dos Irmãos Soledad foi usado como um pretexto para acusarem-na de assassinato, sequestro e conspiração. Ao ser colocada na lista dos dez mais procurados pelo FBI, ela se manteve na clandestinidade em uma tentativa de tentar entender o que realmente estava acontecendo, mas logo foi presa e permaneceu cativa por 16 meses. Sua prisão, claramente política, mobilizou o mundo inteiro pela campanha feita pelo "Comitê nacional para a libertação de Angela Davis e todos os presos políticos", até ela ser inocentada de todas as acusações.

Embora seu rosto tenha se tornado conhecido em todo o mundo como representante da luta pelos direitos da população negra nos Estados Unidos, Davis sempre demonstrou preocupação em não se colocar no lugar de representante de um movimento. A ação coletiva sempre foi o seu objetivo, pois entendia que a revolução não era algo temporário, mas um compromisso para a vida toda. Ela tinha consciência de que fazia parte de um processo, de um coletivo.

Após conquistar sua liberdade, Davis dedicou-se ao ativismo, especialmente à luta pelo abolicionismo penal – um movimento teórico e social de reflexão e atuação política que visa ao fim do aprisionamento como mecanismo primordial de punição. Em 1994, a filósofa retornou à UCLA como professora especialista nos estudos de raça e gênero, filosofia, teoria crítica, abolicionismo penal e feminismo negro. Atualmente é professora emérita da Universidade da Califórnia.

Sua atuação política gerou impactos na sociedade negra estadunidense, especialmente por meio de seus projetos educacionais. O fato de ser professora, pesquisadora e militante tornou evidente que é possível e necessário levar uma vida que reconcilie a Academia com a ação política. Embora Davis passasse por vários momentos de dúvida sobre qual caminho seguir, sua história de vida nos mostra que não se trata exatamente de uma escolha. Ela nos mostra que é possível ser intelectual, pesquisadora e lutar ativamente em nome dos povos oprimidos ao mesmo tempo.

A metáfora da cabeça de Jano – deus romano ligado às contradições e começos –, que Davis cita em sua autobiografia, se manteve presente em sua juventude: ela expõe, assim, a dificuldade de escolher entre o anseio por participar da luta em Birmingham (sua ligação com o passado) e o anseio pelo seu próprio futuro acadêmico (cf. Davis, 2019). Ao longo de sua trajetória, ela encontra, no entanto, o caminho para que as duas faces de Jano pudessem estar juntas e olhando para um mesmo horizonte. Ela percebe, então, que não havia necessidade de se desligar da própria história para olhar para o futuro, como pensava a princípio. Sua formação acadêmica torna-se justamente uma ferramenta de luta contra a opressão. Uma vez feita essa descoberta, Davis deixa de manter separadas a sua vida intelectual e sua vida como ativista. As questões filosóficas que a motivaram dentro da Academia eram questões relacionadas às suas vivências e às contradições do seu tempo presente. Além disso, Davis pensava que a filosofia deve ser relevante para os problemas humanos: "se ela não nos diz como podemos erradicar algumas das misérias deste mundo, então não merece o nome de filosofia" (Davis, 2010, p. 66, tradução nossa).

Sua formação e o contato inicial com o marxismo na juventude pavimentaram esse caminho de união entre teoria e prática, entre vida acadêmica e ativismo. Isso porque, de um lado, ela relaciona o marxismo à corrente de pensamento na qual esteve inserida desde a sua primeira formação. De outro, vê nele uma possibilidade de unir a classe trabalhadora multirracial para servir como agente histórico da mudança social. Trazendo as experiências do povo negro para o centro de debate sobre o capitalismo – atenta, portanto, às opressões de classe e de raça –, Davis reformula as suas primeiras questões filosóficas. Para ela, se um conceito não corresponde à realidade, deve ser reformulado. Para pensar as questões do presente, ela combina reflexões produzidas no âmbito da filosofia alemã e da teoria crítica – por filósofos como Kant, Hegel, Marx, Marcuse, Adorno e Oscar Negt – com reflexões produzidas pelos grandes (porém esquecidos) teóricos da História e Literatura Tradicional Negra – James Baldwin, Frederick Douglass e W. E. B. Du Bois. Essa habilidade de pensar a partir da experiência comum do povo negro é uma estratégia comum usada por teóricas negras e se mostra muito potente para ampliar o debate e trazer novas dimensões às questões tradicionais da filosofia. Com essa estratégia torna-se possível repensar questões que eram consideradas como universais, mas que na verdade não incluíam a perspectiva do povo negro. Sendo assim, *liberdade, libertação e identidade*, conceitos tradicionais da filosofia, tornam-se também conceitos-chave em sua literatura.

Para Angela Davis, a filosofia fornece ferramentas conceituais para abordar aquilo que hoje chamamos de interseccionalidade (a interconexão das opressões de gênero, raça e classe). Essas ferramentas servem como base para desenvolver uma crítica social e criar estratégias para uma transformação real da sociedade. Seu projeto filosófico tem esse objetivo: unir filosofia, teoria crítica, teoria feminista e estudos negros para que, por fim, se consiga criar estratégias reais de transformação social que visem acabar com o capitalismo e todo tipo de opressão.

## 2 – OBRA

As obras de Angela Davis têm sido interpretadas à luz de alguns de seus grandes temas: os escritos sobre as prisões, os estudos sobre as relações entre sexismo, racismo e capitalismo e os estudos e análises sobre a cultura. Sua vasta produção intelectual é constituída por livros, artigos, capítulos de livros, falas públicas em universidades, em eventos e em organizações políticas.

Nesse sentido, *Lectures on liberation* [Discursos sobre libertação] constituem um importante documento para o entendimento da obra da autora: são anotações das duas primeiras aulas ministradas por Davis no outono de 1969, na UCLA, sob o título "Recurring philosophical themes in black literature" [Temas filosóficos recorrentes na literatura negra]. A autora aborda o caráter complexo da escravização e da busca por liberdade, o formalismo das democracias modernas e a necessidade de desatrelarmos valores democráticos de valores burgueses, trazendo à luz abolicionistas notórios na história dos Estados Unidos, como Frederick Douglass, o sociólogo W. E. B. Du Bois, assim como importantes mulheres ativistas, como Harriet Tubman e Sojourner Truth.

*If they come in the morning... voices of resistance* [Se eles vierem pela manhã... vozes de resistência] é o primeiro livro publicado pela autora, em 1971. Trata-se de uma coletânea preparada para publicação por ela e por membros do "Comitê nacional para a libertação de Angela Davis e todos os presos políticos". A obra aborda as políticas de libertação do período, a função social das prisões nos Estados Unidos, as políticas prisionais, seu caráter racista e as dimensões que estas assumem quando conectadas à questão de gênero. Constituído de cartas, ensaios e artigos, o livro dialoga com as formulações teóricas e práticas políticas dos movimentos negros estadunidenses do período. Denuncia a arbitrariedade de sua própria perseguição e aprisionamento, da prisão de outros inúmeros ativistas políticos do período e é pioneiro na denúncia do sistema prisional "como um apêndice do estado capitalista e um instrumento para opressão racial e de classe" (Davis, 1971, Prefácio, tradução nossa).

Outra obra importante escrita na juventude é a sua autobiografia, publicada em 1974 e intitulada *Angela Davis: uma autobiografia*. Nessa obra, a autora dialoga com um importante gênero literário estadunidense, que tem raízes nas *slave narratives*: narrativas autobiográficas com propósitos políticos, constituídas de relatos autorais de ex-escravizadas(os). Sua autobiografia, transformada em lugar teórico, estabelece uma relação dialética entre o pessoal e o político, que visa alargar o conhecimento de um determinado contexto por meio da experiência compartilhada. Seus objetivos iniciais se relacionam à visibilização de experiências que permitam, de um lado, compreender os fenômenos sociais, tais como as discriminações interconectadas às quais mulheres negras estão submetidas, e, de outro lado, organizar políticas de resistência a situações de opressão, auxiliando na resolução de questões que permaneçam presentes. Sua remissão às experiências de mulheres escravizadas, a Soujorner Truth e a muitas outras, pretende apresentar ainda a importância de uma compreensão de mundo que vise estabelecer uma continuidade histórica: algo fundamental para o avanço das causas progressistas e procedimento padrão do feminismo negro estadunidense.

Obra de referência para o feminismo negro e os estudos integrativos, *Mulheres, raça e classe*, publicada em 1981, é constituída por um estudo histórico e filosófico amplo sobre as condições de existência das mulheres negras. Remontando à escravização de africanas e africanos e seus descendentes nas Américas, às campanhas feministas e abolicionistas do século XIX e XX e à dificuldade do movimento negro estadunidense em elaborar estratégias de enfrentamento ao sexismo na luta antirracista, o livro trata também do enfrentamento ao racismo na luta pelos direitos das mulheres e da tendência desses movimentos a não levar em consideração as especificidades das mulheres negras e trabalhadoras.

Parte fundamental de suas análises é a desconstrução de estereótipos e imagens fictícias atribuídas às mulheres negras e a oposição ao discurso hegemônico do movimento organizado de mulheres brancas, que invisibilizava a produção intelectual e as práticas de organização social das mulheres negras. Essa obra inicial de Davis se insere no contexto de revisitação da história da escravização, no qual estavam sendo publicadas análises sobre as comunidades negras. A autora ressalta, contudo, que poucas pesquisas tinham como foco a experiência das mulheres negras e as consequências dessas experiências para a compreensão do racismo, do sexismo e do capitalismo contemporâneos.

Composto por 13 capítulos, o livro aborda de modo sistemático temas como a exploração do trabalho, a violência sexual, a emancipação, a educação, temas contemporâneos como direitos reprodutivos e a contínua exploração do trabalho doméstico. Considerado um de seus trabalhos mais históricos, esse é um livro pioneiro no entendimento das inter-relações entre gênero, raça e classe que tem, ainda, a singularidade de oferecer uma análise não apenas abstrata, mas comprometida com a transformação social e com a crítica do capitalismo.

*Mulheres, cultura e política*, publicado em 1990, reúne textos e discursos que aprofundam temas abordados em *Mulheres, raça e classe* e traz novas elaborações, especialmente no que concerne a noções de empoderamento, lutas pela paz, crise do capitalismo, feminismo negro transnacional, conexões entre gênero, raça e classe na produção das opressões e manifestações de cultura. A autora centra-se na experiência das mulheres negras em suas múltiplas dimensões, afirmando que elas estão "situadas na intersecção entre racismo, sexismo e injustiça econômica", suportando "o peso desse processo opressivo complexo" (Davis, 2017, p. 56). Nesse momento, Davis dialoga com a sensibilidade analítica emergente no período, que culmina na criação das teorias da interseccionalidade, ainda que faça críticas posteriores a essas teorias.

A obra *Angela Davis reader*, ainda sem tradução para o português, é uma coletânea de textos da autora, publicada em 1998 e editada por Joy James. Divididos em cinco partes, os textos selecionados abordam temas centrais para a autora: prisões, repressão e resistência; marxismo, antirracismo e feminismo; estética e cultura, sendo ainda constituído por entrevistas e um apêndice. Nesses textos são abordadas a sua atuação como ativista e intelectual ao longo de mais de três décadas, as elaborações sobre a luta antiprisional e sobre os feminismos antirracistas, os ensaios sobre cultura e estética, e as articulações elaboradas pela autora entre gênero, raça e classe, cultura, economia e política. Esse livro configura uma importante obra da autora, na medida em que é constituído por textos antigos e recentes de sua autoria, o que demonstra o aprofundamento dos principais temas abordados por Davis ao longo de sua trajetória e suas contribuições para a teoria democrática, os feminismos antirracistas, as lutas políticas do último século e os estudos críticos da contemporaneidade.

Publicado no mesmo ano, *Blues legacies and black feminism: Gertrude "Ma" Rainey, Bessie Smith, and Billie Holiday* [Legados do blues e do feminismo negro: Gertrude "Ma" Rainey, Bessie Smith, and Billie Holiday] (1998) apresenta uma análise cultural das *performances* de algumas das mais importantes cantoras de *blues* dos Estados Unidos. A obra parte da hipótese de que essas *performances* correspondem a um lugar de recuperação de modos históricos de construção da consciência de mulheres negras e da classe trabalhadora, ao abordar temas como ideologia, sexualidade, violência, relações afetivas e ativismo político por meio da música e da estética. Esse livro pode ser considerado uma das mais instigantes análises da cultura negra produzida por mulheres nos Estados Unidos.

Dentre as obras mais recentes da autora, *Estarão as prisões obsoletas?* (2003) é um estudo sobre o abolicionismo penal, tendência de reflexão e atuação política que informa a necessidade de alternativas ao encarceramento como punição primordial e instrumento de reforma prisional. A partir das conexões entre o histórico de encarceramento e o racismo, Davis continua as reflexões sobre as prisões, iniciadas ainda no cárcere, na década de 1970, porém, agora explorando o nexo entre o passado escravocrata e o sistema prisional, as inter-relações entre o sistema prisional e o gênero e o conjunto de projetos e instituições que compõem o "complexo industrial-prisional". Segundo Davis, para o entendimento do significado social da prisão hoje se faz necessária a compreensão das relações aparentemente diretas entre crime e castigo, a consideração das estruturas e das ideologias econômicas e políticas do capitalismo, bem como o entendimento de uma persistência global do racismo. O livro é uma fundamental contribuição para o abolicionismo penal, uma das teorias mais radicalmente libertárias de nosso tempo.

*A democracia da abolição: para além do império, das prisões e da tortura*, publicado em 2005, é um livro constituído de entrevistas que aprofundam as investigações sobre as prisões e acrescentam uma nova abordagem que interpreta os históricos sistemas interconectados de opressão como mecanismos que impedem a construção de uma verdadeira democracia. A partir daí, Davis propõe a noção de "democracia da abolição". Em um período paradigmático de opressão, perseguição étnica e guerra nos Estados Unidos, ela aborda a violência exercida nos presídios, a ausência de cidadania, as violações de direitos humanos perpetradas pelo exército americano no Iraque e afirma a importância da recuperação de teorias e práticas que visem à consolidação de uma identidade política nas lutas contra o racismo em todo o mundo. Davis analisa o vertiginoso crescimento da população carcerária feminina e indica a necessidade da criação de noções de democracia pautadas na igualdade econômica, racial, de gênero e sexo (cf. Davis, 2019a, p. 80), muito distintas das ideias predominantes que associam e assemelham democracia e capitalismo.

*The meaning of freedom and other difficult dialogues* [O significado de liberdade e outros diálogos difíceis], de 2012, é uma obra que examina o fundamental problema da liberdade, em uma retomada e reelaboração de uma questão cara à autora, abordada desde as suas primeiras *Lectures* na Universidade da Califórnia, Los Angeles. Composto por 12 discursos até então não publicados, a obra aborda as interconexões entre gênero, raça e classe, acrescidas de questões contemporâneas como os direitos das comunidades LGBTQIAP+, o complexo industrial-prisional, as atualizações do racismo, o multiculturalismo e os desafios das lutas contra o capitalismo em sua dimensão neoliberal. Nesse livro, ela interpreta a noção de liberdade, não como conceito abstrato ou um direito inerente ao ser humano, mas como luta coletiva que necessita hoje de novas abordagens para a criação de reflexões e práticas políticas que façam oposição às desigualdades e injustiças sociais e econômicas. Sua interpretação retoma análises históricas e visa a um horizonte de emancipação e liberdade.

Publicado em 2015, *A liberdade é uma luta constante* aborda, em dez capítulos, questões contemporâneas como o aumento e a recorrência do racismo e da violência policial nos Estados Unidos e analisa os novos movimentos sociais contra a discriminação racial surgidos no bojo de inúmeros protestos em seu país e em todo o mundo. Nessa obra, Davis indica a necessidade de que os movimentos estejam atentos ao caráter global do racismo e às conexões entre a violência racial em seu país, na Palestina, no Brasil e em outras regiões do mundo. Ela também dá continuidade à sua crítica ao capitalismo, indicando o feminismo e o abolicionismo como teorias e práticas potentes do século XXI, incitando a criação de solidariedades transnacionais na busca pela desestruturação das relações desiguais de poder no sistema capitalista. A ideia central é a criação de elos entre as lutas sociais para a consolidação do que ela denomina "interseccionalidade de lutas", um aprofundamento do conceito que permite o entendimento global das ligações entre as lutas contra o racismo e a busca por justiça social, a criação do socialismo e de "futuros mais habitáveis" (Davis, 2021a).

## 3 – PRINCIPAIS CONTRIBUIÇÕES

Ainda que sejam muitos os temas abordados em sua obra, consideramos que o feminismo antirracista e anticapitalista tem centralidade em sua produção intelectual, desde a abordagem das opressões interconectadas vivenciadas pelas mulheres negras escravizadas em seu primeiro artigo "Reflections on the black woman's role in the community of slaves" [Reflexões sobre o papel da mulher negra na comunidade de pessoas escravizadas], até o último livro mencionado, *A liberdade é uma luta constante*. Na abordagem dessa temática está uma das mais relevantes contribuições da autora, que, ao conectar a categoria gênero a raça e classe em uma análise descritiva e prescritiva, visa à transformação social. Estão dentre as principais contribuições: 1) a reelaboração da história dos movimentos feministas estadunidenses, indicando uma longa genealogia de contribuições políticas e intelectuais de mulheres negras; 2) a afirmação da importância das conexões entre movimentos sociais, da atenção às questões de gênero nos movimentos negros e da temática racial nos movimentos feministas.

Para além da apreciação dos marcadores sociais gênero, raça e classe como conformadores de identidades, ao problematizar as conexões entre as opressões em suas múltiplas dimensões, Davis insiste que problematizemos as relações de poder em níveis macrossociais, o que contribui para o desenvolvimento de explicações mais potentes sobre a natureza das desigualdades sociais em geral. Nesse sentido, ela antecipa as teorias que visam ao entendimento das conexões entre racismo, sexismo e opressão de classe, tais como a interseccionalidade e os *Race, gender and class studies* [Estudos de raça, gênero e classe], e alia essa conexão entre teoria e prática a uma contundente crítica ao capitalismo, entendido como o sistema econômico que mobiliza as opressões racista e sexista para a manutenção da exploração econômica e de sociedades baseadas na injustiça social. Com isso, Davis possibilita a emergência de uma nova abordagem do poder, pautada no entendimento das conexões entre sistemas históricos de opressão, em detrimento de uma abordagem fragmentadora. A filósofa desenvolve suas elaborações simultaneamente ao desenvolvimento de teorias que visam a uma compreensão mais ampla das conexões entre racismo e sexismo, oferecendo uma contribuição que tem como horizonte a constituição de resistências pautadas por um feminismo transnacional, antirracista e anticapitalista.

A liberdade é outro tema presente ao longo de toda a trajetória intelectual de Angela Davis, sendo o objeto principal da sua tese de doutorado sobre a noção de liberdade em Kant – pesquisa interrompida pela urgência de sua participação nas lutas por libertação negra do período – e também o tema central do primeiro curso ministrado na Universidade da Califórnia em 1969, que abordava o problema da liberdade pela perspectiva de pessoas escravizadas. Naquele curso, Davis parte do relato de Frederick Douglass na obra *Narrativa da vida de Frederick Douglass* para mostrar aos seus alunos que a tradição filosófica não havia abordado o conceito de maneira suficientemente crítica. Angela Davis reflete sobre a liberdade da perspectiva daqueles que não a possuem para defender uma abordagem não meramente abstrata: quando interpretada por pessoas que não a possuem, a liberdade ganha o caráter dinâmico de um processo de libertação, que envolve resistências múltiplas.

Para Angela Davis, o que tem ocorrido é um "nivelamento do discurso político" que toma como evidentes termos como "democracia" e "liberdade", e esse entendimento tem possibilitado a agressão e a injúria (Davis, 2019a, p. 85). Davis anuncia essa crítica em seu primeiro livro publicado, *If they come in the morning*, no qual afirma haver uma incongruência entre democracia e capitalismo, já que "a despeito de toda a retórica em contrário, o povo não é matriz última das leis que o governam, e menos ainda as pessoas negras e nacionalmente oprimidas" (Davis, 2016a, p. 27). Nesse sentido, a noção de democracia também é objeto de crítica constante, intimamente relacionada ao questionamento da noção de liberdade. Para Davis, ambos os conceitos – democracia e liberdade – têm sido interpretados à luz da ideologia burguesa: a liberdade mormente associada à propriedade e a democracia como mecanismo político que reforça as opressões. Daí a sua insistência na urgência da construção de noções de democracia que sejam efetivamente pautadas na justiça e na igualdade econômica, racial, de gênero e de sexo, algo que só conquistaremos por meio da luta coletiva e da constituição de alianças entre causas progressistas, trabalho que ela tem realizado ao longo de toda a sua vida, ao conciliar reflexão filosófica e ativismo político.

Angela Davis é uma autora que permanece ativa em suas produções intelectuais e ativismos. Seu livro mais recente, publicado em 2022 e traduzido em 2023, chama-se *Abolicionismo. Feminismo. Já*. A autora continua a refletir sobre as questões de gênero e raça, assim como a se levantar frente às injustiças sociais de seu tempo, como a Questão Palestina. No auge dos seus 80 anos recém-completados, permanece uma autora fundamental para pensar o presente e propor futuros mais dignos para a humanidade.

# BIBLIOGRAFIA

## Obras

DAVIS, A. *Blues, legacies and black feminism*: Gertrude "Ma" Rainey, Bessie Smith and Billie Holiday. Nova York: Random House, 1998.

DAVIS, A. *The Angela Davis reader*. Oxford: Cambridge: Blackwell, 1998.

DAVIS, A. Lectures on liberation. *In*: DAVIS, A. *Narrative of the life of Frederick Douglass, an American slave, written by himself*: a new critical edition. San Francisco: City Lights Publishers, 2010.

DAVIS, A. *The meaning of freedom*: and other difficult dialogues. San Francisco: City Lights, 2012.

DAVIS, A. *If they come in the morning...voices of resistance*. Nova York: Verso, 2016a.

DAVIS, A. *Mulheres, raça e classe*. Trad. de Heci Regina Candiani. São Paulo: Boitempo, 2016b.

DAVIS, A. *Mulheres, cultura e política*. Trad. de Heci Regina Candiani. São Paulo: Boitempo, 2017.

DAVIS, A. *A liberdade é uma luta constante*. Trad. de Heci Regina Candiani. São Paulo: Boitempo, 2018.

DAVIS, A. *Estarão as prisões obsoletas?* Trad. de Marina Vargas. Rio de Janeiro: Difel, 2018.

DAVIS, A. Os legados de Marcuse. Trad. de Pedro Davoglio. *Margem Esquerda*, n. 30, p. 139-146, 2018.

DAVIS, A. Sobre o futuro do radicalismo negro. *In*: JOHNSON, G. T; LUBIN, A. (orgs.). *Futures of black radicalism*. Londres, GL: Verso, 2021a; *Revista Anticapitalista*, n. 7, 2018. Disponível em: https://redeanticapitalista.net/angela-davis-uma-entrevista-sobre-o-futuro-do-radicalismo-negro/. Acesso em: 20 jul. 2024.

DAVIS, A. *A democracia da abolição*: para além do império, das prisões e da tortura. Trad. de Artur Neves Teixeira. 3. ed. Rio de Janeiro: Difel, 2019a.

DAVIS, A. *Uma autobiografia*. Trad. de Heci Regina Candiani. São Paulo: Boitempo, 2019b.

DAVIS, A. As mulheres negras na construção de uma nova utopia. Conferência realizada no dia 13 de dezembro de 1997. *1ª Jornada Cultural Lélia Gonzalez*, São Luís, 2021b. Disponível em: https://www.geledes.org.br/as-mulheres-negrasna-construcao-de-uma-nova-utopia-angela-davis/. Acesso em: 20 jul. 2024.

## Literatura secundária

AKOTIRENE, C. *Interseccionalidade*. São Paulo: Pólen, 2019.

ALVARENGA, R. F. Dialética negativa e radicalismo negro: Angela Davis nos anos 1960. *Blog da Boitempo*: *Margem Esquerda*, 2018. Disponível em: https://blogdaboitempo.com.br/2018/05/10/dialetica-negativa-e-radicalismo-negro-angela-davis-nos-anos-1960/. Acesso em: 20 jul. 2024.

BARNETT, B. M. Angela Davis and women, race & class: a pioneer in integrative RGC studies. *Race, Gender & Class*, v. 10, n. 3, p. 9-22, 2003.

BARRETO, R. *Enegrecendo o feminismo ou feminizando a raça*: narrativas de libertação em Angela Davis e Lélia Gonzalez. 2005. Dissertação (Mestrado em História Social da Cultura) – Pontifícia Universidade Católica do Rio de Janeiro, Rio de Janeiro, 2005.

YANCI, G. *African American philosophers*: 17 conversations. Nova York: Routledge, 1998.

# 27
# SUELI CARNEIRO

(1950)

*Vinicius Santana Cerqueira**

## 1 – VIDA E OBRA

Conhecida por sua luta antirracista, feminista e atuação em Geledés – Instituto da Mulher Negra (fundado em 1988), Aparecida Sueli Carneiro nasceu em 1950 no bairro da Lapa, em São Paulo. Seu pai, José Horácio Carneiro, natural de Minas Gerais, veio a São Paulo ainda jovem em busca de melhores condições de vida, trabalhando posteriormente como ferroviário. Sua mãe, Eva Camargo Alves, natural de Campinas, migrou para a cidade pelo mesmo motivo, atuando como costureira até o casamento – apesar de ter cursado datilografia. Nessa época, havia um grande fluxo migratório de diversas regiões do Brasil para a cidade de São Paulo, que passava por um processo de industrialização acelerado, o que aumentou consideravelmente seu contingente populacional (cf. Santana, 2021). Primogênita de sete filhos, Carneiro passou quatro anos como filha única no bairro da Lapa. Conforme a família crescia, sua renda diminuía gradativamente (cf. Santana, 2021).

---

* Mestrando no Programa de Pós-Graduação em Filosofia da Universidade Estadual de Campinas (Unicamp) e integrante do Grupo de Filosofia Política da Unicamp.

Por isso, a família se mudou para a Vila Bonilha, em Pirituba, bairro periférico da cidade de São Paulo, onde mantinha um modo de vida "culturalmente proletário e gregário" (cf. Carneiro, 2004, p. 3).

Apesar disso, o racismo era algo presente no cotidiano da família. Embora os pais de Carneiro não participassem de nenhuma organização militante antirracista, desenvolveram, ao seu modo, uma consciência racial e transmitiram isso a ela. Carneiro foi alfabetizada pela própria mãe e durante toda sua formação básica estudou em escola pública. Quando os primeiros casos de racismo apareceram em sua vida no ambiente escolar – como quando a chamaram de "Pelezinho" –, a orientação pedagógica da mãe foi simples: "se apanhar na rua e voltar chorando, vai apanhar de novo" (Santana, 2021, p. 43). Assim, Carneiro aprendeu a se defender das discriminações raciais que sofria, reagindo, muitas vezes, "no tapa", o que a fez ser vista como "briguenta".

Com 22 anos, trabalhou como auxiliar em um escritório na Secretaria da Fazenda de São Paulo, no centro da cidade. A vivência no centro a permitiu conhecer e participar das reuniões do Centro de Cultura e Arte Negra (Cecan), entidade antirracista fundada pelo sociólogo Eduardo de Oliveira e Oliveira e pela intelectual Thereza Santos. No Cecan, Carneiro compreendeu que a questão racial era algo em torno do qual negros e negras se organizavam politicamente a fim de traçar uma luta antirracista contra o regime ditatorial.

Em 1973, Carneiro ingressou no curso de Filosofia da Universidade de São Paulo (USP), ambiente em que havia pouquíssimos alunos negros. Na universidade, teve contato com o movimento estudantil e com integrantes do movimento negro. Rafael Pinto, Hamilton Cardoso, Vanderlei José Maria e Milton Barbosa eram, nos termos de Carneiro, "os Quatro Cavaleiros do Apocalipse" (cf. Carneiro, 2004, p. 11). O contexto internacional que os militantes observavam, sobretudo o movimento pelos direitos civis nos Estados Unidos e a revolução anticolonial dos países africanos lusófonos (Angola, Moçambique, Cabo Verde e Guiné-Bissau), fortaleceu seu espírito combativo de resistência ao racismo e de enfrentamento à ditadura militar. Como uma resposta às sistemáticas violências raciais, em 7 de julho de 1978, nas escadarias do Theatro Municipal de São Paulo, os Quatro Cavaleiros ajudaram a organizar um ato público contra o racismo, que inaugurou a criação do então chamado Movimento Unificado Contra a Discriminação Racial (MUCDR). Um dos motivos do ato foi a prisão, tortura e assassinato do trabalhador negro Robson Silveira da Luz, no 44º Distrito Policial de Guaianases. Outro caso foi o impedimento de quatro garotos negros de treinarem no time infantil de vôlei do Clube de Regatas Tietê (cf. Santana, 2021). Por sugestão de Abdias Nascimento e Lélia Gonzalez, que estavam presentes no ato, incluiu-se o termo "negro" no nome do movimento, que depois permaneceu como Movimento Negro Unificado (MNU).

Ainda que Carneiro não fosse militante do MNU, ela esteve no ato como apoio de base. O contato com o movimento foi decisivo para a formação do pensamento antirracista de Carneiro, que entendeu a articulação entre racismo e capitalismo no Brasil. Porém, ela percebia que o sexismo era algo presente no interior do movimento. Se o MNU e os Quatro Cavaleiros trouxeram uma nova perspectiva de se pensar a questão racial no Brasil, aliando raça e classe, foi somente com Lélia Gonzalez que a questão ganhou contornos mais complexos com a articulação de raça, classe e gênero.

Depois de ouvir Gonzalez pela primeira vez, Carneiro afirma que "parecia que ela estava dentro do meu cérebro organizando tudo que me inquietava, tudo que eu sentia, que eu não conseguia formular [...]" (Carneiro, 2004, p. 12). A partir disso, Carneiro aprofunda suas reflexões sobre a condição particular da mulher negra e percebe a necessidade de construir sua militância articulando tanto a questão de gênero no contexto da luta antirracista quanto a questão racial na luta feminista. Seu objetivo passou a ser a construção coletiva de organizações políticas cujo protagonismo fosse das mulheres negras.

Em 1980, Carneiro concluiu sua graduação e elaborou um projeto de mestrado sobre filosofia africana contemporânea. Por meio do conceito de etnofilosofia, do filósofo beninense Paulin Hountondji, sua ideia era pensar as formas de apropriação que alguns estudiosos fazem das tradições culturais negras (cf. Carneiro, 2004). No entanto, nenhum docente do Departamento de Filosofia se dispôs a orientá-la, pois consideravam que não se produzia filosofia na África, somente "tradição oral" (cf. Santana, 2021,

p. 115). Sob o título de *Leitura crítica da filosofia africana contemporânea*, iniciou a pós-graduação no Centro de Estudos Africanos, mas não finalizou, porque o diretor, simpatizante da ditadura, impunha suas convicções políticas ao ambiente. Depois, Carneiro recebeu o convite do professor Octavio Ianni, referência nos estudos de raça e mobilidade social, para cursar o mestrado em Filosofia na Pontifícia Universidade Católica de São Paulo (PUC-SP). Contudo, ela sentiu que Ianni tinha interesse em enquadrar suas preocupações teóricas exclusivamente sob o viés marxista (cf. Santana, 2021). Não que ela considerasse impossível o diálogo com teorias marxistas – até porque teve envolvimento com membros do MNU que eram socialistas –, mas o sentimento de cerceamento intelectual era o que lhe incomodava. Essas dificuldades, somadas à urgência de atuar ativamente na militância, fizeram com que Carneiro abandonasse a pós-graduação.

Em 1983, Carneiro criou o Coletivo de Mulheres Negras, com Martha Arruda, Sônia Nascimento, Solimar Carneiro (sua irmã), Edna Roland e Thereza Santos, que seria indicada pelo Coletivo para compor o Conselho Estadual da Condição Feminina de São Paulo. Nesse momento, Carneiro elaborou um estudo pioneiro sobre a condição socioeconômica das mulheres negras na cidade de São Paulo e no Brasil com a pesquisa "Mulher Negra", publicada no livro *Mulher negra: política governamental e a mulher* (1985). Embora o conceito de *interseccionalidade* não tivesse sido cunhado até então por Kimberlé Crenshaw (1989), a filósofa realiza uma análise interseccional para compreender as consequências da imbricação do racismo e do sexismo na vida das mulheres negras. Ao articular os dados de raça, cor, idade e gênero, Carneiro demonstrou que as mulheres negras, em relação às brancas e amarelas, encontram-se em uma posição de menor escolaridade, maior vulnerabilidade social e exclusão do mercado formal de trabalho.

Carneiro e Cristiane Cury, uma amiga que conhecera na universidade, redigiram juntas um projeto de pesquisa sobre o candomblé para a Fundação Carlos Chagas. Carneiro já tinha contato com a religião, pois frequentava um terreiro em Taboão da Serra. Anos depois, ela se iniciaria no candomblé, descobrindo ser filha de Ogum, orixá guerreiro que é conhecido por sua força e coragem. A partir dessa pesquisa surgiu o texto "O poder feminino no culto aos orixás" (1990), no qual as autoras trazem um panorama da cosmovisão iorubá e do papel do feminino no interior desse pensamento africano, discutindo a figura da mulher no candomblé. Durante a pesquisa, Carneiro conheceu o Geledé, uma organização secreta feminina religiosa que realiza um festival anual de culto ao poder e à sabedoria das mães anciãs entre os iorubás, no qual homens e mulheres participam. Esse texto evidencia o esforço de Carneiro em resgatar referenciais histórico-culturais africanos para construir um feminismo negro brasileiro com matrizes africanas.

Após a posse de Thereza Santos, Carneiro integrou o Conselho Estadual, que efetivou uma série de reivindicações do movimento feminista, como a criação da primeira Delegacia de Defesa da Mulher, em 1985 (cf. Santana, 2021). Em 1988, ano do Centenário da Abolição, Carneiro e outras companheiras fundaram a organização não governamental Geledés – Instituto da Mulher Negra. O nome "Geledés" representa a intenção das fundadoras de marcar a tradição negro-africana basilar da organização de mulheres, que, apesar de permitir a presença masculina, tem lideranças femininas. A atuação de Geledés se desdobrou em importantes projetos de cunho social, político e cultural. Dentre eles, encontramos o Projeto Geração XXI, o Projeto Promotoras Legais Populares (PLPs) e o Projeto Rappers, que propiciaram formações político-culturais e ações afirmativas direcionadas à população negra e à juventude periférica. Esse último, inclusive, marcou a aproximação do movimento negro organizado com o movimento *hip--hop*, que se consolidava na cidade de São Paulo, e gerou a revista *Pode Crê*, um veículo de comunicação centralizador e difusor da cultura *hip--hop*. Além disso, o Programa de Direitos Humanos de Geledés também elaborou o SOS Racismo, um projeto pioneiro de assistência e acompanhamento jurídico para vítimas de racismo, que foi reconhecido internacionalmente e serviu de inspiração para a criação de programas similares na América Latina.

Em 2001, houve a III Conferência Mundial contra o Racismo, Discriminação Racial, Xenofobia e Intolerâncias Correlatas, em Durban, na África do Sul. A Conferência de Durban reuniu representantes da ONU e de diversos países, chefes de Estado, membros da sociedade civil e jornalistas. A delegação do Brasil era a maior da conferência e a equipe de Geledés estava completa, com lideranças indígenas e de outros movimentos sociais. Dentre as conquistas da conferência, destacam-se o reconhecimento da escravidão e do tráfico de africanos escravizados como crime contra a humanidade e a recomendação de inclusão no currículo escolar da história e da contribuição de africanos e afrodescendentes (cf. Santana, 2021). A proposta que causou mais controvérsia e incômodo em determinados segmentos da sociedade brasileira foi a adoção de cotas para negros no ensino superior, que precisou esperar mais de uma década para tornar-se lei no Brasil (Lei n. 12.711/2012). A articulação das mulheres negras brasileiras organizadas foi decisiva para a implementação de políticas públicas de combate ao racismo e de promoção da igualdade racial.

Nos anos em que estava fora da Academia, Carneiro não parou de escrever artigos, ensaios e textos de apresentação oral abordando as questões raciais, sociais e de gênero, os quais foram publicados em revistas científicas, jornais e livros. *Racismo, sexismo e desigualdade no Brasil* (2011) reúne 35 textos escritos pela filósofa entre 1999 e 2010 publicados, em geral, no *Correio Braziliense*. Dentre eles, Carneiro trata de diversos temas, como direitos humanos, mercado de trabalho, cotas, gênero, consciência negra global e igualdade racial.

*Escritos de uma vida* (2020) também é uma coletânea de 18 textos que circularam em revistas, jornais, livros, fóruns e palestras. O livro contém as pesquisas pioneiras de Carneiro, "Mulher negra" e "O poder feminino no culto aos orixás". Ambos os livros evidenciam como Carneiro produziu filosofia em diferentes formatos e para públicos distintos, tendo interesse em se comunicar não só com a Academia, mas principalmente com o público que não faz parte dela.

Em 1999, ela retornou à pós-graduação sob orientação de Roseli Fischmann na área de Filosofia da Educação, sendo direcionada diretamente para o processo de doutorado devido à qualidade de sua qualificação. Com base na experiência positiva que teve em uma disciplina sobre o pensamento foucaultiano, aplicou os conceitos de *dispositivo* e de *biopoder* ao domínio das relações raciais para compreender a dinâmica que as impulsiona. Depois de 18 anos de sua defesa, a tese de Carneiro, intitulada *A construção do outro como não-ser como fundamento do ser* (2005), finalmente é publicada sob o título de *Dispositivo de racialidade: a construção do outro como não ser como fundamento do ser* (2023).

A obra encontra-se dividida em três partes. Na Parte I, "Poder, saber e subjetivação", a filósofa forja o conceito de *dispositivo de racialidade*, que diz respeito às formas de subalternização e exclusão da racialidade negra. O *epistemicídio* – a tentativa de assassinato da razão de pessoas negras promovida pelo colonialismo europeu – emerge como um elemento constitutivo do dispositivo que influencia as hierarquias raciais no campo educacional. Na Parte II, "Das resistências", são apresentados os testemunhos de militantes antirracistas: Edson Cardoso, comunicador e articulador do MNU; Sônia Maria Pereira Nascimento, advogada e cofundadora de Geledés – Instituto da Mulher Negra; Fátima Oliveira, médica e militante feminista e antirracista; e Arnaldo Xavier, poeta, membro do Cineclube Glauber Rocha. Por fim, na Parte III, "Educação e o cuidado de si", Carneiro reflete sobre as formas que as resistências encontram para construir positivamente suas subjetividades. As resistências propõem uma ética renovada que, ao identificar o cuidado de si com o cuidado do outro, volta-se para a construção de um sujeito político que luta pela emancipação coletiva.

A filosofia de Sueli Carneiro está vinculada com a sua experiência de vida. Sua atuação militante evidencia como sua intelectualidade foi forjada organicamente a partir de um contato íntimo com o movimento negro, com o movimento feminista e, sobretudo, com o movimento de mulheres negras. Suas vivências enquanto uma mulher negra brasileira, de origem pobre, praticante do candomblé e militante feminista e antirracista informam a construção de uma filosofia que combate, simultaneamente, as desigualdades raciais, sociais e de gênero no Brasil.

## 2 – TEMAS E CONCEITOS

A vasta produção intelectual de Sueli Carneiro é constituída por sua tese de doutorado, artigos, ensaios, capítulos de livros, falas em seminários, em fóruns e em audiências públicas. Em seus escritos, Carneiro aborda temas cruciais para se pensar o Brasil contemporâneo: o conceito de dispositivo de racialidade; o epistemicídio; o mito da democracia racial; a proposição de um feminismo negro brasileiro e a concretização dos direitos humanos.

### 2.1 O dispositivo de racialidade

Em *Dispositivo de racialidade* (2023), Carneiro busca compreender as múltiplas práticas pelas quais o racismo e a discriminação racial estruturam e se manifestam na sociedade brasileira. A partir das noções de *dispositivo* e *biopoder*, de Michel Foucault (1979; 2020), e da teoria do Contrato Racial, do filósofo afro-jamaicano Charles Mills (1997), a filósofa desenvolve o conceito de *dispositivo de racialidade*. Para ela, a racialidade é "uma noção produtora de um campo ontológico, um campo epistemológico e um campo de poder conformando, portanto, saberes, poderes e modos de subjetivação cuja articulação constitui um dispositivo de poder" (Carneiro, 2023, p. 44). O dispositivo é um conjunto heterogêneo que, dentre os seus diversos elementos, engloba leis, discursos, instituições, enunciados científicos, proposições filosóficas e organizações arquitetônicas. O dispositivo abarca, portanto, o dito e o não dito.

A atuação do dispositivo de racialidade estabelece uma divisão no campo ontológico a partir da qual se constrói o Eu e o Outro, o Ser e o Não Ser. Carneiro afirma que o dispositivo de racialidade, a partir do colonialismo europeu, possibilitou à branquitude se afirmar como Ser mediante a construção do negro como o Outro. Segundo a filósofa,

> esse Eu, no seu encontro com a racialidade ou etnicidade, adquiriu superioridade pela produção do inferior, pelo agenciamento que esta superioridade produz sobre a razoabilidade, a normalidade e a vitalidade. *O dispositivo de racialidade também produz uma dualidade entre positivo e negativo, tendo na cor da pele o fator de identificação do normal, e a brancura será sua representação* (Carneiro, 2023, p. 31, grifos meus).

O Eu se define negativamente para marcar sua diferença em relação ao Outro, sendo necessário que o Eu construa o Outro como Não Ser para que ele próprio se afirme como Ser. No contexto colonial, o Ser se constitui por uma demarcação da diferença de cor de pele, de modo que o branco europeu se estabelece como normal ao considerar os não brancos como desiguais e naturalmente inferiores. Assim, a brancura se torna sinônimo de humanidade, colocando-se como ideal de Ser e alocando os não brancos em uma alteridade desumanizante.

Embora o dispositivo de racialidade adquira contornos específicos a partir do século XVIII com a teorias racialistas, Carneiro identifica que ele se constitui inicialmente no colonialialismo como um contrato entre brancos que funda a supremacia branca global. A filósofa argumenta que o dispositivo é estruturado pelo contrato racial – conceito retirado de Charles Mills (1997) –, um contrato restrito aos racialmente hegemônicos que transforma os não brancos em objetos de subjugação (cf. Carneiro, 2023). Sob o pretexto de um contrato social supostamente neutro, o contrato racial funda um Estado racial que, enquanto garante a igualdade e liberdade aos brancos (cidadãos plenos), legitima a violência contra os não brancos, aprisionados no estado de natureza e considerados "selvagens". O contrato racial emerge como um elemento estruturador do dispositivo de racialidade, que fundamenta um acordo de exclusão e subalternização dos não brancos e perpetua a brancura em todos os espaços de poder.

Em sociedades multirraciais com passado escravocrata, como o Brasil, a raça é um elemento estrutural que informa a formação das classes sociais (cf. Carneiro, 2023). O dispositivo de racialidade juntará as dominações de classe às de raça, transformando a pobreza, segundo a autora, em "condição crônica da existência negra, na medida em que a mobilidade de classe torna-se controlada pela racialidade" (Carneiro, 2023, p. 58). Consequentemente, as pessoas negras ficarão paralisadas nas camadas mais baixas da sociedade, buscando, em geral, uma forma de ascensão social individualizada em detrimento de uma estratégia coletiva de emancipação. Essa forma de inclusão individualizada poderá ser efetivada quanto mais o indivíduo se desassociar das marcas físicas/simbólicas da negritude. Quanto mais se embranquecer, maior será a chance de ele ser tolerado socialmente. Aqueles que não passam por tais procedimentos disciplinares do dispositivo de racialidade estarão, segundo Carneiro, entregues à lógica do biopoder.

A filósofa utiliza a noção foucaultiana de *biopoder* para compreender a política de morte implementada pelo Estado contra a população negra. Ao mesmo tempo, do outro lado do Atlântico, o filósofo camaronês Achille Mbembe trabalhava parcialmente na mesma ideia ao conceituar a *necropolítica* (cf. Santana, 2021). O biopoder é uma tecnologia de poder que, a partir do século XIX, volta-se à preservação da vida de alguns e ao abandono à morte de outros, cuja expressão reside na máxima "deixar viver e deixar morrer" (cf. Carneiro, 2023, p. 66). Na lógica do biopoder, o racismo é um elemento determinante para legitimar o direito de matar do Estado, exercido por ação ou omissão. De um lado, o racismo insere uma divisão no campo biológico, criando "raças" e determinando quem deve viver e quem deve morrer. De outro, permite que haja uma relação positiva do tipo biológico com a morte do Outro – quanto mais o Outro indesejável morrer, mais sadia será a vida da raça considerada superior. Entende-se a morte não só como o assassinato direto, mas também indireto por meio da exposição a condições precárias de existência (como falta de saneamento básico, condições insalubres de moradia etc.). A branquitude, então, é inscrita no registro da vida e a negritude, nos termos de Carneiro, "sob o signo da morte".

O biopoder produzirá efeitos específicos, segundo Carneiro, de acordo com a articulação entre gênero e raça. No caso das mulheres negras, ele se manifestará por meio de tecnologias de controle de reprodução (negligências no atendimento hospitalar, violências obstétricas, ausência de tratamento adequado de pré-natal etc.). No caso dos homens negros, pela pura violência produzida pela repressão policial (cf. Carneiro, 2023). Assim se configura um cenário de genocídio contra a população negra brasileira.

Quando o dispositivo de racialidade não tem intenção de disciplinar ou subalternizar, passa a atuar o biopoder para decidir quem deve viver e quem deve morrer (cf. Carneiro, 2023). No Brasil pós-abolição, o dispositivo se beneficiará do imaginário colonial para implementar procedimentos de subalternização e exclusão da população negra, considerando-a incapaz de acompanhar o processo de industrialização e promovendo o branqueamento populacional pelo estímulo à imigração de mão de obra europeia (Carneiro, 2023). Portanto, o conceito carneiriano de dispositivo de racialidade sintetiza tanto os procedimentos disciplinares de assujeitamento da racialidade negra quanto os distintos processos de vida e morte entre brancos e negros no Brasil (cf. Carneiro, 2023).

## 2.2 Epistemicídio

Para Carneiro, o *epistemicídio* – conceito emprestado de Boaventura de Sousa Santos (1997) – é um elemento constitutivo do dispositivo de racialidade, que nomeia o processo de destituição da racionalidade, da cultura e da civilidade do Outro ao longo da modernidade ocidental. A filósofa centraliza sua análise no epistemicídio negro, considerando-o não só como uma negação dos saberes dos povos africanos empreendida pelo projeto colonial, mas principalmente como um processo persistente de produção da indigência cultural que influencia as hierarquias raciais no campo da educação (cf. Carneiro, 2023). Ao rebaixar (ou "sequestrar") a razão negra, o epistemicídio invisibiliza os saberes africanos e afro-diaspóricos e anula a posição de pessoas negras como sujeitas portadoras/produtoras de conhecimento, transformando-as em objeto de conhecimento ao mesmo tempo que consolida a supremacia intelectual branca. Nos termos de Carneiro (2023, p. 91-92, grifos meus):

> A negação da plena humanidade do Outro, o seu enclausuramento em categorias que lhe são estranhas, a afirmação de sua incapacidade inata para o desenvolvimento e aperfeiçoamento humano, a destituição da sua capacidade de produzir cultura e civilização prestam-se a afirmar uma *razão racializada*, que hegemoniza e naturaliza a superioridade europeia. O Não Ser assim construído afirma o Ser. Ou seja, o Ser constrói o Não Ser, subtraindo-lhe aquele conjunto de características definidoras do Ser pleno: autocontrole, cultura, desenvolvimento, progresso e civilização. No contexto da relação de dominação e reificação do outro, instalada pelo processo colonial, o estatuto do Outro é o de "coisa que fala".

Como um processo de produção de inferioridade intelectual, o epistemicídio atua no campo da educação formal sobre os não brancos, em geral, e sobre as pessoas negras, em particular. Carneiro identifica que "o epistemicídio fere de morte a racionalidade do subjugado, *sequestrando a própria capacidade de aprender*" (Carneiro, 2023, p. 89, grifos meus). Reside aqui, para ela, a explicação para o fato de jovens negros liderarem a taxa de evasão escolar, o que permanece até os dias de hoje (representam 71,7% dos alunos que abandonam a escola, segundo dados do PNAD, 2019; cf. Freitas, 2021). Por terem sua autoestima intelectual comprometida e, muitas vezes, não terem condições materiais que os permitam dedicar-se exclusivamente ao estudo, jovens negros são sistematicamente expulsos do ambiente escolar, o que compromete suas possibilidades de mobilidade social. Assim, por meio do epistemicídio, o dispositivo de racialidade promove formas de exclusão e subalternização sobre a população negra, instituindo a pobreza como condição crônica da existência negra.

## 2.3 O mito da democracia racial

Enquanto o dispositivo de racialidade engendra formas de subalternização e exclusão da população negra brasileira, ele constrói uma narrativa para mascarar a desigualdade racial do país: o mito da democracia racial. Assim como Abdias Nascimento e Lélia Gonzalez, Carneiro se dedicou a desvelar o mito. Para a filósofa, "o discurso que molda as relações raciais é o mito da democracia racial. Sua construção e permanência até os dias atuais evidencia, por si só, sua função estratégica, sobretudo como *apaziguador das tensões étnico-raciais*" (Carneiro, 2023, p. 50, grifos meus). Para justificar o mito, tem-se feito um uso político da miscigenação racial segundo o qual o intercurso sexual entre negros, brancos e indígenas seria um sinal da nossa tolerância racial. Esse argumento, para Carneiro, "omite o estupro colonial praticado pelo colonizador contra mulheres negras e indígenas" (Carneiro, 2023, p. 52).

Além disso, a filósofa considera que outro uso político da miscigenação tem se prestado historicamente ao embranquecimento da população por meio da instituição de uma "hierarquia cromática e de fenótipos", em cuja base se encontra o negro retinto e, no topo, o "branco da terra" (cf. Carneiro, 2023). Aos intermediários, agregados na categoria "pardo", é dado o benefício simbólico de estarem mais próximos do branco, criando a ilusão de uma melhor aceitação social dos mais claros em relação aos mais escuros, o que gera diversas formas de autodeclaração ("marrom-bombom", "moreno" etc.). Essas diferenciações, para a autora, acabam fragmentando a identidade negra e coibindo que ela se aglutine em um sujeito coletivo demandador de direitos (cf. Carneiro, 2023). Por isso, Carneiro e outros militantes do MNU defenderam a construção da categoria política "negro" como a junção entre pretos e pardos.

## 2.4 Enegrecendo o feminismo

O contato que Carneiro teve com o Movimento Negro Unificado e os "Quatro Cavaleiros do Apocalipse", como afirmei anteriormente, foi decisivo para ela articular as questões de raça às de classe. Contudo, a filósofa já percebia que o protagonismo do movimento negro era majoritariamente de homens negros, que, embora fossem vítimas do racismo e da opressão de classe, tinham, de alguma forma, comportamentos machistas. O debate racial era conduzido pela figura política do homem negro, fazendo com que a imbricação de gênero com a raça não recebesse a devida atenção no interior do movimento e as mulheres negras ficassem excluídas do debate. Assim, o movimento negro não foi capaz, de acordo com Carneiro, de "pautar as relações de gênero no interior do próprio Movimento e, consequentemente, não vem redefinindo o papel da mulher negra nos projetos políticos [...] nem na distribuição do poder nas instâncias de decisão [...]" (cf. Carneiro, 2020, p. 168).

Um exemplo disso é a crítica que Carneiro faz em "Gênero, raça, e ascensão social" (1995) a Joel Rufino, historiador e militante negro que, em um de seus artigos, comparou mulheres brancas a Monzas e mulheres negras a Fuscas. Além de reproduzir um padrão de beleza eurocêntrico, que valoriza as mulheres brancas em detrimento das mulheres negras, Rufino considera ambas as mulheres, segundo Carneiro, "como objetos de consumo ou ostentação. Meros adornos do *status* e poder de um homem" (Carneiro, 2020, p. 94, grifos da autora). Essa coisificação das mulheres é resultado do único espaço de cumplicidade entre o homem negro e o homem branco: o machismo (cf. Carneiro, 2020).

Se o protagonismo do movimento negro era dos homens negros, o protagonismo do movimento feminista era das mulheres brancas. Ainda que sofressem com as violências de gênero, as mulheres brancas de classe média e alta reproduziam, de certo modo, a ideologia racista. Por sua posição de privilégio, essas mulheres não compreendiam a situação peculiar da mulher negra pobre, que se encontra na intersecção das opressões de raça, gênero e classe. Em "Mulher negra" (1985), Carneiro afirma que o movimento feminista hegemônico generaliza uma identidade feminina "a *femininos* historicamente construídos de maneira diferenciada, isto é, [a generalização] apresenta às mulheres uma problemática uniformizada que aparentemente explica, resgata, padronizando experiências diversas" (Carneiro, 2020, p. 48, grifo da autora).

O movimento feminista hegemônico acabou reproduzindo uma perspectiva eurocêntrica e universal do que é "ser mulher" e omitindo a centralidade da raça nas hierarquias de gênero (cf. Carneiro, 2020, p. 182). A própria ideia de "fragilidade feminina", por exemplo, segundo a qual as mulheres são frágeis e devem ser protegidas pelos homens, não é compatível com a experiência histórica das mulheres negras no Brasil. Essas mulheres foram consideradas, sob a ideologia racista, naturalmente fortes, o que serviu como justificativa para sua escravização. Se observarmos o papel feminino na religiosidade afro-brasileira, notamos que, conforme assinala Carneiro em "O poder feminino no culto aos orixás" (1990), o candomblé permite à mulher "abrir um espaço de competição com o homem e a sociedade machista, que a rigor não lhe é dado. Apoiada nos orixás, ela justifica uma possível rejeição ao homem, com ele se confronta abertamente e [...] afirma sua capacidade de superá-lo" (Carneiro, 2020, p. 84-85).

As pautas do movimento negro e do movimento feminista hegemônico não contemplavam totalmente as necessidades urgentes das mulheres negras. Para elas, segundo a filósofa, "a conjugação das discriminações de raça, sexo e classe implica em *tríplice militância*, visto que nenhuma solução efetiva para os problemas que nos aflige pode advir da alienação de qualquer desses três fatores" (Carneiro, 2020, p. 55, grifos meus). Essa tríplice militância faz com que seja imperativo o combate simultâneo ao racismo, ao sexismo e à opressão de classe. Em oposição à perspectiva eurocêntrica do que é ser mulher, Carneiro resgata o poder feminino na ancestralidade africana e no candomblé para pensar um feminismo negro com raízes africanas. A mobilização das mulheres negras no interior do movimento feminista brasileiro acaba, em suas palavras, "enegrecendo o feminismo" (Carneiro, 2020, p. 198).

## 2.5 Direitos humanos: por um universalismo concreto

O binômio "universal-particular" é alvo de disputa conceitual na filosofia ocidental desde a Antiguidade. Os conceitos ganham novos contornos na filosofia carneiriana ao serem articulados com a questão racial. Carneiro extrai do pensamento de Martin Heidegger, em *Ser e tempo*, o binômio "ôntico-ontológico" para abordar a relação entre racismo, universalidade e particularidade. Ôntico se refere aos entes particulares, e ontológico, ao ser enquanto tal. Raça, cor, cultura, etnia e religião estão na categoria do ôntico, pois dizem respeito às particularidades do ser. Já o ser humano está na ordem do ontológico, referindo-se à universalidade. O racismo reduz o ser à sua dimensão ôntica, à sua particularidade, que aprisiona o sujeito negro ao seu grupo específico e anula a sua dimensão ontológica, tornando sua humanidade incompleta (cf. Carneiro, 2023).

Em oposição, segundo a filósofa, "é a ideia de universalidade que emancipa o indivíduo e permite-lhe expressar sua especificidade" (Carneiro, 2023). Essa afirmação de Carneiro, conforme assinala Frateschi (2023), é melhor compreendida se considerarmos outro texto, "Gênero e raça na sociedade brasileira" (2002). Nele, a filósofa retoma a questão do universal e particular a partir de Aimé Césaire, que afirma haver duas possibilidades de se perder: por segregação, encurralado na particularidade, ou por diluição no universal. Segundo Carneiro (2020, p. 184, grifos meus), "a utopia que perseguimos hoje consiste em buscar *um atalho entre uma negritude redutora da dimensão humana e a universalidade ocidental hegemônica que anula a diversidade*. Ser negro sem ser somente negro, ser mulher sem ser somente mulher, ser mulher negra sem ser somente mulher negra".

A filósofa reconhece que o universal hegemônico construído na modernidade ocidental, "o homem", que detém a igualdade, liberdade e fraternidade como valores intrínsecos, não abarca todos os grupos sociais. Seguindo a lógica do contrato racial, ele exclui e anula a diversidade, garantindo tais valores somente aos brancos ao mesmo tempo em que desumaniza os não brancos. Em oposição, a filósofa defende a construção de um universalismo capaz de abarcar e permitir a expressão da diversidade humana, que transforme a igualdade e a liberdade em valores concretamente universais. Valores que são decisivos para a democracia, mas que são colocados em xeque por ideologias autoritárias (neofascismo, neonazismo, fundamentalismo religioso, racismo, machismo e demais opressões). Para ela, são valores pelos quais se deve lutar e vigiar constantemente para conquistá-los e defendê-los (cf. Carneiro, 2020).

A filosofia de Sueli Carneiro observa a subalternização e a exclusão produzidas pelo racismo anti-negro, mas sem deixar de lado as resistências da população negra brasileira. Trata-se de uma filosofia que reivindica e defende a humanidade daqueles que foram desumanizados e objetificados pelo projeto colonial. Trata-se de uma filosofia brasileira que defende a efetivação dos direitos humanos, a emancipação de todas as formas de opressão e a radicalização da igualdade e da liberdade para todos.

# BIBLIOGRAFIA

## Obras

CARNEIRO, S. *A construção do outro como não-ser como fundamento do ser*. 2005. Tese (Doutorado em Educação) – Universidade de São Paulo, São Paulo, 2005.

CARNEIRO, S. *Racismo, sexismo e desigualdade no Brasil*. São Paulo: Selo Negro, 2011.

CARNEIRO, S. *Escritos de uma vida*. São Paulo: Jandaíra, 2019.

CARNEIRO, S. *Dispositivo de racialidade*: a construção do outro como não-ser como fundamento do ser. Rio de Janeiro: Zahar, 2023.

CARNEIRO, S. Sueli Carneiro – entrevista I. Rio de Janeiro, CPDOC/Fundação Getúlio Vargas, 2004. 1 vídeo. (2 h 55 min). Disponível em: https://www.fgv.br/cpdoc/histeral/arq/Entrevista1252.pdf. Acesso em: 20 jul. 2024.

## Literatura secundária

BARTHOLOMEU, J. Escrevivências: as contribuições de Sueli Carneiro e Lélia Gonzalez ao pensamento social brasileiro. *Pensata*, v. 9, n. 2, 2000.

FRATESCHI, Y. A filosofia prática de Sueli Carneiro. *In*: CARNEIRO, S. *Dispositivo de racialidade*: a construção do outro como não-ser como fundamento do ser. Rio de Janeiro: Zahar, 2023.

FRATESCHI, Y. O pensamento feminista negro de Sueli Carneiro para além dos reducionismos de classe e gênero. *Blog da Boitempo*, 2021. Disponível em: https://blogdaboitempo.com.br/2021/10/22/o-pensamento-feminista-negro-desueli-carneiro-para-alem-dos-reducionismos-de-classe-e-genero/. Acesso em: 20 jul. 2024.

LOBATO, D. C. S. *Contribuições de Sueli Carneiro para o pensamento decolonial, feminista e antirracista latino-americano*. 2020. Dissertação (Mestrado em Ciências Sociais) – Universidade de Brasília, Distrito Federal, 2020.

SANTANA, B. *Continuo preta*: a vida de Sueli Carneiro. São Paulo: Companhia das Letras, 2021.

## Literatura complementar

FOUCAULT, M. *Em defesa da sociedade*. São Paulo: Martins Fontes, 2005.

FOUCAULT, M. *História da sexualidade I*: a vontade do saber. Rio de Janeiro: Paz e Terra, 2020.

FOUCAULT, M. *Microfísica do poder*. Rio de Janeiro: Edições Graal, 1979.

MILLS, C. W. *O contrato racial*: edição comemorativa de 25 anos. Trad. de Teófilo Reis e Breno Santos. Rio de Janeiro: Zahar, 2023.

MILLS, C. W. *The racial contract*. Nova York: Cornell University Press, 1997.

SANTANA, B. *A escrita de si de mulheres negras*: memória e resistência ao racismo. 2020. Tese (Doutorado em Ciência da Informação) – Universidade de São Paulo, São Paulo, 2020.

## Links

CARNEIRO, S. *Mano Brown recebe Sueli Carneiro*. Entrevista concedida a Mano Brown e Semayat Oliveira. [*s. l.*: *s. n.*], 2022. 1 áudio (2 h 19 min). (Podcast). Disponível em: https://open.spotify.com/episode/2eTloWb3Nrjmog0RkUnCPr?si=67c53e1879ca400f. Acesso em: 20 jul. 2024.

FREITAS, A. Jovens negros lideram evasão escolar. *Mobilidade Estadão*, São Paulo, maio 2021. Disponível em: https://mobilidade.estadao.com.br/patrocinados/jovens-negros-lideram-evasao-escolar/. Acesso em: 20 jul. 2024.

# 28
# JUDITH BUTLER

(1956)

*Carla Rodrigues**

## 1 – VIDA

Judith Butler é uma filósofa estadunidense nascida numa família judia, em Ohio, em 24 de fevereiro de 1956. Sua companheira é a cientista política Wendy Brown (1955). Juntas, elas compartilham a parentalidade de Isaac, homenageado em alguns de seus livros (a dedicatória de *Precarious life: the powers of mourning and violence* [Vida precária: os poderes do luto e da violência], por exemplo, diz "Para Isaac, que pensa de outra forma"). Cursou Filosofia na Universidade de Yale e hoje é professora de Literatura Comparada no Departamento de Retórica da Universidade da Califórnia, em Berkeley, onde também é fundadora do Critical Theory Program (Programa de Teoria Crítica) e do International Consortium of Critical Theory Programs (Consórcio Internacional de Programas em Teoria Crítica). É professora titular da cátedra Hannah Arendt na European Graduate School, Suíça. Integra diversas organizações sociais, como a American Philosophical Society, o Jewish Voice for Peace e o Center for Constitutional Rights.

---

* Professora adjunta do Departamento de Filosofia da Universidade Federal do Rio de Janeiro (UFRJ). Pesquisadora do programa Cientista do Nosso Estado (Faperj) e bolsista de produtividade do CNPq.

Butler é reconhecida com inúmeros prêmios, destacando-se o Prêmio Adorno, recebido em Frankfurt, em 2012, pela contribuição para o feminismo e a ética filosófica, e o Prêmio Brudner, na Universidade de Yale, pelos estudos sobre homossexualidade, tema de união entre sua pesquisa e seu ativismo político em defesa dos direitos de pessoas gays, lésbicas e trans. Seu trabalho mais recente articula teoria crítica, ética, judaicidade e agudas críticas à violência do estado de Israel contra o povo palestino. O início do seu interesse por filosofia aconteceu em interlocução com o judaísmo. Na adolescência, teve problemas na escola: no início de *Problemas de gênero: feminismo e subversão da identidade* (Butler, 1990 [2003]), ela relata que desde a infância havia descoberto que, se problemas eram inevitáveis, era melhor ter os problemas que criasse em vez dos que para ela fossem criados. Como uma punição por mau comportamento, sua professora sugeriu encaminhá-la para um aconselhamento com o rabino da comunidade. O que era um incipiente interesse por filosofia cresceu e intensificou seu engajamento em movimentos sociais e políticos até chegar à Universidade de Yale, onde estudou com Seyla Benhabib e participou da Yale School of Deconstruction. Foi lá que, em 1984, aos 28 anos, defendeu a tese de doutorado *Subjects of desire: Hegelian reflections in twentieth-century France* [Sujeitos do desejo: reflexões hegelianas na França do século XX] (Butler, 1987; 1999; 2024).

## 2 – PRINCIPAIS INTERLOCUTORES(AS) FILOSÓFICOS(AS)

Gosto de propor que Butler é uma pensadora em trânsito. Sua primeira pesquisa transita entre a Alemanha de Hegel e a França do início do século XX, onde, a partir de 1930, filósofos como Jean Wahl, Alexandre Koyré, Alexandre Kojève e Jean Hyppolite foram responsáveis por novas interpretações e traduções de Hegel, notadamente da *Fenomenologia do espírito*. Essa primeira geração de leitores franceses de Hegel influencia filósofos como Michel Foucault, Jacques Derrida, Jean Paul Sartre e a filósofa Simone de Beauvoir, objetos de sua pesquisa. Em Butler, a questão do sujeito é tributária de pelo menos duas fontes: na sua tese de doutorado, o sujeito do desejo, de Hegel, perturba o sujeito da razão da tradição filosófica; em sua interlocução com a "virada linguística", o sujeito passa a ser compreendido como uma rede aberta a sucessivas interpretações. Butler transita novamente, dessa vez entre idealismo e o pós-estruturalismo do qual se aproximara em Yale, onde foi aluna de Jacques Derrida e Paul De Man. Argumento que há nela um *estilo desconstrutivo*, um modo de leitura dos textos que se vale dos autores para ir além deles, posição de leitura resumida na citação de Gaiatry Spivak em uma das epígrafes de *Bodies that matter: on the discursive limits of "sex"* [Corpos que importam: sobre os limites discursivos do "sexo"]:

> Se entendo a desconstrução, desconstrução não é a exposição de um erro, certamente não o erro de outros autores. A crítica, na desconstrução, a mais séria crítica na desconstrução, é a crítica de algo extremamente valioso, aquilo sem o qual não se pode fazer nada (Spivak *apud* Butler, 1993, p. 27 [2019, p. 55]).

Isso que, embora não seja método, a desconstrução é uma característica marcante na abordagem pós-estruturalista e muitas vezes foi confundida, também em outras autoras e autores, com destruição ou aniquilamento. O equívoco chegou a situar Butler como "má leitora" de Beauvoir, por operar, a partir da leitura de *O segundo sexo*, uma desconstrução do par sexo/gênero, supostamente desconsiderando que o conceito de gênero não consta na obra da filósofa francesa (Femenías, 2012). No entanto não haveria radicalidade do pensamento de Butler sem um duplo gesto: ler Beauvoir com e contra ela. Não para criticá-la – no sentido vulgar –, mas para fazer da crítica filosófica ponto de partida para formulações próprias. Assim, entendo a postulação de Butler: "Aparentemente, a teoria de Beauvoir trazia consequências radicais, que ela própria não antecipou" (Butler, 1990, p. 112 [2003, p. 163]).

Mobilizada pela concepção de sujeito no existencialismo, Butler estabeleceu um debate produtivo com Beauvoir na primeira parte de *Problemas de gênero*, publicado em 1990, e, desde então, um marco para a filosofia feminista. Uma das suas consequências filosóficas foi perturbar o conceito de gênero, sobre o qual teorias feministas pareciam estar assentadas mais ou menos confortavelmente até ali. Embora pudesse parecer que as suas primeiras interrogações se somassem aos discursos que anunciavam o fim dos movimentos feministas, os desdobramentos dos debates feministas revelam que esse gesto inicial de Butler se mostrará fundamental para a renovação dos feminismos, com a proposição de que deixassem de ser feitos apenas em nome do sujeito mulher. Se compreendermos que o modo como Butler problematiza o conceito de gênero se insere em um debate filosófico canônico – a questão do sujeito –, teremos a dimensão da sua contribuição para a filosofia.

Embora a obra *Problemas de gênero* (Butler, 1990 [2003]) a tenha tornado uma celebridade acadêmica, quando publicada nos EUA, há 30 anos, não foi exatamente bem-recebida. Butler se dedicou a dialogar com críticos, respondendo às interpelações recebidas. Desse empenho, vieram três livros: *Bodies that matter: on the discursive limits of "sex"* [Corpos que importam: sobre os limites discursivos do "sexo"] (Butler, 1993 [2019]), *The psychic life of power* [A vida psíquica do poder] (Butler, 1997 [2017]), *Excitable speech: a politics of the performative* [Discurso excitável: uma política do performativo] (Butler, 1997). No primeiro, desenvolveu o argumento de que, embora o gênero seja performativo, os corpos importam nas formas de discriminação; no segundo, retomou o problema do sujeito, pensando estruturas de poder que moldam nossa vida psíquica e sustentam a heteronormatividade; no último, explorou a performatividade da linguagem como pensada por J. Austin e relida por Derrida, origem da noção de performatividade de gênero apresentada em *Problemas de gênero*.

A interlocução com teorias feministas levou Butler a transgredir fronteiras disciplinares, transitando, novamente, entre diferentes campos. Antropólogas feministas têm forte presença no pensamento de Butler. Gayle Rubin, por exemplo, é fonte da crítica de Butler ao estruturalismo de Lévi-Strauss e à centralidade do complexo de Édipo, em Freud. Rubin escreveu o clássico *The traffic in women: notes on the "political economy" of sex* [O tráfico em mulheres: notas sobre a "economia política" do sexo] (1975), no qual, de um só golpe, recusa a antropologia de matriz totêmica na qual Freud baseia o Complexo de Édipo e a antropologia estruturalista de Lévi-Strauss, influência explícita na psicanálise de Jacques Lacan. Já as investigações sobre gênero da antropóloga inglesa Marilyn Strathern (Strathern, 1992) comparecem em *Antigone's claim: kinship between life and death* [A reivindicação de Antígona: parentesco entre vida de morte] (Butler, 2000 [2014]). Próxima da antropologia feminista, Butler reforça suas críticas a Jacques Lacan propondo, em certa medida, a possibilidade de diferentes psicanálises a partir de outra concepção de simbólico. O leque de interlocuções na psicanálise se amplia e Butler convoca teóricos como Julia Kristeva, Luce Irigaray, Jean Laplanche e Melanie Klein. Em 2003, a publicação de *Problemas de gênero* no Brasil foi iniciativa do psicanalista Joel Birman, coordenador da coleção "Sujeito e História" em que o livro foi editado, impulsionando aqui um significativo diálogo com a teoria psicanalítica (Porchat, 2007; Greiner, 2016; Fidelis, 2018).

Embora Hegel nunca perca relevância, os conceitos de assujeitamento e biopolítica em Michel Foucault se adensam, e ela se aproxima de autores ligados à teoria crítica, como T. Adorno. A judaicidade – apoiada em Emmanuel Lévinas, Walter Benjamin, Hannah Arendt ou mesmo Derrida – vai sendo constituída como elemento ético-político. Durante os 20 primeiros anos do século XXI, Butler agudiza sua crítica ao neoliberalismo, em grande medida em interlocução com a obra de Wendy Brown. Nesse período, publicou 11 livros – não contabilizando as organizações –, sendo o mais recente *The force of nonviolence: the ethical in the political* (Butler, 2020).

Outros autores aparecem de modo mais pontual – como o sociólogo Erwing Goffman, influência em *Frames of war: when is life grievable?* (Butler, 2009 [2015]), o pensador palestino Edward Said, em *Parting ways: Jewishness and the critique of zionism* (Butler, 2012 [2017]) e o filósofo italiano Giorgio Agamben. Ela também transita no pensamento pós-colonial, em interlocução com Gaiatry Spivak, com quem publica *Who signs the nation-state? Language, politics, belonging.* (Butler; Spivak, 2007 [2017]). É leitora de Frantz Fanon, Homi Bhabha e Achile Mbembe. Sobre a crítica da violência de Estado, incorpora muitos aspectos da filosofia de Arendt. Ao recuperar a proposição arentiana de binacionalismo (Butler, 2012 [2017]), propõe uma saída para a violência do estado de Israel contra a Palestina e repete o duplo gesto feito em relação a Beauvoir: pensa com e contra Arendt a fim de retomar a filósofa alemã, com quem discute a noção de aparecimento ao pensar a performatividade corporal e as manifestações públicas de exposição da precariedade (Butler, 2015 [2018]).

## 3 – TEMAS E CONCEITOS

Há leitores que se sentem mais confortáveis em abordar a filosofia de Butler depois de dividir a sua obra em duas partes, abandonando os problemas de gênero, como se, na virada do século XXI, depois do 11 de setembro, sua filosofia enfim se voltasse para questões ético-políticas. Na divisão, haveria o obstáculo de compreender gênero como tema filosófico. Recuso a ideia por considerá-la carregada de pelo menos dois equívocos: 1) o abandono dos problemas de gênero em prol de uma filosofia política depende da compreensão do gênero como um tema menor; 2) seria preciso sustentar o argumento de que gênero é um tema restrito à teoria feminista, oposto do que propõe a autora. Na perspectiva que adoto, há pelo menos três movimentos com relação ao conceito de gênero. O primeiro será rebaixá-lo como categoria central da teoria feminista pela sua inevitável ligação com o binarismo da diferença sexual masculino/feminino. Ela apontará para a heteronormatividade como operador crítico das diversas formas de discriminação, ampliando a teoria feminista para outros marcadores, como coerência corporal, escolha de objeto de desejo, além de raça, em uma interlocução com as feministas negras contemporâneas a ela que estavam formulando a proposição de interseccionalidade (Crenshaw, 1989). Em um segundo movimento, Butler cria problemas com o conceito de gênero ao perceber que, embora as teorias feministas tivessem deslocado o fundamento da identidade do sexo para o gênero, ainda era preciso oferecer a um corpo nascido mulher a garantia da passagem ao gênero feminino. Tornar-se mulher fechava, assim, a abertura proposta pela filosofia de Beauvoir. O terceiro e último gesto que caberá discutir aqui será a permanência do conceito de gênero – como categoria central na discussão ético-política sobre que vidas importam.

Depois do 11 de setembro, a obra de Butler ganha novos contornos. Se for verdade que a filosofia nasce do espanto, do trauma, pode ter valor de hipótese a ideia de que, assim como as grandes guerras na Europa tiveram imenso impacto na filosofia, sobretudo na Alemanha e na França, o 11 de setembro produziu efeito semelhante em filósofos(as) contemporâneos(as). Butler, em diálogo com questões políticas do seu tempo, não ficou indiferente à guerra dos EUA contra o Iraque e o Afeganistão, tampouco poderia ter ignorado as consequências das ações violentas do governo. Assim, se nos anos de 1990 tematizou a ausência de direito ao luto para a população gay, vítima do HIV/Aids, e o descaso em relação a essas perdas, a partir de 2001 o tema do luto se expandiu, ganhando densidade e se constituindo como fio condutor em seu pensamento (Rodrigues, 2017).

Como a maioria dos autores(as), Butler desenvolve vocabulário próprio, ressignificando termos herdados da tradição ou se valendo de conceitos existentes e promovendo certas torções que permitirão a costura de um pensamento original. Alguns termos da sua gramática filosófica indicam seu trânsito entre diferentes áreas e questões, como pretendo sugerir a seguir. Diante da impossibilidade de abarcar toda a complexidade da obra, trata-se de apresentar algumas escolhas.

### 3.1 Desejo e reconhecimento

No prefácio para *Subjects of desire*, Butler apresenta sua pesquisa como "questionamento sobre o percurso do desejo, os trajetos de um sujeito desejante, sem nome e sem gênero em virtude de sua universalidade abstrata" (Butler, 1987, p. xix). Era uma indicação da sua trajetória acadêmica: uma investigação permanente do problema filosófico e político da concepção de um sujeito universal abstrato, sem gênero, corporalidade, sexualidade, raça, etnia, religião, local de nascimento, idade e quantos outros tantos marcadores for preciso adicionar para compreender que a categoria existe apenas para produzir o apagamento de todas as formas de vida que não alcançam o estatuto da universalidade. Nesse percurso, Hegel, lido como aquele que introduziu o desejo como problema filosófico, terá protagonismo inicial. O sujeito da *Fenomenologia do espírito*, argumenta Butler, quer conhecer a si mesmo e encontrar no "eu" a totalidade de seu mundo exterior. De maneira interessada, ela vai à recepção francesa de Hegel para localizar o momento em que o desejo é tomado como ponto de partida e de reformulação crítica. No prefácio à segunda edição de *Subjects of desire*, ela revê a apresentação do próprio trabalho, agora definido como "uma indagação crítica da relação entre desejo e reconhecimento" (Butler, 1999, p. viii). Aqui, creio que Butler nos autoriza a sustentar a articulação entre desejo e reconhecimento que encontramos numa camada de interpretação de *Problemas de gênero* (Butler, 1990 [2003]) nem sempre percebida por leituras por vezes apressadas ou mesmo interessadas em situá-lo como exclusivamente voltado a criticar a teoria feminista e, em substituição, inaugurar a teoria *queer* (Rodrigues, 2019).

A hipótese que defendo é que o ponto central de sua interpelação aos feminismos está ecoando a questão do sujeito, desestabilizado pelo desejo e, com isso, desestabilizador da universalidade abstrata do sujeito da razão; sujeito cuja sustentação ontológica se enfraquece diante da alteridade, problema ético-político a perpassar a trajetória de Butler. Trata-se, portanto, de questão de natureza filosófica, cujas formulações se entrelaçam à sua abordagem hegeliana e aos desdobramentos do que chama de "questões pós-hegelianas" (Butler, 2005, p. 26). O problema do reconhecimento se modifica, sendo pensado agora em outra chave: o que determina a condição de possibilidade do reconhecimento? A essa indagação se soma o conceito foucaultiano de assujeitamento, incidindo no debate político sobre os fatores sociais, culturais e econômicos que permitem o aparecimento de determinados sujeitos e não de outros. É importante mencionar aparecimento como um termo tomado da leitura de Hannah Arendt.

Desejo e reconhecimento são termos que comparecerão principalmente no debate inicial de *Problemas de gênero,* notadamente no capítulo 1, "Sujeitos do sexo/gênero/desejo", onde está o endereçamento à teoria feminista e o questionamento das "mulheres" como sujeitos do feminismo. Tratava-se de pensar os limites de fazer o feminismo em nome da mulher como categoria universal abstrata, retomando um problema caro à teoria feminista: lutar por incluir a mulher como parte do sujeito universal abstrato ou pelo reconhecimento da mulher como sujeita, ou seja, marcada por sexo e gênero, abrindo espaço para a emergência de outros sujeitos de direitos (Scott, 1988; 1999). Butler segue Beauvoir muito de perto na percepção crítica de que o sujeito universal abstrato esteve colapsado ao masculino (Butler, 1990, p. 15-16 [2003, p. 31]). Na mobilização do tema do desejo em *Problemas de gênero*, este comparece de modo ambíguo, tanto desfazendo o binarismo do par sexo/gênero quanto servindo à crítica da coerência entre sexo biológico, gênero social e desejo sexual. A tríade funciona para incluir o desejo – elemento de desestabilização – na configuração dos sujeitos.

## 3.2 Identidade e performatividade de gênero

Se o sujeito do desejo é aquele que não cabe numa identidade estável, e se o que interessa a Butler é o ponto desse abalo, ali onde há uma fenda aberta para a relação com a alteridade, então seu modo de pensar a identidade estará afetado pela questão que enuncia em *Subjects of desire*: "qual é a relação entre desejo e reconhecimento e a que se deve que a constituição do sujeito suponha uma relação radical e constitutiva com a alteridade?" (Butler, 1999, p. xiv). O problema é dirigido às teorias feministas e à dificuldade de estabilizar a mulher numa categoria de sujeito universal abstrato. Havia, argumentava Butler, um paradoxo em preconizar a liberdade das mulheres em nome da alteridade e, ao mesmo tempo, exigir que, para obterem reconhecimento, fossem configuradas numa identidade estável e universal (Riley, 1988).

Assim, Butler articula dois problemas: a política feminista centrada no conceito de gênero estaria condenada a se manter presa à diferença sexual do binarismo masculino/feminino, que apenas substituiria o par homem/mulher; o gênero estaria destituído, assim como o sexo, do fundamento ontológico da identidade, já que a substituição de sexo natural por gênero construído seria apenas uma transferência da natureza para a cultura. Butler pretende recuperar atributos como instabilidade, expropriação e deslocamento, que perturbam a pretensa estabilidade da identidade (de gênero). Emerge daí a proposição de performatividade de gênero, o desdobramento da radicalização da ruptura de Beauvoir com o essencialismo biologizante – "Não se nasce mulher, torna-se" – ganha em Butler novos contornos (Rodrigues, 2020). A performatividade de gênero seria, então, o deslocamento da identidade de gênero, sendo a primeira indicação de elementos instáveis e artificiais que nos constituem, e a segunda exigência de elementos estáveis e naturais atrelados à compreensão metafísica do humano. Com a proposição de performatividade de gênero, há o que chamo, ainda que provisoriamente, de "virada normativa", a partir da qual as normas sociais, inclusive as de gênero, ficam esvaziadas de sua fundamentação na natureza (homem/mulher) ou na cultura (masculino/feminino).

O paradigma da artificialidade da ligação entre sexo anatômico biológico e identidade de gênero será a *drag queen*. Ao performatizar um gênero feminino, ela representa elementos tidos como femininos, artificializáveis em qualquer corpo. A ausência de fundamento natural para o gênero deu margem à compreensão da sua performatividade como mero ato de vontade individual, equivocada e oposta ao modo como Butler critica o gênero. Para ela, o "problema do gênero" é tomá-lo como elemento que previamente definiria a existência, que mesmo não estando mais determinada pelo sexo, passaria a estar "decidida pelo gênero" (Butler, 1993, p. x [2018, p. 11]).

Há um ponto crucial: estamos submetidos às normas de gênero, escritas e não escritas. Se, pensando com Foucault, o sujeito depende da obediência à norma para se assujeitar; pensando com a releitura pós-estruturalista da teoria da performatividade da linguagem, as normas dependem do ato performativo para serem reiteradas. Uma vez que sexo e gênero não podem mais ser fundamentos para a identidade, e as normas são uma repetição estilizada de atos, o gesto político que interessa destacar em Butler é o esvaziamento do fundamento da norma: nem natureza, nem cultura. Ou ainda, a admissão de que a transgressão da norma está inscrita na sua concepção.

Foram muitas críticas à performatividade de gênero: 1) seria mero ato de vontade do indivíduo liberal, e, portanto, sem potência de transformação política (Braidotti, 2006); 2) seria uma forma de ignorar a materialidade dos corpos, questão que vem tanto do pensamento materialista quanto das teorias sociológicas de gênero, mesmo aquelas que, não necessariamente tributárias do materialismo, entendem que o argumento do sexo anatômico biológico pesa sobre os corpos das mulheres como fator de limitação das suas possibilidades sociais, políticas, econômicas e sexuais; 3) a perfomatividade de gênero estaria esvaziando a identidade de gênero e a reivindicação identitária na política; 4) a performatividade seria acessível apenas à *drag queen* e a outras formas de encenação, confundindo *performance* com performatividade (Preciado, 2014). Como consequência, a materialidade dos corpos tornou-se ponto de partida para o desenvolvimento de uma interseccionalidade radical na sua concepção de corpo. Butler rebaixa a centralidade da categoria gênero como instrumento de crítica às discriminações na vida social, cultural e econômica, propondo a heteronormatividade como elemento que constrói, orienta, oprime e constrange essa materialidade. A vulnerabilidade, a precariedade do corpo, assujeitado a diversas formas de poder, se desdobrará em outros conceitos, sem que suas formulações ético-políticas abandonem o gênero como categoria útil de análise.

### 3.3 Luto e precariedade

A primeira investida de Butler na distribuição desigual do luto público é uma breve menção, em *Problemas de gênero*, ao não reconhecimento, pelo serviço de saúde nos EUA, do valor das vidas de homens gays vítimas do HIV/Aids no início dos anos 1980. No mesmo livro, começa um debate com as concepções de luto em Freud, desenvolvido posteriormente no capítulo "Violence, Mourning, Politics" de *Precarious life: the powers of mourning and violence* (Butler, 2004; 2019), com imensa importância nas formulações sobre a resposta bélica dos EUA depois do 11 de setembro. O tema do luto se abre em duas direções: 1) o luto como condição do despossuído (*dispossessed*), condição comum a todo corpo vivente marcado pela experiência de finitude e de perda; 2) o direito ao luto como política de reconhecimento, direito que divide os corpos entre os que importam e os que pesam, separa vidas vivíveis e vidas matáveis.

Sobre o luto como experiência de despossessão, observo que a filósofa se vale da ambiguidade do termo *dispossessed*: despossuído é quem não tem posses, perde o direito à terra e está obrigado a vender sua força de trabalho para sobreviver. O despossuído está à margem, destituído das condições mínimas de sobrevivência. A esses significados Butler acrescenta a despossessão como perda de si, articulada com a instabilidade provocada pelo desejo na formação do eu: "Somos desfeitos uns pelos outros. E, se não o somos, estamos perdendo alguma coisa. Esse parece claramente ser o caso com o luto, mas só porque já era o caso com o desejo" (Butler, 2004, p. 23 [2019, p. 44]). A condição de despossuído opera como fundamento negativo para o restabelecimento de uma universalidade não excludente, não mais marcada por qualquer elemento a partir do qual se possa voltar a fechar o universal apenas para poucos.

Já a abordagem do luto como um direito é tributária também do modo como Butler interpreta *Antígona*, tragédia de Sófocles em que a personagem reivindica cumprir rituais fúnebres para o irmão, Polinices, a quem Creonte havia proibido o enterro por ter lutado contra Tebas. Butler percebe que o clamor de Antígona implicava um duplo gesto: reconhecer o valor da vida do irmão e ser reconhecida na pólis. A condição de enlutável que nos separa entre humanos e inumanos ganha ainda mais importância em *Frames of war* (Butler, 2009; 2015), articulando-se com a condição de precariedade dos viventes. Vida e morte serão compreendidas como categorias relacionais e o valor atribuído a uma vida está diretamente ligado ao modo como a enlutamos.

Por fim, a precariedade será um elemento central na sua crítica à racionalidade neoliberal, reunindo a materialidade dos corpos com a vida psíquica do poder, a reivindicação de condições materiais com o confronto às formas de sujeição. Se todo sujeito está exposto à morte, a precariedade é condição de possibilidade da vida e induzida por políticas de discriminação, que funcionam separando a vida natural sem valor da vida simbólica com valor. A distribuição desigual do luto público é compreendida, assim, como um sintoma – nem todas as vidas são iguais – e como uma política de indução de precariedades a certas formas de vida em que operam marcadores interseccionais que fundamentam discriminação, opressão e violência.

# BIBLIOGRAFIA

## Obras

BUTLER, J. *Subjects of desire*: Hegelian reflections in twenty-century France. Nova York: Columbia University Press, 1987. (2. ed., 1999.)

BUTLER, J. *Gender trouble*: feminism and the subversion of identity. Nova York: Routledge, 1990. (2. ed., 1999.)

BUTLER, J. *Bodies that matter*: on the discursive limits of "sex". Londres: Routledge, 1993.

BUTLER, J. *Excitable speech*: a politics of the performative. Nova York: Routledge, 1997.

BUTLER, J. *The psychic life of power*: theories in subjection. California: Stanford University Press, 1997.

BUTLER, J. *Antigone's claim*: kinship between life and death. Nova York: Columbia University Press, 2000.

BUTLER, J. *Problemas de gênero*: feminismo e subversão da identidade. Trad. de Renato Aguiar. Rio de Janeiro: Civilização Brasileira, 2003.

BUTLER, J. *Precarious life*: the power of mourning and violence. Londres: Verso, 2004.

BUTLER, J. *Giving an account of oneself*: a critique of ethical violence. Nova York: Fordham University Press, 2005.

BUTLER, J.; SPIVAK, G. *Who sings the Nation-State?*: language, politics, belonging. Chicago: Chicago University Press, 2007.

BUTLER, J. *Frames of war*: when is life grievable?. Nova York: Verso, 2009.

BUTLER, J. *Parting ways*: Jewishness and the critique of Zionism. Nova York: Columbia University Press, 2012.

ATHANASIOU, A.; BUTLER, J. *Dispossession*: the performative in the political. Cambridge: Polity Press, 2013.

BUTLER, J. *Undoing gender*. Nova York: Routledge, 2014.

BUTLER, J. *Notes toward a performative theory of assembly*. Londres: Harvard University Press, 2015.

BUTLER, J. *Quadros de guerra*: quando a vida é passível de luto? Trad. de Sérgio Lamarão e Arnaldo Cunha. Rio de Janeiro: Civilização Brasileira, 2015.

BUTLER, J. *Relatar a si mesmo*: crítica da violência ética. Trad. de Rogério Bettoni. Belo Horizonte: Autêntica, 2015.

BUTLER, J. *Senses of the subject*. Nova York: Fordham University Press, 2015.

BUTLER, J. *A vida psíquica do poder*: teorias da sujeição. Trad. de Rogério Bettoni. Belo Horizonte: Autêntica, 2017.

BUTLER, J. *Caminhos divergentes*: judaicidade e crítica do sionismo. Trad. de Rogério Bettoni. São Paulo: Boitempo, 2017.

BUTLER, J.; SPIVAK, G. *Quem canta o estado-nação?*: língua, política, pertencimento. Trad. de Vanderlei J. Zacchi e Sandra Goulart Almeida. Brasília: Editora da Universidade de Brasília, 2017.

BUTLER, J. *Corpos em aliança e a política das ruas*: notas sobre uma teoria performativa de assembleia. Trad. de Fernanda Miguens. Rio de Janeiro: Civilização Brasileira, 2018.

BUTLER, J. *Vida precária*. Trad. de Andreas Lieber. Belo Horizonte: Autêntica, 2018.

BUTLER, J. *Corpos que importam*. Trad. de Veronica Daminelli e Daniel Yago Francoli. São Paulo: N-1 Edições, 2019.

BUTLER, J. *The force of nonviolence*: the ethical in the political. Londres: Verso, 2020.

BUTLER, Judith. *Os sentidos do sujeito*. Trad. e org. de Carla Rodrigues. Belo Horizonte: Autêntica, 2021.

BUTLER, J. *A reivindicação de Antígona*: parentesco entre a vida e a morte. Trad. de Jamile Dias Pinheiro. Rio de Janeiro: Civilização Brasileira, 2022.

BUTLER, Judith. *Despossessão*: o performativo na política. Conversas com Athena Athanasiou. Trad. de Beatriz Zampieri. São Paulo: Editora Unesp, 2024.

BUTLER, J. *Sujeitos do desejo*: reflexões hegelianas na França do século XX. Trad. de Beatriz Zampieri, Carla Rodrigues, Gabriel Lisboa Ponciano e Nathan Teixeira. Belo Horizonte: Autêntica, 2024.

## Literatura secundária

BAKKER, T. *O estado-nação a partir da filosofia de Judith Butler*: reflexões sobre processos de congregação e segregação. 2017. Dissertação (Mestrado em Filosofia) – Universidade Federal do Rio de Janeiro, Rio de Janeiro, 2017.

BEAUVOIR, S. *Le deuxième sexe*: les faits et les mythes. Paris: Gallimard, 1949.

BENHABIB, S. et al. *Debates feministas*: um intercâmbio filosófico. Trad. de Fernanda Veríssimo. São Paulo: Unesp, 2018.

BENTO, B. *A reinvenção do corpo*: gênero e sexualidade na experiência transexual. Rio de Janeiro: Garamond, 2006; Natal: EDUFRN, 2014.

BRAIDOTTI, R. *Transpositions*: on nomadic ethics. Cambridge: Polity Press, 2006.

BUTLER, J. Entrevista para a revista Margem Esquerda. *Margem Esquerda*, n. 33, 2019.

BUTLER, J. Precisamos parar o ataque a ideologia de gênero. Trad. de Sonia Corrêa e Carla Rodrigues. *Observatório de Sexualidade e Política* SPW, 2019. Disponível em: http://twixar.me/j9VK. Acesso em: 20 jul. 2024.

BUTLER, J.; FRASER, N. *Meramente cultural*. Trad. de Aléxia Bretas. *Ideias*, v. 7, n. 2, p. 227-248, 2017.

BUTLER, J.; FRASER, N. Merely cultural. *Social Text*, v. 15, n. 3-4, p. 265-277, 1997.

CRENSHAW, K. W. Demarginalizing the intersection of race and sex; a black feminist critique of discrimination doctrine, feminist theory and antiracist politics. *University of Chicago Legal Forum*, p. 139-167, 1989.

DEMETRI, F. *Corpos despossuídos*: vulnerabilidade em Judith Butler. 2018. Dissertação (Mestrado em Psicologia) – Universidade Federal de Santa Catarina, Santa Catarina, 2018.

FEMENÍAS, M. L. A crítica de Judith Butler a Simone de Beauvoir. *Sapere Aude*, v. 3, n. 6, p. 310-339, 2012.

FIDELIS, K. *A carta/letra entre Derrida e Lacan*. 2018. Dissertação (Mestrado em Psicologia) – Universidade Federal de Minas Gerais, Minas Gerais, 2018.

FRASER, N. Feminism, capitalism and the cunning of History. *New Left Review*, n. 56, 2009.

FRASER, N. O feminismo, o capitalismo e a astúcia da história. Trad. de Anselmo da Costa Filho e Sávio Cavalcante. *Mediações*, v. 14, n. 2, p. 11- 33, 2009.

GREINER, C. (org.). *Leituras de Judith Butler*. São Paulo: Annablume, 2016.

PRECIADO, P. B. *Manifesto contrassexual*: práticas subversivas de identidade sexual. Trad. de Maria Paula Gurgel Ribeiro. São Paulo: N-1 Edições, 2014. (2. ed., 2017).

PORCHAT, P. *Gênero, psicanálise e Judith Butler*: do transexualismo à política. 2007. Tese (Doutorado em Psicologia) – Universidade de São Paulo, São Paulo, 2007.

RILEY, D. *Am I that name?* Feminism and the category of "wo-men" in History. Basingstoke: Macmillan, 1988.

RODRIGUES, C. Antígona: lei do singular, lei no singular. *Sapere Aude*, v. 3, p. 32-54, 2012. Disponível em: http://periodicos.pucminas.br/index.php/SapereAude/article/view/3500. Acesso em: 20 jul. 2024.

RODRIGUES, C. A função do luto na filosofia política de Judith Butler. *In*: CORREIA, A.; HADDOCK-LOBO, R.; SILVA, C. V. (orgs.). *Deleuze, desconstrução e alteridade*. São Paulo: Anpof, 2017. p. 329-340.

RODRIGUES, C.; LOBATO, E. Os feminismos e seus sujeitos. *Princípios: Revista de Filosofia*, v. 2, p. 43-65, 2020.

RODRIGUES, C. Para além do gênero: anotações sobre a recepção da obra de Butler no Brasil. *Em Construção*: Arquivos de Epistemologia Histórica e Estudos da Ciência, v. 5, p. 59-72, 2019.

RODRIGUES, C. Performance, gênero, linguagem e alteridade: J. Butler leitora de J. Derrida. *Sexualidad, Salud y Sociedad*: Revista Latinoamericana, n. 10, p. 140-164, 2012.

RODRIGUES, C. Ser e devir: Butler leitora de Beauvoir. *Cadernos Pagu*, n. 56, 2020.

RUBIN, G. *The traffic in women*: notes on the "political economy" of sex. Nova York: Monthly Review Press, 1975.

SANTOS, D. R. *Simone de Beauvoir e Judith Butler*: aproximações e distanciamentos e os critérios da ação política. 2015. Dissertação (Mestrado em Filosofia) – Universidade Federal de São Paulo, São Paulo, 2015.

SCOTT, J. O enigma da igualdade. Trad. de Jó Klanovicz e Susana Bornéo Funck. *Estudos Feministas*, v. 13, n. 1, p. 11-30, 2005.

SCOTT, J. The conundrum of equality. Princeton: *School of Social Science*, 1999.

SCOTT, J. The sears case. *In*. SCOTT, J. *Gender and the politics of History*. Nova York: Columbia University Press, 1988.

STRATHERN, M. *Reproducing the future*: anthropology, kinship, and the new reproductive technologies. Nova York: Routledge, 1992.

TORRANO, L. H. *O campo da ambivalência*: poder, sujeito, linguagem e o legado de Michel Foucault na filosofia de Judith Butler. 2010. Dissertação (Mestrado em Filosofia) – Universidade de São Paulo, São Paulo, 2010.

WITTIG, M. One is not born a woman. *In*: ABELOVE, H.; BARALE, M. A.; HALPERIN, D. *The lesbian and gay studies reader*. Nova York: Routdlege, 1993. p. 103-115.

## Links

AGAMBEN, G; BUTLER, J. *Eichmann, law and justice*: EGS. [S. l.: s. n.], 2009. 7 vídeos (1 h 6 s). Publicado pelo canal European Graduate School Video Lectures. Disponível em: https://www.youtube.com/playlist?list=PL26C9B3E2F04B71E2. Acesso em: 20 de jul. 2024.

BUTLER, J. Caminhos divergentes (Conferência completa). [S. l.: s. n.], 2017. 1 vídeo (1 h 52 min 6 s). Publicado pelo canal TV Boitempo. Disponível em: https://www.youtube.com/watch?v=hfSH4lAbyq4. Acesso em: 20 de jul. 2024.

BUTLER, J. Judith Butler e a teoria queer. [S. l.: s. n.], 2018. 1 vídeo (1 h 35 min 6 s). Publicado pelo canal Sesc São Paulo. Disponível em: https://www.youtube.com/watch?v=TyIAeedhKgc&t=2270s. Acesso em: 20 de jul. 2024.

BUTLER, J.; TAYLOR, S. Examined life. [S. l.: s. n.], 2010. 1 vídeo (14 min 23 s). Publicado pelo canal 黄小竹. Disponível em: https://www.youtube.com/watch?v=k0HZaPkF6qE. Acesso em: 20 de jul. 2024.

FRATESCHI, Y. Butler, Davis e Fraser: feminismo e democracia. [S. l.: s. n.], 2018. 1 vídeo (51 min 33 s). Publicado pelo canal Café Filosófico. Disponível em: https://www.youtube.com/watch?v=R5Z9srVsCaU. Acesso em: 20 de jul. 2024.

# 29
# OYÈRÓNKẸ́ OYĚWÙMÍ

(1957)

*Gisele Rose**

## 1 – VIDA E OBRA

Oyèrónkẹ́ Oyěwùmí nasceu no dia 10 de novembro de 1957, em Ògbọ́mọ̀sọ́, cidade situada no atual Estado de Oyó, na República da Nigéria. Ela pertence a uma importante linhagem iorubá. Seu pai foi elevado, em 1973, à condição de *sòún* (monarca) em Ògbọ́mọ̀sọ́. Isso fez com que ela tivesse, desde a juventude, grande familiaridade com a vida no *ààfin sọ̀ún* (palácio) e continuada participação nos rituais, festas e costumes tradicionais de matriz iorubá.

Oyèrónkẹ́ Oyěwùmí completou o estudo primário e secundário em Ògbọ́mọ̀sọ́ e realizou o curso superior de Ciência Política na University of Ibadan (Nigéria). Os cursos sobre política africana a permitiram compreender o importante papel da colonização na formação dos estados na África. Quando se candidatou à pós-graduação nos Estados Unidos, na década de 1980, ela decidiu ingressar em Sociologia e não em Ciência Política. Concluiu o doutorado em Sociologia no ano de 1993, na University of California

---

* Mestre em Relações Étnico-Raciais pelo Centro Federal de Educação Tecnológica Celso Suckow da Fonseca (Cefet-RJ) e professora na Secretaria Estadual de Educação do Rio de Janeiro (Seeduc-RJ).

(Berkeley), onde defendeu a tese *Mothers not women: making an African sense of Western gender discourses* [Mães e não mulheres: criando um sentido africano para os discursos de gênero ocidentais]. Esse trabalho veio a ser publicado com o título *The invention of women: making an African sense of Western gender discourses* [A invenção das mulheres: construindo um sentido africano para os discursos ocidentais de gênero]. Em 1997, o livro lhe rendeu o prêmio da American Sociological Association (Associação Americana de Sociologia) e fez com que ela se distinguisse como finalista ao prêmio Herskovitts da African Studies Association (Associação dos Estudos Africanos). No livro, ela argumenta que a narrativa da corporalidade de gênero que domina a interpretação ocidental do mundo social é um discurso cultural e não pode ser assumido acriticamente para outras culturas, concluindo que gênero não é apenas socialmente construído, mas também histórico e cultural.

O trabalho de Oyěwùmí inclui duas monografias, três livros editados e numerosos artigos de periódicos e capítulos de livros. A monografia *What gender is motherhood*? [Qual é o gênero da maternidade?] é sobre a subjugação do conhecimento indígena e a marginalização de epistemes locais como resultado da colonização europeia e do domínio contínuo de línguas, sistemas de pensamento e instituições europeias na África. Tornou-se, posteriormente, o livro *What Gender is Motherhood? Changing Iorubá ideals of power, procreation, and identity in the Age of Modernity* [Qual é o gênero da maternidade? A mudança dos ideais iorubás de poder, procriação e identidade na era da modernidade] (2016), no qual ela explicita a relação emaranhada entre a colonialidade global e os colonialismos locais, assim como as relações desiguais de poder entre a África e o Ocidente, as quais estruturam a produção de conhecimento.

A necessidade de fontes apropriadas ficou especialmente evidente quando Oyěwùmí começou a ministrar cursos sobre gênero na África na década de 1990. Sua resposta a esse desafio foi publicar *African gender studies: a reader* [Estudos africanos de gênero: um compêndio] (2005), uma coleção de artigos que apresentam as mulheres africanas como mais do que meras vítimas e o continente como algo diferente de um lugar de patologia.

Em 2010, Oyěwùmí recebeu um convite do Centro de Estudos de Gênero na Universidade do Cazaquistão para fazer parte de um grupo internacional que iria trabalhar em um projeto de gênero, nação e descolonialidade na Ásia Central.

Oyěwùmí criou o jornal on-line *Jenda: a Journal of Culture and African Women's Studies* [Jenda: um Jornal de Cultura e Estudos das Mulheres Africanas], que se tornou um fórum ativo para mostrar a pesquisa de gênero na África e na diáspora, sendo também um recurso importante no ensino sobre a África, os feminismos e as questões globais. Também, ela lançou uma série de livros na Palgrave Macmillan, em 2013, intitulada *Gender and cultural studies in Africa and the diaspora* [Gênero e estudos culturais na África e na diáspora], cujo objetivo era trazer novos estudiosos e perspectivas emergentes em uma variedade de trabalhos interdisciplinares sobre a África e suas muitas diásporas.

Ela foi vencedora do *Distinguished Africanist Award* [Prêmio Africanista Distinto] de 2021, apresentado na 64ª Reunião Anual da Associação de Estudos Africanos. Vale ressaltar que mais de 50% dos prêmios foram concedidos a homens brancos e seis a mulheres brancas; nenhuma mulher africana havia sido reconhecida para a premiação até então. O mérito de suas pesquisas garantiu-lhe também o financiamento de importantes agências como a Fundação Rockefeller, a Agência Presidencial Estadunidense e a Fundação Ford.

Atualmente, Oyèrónkẹ́ Oyěwùmí é professora titular de Sociologia na Faculdade de Artes e Ciências na Stony Brook University (Califórnia) e, de acordo com seu perfil disponibilizado na página da instituição, tem as seguintes áreas de interesse: sociologia do gênero; sociologia do conhecimento; sociologia da cultura; sociologia histórica comparada; teoria feminista; feminismos transnacionais; teoria social; desigualdades sociais em sistemas locais, regionais e globais; estudos africanos; estudos (pós) coloniais e modernidades.

Seu trabalho é conhecido principalmente por abordar um vasto campo teórico interdisciplinar com destaque para o ponto de vista africano por meio de pesquisas históricas, linguísticas, arqueológicas e etnográficas, tentando fornecer uma compreensão mais matizada das sociedades africanas, evitando, assim, formulações reducionistas.

## 2 – PRINCIPAIS CONTRIBUIÇÕES

Oyèrónké Oyěwùmí, socióloga, teórica e estudiosa, tem um notável destaque nas pesquisas interdisciplinares, utilizando experiências africanas para elucidar questões teóricas pertinentes a uma ampla gama de disciplinas, incluindo: Sociologia, Ciência Política, Estudos sobre as Mulheres, Religião, História e Literatura, esforçando-se sempre para ampliar a inclusão de culturas não ocidentais na Academia. Ela ressalta a subjugação do conhecimento e a marginalização das epistemes como resultado da colonização europeia e do domínio contínuo das línguas, sistemas de pensamento e instituições europeias na África. Enfatiza também a relação entre a colonialidade global, os colonialismos locais e as relações de poder desiguais entre a África e o Ocidente, que estruturam a produção de conhecimento.

Vale enfatizar ainda que Oyěwùmí atrai um público interdisciplinar que acarreta a reimpressão de vários de suas obras e capítulos de livros e, no âmbito internacional, em virtude de sua contribuição única, ministra palestras em diversos países como: Alemanha, Reino Unido, Brasil, África do Sul, Espanha, Portugal, Jamaica, Nigéria, Gana, Senegal, Moçambique, Suécia, Noruega e Holanda.

## 3 – A ANÁLISE DE OYÈRÓNKẸ́ OYĚWÙMÍ

Em seu premiado livro, *A invenção das mulheres: construindo um sentido africano para os discursos ocidentais de gênero* (2021), podemos observar sua grandiosa pesquisa no que tange à discussão da tradução generificada da língua iorubá. A pensadora salienta que, ao contrário, na antiga sociedade iorubá não havia essa construção do gênero e a organização social era determinada pela idade relativa. No livro, Oyèrónkẹ́ Oyěwùmí desenvolve um relato meticuloso, histórico e epistemológico da cultura iorubá em seus próprios termos. Ela desenvolve um argumento persuasivo para uma interpretação cultural e dependente do contexto da realidade social, no qual propõe uma nova concepção do discurso de gênero e das categorias em que tal estudo se baseia.

## 4 – IORUBÁ

Os estudos africanos modernos permaneceram dominados pelos modos ocidentais de apreender a realidade e a produção de conhecimento por várias razões, como a pesquisa sobre os povos iorubás com base no conhecimento produzido pela língua inglesa e pelo fato de muitas pessoas africanas só conhecerem suas sociedades por meio de quem realiza as missões ocidentais (Oyěwùmí, 2021). Isso revela que o problema está na maneira pela qual os negócios são conduzidos nas instituições produtoras de conhecimento e no modo como as questões fundamentais que informam e propagam as pesquisas são geradas no Ocidente (Oyěwùmí, 2021).

A escrita de Oyěwùmí nos permite – com base em dados históricos, estudos de comentaristas, experiências, depoimentos atuais e de outros períodos, entre outros – reanalisar e desvendar as noções clássicas que são herdadas da colonização, como gênero, domínio, patriarcado, linhagem etc. Isso nos permite perceber que a maioria dos estudos sobre os povos iorubás se enquadra em um conjunto de categorias ensinadas pelo eurocentrismo.

A forma como Oyěwùmí analisa e pesquisa é imprescindível, pois evita a reprodução de categorias sociais eurocêntricas e busca esclarecer as contradições ou preconceitos nas interpretações feitas, tanto do colonialismo quanto dos estudos africanos. Ela propõe uma análise da linguagem para a construção do conhecimento sobre os povos iorubás produzido por meio do inglês, comparando a língua inglesa à língua iorubá e mostrando a importância de um estudo mais aprofundado que não foi feito anteriormente e que vem gerando dúvida sobre as conclusões de várias disciplinas. Isso porque, apesar dos linguistas terem feito alguns estudos sobre a língua iorubá, é necessário agregar outras perspectivas, pois:

> O problema do gênero e seus construtos na linguagem, na literatura e na prática social iorubá exige atenção, imediata. O idioma iorubá é isento em relação ao gênero, o que significa que muitas categorias aceitas em inglês estão ausentes (Oyěwùmí, 2021, p. 63).

O idioma iorubá é isento com relação ao gênero, ou seja, não tem palavras com especificidades de gênero que denotem, por exemplo, filho, filha, irmão ou irmã (Oyěwùmí, 2021). A importância do gênero na terminologia de parentesco em inglês é refletida nas palavras *brother* (irmão) e *sister* (irmã).

Vale ressaltar que muitas das pessoas que registraram e traduziram a literatura oral iorubá são treinadas como críticos literários e, portanto, a principal ferramenta de seu trabalho é a linguagem; não se pode, assim, desculpar sua falta de atenção a um fator tão crítico na tradução do iorubá para o inglês (Oyěwùmí, 2021). A generificação ocorre, também, porque a maioria das pessoas dedicadas à escrita da literatura é bilíngue iorubá/inglês, formada principalmente em inglês.

A linguagem é, antes de tudo, uma instituição social e, como tal, constitui e é constituída pela cultura. Por causa da difusão da linguagem, é legítimo perguntar o que uma língua em particular nos diz sobre a cultura da qual deriva, pois:

> A linguagem carrega valores culturais dentro de si. Neste estudo, não estou tão interessada em fazer um inventário de palavras quanto em perceber a cosmopercepção projetada em qualquer linguagem particular (Oyěwùmí, 2021, p. 80).

Oyěwùmí salienta, ainda, que distinguir a fala masculina e feminina na língua iorubá é uma questão empírica que exige pesquisa. A preocupação, nos últimos tempos, com a rotulagem de textos como masculino e feminino pode ser necessária em algumas culturas, mas o que torna um texto específico com relação ao gênero deve ser explicado, e não assumido.

Esse fato irá acarretar uma série de equívocos nas perspectivas ocidentais sobre a cultura iorubá, revelando uma ideologia de determinismo biológico no cerne das categorias sociais ocidentais – a ideia de que a biologia fornece a lógica para organizar o mundo social, sendo o conceito de mulher central para essa ideologia e para os discursos de gênero ocidentais. Oyěwùmí salienta que isso não existia na antiga cultura iorubá, onde o corpo não era a base dos papéis sociais.

## 5 – IFÁ

No livro *A invenção das mulheres: construindo um sentido africano para os discursos ocidentais de gênero*, Oyèrónkẹ́ Oyěwùmí explica que *Ifá* é um sistema de conhecimento que foi, originalmente, transmitido de modo oral. Estruturado na forma de instituição, é um conjunto de procedimentos que facilitam a recuperação de informações sobre todos os aspectos passados, presentes e futuros da vida iorubá. Esse conhecimento é acessível por meio de um sistema de divinação, um processo que gera histórias, mitos e narrativas que se afirma serem enviadas por Deus e que fazem asserções sobre toda e qualquer coisa na vida iorubá.

Desse modo, *Ifá* é visto como um registro abrangente da cultura iorubá, fornecendo antecedentes históricos para eventos, condutas e orientações para o futuro. *Ifá* não é o único sistema de divinação na sociedade iorubá, mas acumulou importância hegemônica *vis-à-vis* a outras formas de divinação, como um resultado do interesse por ela por parte da elite iorubá ocidentalizada e acadêmicos ocidentais. Consequentemente, a nossa compreensão do lugar de *Ifá* na cultura não esteve imune à mudança social que atende à colonização.

De acordo com Oyěwùmí, a consulta a *Ifá* representa uma parte central das cerimônias que marcam ritos de passagem. Na Iorubalândia pré-islâmica e pré-cristã, cada indivíduo teve que memorizar o que foi chamado *ọwọ́ Ifá kan* – uma mão de *Ifá* –, unidades de versos e narrativas de *Ifá*. Essa formação em massa representou a escolaridade na Iorubalândia na época.

Não é de se admirar, então, que grande parte da linguagem de *Ifá* seja tão familiar ao ouvido iorubá: muitas das figuras de linguagem (parábolas, metáforas, símiles) presentes na linguagem cotidiana vêm diretamente das narrativas de *Ifá*. No entanto, é evidente que alguém também poderia interpretar isso como um sinal de que as narrativas de *Ifá* são um produto das pessoas, embora os criadores de conhecimento façam parte da cultura, ou seja, *Ifá* é um sistema de divinação e tal sistema é, por definição, um modo de buscar conhecimento.

Oyěwùmí salienta que *Ifá* também constitui parte da devoção aos orixás, que é a religião autóctone do povo iorubá. Nessa tradição, o deus Orunmilá é o dono do sistema de divinação. Às vezes, *Ifá* e Orunmilá são utilizados sinonimamente; entretanto, neste estudo, *Ifá* se referirá ao sistema de divinação e Orunmilá se referirá à divindade que o preside. O foco sobre *Ifá* é baseado no sistema divinatório, em oficiantes, em estudiosos e seus escritos, de acordo com a pesquisa realizada por Oyěwùmí fazendo entrevistas com oficiantes em Ògbómòsó, em diferentes épocas entre 2007 e 2012.

Apesar da rotulação de *Ifá* como um culto secreto por vários missionários e estudiosos cristãos, para babalaôs e a sociedade iorubá em geral, oficiantes de *Ifá* foram vistos primeiramente e acima de tudo como um grêmio profissional, de aprendizado, e não uma sociedade secreta. Seu treinamento rigoroso e vitalício é visto como evidência de sua disciplina, dedicação e realização. Na cultura, nas discussões de babalaôs, uma coisa que é frequentemente enfatizada é seu longo treinamento, que significa que são considerados um grupo de aprendizado.

## 6 – GÊNERO

Os estudos de Oyěwùmí sobre a questão de gênero constatam que o corpo seria o alicerce sobre o qual a ordem social ocidental é fundada, pois o corpo está sempre à vista. Ainda, a biologia seria a principal fonte de compreensão de gênero e as diferenças biológicas servem como princípio de organização das sociedades ocidentais. Ela afirma que essa é uma filosofia ocidental que não se transfere para as sociedades iorubás, as quais não utilizam o corpo como base de nenhum *status* social, pois o colonialismo afetou tanto homens quanto mulheres, mas as mulheres eram, muitas vezes – e continuam sendo –, colocadas em maior desvantagem. Seus estudos demonstram a errônea aplicação dos conceitos de gênero ocidentais, orientados para o corpo, por meio da história dos discursos de gênero nos estudos iorubás. Sua análise mostra a natureza paradoxal de dois pressupostos fundamentais da teoria feminista: que o gênero é socialmente construído e que a subordinação das mulheres é universal.

A colonização é também considerada uma "perda de masculinidade pelo colonizado", de acordo com Oyěwùmí (2021, p. 326). Isso cria uma situação em que a fêmea é considerada como não tendo perdido nada no processo. Esse fato está completamente errado, pois seria melhor considerar que foi uma perda do "eu" em todas as partes. Esse equívoco é comum e, embora sutilmente, tenta promover a ideia de que as necessidades das mulheres são subordinadas às dos homens.

A introdução do cristianismo e da educação colonial, de acordo com Oyěwùmí, foi fundamental para a estratificação da sociedade colonial tanto na posição de classe quanto de gênero. A desvantagem inicial das mulheres no sistema educacional é, sem dúvida, o principal determinante da inferioridade das mulheres e da falta de acesso a recursos no período colonial e na contemporaneidade.

Sendo assim, segundo Oyěwùmí, o colonialismo, em geral, criou uma situação em que havia apenas dois tipos de pessoas: o colonizador e o colonizado. Separação de papéis é uma coisa, mas o gênero desses papéis criou uma vastidão ainda maior de problemas. O próprio governo colonial é descrito como "uma prerrogativa viril, marital ou senhorial" (Oyěwumi, 2021, p. 312) com relação aos iorubás. Os ingleses transferiram isso para os gostos da política na forma como ignoraram qualquer autoridade feminina. Ao fazer isso, surge a ideia de mulheres como significativamente menores, onde antes não havia nenhuma, sendo perpetuada e se espalhando por toda a nação iorubá.

A ideia de que a biologia é o destino, ou melhor, o destino é a biologia, tem sido um marco do pensamento ocidental por séculos, pois, no Ocidente, as explicações biológicas parecem ser especialmente privilegiadas em relação a outras formas de explicar diferenças de gênero, raça e classe, pois:

> A noção de sociedade que emerge dessa concepção é a de que a sociedade é constituída por corpos e com corpos – corpos masculinos, corpos femininos, corpos judaicos, corpos arianos, corpos negros, corpos brancos, corpos ricos, corpos pobres. Uso a palavra "corpo" de duas maneiras: primeiro, como uma metonímia para a biologia e, segundo, para chamar a atenção para a fisicalidade pura que parece estar presente na cultura ocidental. Refiro-me tanto ao corpo físico como às metáforas do corpo (Oyěwùmí, 2021, p. 27).

Oyěwùmí salienta que novas categorias sociais foram criadas em países onde já existia uma e, em muitos desses países, como os povos iorubás, a ideia de uma diferença de gênero era muito estranha.

O gênero tem sido um princípio organizador fundamental nas sociedades ocidentais. Intrínseca à conceituação de gênero está uma dicotomia na qual macho e fêmea, homem e mulher, são constantemente classificados uns contra os outros. Não é uma propriedade de um indivíduo ou de um corpo em si mesmo, pois a nossa identidade de gênero como parte do eu repousa sobre um entendimento cultural (Oyěwùmí, 2021).

A ideia de que o gênero é socialmente construído e a concepção de que as diferenças entre machos e fêmeas devem estar localizadas em práticas sociais, e não em fatos biológicos, foi uma compreensão importante que emergiu no início da pesquisa feminista da segunda onda (Oyěwùmí, 2021) e, como construção social, tornou-se o pilar de muitos discursos feministas.

De país para país, cultura para cultura, masculinidade e feminilidade são expressas, valorizadas e/ou mantidas de maneira muito diferente. Muitas culturas, ao longo dos séculos, não viram razão para limitar as categorias de gênero a masculino ou feminino. A dicotomia de gênero, que é tão comum em nossa sociedade, pode ser limitada para outras culturas, ou seja, se o gênero é socialmente construído, não pode se comportar da mesma maneira no tempo e no espaço. Assim, se faz necessário pensar os vários locais onde foi construído, na medida em que é um fenômeno histórico e cultural. O resultado dessa lógica cultural é que homens e mulheres são vistos como essencialmente diferentes, e o que as fêmeas *não são* as define como mulheres, enquanto o macho é considerado a norma.

No caso da sociedade iorubá, os aspectos são diferentes e mostram que o corpo humano não precisa ser constituído pela perspectiva generificada pois, na sociedade iorubá primordial, o tipo de corpo não era a base da hierarquia social: machos e fêmeas não eram estratificados de acordo com a distinção anatômica. Distinções na fala e no gênero oral estão mais relacionadas a papéis sociais do que a diferenças bioanatômicas, pois, na Iorubalândia, a fala não pode ser caracterizada pelo gênero da pessoa falante.

Oyěwùmí afirma que as mulheres são definidas em relação aos homens, considerados a norma. As mulheres são aquelas que "não têm pênis"; aquelas que "não têm poder"; aquelas que não podem "participar da arena pública" e, portanto, arcam com o peso do trabalho de cuidado. Utiliza-se os conceitos de "sexo" e "gênero" como sinônimos (Oyěwùmí, 2021, p. 118). A sociedade iorubá no período primordial cunhou os termos "sexo anatômico", "macho anatômico" e "fêmea anatômica" e, posteriormente, encurtou para "anassexo", "anamacho" e "anafêmea". Dentro dessa perspectiva, demonstra-se que não havia nenhuma ocupação, nenhum papel social que tanto "anamachos" quanto "anafêmeas" não pudessem desempenhar. Compreende-se, assim, que o argumento central de Oyěwùmí é que não havia mulheres, e que esse conceito de "mulher" é utilizado nas pesquisas em função da experiência e história ocidentais.

Na literatura sobre gênero, que é ocidental, a maternidade é assumida como um papel de gênero, mas na sociedade iorubá, como em qualquer outro lugar, mulheres, fêmeas, são quem têm bebês e isso não resultou em normas para o masculino e o feminino.

A construção iorubá da maternidade era muito diferente daquela que é projetada nessas fantasias baseadas no Ocidente (Oyěwùmí, 2021), pois as obrigações da maternidade, como as da paternidade, eram a principal razão para um emprego bem remunerado para todos os adultos e o principal incentivo para acumular era a necessidade de fornecer um dote para a própria prole. De fato, as realidades socioeconômicas na Iorubalândia problematizam a teoria da maternidade como um papel de domesticação.

A maternidade oferece modelos alternativos de liderança tanto endógenos quanto pragmáticos para contextos africanos, muitos, se não a maioria, focados na mãe sob a ordem colonial da masculinidade. Sua conclusão explicita possibilidades políticas dessa consideração, uma vez que tal âmbito é o mais amplo social de poder relacional (em vez de dominação) em que o poder simbólico da maternidade está sendo negociado e testado nas pós--colônias africanas. Oyěwùmí complementa que os termos *iyá*, frequentemente traduzido como mãe, e *bàbá*, traduzido como pai, no uso iorubá não estão atrelados à anatomia, mas podem se referir a qualquer parente macho ou fêmea da mãe, bem como à mãe. Sendo assim, no mundo iorubá *bàbá* e *iyá* podem implicar domínio, prioridade e privilégio, sendo marcadores de senioridade. Normalmente, os prefixos *iyá* e *bàbá*, no caso iorubá, são adicionados à designação como um sinal de respeito e indicação de idade, e não gênero (Oyěwùmí, 2021, p. 115).

O prefixo *iyá* (mãe) sugere uma fêmea, mas também significa "mulher mais velha"; portanto é uma indicação de idade adulta, senioridade e, consequentemente, responsabilidade e *status*.

As palavras *iyá* ou *yèyé* são normalmente traduzidas como a palavra inglesa "mother", que significa mãe. Essa tradução é altamente problemática, porque distorce o significado original de *iyá* no contexto iorubá, deixando de captar o significado central do termo, visto que abordagens teóricas dominantes da maternidade – feministas e não feministas – representaram a instituição como generificada. A partir dessa perspectiva, a maternidade é uma instituição generificada paradigmática. A categoria mãe é encarada como sendo incorporada por mulheres que são esposas subordinadas, fracas, impotentes e relativamente marginalizadas socialmente. A compreensão iorubá da categoria sócio-espiritual de *iyá* é diferente, porque, na origem, não derivou de noções de gênero, ou seja, a figura de *Ìyá* é representativa da humanidade – elas são o ser humano arquetípico do qual todos os humanos derivam. Normalmente os prefixos *iyá* e *bàbá*, no caso iorubá, são adicionados à designação como um sinal de respeito e indicação de idade, e não de gênero (Oyěwùmí, 2021). Percebemos, então, que a diferença entre a sociedade iorubá e o Ocidente é a maneira como o corpo é visto, pois no Ocidente o corpo é central para as categorias sociais. Já na sociedade iorubá o corpo não está no centro da categorização social.

O mais importante sobre a sociedade iorubá e muitas sociedades africanas – o que, de acordo com Oyěwùmí, está sendo modificado na atualidade – é que as categorias sociais são baseadas no comum, no coletivo. Sua família e sua linhagem são mais importantes do que o fato de você ser homem ou mulher. Assim, se a caça é a vocação de sua família, você, como uma mulher dessa família, tem acesso e oportunidade de ser uma caçadora bem antes de um homem de uma família que não é de caçadores. Temos que entender o contexto mais amplo e as regras da comunidade para compreender como os africanos imaginam o mundo – que é sempre sobre o coletivo.

A problemática do gênero inserida na cultura iorubá tem sido geralmente colocada como a questão da mulher, isto é, em termos de quanto as mulheres são oprimidas pelo patriarcado em qualquer sociedade. As mulheres e o patriarcado são aceitos com naturalidade e, portanto, são deixados sem análise e sem explicação, pois o gênero não é ontológico ao *ethos* iorubá. Assim, a presença de construções de gênero identificáveis na linguagem, na história e nas instituições sociais iorubás é, na melhor das hipóteses, evidência de mudanças sociais recentes e, na pior das hipóteses, confirmação de uma imposição estrangeira.

Oyěwùmí afirma que, em uma sociedade na qual a discriminação de gênero é cada vez mais difundida e se tornou um fato da vida, seria surpreendente se não fosse refletida, até mesmo, em *Ifá*. No entanto, esse aprofundamento do pensamento de gênero e a sua expansão não anulam o fato de que originalmente o mundo iorubá não era dividido em masculino e feminino e que as categorias de gênero e o subsequente domínio masculino são um resultado da modernidade. Não se pode exagerar o fato de que a ocidentalização, o islã e o cristianismo continuam sendo fontes de domínio masculino na religião, cultura e sociedade iorubás. Gênero como categoria, fonte de identidade e fator de organização social surgiu apenas recentemente no pensamento e comportamento iorubás.

### 7 – SENIORIDADE

Oyèrónkẹ́ Oyěwùmí explica que a organização social iorubá primordial era um sistema baseado na senioridade, isto é, as relações sociais eram definidas pela idade relativa. Assim, a pessoa idosa, em qualquer interação social ou instituições que são consideradas mais antigas, é privilegiada na cultura. Como uma instituição, a senioridade é socialmente construída e a idade cronológica não é a sua única característica.

Senioridade seria a disposição das pessoas com base em suas idades cronológicas, porém relativas, pois se manifesta continuamente na relação com alguém, sendo um princípio situacional, dinâmico e fluido que nos possibilita pensar e conceber papéis sociais que não são diferenciados por gênero.

As categorias de gênero ocidentais dominantes e as hierarquias que elas representam não existiam no sistema primordial iorubá baseado na senioridade. Sendo assim, a anatomia humana, ou genitália, não expressa nenhuma distinção social ou atributos morais. Ela não é apenas uma questão de privilégio na vida cotidiana, pois também se aplica responsabilidade. Na socialização de crianças, por exemplo, a mais velha de um grupo é a primeira a ser servida durante as refeições e é considerada responsável em casos de infração no grupo, porque essa criança mais velha deveria tê-lo conduzido melhor.

Sendo assim, a hierarquia no interior da linhagem também foi estruturada sob o conceito de senioridade (Oyěwùmí, 2021). Nesse contexto, a senioridade é melhor compreendida como uma organização que opera sob o princípio de que quem for o primeiro a chegar será o primeiro a ser servido. A senioridade baseava-se na ordem de nascimento e de casamento.

Ao contrário das línguas europeias, o iorubá não "faz gênero", em vez disso, "faz senioridade". Assim, as categorias sociais – familiares e não familiares – não chamam a atenção para o corpo como nomes pessoais em inglês, pronomes de primeira pessoa e termos de parentesco.

Os pronomes de terceira pessoa *ó* e o *wón* fazem distinção entre as pessoas mais velhas e as mais jovens nas interações sociais. Assim, o pronome *wón* é utilizado para se referir a uma pessoa mais velha, independentemente do sexo anatômico. Como no antigo inglês *thou* ("tu") ou pronome francês *vous* ("vós"), *wón* é o pronome de respeito e formalidade. *Ó* é usado em situações de familiaridade e intimidade,

> A senioridade é a principal categorização social que é imediatamente aparente na língua iorubá. Senioridade é a classificação social das pessoas com base em suas idades cronológicas. A prevalência da categorização etária na língua iorubá é a primeira indicação de que a relatividade etária é o princípio central da organização. A maioria dos nomes e todos os pronomes não são generificados (Oyěwùmí, 2021, p. 80).

De acordo com Oyěwùmí (2021), a senioridade é relacional e situacional, pois ninguém está permanentemente em posição de uma idade maior ou menor; tudo depende de quem está presente em qualquer situação. Ao contrário do gênero, a senioridade é compreensível apenas como parte dos relacionamentos.

# BIBLIOGRAFIA

## Obras

### Livros

OYĚWÙMÍ, O. *African women and feminism*: reflecting on the politics of sisterhood. Nova Jersey, Trenton: World Press, 2003.

OYĚWÙMÍ, O. *Gender epistemologies in Africa*: gendering traditions, spaces, social institutions and identities. Nova York: Palgrave, 2011.

OYĚWÙMÍ, O. *The invention of women*: making an African sense of Western gender discourses. Mineápolis: University of Minnesota Press, 1997.

OYĚWÙMÍ, O. *What gender is motherhood?*: changing Yorùbá ideals of power, procreation, and identity in the age of Modernity. Nova York: Palgrave, 2016.

### Capítulos de livros

OYĚWÙMÍ, O. Alice in motherland: reading Alice Walker on Africa and screening the color black. *In*: OYĚWÙMÍ, O. (org.). *African women and feminism*: reflecting on the politics of sisterhood. Trenton: Africa World Press, 2004.

OYĚWÙMÍ, O. Colonizando corpos e mentes: gênero e colonialismo. *In*: GAURAV, D.; SUPRIYA, N. (org.). *Postcolonialisms*: an anthology of cultural theory and criticism. New Brunswick: Rutgers University Press, 2005.

OYĚWÙMÍ, O. Multiculturalism or multibodism: on the impossible intersections of race and gender. *In*: MICHEL, C.; BOBO, J. (org.). *White feminist and black nationalist discourses in black studies*: current issues, enduring questions. Dubuque: Kendal Hunt, 2001.

OYĚWÙMÍ, O. Translation of cultures: engendering Yoruba language, orature and world sense. *In*: CASTELLI, E. (org.). *Women, gender and religion*: a reader. Nova York: Palgrave, 2001.

OYĚWÙMÍ, O. Visualizing the body: Western theories and African subjects. *In*: OYĚWÙMÍ, O. (org.). *African gender studies*: a reader. Nova York: Palgrave Macmillan, 2005. Disponível em: https://dialecticalartist.files.wordpress.com/2021/03/african-gen der-studies-a-reader.pdf. Acesso em: 22 jul. 2024.

### Traduções para o português

OYĚWÙMÍ, O. *A invenção das mulheres*: construindo um sentido africano para os discursos ocidentais de gênero. Trad. de Wanderson Flor do Nascimento. Rio de Janeiro: Bazar do tempo, 2021.

OYĚWÙMÍ, O. Conceituando o gênero: os fundamentos eurocêntricos dos conceitos feministas e o desafio das epistemologias africanas. Trad. de Juliana Araújo Lopes para uso didático do texto de OYĚWÙMÍ, O. Conceptualizing gender: the eurocentric foundations of feminist concepts and the challenge of African epistemologies. *African gender scholarship*: *concepts, methodologies and paradigms*, v. 1, p. 1-8, 2004. Disponível em: https://filosofia-africana.weebly.com/uploads/1/3/2/1/13213792/oy%C3%A8r%C3%B3nk%C3%A9_oy%C4%9Bw%C3%B9m%C3%AD_-_conceitualizando_o_g%C3%AAnero._os_fundamentos_euroc%C3%AAntrico_dos_conceitos_feministas_e_o_desafio_das_epistemologias_africanas.pdf. Acesso em: 22 jul. 2024.

OYĚWÙMÍ, O.; DA ROCHA, A. M. O fardo da mulher branca. *Problemata*: *Revista Internacional de Filosofia*, v. 11, n. 2, p. 145-167, 2020. Trad. de Aline Matos da Rocha de OYĚWÙMÍ, O. The white woman's burden: African women in Western feminist discourse. *In*: OYĚWÙMÍ, O. (org.). *African women and feminism*: reflecting on the politics of sisterhood. Trenton: Africa World Press, 2004. p. 25-43. Disponível em: https://periodicos.ufpb.br/index.php/problemata/article/view/54030. Acesso em: 22 jul. 2024.

OYĚWÙMÍ, O. Divinizando o conhecimento: a questão do homem em Ifá. Trad. parcial de Aline Matos da Rocha. *In*: ROCHA, A. M. *A corporal(idade) discursiva à sombra da hierarquia e do poder*: uma relação entre Oyěwùmí e Foucault. 2018. Dissertação (Mestrado em Filosofia) – Universidade Federal de Goiás, Goiânia, 2018. Disponível em: https://repositorio.bc.ufg.br/tede/items/186b92e0-d362-455c-907c-c56a11a6a437. Acesso em: 22 jul. 2024.

OYĚWÙMÍ, O. *Epistemologias de gênero em África*: tradições, instituições sociais e identidades de gênero. Trad. de Wanessa Yano. São Paulo: Ananse, 2022.

OYĚWÙMÍ, O. *Jornada pela academia*. Trad. de Aline Matos da Rocha para uso didático do texto de OYĚWÙMÍ, O. *Journey through academia*. Disponível em: https://filosofia-africana.weebly.com/uploads/1/3/2/1/13213792/oy%C3%A8r%C3%B3nk%E1%BA%B9%CC%81_oy%C4%9Bw%C3%B9m%C3%AD_-_jornada_pela_academia.pdf. Acesso em: 22 jul. 2024.

OYĚWÙMÍ, O. *Laços familiares/ligações conceituais*: notas africanas sobre epistemologias feministas. Trad. de Aline Matos da Rocha para uso didático do texto de OYĚWÙMÍ, O. Family bonds/conceptual binds: African notes on feminist epistemologies. *Signs*: *Journal of Women in culture and Society*, v. 25, n. 4, p. 1093-1098, 2000. Disponível em: https://filosofia-africana.weebly.com/uploads/1/3/2/1/13213792/oy%C3%A8ronk%C3%A9_oy%C3%A8w%C3%BAmi_-_la%C3%A7os_familiares-liga%C3%A7%C3%B5esconceituais.notas_africanas_sobre_epistemologias_feministas.pdf. Acesso em: 22 jul. 2024.

OYĚWÙMÍ, O. *Matripotência*: Ìyá *nos conceitos filosóficos e instituições sociopolíticas*. Trad. de Wanderson Flor do Nascimento para uso didático do texto de OYĚWÙMÍ, O. *Matripotency*: Ìyá in philosophical concepts and sociopolitical institutions. What gender is motherhood? Nova York: Palgrave Macmillan, 2016. p. 57-92. Disponível em: https://filosofia-africana.weebly.com/uploads/1/3/2/1/13213792/oy%C3%A8r%C3%B3nk%E1%BA%B9%CC%81_oy%C4%9Bw%C3%B9m%C3%AD_-_matripot%C3%AAncia.pdf. Acesso em: 22 jul. 2024.

OYĚWÙMÍ, O. *Visualizando o corpo*: teorias ocidentais e sujeitos africanos. Trad. de Wanderson Flor do Nascimento para uso didático do texto de OYĚWÙMÍ, O. Visualizing the body: Western theories and African subjects. *In*: COETZEE, P. H.; ROUX, A. P. J. (orgs.). *The African Philosophy reader*. Nova York: Routledge, 2002. p. 391-415. Disponível em: https://filosofia-africana.weebly.com/uploads/1/3/2/1/13213792/oy%C3%A8r%C3%B3nk%E1%BA%B9%CC%81_oy%C4%9Bw%C3%B9m%C3%AD_-_visualizando_o_corpo.pdf. Acesso em: 22 jul. 2024.

## Literatura secundária

GORDON, L. Black issues in Philosophy: the African decolonial thought of Oyèrónkẹ́ Oyěwùmí. *Blog of the APA*, 2018. Disponível em: https://blog.apaonline.org/2018. Acesso em: 22 jul. 2024.

ROCHA, A. M. A bio-lógica do biopoder. A (dis)posição do corpo em Oyěwùmí e Foucault. *Problemata: Revista Internacional de Filosofia*, v. 10. n. 2, p. 29-42, 2019.

ROCHA, A. M. *A corporal(idade) discursiva à sombra da hierarquia e do poder*: uma relação entre Oyěwùmí e Foucault. 2018. Dissertação (Mestrado em Filosofia) – Universidade Federal de Goiás, Goiânia, 2018. Disponível em: https://repositorio.bc.ufg.br/tede/items/186b92e0-d362-455c-907c-c56a11a6a437. Acesso em: 22 jul. 2024.

## Links

ÁFRICA E HISTÓRIA. Oyèrónkẹ́ Oyěwùmí. [*S. l.: s. n.*], 2019. 1 vídeo (6 min 44 s). Publicado pelo canal Luisa Lima. Disponível em: https://www.youtube.com/watch?v=C7fA7lLj_6w. Acesso em: 22 jul. 2024.

ASA: African Studies Association. Disponível em: https://africanstudies.org/. Acesso em: 22 jul. 2024.

ASA DISTINGUISHED AFRICANIST. Dr. Oyèrónkẹ́ Oyěwùmí [*S. l.: s. n.*], 2021. 1 vídeo (38 min 51 s). Publicado pelo canal African Studies Association. Disponível em: https://www.youtube.com/watch?v=M0DpkHdAZ0s. Acesso em: 22 jul. 2024.

BIOGRAFIA DE MULHERES AFRICANAS. Verbete "Oyèrónkẹ́ Oyěwùmí (1957)". Disponível em: https://www.ufrgs.br/africanas/oyeronke-oyewumi-1957/. Acesso em: 22 jul. 2024.

CICLO MIRIAM MARIA MARIA re-encontro especial 2022. A invenção das mulheres da Oyèrónkẹ́ Oyěwùmí. [*S. l.: s. n.*], 2022. 1 vídeo (2 h 1 min 13 s). Publicado pelo canal Laborei Udesc. Disponível em: https://www.youtube.com/watch?v=l9drHYowu3I. Acesso em: 22 jul. 2024.

CONFERÊNCIA A INVENÇÃO DAS MULHERES. Oyèrónkẹ́ Oyěwùmí. II Jornada Feminismos Decoloniais. [*S. l.: s. n.*], 2021. 1 vídeo (2 h 41 min 45 s). Publicado pelo canal Fórum de Ciência e Cultura da UFRJ. Disponível em: https://www.youtube.com/watch?v=ZGOjZrIYRIA. Acesso em: 22 jul. 2024.

DESAPRENDENDO LIÇÕES DA COLONIALIDADE: escavando saberes subjugados e epistemologias marginalizadas. [S. l.: s. n.], 2019. 1 vídeo (1 h 7 min 50 s). Publicado pelo canal Decolonialidade e perspectiva negra. Disponível em: https://www.youtube.com/watch?v=zeFI9vTl8ZU. Acesso em: 22 jul. 2024.

GENDER AND MOTHERHOOD AT RHODES UNIVERSITY. [S. l.: s. n.], 2016. 1 vídeo (51 min 8 s). Publicado pelo canal iQhawe Lethu. Disponível em: https://www.youtube.com/watch?v=6NRbvqeY1xw. Acesso em: 22 jul. 2024.

GRIFA 016. A invenção das mulheres, de Oyèrónkẹ́ Oyěwùmí, com Claudia Miranda. [S. l.: s. n.], 2021. 1 vídeo (1 h 31 min 34 s). Publicado pelo canal Grifa Podcast. Disponível em: https://www.youtube.com/watch?v=2a2_33MIttA&t=2247s. Acesso em: 22 jul. 2024.

HOLANDA, C. Aprender com Oyèrónkké. *Bendito*, 2021. Disponível em: https://bemditojor.com/aprender-com-oyeronke-comunidade-ioruba-genero-e-decolonialismo/

I DON'T LIKE CULTURE AS AN EXPLANATION FOR ANYTHING: Oyèrónkẹ́ Oyěwùmí. [S. l.: s. n.], 2018. 1 vídeo (1 min 1 s). Publicado pelo canal Rosebell Kagumire. Disponível em: https://www.youtube.com/watch?v=ju6RjZcD0g0. Acesso em: 22 jul. 2024.

OS IORUBÁS E A INVENÇÃO DAS MULHERES, por Oyèronkè Oyèwúmi. [S. l.: s. n.], 2020. 1 vídeo (2 h 8 min 35 s). Publicado pelo canal Pensar Africanamente. Disponível em: https://www.youtube.com/watch?v=bUesLz6h4og. Acesso em: 22 jul. 2024.

OYÈRÓNKẸ́ OYĚWÙMÍ: desafios das Epistemologias Africanas. [S. l.: s. n.], 2021. 1 vídeo (1 h 51 min 14 s). Publicado pelo canal MaRIas: IRI USP. Disponível em: https://www.youtube.com/watch?v=1tpVfzQo51M&t=2815s. Acesso em: 22 jul. 2024.

OYÈRÓNKẸ́ OYĚWÙMÍ: discutindo as implicações da filosofia ocidental. [S. l.: s. n.], 2021. 1 vídeo (2 h 9 min 42 s). Publicado pelo canal Uma filósofa por mês. Disponível em: https://www.youtube.com/watch?v=tAncj3jWmhA. Acesso em: 22 jul. 2024.

PERSPECTIVA AFRICANA DO GÊNERO SEGUNDO OYÈRÓNKẸ́ OYĚWÙMÍ. [S. l.: s. n.], 2021. 1 vídeo (12 min 44 s). Publicado pelo canal Cultura e Literaturas: João Fernando André. Disponível em: https://www.youtube.com/watch?v=OWQbwLlN-h4. Acesso em: 22 jul. 2024.

POR DENTRO DA ÁFRICA. *A desconstrução da ideia de mulher em contextos africanos*: Diálogos com Oyèronkè Oyèwúmi, 2018. Disponível em: https://www.pordentrodaafrica.com/reportagens-exclusivas/a-desconstrucao-da-ideia-de-mulher-em-contextos-africanos-dialogos-com-oyeronke. Acesso em: 22 jul. 2024.

ROCHA, A. M. Oyèrónkè Oyěwùmi: tecituras filosóficas comprometidas com a decolonialidade. *Le Monde Diplomatique*, 2020. Disponível em: https://diplomatique.org.br/oyeronke-oyewumi-tecituras-filosoficas-comprometidas-com-a-decolonialidade/. Acesso em: 22 jul. 2024.

II SEMINÁRIO DOS POVOS DE TERREIRO. Minicurso: Oyèronkẹ Oyèwùmi e a invenção das mulheres. [S. l.: s. n.], 2020. 1 vídeo (2h 15min 48s). Publicado pelo canal Proex: UEFS. Disponível em: https://www.youtube.com/watch?v=fIO7Yfaxd3k. Acesso em: 22 jul. 2024.

# 30
# NANCY FRASER

(1947)

*Nathalie Bressiani**

## 1 – VIDA E CONTEXTO

Nancy Fraser é uma filósofa e teórica crítica feminista estadunidense. Fraser nasceu em 1947, em Baltimore, Maryland, uma cidade marcada pelas leis Jim Crow de segregação racial que, nos anos de 1960, foi palco das lutas que deram início aos movimentos por direitos civis nos Estados Unidos. Após a conclusão do Ensino Médio, ela começa a estudar grego e latim na Bryn Mawr, uma universidade exclusiva para mulheres fundada por feministas brancas e protestantes. Lá, interessa-se por filosofia, e passa a orientar sua formação para essa área. Fraser também frequentou cursos de Sociologia e Filosofia na Haverford College, onde teve seu primeiro contato com Marx e com Marcuse. Aos poucos, ela começa a forjar um vocabulário político mais à esquerda, que, por conta do macarthismo, não estava inicialmente disponível (Bressiani; Torre, 2023).

Na adolescência, ainda em Baltimore, Fraser havia participado de lutas pela dessegregação racial e, na sequência, já na universidade, passou a militar em movimentos contra

---

* Professora de Filosofia na Universidade Federal do ABC (UFABC) e pesquisadora do Núcleo de Filosofia no Cebrap.

a guerra do Vietnã. Após a conclusão da graduação, Fraser se dedicou à militância em tempo integral por cinco anos, participando de diversas organizações de esquerda. Logo, contudo, a energia transformadora da nova esquerda começa a se esgotar. No início dos anos 1970, diante desse cenário, Fraser decide retornar à filosofia e dá início ao seu doutorado na City University of New York (CUNY), o qual conclui em 1980. Nesse momento, ela começa a publicar seus primeiros textos.

Nos anos 1980, no contexto de um capitalismo administrado pelo Estado, Fraser publica diversos trabalhos em que analisa os potenciais emancipatórios da nova esquerda, em particular dos movimentos sociais feministas, compreendendo-os enquanto lutas por necessidades que colocariam em xeque as fronteiras entre os diferentes domínios sociais. É nesse contexto que podemos compreender seus principais artigos desse período, que foram parcialmente reunidos em *Unruly practices* [Práticas rebeldes] (1989). Nessa época, Fraser participa de debates com Seyla Benhabib e Judith Butler sobre a relação entre feminismo, teoria crítica e pós-estruturalismo, e apresenta uma compreensão própria da teoria crítica que enfatiza sua dimensão política e a importância da teoria social. É o que podemos observar em "Crítica social sem filosofia" (1989), escrito pela autora em conjunto com Linda Nicholson, bem como em suas contribuições a *Debates feministas* (1995) e a *Revaluing French feminism* [Revalorizando o feminismo francês] (1992).

No período em que escreveu e publicou esses primeiros textos, Fraser atuou como docente em três universidades: a State University of New York, a University of Georgia e a Northwestern University. Em 1995, Fraser se tornou professora da New School for Social Research, em Nova York, onde dá aulas até hoje.

Nos anos de 1990, diante das transformações do imaginário político, do desmanche do Estado de bem-estar e do colapso do socialismo real, Fraser assume uma postura mais crítica frente aos movimentos sociais. Nesse cenário, podemos compreender sua produção entre os anos 1990 e o início dos anos 2000, período no qual ela problematiza o deslocamento da redistribuição ao reconhecimento e desenvolve uma teoria da justiça, centrada no princípio de paridade de participação, por meio da qual defende que a redistribuição material, o reconhecimento social e a representação política são condições necessárias para a efetivação de uma sociedade justa. É também nesse contexto que podemos situar seus debates com Iris Young, Axel Honneth e, novamente, com Judith Butler – agora sobre a relação entre economia e cultura. Nesse período, Fraser publica alguns de seus mais importantes livros: *Justiça interrompida* (1997); *Redistribution or recognition?* [Redistribuição ou reconhecimento?] (2003), escrito com Honneth; e *Scales of justice* [Escalas de justiça] (2008).

Após a crise econômica de 2007-2008, Fraser passou a se dedicar à crítica do neoliberalismo progressista e à elaboração de um diagnóstico das múltiplas crises do capitalismo. Nesse novo contexto, ela desenvolveu uma compreensão ampla do capitalismo como ordem social institucionalizada, que produz e depende de certa separação entre produção e reprodução, exploração e expropriação, humanidade e natureza não humana e economia e política, mas que tende, ao mesmo tempo, a desestabilizar essas separações, canibalizando o trabalho não livre, a natureza não humana, a reprodução social, bem como a legitimação democrática e o poder público. Ao fazer isso, segundo ela, o capitalismo colocaria em xeque suas próprias condições de possibilidade e tenderia a desencadear lutas sociais que assumiriam sobretudo a forma de lutas de fronteira. Alguns dos primeiros textos dessa fase foram reunidos em *Destinos do feminismo* (2013), trabalho ao qual Fraser tem se dedicado nos últimos anos. Seus argumentos, que em geral são publicados primeiro na forma de artigos, vêm sendo apresentados também na forma de livros. É o caso de: *Capitalismo em debate* (2018), escrito com Rahel Jaeggi; *Feminismo para os 99%* (2019), escrito com Cinzia Arruzza e Tithi Bhattacharya; *O velho está morrendo e o novo não pode nascer* (2019) e *Capitalismo canibal* (2022).

## 2 – O CAPITALISMO ADMINISTRADO PELO ESTADO E AS LUTAS POR NECESSIDADES

Em *Unruly practices*, seu primeiro livro, Nancy Fraser se apresenta como uma intelectual crítica politicamente engajada que se mantém atenta aos debates teóricos e às práticas políticas possíveis e existentes e assume para si a tarefa atribuída pelo jovem Marx à crítica social, a saber, o "autoentendimento dos desejos e lutas de sua época". Partindo dessa definição, Fraser defende que o programa de pesquisa e a estrutura conceitual de uma teoria social crítica devem ser projetados "tendo em vista os objetivos e atividades dos movimentos sociais de oposição com os quais tem uma identificação partidária – embora não acrítica" (Fraser, 2024, p. 33). Com esse espírito, podemos compreender seus trabalhos na década de 1980, período em que a autora procura levar a sério, dentre outros, os desejos e as demandas dos movimentos feministas e antirracistas que ganhavam força no contexto do capitalismo administrado pelo Estado.

Os primeiros embates que a autora trava com o trabalho de Jürgen Habermas fazem parte desse projeto. É o que podemos ver em "O que há de crítico na teoria crítica?" (1985) e em "A luta pelas necessidades" (1989). Nesses dois textos, Fraser parte da tese de que o capitalismo de Estado emerge como uma resposta às tendências de crise do capitalismo liberal e se caracteriza pela ampliação do Estado, que assume a tarefa de administrar crises econômicas por meio de estratégias de substituição do mercado. Com isso, afirma ela, surge a esfera do social e a satisfação das necessidades se torna uma questão política. Embora reconheça que o fortalecimento do setor público tende a reforçar um discurso tecnocrático, que enfatiza a necessidade de planejamento eficiente e rejeita a importância dos processos democráticos, Fraser defende que a ampliação do Estado é também acompanhada de um processo de politização das necessidades – algo que é colocado em prática sobretudo por grupos marginalizados cujas necessidades não são devidamente consideradas na elaboração das políticas públicas.

A partir de uma análise do sistema estadunidense de bem-estar, Fraser (1987) defende que o Estado vincula as políticas mais universalistas de compensação social ao *status* do trabalhador formal, privilegiando homens, e cria programas de moradia que privilegiam trabalhadores brancos. Ao fazer isso, ele deixa de lado as necessidades tal como compreendidas por grupos sociais marginalizados, como mulheres e populações racializadas. Segundo Fraser, isso ajuda a explicar a emergência e a força dos movimentos feministas e dos movimentos negros desde o final da década de 1960. São movimentos que buscam reinterpretar politicamente quais são as necessidades e como elas devem ser satisfeitas. Assumindo, nesse momento, um diagnóstico otimista, ela sustenta que a ampliação do político no capitalismo de bem-estar abre espaço para uma política democrática de interpretação de necessidades em cujo horizonte está a expansão da agenda política para além da social-democracia e a radicalização de um imaginário socialista democrático que agora inclui as dimensões de gênero e raça (Fraser, 1989b).

Essa perspectiva é desenvolvida também em "Repensando a esfera pública" (1991), no qual Fraser aponta para os limites da crítica socialista feita por Habermas ao modelo liberal de esfera pública em *Mudança estrutural da esfera pública* (1962). Ao fazer isso, Fraser reitera a importância do que chama de "contrapúblicos subalternos", em que são desenvolvidas as perspectivas contra-hegemônicas das necessidades, e busca desenvolver um modelo pós-burguês de esfera pública. Trata-se de um modelo de esfera pública que não pressupõe o modo como as fronteiras entre a economia, a política e a esfera do doméstico/pessoal foram delimitadas nas sociedades capitalistas liberais, e explicita como essas fronteiras – tal como estabelecidas – impedem a paridade de participação. Fraser explicita, com isso, os potenciais críticos e o imaginário socialista democrático inscritos nas lutas políticas do período.

Embora reitere o caráter emancipatório das lutas por necessidades, Fraser reconhece que, na esfera pública, também estão presentes discursos reprivatizantes, cujos defensores buscam reduzir o escopo da política, redesenhando as fronteiras entre público e privado de um modo que despolitiza tanto a economia e a administração pública como o âmbito doméstico/pessoal. Trata-se de tentativas de reprivatização das necessidades que assumem, por vezes, a forma de discursos conservadores e, em outras, a forma de discursos tecnocráticos. Segundo Fraser, esses três diferentes discursos sobre as necessidades se enfrentam e são responsáveis por estabelecer politicamente as fronteiras entre o que é privado e o que é público, o que é político e o que é econômico etc. São disputas discursivas em torno das necessidades, nas quais a dimensão cultural e a dimensão econômica andam juntas.

Fraser reitera, porém, que as lutas por necessidades ocorrem em espaços discursivos desiguais, nos quais nem todos têm como participar como pares. Determinados grupos e atores sociais têm melhores condições de participar dos meios de interpretação e comunicação de necessidades do que outros. Tendo isso em vista, ela problematiza perspectivas que enfatizam que, na esfera pública, os interlocutores deliberam *como se* fossem iguais. Diferentes coletividades têm acesso desigual aos recursos discursivos necessários para elaborar e fazer reivindicações. Dando um passo atrás, Fraser desenvolve então um modelo de discurso social que, sem abrir mão do universalismo, politiza o caráter fortemente hierarquizado e estratificado dos meios socioculturais de interpretação e de comunicação de necessidades e reitera as condições sociais necessárias à paridade de participação democrática. Para construir esse modelo de discurso social, Fraser mobiliza diferentes autores, além de Habermas. Michel Foucault oferece *insights* empíricos, que ajudam na compreensão das formas de subjetivação dos sujeitos sociais, do surgimento de discursos de especialistas e da formação das convenções normativas existentes. Apesar disso, ele recai em confusões normativas. Gramsci, por sua vez, oferece importantes recursos para pensar a construção da hegemonia e da contra-hegemonia.

Fraser ressalta, também, a importância de Richard Rorty para seu trabalho. As teses anti-fundacionalistas de *A filosofia e o espelho da natureza* (1979) ajudaram-na a elaborar alguns dos incômodos que tinha com a teoria crítica, em particular com o caráter quase-transcendental da teoria de Habermas. Esse incômodo é explicitado em textos nos quais reitera o caráter político e não fundacionalista de sua crítica social, como "Crítica social sem filosofia" (1989), escrito com Linda Nicholson. Apesar disso, Fraser ressalta que seu trabalho deve ser compreendido como uma contraposição a Rorty (bem como a Foucault) e à sua tendência de rejeitar a crítica social de esquerda, acusando-a de adotar uma suposta perspectiva externa e neutra para criticar a realidade social (Downs, 2012). Contrapondo-se a eles, a autora reforça a importância da perspectiva do participante para a crítica social. É nesses termos que podemos compreender suas críticas ao pós-estruturalismo e ao uso de teorias do discurso francesas por teóricas críticas feministas, presentes em "Os derridianos franceses" (1984) e em "Solidariedade ou singularidade?" (1988), mas também em "Os usos e abusos de teorias francesas do discurso para a política feminista" (1992), publicado em *Revaluing French feminism*. Nesses textos, Fraser também problematiza outra tendência que identifica nesses autores e correntes, a de relegar a um segundo plano a tarefa de elaborar um diagnóstico de época. Dessa maneira, é possível apreender a posição adotada por Fraser em "Falsas antíteses" e em "Pragmatismo, feminismo e a virada linguística", suas duas contribuições a *Debates feministas* (1995), nas quais discute os respectivos méritos da teoria crítica e do pós-estruturalismo para o feminismo.

## 3 – O DESMANCHE DO ESTADO DE BEM-ESTAR E A EMERGÊNCIA DO NEOLIBERALISMO PROGRESSISTA

A política de interpretação de necessidades desenvolvida por Nancy Fraser na década de 1980, como a própria autora admite depois, partia de um diagnóstico excessivamente otimista. Fraser já aponta para isso em "Uma genealogia da 'dependência'" (1994), em que ela e Linda Gordon analisam uma mudança na gramática das disputas políticas. Por meio de uma genealogia da noção de dependência, elas mostram como o significado do termo foi alterado e passou a ser mobilizado para estigmatizar aqueles que recebem auxílios estatais. Aos poucos, o imaginário socialista democrático do período anterior vai sendo deslegitimado e substituído por um novo imaginário que desqualifica as políticas de bem-estar em nome da independência dos cidadãos. Com isso, as necessidades são reprivatizadas e os potenciais de transformação social estrutural, esvaziados. Como afirma ela, "importantes transformações político-culturais estão a caminho nos Estados Unidos, à medida que uma nova hegemonia neoliberal está sendo construída" (Fraser, 1993, p. 9).

Em "Depois do salário familiar" (1994), Fraser discute essas transformações tematizando questões de gênero. De acordo com ela, no contexto do bem-estar, o ideal da família de um provedor foi mobilizado para legitimar uma determinada configuração das políticas de compensação social que privilegiava as necessidades de trabalhadores homens. Questionando o viés de gênero pressuposto por essas políticas, movimentos feministas se organizaram para questionar a interpretação hegemônica acerca de quais seriam as necessidades a serem satisfeitas pelo Estado. O objetivo era ampliar a agenda do bem-estar, transformando democraticamente a cultura, a economia e o aparato administrativo do Estado. Aos poucos, de fato, o ideal da família de um provedor perde sua plausibilidade empírica e normativa. Tal processo, contudo, não caminhou em direção à democratização dos processos de interpretação e satisfação das necessidades. Pelo contrário. O que vemos no início dos anos 1990 é a força de um discurso neoliberal que enfatiza a importância do trabalho e concebe a emancipação – inclusive das mulheres – como o resultado da entrada de todos na esfera da produção, o que lhes garantiria independência. A noção de trabalhador, porém, não se altera: trata-se de um trabalhador em tempo integral, que não se dedica a atividades de cuidado.

Fraser reconhece, nesse momento, que o discurso neoliberal está ganhando força e o ideal da família de um provedor está sendo substituído pelo ideal da família de dois provedores. Apesar disso, ela defende que o discurso neoliberal dificilmente teria como desfrutar de ampla aceitação, pois passa por cima das necessidades dos cidadãos. Por isso, sua aposta ainda está no potencial das lutas por necessidades, que poderiam tematizar a importância do cuidado, e não só a da produção. É nesse sentido que ela defende um modelo de cuidado universal, em que as atividades de cuidado são não só valorizadas, mas também divididas entre todos. Não demora muito, entretanto, para que ela se dê conta de que o discurso neoliberal e a compreensão esvaziada de emancipação via trabalho que o acompanha venceram, inclusive no campo progressista.

É a isso que Fraser se contrapõe na introdução de *Justiça interrompida*, ao problematizar o que chama de condição pós-socialista. Segundo ela, o que temos nesse momento é o ressurgimento de um liberalismo econômico globalizante, que "mercantiliza cada vez mais as relações sociais, erode as proteções sociais e piora as oportunidades de vida para bilhões de pessoas" (Fraser 1997, p. 18). Com o fim de Bretton Woods, os estados nacionais perdem parte de seu poder de regular os mercados econômicos, tarefa que passa a ser realizada por organizações e tratados internacionais que não estão diretamente submetidos ao controle democrático. A economia avança sobre a política. Além disso, com o desmanche do Estado de bem-estar, temos um amplo processo de reprivatização e mercadorização do cuidado. A economia avança também sobre as relações domésticas/pessoais. De acordo com Fraser, embora esses fenômenos tenham uma dimensão emancipatória, à medida que promovem um rompimento com a autoridade tradicional e com a ordem de gênero que a caracteriza, eles também geram uma piora significativa do nível de vida de grande parte da população mundial. Tal piora, porém, não estaria desencadeando lutas contra o avanço da "esfera econômica".

Como a mercantilização vem acompanhada de um discurso político neoliberal que deslegitima reivindicações pela satisfação de necessidades, ela não desencadeia crises de legitimação. O cenário pós-socialista também se caracteriza, portanto, por um deslocamento na gramática de reivindicações políticas, que passam da redistribuição ao reconhecimento. A economia é cada vez menos tematizada. A cultura e as hierarquias de *status* passam ao centro. Nesse contexto, como afirma Fraser, a luta por reconhecimento se torna rapidamente a "forma paradigmática de conflito político". Nesses conflitos, continua ela,

> "a identidade de grupo substitui o interesse de classe como principal substrato da mobilização política. A dominação cultural substitui a exploração como injustiça fundamental. O reconhecimento cultural desloca a redistribuição socioeconômica como remédio para a injustiça e como objetivo da luta política" (Fraser, 1997, p. 27).

Embora se posicione de modo crítico diante desse cenário, Fraser procura evitar posições simplistas que enxergam o deslocamento da economia à cultura como uma mera "recaída na falsa consciência" ou, ao contrário, como a correção da "cegueira cultural de um paradigma materialista" que teria sido corretamente superado. Nenhuma dessas posições é adequada. Para ela, é preciso repolitizar a economia, resgatando todo o potencial transformador das lutas por necessidades, sem deslegitimar as lutas por reconhecimento, que politizam questões de *status*. A justiça requer tanto reconhecimento como redistribuição, motivo pelo qual Fraser busca combiná-las em um mesmo quadro teórico. Ao fazer isso, ela busca superar a ausência de uma visão progressista que se coloque como uma alternativa, digna de crédito, à ordem social vigente.

Nesse contexto, a dimensão normativa ganha força no trabalho de Fraser, que começa a desenvolver uma teoria da justiça e a defender a importância da filosofia para a crítica social. Essa teoria é apresentada de modo mais sistemático em *Redistribution or recognition?* (2003), livro em que Fraser defende que uma sociedade justa é uma sociedade na qual todos podem participar como pares da vida social. Ora, mas o que significa paridade de participação? Para Fraser, esta não se resume à representação proporcional de diferentes grupos em instâncias de decisão. Trata-se, antes, "da condição de ser um par, de estar no mesmo nível que os outros, de estar em pé de igualdade". Algo que requereria tanto uma distribuição justa de recursos materiais quanto a institucionalização de padrões igualitários de valoração cultural. Partindo de um dualismo perspectivo, Fraser defende que as sociedades capitalistas contemporâneas estão perpassadas por duas formas inter-relacionadas, mas distintas, de injustiça: a econômica e a cultural. A justiça requer, portanto, duas medidas: a democratização e a consequente transformação da esfera econômica, bem como da esfera da cultura. Nem só redistribuição, nem só reconhecimento, a paridade de participação requer ambos.

Atenta ao avanço dos processos de globalização e à erosão do poder dos estados-nacionais, Fraser publica nos anos 2000 diversos artigos nos quais tematiza explicitamente a dimensão política da injustiça. De acordo com ela, esses processos deixaram claro que não é mais possível assumir os Estados-nação como destinatários privilegiados das reivindicações por justiça: eles não têm força suficiente para regularem os atores econômicos, nem têm como lidar com diversos problemas gerados pela expansão do capitalismo global, como a crise climática, cujos efeitos extrapolam em muito as fronteiras nacionais. Em *Scales of justice*, livro no qual reúne seus escritos sobre esse tema, Fraser defende que, além de pensar "o quê" da justiça, agora é preciso tematizar "quem conta" como concernido. Além de redistribuição material e reconhecimento cultural, a justiça requer representação política. A teoria da justiça de Fraser ganha, com isso, uma terceira dimensão: a política. Com ela, vem uma distinção de níveis: no primeiro, as reivindicações por representação política tematizam as regras decisórias que comprometem a voz política daqueles que já são admitidos como membros de uma determinada comunidade política (modelo eleitoral, financiamento de campanha etc.); no segundo, as reivindicações por representação tematizam o enquadramento da justiça, se perguntando quem deve ter voz naquele processo decisório; no terceiro, elas tematizam como novos enquadramentos políticos são criados. Nesse último nível, Fraser problematiza que os processos de reconfiguração de enquadramentos políticos sejam prerrogativa de Estados hegemônicos e elites transnacionais (Bressiani; Silva, 2021).

Ao longo da década de 2000, Fraser dedicou seus esforços para elaborar e defender uma teoria da justiça que reiterava a necessidade da integração entre reconhecimento, redistribuição e representação num sentido que fosse efetivamente emancipatório e transformador. A história, ela admite, não caminhou nessa direção. O que vimos, ao contrário, foi um processo de neoliberalização econômica que caminhou muito bem ao lado do avanço de lutas progressistas por reconhecimento. Em "O feminismo, o capitalismo e a astúcia da história" (2009a; 2009b), Fraser afirma que isso só foi possível em função da ressignificação das lutas sociais progressistas e do esvaziamento de seu caráter transformador. Assim como as críticas de esquerda à burocracia estatal, as críticas feministas ao economicismo e ao caráter androcêntrico do Estado de bem-estar foram ressignificadas, contribuindo para legitimar um recuo da política. "Invertendo a fórmula anterior, que buscava 'usar a política para domesticar mercados', os proponentes desta nova forma de capitalismo propuseram usar mercados para domesticar a política" (Fraser, 2009a; 2009b, p. 22). O resultado é a hegemonia do neoliberalismo progressista.

Ao explicitar esses desenvolvimentos, vale dizer, o objetivo de Fraser não é defender que as lutas por reconhecimento sejam inerentemente problemáticas ou estejam condenadas a uma ressignificação para propósitos capitalistas. Seu objetivo, antes, é compreender quais são os elementos que favorecem tal ressignificação para evitá-la. Fraser reconhece, porém, que evitar esse processo requer uma mudança no discurso político, um rompimento com o neoliberalismo progressista. Algo que só entra efetivamente no horizonte político após a crise financeira de 2007-2008.

## 4 – CRISES DA SOCIEDADE CAPITALISTA E LUTAS DE FRONTEIRA

Até o início dos anos 2000, a discussão sobre o capitalismo era marginal na Academia. A crise financeira altera esse cenário, trazendo o capitalismo de volta ao centro do debate. Para Fraser, porém, o diagnóstico de que o capitalismo está de volta não significa apenas sua retomada como tema, mas também a substituição de um modelo externo de crítica por um modelo de crítica imanente. Isso explicita uma transformação em sua própria teoria. Se, desde os anos 1990, Fraser havia lançado mão de uma teoria da justiça para criticar as sociedades capitalistas contemporâneas e o esvaziamento do horizonte emancipatório dos movimentos sociais, sua estratégia agora muda. As pessoas não precisam mais ser alertadas de que estamos em perigo, pois as ameaças e misérias são evidentes (Fraser, 2022, p. 1). O importante, agora, é compreender quais são as causas dos males que nos ameaçam, explicitando sua raiz comum, e contribuir para a elaboração de um projeto contra-hegemônico de transformação social que esteja à altura do desafio que enfrentamos. Como afirma Fraser:

> O que toda essa conversa sobre o capitalismo indica, sintomaticamente, é a intuição crescente de que os males heterogêneos – financeiro, econômico, ecológico, político, social – que nos cercam podem ter uma raiz comum; e de que as reformas que se recusarem a lidar com os profundos alicerces estruturantes destes males inevitavelmente falharão. Igualmente, o ressurgimento do termo [capitalismo] aponta para o anseio, em vários campos, por uma análise capaz de iluminar as relações entre as distintas lutas sociais de nosso tempo e de fomentar uma cooperação organizada, até mesmo completamente unificada, de suas correntes mais avançadas e progressistas em um bloco antissistêmico (Fraser, 2014 [2015], p. 705).

Em *Capitalismo em debate* (2018) e *Capitalismo canibal* (2022a), Fraser procura dar conta dessas tarefas. Partindo de Marx, ela afirma que as sociedades capitalistas têm ao menos quatro características definidoras. Elas se caracterizam, primeiro, pelo fato de que os meios de produção são privados, o que gera uma separação entre os proprietários dos meios de produção e os trabalhadores; segundo, pela existência de um mercado de trabalho livre que "permite" ao trabalhador estabelecer contratos de trabalho; terceiro, pela institucionalização de uma dinâmica econômica de acumulação de valor, que se estabelece como que por trás das costas dos atores sociais; quarto, pelo fato de que cabe ao mercado decidir como alocar os insumos da produção e investir o excedente da produção.

Para Fraser, essas quatro características nos ajudam a compreender como funciona a economia capitalista. Essa, porém, é apenas uma parte da definição do que é o capitalismo, afinal ele não é apenas um sistema econômico. Compreendendo-o como uma ordem social institucionalizada, Fraser afirma que a sociedade capitalista depende da existência de condições não econômicas de fundo. A definição do que é o capitalismo requer, portanto, mais do que a explicitação das características definidoras de sua economia. Ela requer também a explicitação de quais são as suas condições não econômicas de fundo, isto é, os terrenos ocultos da produção.

O primeiro deles é a expropriação. Em *Capitalismo canibal*, Fraser defende que, até recentemente, o capitalismo sempre separou duas formas de trabalho: o explorado e o expropriado. O primeiro é realizado por trabalhadores "livres", que recebem salários suficientes para cobrir os custos com a reprodução da força de trabalho. O segundo é realizado, em geral, por sujeitos racializados e, mesmo quando pago, não é suficiente para cobrir os custos necessários à reprodução (exigindo que parte dela seja realizada em comunidades e vizinhanças). Para Fraser, além de ter uma linha de cor, a distinção entre trabalho explorado e expropriado tem uma dimensão econômica e uma dimensão política. Do ponto de vista econômico, a separação entre exploração e expropriação permite a continuidade da acumulação do capital, ampliando a taxa de lucro. Do ponto de vista político, ela estabelece hierarquias de *status* que distinguem brancos de negros, europeus de nativos, cidadãos de imigrantes, residentes de ilegais etc. Em todos esses casos, temos hierarquias que subjetivam determinadas populações como inerentemente violáveis e, com isso, justificam normativamente a distinção entre quem é "apenas" explorado e quem é expropriado. Para Fraser, embora o capitalismo financeirizado tenha borrado as fronteiras econômicas entre exploração e expropriação (quase todos os trabalhadores hoje não recebem o suficiente para garantir sua reprodução), a hierarquia de *status* racial/imperial permanece forte. Afinal, "as pessoas que eram antes blindadas de (grande parte da) predação não têm o menor desejo de compartilhar agora seus fardos" (Fraser, 2024b, p. 85-6).

Outro terreno oculto do capitalismo é a natureza não humana. Segundo Fraser, o capitalismo foi responsável por reforçar a distinção entre humanidade e natureza não humana: se, inicialmente, o próprio ritmo da vida das pessoas era ditado pela natureza, o capitalismo industrial altera isso. Essa alteração, porém, não deve ser compreendida como a inscrição do tempo da humanidade sobre o da natureza, e sim como a inscrição do tempo do capitalismo sobre ambos (algo que ganha força com o neoliberalismo). O capitalismo tende a tomar a natureza como uma torneira inesgotável de matéria-prima e como uma pia capaz de absorver todos os rejeitos produzidos. Ao fazer isso, contudo, ele não se preocupa diretamente com sua reposição, canibalizando-a de um modo insustentável no longo prazo. O resultado é uma crise ecológica, que vem se tornando cada vez mais aguda.

O terceiro terreno oculto do capitalismo é a reprodução social. Para Fraser, atividades como o aprovisionamento, o cuidado e a interação – que produzem e mantêm os laços sociais – são indispensáveis em qualquer sociedade. No capitalismo, porém, essas atividades são separadas da esfera da produção, passando a ser consideradas como improdutivas. Como resultado, as encarregadas por elas, em geral mulheres, passam a ser desvalorizadas e a ocupar uma posição estrutural de subordinação. A separação entre produção e reprodução, além disso, é acompanhada do avanço da primeira sobre a última, num processo que ocorre primeiro e de modo mais brutal na periferia do capitalismo. As pessoas são retiradas de suas terras, crianças são retiradas das famílias, muitas comunidades e vínculos sociais são enfraquecidos. Embora indispensável à manutenção da sociedade, as condições necessárias à reprodução social vão sendo canibalizadas. O capitalismo financeirizado agrava esse cenário, pois atribui às famílias maiores responsabilidades pelo cuidado ao mesmo tempo em que retira delas as condições de exercê-lo. O resultado é uma crise ampla de reprodução social.

O quarto terreno oculto do capitalismo é a política. Segundo Fraser, ao contrário das ordens sociais que o antecederam, o capitalismo institui uma divisão entre o político e o econômico. Isso, porém, não significa que a economia independe da política. Sem um quadro jurídico que dê sustentação à empresa privada e à troca mercantil, sem poderes públicos que garantam direitos de propriedade, façam valer contratos, reprimam rebeliões e mantenham a fé no dinheiro, a economia capitalista não tem como funcionar. Antes, essas funções eram realizadas pelos Estados territoriais. Com a globalização, o poder político no nível geopolítico também se torna central. O problema é que, mesmo dependendo diretamente do poder público nesses dois níveis, o impulso à acumulação faz com que o poder privado o enxergue como entrave e pressione por liberalização. A economia avança sobre a política, canibalizando-a. O resultado, novamente, é uma crise. Uma crise que não é apenas sistêmica, mas da democracia.

A centralidade da dimensão política na teoria de Fraser não se restringe à importância do poder público no controle da economia. A política também é central, porque as múltiplas crises objetivas só se tornam crises num sentido pleno quando são experienciadas como tais pelos sujeitos sociais e dão origem a uma crise de legitimação ou de hegemonia. Apenas quando os atores sociais se dão conta de que os problemas que surgem nessa sociedade não têm como ser resolvidos com os recursos fornecidos por ela é que surge uma abertura para a ação transformadora. Segundo Fraser, é o que está acontecendo agora. Aos poucos vai ficando claro que não é possível lidar com a crise ecológica por meio da emissão de créditos de carbono. Vai ficando claro que não é possível que a emancipação de todas as mulheres seja alcançada por meio de sua entrada na produção, já que (com exceção do 1%) a grande maioria delas permanece recebendo salários baixos e tendo de se encarregar de atividades de cuidado (cf. *Feminismo para os 99%* [2019]). Vai ficando claro que o combate ao racismo é difícil num contexto em que os trabalhadores da maioria étnica têm seu nível de vida rebaixado e recorrem à distinção de *status* como compensação. Vai ficando claro que o desmantelamento da hierarquia racial/imperial de *status* não implica emancipação para *todos* os sujeitos racializados, já que (com exceção do 1%) a grande maioria deles permanece sendo considerada como violável e exposta a condições precárias de trabalho. Por fim, vai ficando claro que a crise da democracia tem raízes profundas na ordem capitalista e não tem como ser resolvida por meio de pequena reforma das instituições ou de um apelo ao esclarecimento ou à cidadania das pessoas.

Em outras palavras, vai ficando claro que as diferentes crises têm uma raiz comum, o capitalismo, assim como que sua solução só pode advir de lutas de fronteira que façam frente a ele. Segundo Fraser, esse processo está em curso e se encontra intimamente relacionado à ampla rejeição à política tradicional. Até aqui, porém, tais fenômenos têm beneficiado políticos autoritários de direita, que cortejam eleitores da classe trabalhadora de maioria étnica, prometendo a retomada daquilo que "era" deles. A despeito de todo o ruído e diversionismo que geram, entretanto, os autoritários de direita não detêm o poder e não têm como resolver os problemas de seus eleitores. A esquerda, de outro lado, tem sido menos bem-sucedida eleitoralmente e, mesmo quando é, tem se mostrado incapaz de priorizar a necessidade dos 99%. Nos dois casos, as finanças permanecem no controle. Apesar disso, cada vez mais movimentos sociais têm se organizado para militar por eles. O cenário, contudo, não é simples. De acordo com Fraser, enquanto a esquerda não for capaz de oferecer um projeto contra-hegemônico que esteja à altura dos desafios atuais, o risco é permanecermos alternando entre governos neoliberais pretensamente progressistas e governos de direita ultrarreacionários e pretensamente populistas. Como afirma ela em *O velho está morrendo mas e o novo não pode nascer* (2019), enquanto não lidarmos com a causa do problema, vamos continuar experienciando os sintomas mórbidos desse período de interregno.

Fraser reconhece, entretanto, que ainda não está claro o que pode substituir o capitalismo. Por esse motivo, em *Capitalismo canibal*, ela apenas indica o que o socialismo democrático pode significar no século XXI. Como o capitalismo é mais do que um sistema produtivo, o socialismo terá de fazer mais do que transformar os meios de produção. Será necessário que ele lide com as diversas injustiças existentes, nas quais ela inclui: a exploração de classe, gerada pela produção capitalista; a opressão racial, a desapropriação indígena e o genocídio, gerados pela divisão e pela junção de exploração e expropriação; a subordinação das mulheres, o binarismo de gênero e o heterossexismo, gerados pela divisão entre produção e reprodução social; o neoextrativismo no sul global, a exposição à toxidade e à ameaça à existência das gerações atuais e futuras, gerada pela divisão entre humanidade e natureza não humana. Além disso, o socialismo terá de lidar com as irracionalidades do capitalismo, que gera crises políticas, ecológicas e reprodutivas ao canibalizar os recursos não mercantis dos quais depende. Por fim, insiste ela, o socialismo terá de enfrentar o déficit democrático do capitalismo, redesenhando democraticamente as fronteiras entre os diferentes domínios sociais e redefinindo democraticamente os próprios domínios para que eles se tornem compatíveis e porosos. Trata-se de uma compreensão de socialismo parcial e preliminar, mas, ainda assim, uma tentativa de contribuir para recolocar o socialismo no vocabulário e na agenda das lutas políticas contemporâneas.

Atualmente, Fraser está desenvolvendo um projeto sobre as três faces do trabalho, cujo objetivo é explicitar os vínculos ocultos entre gênero, raça e classe e, com eles, a possibilidade de união de três movimentos trabalhistas. Apresentado nas *Benjamin Lectures*, em 2022, seu trabalho sobre esse tema deve ser publicado em breve na forma de um livro, cujo título provisório é *As três faces do trabalho: desvelando os vínculos ocultos entre gênero, raça e classe*.

# BIBLIOGRAFIA

## Obras

FRASER, N. What's critical about critical theory?: the case of Habermas and the gender. *New German Critique*, n. 35, p. 97-131, 1985.

FRASER, N. Women, welfare, and the politics of need interpretation. *Hypatia: a Journal of Feminist Philosophy*, v. 2, n. 1, p. 103-121, 1987b.

FRASER, N. Solidarity or singularity? Richard Rorty between Romanticism and technocracy. *Praxis international*, v. 8, n. 3, 1988.

FRASER, N.; NICHOLSON, L. Social criticism without Philosophy: an encounter between feminism and postmodernism. *Social Text*, n. 21, 1989a.

FRASER, N. Struggle over needs: outline of a socialist-feminist critical theory of late capitalist political culture. *In*: FRASER, N. *Unruly practices*: power, discourse and gender in contemporary social theory. Mineápolis: University of Minnesota Press, 1989b.

FRASER, N. *Unruly practices*: power, discourse and gender in contemporary social theory. Mineápolis: University of Minnesota Press, 1989c.

FRASER, N. Rethinking the public sphere: a contribution to the critique of actually existing democracy. *In*: CALHOUN, C. (org.). *Habermas and the public sphere*. Cambridge: MIT Press, 1991. p. 109-142.

FRASER, N.; BARTKY, S. *Revaluing French feminism*: critical essays on difference, agency and culture. Indianápolis: Indiana University Press, 1992.

FRASER, N. Clintonism, welfare, and the antisocial wage: the emergence of a neoliberal political imaginary. *Rethinking Marxism*, v. 6, n. 1, 1993.

FRASER, N. After the family wage: gender equality and the welfare state. *Political Theory*, v. 22, n. 4, p. 591-618, 1994.

FRASER, N.; GORDON, L. A genealogy of dependency: tracing a keyword of the U.S. welfare state. *Sings*, v. 19, n. 2, p. 309-336, 1994.

FRASER, N. *Justice interruptus*: critical reflections on the "postsocialist" condition. Nova York: Routledge, 1997.

FRASER, N. A luta pelas necessidades: esboço de uma teoria crítica socialista-feminista da cultura política do capitalismo tardio. *In*: LAMAS, M. (org.). *Cidadania e feminismo*. São Paulo: Melhoramentos, 1999.

FRASER, N.; HONETH, A. *Redistribution or recognition?*: a political-philosophical exchange. Nova York: Verso, 2003.

FRASER, N. *Scales of justice*: reimagining political space in a globalizing world. Cambridge: Polity, 2008.

FRASER, N. Feminism, capitalism, and the cunning of History. *New Left Review*, n. 36, 2009a.

FRASER, N. Feminismo, capitalismo e a astúcia da história. *Mediações: Revista de Ciências Sociais*, v. 14, n. 2, 2009b.

FRASER, N. Solidariedade ou singularidade? Richard Rorty entre o romantismo e a tecnocracia. *Redescrições*, v. 2, n. 1, 2010.

FRASER, N. *Fortunes of feminism*: from state-managed capitalism to neoliberal crisis. Nova York: Verso, 2013.

FRASER, N. Behind Marx's hidden abode, for an expanded conception of capitalism. *New Left Review*, v. 86, 2014.

FRASER, N. Legitimation crisis?: on the political contradictions of financialized capitalism. *Critical Historical Studies*, v. 2, n. 2, p. 157-189, 2015a.

FRASER, N. Por trás do laboratório secreto de Marx: por uma concepção expandida do capitalismo. *Direito e Práxis*, v. 6, n. 1, 2015b.

FRASER, N. Progressive neoliberalism vs. Reactionary populism: a Hobson's choice. *In*: GEISELBERGER, H. (org.). *The great regression*. Hoboken: Wiley, 2017.

FRASER, N. Crise de legitimação?: sobre as contradições políticas do capitalismo financeirizado. *Cadernos de Filosofia Alemã: Crítica e Modernidade*, v. 23, n. 2, p. 153-188, 2018.

FRASER, N.; JAEGGI, R. *Capitalism*: a conversation in critical theory. Cambridge: Polity, 2018.

FRASER, N. *O velho está morrendo e o novo não pode nascer*. São Paulo: Autonomia Literária, 2019a.

FRASER, N. *The old is dying and the new cannot be born*. Nova York: Verso, 2019b.

FRASER, N.; ARUZZA, C.; BHATTACHARYA, T. *Feminism of the 99%*: a manifesto. Nova York: Verso, 2019a.

FRASER, N.; ARUZZA, C.; BHATTACHARYA, T. *Feminismo para os 99%*: um manifesto. São Paulo: Boitempo, 2019b.

FRASER, N.; JAEGGI, R. *Capitalismo em debate*: uma conversa na teoria crítica. São Paulo: Boitempo, 2020.

FRASER, N. Repensando a esfera pública: uma contribuição para a crítica da democracia realmente existente. *In*: FRASER, N. *Justiça interrompida*: reflexões críticas sobre a condição "pós-socialista". São Paulo: Boitempo, 2022.

FRASER, N.; GORDON, L. Uma genealogia da dependência: investigando uma palavra-chave do Estado de bem-estar nos Estados Unidos. *In*: FRASER, N. *Justiça interrompida*: reflexões críticas sobre a condição "pós-socialista". São Paulo: Boitempo, 2022.

FRASER, N. *Cannibal capitalism*: how our system is devouring democracy, care and the planet: and what we can do about it. Nova York: Verso, 2022a.

FRASER, N. *Justiça interrompida*: reflexões críticas sobre a condição "pós-socialista". São Paulo: Boitempo, 2022b.

FRASER, N. *Capitalismo canibal*: como nosso sistema está devorando a nossa democracia, o cuidado e o planeta e o que podemos fazer a respeito disso. São Paulo: Autonomia Literária, 2024a.

FRASER, N. *Destinos do feminismo*: do capitalismo administrado pelo Estado à crise neoliberal. São Paulo: Boitempo, 2024b.

FRASER, N. O que há de crítico na teoria crítica?: o caso de Habermas e o gênero. *In*: FRASER, N. *Destinos do feminismo*: do capitalismo administrado pelo Estado à crise neoliberal. São Paulo: Boitempo, 2024, p. 33-69.

## Literatura secundária

BENHABIB, S. et al. *Debates feministas*: um intercâmbio filosófico. São Paulo: Unesp, 2018.

BENHABIB, S. et al. *Feminist contentions*: a philosophical exchange. Nova York: Routledge, 1995.

BRESSIANI, N.; DELLA TORRE, B. Entrevista com Nancy Fraser. *Margem Esquerda*: *Revista da Boitempo*, n. 41, 2023.

DOWNS, L. Nancy Fraser, rebel philosopher: interview by Laura Lee Downs and Jacqueline Laufer. *Travail, genre et sociétés*, v. 27, p. 5-27, 2012. Disponível em: https://www.cairn-int.info/article-E_TGS_027_0005--nancy-fraser-rebel-philosopher.htm. Acesso em: 22 jul. 2024.

SILVA, F. G.; BRESSIANI, N. A. A teoria da justiça de Nancy Fraser: reflexão normativa e diagnósticos do capitalismo. *Filosofia do Direito*: *Teorias Modernas e Contemporâneas da Justiça*, p. 195-227, 2021.

# AUTORAS E AUTORES

**Ada Cristina Ferreira** é doutoranda em Filosofia pela Universidade Federal do ABC (UFABC), é mestra e licenciada em Filosofia pela Universidade Federal de Mato Grosso (UFMT), desenvolve suas pesquisas nas áreas de teoria crítica, arte, feminismo e teorias queer e tem como foco principal de pesquisa a autora Gloria Anzaldúa. Atualmente faz parte do grupo de pesquisa UFABCuir da Universidade Federal do ABC em São Bernardo do Campo.

**Ana Rieger Schmidt** é professora adjunta do Departamento de Filosofia na Universidade Federal do Rio Grande do Sul, tendo desenvolvido seu mestrado na mesma universidade e seu doutorado na Universidade de Paris IV – Sorbonne. A sua área de investigação é a história da filosofia medieval e atualmente pesquisa sobre a importância filosófica do pensamento de Christine de Pizan (1363-1430). Se interessa pela recuperação das filósofas e pela expansão do cânone, com foco no período medieval.

**André Bueno** é professor adjunto de História Oriental na Universidade do Estado do Rio de Janeiro (UERJ). Tem experiência na área de História e Filosofia, com ênfase em Sinologia, atuando principalmente nos seguintes temas: pensamento chinês, confucionismo, história e filosofia antiga, diálogos e interações culturais Oriente-Ocidente e ensino de História. Foi diretor da Seção brasileira da ALADAA – Associação Latino-Americana de Estudos Asiáticos; membro da Rede Iberoamericana de Sinologia (Ribsi), da International Confucian Association; da Red Sino-latina (Costa Rica), Red ALC-China (México) e diretor do Projeto Orientalismo (UERJ) para divulgação e pesquisa de culturas asiáticas.

**Beatriz Sorrentino Marques** é professora efetiva do Departamento de Filosofia da Universidade Federal de Mato Grosso (UFMT), integra o quadro permanente do Programa de Pós-Graduação em Filosofia da UFMT e é colaboradora do PPGFilosofia da Universidade Federal de Pernambuco (UFPE). Doutora em Filosofia pela Universidade de São Paulo (USP), seus interesses de pesquisa são filosofia da ação, filosofia da mente e filosofia de gênero. Também, é integrante do Grupo de Escrita de Mulheres na Filosofia (GEMF) e da Rede Brasileira de Mulheres Filósofas.

**Carla Rodrigues** é mestre e doutora em Filosofia pela Pontifícia Universidade Católica do Rio de Janeiro (PUC-Rio), professora da Universidade Federal do Rio de Janeiro (UFRJ), pesquisadora nos Programas de Pós-Graduação em Filosofia na UFRJ e na Universidade Federal Fluminense (UFF), bolsista de produtividade CNPq e Faperj. Feminista, tradutora, autora de *O luto entre clínica e política: Judith Butler para além do gênero* (Autêntica, 2021) e outras obras.

**Carlos Eduardo da Silva Rocha** é Doutor em filosofia pela Universidade Federal do Rio de Janeiro. Tem como foco de pesquisa as filosofias africanas, afro-diaspóricas, decoloniais e da religião. Sendo seu foco principal a Filosofia de Òrúnmìlà/Ifá (Yorùbá) Tem experiência na área de Filosofia com ênfase em: Filosofias africanas e afro-Diaspóricas; Decolonialidade; Filosofia da Religião; Filosofia Antiga; Antropologia Filosófica; Metafísica; Ética.

**Edla Eggert** pesquisa a história da educação de mulheres de tempos e lugares diferentes, além dos modos distintos de produzir o conhecimento. Geralmente, esse conhecimento é produzido pela força do trabalho artesanal, nas beiradas do mundo patriarcal, racista e homofóbico. Mora em Porto Alegre, com seus pares e ímpares, inventando lugares bons para viver. No jeito acadêmico tradicional de se apresentar, é professora na Escola de Humanidades da Pontifícia Universidade Católica do Rio Grande do Sul (PUCRS) e pesquisadora CNPq.

**Emílio de Britto Negreiros** é professor do Departamento de Sociologia e do Programa de Pós-Graduação em Sociologia da Universidade Federal de Pernambuco (UFPE). Tem estudado, nos últimos tempos, os temas relativos ao ecossocialismo e à sociologia da natureza. Também se interessa por Judith Butler e Paul Preciado, embora não saibam disso, e também por psicanálise. Escrever sobre Hipácia é fruto de uma generosa parceira de décadas com Loraine Oliveira.

**Estevam Strausz Mota** é graduando em Filosofia pela Universidade Federal do Rio de Janeiro (UFRJ). É professor voluntário e estuda a filosofia do período moderno, com ênfase no século XVII.

**Fabiano Lemos** é doutor em filosofia pela Universidade do Estado do Rio de Janeiro (UERJ), professor de graduação e pós-graduação na mesma universidade. Traduziu e editou o volume *As outras constelações: uma antologia de filósofas do Romantismo alemão* (Relicário, 2022) e os *Escritos místico-políticos*, de Antonin Artaud (Via Verita, 2021), além dos estudos *Soldados e centauros* (Mauad, 2015), *O ofício da origem* (Koter, 2016), *O contracânone romântico* (EdUerj, 2022) e *Todo poder aos sodomitas!* (Via Verita, 2023).

**Fernando Rey Puente** é professor titular de Filosofia Antiga na Universidade Federal de Minas Gerais (UFMG). Tem como foco de investigação alguns pensadores da Antiguidade como Platão, Aristóteles e Plotino, bem como a apropriação que deles foi realizada por alguns autores modernos ou contemporâneos, particularmente Simone Weil. Principais livros publicados relacionados à filósofa francesa: *Simone Weil et la Grèce* (2007) e *Exercícios de atenção: Simone Weil leitora dos Gregos* (2014).

**Gisele Rose** é mestre em Relações Étnico-Raciais pelo Centro Federal de Educação Tecnológica Celso Suckow da Fonseca (Cefet-RJ), especialista em Energia e Sociedade no Capitalismo Contemporâneo pela Universidade Federal do Rio de Janeiro (UFRJ) e pós-graduada em Gestão Escolar (administração, supervisão, orientação e inspeção) pela Faveni. Atualmente, atua como professora de Filosofia na Secretaria Estadual de Educação do Rio de Janeiro (Seeduc-RJ) e é membro da Associação Brasileira de Pesquisadores Negros (ABPN). Tem experiência nas áreas de filosofia, sociologia, educação e relações étnico-raciais.

**Heci Regina Candiani** é tradutora, editora e pesquisadora. Entre suas traduções estão obras de Angela Davis, Ursula K. Le Guin, Octavia E. Butler, Silvia Federici e Judith Butler. Dedica-se a pesquisas nos estudos feministas e de tradução. É doutora em Ciências Sociais pela Universidade Estadual de Campinas (Unicamp), tendo defendido a tese *A tessitura da situação: a trama das opressões na obra de Simone de Beauvoir*.

**Isabel Loureiro** é professora aposentada do Departamento de Filosofia da Universidade Estadual Paulista (Unesp), colaboradora da Fundação Rosa Luxemburgo e da Escola Nacional Florestan Fernandes, autora de *Rosa Luxemburgo: os dilemas da ação revolucionária* (Editora Unesp, 2019, 3. ed.) e *A revolução alemã: 1918-1923* (Editora Unesp, 2020, 2. ed.).

**Juliana Aggio** é atualmente pesquisadora de produtividade do CNPq (PQ 2). Tem graduação, mestrado e doutorado em Filosofia pela Universidade de São Paulo (USP), tendo realizado doutorado sanduíche na École Normale Supérieure – Paris. Desde 2011, é professora do Departamento de Filosofia da Universidade Federal da Bahia (UFBA) e integrante do Programa de Pós-Graduação em Filosofia (PPGF) e do Programa de Pós-Graduação em Estudos Interdisciplinares sobre Mulheres, Gênero e Feminismo (PPGNeim) da Universidade Federal da Bahia (UFBA). Realizou seu pós-doutoramento na Universidade Federal do Rio de Janeiro (UFRJ) (2022) e foi professora visitante na Universidade Paris 8 (2023). Publicou diversos artigos, capítulos de livros e as obras *Prazer e desejo em Aristóteles* (EDUFBA) e *Filósofas* (Kotter).

**Katarina Ribeiro Peixoto** é pesquisadora de pós-doutorado em Filosofia na Universidade de São Paulo, com bolsa da Fundação de Amparo à Pesquisa do Estado de São Paulo (Fapesp), e atualmente está vinculada ao Departamento de Filosofia da Universidade da Virgínia (UVA). Trabalha em teorias da ação, do juízo, das ideias e da liberdade, na filosofia do início do período moderno e na agenda de pesquisa de ampliação do cânone historiográfico, sobretudo na integração de filósofas nesse período.

**Laíssa Ferreira** é doutoranda em filosofia na Unicamp, professora de filosofia no Ensino Médio. Mestra em Filosofia pela Unicamp e licenciada em Filosofia pela Universidade Federal de Lavras. Integrante do Grupo de Pesquisa de Filosofia Política da Unicamp, da Rede Brasileira de Mulheres Cientistas e do Grupo de Estudo Luiz Gama da UFRB.

**Laura Carolina Durán** é doutora em Filosofia pela Universidade de Buenos Aires (UBA), professora do Ciclo Básico Común (CBC) na UBA e do Centro de Estudos Hermenêuticos da Universidade Nacional de San Martín (UNSAM). É pesquisadora da UBA, da Universidade Nacional de Mar del Plata (UNMdP) e da Universidad Panamericana (UP México). É autora de artigos, capítulos de livros e obras sobre os seus principais temas de investigação: a concepção de música na época clássica (Antiguidade, Antiguidade tardia e Idade Média) e a tradição mística feminina ocidental antiga e medieval tardia.

**Loraine Oliveira** é doutora em Filosofia pela Universidade Federal de Minas Gerais (UFMG). Desenvolveu pesquisas em Paris, junto ao CNRS, e em Genebra, na Fundação Hardt, onde deu continuidade aos seus estudos sobre Plotino. Foi lá, na Fundação Hardt, que se deu seu primeiro encontro com Hipácia, em 2006. Em 2009, tornou-se professora adjunta na Universidade de Brasília (UnB), onde a história de Hipácia passou a fazer parte do programa das suas aulas de Filosofia Antiga. De 2017 até recentemente, foi a única professora mulher do Departamento e da Pós-Graduação em Filosofia da Universidade Federal de Pernambuco (UFPE). Hipácia se tornaria então uma tentativa de refletir sobre essa ausência intransigente e a dificuldade em reconhecer a importância do papel das mulheres na filosofia. Hoje se dedica também a outras artes, de coração, corpo e alma, e aos seus gatos, que são as suas queridas espécies companheiras.

**Márcia Hitomi Namekata** é professora doutora da área de japonês do Departamento de Letras Estrangeiras Modernas da Universidade Federal do Paraná (UFPR), atuando nas áreas de literatura japonesa clássica e moderna e história do Japão. Seus temas de pesquisa incluem folclore japonês, em especial os *mukashi banashi* (narrativas antigas) da literatura japonesa, mitologia na literatura japonesa e a obra de Haruki Murakami. É autora da coletânea de contos traduzidos *Irui Kon'in no Mukashi Banashi: contos tradicionais japoneses sobre casamentos fantásticos* (Laboralivros, 2020).

**Márcio Augusto Damin Custódio** é professor do Departamento de Filosofia da Universidade Estadual de Campinas (Unicamp), e realiza pesquisas em metafísica, com ênfase em transcendentais, e filosofia da natureza, com ênfase em teoria da matéria, em textos da escolástica, do humanismo e do início da filosofia moderna.

**Maria Cristina da Silva Martins** é professora titular do Departamento de Letras Clássicas e Vernáculas da Universidade Federal do Rio Grande do Sul (UFRGS), onde leciona latim e literatura latina, e professora do Programa de Pós-Graduação em Letras Clássicas da Universidade Federal do Rio de Janeiro (UFRJ). Atua em pesquisa com os seguintes temas: tradução comentada de latim (atualmente, com o latim medieval de Hildegarda de Bingen), filologia românica e filologia clássica.

**Maria Simone Marinho Nogueira** é doutora em Filosofia pela Universidade de Coimbra, investigadora dos Grupos de Pesquisa: Apophatiké – Estudos Interdisciplinares em Mística (UFF/CNPq); Grupo de Pesquisa em Filosofia da Religião (UEPB/CNPq) e Grupo Christine de Pizan (UEPB/CNPq). É coordenadora do Grupo de Estudo Benditas Escritas Transgressoras (PPGLI/UEPB). Trabalha com a escrita de mulheres na filosofia e na literatura. É professora associada do curso de Filosofia e professora permanente do Programa de Pós-Graduação em Literatura e Interculturalidade, ambos da Universidade Estadual da Paraíba (UEPB).

**Mariana Gardella** é doutora em filosofia pela Universidad de Buenos Aires (UBA), docente do Departamento de Filosofia da mesma universidade e pesquisadora assistente do Conselho Nacional de Investigações Científicas e Técnicas (Argentina). Sua área de especialidade é a história da filosofia antiga. Sua pesquisa se concentra no estudo de mulheres filósofas e poetisas lésbicas da Antiguidade. É autora de *El enigma de Cleobulina* (com Victoria Juliá, Teseo, 2018), de *Besada por Cipris* (Rara Avis, 2021) e de *Las griegas* (Galerna, 2022).

**Marta Mega de Andrade** é professora titular do Instituto de História da Universidade Federal do Rio de Janeiro (UFRJ), doutora em História Social (2000) e pós-doutora na área de Arqueologia pela Universidade de São Paulo (USP) (2007). É pesquisadora do Laboratório de História Antiga (UFRJ) e lidera o Núcleo de Estudos de História e Filosofia (IH-UFRJ), atuando nas linhas de pesquisa história e historiografia da Antiguidade grega e história comparada das mulheres.

**Meline Costa Sousa** é professora da Universidade Federal de Lavras (UFLA) e atua na área de história da filosofia antiga e medieval. Está vinculada como membro permanente ao Programa de Pós-Graduação em Filosofia da Universidade Federal de Lavras (PPGFil). Desenvolve pesquisas no âmbito da história da filosofia medieval árabe e islâmica e da recepção da filosofia antiga no Medievo.

**Mitieli Seixas da Silva** é professora do Departamento e do Programa de Pós-Graduação (PPG) em Filosofia da Universidade Federal de Santa Maria (UFSM). Doutora em Filosofia pela Universidade Federal do Rio Grande do Sul (UFRGS), mestre em Filosofia Alemã e Francesa pela Université du Luxembourg, coordena o Émilie: Grupo de Pesquisa e Tradução (CNPq) e a Olimpíada Nacional de Filosofia (CNPq/MCTI). Atualmente, concentra suas pesquisas na filosofia teórica de Émilie du Châtelet e Kant, em epistemologia da educação e em temas ligados à maternidade de um ponto de vista filosófico. Em 2021, ganhou o Prêmio Elisabeth da Boêmia, concedido pelo Center for the History of Womens Philosophers and Scientists (Universität Paderborn, Alemanha). É mãe da Cecília e da Lorena.

**Nathalie Bressiani** é professora de filosofia na Universidade Federal do ABC (UFABC) e pesquisadora do Núcleo de Filosofia, no Centro Brasileiro de Análise e Planejamento (Cebrap). Fez graduação, mestrado e doutorado em Filosofia na Universidade de São Paulo (USP) e desenvolveu pesquisas de pós-doutorado no Cebrap, na Humboldt-Universität zu Berlin e na Université de Rennes. Desenvolve pesquisa sobre teoria crítica e teoria feminista, temas sobre os quais publicou artigos, capítulos e resenhas. É uma das tradutoras da obra de Nancy Fraser para o português.

**Renata Romolo Brito** é pós-doutora, doutora e mestre em Filosofia pelo Departamento de Filosofia da Universidade Estadual de Campinas (Unicamp), desenvolvendo pesquisas sobre Hannah Arendt e Seyla Benhabib com ênfase em Direito, democracia, autonomia e agência. Atualmente, é bolsista associada ao Núcleo de Estudos de Políticas Públicas da Unicamp.

**Roberta Miquelanti** é mestre e doutora em Filosofia pela Universidade Federal de Minas Gerais e professora dos cursos de Filosofia e Pós-Graduação em Filosofia da Universidade Federal da Bahia. Atua na área da Filosofia Medieval, com especial interesse em temas ligados à lógica, filosofia da linguagem e filosofia da natureza.

**Sarah Bonfim** é bacharela em Ciências e Humanidades e licenciada em Filosofia pela Universidade Federal do ABC (UFABC). É mestra e doutoranda em Filosofia pela Universidade Estadual de Campinas (Unicamp). Fez estágio de pesquisa na Universidade de Cambridge, na Inglaterra, e é integrante da rede internacional New Voices, ligada à Universidade de Paderborn, na Alemanha, e *social media* da Wollstonecraft Society (Londres).

**Sueli Sampaio Damin Custódio** é professora do Departamento de Humanidades do Instituto Tecnológico de Aeronáutica (ITA). Coordenadora do Programa de Pós-Graduação em Propriedade Intelectual e Transferência de Tecnologia para a Inovação (Profnit-ITA), e chefe do Laboratório de Inovação (InovaLab). Desenvolve pesquisa em inovação, propriedade intelectual, direitos fundamentais e gênero.

**Thaís Rodrigues de Souza** é doutora em Filosofia pela Universidade Federal de São Paulo (Unifesp), mestra em Filosofia pela Universidade Federal de Goiás (UFG), licenciada em Filosofia pela mesma instituição e professora de Filosofia no Instituto Federal de Goiás (IFG – Câmpus Valparaíso). A autora é membro do Grupo de Pesquisa Filopol – Núcleo de Filosofia e Política (Unifesp/CNPq), do Diversas (IFG/CNPq) e coordenadora do Núcleo de Estudos Afro-Brasileiros e Indígenas (Neabi) do IFG – Campus Valparaíso. Atua nas áreas de ensino de filosofia, cultura e história em Nietzsche e gênero e raça em Angela Davis.

**Vinícius Santana Cerqueira** é licenciado (2022) e bacharel (2023) em Filosofia pela Universidade Estadual de Campinas (IFCH/Unicamp). Atualmente, está desenvolvendo mestrado em Filosofia na área do pensamento ético-político, cuja pesquisa é intitulada *Resistências negras: a militância prática e teórica em Sueli Carneiro*, com financiamento da Fundação de Amparo à Pesquisa do Estado de São Paulo (Fapesp). É membro do Grupo de Filosofia Política da Unicamp e atua como educador no projeto Laboratório Adapo, localizado no bairro Campo Belo, segunda maior periferia de Campinas.

Conecte-se conosco:

 facebook.com/editoravozes

 @editoravozes

 @editora_vozes

 youtube.com/editoravozes

 +55 24 2233-9033

www.vozes.com.br

Conheça nossas lojas:
www.livrariavozes.com.br

Belo Horizonte – Brasília – Campinas – Cuiabá – Curitiba
Fortaleza – Juiz de Fora – Petrópolis – Recife – São Paulo

EDITORA VOZES LTDA.
Rua Frei Luís, 100 – Centro – Cep 25689-900 – Petrópolis, RJ
Tel.: (24) 2233-9000 – E-mail: vendas@vozes.com.br